PLACAR

ÉREA

Trampa

MGX
Soluções Empresariais

AGRADECIMENTO ESPECIAL
AO PREPARADOR FÍSICO
MANOEL SANTOS

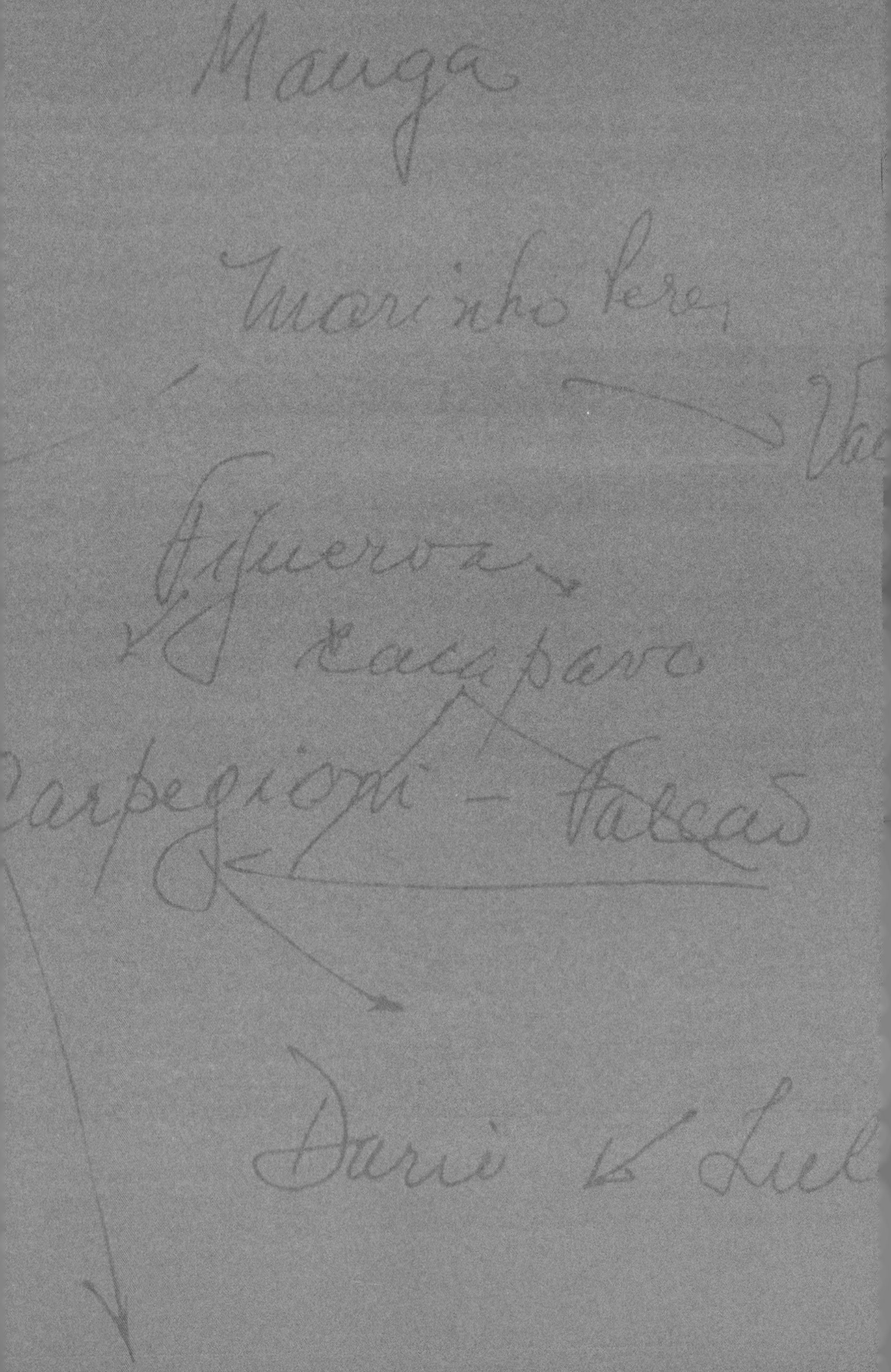

Manga
Marinho Peres
Figueroa
Caçapava
Carpegiani – Falcão
Dario

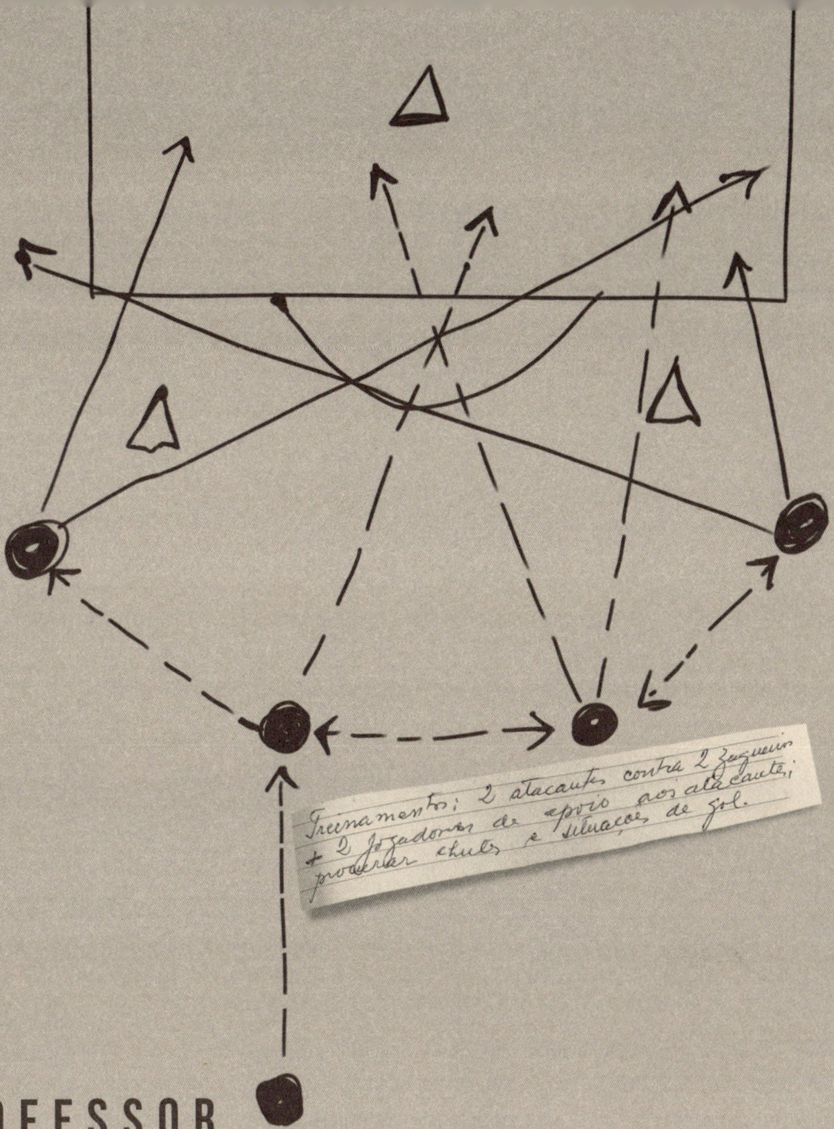
Treinamento: 2 atacantes contra 2 zagueiros
+ 2 jogadores de apoio aos atacantes;
procurar chutes e situações de gol.

PROFESSOR

RUBENS

A SAGA DO TÉCNICO TETRACAMPEÃO BRASILEIRO

MINELLI

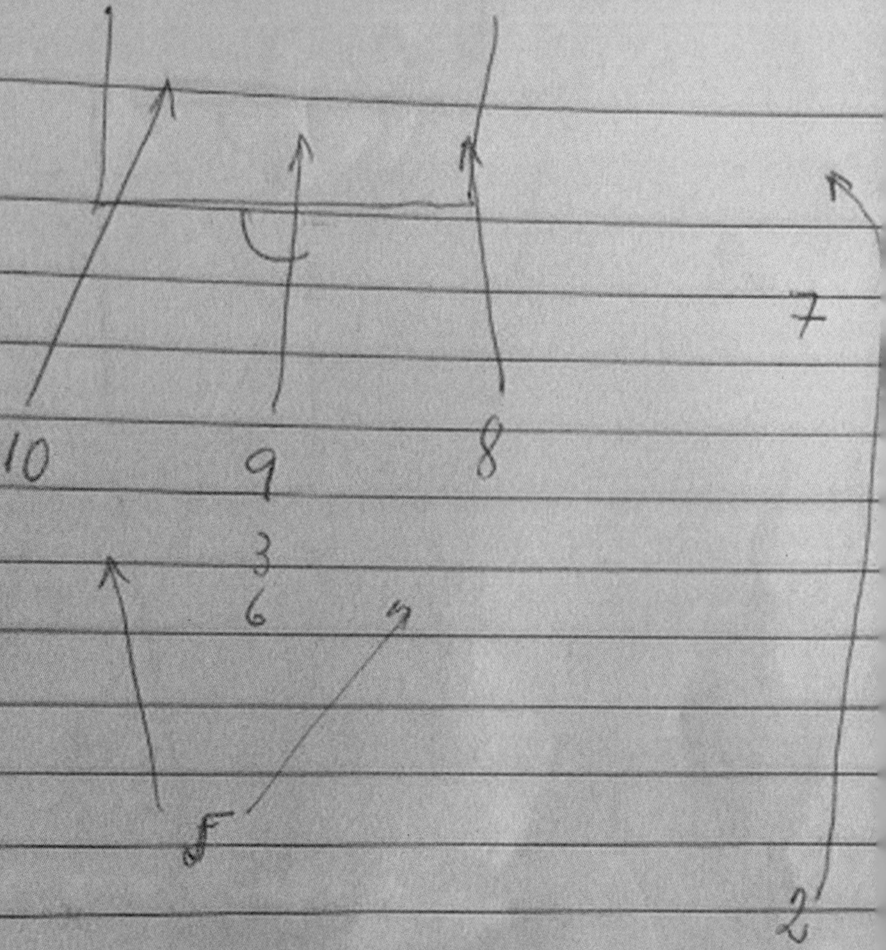

1ª variação volantes dão a bola aos pontas e vão p/rebote

2ª variação: volantes dão p. pontas que só pisam na bola para cruzamento em diagonal

revezam-se pontas e laterais

BRUNNO MINELLI DE MORAES

PROFESSOR

RUBENS MINELLI

A SAGA DO TÉCNICO TETRACAMPEÃO BRASILEIRO

onze
CULTURAL

Foto: Gazeta Press

Ao meu avô Rubens Francisco Minelli. Tenho muito orgulho de poder contar sua história.

Principalmente, à minha avó Rosinha (in memoriam), *que nos deixou em 2012. Ela, enquanto esteve conosco, foi uma segunda mãe no sentido mais amplo da palavra. Hoje, minha querida avó ainda dá o seu jeitinho e, até mesmo lá de cima, sempre ilumina os meus caminhos.*

Foto: Vecstok/freepik

Foto: Revista Placar/Nelson Coelho

AGRADECIMENTOS

Escrever este livro foi, com certeza, o maior desafio da minha vida pessoal e profissional. Por muitas vezes, questionava-me se conseguiria concluir tal desafio e, por isso, demorei um pouco mais do que o esperado.

Durante esta jornada, contei com a ajuda de muita gente. Familiares, amigos e até mesmo de pessoas que Deus colocou no meu caminho enquanto escrevia o livro e que foram de extrema importância para que a obra fosse concluída.

Como é de praxe, começo os agradecimentos à minha família – minha fortaleza.

Agradeço à minha esposa Natália Proença, que sempre me deu força nos momentos de dificuldade ou quando algo que havia planejado não dava certo.

À minha mãe Cecília e aos meus tios Rubinho e Ricardo, que vivenciaram boa parte desta trajetória e me trouxeram suas memórias.

Ao meu pai Luiz Carlos, à minha irmã Stefanne e à minha avó Maria, que nunca deixaram de me apoiar.

Ao irmão que a vida me deu, Caio Tundisi, que mesmo morando em outro continente, a milhares de quilômetros de distância, foi o amigo de que precisei. Aquele que nunca me deixou acomodar: "Você tem que fazer este livro!"; "Como é que está o livro?"; "Estou ansioso para ler este livro!", ele me dizia, dando-me força quando eu mais necessitei.

Ao amigo Marco Tucci que também foi meu apoio quando precisei desabafar e achar outro norte a seguir.

Ao Renato Paschoal, que nos últimos anos se tornou um verdadeiro membro da família Minelli por toda a dedicação e ajuda, e que também teve sua parcela de contribuição aqui.

Ao amigo, Larry Chaves, ex-zagueiro do Internacional, que assim como tantas pessoas, sempre foi solidário e de grande importância na busca por outros personagens que fizeram parte dessa história de mais de 90 anos. Ele me foi apresentado pela Candice Gasperin, filha do grande goleiro do Colorado, Luiz Carlos Gasperin. Agradeço aos dois por toda a ajuda que me deram.

Ao Wedscley, outro superparceiro a quem sou muito grato. Buscava alguém para fazer algumas reproduções de gols que marcaram a vida do meu avô e, despretensiosamente, eu o encontrei. Nunca poupou esforços para ajudar e fazer parte deste projeto. Foi o responsável por recriar os gols de Rubens Minelli nunca antes vistos por outras gerações.

Aos patrocinadores e apoiadores, agradeço-lhes por acreditarem no projeto e ajudarem a concretizá-lo. Um agradecimento especial ao Manoel Santos, preparador físico do meu avô nos tempos do Paraná Clube, que não mediu esforços para, segundo ele, retribuir tudo que aprendeu com o Minelli no futebol. Ao amigo Fábio Ghelfond, um dos fundadores da Trampa, que desde o início quis fazer parte da obra. Aos queridos Vinícius Guerrera e Marina Morato da MGX, que confiaram no projeto. Ao meu tio, Ricardo Minelli, um dos sócios da Érea, que fez questão de ajudar nessa homenagem ao seu pai. E à revista *Placar*, que foi uma grande parceira, cedendo algumas fotos à publicação.

E, por fim, mas não menos importante, agradeço às minhas maiores fontes de alegria: ao meu sobrinho Gustavo Henrique e aos meus cachorros Toulla (que infelizmente levou um pedaço de mim ao partir durante o processo de publicação deste livro) e Thor, que me deram a energia que faltava em meio ao desgastante cotidiano de conciliar duas jornadas de trabalho.

O MESTRE DOS PROFESSORES

Por Mauro Beting

O meu Palmeiras era o melhor do Brasil quando foi desbancado pelo Internacional dele, em 1975. Meu timaço que ele também começara a montar quando foi Campeão do Robertão[1], em 1969. Deixou o Palestra em 1971, para ser substituído depois por Osvaldo Brandão, que de fato montou a Segunda Academia Alviverde, a partir de 1972.

Minelli foi o precursor daquela rima que era uma Seleção Palmeirense. E foi também quem de fato montou o time mais europeu que o Brasil já viu. Imperial. Impiedoso. Avassalador. Técnico. Tático. Físico. Estruturado. Moderno.

Pegou a base de anos do Internacional e, enfim, superou a barreira das semifinais nacionais. Ganhou em 1975 e foi Bicampeão em 1976, com o melhor desempenho da história do Brasileirão.

E foi para o São Paulo ser Tricampeão nacional. Batendo um Atlético Mineiro de melhor campanha. O maior Vice da história brasileira, perdendo para um dos maiores treinadores da antologia verde e amarela.

Treinador de prática e de prancheta. Teórico com técnica de campo. Técnico dos poucos que merecem ser chamados de Professor.

Rubens Minelli é uma grife. Cultura além do futebol. Conhecimento muito acima da média e da mídia. Moderno para sempre.

Estudava adversários com tecnologia avançada. E nunca parou de estudar. Sempre quis conhecer as novidades – mesmo que não fossem *novas*. Sempre observou atentamente o trabalho dos outros. Sempre venceu pelo esforço e pelo estudo – imbatíveis como aquele Inter de 1975-1976. O time daquela década.

Esquadrão que o deveria ter levado à Seleção. Algo que a politicagem não permitiu. O bairrismo e clubismo não o convocaram. Sabem lá os diabos da bola o porquê.

---

[1] Oficialmente denominado Torneio Roberto Gomes Pedrosa/Taça de Prata, foi uma competição de futebol nacional, disputada entre 1967 e 1970.

Azar do Brasil. Perdeu um treinador que sabia fazer a tabelinha entre o técnico e o tático, o físico e o mental. Aproveitava o que tinha de melhor da ginga brasileira e do jogo europeu.

Mas, como um de seus melhores pupilos Paulo Roberto Falcão, Minelli também não esteve na Copa de 1978, quando o Brasil poderia ter sido muito mais do que *campeão moral*. Isso porque tinha um campeão não só com o moral do Professor Minelli, mas também com todo o conhecimento que não é só profissional, é pessoal.

A minha relação com ele transita entre a admiração pelo treinador e o reconhecimento pela pessoa elegante, fina e inteligente que é. De humor cáustico e refinado.

Além de deixar o legado em campo, deixa para a família, que sempre foi o seu primeiro time, um neto como o Brunno.

Por ela sempre fez tudo. E o garoto, não só pelo avô, mas também pelo craque que Minelli foi, conta esta história vencedora.

Honra e alegria de acompanhar o talento que passa por gerações e agora chega às mãos de quem, como o leitor e o professor, quer sempre aprender mais.

INTRODUÇÃO

Nesta biografia, você conhecerá a história de Rubens Francisco Minelli. Um descendente de europeus que nunca passou por dificuldades, como é comum no meio do futebol, e cresceu rodeado de amor, sem luxos e excessos.

Esta não é uma obra literária com linguagem rebuscada e texto impecável, assim como muitas biografias de ex-atletas e ex-treinadores. Com uma narrativa objetiva, simples, direta, verdadeira e, por vezes, bem-humorada, este livro é a construção detalhada da trajetória de um homem que, com muito trabalho, suor e estudo, foi galgando espaços e aproveitando oportunidades. Tudo contado por meio de relatos do próprio Rubens Minelli e de muita gente que passou por sua vida, ex-jogadores, treinadores, jornalistas etc.

Desde que nasci, sempre tive o futebol ao meu redor. Ele estava presente na televisão, na escola, nos duelos de fim de semana na chácara e na vida do meu avô que, inserido nesse meio, tinha muita história para contar. À medida que fui crescendo, tive o futebol como companheiro e me tornei mais um brasileiro apaixonado por essa modalidade, que, para mim, é e sempre será uma arte, seja pela plasticidade das jogadas e dos gols dentro de campo, pelo *show* das torcidas nas arquibancadas, ou por tudo que envolve o jogo em si e pela sua transmissão.

A partir do momento em que alcancei um olhar crítico e comecei a me inteirar sobre o mundo futebolístico, descobri que Rubens Minelli não era um simples nome dentro do meio. Além disso, vi que diversos outros jogadores e treinadores já tinham suas histórias contadas e que meu avô, com mais de 90 anos, ainda não tinha a sua. Foi aí que pensei: “Preciso fazer alguma coisa!”.

Eu me inscrevi na faculdade de Jornalismo, me formei, trabalhei na área e, aos poucos, a ideia de escrever a biografia foi amadurecendo, até que comecei a colocar tudo em prática. Fiz inúmeras entrevistas com ele, todas gravadas. Colhi muito material. Ainda assim, talvez por eu ser muito novo, achei que não estava preparado para encarar esse desafio.

Em 2020, a pandemia fez com que muitas pessoas repensassem a vida e a maneira como viviam. Para mim, a pandemia também foi um *start*. Eu abri os olhos e me atirei a fundo neste projeto. Senti-me preparado. Achei, enfim, que o momento de escrever havia chegado.

Essa imersão na vida de outra pessoa, mesmo sendo alguém da minha família, foi uma experiência sem comparação. Vasculhar toda a casa do meu avô atrás de qualquer coisa que pudesse ajudar a contar esta história foi uma aventura. Revirar armários, folhear agendas e observar de perto qualquer ensinamento e rabisco que ele fizesse para explicar algo, foi prazeroso. Sem contar o fato de ter conseguido conversar com um dos convocados por ele para a Seleção da Arábia Saudita – uma experiência surreal.

Quantos técnicos já construíram um pêndulo para seus jogadores treinarem e aperfeiçoarem as suas qualidades? Quantos já queimaram uniformes antigos a fim de conseguir novos para o seu grupo? Quantos já declinaram de uma sondagem para treinar o Barcelona? Garanto que apenas um.

Acho que já revelei muito dessa história de vida singular. É hora de você se ajeitar no sofá, na rede, na cama, desmarcar os compromissos e conhecer um pouco mais a vida e a trajetória de um dos principais treinadores da história do futebol brasileiro.

Foto: Revista Placar/Jurandir Silveira

NA MEMÓRIA

"Pra fora, pra fora, São Paulo Campeão! Pra fora! O São Paulo é Campeão do Campeonato Brasileiro... São Paulo de força, de tradição... O Tricolor do Morumbi é o grande Campeão... na raça, na disposição, acima de tudo na competência... Rubens Minelli e seu time são os grandes vitoriosos!", assim narrou o inigualável radialista, Osmar Santos, na final do Campeonato Brasileiro de 1977. Palavras que não saem da cabeça do técnico Rubens Francisco Minelli, que tem esse momento como um dos pontos mais marcantes de sua longa e vitoriosa carreira.

A lembrança vem por conta do desafio de conquistar o campeonato, pintado por muitos como impossível. O São Paulo, na época, era considerado o azarão da competição, pois além de um time inferior tecnicamente, tinha uma campanha mais irregular do que o Atlético-MG, o outro finalista. E foi exatamente isso que levou o treinador e seu time a se doarem ainda mais em prol da conquista.

Minelli, várias vezes, tirou coelhos da cartola durante a trajetória tricolor na competição e, por conta disso, teve um papel de destaque, maior ainda do que nas outras conquistas com mais pompa. Seja na parte tática, motivacional e até na hora de ludibriar seus adversários, ele foi certeiro e deu uma verdadeira aula no comando da equipe do Morumbi, que conquistara seu primeiro título Nacional em 1977.

Para o treinador, o time ganhou força e confiança durante o campeonato e, comendo pelas beiradas, conseguiu alcançar seu objetivo principal. "Nós fomos trabalhando, contratando alguns jogadores... O clube também não tinha muito equilíbrio financeiro para gastar, mas o time estava supertreinado, era uma equipe que fazia o arroz com feijão bem... Com bastante tempero! E acabou chegando à final do campeonato, e nós fomos Campeões Brasileiros."

Em um torneio com 62 equipes, cinco fases e uma campanha com 13 vitórias, três empates e quatro derrotas, o São Paulo conquistou o caneco e elevou ainda mais o nome do comandante Rubens Minelli, que chegou ao seu quarto título Brasileiro (em 1969, pelo Palmeiras; em 1975 e 1976, pelo Internacional; e em 1977, pelo São Paulo).

ORIGEM

Em meio à Primeira Guerra Mundial que assombrava o mundo e, principalmente, a Europa, milhões de europeus partiram do continente em busca de refúgio em lugares mais distantes e seguros para recomeçarem a vida. Por conta disso, o Brasil – um dos cenários escolhidos – recebeu uma verdadeira *enxurrada* de imigrantes. Entre eles, a iugoslava Maria Pilat, que veio com seu marido Nicola Kemeter.

Sua irmã de 16 anos, a jovem Helena Stephania, a princípio, recusou o convite, pois não queria deixar a mãe, Juliana Sedlak Pilat, sozinha, já que o pai, Frantisek Pilat, havia falecido. Em meados de 1925, porém, depois de muito matutar, cansada da vida sofrida que levava na Iugoslávia e com medo da guerra – destruição, mortes e medo tomavam conta da população e dos noticiários –, ela resolveu seguir rumo ao Brasil com a irmã.

Helena era uma moça educada, carinhosa, determinada e muito inteligente. Tinha terminado de cursar o ginásio em sua cidade, algo pouco usual para a época, e aprendeu sozinha a falar o dificílimo idioma português. Sua ideia era permanecer no Brasil apenas até as coisas se acalmarem em seu país. No entanto, não foi assim que a história terminou.

Ao desembarcarem em solo brasileiro, os três, ainda sem condições de pagar por uma moradia, alojaram-se na casa da Hilda, prima de Maria e Helena. O período da estadia não durou muito, pois Nicola, após arrumar um emprego na fábrica de sapatos Clark, na Rua da Mooca, zona leste de São Paulo, começou a economizar dinheiro para que pudessem se mudar o quanto antes.

Ao deixarem a residência da prima, seguiram para um cortiço que ficava na Rua João Antônio de Oliveira. Depois, quando Nicola demitiu-se da fábrica para tocar o seu próprio negócio como sapateiro, mudaram-se definitivamente para uma casa na Rua Itaqueri, nº 826, ali mesmo no bairro da Mooca.

Para ajudar nas despesas da casa, Helena foi atrás de trabalho. Conseguiu um emprego como secretária em uma fábrica de meias para senhoras e foi aí que o rumo de sua vida começou a mudar radicalmente.

Na fábrica, no cargo de gerente, trabalhava José Minelli, um rapaz boa praça, genioso e reclamão – características herdadas que faziam dele um autêntico italiano.

José era fruto da união do italiano Francesco (Francisco) Minelli com Carolina Mangini. O casal se conheceu em Napoli, na Itália, iniciou o relacionamento e partiu para o Brasil. Ao chegar, Francesco se instalou em Jundiaí, interior de São Paulo, montou um frigorífico e se tornou um palestrino fanático.

Trabalhando no mesmo local, Helena e José, com o tempo, acabaram se interessando um pelo outro. O início dessa relação, contudo, não foi fácil.

José, que tinha boas intenções, foi pedir a Nicola permissão para que pudesse namorar Helena. Pedido prontamente negado pelo cunhado da moça, pois ele a considerava muito jovem para tal condição. Além disso, e a despeito de protegê-la, o cunhado tinha planos de juntar dinheiro para mandá-la de volta à Iugoslávia, para morar com a mãe.

Entretanto, como é de costume da família Minelli, José não desistiu de se mostrar disposto a levar a relação com Helena para frente. Depois de um flerte aqui e outro ali, e de enfim conquistar a permissão de Nicola, Helena e José começaram a namorar. Mulher séria e tradicional, ela quis fazer tudo conforme mandava o figurino. Não demorou para o namoro dar lugar ao noivado e, em seguida, ao casamento.

Mesmo com o fim da Guerra, Helena tinha dado um novo passo em sua vida e não pensava mais em voltar à Iugoslávia. Tal decisão ficou ainda mais fortalecida quando, em 19 de dezembro de 1928, nasceu o primeiro filho do casal: Rubens Francisco Minelli.

Dois anos e sete meses mais tarde, nasceria seu irmão, Ruy José Minelli, aquele que se tornaria seu companheiro de taco, bolinha de gude, peão, pipa e, principalmente, de futebol e de vida.

Rubens, os pais e o irmão formavam uma família extremamente unida, com uma rotina que envolvia ouvir os programas de rádio de Manoel de Nóbrega (*Cadeira de barbeiro*, por exemplo); ir ao cinema para ver todo tipo de filme, em especial os de *cowboy*, o gênero favorito de Rubens; pescar no rio Tietê; e comer a tradicional *pizza* de domingo, na famosa Pizzaria do Lucca, no bairro do Bom Retiro. Durante alguns fins de semana e no período de férias escolares, a família tinha o costume de ir para Santos aproveitar a praia.

Em relação ao futebol, ouvir pelo rádio um Palmeiras *vs.* Corinthians era o principal e mais esperado passatempo para Rubens, pois eram os times mais tradicionais e que tinham mais títulos na época.

IRMÃO E GRANDE PARCEIRO

Nascido no dia 13 de julho de 1931, Ruy José Minelli foi o melhor irmão e amigo que Rubens poderia ter. Desde criança, como já dito, viviam juntos. A pequena diferença de idade os aproximava ainda mais.

Dentro do futebol, ao atuar nas categorias de base do São Paulo, Ruy seguiu o irmão. Fora de campo também, ao se formar economista. No entanto, diferente de Rubens, Ruy fez carreira fora dos gramados. Em São Paulo, trabalhou na Standart Eletric e no Banco Brasileiro de Descontos, que futuramente se tornaria o Bradesco.

Era uma pessoa bem-humorada e, quando possível, gostava de acompanhar o irmão, fosse na pesca ou em uma partida de sinuca. Próximos que eram, seguiu Rubens, ao lado de seus pais, assim que o treinador foi contratado pelo América, de São José do Rio Preto, e por lá Ruy constituiu família.

Arrumou um emprego na parte administrativa do clube e depois seguiu para a Tarraf e Filhos Ltda., onde trabalhou durante 23 anos até se aposentar. Galgou cargos na empresa, chegando a ser diretor financeiro e auditor. Ambos os trabalhos geridos por Antônio Zaia Tarraf, presidente do América na época, e membro de família com grande influência na cidade.

Casou-se com a espirituosa Edda Zalli, outra cozinheira de mão cheia da família. Seja o croquete de queijo, espetinho de frango ou filhote (peixe) que fazia, o sucesso era garantido.

Dessa união, nasceu Ruy José Minelli Júnior, também conhecido como Ruizinho. Centrado e inteligente, fez carreira na

Caixa Econômica Federal. Do casamento com Silvania nasceu Gabriel, o grande xodó dos avós, que não teriam outro neto.

Por conta de um câncer no pulmão, Ruy José Minelli nos deixou em 4 de julho de 2002. Sua parceira Edda, que fez as vezes de avô e avó em sua ausência e levou amor ao seu neto e à sua família até quando pôde, em 2019 foi vítima de um AVC e não resistiu.

É DE FAMÍLIA

Desde antes de seus filhos nascerem, José Minelli já era um apaixonado por futebol. Começou como ponta-direita nos campos de várzea (para onde voltaria antes de se aposentar dos gramados) e chegou à Associação Atlética São Bento, time da capital paulista.

E foi justamente atuando pelo São Bento que José enfrentou, no ano de 1920, o lendário Arthur Friedenreich e, ainda, balançou as redes do time adversário.

Fundado em 1º de janeiro de 1914, usando as cores azul e branco em seu uniforme, o São Bento, apesar de pouco conhecido, conquistou títulos expressivos na sua curta história. No mesmo ano de sua fundação e em 1925, o time se sagrou Campeão Paulista, desbancando poderosas equipes como Corinthians, Santos, Portuguesa e Palestra Itália, que mais tarde se tornaria o Palmeiras. Porém, no ano de 1933, com a lei da profissionalização imposta pelo governo Getúlio Vargas, o clube não se adequou às solicitações e teve que fechar as portas.

DEIXA PRESO!

Uma história cômica da época em que seu pai, José Minelli, era jogador chamou a atenção e ficou guardada na memória de Rubens.

Em um tempo em que grande parte dos atletas não eram muito profissionais, e não se preocupavam com a saúde nem com o corpo, além de serem excessivamente farristas, o presidente da Associação Atlética São Bento – que também era delegado de polícia –, segundo o que contava o próprio Seu José, resolveu tomar uma atitude inusitada pensando no clube e no desempenho dos jogadores.

Inacreditavelmente: sempre na véspera de jogos decisivos, os dois ou três atletas mais boêmios da equipe eram presos pelo presidente e dormiam na cadeia; o intuito era tê-los inteiros para o confronto do dia seguinte.

Além de jogador, José atuou como técnico. Sua personalidade forte e exigente aliada ao seu conhecimento sobre futebol o fizeram garimpar bons jogadores. Tanto os jogos entre times de bairro quanto os jogos na rua chamavam a sua atenção. Seu time de várzea, o Malharia Solon, nome do local onde trabalhava, rendia até uma ajuda de custos aos jogadores – dinheiro que saia do seu bolso – e foi a ponte para o Ypiranga. Talentos como o de Oswaldo Luiz Moreira (Liminha), Mário Travaglini e Rubens (Dr. Rubis) foram descobertos por ele. Os dois primeiros se destacaram no Palmeiras e o terceiro chegou a ser ídolo no Flamengo.

Mesmo fora das quatro linhas, José não queria se afastar do ambiente do futebol. Uma coincidência daquelas acabou recolocando-o na modalidade e inserindo-o no Clube Atlético Ypiranga, fato que futuramente seria muito importante na carreira de seu filho. Gerente-geral da empresa onde trabalhava, José conheceu o dono do local, que coincidentemente também era diretor de futebol do Ypiranga. Este, sabendo do passado e do conhecimento de José no mundo da bola, convidou-o para ser diretor do departamento amador do clube. Convite prontamente aceito por José, que futuramente se tornaria diretor das divisões de base e acabaria treinando algumas equipes da categoria. Nessa época, o pequeno Rubens já era mascote do Ypiranga e entrava em campo com a equipe.

— Ser técnico de futebol de um time de várzea era um negócio totalmente diferente. Ele reunia o pessoal, falava o que tinha que falar, modificava o que precisava modificar, substituía os jogadores; não tinha muita preleção, estudo do adversário. Era preparar o time para jogar. E assim ele foi Campeão Infantil e Juvenil no Ypiranga. Ele era meio seco, não era *amigão* dos jogadores, mas resolvia todos os problemas que tinha; não era de xingar, apelar, era meio-termo – lembra Rubens.

INFÂNCIA COM A BOLA

Se fora de casa Seu José já revelava alguns talentos, dentro também viria a ter atletas em potencial. Mesmo durante a infância, Rubens e Ruy viam seu pai como exemplo e estavam sempre atentos a uma de suas maiores paixões: o futebol.

— Acompanhávamos os jogos porque meu pai só falava disso. Era costume na família tanto dar quanto receber bolas de presente. Estávamos sempre em contato com ela e aí, não teve jeito, acabamos jogando futebol – conta Rubens.

A primeira bola que Rubens ganhou foi a *bola-bexiga*, aos seis meses de vida. Assim que começou a andar, passou a ser o seu presente favorito, pois ensaiava os primeiros chutes. Ele, o pai e a *bola-bexiga* faziam uma verdadeira festa. No entanto, o sonho de toda criança era ter a bola de capotão, muito famosa na época por ser do tipo que os jogadores profissionais usavam. E, para o desejo de Rubens e de Ruy se tornar realidade, foi um pouco mais doloroso do que o esperado. Ambos precisavam fazer uma operação das amígdalas e, para convencê-los, Seu José jurou presenteá-los com a tal bola. Promessa que foi cobrada pelos irmãos assim que saíram da mesa de cirurgia, sem sequer conseguirem falar direito. Passaram na Rua Florêncio de Abreu, no centro de São Paulo, e em uma casa de couro o pai tratou de honrar a palavra.

No começo, como jogavam descalços, a bola, mais dura do que o esperado, machucava os pés, arrancando "filés do dedão", como o próprio Rubens conta. Depois de algumas pelejas, porém, com os pés um pouco mais calejados, tudo valeu a pena e a redonda virou motivo de grande orgulho da dupla.

*****

Rubens e sua família moravam na Rua Anhanguera 822, casa 5, situada entre os tradicionais bairros da Barra Funda e do Bom Retiro, na capital paulista, mais especificamente em uma vila composta por oito casas – quatro de cada lado. No meio da vila, havia um grande pátio. Ali, a bola rolava e Rubens dava os seus primeiros passos no futebol ao lado de seus amigos Miguel e Savério. As traves dos golzinhos sempre eram feitas com pedras ou chinelos, marca registrada do futebol raiz.

— Praticamente começamos ali. Meu pai me ensinou a chutar; a partir disso, fui aprendendo a jogar. Ele, de pertinho, rolava a bola para eu chutar e eu a devolvia. Aos poucos, a distância do arremate aumentava, ia mais longe, mais longe... – lembra Minelli.

Fora da vila, ele também se aventurava com a bola nos campos da Rua Javaés e da Rua Solon, travessas da Avenida Rudge.

*****

Durante o primário e o ginásio, Rubens estudou no Colégio Liceu Coração de Jesus, nos Campos Elíseos. Um colégio bom, que ocupava o espaço de um quarteirão. O pátio da escola, seu local favorito, tinha dois campos grandes de futebol, onde Rubens, na companhia de seu amigo Paschoal Nobis, passava quase mais tempo lá do que nas salas de aula.

Arteiro, porém estudioso, era um dos melhores alunos da turma, mas também tomava as suas advertências no colégio.

— Meu pai nunca me castigou proibindo-me de jogar bola. Ele tirava a mesada, dava uma reprimenda mais acentuada, mas nunca me impediu de jogar futebol.

Além da matemática, matéria lecionada pelo professor Lelis – coincidentemente tio do apresentador Fausto Silva, o Faustão (amigo de Rubens até hoje) –, geografia e história eram as suas preferidas, pois ele gostava de ler e de saber sobre as mudanças que ocorreram no mundo ao longo dos anos. E foi na sala de aula que conheceu um de seus primeiros incentivadores no futebol: o professor de geografia, Seu Gama.

Amigo dos seus alunos, Seu Gama não parava apenas no apoio moral que dava aos jovens entusiastas da bola. Ele comprava as camisas, os calções, as meias e os gorros (muito utilizados pelos atletas antigamente) para todos que fossem jogar, além das medalhas para os times campeões. Também escalava os times e fazia o rodízio entre todos os seus alunos para que pudessem se divertir em duelos contra as outras classes. Foram nesses embates que a qualidade de Rubens começou a se sobressair sobre a dos demais.

DA VÁRZEA À BASE DO SÃO PAULO

Tendo a modalidade como seu principal foco de interesse, Rubens cresceu pulando de time em time na várzea. Muitas vezes, jogava em mais de um ao mesmo tempo. Atuou pelo Clube Atlético Paulista da Casa Verde, Baruel, Belisco, Faísca de Ouro, Gazeta, Sul-Americano, Vagalume (clube que ajudou a criar na época), e no Santa Cecília, uma equipe com melhor estrutura, com fardamentos em seda e que, inclusive, auxiliava os atletas com algum dinheiro. Os jogos geralmente ocorriam em campos da região, aos sábados à tarde.

Ao mesmo tempo em que jogava por *hobby* nos mais diversos times de várzea da região, aos 16 anos, vendo a família passar por uma dificuldade financeira, resolveu buscar um emprego para ajudar com as despesas da casa. Primeiro se candidatou para uma vaga na Nestlé e não passou. Em outra empresa, fez a prova, passou no teste, mas como não tinha o certificado de reservista, não foi selecionado. Finalmente, aos 17 anos, foi para os Correios, onde trabalhou no setor de Relações Humanas. Era o responsável por controlar os horários dos funcionários, a folha de pagamento e as férias de cada um. Na ocasião, Rubens ganhava cerca de 350 cruzeiros, mais que o valor do aluguel onde moravam, que custava em torno de 326.

Entre a responsabilidade do trabalho e a felicidade com a bola, depois de percorrer alguns times amadores do centro de São Paulo, Rubens entrou no Ypiranga. Seu pai, que era diretor do clube, levou-o em uma peneira. Até então, Rubens só ia para a Rua Sorocabanos a fim assistir aos jogos do clube. Apesar de ter seu pai na função de diretor do clube, Rubens fez o teste como qualquer jogador e fora aprovado.

Enquanto trabalhava, jogava e estudava, o novo ponta-esquerda do Ypiranga atuou nas categorias Infantil e Juvenil do clube. Jogando pelo Infantil desde 1941, Minelli fora Campeão em duas oportunidades, sendo artilheiro de ambas, e Vice-Campeão em outra, no ano de 1943, depois de disputar 15 partidas amistosas, quando o time venceu todas, com 87 gols marcados e apenas oito sofridos. Palmeiras, Ypiranga e Corinthians foram as equipes classificadas para a fase final do torneio.

O Ypiranga venceu o Palmeiras e empatou com o Corinthians, o que forçou uma terceira partida entre o Vovô da Colina e o time de Parque São Jorge. No duelo derradeiro, o Corinthians ganhou por 2 a 1 e levou a taça. O jovem ponta-esquerda acabaria como um dos destaques da equipe, sendo comparado inclusive aos célebres Lima e Pipi, que marcaram época no clube e também atuavam pelo flanco esquerdo.

No Juvenil, foi um dos jovens convocados pelo departamento técnico da Federação Paulista de Futebol, época em que despertou o interesse do Guarani. As tratativas, no entanto, não avançaram.

Algum tempo depois, mais precisamente no ano de 1946, deixou o Clube Atlético Ypiranga, pois recebeu um convite inesperado e irrecusável: atuar nas categorias de base do São Paulo Futebol Clube. O convite veio de um técnico que futuramente faria história no comando da Seleção Brasileira, Vicente Feola.

VICENTE FEOLA

O comandante ficou mundialmente conhecido por treinar a Seleção Brasileira na primeira conquista do país em Copas do Mundo, em 1958. Além de ser o treinador desse seleto grupo de craques, foi fundamental para que um talentoso jovem que encantava todo o país continuasse entre os selecionáveis mesmo com uma contusão, "um tal de Pelé". O técnico exigiu de João Havelange, presidente da antiga CBD (Confederação Brasileira de Desportos), que o jogador não fosse cortado da Copa da Suécia.

E todo o esforço valeu a pena, pois o camisa 10, maior jogador da história, foi um dos principais responsáveis pelo título Mundial.

Além de apostar alto no atleta do Santos, Feola também garimpou outra joia do futebol brasileiro. Mas, dessa vez, o beneficiado não foi a Seleção e, sim, o São Paulo Futebol Clube, equipe de forte ligação com o comandante, que teve ao seu dispor o futebol mágico de Leônidas da Silva.

Em sua carreira, Feola também viria a treinar o Tricolor Paulista, o Boca Juniors, da Argentina, e mais uma vez a Seleção Brasileira na Copa do Mundo da Inglaterra, em 1966.

Segundo Rubens, Feola – técnico do Juvenil do São Paulo e que futuramente seria o coordenador-geral de futebol do clube – conheceu-o no bairro, vendo-o atuar com destaque pelas equipes de várzea, em especial pelo Faísca de Ouro. Um belo dia, em um armazém no Bom Retiro, o garoto cruzou com Feola que o chamou para fazer um teste na equipe do Morumbi.

Depois de ser aprovado na peneira, Rubens começou a treinar no Juvenil, período em que se destacou, sendo Campeão e artilheiro máximo do Campeonato Paulista de 1946. Futuramente, jogaria nos Aspirantes, categoria em que mais figurou do que atuou pelo Tricolor Paulista. Os treinos e jogos aconteciam no Pari, onde atualmente fica o Canindé, estádio da Portuguesa de Desportos.

Junto com Rubens, seu irmão Ruy também ingressou na base do clube. Mais novo, atuava na categoria Juvenil até o dia em que quebrou o braço e teve que se afastar. Para surpresa de Rubens, e principalmente de sua mãe Helena, o Tricolor deu todo auxílio e suporte para que Ruy pudesse se recuperar. Até visitas do cartola Paulo Machado de Carvalho ocorriam quinzenalmente na residência da família Minelli.

Tal demonstração de humanidade e apoio fizeram com que Dona Helena fosse eternamente grata ao São Paulo e começasse a torcer pela equipe. Carinho que tentou passar também para os filhos ao longo dos anos.

JOGADOR PROFISSIONAL

Rubens permaneceu no São Paulo até 1948. Por falta de oportunidades – em função da forte concorrência – e por nova procura do Ypiranga, ele retornou ao clube, dessa vez na condição de profissional.

— Era muito difícil ir da base para o profissional. Naquela época, jogador de 17, 18 anos só faltava colocar babador e fralda, porque ninguém acreditava em atleta novo. Jogador tinha que ser mais maduro, ter uns 24, 25 anos. Então, virar profissional foi uma imensa felicidade.

A alegria em chegar ao seu primeiro clube na condição de jogador profissional, porém, deu lugar à preocupação de conseguir conciliar os seus outros afazeres.

— Você vai galgando degraus. Cheguei ao Ypiranga para jogar no aspirante, depois passei à reserva do profissional e comecei a fazer parte do grupo profissional. A minha rotina mudou toda, porque eu precisava arrumar tempo para treinar nos dias de semana. Não era fácil. E eu trabalhava nos Correios, era funcionário público federal – revela Rubens.

Sua estreia entre os profissionais do clube e como titular ocorreu no dia 18 de abril de 1948, na derrota por 1 a 0 diante da Ponte Preta, em duelo amistoso disputado em Campinas.

Já seu primeiro gol como jogador profissional demorou um pouco a sair. Aproximadamente, oito meses depois de sua estreia. Rubens conseguiu balançar as redes no confronto frente à Portuguesa Santista, no dia 5 de dezembro. Vitória do Ypiranga, por 4 a 1.

Acostumado a treinar e jogar apenas nos fins de semana, agora, Rubens tinha que se desdobrar para treinar às terças, quintas e aos sábados, além de jogar aos domingos. Para tentar dar conta de tudo isso, o primeiro passo foi mudar sua jornada nos Correios, passou para o turno da noite. A vida agitada em momento algum fez com que desistisse do seu sonho; porém, quando os seus horários coincidiam, não pensava duas vezes em escolher a prioridade.

— Mesmo sendo jogador profissional, eu pedia dispensa e faltava no futebol, mas não no meu trabalho normal.

Inimaginável tal escolha nos dias de hoje. No passado, Rubens conta que tal escolha era encarada como uma atitude normal pelo seu técnico Caetano de Domênico, que era visto, por ele e pelos outros atletas, como uma pessoa muito humana e amiga dos jogadores, pois sabia dos problemas financeiros que a maioria tinha.

Os salários não condiziam com os atuais e, pelo menos no início, como atleta profissional, Rubens faturava mais trabalhando nos Correios do que dentro de campo. No Ypiranga, recebia 800 cruzeiros mensais.

MINELLI ARQUEIRO?

Durante a disputa do Campeonato Paulista de 1948, o ponta-esquerda Rubens Minelli, por conta de um imprevisto, quase virou goleiro. Isso porque Osvaldo, o arqueiro do Ypiranga, pegou a condução errada para a Rua Javari e chegou em cima da hora para o duelo diante do Juventus, da Mooca. Antes de o camisa 1 adentrar ao estádio, o técnico Caetano de Domênico, extremamente preocupado, preparava Minelli para fazer as vezes de goleiro. No fim, tudo não passou de um susto.

Se fora de campo o recém-contratado Rubens enfrentava dificuldade com os horários, dentro das quatro linhas o problema era a disputa da posição com o experiente ponta-esquerda Valter, um destro que atuava na mesma função e tinha uma verdadeira bomba na perna direita.

Outro aspecto a favor de Valter era o entrosamento com os demais jogadores de ataque: Liminha, Dr. Rubis (Rubens), Silas e Bibe. Juntos formavam um time muito competitivo, que batia de frente com todas as equipes do campeonato – inclusive com os clubes grandes –, mas não conseguiam transformar tal desempenho em títulos. Assim, Rubens se reveza entre titular e reserva.

Apesar de reconhecer que estava muito longe de ser um craque, ele acredita que poderia ter tido ainda mais chances entre os 11 iniciais.

— Eu tinha bola para conseguir uma vaga, só faltaram mais oportunidades. A prioridade era do Valter e eu tive que esperar a minha vez. Quando ela chegou, eu me machuquei – lamenta.

"ELE QUEBRAVA O GALHO"

Dário Unzelte, pai do jornalista e historiador Celso Unzelte, morador do bairro do Ipiranga, era um frequentador assíduo do estádio da equipe. Um daqueles torcedores que ficava no alambrado e não perdia um jogo. Nos tempos do bonde, o antigo bonde Fábrica o deixava na porta do campo do Ypiranga.

— O Ypiranga é o meu segundo time. A gente torcia porque era do bairro e dava uma forcinha, mas o time tinha uma torcida limitada. Sempre foi um time médio, com muito refugo. Recebia refugo do São Paulo, Palmeiras, Corinthians.

Com o tempo, o clube começou a dar prioridade aos jogadores mais jovens e nessa leva que chegou o ponta-esquerda, Rubens Minelli.

— No tempo que ele surgiu, o Ypiranga era um time jovem. Tinha entrosamento, mas era um time em formação, sem muito dinheiro – relembra Dário.

Quando questionado sobre as qualidades que Minelli tinha com a bola nos pés, Dário, no auge de seus 92 anos, é sincero:

— Ele era muito esforçado, chutava bem. Naquele tempo, o Ypiranga era fraquinho e o Minelli não podia fazer milagre. Quem se saiu melhor naquele time foi o Bibe, que jogou no São Paulo. Não vou qualificar, nem desqualificar o Rubens. Ele quebrava o galho, formou uma boa ala esquerda – garante.

Sobre a comparação entre o Rubens Minelli jogador e o Rubens treinador, Dário não tem dificuldade em escolher:

— Eu acho que foi melhor treinador. Ele ficou pouco no Ypiranga e depois que foi para as equipes do Sul do país deslanchou como técnico – conclui.

Mesmo assim, pela equipe profissional do Ypiranga, Rubens Minelli disputou 24 partidas. Com dez vitórias, sete empates e sete derrotas, anotando, ao todo, dez gols. Entre esses, está o tento feito contra o Santos, no dia 20 de dezembro de 1948, o qual foi assim descrito pela publicação do jornal *Diário da Noite*: "Aos 12 minutos da fase final, Bibe recebe a bola e envolve Nenê, servindo Minelli, que já no bico da área fez partir um chute cruzado e fulminante, que atravessa frente a Leonídio, indo chocar-se contra a face interna do poste esquerdo e dali para o fundo das redes. Era o tento de empate para o Ypiranga".

Lance do gol no caderno de imagens: foto 1

NOVOS ARES

Em 1951, sem chegar a um acordo com o Ypiranga sobre a renovação de seu contrato, Rubens preferiu deixar o clube. Como não conseguia se distanciar do futebol, sempre procurava um jeito de não perder o contato com a bola. Muitas vezes, nos seus dias de folga, atuava em campeonatos de várzea. E uma das competições em especial teve grande importância para a sequência de sua carreira: O Festival Varzeano do Dia Primeiro de Maio.

Atuando pela equipe do Sul-Americano, do Bom Retiro, na função de meia-esquerda, ele teve um grande desempenho durante o torneio e chamou a atenção de alguns treinadores adversários, entre eles um velho conhecido, o técnico Caetano de Domênico, que na ocasião dirigia o Nacional Atlético Clube.

Seu ex-comandante queria contar com ele na nova agremiação e fez questão de convidá-lo para esse novo desafio. Rubens, que estava à procura de mais minutos em campo, a fim de comprovar todo o seu valor, aceitou.

CAETANO DE DOMÊNICO

Visto por Rubens Minelli como uma de suas principais referências quando assumiu o posto de treinador anos mais tarde, Caetano de Domênico consolidou seu nome no futebol com um sistema de marcação muito eficaz.

Destacou-se com a famosa *cerradinha*, expressão utilizada para caracterizar a marcação firme empregada por seus times diante das potências da época.

Italiano de nascimento e admirador do forte poderio defensivo de seus compatriotas, chegou a treinar times grandes como Palestra Itália e Santos. No entanto, graças ao seu esquema de jogo, apareceu para o futebol, principalmente, no comando de equipes de menor expressão como Ypiranga, Nacional e Ferroviária.

Entre seus títulos, está o Campeonato Paulista de 1940, dirigindo o Palestra Itália.

Em 1952, no Nacional, a princípio Rubens jogaria como meia-esquerda, posição que chamou a atenção de Caetano de Domênico durante o torneio. Com o decorrer da temporada, porém, as coisas mudaram. Entre os titulares, o Nacional contava com o meia-esquerda Élson, habilidoso e técnico – um dos pilares da equipe. Diante dessa situação, Rubens, que até tinha bola para começar jogando, acabou voltando para a boa e velha ponta-esquerda, onde atuaria até o fim de sua carreira.

Ao mesmo tempo em que atuava pelo Nacional, Rubens, que se formara em seu antigo colégio e fizera curso científico no Colégio Rio Branco, tentou ingressar na faculdade de Medicina, curso que admirava. Como não foi aprovado, outra vez o futebol guiou a sua vida.

Com a eminência de começar o Campeonato Brasileiro Universitário (doravante CBU) e tendo seu amigo de infância e do Colégio Liceu Coração de Jesus, Utulante Vignola, como presidente da FUPE – Federação Universitária Paulista de Esportes, uniu o útil ao agradável e se inscreveu no curso de Economia, Finanças e Administração, pois, segundo o amigo, era o primeiro a abrir vagas. Vignola queria que Rubens entrasse em Economia apenas para atuar no CBU e depois desistisse do curso. No entanto, Rubens, que não era de fazer nada pela metade, seguiu no curso.

OUTRA VEZ!

Lançado em 1921, o *Álbum das Balas Futebol* virou uma febre. Figurinhas dos jogadores vinham dentro das embalagens das balas da indústria de balas e chocolates A Americana. Nessa época, não havia álbum.

A partir de 1938, porém, as figurinhas passaram a ter um álbum e viriam a se tornar itens para colecionadores. E foi assim até 1958.

De 1958 a 1961, ano em que se encerrou a produção, as figurinhas passaram a ser vendidas em pacotes avulsos iguais aos dias de hoje.

Durante o período em que atuou no Nacional e no Ypiranga, Rubens também fazia parte desta coleção. Enquanto estava no time da Barra Funda, titular da equipe, ele afirma que era uma das figurinhas raras: a famosa figurinha carimbada. No entanto, quando atuava no "Vovô da Colina Histórica", ele revela que era daquelas figurinhas repetidas, que ninguém aguentava mais tirar, e conta uma história curiosa e cômica:

— Na época, eu namorava uma menina chamada Mariana. Aos domingos, quando podia, assistia às missas do Colégio São Bento. Em uma das ocasiões, ao subir a Rua São Bento na companhia dela, me deparei com um rapazinho desembrulhando as *Balas Futebol*. Ao passar por nós, ouvi-o dizer: "Outra vez esse filho da puta de Minelli!" – diverte-se ao relembrar a história.

A estreia de Rubens pelo Nacional ocorreu no dia 2 de novembro de 1952 na vitória por 2 a 1 diante da Ponte Preta, no estádio Nicolau Alayon.

Exatamente uma semana depois, já mais à vontade, o ponta-esquerda fez seu primeiro gol pelo clube. O tento ocorreu no 3 a 0 diante do XV de Piracicaba, pela 21ª rodada do Campeonato Paulista.

Descrito assim em uma publicação da época do jornal *O Esporte*:

"Aos 23 minutos dá-se ao nosso ver, o gol mais belo da tarde. Nino, sem maiores pretensões, bate uma falta na altura da linha divisória de campo. O balão sobe e Paulo executa um toque mágico de cabeça. Fernandes voa sobre o balão e, quando todos já esperavam a defesa do goleiro, inesperadamente e com incrível velocidade, Minelli aparece como que tocado por uma varinha mágica e, com um toque de pé esquerdo, marca o segundo gol para o seu bando. O barulho da torcida foi ensurdecedor, prolongando-se por vários minutos. Há muito tempo não víamos um gol desse estilo."

Lance do gol no caderno de imagens: foto 3

Rubens, inclusive, marcou gols importantes pelo clube.

Outro deles aconteceu frente ao Santos, um de seus principais alvos. No dia 24 de novembro, em jogo válido pela 25ª rodada do Campeonato Paulista de Futebol, o ponta-esquerda deixara sua marca.

O jornal *O Esporte* retratou: "Aos cinco minutos do segundo tempo, o Nacional, atirando-se à luta com disposição, obteve o tento de empate. Foi seu autor o ponteiro Minelli. Sampaio escalara pela área santista e chutou contra o arco. A bola bateu no poste direito e ficou para Minelli, que a mandou às redes".

Lance do gol no caderno de imagens: foto 4

Atuando com frequência pelo clube e se destacando nos campeonatos universitários, Rubens chegou à Seleção Paulista Universitária. Suas atuações lhe dariam uma oportunidade: chamar a atenção de um time grande da capital.

Após deixar o Nacional, em um confronto entre a Seleção Paulista Universitária e o Palmeiras, mais uma vez Rubens se sobressaiu e foi convidado a treinar e fazer alguns testes na equipe profissional do Alviverde.

Entretanto, apesar do bom rendimento, não seria dessa vez que o jogador atuaria em um clube de expressão como profissional, pois, antes mesmo de saber se havia sido aprovado, as inscrições para o segundo turno do Campeonato Paulista haviam se encerrado, e como não poderia atuar caso passasse nos testes, foi indicado pelo diretor palmeirense da época, Arnaldo Tirone, para o Esporte Clube Taubaté.

Na época, a equipe do interior estava em tratativas com o Palmeiras em busca do empréstimo de alguns jogadores. Rubens, apesar de não ter nenhum vínculo com o time de Parque Antarctica, entrou nessa barca.

De acordo com ele, em nenhum momento houve frustração por ter ido fazer teste em uma potência nacional e terminar em um clube pequeno do interior paulista.

— Não fiquei frustrado, fiquei grato, pois eu não estava trabalhando em clube nenhum. Apareceu essa oportunidade e eu fui disputar a segunda divisão com o Taubaté – relata o atleta.

Ao todo, pela equipe da Barra Funda, Rubens Minelli fez 29 partidas e foi às redes em nove oportunidades.

— No Nacional, fui muitas vezes titular, quase não fiquei na reserva, a não ser quando machucado. Fiz uma campanha muito boa no clube.

O PRIMEIRO E ÚLTIMO TÍTULO COMO JOGADOR

Sua chegada ao Burro da Central acarretou uma rotina ainda mais agitada, pois ele treinava no interior (cerca de 140 quilômetros da capital), trabalhava nos Correios e residia em São Paulo.

— Na época do Taubaté, eu tinha voltado a trabalhar nos Correios pela manhã, das 7h às 11h. Depois, pegava a Pássaro Marron [empresa de ônibus] e ia para Taubaté. Treinava, saía às cinco horas da tarde e seguia para a faculdade, que ficava em São Paulo. Chegava em casa para dormir meia-noite e acordava às 5h30, porque até às 7h, no máximo, precisava estar nos Correios – conta Rubens.

Apesar do dia a dia corrido, Rubens conseguia concluir todos os seus afazeres. No entanto, por conta dos compromissos, em algumas poucas oportunidades não comparecia aos treinos, desagradando o treinador Joaquim Loureiro.

Como forma de punição, o comandante se via obrigado a tirar Rubens – e outros titulares com o mesmo problema – para prestigiar os atletas que compareciam com maior frequência às atividades.

Pouco experiente, Rubens não entendia tal medida. Somente anos depois, quando mudou de função e foi trabalhar à beira do campo, passou a compreender cada atitude do seu antigo técnico.

*****

Dentro das quatro linhas, ele se revezava entre o time titular e o reserva, mas sempre que atuava conseguia incomodar os adversários lá na frente, principalmente os laterais-direitos, que normalmente tinham o trabalho de marcá-lo.

Sua estreia pelo clube ocorreu no dia 28 de novembro de 1954, em uma partida amistosa diante da Associação Esportiva São José. O duelo fora disputado no estádio da Praça Monsenhor Silva Barros, mais conhecido como Campo do Bosque, onde atuava o Taubaté. E, para a alegria de Rubens Minelli, que entrou no segundo tempo, e da torcida alviazul[2], o Taubaté venceu pelo placar elástico de 8 a 1 e o recém-chegado ponta-esquerda deixou a sua marca e mostrou seu cartão de visitas.

[2] Manteve-se a nomenclatura aviazul em conformidade com a denominação utilizada pelos jornais da época.

O ex-companheiro de clube, o meia Toninho Taino, recorda-se das qualidades de Minelli:

— Ele era um bom ponta-esquerda e gostava de armar as jogadas.

Entre todos os campeonatos que participou como jogador, o mais marcante de sua carreira foi o da segunda divisão do Paulista de 1954.

E foi diante do Esporte Clube São Bento – clube que coincidentemente viria a ser sua futura equipe – que ele fez seu grande jogo pelo Taubaté. Na goleada de 4 a 0, Minelli, o camisa 11 do alviazul, além de balançar a rede duas vezes, foi o melhor jogador da partida.

Mais tarde, com muita luta e belos jogos, o Taubaté seria coroado com o título do campeonato e o acesso inédito à divisão de elite do futebol.

— Foi uma consagração. É bom quando você começa a sonhar e consegue atingir. Para mim, foi um achado eu ter ido para o Taubaté e ter sido Campeão da segunda divisão – afirma Minelli, orgulhoso.

Taino também enalteceu o título do Burro da Central:

— Foi uma conquista muito importante, pois era a primeira vez que o Taubaté iria disputar a primeira divisão; a torcida comemorou muito.

Para festejar o feito histórico do clube, diretoria e jogadores foram convidados para um grande jantar após a partida.

Durante a campanha, o Taubaté teve o retrospecto de 13 vitórias, cinco empates e apenas duas derrotas. No total, fez 57 gols, três marcados por Rubens, e sofreu 24 tentos.

Rubens Minelli entrou para a história do clube após erguer essa taça. E ficou marcado como um dos atletas do Taubaté a atuar pela primeira vez no estádio Paulo Machado de Carvalho, o Pacaembu, em um amistoso diante do Palmeiras. Apesar da derrota por 3 a 2 para o Alviverde, o jogador, que entrou no decorrer da partida, balançou as redes do arqueiro palmeirense.

O saudoso locutor esportivo Fiori Gigliotti narrou o feito de Minelli, no dia 16 de julho de 1955, pela rádio Bandeirantes:

"Ataque cerrado procurando o empate. Ananias para Minelli. Minelli atira! Gooooooooooooooool. Lance espetacular de Minelli. Numa bola, que não se pode sequer imaginar como entrou para o gol.

Chutou quase que sobre a risca da lateral das arquibancadas, fez uma volta espetacular no ar, tomando um efeito indescritível. Láercio saltou, conseguiu tocar a bola com a mão direita, mas de uma forma que seria incapaz de impedir a sua trajetória e está empatada a partida. Dois para o Taubaté, dois para o Palmeiras, em um gol miraculoso do ponteiro-esquerdo Minelli."

Lance do gol no caderno de imagens: foto 5

Pelo Taubaté, Rubens Minelli disputou 14 partidas, anotou seis tentos e foi expulso de campo em uma oportunidade – a expulsão de Minelli ocorreu na tumultuada partida entre Taubaté e São Bento, que terminou em 1 a 1, e com sete cartões vermelhos. Após pisão de Nicácio em Minelli e em seu companheiro Manteiga, ambos partiram para cima do adversário para revidar. No fim, os três foram para o chuveiro mais cedo.

Os demais gols do camisa 11 foram marcados novamente contra o São Bento e diante da Associação Esportiva Velo Clube Rioclarense.

Vale lembrar que além do amistoso contra o Palmeiras, Rubens Minelli, com a camisa do Taubaté, enfrentou o Guarani e o Santos, que já contava com o meio-campo Zito, o ponta Pepe e o técnico Lula.

Depois de sentir o gosto do seu primeiro título como jogador, Rubens acusou o golpe e estava decidido a não ser mais um jogador profissional por conta de sua rotina extremamente puxada.

— Eu jogava porque eu gostava e não porque eu quisesse fazer carreira.

Tal decisão teria influência direta no restante de sua vida no meio do futebol.

E foi nesse momento de reflexão de Rubens Minelli que o São Bento, time que se situava em Sorocaba – cidade bem mais próxima de São Paulo –, foi atrás dele, fez o jogador mudar de opinião quanto ao encerramento de sua carreira e o contratou.

HISTÓRIA CURTA E DOLOROSA

A estreia de Rubens pelo São Bento ocorreu na vitória de 2 a 0 diante do Juventus, jogo no qual ele foi um dos grandes destaques. Além de um cruzamento preciso que se transformou em assistência para o gol de bicicleta de Reis, a publicação do jornal *Cruzeiro do Sul*, de 15 de novembro de 1955, afirma que Minelli não se intimidou com as botinadas do zagueiro adversário, Ditão.

Infelizmente, já na quarta partida pela equipe, uma fatalidade tratou de abreviar a sua carreira. No duelo contra o União Mogi, de Mogi das Cruzes, pela segunda divisão do Campeonato Paulista – que viria a ser o seu último como jogador profissional –, Rubens, que nos tempos da Seleção Universitária havia fraturado o braço esquerdo e se afastado por um tempo do futebol, teve uma séria contusão na tíbia e no perônio – atualmente denominado fíbula – e ficou de molho por aproximadamente nove meses, grande parte desse período engessado da cintura para baixo, como era de costume na época.

— Eu lembro bem... Foi um lance que enfiaram a bola no meio dos dois zagueiros e eu entrei em diagonal. O campo era muito ruim, então eu fiquei olhando para o campo e quando armei o chute, o goleiro tinha saído do gol e pulado. Ele bateu com o peito na minha tíbia e perônio e eu tive uma fratura exposta na perna esquerda.

Rubens, que trata o lance como uma grande infelicidade, isentando o goleiro Miguel do União Mogi de qualquer culpa, crê que a péssima condição do gramado foi preponderante para a contusão. Ele conta que, quando estava internado no hospital em Sorocaba, recebeu a visita do colega de profissão, que se desculpou encarecidamente pelo episódio.

Depois que teve alta e foi para casa, Rubens passou por um período de grande dificuldade. Morava em uma residência pequena, cujos dormitórios ficavam na parte de cima e o banheiro e a cozinha na de baixo. Engessado e sem condições de subir as escadas, teve que adaptar e improvisar sua cama no vão da escada.

A fim de amenizar um pouco a situação, seu pai contratou um vizinho carpinteiro para fazer uma espécie de carrinho de rolimã, que ele usava para se locomover pela casa com um pouco mais de facilidade. Diante das adversidades, foi a família que o auxiliou, principalmente seu irmão Ruy, que o ajudava em todas as tarefas diárias.

Afastado também da faculdade, só realizou os exames que perdeu durante esse período no fim do ano, separado dos demais alunos.

A lesão o abalou. Já não tinha mais a mesma confiança de antes para seguir sua vida como jogador de futebol profissional.

— Eu praticamente fiquei... não inapto para o futebol, mas fiquei sem aquele entusiasmo que tinha anteriormente – lamenta.

Assim que se recuperou, Rubens, que havia saído do São Bento após se machucar (sua passagem foi meteórica, apenas quatro partidas), estava sem clube. Apesar da lesão e de estar com a autoconfiança abalada, não conseguia se afastar do futebol. Em seu tempo livre, ia assistir aos treinos do Nacional, seu antigo time. Despretensiosamente, em um desses dias, foi convidado por um antigo companheiro, o meia-esquerda Eduardinho, a voltar a treinar com a equipe.

Foi ao primeiro treino escondido da esposa. Por conta de suas lesões, ele havia lhe prometido que nunca mais voltaria a jogar. Deu um azar danado e acabou quebrando o braço. Tal infortúnio foi considerado um sinal para que resolvesse, de uma vez por todas, encerrar a carreira como jogador.

— Fui saltar de cabeça e o zagueiro não saltou. Eu bati com meu glúteo no ombro dele e caí de ponta-cabeça. Nesta hora, vi que não era mais para ser jogador.

Quando chegou em casa todo enfaixado, sua esposa, assustada, perguntou-lhe se havia sido atropelado. Sem jeito, ele contou a verdade, o que lhe rendeu dias de silêncio até que Dona Rosinha voltasse a falar com ele.

E o que estava ruim podia piorar. Em um acidente doméstico, Rubens entrelaçou suas pernas em sua cachorrinha, de raça Poodle, caiu e mais uma vez quebrou o braço. O novo baque fez com que tomasse providências mais sérias, como um tratamento para fortificar seus ossos. Desde então, nunca mais teve uma fratura.

COMPANHEIRA DE VIDA

Namorador durante boa parte da adolescência até o começo de sua vida adulta, Rubens não se prendia a relacionamentos. Nesse período, conheceu muitas garotas, mas nenhuma que lhe despertasse qualquer sentimento profundo, que mexesse com sua cabeça e o fizesse ficar com frio na barriga.

O tempo, contudo, deixou Rubens mais maduro e responsável. Ele, então, sentiu que era hora de dar um novo passo, de assumir um compromisso. Só não imaginava que o que buscava estava bem debaixo do seu nariz. Mais uma vez o futebol jogara a seu favor e lhe dera o empurrãozinho necessário rumo ao seu destino.

Em uma excursão com o Esporte Clube Sul-Americano, time do Bom Retiro, a Poços de Caldas, em Minas Gerais, Rubens e companhia tinham partida marcada diante da Caldense.

Enquanto dentro de campo ele dava o seu melhor em busca de mais uma vitória, fora dele, nas arquibancadas, uma moça se tornaria a sua torcedora número 1.

Rosa Tuccillo, mais conhecida como Rosinha, também era moradora do Bom Retiro. Passava férias em Minas quando foi ao estádio. Ela e o irmão Jaime eram amantes do futebol, graças ao pai, e, por isso, foram torcer pelo Sul-Americano. Ao término do jogo, ela e Rubens conversaram. Descobriram que residiam no mesmo bairro, e que moravam muito próximos um do outro. A casa dela era na Rua General Flores e a dele em uma vila, na Rua Anhanguera, próxima à Avenida Rudge.

— É curioso. Nós morávamos a mais ou menos 800 metros um do outro, mas fomos nos conhecer em Poços de Caldas! – comenta Rubens.

Voltaram para São Paulo e, desde então, não pararam de se encontrar. Rubens, que já estava decidido a ir adiante com o relacionamento, viria a ter um motivo e tanto para se certificar de sua escolha. No concurso de beleza organizado no baile do clube Sul-Americano, Rosinha – extrovertida e muito bonita – foi coroada a mulher mais bela do baile.

Rubens não perdeu tempo. A fim de segurar esse "partidão", tratou logo de pedi-la em namoro. Depois de aproximadamente seis anos de namoro e convicto do que queria para o futuro, estava determinado a se casar. Então, foi até a casa dos pais da moça e pediu sua mão em casamento.

Com o consentimento de ambas as famílias, viriam a se casar no dia 18 de maio de 1957.

Apesar de sempre ser muito independente, ele ainda não tinha condições de proporcionar uma vida confortável a Rosinha e, por isso, moraram por um tempo com os pais de Rubens na vila.

Com a transferência para o América e o nascimento dos três filhos, as coisas melhoraram na vida do casal. Rubens, já com casa própria, agora tinha um lar para chamar de seu e constituir sua família.

A vida de Rosinha nunca foi fácil. Teve que criar e educar os três filhos praticamente sozinha, sendo muitas vezes mãe e pai das crianças.

Apesar de compreender a carreira corrida do marido, ela, em muitos momentos, sentia-se solitária e com saudades do companheiro. Rosinha se autodenominava *viúva de marido vivo*, já que geralmente comparecia a festas, eventos e compromissos desacompanhada, pois Minelli estava na estrada com sua equipe.

Uma verdadeira guerreira e que foi fundamental para o desempenho de Minelli dentro de campo. Ela dava retaguarda e apoio necessários para que o comandante se sentisse tranquilo para pensar apenas no trabalho.

Rosinha tinha apenas o primário. Isso, porém, nunca foi um problema para ela. Sempre foi uma mulher ímpar e que fazia o possível e o impossível para resolver todos os problemas e as barreiras que a vida lhe impusesse. A despeito de estar distante de seus familiares, contou com grande ajuda de seus sogros e de seu cunhado no dia a dia.

O sangue italiano corria em suas veias. Sincera e amorosa com a mesma veemência, encantava a todos que a conheciam.

Muitas vezes era a memória de Rubens. Lembrava-o de datas, compromissos e até afazeres, isso quando estavam juntos.

Depois que Rubens se aposentou, nada mudou. Quase sua secretária, era ela quem decorava tabelas de classificação de campeonatos, os próximos confrontos das equipes e até a programação esportiva da TV de cada dia. Sabia em que canal e a que horas passaria cada duelo, por exemplo. Tudo detalhadamente.

Vivia o futebol e esse mundo ao lado de seu marido, mesmo muitas vezes o culpando por não o ter por perto. Tudo em silêncio.

Com os filhos, transmitia amor, mas os lembrava de suas responsabilidades. Sabia ser dura, mas sem deixar de lado a meiguice e o carinho. Com os netos, era aquela avó babona, que os mimava e os fazia se sentir especiais. Tirava deles o que nem os pais conseguiam. Como? Com palavras doces e afeto.

Soube ser filha, esposa, mãe e avó com a mesma intensidade e em cada função se doando ao máximo, ainda que, em função da cultura da época, tenha deixado seus interesses e vontades de lado pelos outros.

No ano de 2012, o maior pilar da família, a pessoa que unia todos, faleceu. Ficou um enorme vazio em Rubens, e em todos da família. Os almoços de domingo não aconteceram mais, os encontros não eram mais os mesmos.

Dona Rosinha cumpriu sua missão na Terra, mas deixou um pedacinho de seu coração aqui em cada um que a amava.

RUBENS POR MINELLI

Craque: definição para os atletas que são fora de série. Aqueles que aparecem a cada século, década. Os jogadores diferentes, que levam a torcida para o estádio para vê-los jogar, que fazem as pessoas se desdobrarem para poder ouvi-los pelo rádio ou até ficarem plantadas na frente da televisão, esperando o inesperado, o incomum. É aquele jogador que leva o time nas costas. Em quem os torcedores e os companheiros de campo apostam suas fichas, de quem esperam algo mais. O cara que desequilibra um jogo equilibrado. Que ganha partidas quando está naqueles dias e que comanda o time nas conquistas de campeonatos.

Rubens Minelli pôde acompanhar vários desses jogadores ao longo de sua vida. Ele não apenas os treinou ou enfrentou, também dividiu o vestiário com alguns deles. E, com certeza, mesmo com suas qualidades, não atingiu esse nível como jogador de futebol profissional.

— Eu era um jogador mediano, me daria nota 6,5. Era uma pessoa urbana; só me conheciam no bairro.

Entre suas características, Minelli destaca principalmente a velocidade – que viria a ser fundamental para sua trajetória como ponta-esquerda –, e o chute forte, responsável pela maioria de seus gols. Não por acaso, tornou-se o cobrador oficial de escanteios, faltas e pênaltis dos times onde jogou.

Autêntico canhoto, tinha como ponto fraco, a direita. Concluir as finalizações com essa perna era uma dificuldade. A sua direita, como se diz na gíria da bola, *não servia nem para subir no ônibus*.

Será que esse ponta-esquerda teria vaga nos times treinados por Minelli? Ele mesmo responde:

— Depende do esquema tático. Se eu fosse o treinador e gostasse das características que eu tinha, eu contrataria.

Apesar de sua curta carreira como jogador, de atuar por equipes medianas e de não ser um artilheiro nato, Rubens conseguiu marcar alguns gols importantes diante de times grandes, como a Sociedade Esportiva Palmeiras, Santos Futebol Clube e São Paulo Futebol Clube. Porém, sua partida mais memorável foi contra outro time de expressão.

— Um jogo especial para mim foi contra a Portuguesa de Desportos, no campo do Nacional [estádio Nicolau Alayon, também conhecido como Comendador Souza]. Estávamos ganhando por 2 a 1 e, no fim, perdemos por 4 a 3. Eu acabei marcando os dois primeiros gols. Apesar da derrota, joguei uma partida muito boa – recorda-se o ex-jogador do Nacional.

No confronto ocorrido em 28 de janeiro de 1953, Minelli abriu o placar aos 20 segundos de jogo, com um lindo gol de cobertura no goleiro Lindolfo, e ampliou aos oito. Naquele dia, teve a honra de duelar contra Djalma Santos e Julinho Botelho, que faziam parte do elenco lusitano.

Mas não é só de alegrias e glórias que se faz a carreira dos atletas. Minelli também se lembra da maior vergonha que passou.

— Marcaram uma partida entre Palmeiras e Ypiranga no Parque Antarctica. Eu jogava no Ypiranga. Adentramos pela direita. Nosso ponta-direita, se não me engano, era o Liminha. Ele cruzou. O goleiro saiu do gol para fazer a defesa e a bola escapou da mão dele, indo parar em cima da linha de gol. Corri para chutar, mas furei o lance, e a bola ainda bateu na minha mão. Não fiz o gol e, de quebra, cometi uma infração. Essa daí foi ridícula. Graças a Deus não teve outra parecida – ele se diverte recordando que foi zombado por todo o time ao término do confronto.

Gol perdido no caderno de imagens: foto 2

Rubens, muito autocrítico, sabia quando não tinha atuado bem e se cobrava a fim de melhorar. Seu pai, um de seus principais fãs ao lado de sua mãe e sua esposa, sempre que podia, acompanhava-o das arquibancadas e, quando era o caso, não aliviava. Seu José tinha o costume de criticar o filho com o intuito de que ele nunca se acomodasse. Funcionou. Acostumado a ser criticado pelo pai, Minelli não sentia a pressão de atuar contra os times grandes, até gostava.

— A torcida torce para o time dela. Se vai xingar alguém, vai xingar o time dela, não o adversário. Para mim, não era problema atuar contra os grandes. Era bom jogar com muita torcida, mesmo que contra. O duro era jogar em um campo quando não tinha ninguém vendo.

Com uma carreira de jogador profissional de pouco destaque e encerrada precocemente por conta das contusões, Rubens acredita que poderia ter se destacado mais caso tivesse em plenas condições físicas e atuasse na posição de que mais gostava.

— Eu acho que tinha futebol para ir mais longe. Acho que tinha condição, principalmente se eu fosse jogar de meia-esquerda.

Como jogador profissional, Rubens teve uma carreira curta que durou apenas sete anos. Iniciou sua trajetória como profissional em 1948 e permaneceu nos gramados até 1955. Somando os quatro times em que atuou – Ypiranga, Nacional, Taubaté e São Bento –, Rubens Francisco Minelli disputou 71 partidas e marcou 25 gols.

PRIMEIROS PASSOS À BEIRA DO CAMPO

Mesmo nos momentos em que não estava treinando ou atuando profissionalmente, o esporte movia a vida de Rubens. No período em que cursava Economia, por exemplo, seu contato com a Atlética era constante. Tal relação, paixão e conhecimento sobre as modalidades lhe renderam a presidência da Associação Atlética da faculdade, logo em seu primeiro ano. E pode-se dizer que ele teve sucesso nesse período.

Antes mesmo do futebol, foi no basquete seu primeiro acerto na nova função. Dividia-se entre a presidência da Atlética e as quadras, onde também atuava. Apesar do maior cacoete com a bola no pé, chegou a participar da equipe de basquete da faculdade. Era uma equipe forte, que contava com jogadores profissionais, dois deles jogavam no Clube Pinheiros. É verdade que Rubens era reserva. No entanto, deu sua contribuição jogando e na criação do time, que viria a se tornar Campeão Universitário.

Sócio do Clube Tietê, Rubens, novo e cheio de vigor, em seu tempo livre, aventurou-se, por pouco tempo, em outros esportes. Além do remo (modalidade na qual disputou provas de oito com patrão no próprio rio Tietê) e do polo aquático, em 1945 foi Campeão Juvenil invicto de bola ao cesto pelo Tietê, derrotando Floresta, Ypiranga, Juventus e Pinheiros.

No entanto, a vocação e amor pelos gramados falaram mais alto e o futebol voltou a ser o carro-chefe da Atlética. Rubens participou da montagem do elenco que contaria com atletas que, assim como ele, atuavam profissionalmente em clubes do futebol brasileiro.

Nelson, titular da Portuguesa de Desportos, era o goleiro. Além dele, o meia-esquerda Milton de Medeiros, mais conhecido como Canhotinho, e o centroavante Richard, atuavam no Palmeiras. Tal time, que contava com outros excelentes jogadores, desbancou a hegemonia da Faculdade de Direito, que já vinha sendo Campeã por cinco anos consecutivos, e levantou o caneco.

A derrota desestabilizou os favoritos, que foram suspensos por entregarem a taça toda amassada para Rubens e seus colegas.

Só para lembrar, foi nesse período, conciliando a faculdade com a vida de jogador profissional do São Bento de Sorocaba, que Rubens se contundiu gravemente e ficou meses afastado.

Quando, enfim, recuperou-se, sua carreira como jogador profissional estava precocemente encerrada. Com isso, aos 26 anos, uma nova função (que seria o primeiro passo de uma jornada de extremo sucesso dentro do futebol) *caiu no seu colo*. Ele fora convidado para ser o treinador do time da faculdade. Sabiam do apreço que Rubens tinha pela equipe e pelos colegas, e queriam mantê-lo sempre por perto. De início, ele estranhou o convite. No entanto, acabou aceitando.

Depois de alguns jogos à frente do time, Rubens começou a mostrar seu potencial e a se adaptar rapidamente à nova função. Sabia de suas qualidades, mas nem por isso se via mais pronto que os demais.

— Minha noção tática não era maior do que a dos outros nessa época.

Ainda que não o fosse, ele recebeu carta branca. Tinha total liberdade para tirar e colocar qualquer jogador do time titular. Entretanto, não conseguia agradar a todos os colegas de faculdade.

Desgastes à parte, os resultados vinham e consolidavam o trabalho de Rubens que, aos poucos, começava a ver com outros olhos o cargo de treinador.

— No fundo, eu queria voltar a jogar, mas minha contusão foi muito grave. Também fiquei muito tempo parado. Enfim, eu peguei gosto pela nova função. As coisas caminhavam bem, a gente ganhava. E quando você ganha fica tudo mais fácil. Acho que, naquele começo, fomos abençoados por Deus.

A COISA FICOU SÉRIA

Formado em Economia, Finanças e Administração, e cada vez mais maduro, Rubens percebeu que era hora de procurar novos desafios. Com o auxílio do amigo de longa data, Armando Adamo, o popular Gravatinha, conseguiu mais um emprego. Adamo era sócio de uma Importadora, a I. Pinto de Oliveira Sociedade Limitada (Ivo Pinto de Oliveira), que ficava na Rua Boavista.

— Eu gostava de trabalhar lá. Era bem interessante cuidar da profissão naquela ocasião. Apesar disso, eu nunca deixei o futebol de lado.

Rubens permaneceu por aproximadamente dois anos na empresa. E mesmo mantendo uma rotina agitada, não se afastou da bola. Também não deixou de acompanhar os clubes universitários nem perdeu o contato com os amigos.

Em um encontro ao acaso com Canhotinho, recebeu um convite inesperado. Além de auxiliar técnico de Osvaldo Brandão, técnico do time principal do Palmeiras, seu amigo era o treinador da equipe de Aspirantes do Verdão e supervisor das categorias de base do clube.

— Um dia, quando eu caminhava para o trabalho, no escritório de importação, o Canhotinho estava em um ônibus e me viu no Viaduto Santa Ifigênia. Ele desceu no Largo São Bento, esperou eu chegar e me convidou para treinar o Infantil/Juvenil do Palmeiras.

CANHOTINHO

Milton de Medeiros foi apelidado de Canhotinho porque, ao chegar ao Palmeiras, já havia um outro atleta com o apelido de Canhoto.

Canhotinho iniciou sua trajetória na base do clube, onde, no ano de 1943, subiu à equipe profissional. Ponta-esquerda veloz e habilidoso, conquistou títulos importantes com a camisa alviverde. Foi Tricampeão Paulista, levantando os canecos de 1944, 1947 e 1950; Campeão do Rio-São Paulo, em 1951; e Campeão Mundial, ao conquistar a Copa Rio de 1951, diante da Juventus, da Itália. Ao todo, Canhotinho marcou 81 gols em 267 partidas pelo Verdão.

Tais conquistas o levaram à Seleção Brasileira. Apesar da passagem modesta vestindo a amarelinha, pôde conquistar o Campeonato Sul-Americano de 1949, hoje conhecido como Copa América.

O jogador também se aventurou na Europa, onde atuou no Racing, da França.

Amigo de Rubens Minelli desde a época de faculdade até os tempos de Palmeiras, Canhotinho é considerado um mentor para o ex-treinador.

— Eu devo a ele praticamente tudo o que aprendi. Primeiro, porque foi meu Professor e, também, porque me levou pro Palmeiras sem eu nunca ter treinado um time de futebol profissional.

O convite pegou Minelli de surpresa. Apesar de ter feito um bom trabalho à frente da equipe da faculdade, a possibilidade de seguir carreira na função de treinador não lhe passava pela cabeça. No entanto, seu maior questionamento para aceitar o convite foi se a nova função o atrapalharia nos demais empregos.

— No começo tive dúvida em aceitar. Ao saber que os treinamentos eram no período da noite, a coisa mudou. Não me atrapalharia o emprego, nem nos Correios, nem no escritório de importação. Fiquei com os três empregos, mas consegui coordenar tudo. Treinava as divisões de base Infantil e Juvenil do Palmeiras, trabalhava no escritório de importação e chefiava a turma nos Correios – revelou.

Para que pudesse comandar os treinamentos no Verdão, que a princípio aconteciam às terças e quintas, Rubens precisou negociar com os Correios.

Consolidado, exercendo a chefia e até conquistado a tão sonhada *função gratificada* (um bônus dado para os que chefiavam um grupo de funcionários), ele teve que abrir mão do benefício.

A fim de manter os três empregos, nesse acordo com o seu superior, Rubens, que trabalhava de segunda a sexta-feira, mudou a jornada para dia sim dia não, recebendo o mesmo salário de antes. Sua *função gratificada* foi cedida para o profissional que cobriria os dias que ele estaria ausente.

NASCIMENTO DO PRIMEIRO FILHO

Se na vida profissional as coisas iam cada vez melhores, na vida pessoal, Rubens Minelli também não tinha do que reclamar. Isso porque, nove meses após se casar com Dona Rosinha, no dia 18 de fevereiro de 1958, nasceria seu primeiro filho, Rubens Francisco Minelli Júnior.

— Quando meu filho nasceu, eu e minha esposa ficamos muito felizes. Foi uma situação completamente diferente daquela que a gente vivia. Ele preencheu totalmente alguns vazios que faltavam no nosso casamento.

Apesar da vontade de passar mais tempo com seu recém-nascido, trabalhar em três empregos, de segunda a domingo, dificultava as coisas. Por outro lado, com o nascimento do filho, Minelli também achava que aumentar sua dedicação ao trabalho era o certo a fazer, pois ele teria mais uma boca para alimentar. No começo, as coisas não foram tão fáceis.

— Eu era um pai babão. Fazia tudo o que meu filho queria. Eu adorava ficar com ele, mas não tinha muito tempo. Ele nem me conhecia bem. Nós morávamos, naquela ocasião, com meus pais. Meu filho ficava no colo do meu pai, não vinha comigo quando eu queria pegá-lo, porque ele não me conhecia. Quando ele estava dormindo, eu estava trabalhando. Quando ele acordava, eu estava trabalhando. Então, a gente se encontrava na hora do jantar, na hora do almoço ou quando eu tinha alguma folga.

Ainda criança, Rubens Francisco Minelli Júnior virou mais um apaixonado pelo futebol. Sempre que podia, seguia seu pai. Passava as férias escolares na companhia dele e se encantava com tudo que tinha futebol no meio. São-paulino fanático, por influência da avó paterna e de amigos tricolores de seu pai, todas as vezes em que Minelli enfrentava o São Paulo e vencia, o filho – que ainda não tinha a dimensão do trabalho do pai – choramingava.

— Na ocasião, quando eu era treinador do Palmeiras e o Palmeiras ganhou do São Paulo, ele falou para a mãe: "O papai podia ter deixado o São Paulo pelo menos empatar".

Firme, a mãe respondeu de bate-pronto: "Fala para o São Paulo pagar os seus estudos".

Desde pequeno, Rubinho queria ser jogador de futebol. Gostava do ambiente, do jogo, e até que levava jeito para a coisa. Era bom jogador. Atacante e artilheiro nato. Chutava e driblava com a perna direita e esquerda com a mesma eficiência, além de cabecear com qualidade. Aprendeu a chutar com o avô que era quem tinha tempo para ensiná-lo.

Se tivesse insistido, talvez tivesse se tornado profissional. Talvez. A verdade é que nunca teve o apoio do pai.

— Eu vi que ele tinha condições, mas nunca forcei nada. Não procurei facilitar para que fosse jogador. Inclusive, quando eu estava em Rio Preto e queriam que ele jogasse nas categorias amadoras, eu não deixei. Naquele tempo o futebol era de uma insegurança total. Eu sentia as dificuldades para chegar aonde eu tinha chegado, que até então não era nada. O ambiente também não era muito bom no futebol.

Quando cresceu, apesar de continuar um fanático pelo futebol, mudou o rumo de sua vida. Pensou em fazer jornalismo; mais uma vez, todavia, não teve o apoio fraterno, que considerava uma profissão ingrata, com muita concorrência e pouco lucrativa. Sendo assim, migrou para outra área totalmente diferente e cursou odontologia, mas sempre continuou acompanhando o pai. Viajou com Minelli para a Copa do México, quando seu pai fora contratado para ser comentarista.

O casamento com Ana Maria não resistiu à separação, mas o tornou pai de quadrigêmeos, porém dois deles – Gustavo e Rafaella –, infelizmente, não resistiram e nos deixaram. Andressa Lara e Giovanna Lígia, batalhadoras desde que nasceram, mostraram toda a sua força e até hoje são grandes companheiras de Rubinho.

Os anos na base do Palmeiras foram de muito aprendizado para Rubens Minelli. Era um trabalho diferente do que ele estava acostumado dentro do futebol profissional. Dessa vez, sabedoria era o seu principal trunfo, já que não estava em campo para dividir uma bola, dar uma assistência ou fazer um gol. Precisava usar a cabeça para montar sua equipe melhor do que a do seu adversário e para manter um ambiente saudável entre os atletas.

— Eu saí da várzea e me seguraram no clube. Quem apresentou o Seu Minelli para nós foi o Milton Medeiros, o Canhotinho – recorda-se Menotti Di Tommaso, que atuou com Minelli na equipe Infantil e Juvenil do Palmeiras.

Com inteligência, Minelli caiu de cabeça e começou a se aventurar em sua nova função. Participou ativamente da formação do seu time e, apesar de manter diversos jogadores que ali estavam, também começou a analisar novos talentos nas peneiras que o clube fazia.

— Começamos em 1959 e ele foi um espetáculo, um homem de respeito. Antigamente tinha peneira; Seu Minelli ia ver 20, 25 garotos. Ele atendia todos normalmente, não tinha aquele negócio de porque você era *playboy* entrava, quem entrava era quem jogava bola – garante Francisco Bentevenha, outro dos jovens das categorias de base do Alviverde.

O início foi difícil. Minelli ainda não tinha um esquema favorito, um método de trabalho ou uma marca registrada que o caracterizasse. Para começar a desenvolver sua filosofia, inspirou-se em alguns treinadores, dos quais pôde absorver um pouco de conhecimento.

— Cada técnico tem sempre alguma coisa boa que vale a pena ser copiada. Confesso que quatro ou cinco treinadores, quando eu jogava e principalmente depois que eu passei a ser auxiliar, me ajudaram na formação do meu tipo de treinamento. Existiam muitos treinadores na época. Renganeschi, Efigênio Bahiense [conhecido como Geninho] e outros. Um dos treinadores que eu mais absorvi conhecimento foi o Milton de Medeiros, o Canhotinho. Foi o responsável por minha ascensão no futebol.

Além das inúmeras dicas que deu a Minelli, Canhotinho foi quem o auxiliou a fazer suas preleções e a organizar melhor as suas ideias. Após assistir a uma preleção de Minelli, Canhotinho preferiu o silêncio e apenas pediu para que o novo treinador da base alviverde fosse assistir à dele com os Aspirantes. Foi, então, que Minelli entendeu o recado e viu que toda preleção precisava ter um começo, um meio e um fim e passou a criar situações que fizessem efeito sob seus comandados.

Foi com Canhotinho que Minelli aprendeu a ouvir seus atletas com o intuito de conhecer melhor as particularidades de cada um e saber onde e como poderiam lhe ajudar na montagem da equipe.

— Logo que ele chegou, a primeira coisa que ele fazia antes do treino era chamar os jogadores individualmente para saber onde e como cada um gostava de jogar; esse era o primeiro trabalho dele. Com isso, ele fazia um esquema para que a gente pudesse jogar – conta Joaquim Cardoso Neto, atacante palmeirense advindo da base do clube e que seguiria Minelli em mais clubes durante a carreira.

Vicente Feola, comandante de Minelli na época que atuava nos Aspirantes do São Paulo, foi quem o ensinou a ter um pouco mais de paciência à beira do campo. Feola trouxe a Minelli maior equilíbrio emocional e um lado mais paternal no contato com os seus jogadores.

Segundo o próprio Minelli, ele se transformou em um *paciente impaciente*, pois, apesar de tolerar determinadas coisas, o outro lado de sua personalidade o fazia ser imediatista e exigir demais dos jogadores.

Já Caetano de Domênico, um técnico mais folclórico do que propriamente vitorioso, tornou-se fundamental na carreira de Minelli. Seus ensinamentos como treinador do Nacional e do Ypiranga, fizeram com que Minelli absorvesse e conseguisse, anos mais tarde, transmitir de maneira clara e objetiva o modo que queria que seus comandados exercessem cada função.

— Eu aprendi muito com ele. Muita coisa que ele fazia, eu comecei a fazer. Principalmente no que diz respeito a deixar claro ao jogador o que que eu pretendia dele. Isso é importante. Sempre foi importante na minha carreira. Eu dizia: "Você vai fazer isso, isso, isso e isso quando entrar em campo". Já dava mastigado. Por quê? Porque o adversário faz isso, isso, isso, isso.

Com mais tempo, depois que mudou sua carga horária nos Correios, Minelli sabia que era considerado uma aposta no novo cargo e queria mostrar serviço o quanto antes. Pensando nisso, fez algumas mudanças em seu método de trabalho visando ao crescimento de seus atletas.

— Eu comecei a ver as coisas de outro jeito e fui me aperfeiçoando. Até que encontrei a minha maneira de trabalhar – afirma Minelli.

CONSELHOS FRATERNOS

Rubens Minelli, aos poucos, começava a se identificar mais e mais com seu trabalho e seus jogadores. Sabia que tinha apenas meninos nas mãos e, por isso, entendia que o tratamento deveria ser diferente.

— O Seu Minelli sempre preservou a educação, a conduta, a formação das pessoas, o lado humano. Primeiro a educação, e depois o futebol, e daí saíam bons jogadores. O Seu Minelli foi tudo na minha vida – revela o zagueiro da base do Alviverde, Santo Zanin.

O comandante, além de dar o exemplo a seus atletas, preocupava-se com a vida deles fora dos gramados. Aconselhava-os a nunca largarem os estudos para, no futuro, terem outra ocupação. Sabia que aquela era uma profissão ingrata e não queria que seus jogadores ficassem na dependência única e exclusiva do futebol, já que uma contusão poderia abreviar suas carreiras, assim como lhe aconteceu. Convivia com jovens que ainda descobriam a vida, que queriam experimentar coisas novas. Por isso, seu papel também era permanecer por perto para que eles não se desvirtuassem.

— Um dia eu estava em casa e Seu Minelli apareceu. Ele foi na casa de cada um perguntando se estava bem, se estava estudando, como ia a família, se faltava algo. Ele dava conselho como: “Não faça coisas erradas, vá para sua casa”; “Cuidado com quem vocês andam para ninguém se aproveitar de vocês”. Queria que fôssemos dignos e bons rapazes. Seu Minelli foi um pai para nós – relembra Bentevenha

— Ele era uma pessoa diferente para o futebol, porque, na época, só tinha bandido. Eu, com 14/15 anos, ouvia tudo o que ele dizia, e pensava: “Esse cara fala mais que o meu pai”. Ele orientava: “Vocês fumam porque querem, homem não precisa fumar”. Desde então, eu nunca mais coloquei um cigarro na boca. Eu tive muitos técnicos, mas ele era diferente. Tinha uma coisa honesta, eu sentia. Ele foi um pai pra mim. Meu pai não conversava muito comigo; era médico e não ficava quase em casa – completa Menotti.

Uma das novidades do treinador foi estabelecer um dia a mais de treinamento, passando a realizar atividade também aos sábados – quantidade de treinos pouco usual para os jovens da categoria de base naquela época.

Nesse período, Minelli era mais que técnico, pois, além de figura fraterna, fazia as vezes de preparador físico. Antes dos coletivos, gostava de dividir o grupo em duas equipes e promover uma competição entre elas enquanto se exercitavam. A ideia era estimular seus jogadores a executarem as atividades com excelência e mantê-los focados na vitória, mesmo antes de a bola rolar. E fez isso por muito tempo, já que seu primeiro preparador físico, Santo Baldacin, só viria a trabalhar com ele dez anos depois, no profissional do Palmeiras.

Muitos garotos eram de classe baixa e se alimentavam no clube nos dias normais de treino, pois não tinham condições de fazer uma refeição no fim de semana. Minelli fez com que todos recebessem auxílio do clube para que pudessem igualmente se alimentar aos sábados, antes dos treinamentos. Para os jogos que aconteciam domingo pela manhã, também passaram a ter o direito de tomar um café da manhã, mais uma vez, bancado pelo clube.

— Eles eram mais treinados e mais bem alimentados que os outros. Então, o segundo tempo era uma barbaridade. Ninguém aguentava os dois tempos no ritmo que nós tínhamos – garante Minelli.

Utilizando-se do conhecimento adquirido durante sua carreira como jogador profissional, Rubens Minelli passou a dar treinos que exigiam mais habilidade de seus jogadores. Diferentemente da maioria dos treinadores da base da época, que só fazia treinos de dois toques e recreativos, ele trabalhava jogadas ensaiadas, treinos de velocidade, de passes, além de outros que eram mais comuns ver em equipes profissionais. Em vez de apenas falar o que queria de cada atleta, como a maioria, demonstrava tudo distribuindo seus jogadores em uma lousa.

— Eu lembro de uma jogada ensaiada de uma falta que era foda. Um corria e ia para a meia-lua; o outro saia para o lado da barreira; o terceiro enfiava a bola e ficava na cara do goleiro – revela Menotti.

Outro fator que contribui para sua ascensão como treinador, no início de sua carreira, foi seu lado dedicado e observador.

— Nós éramos superiores aos outros. Primeiro porque treinávamos mais e segundo porque os "segredos" que eu tinha eram para surpreender os meus adversários. E eles não me surpreendiam porque eu sabia, guardadas as devidas proporções, o que pretendiam, quem eram os seus melhores jogadores. Eu acompanhava e seguia os meus adversários. Por exemplo: ia ter um jogo do meu adversário seguinte. Se houvesse a possibilidade de eu aprender algo sobre ele, eu ia assistir ao jogo. E anotava aquilo que tinham de bom, de ruim. Depois, levava para casa aqueles meus apontamentos e estudava de que maneira o meu time tinha que jogar.

Os tais "segredos" de Minelli eram fruto de pesquisa de campo. O treinador, que não era conhecido na ocasião, infiltrava-se no meio da torcida adversária. Buscava um lugar mais vazio da arquibancada para assistir ao jogo, levava um caderno e fazia as suas anotações. Sempre bateu na tecla de que qualquer coisa que lhe fizesse aprender e que pudesse tirar proveito de alguma maneira, valia a pena.

— Quando terminava o primeiro tempo, íamos para o vestiário e ele conversava com um por um, do goleiro até o ponta-esquerda. Passava as instruções e, automaticamente, quando o adversário entrava pelo meio, íamos pela ponta. Ninguém fazia nem faz isso hoje – recorda-se Bentevenha.

PRIMEIROS TÍTULOS

Categoria Infantil

A trajetória de Rubens Minelli no futebol começou extremamente vencedora. Antes de migrar para o futebol profissional, o treinador se aventurou nos torneios de categorias de base.

Em 1959, veio o primeiro título do Campeonato Paulista com a equipe Infantil do Palmeiras, uma conquista mais do que especial para Minelli e seus comandados. O jogo final ocorreu diante do Estrela da Saúde, fora de casa, e terminou em 1 a 1.

— Esse de 1959 foi o nosso primeiro título, quando fomos Campeões invictos. Os times infantis dos grandes clubes eram bons. Então, a disputa era boa. Se o Palmeiras foi Campeão, foi porque o treinador conseguiu fazer um grande trabalho. Foi o começo de tudo, inclusive para o nosso treinador – confessa Cardoso.

— O que mais me marcou foi o campeonato invicto do Infantil em 1959; e eu tenho uma foto em que o Seu Minelli põe a faixa em mim – completa Menotti.

No ano seguinte, veio o Bicampeonato Paulista. Entre os jogos mais marcantes da campanha, está o 4 a 0 sobre o arquirrival Corinthians. E a preleção desse duelo ficou na mente dos atletas.

— O Seu Minelli só falou: "Olha gente, se os caras tivessem a força que acham que têm, só ganhavam eles, mas vamos lá e vamos acabar com eles" – detalha Menotti.

E deu certo. A campanha do título de 1960 contou com 20 partidas disputadas, sendo 15 vitórias, três empates e duas derrotas. Com um retrospecto de 65 gols a favor e apenas 11 contra. Destaque para Nivaldo, autor de 29 gols.

Categoria Juvenil

Ao mesmo tempo em que a equipe Infantil do Palmeiras levantava canecos, os juvenis não queriam ficar para trás. O primeiro dos títulos da era Minelli na categoria foi o Torneio Vicente Feola, em 1959, que se concretizou após a vitória de 3 a 1 contra o Comercial da Capital, em pleno Palestra Itália.

Em 1960, a categoria Juvenil tratou de levantar mais um caneco: o do Campeonato Paulista, em uma disputa ferrenha contra o Corinthians.

Um jogo memorável desse título ocorreu em uma vitória sobre o São Paulo. Minelli sabia da dedicação e qualidade de seus atletas e tratou de tranquilizá-los no vestiário antes de a partida começar.

— Falaram: "Porra, vamos jogar contra o São Paulo, como é que vamos marcar tal cara?" E o Minelli falou: "Nosso time é *o bom*, deixa eles se preocuparem". Quando eles começaram a se preocupar, já estava uns três para nós – conta Menotti.

Esse confronto teve um gosto especial para Bentevenha, pois antes de atuar pelo Alviverde, ele chegou a treinar pelo Tricolor do Morumbi, do qual saiu chateado por não ter sido aproveitado. Ressentido com o ex-clube, Bentevenha teve um gás a mais para mostrar sua qualidade e tratou de provocar o lado de lá.

— O São Paulo começou a xingar a gente. E aí eu peguei a bola, driblei dois beques e, quando o goleiro saiu, eu toquei para o Cardoso, que entrou com bola e tudo. Passei perto do banco deles e falei: "Seu Caxambu [técnico do São Paulo] esse gol é pra você!".

De todas as conquistas, talvez essa tenha sido a mais complicada, pois o Alviverde só conseguiu erguer a taça na última rodada, após o empate de 2 a 2 com o time do Parque São Jorge. Minelli e companhia seriam Campeões com apenas sete pontos perdidos, um a menos que o arquirrival.

O Bicampeonato Paulista, em 1961, foi bem diferente. O Verdão sobrou e não deu chance para os seus adversários. O balanço foi para lá de positivo. Em 18 jogos disputados, o Palmeiras venceu 17 e perdeu apenas um. A equipe anotou 56 gols e sofreu só 16. A conquista veio após o triunfo de 2 a 0 frente ao Ypiranga, no último duelo do torneio, e teve como destaque o atacante Cardoso, autor de 22 gols, seguido por Bentevenha com 12, Menotti e Reinaldo com quatro e Santo com um.

Apesar de os resultados e as conquistas começarem a consolidar o trabalho de Minelli, o comandante também passou por alguns contratempos que o incomodavam diariamente e lhe tiravam o sono.

Para começar, o local dos treinamentos. Minelli, que era técnico das equipes Infantil e Juvenil, aproveitava o tempo que tinha para treiná-las em conjunto, exceto na hora dos coletivos. Portanto, contava com um grande número de atletas e as condições para a realização das atividades não eram as mais adequadas.

Os treinos ocorriam no período da noite, no estádio Parque Antarctica. Como não permitiam que a base utilizasse o gramado da equipe profissional para treinar e poucas vezes alugavam um local para o treinamento, Minelli teve que se virar para achar um lugar que comportasse todos.

O local “escolhido”, ou melhor, encontrado, ficava atrás do gol da entrada no próprio Parque Antarctica, no espaço entre o alambrado e a trave. Uma área com aproximadamente nove metros de largura por 30 metros de comprimento. Além disso, a iluminação estava longe do ideal, pois treinavam sob lâmpadas comuns, que muitas vezes, durante as chuvas mais fortes, davam curto-circuito. Apesar de o estádio contar com diversos refletores, poucos eram ligados. Sua utilização era restrita e só era concedida de forma parcial em dias específicos.

Se o local de treinamento não era o mais indicado, o que falar do material disponibilizado para os atletas da base? Como naquela época os patrocinadores não davam muita atenção aos futuros talentos do clube, os jovens acabavam ficando apenas com as “sobras” dos profissionais.

Além de bolas e material de treinamento antigo, utilizavam camisetas, chuteiras e luvas de segunda mão. Alguns dos meninos de 13 a 16 anos eram obrigados a usar camisetas de atletas com mais de 1,80m, chuteiras de tamanho 43 e luvas muito maiores do que necessitavam.

— Usávamos aquele uniforme porque não ligavam muito para a base. Os jovens tinham aquele [uniforme] porque o clube era obrigado a ceder um para eles – garante Menotti.

Minelli, desde o começo, queria mudar a situação. Queria que os garotos tivessem seu próprio material e se sentissem importantes e valorizados. Cobrava diariamente os diretores do clube para que entrassem em contato com o presidente e o fornecedor de material esportivo e resolvessem a situação.

A resposta? Sempre era a mesma. Diziam que iriam providenciar e nada. Minelli foi levando, empurrando com a barriga. Então, depois de seis meses solicitando o material e sendo ignorado, resolveu tomar uma atitude, a qual colocaria em risco até o seu cargo de treinador.

FOGO NO “PARQUINHO”

Em uma terça-feira, após o treinamento, Minelli pediu para que o massagista lhe trouxesse cinco litros de álcool e uma caixa de fósforo. Ao roupeiro Juvenil, solicitou que juntasse todo o material e o colocasse no salão, que ficava embaixo da arquibancada. Ambos estranharam o pedido, mas obedeceram ao comandante.

Com tudo preparado, Minelli espalhou álcool por todo o material, colocou fogo em tudo e foi embora.

Em casa, pensou melhor no que tinha feito e não imaginou nada menos do que uma demissão.

No dia seguinte, assim que chegou ao clube, o mandatário alviverde pediu para chamá-lo. Para sua surpresa, o presidente Delfino Facchina solicitou que Minelli, a princípio, fizesse um pedido de material apenas para o jogo que teriam no fim de semana, já que não tinham nem uniforme para atuar. Diante da necessidade, o material pedido às pressas chegou três dias depois.

Minelli foi amparado pelos excelentes resultados que vinha tendo à frente das equipes Infantil e Juvenil do Palmeiras. Exatamente por isso, permaneceu no cargo.

E como se fosse obra do destino, tempos depois, o contrato com o antigo fornecedor de material esportivo se encerrou. Outro fornecedor chegou e trouxe material e uniformes novos para toda a base palmeirense.

— Quando o Seu Minelli entrou, melhorou bastante. Melhorou 100% – garante Santo, zagueiro das categorias de base do Alviverde e que depois iria com o treinador para o América.

Rubens Minelli ascendia na função de treinador. Depois de títulos como o Bicampeonato Infantil (1959 e 1960), Juvenil (1960 e 1961) e do Torneio Vicente Feola, foi convidado a ser auxiliar de Geninho, Oswaldo Brandão e Renganeschi.

A excelente fase que vivia rendeu-lhe, em paralelo ao comando do Palmeiras, um contrato com a Federação Paulista de Futebol para ser o treinador das seleções de base juvenis.

Apegado a todas as funções que desempenhava, o comandante também pensava na evolução do clube em que trabalhava. Desenvolveu um projeto sobre a criação de um Centro de Treinamento e apresentou-o para o mandatário palmeirense. No entanto, o plano, que parecia eficaz, não evoluiu. Isso porque o presidente do Alviverde, após saber do custo total da operação e pensando exclusivamente na maior renda do time no momento: a venda de ingressos, respondeu que, com todo aquele dinheiro, o clube poderia contratar um craque que enchesse o estádio. E foi além: explicou que investir em garotos era muito arriscado, pois poderiam, futuramente, não dar retorno financeiro ao Palmeiras.

NASCE A PRIMEIRA FILHA

No dia 29 de novembro de 1959, nascia Cecília Helena, a filha adorada, xodó do treinador na infância.

Ainda com baixos rendimentos, Minelli se desdobrava para pagar as contas. Quando a filha nasceu, além da alegria, veio a preocupação com os gastos. Para fazer o parto, levou a esposa ao hospital onde trabalhava João Ortiz, que conheceu quando atuavam pela FUPE e viraram grandes amigos. No fim, graças à amizade, Minelli não pagou nada pelo parto.

Desde que seus filhos eram pequenos, Minelli sempre foi muito rígido. Era a sua casca, pois, por dentro, não passava de um *manteiga derretida*, em especial com sua única filha.

— Ela era a mais amorosa. Por falta da minha companhia, talvez. Era quem me dava mais carinho.

Como ele vivia a maior parte de sua vida longe da esposa e dos filhos, quando tinham possibilidade, queriam aproveitar cada segundo com o pai. Pelo menos Cecília era assim.

E fez de suas aulas de piano uma maneira de se conectar e de ficar mais junto dele, apesar de não ser aficionada pelo instrumento. Minelli, ao contrário, desde pequeno foi apaixonado por piano e músicas clássicas.

Assim, a dupla transformou as noites de música em um programa obrigatório, sempre que possível. Enquanto Minelli descansava no sofá da sala tomando seu conhaque, Cecília encantava-o ao tocar o noturno *Le Lac de Come*, de Giselle Galos e *Für Elise*, de Beethoven. Além disso, colocavam a vitrola para funcionar e ouviam outros clássicos. Minelli contava histórias e fazia tudo o que um pai ausente poderia fazer para recompensar um filho.

Cecília cresceu e, apesar de não ter o fanatismo do irmão mais velho pelo futebol, não deixou o jogo de lado. Virou torcedora do Palmeiras, clube onde, inclusive, casou-se em 1983, com o médico Luiz Carlos de Moraes.

Aliás, por conta de Minelli, esse casamento teve que ser adiado uma vez. Isso porque, na data marcada, o técnico palmeirense tinha jogo contra o Santos. Foi um enorme balde de água fria para sua filha, que, de antemão, avisou o pai que se a nova data coincidisse com alguma outra partida do Alviverde, ela entraria na igreja sozinha.

Cecília cursou Nutrição, profissão que exerceria até o nascimento de sua primeira filha Stefanne, em 1986, quando optou por abrir mão da carreira para cuidar da menina, e assim permaneceu até o nascimento do seu segundo filho, Brunno.

Sempre alegre e de bem com a vida, Cecília, hoje, é quem sempre mima o pai com seu amor e seu vasto repertório culinário.

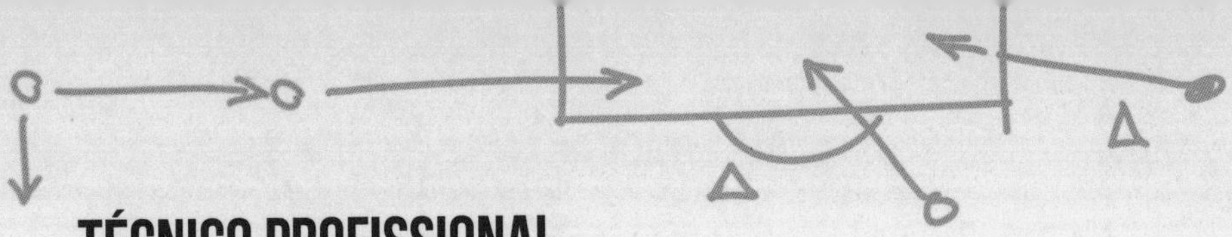

TÉCNICO PROFISSIONAL

O treinador ganhava moral a cada vitória. Era visto por muitos como promissor e futuro candidato ao comando da equipe principal. Minelli, até então um desconhecido, traçou essa meta. Criou tal expectativa apoiado na irregularidade do técnico argentino à frente do Verdão, Armando Renganeschi, do qual era auxiliar.

E após uma sequência ruim, no dia 29 de outubro de 1961, quando o Palmeiras foi derrotado pelo Guarani por 2 a 0, não deu outra, Renganeschi acabou demitido.

Triste pelo companheiro, mas intrigado e esperançoso em ser escolhido como o substituto, tendo a possibilidade de realizar o *sonho* de ser técnico da equipe principal, Minelli aguardava um pronunciamento da diretoria.

Um dia, quando cumpria sua jornada de trabalho nos Correios, recebeu um telefonema do diretor de futebol do Palmeiras, o General Adalberto Mendes. O cartola pediu para Rubens Minelli comparecer no dia seguinte, às nove horas da manhã, pois seria apresentado como o novo treinador do time profissional.

Logo cedo, Minelli ligou para os Correios a fim de alterar seu horário e poder comparecer à apresentação. E, para a sua surpresa, ao chegar ao estádio, o General Adalberto Mendes havia indicado o preparador físico do Palmeiras, o Major Maurício Cardoso, para assumir o comando do time.

— Foi aí que eu percebi que eu não teria vez. Eu havia conquistado vários títulos pelo clube nas divisões de base; fui treinador Vice-Campeão Brasileiro da Seleção Paulista Juvenil; fui auxiliar do técnico Renganeschi; e, quando chegou a ocasião de ser aproveitado, fui deixado de lado e deram o comando para o preparador físico. Nessa hora, senti que não tinha a mínima condição de continuar no Palmeiras, mas continuei.

Decepcionado com a promessa não cumprida pelo diretor de futebol, Minelli estava visivelmente desmotivado. Porém, nunca deixou de trabalhar forte e dar o seu melhor. Em um jogo disputado em uma pequena cidade do interior, comandando o Juvenil, ele contou com uma exibição de gala de seus atletas e conseguiu uma grande vitória.

Na arquibancada, um torcedor ilustre, que estava lá por acaso, encantou-se com o futebol apresentado pela equipe alviverde. Tratava-se do diretor do América de São José do Rio Preto, o Benedito Teixeira, também conhecido como Birigui, que coincidentemente estava à procura de um novo comandante desde a demissão do técnico João Avelino.

Semanas mais tarde, Minelli recebeu a visita de Benedito Teixeira nos Correios. Por ordem do presidente Antônio Zaia Tarraf, o diretor do América convidou Rubens Minelli para ser o novo técnico do clube. Frustrado por ser deixado de lado pelos cartolas alviverdes e tendo a oportunidade de comandar uma equipe profissional, o treinador aceitou o desafio e se mudou para o interior paulista.

No começo do casamento, Rubens Minelli morava com os pais em uma residência que possuía apenas um quarto e um banheiro separados das demais áreas comuns. Por conta disso, quando se mudou para São José do Rio Preto, não tinha nada para levar e contou com uma ajuda e tanto do América, que se responsabilizou por alugar uma casa e ainda o auxiliou financeiramente na compra dos móveis.

Minelli, que ainda não dispunha de condição financeira estável, pediu transferência dos Correios para São José do Rio Preto e se manteve nas duas funções, desligando-se apenas do escritório de importação e exportação. De manhã, era só mais um funcionário dos Correios, e na parte da tarde, o técnico do time de maior torcida na cidade.

Já com a prancheta na mão e o apito na boca, sua estreia como técnico do América ocorreu no dia 31 de março de 1963, no confronto diante do XV de Jaú. Vitória por 1 a 0.

NASCIMENTO DO TERCEIRO FILHO

Rosinha estava grávida de sete meses do terceiro filho, Ricardo Roberto, quando Rubens trocou a agitada São Paulo pela pacata São José do Rio Preto.

O garoto nasceu no interior, no dia 20 de julho de 1963, e teve a infância que toda criança deveria. Pegava frutas no pé, brincava na rua e até subia em telhados. Era espevitado. Apesar de o futebol ser herança familiar, nunca se interessou pela bola.

— A infância dele foi diferente se comparada à do Rubinho. Quando ele estava em crescimento, já existiam outras coisas para pensar e fazer além de jogar futebol – recorda-se Rubens.

Diferentemente dos irmãos, Ricardo cresceu com ausência ainda maior do pai, o que garante não ter sido um problema, pois Dona Rosinha se desdobrava e conseguia suprir tal ausência.

Nas folgas em que Minelli retornava para perto da família, Ricardo o aproveitava ao máximo. Um simples passeio de carro, um copo de caldo de cana, as idas à churrascaria Gaúcha e as pescarias em Ibirá eram momentos marcantes, não só para ele, mas para todos.

Para a maior parte da família, a mudança para Porto Alegre também foi marcante. A cidade grande, com clima oposto ao da quente e tranquila São José do Rio Preto, foi de difícil adaptação para o garoto de apenas dez anos, que teve que se acostumar com a nova realidade.

O caçula Ricardo foi um fiel companheiro dos pais nas viagens ao redor do mundo. Visitou países como Hong Kong e China e pegou gosto pela coisa. Daí sua disposição em seguir conhecendo diversas culturas pelo mundo.

Formou-se em Arquitetura, profissão na qual é totalmente realizado. Também é um dos donos de uma loja de móveis, que traz criações contemporâneas e minimalistas. Diferente do lado boleiro da família, troca com facilidade o prazer de assistir a uma final de Liga dos Campeões por um Torneio de Roland Garros.

É apaixonado pelo Natal e por tudo o que envolve a data. Desconheço árvore de Natal mais bonita e local mais enfeitado do que sua chácara na semana do dia 25 de dezembro. Outra paixão são seus filhos caninos, que o completam e trazem ainda mais alegria à sua vida.

Bem instalado e adaptando-se à cidade do interior, era hora de começar a ajeitar o time.

Quando chegou ao América, Rubens Minelli encontrou uma equipe de qualidade e matreirice. No entanto, muitos dos jogadores já tinham idade um pouco avançada, e ele viu a necessidade de trazer um pouco mais de juventude para equilibrar o plantel e oxigenar o time. Ex-treinador de uma base vencedora no Palmeiras, sabia bem onde buscar essa velocidade, garra e vontade de que o time necessitava. Em um acordo com a equipe alviverde, o América acertou o empréstimo do zagueiro Santo e a chegada do atacante Cardoso.

A facilidade da negociação se deu porque os atletas haviam estourado a idade-limite para atuar na base do Alviverde e não seriam aproveitados na equipe profissional, pois eram considerados muito novos e tinham a concorrência dos craques palmeirenses. Para Minelli, no entanto, os jovens talentos recém-chegados do Palmeiras seriam parte da solução para a equipe do América engrenar.

Rubens Minelli, aos poucos, buscava seu espaço na nova função dentro do futebol, mas ainda sofria certo preconceito por parte dos outros treinadores da época.

— Tinha uma onda muito grande contra mim quando cheguei. Eu era um desconhecido, um treinador de Juvenil. E aqueles treinadores acostumados à segunda divisão, que eram pseudocandidatos a serem treinadores do América, declaravam aos jornais que eu iria encher o time de criança, que levaria muito moleque para jogar lá e que não iria dar certo.

Com os atletas palmeirenses, Minelli também levou seu roupeiro da época do Palmeiras, o amigo Juvenil. Rubens o admirava, e dizia que ele fazia o trabalho como ninguém.

Para superar a torcida contra e, de fato, ter sucesso no América, Minelli teve que entrar de cabeça no projeto e contou com o auxílio de uma verdadeira família ao seu redor, não necessariamente a de sangue. No clube, ele se sentia bem acolhido. Recebia convites para almoçar, jantar e, também, convidava todos para a sua casa. Às segundas-feiras, sempre que tinha um tempo livre, saia para pescar com seus jogadores Ambrozio e Bertolino. Já no período de férias, ia com os amigos de longa data, Muca e Bimbo, para o interior de São Paulo, no rio Grande, onde passava horas e horas fisgando peixes e jogando conversa fora. Jura que não é papo de pescador ao dizer que o maior peixe que pegou com vara foi um Dourado de 14 quilos. Com a rede, um Jaú de 86 quilos.

— O ambiente ficou bom e as vitórias fizeram com que ficasse melhor ainda. Eu tinha tanta confiança no meu trabalho que levei a minha família para lá.

Cada vez mais unido, o time embalava rumo à conquista do Campeonato Paulista da segunda divisão, também chamado de divisão de acesso. Nesse torneio, o América fez partidas memoráveis. Goleadas diante do Santacruzense, quando ganhou por 7 a 0, e contra o Esporte Clube Corinthians, de Presidente Prudente, quando venceu por 5 a 0. Porém, houve alguns deslizes. Entre eles, o tropeço por 3 a 0 diante da Votuporanguense, considerado por Minelli o adversário mais difícil na ocasião, por ser uma equipe muito forte, de muita raça e que praticava um futebol viril e de bastante contato físico. O treinador considerava a partida um clássico também pela proximidade entre as cidades. Votuporanga fica a 84 quilômetros de distância de São José do Rio Preto.

Na primeira fase da competição, o América ficou em primeiro da chave C, seguido por Esporte Clube Corinthians, de Presidente Prudente, e Votuporanguense. Os times empataram com 18 pontos (na época, a vitória contabilizava apenas dois pontos), mas, por conta do saldo de gols de 20 contra 13 do time prudentino e quatro da equipe de Votuporanga, o Rubro ficou na frente. A campanha foi de oito vitórias, dois empates e quatro derrotas, marcando 34 gols e sofrendo 14 tentos.

Enquanto isso, na chave A, classificaram-se: Portuguesa Santista, Taubaté e Estrada, de Sorocaba. Já na chave B, as equipes que avançaram de fase foram Ponte Preta, Batatais e São Bento, de Marília.

LEVANTA, DIRCEU!

Revelado pelo América, o ponta-esquerda Dirceu sempre chamou a atenção de seus treinadores. Jogador de classe e de muita habilidade, virou rapidamente titular do Mecão. Liso, fazia um salseiro danado nas defesas adversárias e era parado apenas com butinadas.

Para o técnico Rubens Minelli, Dirceu fazia cena e valoriza mais do que o necessário as pancadas que recebia, ficando estendido no chão a cada lance. Tal situação incomodava tanto o treinador que rendeu um puxão de orelha daqueles no jogador do América. Minelli exigiu que Dirceu parasse com seu jeito *cai-cai* e que, da próxima vez que fosse atingido pelo adversário, saísse do campo se de fato tivesse se machucado ou se levantasse rápido caso fosse apenas um lance de jogo.

No decorrer da partida, Dirceu recebeu uma bola no meio de campo, partiu para cima do adversário e foi atingido. O ponta-esquerda foi ao chão e, em segundos, levantou-se rapidamente. Do banco de reservas, Minelli mostrou-se orgulhoso de seu atleta e sentiu que sua bronca havia surtido efeito.

Ao se aproximar da lateral de campo, onde ficava Minelli, Dirceu ouviu de seu treinador: "Tá vendo como dá pra levantar rápido!?". Em seguida, e com a mão no local onde foi atingido, Dirceu, ainda dolorido, respondeu: "Eu caí em cima de um formigueiro".

O banco e Minelli caíram na risada.

Com o passar do tempo, Minelli cresceu à frente do América e solidificou a sua filosofia de jogo. Nela, o jogador teria a obrigação de cumprir de forma integral as tarefas que lhe fossem determinadas. O técnico definia um esquema de sua preferência e fazia com que seus jogadores se adaptassem a ele.

Sobre seu estilo de jogo, em 1963/1964, Minelli já fazia algo que hoje é visto como revolucionário, inovador e moderno sob os cuidados de Pep Guardiola.

— Marcação quando não tem a bola. E com a posse da bola, segurar o máximo possível em vez de "dá-la" para o adversário. Se a bola está comigo, não vou sofrer gol. Quando está com a bola, tem que procurar jogar. E sem a bola, tem que tomá-la do adversário.

A essência do esquema de Minelli era essa, mas, dependendo do desenrolar da partida e da maneira como seus adversários jogavam, variações aconteciam. Além disso, na parte ofensiva, duas funções que o comandante exigia de seus jogadores eram fundamentais para que a equipe chegasse aos gols.

— O América atuava com um ponta-esquerda bem para dentro, jogando no meio de campo praticamente; e o Cardoso, um centroavante muito rápido e excelente jogador, caído por ali [pela ponta esquerda] com o zagueiro central de mano. Assim, a cada dez bolas, ele passava pelo marcador adversário nove vezes. Essa era uma das tarefas. E a outra era a chegada dos meias de trás para chutar direto ao gol.

Somadas às táticas que Minelli aplicava dentro de campo, fora dele o treinador também tinha suas artimanhas. Na época das categorias de base do Palmeiras, por ser pouco conhecido, ele se aventurava nas arquibancadas adversárias atrás de informações. No América, já mais conhecido, incumbia dois olheiros para que observassem seu próximo rival. Era a única maneira de conhecer melhor as outras equipes, pois as partidas da segunda divisão do Campeonato Paulista não eram televisionadas. Com esse mapeamento feito, Minelli montava sua estratégia explorando as deficiências adversárias e se precavendo com o que tinham de melhor.

LIVROS EM ESPANHOL

Rubens Francisco Minelli, desde pequeno, sempre foi dedicado e estudioso. Fazia tudo da melhor maneira possível. Cresceu com esse valor e o levou para cada área de sua vida, pessoal e profissional. O cargo de técnico lhe caiu no colo, mas, a partir do momento em que viu ter capacidade para exercer o trabalho, começou a encarar a função de maneira diferente, a fim de chegar à excelência.

Além de possuir o conhecimento de dentro de campo, Minelli queria mais. Assim que chegou ao Palmeiras, foi apadrinhado por Canhotinho, que além de seu amigo, sabia de seu potencial e enxergava que ele poderia render muito como treinador. Minelli acompanhava os passos do companheiro, mas nunca descartou a própria autenticidade. Por isso, buscou nos livros de futebol uma nova maneira de adquirir conhecimento. Amante da leitura, o comandante sentia que, apesar de o futebol brasileiro ser considerado o melhor do mundo por conta da técnica, habilidade e improvisação, na parte de estratégia e obediência tática, os europeus estavam na frente. Sendo assim, viu nos livros europeus uma boa opção para ampliar seu repertório.

— No começo, eu não usava os livros em espanhol. Aprendi mesmo com o Canhotinho. Só depois busquei me aprofundar mais. Foi aí que estudei os livros de fora, porque eu queria saber como jogavam os europeus. Aqui não existiam os livros, mas eu [os] conseguia. Se uma pessoa que eu conhecia ia viajar, ou se eu tivesse um amigo que tinha um amigo que ia viajar, eu pedia: "Me traz um livro assim, assado...". Todos em espanhol. Lá fora, se não era em espanhol era em inglês, e em inglês ficava mais difícil pra mim.

Depois que retornou ao Palmeiras para treinar a equipe principal e começou a viajar para o exterior com mais frequência, aí sim ele próprio passou a comprar os livros.

Apesar da dificuldade, esforçado, Minelli confiava que, pela maior proximidade com a língua portuguesa, conseguiria compreender os livros em castelhano. Juntava uma palavra daqui, outra dali, e no geral conseguia entender cada sentença. E foi levando assim ao longo dos anos. O primeiro livro que teve em sua coleção foi: *La tática en el fútbol moderno*, de J. Garcia del Ramo, de 1961.

Outras obras aumentaram o seu repertório, entre elas: *El fútbol – técnica y estratégia*, de Kenneth Wheeler, de 1967; *Tácticas de fútbol*, de Conrad Lodziak, de 1967; *Manual del entrenador y jugador de los deportes de equipo*, de Gerardo López Cuadra Ejarque, de 1968; *Fútbol científico – los factores determinantes de la eficiência*, de Roger Macdonald e Eric Batty, de 1971; *Fútbol, ¿sólo habilidad?*, de Milton Trinidad, de 1981; *Fútbol – entrenamiento al estilo europeo*, de Ron Greenwood, Hennes Weisweiler e Eric Batty, de 1982.

— Porque insisti em querer fazer as coisas de uma maneira diferente, o aprendizado foi grande. Cheguei à conclusão de que o europeu se especializava em defender bem e marcar bem. Quem resolvia na frente eram dois ou três jogadores de habilidade, um centroavante goleador. Mas tinha bastante espaço para jogar e isso, desde o começo, me incomodava. Eu pensava: "Pô, se o time deles é melhor que o meu, não vou ganhar nunca, porque, nesse espaço que está sobrando, os jogadores deles são melhores que os meus". Então, comecei a entender e quis fazer uma coisa diferente. Eu obrigava o meu jogador a ter uma parte defensiva mais acentuada. Atacar, a gente atacava bem, porque jogava com pontas abertos, dois meias que chegavam. Atacava com cinco, seis jogadores. Agora, na hora de defender, ficavam três. Eu mudei isso. Eu disse: "Nós vamos jogar, a partir de hoje, da seguinte maneira: vamos atacar bastante e quando terminar o ataque, cada um encosta em um jogador deles para evitar que saiam jogando".

Os livros abriram a mente de Minelli e mudaram sua maneira de pensar o futebol. Foram cruciais para que, enfim, montasse suas táticas de jogo. Ideias pouco utilizadas no cenário nacional, como marcação pressão, linha de impedimento e líbero foram implantados no sistema de jogo do comandante ao longo dos anos.

— Baseado nos livros, montei meu sistema de trabalho. Eles jogavam com um líbero e eu também passei a jogar. O líbero já tinha na Europa; não quero dizer que eu trouxe para cá, mas eu comecei a usar. Na época, não me lembro de outro time daqui que usava. Linha de impedimento, fiz muito. Na Europa, eles faziam a linha de impedimento e eu comecei a fazer igual.

O modelo de jogo usado por Minelli estabeleceu-se desde o início de sua trajetória, mais precisamente no América. Nessa época, o escolhido para exercer a função de líbero foi o versátil Mota. No entanto, para não correr o risco de "tirar" o impedimento, o treinador fez com que o atleta ficasse à frente da zaga, na posição conhecida hoje como volante. Mota atacava quem vinha com a bola e, segundo Minelli, a estratégia deu muito resultado.

— Eu tive que fazer isso por necessidade. Com o líbero atrás, a gente era sempre surpreendido pelos bandeirinhas. Eles roubavam muito, pareciam entrar em campo com o braço engessado e nunca davam impedimento – contou Minelli ao *Jornal da Tarde*, de 13 de março de 1978.

O jogo em si era o que mais encantava Rubens Minelli. Transformar o que parecia impossível em viável. Conseguir mudar o rumo de uma partida com estratégias e táticas. Em igualdade de condições e poderios, o lado que utilizar as melhores estratégias alcançará a vitória, este é o princípio aplicado nas guerras. O general alemão Carl von Clausewitz (1780-1831) seguia essa linha de raciocínio e afirmava que o objetivo das táticas militares era alcançar a superioridade numérica no ponto vital e em um momento preciso, o que tem grande similaridade com o futebol.

Para o escritor de futebol austríaco, Willy Meisl, as táticas se tornaram importantes logo após a criação da Associação de Futebol no ano de 1863, na Inglaterra. No entanto, muitos futebolistas não davam importância para isso, diferentemente do que vem acontecendo de um tempo para cá. De acordo com Meisl, milhões de jogadores e torcedores se acham conhecedores de esquemas e estratégias. O famoso "papo de boteco", porém, em sua maioria, não consegue distinguir um W/M de uma formação 4-2-4.

Para o pensador, organizar a defesa – um dos pontos cruciais para o sucesso de um time, – é tão importante quanto não organizar o ataque, já que é onde a improvisação e o talento dos jogadores se sobressaem, sendo primordial, na maioria das vezes, dar liberdade aos atletas.

Outro livro da coleção de Minelli, *A raposa do deserto*, do Marechal alemão Erwin Rommel, uma obra sobre a Segunda Guerra Mundial, traduzia esse conceito de estratégia, que o treinador adaptou para o futebol.

A biblioteca do treinador, enfim, era isto: ideias e mais ideias que ele abraçava.

MINELLI E O AMÉRICA MOSTRAM SUA FORÇA

A fase final do Campeonato Paulista da segunda divisão, também chamada de Torneio dos Finalistas, foi disputada por nove equipes e se realizaria apenas no ano seguinte (1964). E mais uma vez, o América mostrou toda a sua força. Com uma defesa sólida – que viria a ser a melhor da competição –, comandada por Santo e Bertolino, e um dos melhores ataques, sob a tutela de Cardoso e Dirceu, o Rubro caminhava rumo ao título. Este se confirmaria com uma rodada de antecedência, no dia 22 de abril de 1964, após a Portuguesa Santista, candidata direta ao caneco, ser derrotada pela Ponte Preta, por 2 a 1, e não ter mais condições de alcançar a pontuação do América. Na mesma rodada, o Mecão havia derrotado o Votuporanguense por 2 a 1, com gols de Cuca e Cardoso.

Mas a festa em campo ainda estaria por vir. Em 26 de abril de 1964, em clima de comemorações, o América recebeu o São Bento, de Marília, no jogo das faixas. Antes do início da partida, a farra começou.

São José do Rio Preto, pintada de vermelho, parou. A euforia tomava conta dos mais de 20 mil torcedores nas arquibancadas do estádio Mário Alves Mendonça, sob os gritos de "É Campeão!". No céu, aviões sobrevoavam o estádio e lançavam papéis coloridos. Dentro de campo, cada um dos jogadores recebia ramalhetes de flores e faixas de Campeão.

Na praça São Benedito, nº 69, a esposa de Minelli e os três filhos ouviam as homenagens transmitidas pelo rádio e se emocionavam.

Depois que o árbitro José Edésio de Araújo apitou o início da partida, os jogadores deixaram a algazarra de lado e encararam o confronto com seriedade do começo ao fim. Queriam encerrar com chave de ouro a excepcional campanha que os levaria à primeira divisão.

O América foi a campo com Reis; Bertolino, Santo e Mota; Celino e Tubá; Cuca, Gaúcho, Cardoso, Walter e Dirceu.

Logo aos cinco minutos de jogo, Celino abriu o placar para o Rubro depois de um belo chute. O gol tão cedo mostrou que o lanterna não seria páreo nem atrapalharia os planos do Campeão. O América sufocou o São Bento durante toda a etapa inicial, mas não aumentou o marcador graças aos milagres do goleiro Aníbal. E em um único descuido durante todo primeiro tempo, aos 44 minutos, o zagueiro Josué foi avançando ao ataque com a bola dominada e, da intermediária, acertou um chute no ângulo do goleiro Reis, 1 a 1. Nos vestiários, Minelli não queria nem saber se o título já havia sido conquistado. Como sempre, não aliviou para os jogadores. Usou palavras fortes de incentivo, recordando-os de toda a desconfiança enfrentada até chegar à conquista e fez um discurso que "chacoalhou" seus atletas. Resultado? Mais quatro gols na etapa final. Três de Walter (aos cinco, 30 e 45 minutos) e mais um de Celino (aos 14).

Cinco a um América. Agora sim! Com a sensação de dever cumprido, Minelli, os jogadores e toda a torcida do América podiam celebrar sem moderação. Após o apito do juiz e a comemoração dentro de campo, com direito a fanfarra do Ginásio São Luiz, a festa continuaria dali para fora e seguiria pela Rua Bernardino Campos. Todo o elenco foi conduzido para um carro do Corpo de Bombeiros, de onde celebrariam pela cidade noite afora. Sob gritos da torcida, serpentina, papéis picados e balões, a festa parecia não ter fim.

— Desfilei em carro aberto, ganhei faixas, participei de banquetes. Passei a ser a grande atração da cidade. Mas o time era bom, obediente e muito aplicado taticamente – revelou Minelli em entrevista ao *Jornal da Tarde*, de 13 de março de 1978.

Os números do Mecão na fase final impressionaram. Em 16 partidas, foram dez vitórias, quatro empates e apenas duas derrotas, chegando à marca de 24 pontos conquistados.

O artilheiro do América na competição foi o atacante Cardoso, que balançou as redes 15 vezes em 19 partidas disputadas, em um total de 64 tentos marcados pelo Rubro durante o torneio. Já na parte defensiva, o goleiro Reis sofreu apenas 30 gols.

O título seria o primeiro conquistado por Rubens Minelli em sua carreira como técnico de um time profissional. O comandante acredita que essa conquista era o que faltava para seu nome ficar mais conhecido no meio do futebol.

— O título foi fundamental, mas se eu tivesse fracassado, não tivesse sido Campeão com o América, e depois se eu também não tivesse sido Campeão nos outros clubes, eu não teria essa condição como treinador de futebol.

O título deu um basta nas críticas que recebeu em sua chegada ao América, quando os técnicos adversários e a imprensa o julgavam por ser um treinador que dava espaço para as categorias de base.

— O rato morde e foge. Depois do título, acabou aquela onda de que eu era um treinador que estava acostumado a somente trabalhar com juvenis e de que não estava pronto para trabalhar com *burro velho*, como eles falavam.

Como prêmio pela conquista e acesso à divisão de elite, cada jogador recebeu 200 mil cruzeiros, enquanto o treinador Rubens Minelli faturou um milhão, podendo, mais tarde, comprar sua primeira casa própria.

Para agradecer pelo título do Campeonato Paulista da segunda divisão, Minelli e todo o grupo do América foram para Aparecida do Norte pagar promessa.

OUTRO PATAMAR

De volta à primeira divisão do Campeonato Paulista, o América, que antes era considerado uma das equipes mais fortes da divisão de acesso, precisou mudar suas pretensões. Em vez de lutar pelo título, a prioridade seria permanecer na elite. Tarefa difícil. Os confrontos, afinal, não se restringiriam às equipes do interior de São Paulo. Enfrentaria os grandes da capital, além de um time praiano, que tinha como sua principal estrela Pelé.

Minelli sabia das dificuldades ao encarar times como o Palmeiras, São Paulo, Corinthians, Santos e Portuguesa. Diferentemente das demais equipes, porém, não se acanhava na defesa. Seus jogadores entravam em campo para jogar de igual para igual. Ainda assim, por mais que o Rubro tivesse um time "redondo" e de boa qualidade, era desprovido de um grande elenco, fato que dificultou a regularidade na competição.

No Paulista de 1964, o América fez partidas memoráveis. Entre elas, o duelo contra o Alvinegro Praiano, time que era nada mais nada menos do que Bicampeão da Libertadores da América e Bicampeão Mundial Interclubes, após as conquistas de 1962 e 1963. Além disso, o Santos contava com uma verdadeira constelação. Além do rei

Pelé, entre algumas de suas estrelas estavam Zito, Mengálvio, Pepe e Coutinho.

Na partida disputada no estádio Mário Alves Mendonça, o América, apelidado por todos como "Caçula", pois era o mais novo integrante da elite, foi subestimado e até ridicularizado por parte da crônica esportiva, que apostava todas as suas fichas em uma verdadeira goleada a favor da equipe do litoral.

Um dos cronistas dizia que a solução encontrada por Minelli para superar o Peixe seria fazer um de seus jogadores marcar o Pelé, outro marcar o Edson, outro o Arantes e outro o Nascimento. Houve cronista que apelou e afirmou que o Santos entraria em campo com um cachorrinho. O motivo? *É que quem vai dar um passeio sempre leva seu cachorrinho.* Tais comparações e piadas inflamaram o elenco rubro, que estava disposto a dar a vida dentro de campo em busca de uma sonhada e improvável vitória.

Assim que o duelo começou, o Alvinegro Praiano era pressão total para cima do América, que se defendia como podia. Porém, depois de tanto sufoco, aos 14 minutos do primeiro tempo, Almir invadiu a área do Rubro e acionou Pepe, que foi derrubado por Bertolino. Pênalti. Pelé foi para a bola e bateu com tranquilidade à esquerda de Reis, 1 a 0 Santos.

Com o gol, o esperado era que o Peixe se impusesse mais. Porém, por incrível que pareça, aconteceu justamente o contrário. O Mecão, que aparentava estar entregue na partida, tirou forças de algum lugar e renasceu no confronto. Celino e Waltinho apareceram para o jogo e tomaram conta do meio de campo. Cardoso, Dirceu e Walter, a cada lance, incomodavam a defesa adversária. Aliado a tudo isso, Pelé sentia uma lesão e pouco se movimentava em campo.

— Eu particularmente joguei várias vezes contra o Pelé, sendo essa a primeira. Apesar de ele ser o maior de todos os tempos, não senti grande coisa em marcá-lo – vangloria-se Santo.

Na segunda etapa, o Rubro manteve o ritmo e conseguiu chegar ao empate com Waltinho, após jogada de Cardoso e Celino. Apenas três minutos depois, o inesperado aconteceu e o estádio Mário Alves Mendonça veio abaixo com a virada do América. Mais uma vez, Waltinho, depois de fila de Cardoso na defesa alvinegra. Final, América 2 a 1 Santos.

— O time do Santos não era só o Pelé, tinha o Coutinho e outros jogadores. Fizemos uma grande partida e conseguimos uma coisa que ninguém esperava. Teve a mão do Seu Minelli – garante o zagueiro Santo.

— Era difícil parar o Pelé, aquele jogo que nós ganhamos, nunca imaginávamos isso – completa o atacante Cardoso.

O triunfo frente ao Peixe mostrou às demais equipes que o "Caçula" não estava para brincadeira na competição. E algumas rodadas depois, faria outras vítimas entre os grandes da capital. Dessa vez, quem passou aperto em São José do Rio Preto foi o Corinthians, até então líder do campeonato. Nesse confronto, brilhou a estrela de Cardoso, que faria os dois gols da partida. Um deles em bela cobrança de falta.

Já diante do São Paulo, o Rubro foi responsável por quebrar a sequência de bons resultados do Tricolor, que vinha de goleadas contra Palmeiras e Botafogo, de Ribeirão Preto. O herói do duelo seria Waltinho, que aproveitou o bate-rebate na área do goleiro Suli e só teve o trabalho de empurrar para o gol.

O único que passou ileso pelo América, em 1964, foi o Palmeiras, que apesar das dificuldades ganhou as duas partidas contra o time de São José do Rio Preto.

Mesmo com boas apresentações durante o torneio e o grande retrospecto diante dos gigantes paulistas, o América não manteve a regularidade e foi o Robin Hood do Campeonato Paulista da primeira divisão, pois tirou pontos de Santos, Corinthians e São Paulo e cedeu pontos para as equipes menores.

— Em 1964, já estávamos na divisão principal, fomos Campeões do interior, e enfrentávamos os grandes de igual para igual; e lá em Rio Preto eles perdiam – relembra Cardoso.

Com isso, o clube ficou na sexta colocação da competição, atrás de todos os times de expressão, faturando o troféu do interior. Em 30 partidas disputadas, o Mecão venceu 14 jogos, empatou três e perdeu outros 13. Totalizando 31 pontos, 13 a menos que o Campeão Santos.

Se em 1964, quando se esperava apenas a manutenção na primeira divisão, o América chegou à sexta colocação do Paulistão; no ano de 1965, o Rubro tinha para muitos a condição de confirmar sua força na elite paulista.

Fora de campo, Minelli se mostrava cada vez mais em casa e adaptado a Rio Preto. Isso porque seus pais, de quem sentia muita falta, viriam morar na cidade. E, para sempre estar próximo de seus familiares, o treinador tratou de comprar para os pais a casa vizinha à qual estava morando com sua esposa e seus filhos.

Com algumas saídas e contusões de jogadores e a chegada de outros que não se adaptaram bem, o time sentiu as mudanças e apresentava dificuldade para manter o bom futebol de outrora. Apenas para enumerar os problemas de Minelli: Tubá, Ambrósio e Waltinho se lesionaram; Santo foi obrigado a retornar de empréstimo ao Palmeiras; Dirceu foi comprado pelo Alviverde; Walter abandonou o futebol por problemas particulares; e Cardoso, um dos principais jogadores do time, convivia com dores no joelho e tinha seu desempenho comprometido.

Chegaram Nelson Coruja, Neuri, Ladeira e Milton, além de mais três jogadores da antiga base palmeirense: Vitor, Tarciso e Caravetti.

A cada partida, o elenco perdia a confiança, pois não conseguia os resultados, e o América caia na tabela.

Minelli sentia que havia algo errado, mas não conseguia arrumar uma solução imediata. Enquanto isso, depois de sofrer algumas críticas exageradas por parte da imprensa, seu nome perdeu força e não era mais unanimidade entre a torcida. Surgia seu primeiro período de turbulência à frente de um time.

Novamente enfrentaria o Santos de Pelé. Na última temporada, o América havia derrotado o Peixe, mas, na atual, perdera fora de casa, por 3 a 1, sem a presença do Rei. Por isso, muitos acreditavam que emplacar uma vitória, naquele momento, diante de uma das melhores agremiações do mundo seria a retomada e o ponto final na crise.

A diretoria do Rubro fez uma parceria com alguns comerciantes que pagariam 150 cruzeiros a cada jogador em caso de triunfo. Empresas prometiam brindes. Eram lustres no valor de 50 cruzeiros e ternos de 80 cruzeiros para o jogador que fosse responsável pelo gol da vitória sobre o Santos.

Apesar da comoção na cidade, o América nada pôde fazer, pois pegou o Rei do futebol em um dia daqueles. E com uma apresentação de gala de Pelé, que balançou as redes em três oportunidades, o Peixe venceu o jogo por 4 a 0.

Além do péssimo resultado, na saída do time de campo, Minelli ouviu o seu diretor de futebol esbravejar: "Isso não pode ficar assim, alguém precisa dar um jeito".

Vendo que o ambiente ficara ainda mais pesado, que nada que fazia surtia o efeito necessário e que não tinha mais o apoio da diretoria, respondeu ao diretor: "O jeito está dado, eu vou embora".

Minelli pediu demissão.

— Para muita gente foi péssimo. Principalmente para os jovens. Nós sentimos muito o baque, ficamos tristes; mas temos que entender que no futebol é assim – revela o ex-goleiro Neuri.

Entretanto, antes de deixar o time, Minelli prestou um último serviço ao América. Ele indicou o treinador que o substituiria.

— Na ocasião em que as coisas não iam bem, eu saí. Não fui dispensado pelo América. E eu mesmo contratei um treinador para o América: o Antônio Julião. Eu estava com o Dr. Dured Fauaz, vice-presidente, e ele me perguntou: "Você o conhece?" Eu disse que sim. Então, eu convenci o Antônio Julião a ir para o América de Rio Preto. O trabalho que ele estava fazendo anteriormente era muito bom, tinha um time muito bem montado.

Anos mais tarde, o diretor Birigui, responsável direto pela contratação de Minelli pelo América, revelou que, no início, sua intenção, ao convidar o treinador da base do Palmeiras para comandar o Rubro, era apenas a de que ele trouxesse para a equipe os bons jogadores que treinava na época e que, futuramente, iria demiti-lo. No entanto, a história aconteceu um pouco diferente.

NOVA EXPERIÊNCIA

A saída do América com um título importante na bagagem mudou o *status* de Rubens Minelli. Ele deixou de ser um técnico de juvenis, alcunha recebida pelos inúmeros títulos conquistados na base do Palmeiras, e tornou-se, enfim, um técnico profissional. E que tinha um futuro e tanto pela frente, uma vez que na primeira competição que disputou no comando de uma equipe profissional já levantou o caneco.

O próximo destino de Minelli ficava a 207 quilômetros de São José do Rio Preto, mais precisamente em Ribeirão Preto, onde comandaria o Botafogo. O responsável pela sua contratação foi o presidente Waldomiro da Silva.

Outra mudança radical em sua vida, além da troca de cidade, foi pedir demissão dos Correios, local onde trabalhava desde os seus 17 anos. Com a sua ida para o futebol profissional, as coisas mudaram. Seu ordenado já era quatro vezes maior. Após a conquista do Paulista da segunda divisão com o América, ganhou moral e seu salário aumentou, assim como sua responsabilidade. Ao se transferir para o Botafogo, resolveu focar ainda mais no emprego que realmente sustentava a sua família e decidiu deixar o local onde mais trabalhou em toda a sua vida.

— Não estava mais dando para conciliar, depois que a minha carreira de treinador de futebol alavancou.

A primeira missão oficial do treinador à frente do Pantera seria a pré-temporada que se iniciara no Brasil e seguiria com uma excursão pela América Central e do Sul. Como carro-chefe dessa viagem, a equipe de Ribeirão Preto disputaria o Torneio Pentagonal da Guatemala, que além de ser um meio de expandir a marca do Botafogo ao redor do mundo, serviria como preparação física e tática para a disputa do Campeonato Paulista da divisão especial.

BIENVENIDO!

O presidente do México em 1966, Gustavo Díaz Ordaz, fazia uma política de boa vizinhança na América Central. Espalhou pelos países uma série de cartazes com seu retrato, recepcionando os turistas que chegavam aos aeroportos. Na foto, a frase: "*Bienvenido*" (Bem-vindo).

Durante a excursão, o Botafogo passou por Panamá, Nicarágua, Honduras e Guatemala. E a cada aterrissagem, adivinha quem estava lá? Sim, mais um cartaz de Díaz Ordaz.

Já no fim da excursão, um dos jogadores do Botafogo, Dirceu, ao se deparar com mais um retrato do presidente mexicano, dirigiu-se ao técnico Rubens Minelli e disse: "Seu Minelli, esse Seu *Bienvenido* tem cartaz aqui, heim!".

A cada confronto, o Botafogo mostrava a sua força e ganhava ainda mais conjunto. No decorrer da pré-temporada, a equipe chegou à marca de 12 triunfos em 16 duelos. No torneio que disputou na Guatemala, o Pantera enumerou vitórias frente aos seus adversários: Club Atlético Vélez Sarsfield, da Argentina (vitória por 2 a 1); Aurora Fútbol Club (vitória por 3 a 1); Club Social y Deportivo Municipal (vitória por 3 a 0); Comunicaciones Fútbol Club (vitória por 8 a 2), todos da Guatemala.

Os principais destaques da equipe na competição foram o lateral-esquerdo Carlucci, que apoiava bem e, segundo Minelli, "chutava barbaridade"; o zagueiro Baldochi, um líder dentro de campo; e o centroavante Antoninho, um dos grandes responsáveis por balançar as redes.

— Fomos Campeões de um torneio internacional. Na volta, subi novamente em carro de bombeiro, desfilei pela cidade, fui jantar no Rotary. Estava começando ainda. Não era muito, mas, para mim e o Botafogo, essa conquista foi importante – afirmou o treinador ao *Jornal da Tarde*, de 13 de março de 1978.

Em seu retorno ao Brasil, o Botafogo disputaria o Torneio João Mendonça Falcão, uma competição entre equipes paulistas, mas sem a presença dos times considerados grandes. E, apesar da campanha irregular, um dos confrontos que marcou o treinador, por conta da representatividade, foi o Come-Fogo (clássico de Ribeirão Preto, disputado entre Botafogo e Comercial), que terminou em 1 a 1, no estádio Dr. Francisco de Palma Travassos. O Comercial vencia a partida por 1 a 0, quando, quase no fim do jogo, em uma cobrança de escanteio, a bola sobrou para Baldochi, que empatou o duelo e deixou um gosto amargo para os rivais que já comemoravam a vitória.

Mesmo com as coisas indo bem e Minelli adaptando-se ao comando do Botafogo, uma coisa o atrapalhou desde o dia em que chegou à cidade: a saudade que sentia da família, que ficou em São José do Rio Preto. O treinador não quis que uma mudança atrapalhasse a vida escolar de seus filhos. Acostumado à rotina de ser recebido por sua esposa e filhos ao retornar do trabalho, Minelli sentia-se sozinho, pois era a primeira vez em sua curta carreira de treinador que se afastara da família.

Foi então que Birigui, diretor do América-SP, deslocou-se até Ribeirão Preto para levar o técnico Rubens Minelli de volta ao Rubro, pois o time ia de mal a pior. Na ocasião, o presidente do Botafogo, Waldomiro da Silva, já havia rejeitado uma oferta da Ponte Preta por Minelli. No entanto, quando o assunto era o América, Minelli "balançava". Em conversa com Waldomiro, o treinador expôs sua angústia em não ter a família por perto e revelou que gostaria de retornar à São José do Rio Preto. Pedido "dolorido", mas que foi aceito pelo mandatário do Pantera por conta da amizade que tinham. Assim, depois de alguns meses longe de casa, o técnico acertou seu retorno ao América.

Minelli comandou o Botafogo, de Ribeirão Preto, em 40 partidas, com um retrospecto de 22 vitórias, cinco empates e 13 derrotas.

RESPONDENDO AO CHAMADO

Minelli voltou ao América em 1966, com o Campeonato Paulista já em andamento. E, diferentemente de sua primeira passagem pelo Rubro, quando o objetivo foi brigar pelas primeiras posições, desta vez, a missão do treinador seria salvá-lo do descenso.

Quando o treinador deixou o comando do América pela primeira vez, a equipe passava por um momento delicado. Em seu retorno, a crise ainda estava instalada pelos lados do Mário Alves Mendonça, que nesse período contou com os técnicos Antônio Julião e Filpo Nuñez no banco de reservas, ambos demitidos. Com isso, o diretor de futebol Benedito Teixeira, o Birigui, com o auxílio do veterano jogador Bertolino tentavam ajustar a casa.

Minelli aceitara o desafio, pois além de estar novamente ao lado de sua família, sentia-se enternecido pelos maus resultados do América. Diante de todo o carinho que sempre recebeu da torcida e do clube, acreditava que tinha a obrigação de ajudar o time a se levantar.

Para os jogadores que já o conheciam, principalmente os mais jovens, como o goleiro Neuri – contratação pedida pelo treinador no ano anterior –, o retorno de Rubens Minelli era fundamental para que o time se reerguesse:

— O Seu Minelli passava muita confiança, como se ele fosse um pai. Principalmente para os mais jovens. A gente até brincava que ele era o pai do Cardoso, pai do Vitor, pai do Caravetti. Eu também era jovem na época. Tínhamos cerca de 20 anos, e a gente sentia bastante a força dele. A diferença dele para os outros técnicos era que ele era um paizão.

Depois da chegada de seus pais, foi a vez de seu irmão Ruy, que havia passado férias na cidade de São José do Rio Preto e gostado, mudar-se para o interior paulista. Minelli o ajudara a conseguir um emprego na área administrativa do América. Novamente a família Minelli estava toda reunida.

*****

A retomada do time não foi fácil. A torcida estava decepcionada, os jogadores desmotivados e a diretoria desesperada. Técnico que há pouco tempo dera alegrias ao Rubro, o treinador foi visto por todos da época como o ideal para evitar um constrangimento maior nas rodadas que restavam do campeonato.

Com defesas sólidas e ataques efetivos, o comandante sempre conseguiu manter boa regularidade nas poucas equipes que havia treinado. No entanto, com a terceira defesa mais vazada da competição, com 57 gols sofridos, e um ataque que marcou 49 tentos, sendo o quinto mais eficiente do torneio, o desequilíbrio da equipe estava evidente.

Nem os triunfos frente à Portuguesa e ao São Paulo foram suficientes para dar ânimo aos jogadores. Minelli foi levando jogo a jogo. Encarando cada partida como uma final e deixando claro para os seus atletas que, com muita luta, seria possível evitar o rebaixamento. Só dependia deles.

Na última rodada do Paulista, o Rubro tinha um duelo marcado com o Comercial, equipe que fazia excelente campanha.

No jogo derradeiro, atuando em casa, Minelli fez uma preleção daquelas, motivando seus jogadores ao extremo. Fora de campo, havia o medo da derrota e, consequentemente, do rebaixamento. Apenas dez mil espectadores compareceram. Apesar disso, os que foram ao Mário Alves Mendonça acreditavam em um final feliz e incentivaram o América do começo ao fim.

Dentro das quatro linhas, os jogadores deram a resposta que todos queriam. Com dois gols de Benê, um de Milton e um de Caravetti, o América venceu a partida por 4 a 1, e se manteve na divisão especial do Campeonato Paulista. Dever cumprido.

Minelli trouxe tranquilidade ao lado vermelho de São José do Rio Preto. E, apesar de ter total confiança da diretoria para dar continuidade ao seu trabalho, o treinador pensava grande e queria dar um passo à frente em sua carreira. Estava à procura de mostrar seu potencial em uma grande equipe do cenário nacional. Nesse momento, recebeu uma oferta do Sport Club do Recife. Ele sabia que seria uma mudança radical em sua vida e na de sua família. Embora nunca tivesse saído do estado de São Paulo, resolveu arriscar e aceitou a oferta do time pernambucano.

UM SOL PARA CADA UM

Com o convite do Sport, Rubens Minelli, enfim, acreditava estar no caminho certo, pois mesmo com a curta carreira de técnico comandando só equipes paulistas, seu nome chegara até Recife.

Dessa vez, embora Minelli também tenha ido sozinho para Pernambuco, recebeu a família no período de férias escolares, diferentemente do que ocorreu na época em que treinou o Botafogo de Ribeirão Preto.

— O Sport era um time grande de Pernambuco, com mais torcida e patrimônio do que o América. Um time que tinha a parte social muito elevada – garante Minelli.

No Leão, Minelli levou toda a estrutura que havia construído no América. Tanto em relação ao sistema de jogo quanto aos treinamentos.

A ideia do Sport ao trazer o treinador era acabar com a hegemonia do arquirrival Náutico, que conquistava o Campeonato Estadual ano após ano.

A estreia de Rubens Minelli ocorreu em uma partida diante do próprio Náutico, em pleno Arruda, pelo Torneio Quadrangular. O Leão derrotou o Timbu pelo placar de 3 a 1, com gols de Bite, Canhoto e César. Começo melhor impossível.

Porém, antes de iniciar sua trajetória no Campeonato Pernambucano, o comandante tinha o Torneio Início para ajeitar o time. E foi o que ele fez. Disputado por diversos times, as regras do Torneio Início eram peculiares. Além de ser uma competição com duração de apenas uma tarde, em um único estádio, na época, as partidas eram disputadas em menos de um tempo oficial. E, em caso de empate, cabia à cada equipe indicar um jogador, que seria responsável por efetuar as cinco cobranças de pênalti.

No primeiro torneio que Minelli disputara pela equipe rubro-negra, ele mostrou que estava no caminho certo e beliscou um Vice-Campeonato. Com o término do Torneio Início, iniciaria o Campeonato Pernambucano. Oito equipes no total estavam na disputa que ocorreria em três turnos.

— Naquele tempo, o Náutico era a grande equipe do futebol de Pernambuco. Atravessava uma ótima fase. E tinha também o Santa Cruz. O Sport era a terceira força naquela ocasião.

IMAGINE O PAI

Assim que foi contratado pelo Sport, Minelli começava a conhecer o elenco e já procurava alguns nomes para reforçar o Leão, no decorrer da temporada. Tentou trazer o atacante Cardoso, jogador de Minelli na base palmeirense e no América, mas a negociação não avançou.

Em um final de semana de folga, o treinador resolveu assistir a um jogo do seu rival Santa Cruz contra outra equipe da região, pelo Campeonato Pernambucano. O seu objetivo era observar um atacante rápido, que tentaria furar a forte defesa coral.

Coincidentemente, nesse período, seus familiares, que tinham acabado de fazer a sua primeira viagem de avião pela empresa Cruzeiro, vindos de São Paulo para Recife, passavam férias em Pernambuco.

Apaixonado por futebol, o filho mais velho de Minelli, Rubinho, de apenas dez anos, seguia o pai sempre que possível, e quis também dar uma de olheiro e acompanhá-lo nessa missão. Um dirigente do Sport estava incumbido de levá-los à partida.

O confronto estava bem disputado, mas o Santa Cruz sentia dificuldades pelo lado esquerdo de sua defesa. Perspicaz, Rubinho virou para o dirigente do Sport e antecipou: “Olha essas bolas nas costas que estes zagueiros estão tomando a toda hora, vão levar um gol já, já”. Não deu outra. No momento em que o garoto falou, o Santa Cruz sofreu o gol. Na mesma hora, o dirigente do Leão olhou para o menino com cara de assustado. E, segundo Rubinho, deve ter pensado: “Se o filho de dez anos já entende assim de futebol, imagine o pai!”.

Despreocupado em ser apenas um coadjuvante, Minelli conseguiu fazer ótima campanha na competição. Em 16 jogos, o Leão venceu dez partidas, empatou duas e perdeu quatro. Marcou 25 gols e sofreu 18 tentos. Bite, Renê e César (companheiro de pesca do treinador) foram os destaques da equipe, que ficaria com o Vice-Campeonato Estadual atrás, mais uma vez, do Náutico, que fez campanha impecável e foi líder dos três turnos, não tendo necessidade de se realizar uma final.

Ao término da temporada, o descontentamento de Dona Rosinha balançou as chances de Minelli continuar em Recife. Apesar de ele aproveitar o tempo livre para levar a família para excursionar por Pernambuco e conhecer Olinda e os arredores, alguns fatores incomodaram sua esposa. O primeiro deles foi um episódio em sua residência temporária em Boa Viagem, cujas roupas que estavam estendidas para secar no quintal foram roubadas, e fizeram com que ela não se sentisse segura nem na sua própria casa. Além disso, o clima extremamente quente e seco, do qual não estavam tão acostumados assim, e ter que cuidar de três crianças sem conhecer nada nem ninguém da cidade, foram outros motivos que a fizeram não querer mais permanecer por lá. E logo, ela e as crianças voltaram para São José do Rio Preto.

Na contramão de sua esposa, Minelli adaptava-se ao clube e à cidade, e já discutia com a diretoria do Leão uma renovação de contrato.

No ano de 1968, as coisas pareciam que dariam certo para ele e o Sport. Primeiro, por causa da série de dez amistosos disputados pelo clube antes do começo da nova temporada, que contou apenas com um revés. Segundo, pelo título do Torneio Início, que trouxe grande confiança e empolgação para Minelli e o grupo. O caneco foi alcançado após os empates frente ao Íbis e Santo Amaro e a vitória diante do América.

Tudo já estava praticamente acertado para que o comandante estendesse seu vínculo com o Leão, quando ocorreram algumas mudanças internas por conta de problemas políticos e, então, a coisa mudou de figura.

Dois diretores, que haviam sido Campeões pelo Sport, foram reinseridos à diretoria. Depois de uma série de reuniões, o treinador achou que a convivência com a nova dupla não daria certo, pois ambos tinham opiniões e visões muito distintas da sua. Queriam nortear seu trabalho, tirando-lhe a liberdade de treinador. Além disso, o acesso irrestrito da imprensa aos vestiários do Leão, antes e durante as preleções, incomodava muito Minelli.

Ao chegar aos ouvidos da imprensa tal insatisfação do treinador, ele foi prontamente respondido, no dia seguinte, em uma publicação bastante ofensiva do *Diário de Pernambuco*, com a seguinte manchete: “Palhaço do Sul vem ditar norma no Nordeste”.

Aliado ao clima hostil que se instalara, sua filha Cecília, assim que voltara para Rio Preto, adoecera, segundo ela de saudades do pai. Isso complicou ainda mais uma possível sequência do comandante em Recife.

A iminente saída de Minelli incomodou o elenco do Leão de tal maneira que os jogadores solicitaram ao presidente do Sport, Eduardo Cardoso, a permanência do treinador. Mais uma vez, Minelli ficou balançado. Entretanto, ele, que sempre colocou a família em primeiro lugar, priorizou a situação da filha e resolveu não renovar com o Sport, mesmo sem ter acertado contrato com um novo clube.

Ao todo foram 40 jogos no comando da equipe pernambucana com 23 triunfos, nove empates e apenas oito derrotas.

Apesar da visão impositiva da dupla de diretores, Minelli tinha bom relacionamento com a alta cúpula do Leão. Por isso, mesmo fora do clube, por um bom tempo, permaneceu como conselheiro honorário. Ele sempre era consultado para assuntos relacionados a possíveis reforços a serem contratados pelo Sport.

BATEU NA TRAVE

Após deixar o Recife e se desligar do Sport, Minelli voltou ao convívio de sua esposa e seus filhos no interior de São Paulo, onde residia toda a sua família.

Por cerca de uma semana, ele deixou um pouquinho sua face de treinador de lado e ativou o modo pai. Aproveitou para brincar com os filhos, ajudar nas lições e até levá-los ao cinema. Também matou a saudade da pesca, que já não era mais feita com tanta frequência.

Apesar de viver bons momentos, com quatro bocas para alimentar, precisava arrumar rápido um novo emprego para que não faltasse comida na mesa.

Certo dia, encontrou o amigo e jogador em atividade, Hélio Giglioli que, surpreso em vê-lo, perguntou se havia largado o futebol. Minelli explicou a situação e logo recebeu um convite para que trabalhassem juntos. Hélio levou o nome do comandante à diretoria. E foi exatamente nesse momento que a Associação Atlética Francana o procurou com o objetivo de conseguir o acesso do clube à divisão especial do

Campeonato Paulista. Dois dirigentes da equipe apareceram em sua casa e apresentaram a proposta.

Minelli, que estava numa crescente em sua carreira e já tinha mudado de *status* – primeiro de técnico de base para treinador de times profissionais e depois de um comandante de clubes de segunda para clubes de primeira divisão –, não fez cerimônia para aceitar o convite da modesta equipe do interior de São Paulo.

— Foi o primeiro time que me procurou. Eu não podia ficar parado, eu não gostava de ficar parado e não devia ficar parado, porque eu dependia do dinheiro do futebol para o sustento da minha família. Aí eu peguei a Francana.

A Feiticeira tinha como presidente o rico fazendeiro Fábio Sales Meireles, que além de dar ao clube uma estrutura de qualidade, pagava rigorosamente em dia bons salários aos seus atletas. Há tempos, Fábio sonhava em alavancar a equipe para a elite do Campeonato Estadual e deu carta branca para o treinador. No entanto, Minelli não quis prometer nada e manteve todos com os pés no chão. Sabia que qualidade, luta e raça não seriam o suficiente.

— Acho difícil a Francana subir à Especial. Muito difícil. Não se ganha campeonato apenas com um time bom. É necessário mais, principalmente influência na Federação Paulista de Futebol – afirmou o treinador ao jornal *Última Hora*, de São Paulo, de 9 de setembro de 1968.

Aos 39 anos, o técnico contava com a admiração da torcida e o respeito de seus jogadores, os quais mantinha com rédea curta, impedindo-os de sair após às 22 horas e de passar perto da Las Vegas, principal boate da cidade. Tudo em prol do objetivo principal.

Como contratações, Minelli indicou o meio-campo Raul, do América-SP, além de um velho conhecido seu, que chegaria para ser uma das referências no ataque, advindo do Palmeiras: Ademar Francisco Caravetti, ou apenas Caravetti, um ponta-esquerda rápido e artilheiro, uma das crias de Minelli na base do Palmeiras. Além de atuar com o treinador no Alviverde, Caravetti foi contratado por empréstimo pelo América a pedido do comandante anos atrás.

Composto por 17 equipes, o Campeonato Paulista da primeira divisão (divisão de acesso na época) de 1968 foi dividido em dois grupos e duas fases. Na primeira parte da competição, a Francana estava no grupo A, com Ferroviário, de Araçatuba; Barretos; Corinthians, de Presidente Prudente; Linense; Noroeste; Rio Preto; São Carlos e Andradina. Os times se enfrentariam em turno e returno, e as três melhores agremiações avançariam para a fase final, com outros três clubes do grupo B.

Na primeira rodada, a Francana tinha compromisso diante do São Carlos. A Feiticeira foi a campo com Manzato; Vavá, Duda, Alemão e Clóvis; Hélio e B. Mario; Gibi, Nei, Zé Marcos e Marco Antônio. E mesmo com a vitória de 2 a 1, a equipe mudaria bastante durante a competição.

Mantendo boa regularidade durante a fase inicial, a Francana ficou na segunda colocação, atrás apenas do Ferroviário, e avançou no campeonato. Além dos dois, o Barretos se classificou no grupo A. Já no B, Paulista, Ponte Preta e Bragantino foram para a fase final. Daí em diante, eram todos contra todos, em turno único, e as partidas seriam disputadas nos estádios Parque Antarctica, do Palmeiras, e Parque São Jorge, do Corinthians.

A estreia na fase final não saiu como o esperado e a Feiticeira acabou derrotada pelo Paulista por 2 a 0. O tropeço não desanimou a equipe, que sabia que podia chegar lá. Minelli fez alguns ajustes no time e novamente o colocou no eixo.

Como equipe base, no curto e mesclado elenco entre atletas jovens e experientes, o comandante passou a mandar a campo: Manzato; Vavá, Duda, Cacau e Roberto; Hélio, Raul, Emílio; Gibi, Zé Marcos e Caravetti.

E a prova de que as coisas melhoraram foram as vitórias que a Francana conquistou sobre o Bragantino, por 1 a 0, com gol de Roberto; e diante do Ferroviário, também por 1 a 0, mas, dessa vez, o tento foi anotado pelo meio-campo Raul. A essa altura, a disputa pelo título estava aberta. Faltando apenas duas rodadas para o término do campeonato, Francana, Paulista e Ponte Preta somavam quatro pontos, enquanto Ferroviário e Bragantino tinham três. A rodada seguinte seria o primeiro passo para colocar a mão na taça.

E Minelli e seus comandados tinham pela frente o time que fazia a pior campanha na fase final, o Barretos, que acumulava três derrotas em três partidas disputadas. Era a rodada perfeita para a Francana, pois, se fizesse sua parte, estaria muito próxima do acesso e de levantar a taça.

No entanto, o dia 30 de novembro de 1968 é um daqueles dias que Rubens Francisco Minelli gostaria de esquecer. O time estava entrosado, confiante e a fim de fazer história. O Barretos, porém, não tinha nada a ver com isso. Tirou forças não se sabe de onde e fez jogo duro contra Minelli e companhia. Derrota por 2 a 1 e um gosto amargo para todo o elenco da Feiticeira, que viu o Paulista assumir a liderança isolada.

Concentrados para o último confronto antes do término do torneio, Minelli ainda procurava explicações do revés, quando recebeu duas visitas inesperadas no hotel em que estava com a Francana. Eram Godê, que foi treinador das categorias de base do Guarani e agora era diretor do clube, e Manoel de Paiva, também dirigente do Bugre. Os cartolas estavam interessados em levar o comandante para Campinas na próxima temporada, mais precisamente para os lados do Brinco de Ouro da Princesa. Em respeito ao clube de Franca, Minelli respondeu ao dirigente que só conversaria a respeito de uma possível transferência para o Bugre ao término da competição.

Na rodada final, o atacante Bimbo marcou o gol solitário do duelo contra a Ponte Preta. Final: Francana 1 a 0, e título para o Paulista, de Jundiaí, time no qual jogava outra "cria" de Minelli da base palmeirense, o atacante Cardoso. Com o placar, a Feiticeira ficou com o Vice-Campeonato Paulista.

Cerca de 50 anos após o revés, Minelli ainda se lembra e demonstra chateação, porém trata o ocorrido como um acidente de percurso e acredita que não poderia fazer nada diferente se pudesse retornar àquele dia.

— Não faltou nada ao time. No jogo decisivo, nós não estávamos em um dia bom. O adversário foi melhor e ganhou – simplificou.

Com o término do campeonato, também veio o fim do contrato de Minelli com a Francana. Mesmo com o bom trabalho e com a proposta para permanecer na Feiticeira, ele, que havia recebido oferta para treinar o Guarani, chegou a um acordo com o clube e se transferiu para Campinas.

DE VOLTA À PRIMEIRA

Ano novo. Time novo. Aliás, Rubens Francisco Minelli não sabia o que estava por vir, mas o ano de 1969 reservava uma temporada e tanto para ele e um grande salto em sua carreira de treinador profissional.

Tudo se iniciou em Campinas, dirigindo o Guarani, o que fora definido pelo próprio Minelli como um dos trabalhos mais difíceis que já teve.

Juntamente com o Sport, o Bugre era, até então, a maior equipe que ele havia comandado. Além disso, mais uma vez, estava em um time de primeira divisão e sabendo da projeção que poderia ter se fizesse uma boa campanha, não podia desperdiçar a oportunidade.

A equipe vinha de um ano apenas regular e apostava suas fichas em Minelli, um técnico emergente em busca de expressão nacional.

O trabalho começou no dia 12 de janeiro de 1969, quando o Guarani disputaria o Torneio Início. Diante do grande número de clubes, 14 no total, a edição foi dividida em três classificatórias e uma final, ocorrendo em duas datas, o que não era praxe da competição.

As sedes eram Ribeirão Preto, com a presença do Botafogo-SP, América-SP, Ferroviária e XV de Novembro. Campinas, que contava com a participação de Guarani, Paulista, Juventus, Portuguesa Santista e São Bento, de Sorocaba. E São Paulo, capital, onde os grandes Palmeiras, São Paulo, Santos, Corinthians e Portuguesa se enfrentariam. Os vencedores de cada sede se encontrariam no dia 19 de janeiro e, em um triangular, conheceriam o Campeão.

O Bugre fez sua estreia diante do Paulista. Com gol de Ladeira, conquistou sua primeira vitória pelo placar mínimo, 1 a 0. O segundo confronto do dia ocorreria uma hora e 15 minutos mais tarde, dessa vez, contra a Portuguesa Santista. Em um jogo truncado, o 0 a 0 persistiu no placar.

A partida mal terminara e o Guarani já entrava em campo novamente para outro duelo. O adversário era o Juventus, e Minelli resolveu fazer algumas alterações para não desgastar demais seus jogadores. Entraram Capelloza, Lindóia e Carlinhos. Saíram Milton, Wágner e Escurinho. Deu certo, vitória por 1 a 0, com gol de Capelloza em cobrança de pênalti. Para o confronto final da fase classificatória, o Bugre teria pela frente o São Bento. Mesmo com a duração de apenas 20 minutos, a equipe campineira conseguiu vencer por 2 a 0. Gols de Wágner, logo no primeiro minuto de jogo, e de Vanderlei.

Com o triunfo, o Guarani avançou de fase após liderar sua sede com sete pontos. Paulista e Portuguesa Santista ficaram com quatro pontos; Juventus com três e, na lanterna, o São Bento, com apenas dois pontos.

Assim, na fase final, o Bugre teria pela frente, o Botafogo-SP e o Palmeiras. Depois de um triangular em que empatou sem gols com ambas as equipes, somado à vitória do time de Parque Antarctica contra o Pantera, o título escapou. Isso rendeu a Minelli mais um Vice-Campeonato para a sua coleção e ao Verdão da capital, a taça de Campeão.

— Nós acreditávamos tanto em uma boa campanha que quase alcançamos o limite. Nosso grupo era muito forte – recorda-se o atacante Ladeira, depois de bater na trave diante do Alviverde da capital.

Uma semana após o término do Torneio Início, começaria o Campeonato Paulista. O elenco estava fechado e o time pronto, pois Minelli havia testado algumas formações e alterações durante a última competição.

No primeiro turno, o Guarani mostrou seu potencial. Apesar de estrear com derrota em casa por 3 a 2 diante do São Bento, a equipe se recuperou.

No duelo seguinte, o time campineiro teria pela frente a Portuguesa Santista e fez uma partida de encher os olhos. Logo aos cinco minutos da primeira etapa, Wágner bateu uma falta rasteira da intermediária, o goleiro Nascimento soltou e no rebote Carlinhos inaugurou o placar. O Bugre era melhor e continuava impondo o seu ritmo. Aos 38 minutos, em um lance quase idêntico, Wágner cobrou uma falta próxima da área, o arqueiro mais uma vez rebateu e a bola sobrou para Ladeira ampliar o marcador.

No segundo tempo, o Guarani foi para cima, mas, em um único descuido, Zico diminuiu para a Briosa. O gol não abateu o time e depois de acertar um belo sem-pulo de fora da área, o meio-campo

Capelloza, que havia acabado de entrar, deu números finais ao confronto: 3 a 1. Depois disso, a equipe teve dificuldade em manter a regularidade. Todavia, após dois jogos sem vitória, conseguiu resultados expressivos até o final do turno. Entre eles, os triunfos diante de Corinthians e Santos por 1 a 0. Aliás, a partida contra o Peixe foi a que mais marcou a campanha bugrina.

Diante de Pelé e companhia, atuais Bicampeões Paulistas, Rubens Minelli chamou a responsabilidade e montou uma estratégia diferente. Mais do que necessária para marcar o time santista e, principalmente, o camisa 10 do Alvinegro Praiano, que na época já era considerado um dos melhores atacantes do mundo.

Enquanto treinou o América-SP, Minelli encarou o Rei do futebol em duas oportunidades. Pelo menos na primeira delas, conseguiu sair vitorioso. Mesmo sabendo que o camisa 10 da Vila era imparável, o treinador podia tentar dificultar o seu jogo. Sempre que enfrentava Pelé, deixava um jogador pressionando-o no campo todo e dava ordem ao atleta que estivesse mais perto para diminuir ainda mais o espaço quando o Rei recebesse a bola. O objetivo era fazer com que o craque santista não conseguisse dominar a bola e erguer a cabeça.

— O técnico tem obrigação de estudar e criar um antídoto contra seu adversário. E apesar da preocupação com o Pelé ser grande, eu não jogava apenas contra ele. Eu jogava contra o Santos. Tinha mais gente para marcar.

O Guarani foi a campo com Sidnei; Miranda, Cidinho, Beto e Cido; Hélio e Milton; Capelloza, Ladeira, Vanderlei e Wágner. Uma equipe ofensiva e que não ficaria na retranca diante do poderoso Santos. Além de ter um time extremamente aplicado e que cumpria todas as orientações táticas, Minelli e o Bugre contaram com a sorte. Isso porque, aos 13 minutos do primeiro tempo, Pelé cobrou um pênalti no travessão. Os campineiros ganharam força depois disso e fizeram valer o fato de jogarem no estádio Brinco de Ouro da Princesa. Aos 30 minutos da etapa inicial, Ladeira balançou a rede. O Peixe de Pelé continuou a levar perigo no segundo tempo, mas, com um time encaixado e que aproveitava muito bem os contra-ataques, a equipe alviverde conseguiu segurar o placar.

— Foi uma noite iluminada do Guarani. Jogamos muito bem, e ainda contamos com o pênalti perdido do Pelé, que até tomou uma bronca do Carlos Alberto. Isso nos deu mais moral. Era nosso dia de vitória – relembra Ladeira.

Esse período talvez tenha sido o melhor de Minelli à frente do Guarani. Uma prova de como o ambiente era leve e descontraído no Bugre é que, nas vésperas dos jogos, o comandante dividia o grupo em equipes de vôlei. A disputa, que era ferrenha, contava com Rubens Minelli como uma das estrelas da atividade. Ele era levantador durante a "brincadeira", porém tinha muita qualidade também nas cortadas. Segundo Ladeira, era um grande jogador de vôlei. Habilidade adquirida nos tempos de FUPE.

Ao todo, no primeiro turno, o Bugre disputou 13 partidas. Com seis vitórias, dois empates e cinco derrotas. Um desempenho bom, mas que teria que melhorar ainda mais se a equipe almejasse subir na tabela.

SOLTA A ARMA, SEU JOSÉ!

Quase no final do Campeonato Paulista, o Guarani enfrentaria fora de casa o América-SP, time que Minelli fez história em seus primeiros passos como técnico profissional. Sua família, que residia em São José do Rio Preto, estaria por perto. No entanto, conhecendo o caldeirão e a bagunça que ocorria nos jogos do Rubro no Mário Alves Mendonça, ele pediu que não comparecessem ao campo, que ficassem em casa.

A confiança era tanta no Guarani, que Ruy, irmão do treinador, apostou contra os torcedores do Rubro em seu trabalho. "Sou Guarani e ainda dou dois de lambuja".

Para chegar ao local da partida, a delegação do Bugre foi de avião e acabou tendo um revés. No momento do serviço de bordo, o elenco do Guarani ingeriu algum alimento que não caiu bem, sem contar a turbulência que deixou todos ainda mais nauseados.

Com o estômago embrulhado, revezavam-se no banheiro. E ficaram assim até pouco tempo antes de entrarem em campo. O América já havia subido aos gramados enquanto o Bugre permanecia nos vestiários. Minelli esperou até o último minuto para escalar o time, pois até mesmo os 11 jogadores que iniciariam a partida ainda passavam mal.

Sem saber o que de fato acontecia, a torcida do América começou a xingar, pedindo para que entrassem em campo. “Porra, Minelli, filho da puta, põe esse time logo em campo”, foi um dos xingamentos que o treinador escutou.

Com o tempo limite extrapolado, os árbitros se dirigiram aos vestiários do visitante para comunicar à equipe campineira que se ela não entrasse em campo naquele momento, o W.O. seria aplicado. Em conversa definitiva com os jogadores, Minelli viu quem tinha a mínima condição de atuar e os mandou para o jogo. No total, foram três alterações no time que disputou a última partida.

Apesar de debilitados, os atletas se superaram e deram um verdadeiro *show*, fazendo até com que a torcida anfitriã gritasse olé contra o seu próprio time. Destaque para uma das mudanças feitas pelo técnico: a do atacante Vanderlei, que anotou três gols no duelo. Capelloza fechou a conta. Final, 4 a 0 Bugre.

A torcida do América, que um dia amou Minelli, ficou furiosa com o placar e passou a ofendê-lo. Alguns jogaram até pedra no banco do Guarani, tentando acertá-lo. Nesse momento de confusão, a família do treinador ouvia tudo por uma rádio local de São José do Rio Preto, a Independência. Conectados à frequência, a esposa, os três filhos, os pais, o irmão e o sobrinho. Todos preocupados e angustiados com a narração.

No momento em que o pai de Minelli, Seu José, um senhor bem baixinho, de descendência italiana e sangue quente ouviu que a torcida, além de xingar seu filho, começou a arremessar coisas para acertá-lo e ainda queria invadir o campo, transformou-se. Pegou o revólver, colocou-o na cintura e bradou para o seu outro filho Ruy: “Eu vou lá defender o meu filho!”.

Seus netos ficaram assustados, falaram para o avô não fazer nada. Sobrou para Rosinha e Ruy, que, depois de muita conversa, acalmaram os ânimos de Seu José e lhe tiraram o revólver da mão.

No fim, Minelli ganhou o jogo e não se feriu, mas só conseguiu deixar o estádio com escolta policial.

Veio o segundo turno e as coisas não melhoraram para a equipe campineira. Apesar das vitórias convincentes frente ao São Paulo e à Portuguesa, a campanha do time piorou. O Bugre venceu três, empatou três e perdeu sete jogos no turno.

O último jogo do comandante à frente do Guarani ocorreu no dia 11 de junho de 1969, com um empate de 2 a 2 diante do Botafogo-SP. E o que ficou marcado tanto no trabalho de Minelli no Brinco de Ouro da Princesa quanto em outros clubes que treinara até aquele momento foi o *status* conquistado *de pedra no sapato* das equipes grandes da capital. Mesmo com times tecnicamente inferiores, nunca deixou de fazer jogo duro contra São Paulo, Corinthians, Santos e Portuguesa.

— Os times do interior sempre foram fortes, tanto que os clubes grandes comentavam que quem ganhasse mais pontos no interior seria o Campeão. Nós tínhamos mais facilidade de jogar contra os times grandes, porque eles deixavam jogar. Contra os grandes não atuávamos de forma diferente, mas o Rubens Minelli era muito à frente dos outros treinadores, ele empregava um ritmo forte o jogo todo – analisa Ladeira.

No entanto, diante do Palmeiras, o treinador não se dava bem. Até então, nunca havia derrotado o Alviverde por clube nenhum. Para piorar, em um desses confrontos frente ao time de Parque Antarctica, o técnico Rubens Minelli acabou expulso após reclamar com o árbitro a respeito de um gol irregular feito pela equipe palmeirense.

No geral, o Guarani até que fez uma boa campanha, já que terminou a competição na sétima posição. Embora Minelli tenha tido números modestos: 13 vitórias, oito empates e 12 derrotas nas 33 partidas à frente da equipe campineira, depois dos grandes, ficou atrás apenas da Ferroviária, que, na época, também tinha um time forte.

CHEGOU O MOMENTO

O bom trabalho que Minelli vinha fazendo ao longo dos anos não passou desapercebido. O treinador, aos poucos, construía seu nome no futebol. No meio da temporada, chamou a atenção de um gigante: a Sociedade Esportiva Palmeiras. O Alviverde, que conquistara seu último Paulista em 1966 (no ano de 1968 não ergueu nenhuma taça), estava incomodado. Buscando algo novo, viu em Rubens Francisco Minelli uma aposta com muito potencial para resultados. Além disso, o clube queria investir em talentos vindos do interior, e o treinador, que já havia passado por inúmeras cidades de São Paulo, seria uma sábia escolha.

Oscar Paulilo fez o primeiro contato com Minelli. Revelou as intenções do clube e informou que o diretor de futebol, José Gimenez Lopes, queria conversar. Depois de um rápido diálogo com Gimenez por telefone, Minelli, com aproximadamente dez anos de atraso – época em que praticamente iniciou seus trabalhos nas categorias Juvenil e Infantil do Alviverde –, enfim, tornou-se o técnico da equipe principal. O acerto era um objetivo pessoal do comandante, que nunca escondeu sua vontade de assumir o cargo no período em que era auxiliar de Armando Renganeschi.

Era a primeira vez que Rubens Minelli encararia um desafio tão grande pela frente. Até então, havia trabalhado em equipes do interior ou em times com orçamentos limitados. Dessa vez, tinha tudo a seu favor: estrutura, caixa, craques, estádio, torcida. A hora de mostrar que estava preparado para um desafio dessa magnitude havia chegado.

Coincidência ou não, mesmo sem ainda estar no comando do Palmeiras, Minelli ajudara a montar o time.

— Havia a necessidade de modificar. O Palmeiras era um time de jogadores mais veteranos. Então, começaram a renovar a Academia. Nas vezes em que eu estava em São Paulo, quando eu não era treinador do clube, eu frequentava a loja de automóveis do [José] Gimenez Lopes. Nós éramos amigos. Em nossos encontros, ele me perguntava sobre os jogadores. Do São Bento, de Sorocaba, eu havia indicado o Copeu e o goleiro Chicão. Da Portuguesa Santista, indiquei o Dé, que o Palmeiras também contratou. O Eurico e o Baldochi, eram do Botafogo, de Ribeirão Preto. Indiquei os dois porque eu tinha disputado a segunda divisão e conhecia esses jogadores.

Em seu jogo de estreia, Minelli enfrentou o Grêmio Maringá em partida amistosa. Sua primeira escalação no comando do Palmeiras teve: Neuri; Eurico, Baldochi, Nelson, Dé; Dudu, Ademir da Guia, Copeu; Jaime, Artime e Serginho. O Alviverde venceu pelo placar de 1 a 0, gol do argentino Artime.

Uma semana antes da intertemporada que o Verdão faria, a equipe tinha compromisso diante do São Bento, de Marília, e foi um velho conhecido do técnico Rubens Minelli que se destacou: o atacante Cardoso. Sob a tutela do treinador, Cardoso atuou nas categorias de base do próprio Palmeiras, conquistando diversos títulos. Mais tarde, no América-SP, a pedido de Minelli, foram Campeões. No duelo contra o São Bento, Cardoso balançou as redes cinco vezes, enquanto Copeu deixou sua marca e deu números finais ao confronto: 6 a 1.

EXCURSÃO AFRICANA

Minelli, que havia excursionado pela América Central ao treinar o Botafogo, de Ribeirão Preto, dessa vez tinha uma intertemporada marcada para a África e a Europa. Por meio do empresário Elias Zacur, que organizou a viagem, o Palmeiras usou como preparação o período disponível até o início do Torneio Roberto Gomes Pedrosa, também conhecido como Robertão, e que, a partir de 2010, seria reconhecido como Campeonato Brasileiro.

A excursão iniciou no continente africano, com uma série de partidas amistosas. A primeira parada foi a República Democrática do Congo, onde o Palmeiras enfrentaria o Leopardos, em duas oportunidades.

— O primeiro lugar que ficamos foi em Kinshasa, capital do Congo. Muita pobreza, muita falta de tudo. Inclusive, nos hospedamos em um hotel no meio do mato que nem era hotel, era uma escola. Passamos dois dias comendo praticamente pão com manteiga e Coca-Cola porque nem comida direito tinha. Aí, de repente, chegava lá uma carninha, alguma coisinha; mas comemos muito mal. À noite, até bicho rodeando a escola a gente ouvia. Era um negócio complicado – relata o ex-goleiro Neuri, que novamente trabalharia com Minelli.

No primeiro jogo, com dois gols de Cardoso e dois de Serginho, o Alviverde iniciara sua caminhada com o pé direito, vencendo a partida por 4 a 3. No entanto, um fato curioso chamou a atenção de Minelli e seus atletas:

— Nós estávamos ganhando de 4 a 0 e o juiz começou a dar pênaltis contra nós. No final do jogo, nós ganhamos de 4 a 3, mas tivemos que segurar a bola quase oito minutos para não deixar eles entrarem na área, porque se não o juiz dava pênalti – diverte-se Minelli ao relembrar do fato.

Três dias depois, a chamada "revanche" aconteceu. E mesmo o Palmeiras começando em vantagem, com gol marcado por Serginho, a equipe do Leopardos mostrou que estava engasgada com os brasileiros e virou o jogo para 3 a 1. Seria a única derrota do Verdão em toda a excursão.

O próximo destino de Minelli: mais dois amistosos em Gana. O Verdão teve pela frente a Seleção de Kumasi, formada por atletas da cidade, a qual venceu por 2 a 1. Também enfrentou a equipe do Great Olimpics, empatando em 1 a 1.

O Palmeiras tinha virado praticamente uma atração turística por onde passava. Além de chamar a atenção com seu futebol vistoso e ofensivo, era visto como uma válvula de escape para os problemas que os africanos atravessavam. Em especial, a guerra civil que ocorrera na Nigéria, próximo e último país a ser visitado pelo Alviverde no continente africano.

O conflito ocorrido entre os povos haussas e ibos se deu pelo controle do poder central da Nigéria. E acabaria com a emancipação da República da Biafra da Nigéria. Tal separação duraria apenas até 1970, quando fora reincorporada ao país. Durante essa guerra civil, considerada uma das mais sangrentas da África, estima-se que mais de um milhão de pessoas morreram.

Nesse clima tenso e pesado, o Palmeiras desembarcou na Nigéria. Apesar do ambiente festivo durante as partidas, fora dos estádios o que se via era pobreza, armas para todos os lados e medo estampado na cara dos nativos.

— Na rua, as pessoas faziam coisas que tinham que fazer no banheiro. Era tudo sujo. O centro dos países era bonito, mas quando jogávamos num estádio que não era no centro, aí a coisa não era boa. Muita gente humilde, com pouco dinheiro; nada de casas bonitas – recorda-se Cardoso.

— À noite, ninguém podia sair; os estabelecimentos tinham que ficar fechados. Colocavam um pano preto nas luzes para amenizar a claridade, tirando a evidência do lugar, mas deixando claro o suficiente para que pudessem se locomover. Isso evitava de se transformarem em alvos de bombardeios dos aviões – conta Minelli.

No dia 2 de agosto de 1969, a equipe paulista duelou contra o Stationery Sores e venceu por 4 a 1, com quatro gols de Cardoso. Em seguida, enfrentou a Seleção B de Lagos, e o atacante Cardoso, mais uma vez, destacou-se. Vitória por 2 a 0, e mais dois gols para a conta do jogador.

ARTILHEIRO COM MORAL

A despedida da África seria diante da Seleção da Nigéria. E a caminho do último confronto, a delegação alviverde viveu um misto de tensão e alívio. O grupo percorria de ônibus a região de Ibadan, interior do país, quando foi parado em uma área militar por um grupo de soldados fortemente armados, que não queriam deixá-los seguir viagem.

— Tinha uma barreira de soldados. Com metralhadoras em punho, avisaram: “Não passa ninguém, não passa ninguém”. Aí o empresário que acompanhava a gente foi conversar com eles na língua local e esclareceu que éramos o time do Cardoso. Aí, eles começaram a falar: “Cardoso? Cardoso? Então, podem passar, podem passar!” – conta Minelli.

— Eles falavam muito do Pelé, e como fizemos bons jogos lá, marquei muitos gols, aconteceu a mesma coisa comigo – completa Cardoso, referindo-se à coincidência ocorrida com o Rei do futebol no mesmo ano e no mesmo país.

Por conta da intertemporada que o jogador fazia, a comoção foi grande. Até então, Cardoso já tinha balançado as redes oito vezes e chamava atenção da torcida por sua velocidade e faro de gol.

— Uma vez eu disse o seguinte: "Melhor do que o Cardoso, hoje, só tem o Pelé". Eu disse por aquilo que ele tinha feito. Porque foi um negócio absurdamente fora do normal – revela Minelli.

O confronto final com a Seleção da Nigéria era o duelo mais complicado da maratona de jogos em território africano. Porém, o Palmeiras venceu. Dessa vez, por 3 a 2, com dois tentos de Cardoso e um de Serginho, outro destaque alviverde.

Próxima parada, Europa.

ENCANTANDO O VELHO CONTINENTE

O Palmeiras tinha agendada participação em um torneio de grande calibre que aconteceria na Espanha. Antes disso, contudo, a delegação palestrina se encantou com o charme de Bucareste, na Romênia, e a história de Terni, na Itália. Confrontos e vitórias diante de Dínamo Bucareste e Ternana, por 2 a 1 e 2 a 0, respectivamente.

O ponto alto da viagem tinha chegado. Minelli enfrentaria sua primeira prova de fogo no comando do Alviverde. E agora, com adversários poderosíssimos pela frente. Na disputa pelo 15º Troféu Ramón de Carranza, o Palmeiras tinha como seus concorrentes o Real Madrid e o Atlético de Madrid, da Espanha, além do Estudiantes de La Plata, da Argentina. Sediada em Cádiz, a competição era disputada durante o verão europeu e contava com quatro equipes. Na época, era considerado um dos torneios internacionais mais importantes entre clubes.

Em uma das semifinais, o Palmeiras enfrentaria o Atlético de Madrid, que tinha no ataque Luís Aragones, um talentoso artilheiro, que mais tarde faria sucesso também como treinador. O atacante preocupava; porém, quando a bola rolou, foi uma partida bastante equilibrada – segundo os palmeirenses, com um árbitro um pouco tendencioso a favor dos espanhóis. Logo no começo, Cardoso abriu o placar. A vantagem alviverde, no entanto, fora apenas até o início da segunda etapa, quando Gárate empatou para o Atlético de Madrid. O jogo terminou em igualdade e teve que ser decidido nas penalidades. Nos penais, brilhou a estrela do goleiro Chicão, que pegou duas cobranças e assistiu a mais uma ir para fora.

Na grande final, o Palmeiras enfrentaria o Real Madrid, que havia derrotado os argentinos do Estudiantes por 3 a 1, em outra arbitragem bastante polêmica. Motivo de grande preocupação para Minelli, pois a competição, desde a sua criação, contou apenas com um vencedor que não era espanhol, o Benfica, de Portugal, e mesmo assim, ainda era um time europeu. O treinador expôs sua aflição para o então diretor José Gimenez Lopes, que tratou de tomar uma atitude.

— O torneio ocorre no sábado e no domingo. E no domingo cedo, o alcaide, que é o prefeito da cidade, levou o pessoal para um passeio na baía em uma lancha bem grande. Era um passeio muito bonito. Aí, o José Gimenez Lopes perguntou para o alcaide: "Quem vai ser o juiz?", e ele respondeu: "O mesmo que apitou ontem o jogo do Real Madrid". O Gimenez olhou para ele e disse: "Essa aqui é a décima quinta edição, e vai ser a primeira que não vai ter a final. Com esse juiz, nós não jogamos. Com esse juiz nós não entramos nem no campo". O alcaide ficou desesperado e tentou argumentar: "Não, mas como assim...". Então, em cima da hora, trocaram a arbitragem, colocaram outro juiz mais neutro – relembra Minelli.

Na época, a única maneira de se obter informações sobre as equipes estrangeiras era por meio de algum conhecido ou brasileiro que estivesse por lá e conhecesse as equipes locais. Ou, então, a boa e velha observação *in loco*. E foi a partir disso que o comandante alviverde montou sua estratégia para o confronto.

— O lado mais frágil do Real Madrid, pelo que assisti no jogo do dia anterior, era o lado esquerdo da defesa. Eu usei dois jogadores velozes, o Copeu e o Cardoso, e as jogadas de ataque saíram todas por ali.

E depois de uma partida excepcional, cujo elenco alviverde mostrou toda a sua força, mandando no jogo do começo ao fim, e infernizando o lateral-esquerdo Merengue, o Palmeiras superou a poderosa equipe do Real Madrid por 2 a 0. Dé e Zé Carlos foram os autores dos gols, que deram o Troféu Ramon de Carranza ao clube paulista.

— Ganhar o Carranza naquela oportunidade nos deu muita moral e segurança para continuarmos titular, que era o objetivo – confessa Ademir da Guia.

COM A PALAVRA...

RUBENS MINELLI

Foi um torneio bastante interessante, porque o Palmeiras conseguiu um feito inusitado. Até então, fora da Península Ibérica, ninguém havia ganhado aquele torneio. E o Palmeiras jogou na final com ninguém menos que o Real Madrid e acabou vencendo. Na ocasião, o Chicão era o goleiro. Ele foi muito importante no jogo que nos classificou, porque pegou pênaltis. Eu joguei com o Baldochi e o Minuca, dois zagueiros de área. Do lado direito eu tinha o Eurico. E o Zé Carlos estreou porque o Dudu estava contundido, e jogou muito bem. Era um ex-volante do Comercial, de Ribeirão Preto. O Dé era o lateral-esquerdo, que apoiava bastante. No meio de campo, eu dispunha do Jaime e o Ademir da Guia como dois meias que atacavam. No ataque, tinha o Copeu, o Cardoso e, no lado esquerdo, jogava o Serginho, um ponta habilidoso e que batia bem na bola. Nós tínhamos um sistema quase que europeu, porque jogávamos marcando o time adversário quando não tínhamos a bola. Nos defendíamos praticamente com oito jogadores. Ao atacar, tínhamos sempre cinco ou seis jogadores no campo adversário e nos aproveitávamos da velocidade. Esse Torneio foi muito importante. Para mim, era o início da minha carreira num time grande e foi o primeiro troféu internacional de destaque que ganhei.

A exibição palestrina em solo espanhol havia encantado a torcida e a imprensa local. Tanto que, por meio do empresário Luís Guijarro, aproximadamente uma semana depois, o Palmeiras foi convidado para um duelo amistoso valendo taça contra o Barcelona, o chamado Troféu Cidade de Barcelona.

Dia 6 de setembro de 1969. As cores azul e grená estavam espalhadas por todos os lados. Estádio lotado. Mais de 95 mil pessoas no Estadi del Fútbol Club Barcelona, futuramente conhecido como Camp Nou. Todos estavam ansiosos para ver o duelo entre o Palmeiras (sensação da Europa naquele momento por desfilar seu futebol leve, bonito e competitivo) contra a equipe Blaugrana, uma das maiores potências do mundo.

Quando a bola rolou, o que se viu foi um Palmeiras totalmente à vontade. Os brasileiros não sentiram a pressão de atuar em um estádio tomado pela torcida adversária. Deu aula de futebol e encantou os torcedores locais. Com dois gols de Ademir da Guia, o Alviverde conquistou mais uma vitória maiúscula pelo placar de 2 a 1.

— Nós jogamos muito. O Ademir da Guia fez uma partida maravilhosa naquele dia – garante Minelli.

— A gente não tinha tanto conhecimento da Europa, porque era só rádio, não tinha TV. Todas as vezes que jogamos lá fora, a gente sempre foi bem. O Palmeiras tinha um grande time e ganhar naquele tempo do Real e Barcelona não era fácil; talvez eles não conhecessem tanto o Palmeiras como o Santos – garante Cardoso.

NÃO ERA O MOMENTO

O futebol apresentado pelo Palmeiras diante do Real Madrid e, principalmente, do Barcelona foi o suficiente para conquistar a imprensa espanhola e fazer com que todos se rendessem ao talento brasileiro. E não foram só os jogadores que ficaram no radar dos espanhóis, o técnico Rubens Minelli também chamou a atenção. Tanto que logo após a vitória no Estadi del Fútbol Club Barcelona, o famoso empresário Luís Guijarro entrou em contato a fim de indicar o nome do comandante brasileiro para a equipe Blaugrana. Salvador Artigas era o técnico do Barça naquele período. Em razão de campanhas bem irregulares, não tinha vida longa no clube.

O contato de Guijarro deixou Minelli surpreso e assustado ao mesmo tempo.

— Ele veio conversar comigo perguntando se podia trabalhar o meu nome para ser o treinador do Barcelona. Eu disse que não. Que não estava preparado ainda para treinar um time como o Barcelona. Eu tinha recém-saído de um time do interior [Guarani] para ir para o Palmeiras, que já era um grande negócio. Do Palmeiras ir para o Barcelona seria um pulo muito grande. Os vestiários do Barcelona tinham até piscina. Salão de barbeiro para os jogadores. Era um time totalmente diferente.

Muitos anos depois do episódio, Minelli revela que não faria nada diferente.

— Não me arrependi, porque não estava realmente preparado para treinar o Barcelona. Não daria certo. Eu não tinha amadurecimento suficiente na profissão para treinar um gigante daquele.

Fora o último compromisso da equipe brasileira em outro continente. Resultado da excursão: em 13 partidas, o Palmeiras conseguiu dez vitórias, dois empates e apenas uma derrota. Balanço extremamente positivo para voltar as suas atenções para o Robertão, que começaria em breve.

O PRIMEIRO GRANDE TÍTULO

Com a mudança no calendário e o adiantamento do Roberto Gomes Pedrosa por parte da CBD (Confederação Brasileira de Desportos), o Palmeiras precisou mudar todo o planejamento que havia feito e retornar às pressas ao Brasil. A equipe esperava que, após o retorno de sua excursão, ainda tivesse 15 dias de preparação para que os atletas pudessem recarregar suas energias e terminar a intertemporada com um período de treinamento. No entanto, um confronto com o Flamengo estava agendado para dali a quatro dias.

— Quando estávamos na Europa, recebemos um telegrama avisando que precisávamos voltar porque o campeonato tinha sido antecipado em 15 dias. E nós chegamos aqui depois de 40, 45 dias fora, completamente mortos. Até nos reciclarmos... – relembra Minelli.

A competição foi disputada por 17 participantes. As equipes foram divididas em dois grupos, e todos se enfrentariam. No grupo A, faziam parte Corinthians, Cruzeiro, Internacional, America-RJ, Santos, Santa Cruz, Portuguesa e Flamengo. No B, estavam Palmeiras, Botafogo-RJ, Atlético-MG, Fluminense, Grêmio, Bahia, Coritiba, São Paulo e Vasco da Gama. Seriam classificadas para o quadrangular final as duas equipes de melhor campanha de cada grupo. E no quadrangular, quem somasse mais pontos seria o grande Campeão.

De volta ao país, Minelli deu apenas um dia de folga ao elenco para que cada um pudesse rever suas famílias. Na volta, o grupo se encontrou em um hotel e viajou para o Rio de Janeiro de ônibus leito, a fim de se recuperar um pouco mais.

Nos bastidores, Minelli trabalhava para reforçar o elenco alviverde. E viu no ponta-direita Edu Bala, cria da Portuguesa, uma excelente opção.

Diante do Rubro-Negro, o treinador não pôde contar com o talento de Ademir da Guia, seu melhor jogador, pois resolvia problemas contratuais. Em seu lugar entrou Zé Carlos, um volante marcador, que faria com que Dudu jogasse mais à frente, fazendo as vezes do Divino. O restante do time era o mesmo que atuou no Ramon de Carranza e na África.

No Maracanã, Palmeiras e Minelli iniciavam sua trajetória de maneira negativa.

Tudo começou praticamente nos vestiários. O goleiro Neuri fazia parte da escalação para o confronto quando a diretoria interveio e disse que o arqueiro estava envolvido na negociação que traria o ponta Edu Bala, da Portuguesa de Desportos, para o Palmeiras. Todos ficaram em choque. O clima ficou péssimo; especialmente pelo goleiro não querer se transferir para a Lusa. No fim, Edu Bala chegou para o Alviverde e Neuri permaneceu no clube.

E diante de diversos fatores que conspiraram contra a equipe de Parque Antarctica, nem Cardoso, o talismã do técnico, que deixou sua marca, conseguiu evitar o pior. Derrota por 2 a 1 frente aos cariocas. O jogo foi equilibrado em sua maioria, mas a favor do Flamengo pesou a condição física. Para os palmeirenses, além de gols, faltou perna para que o resultado fosse diferente.

O Sport Club Internacional era o próximo adversário. Como se não bastasse ter pela frente o forte time gaúcho, a sorte também não estava ao lado da equipe alviverde. O goleiro Chicão, o volante Dudu e o atacante Cardoso se machucaram e seriam desfalques para o jogo. Em contrapartida, Ademir da Guia estava de volta. Além dele, um jovem e talentoso goleiro assumiria a titularidade para não largar mais, Emerson Leão. Com um time bastante modificado, Minelli viu o Colorado atropelar seus comandados pelo placar de 3 a 0. Seu nome foi para a boca do povo. E o técnico começava a sofrer críticas tanto externamente, por parte da imprensa, quanto internamente, dos conselheiros e cartolas.

Com dois jogos seguidos em casa, o Palmeiras tinha uma chance de ouro para reverter a situação. Apenas Cardoso ficou de fora; mas o atacante César, o popular César Maluco – outra referência ofensiva do time – estava escalado. No primeiro duelo contra o Cruzeiro, o Verdão foi melhor e dominou o adversário. Fazia uma excelente partida. No entanto, quando tudo parecia caminhar para um final feliz, mais uma tragédia. Em um lançamento na área do Palmeiras, o zagueiro Minuca, que acabaria saindo do time, falhou no domínio e a bola sobrou para o craque Tostão, que sem dificuldades fez o único gol da partida. Final, Cruzeiro 1 a 0.

A paciência da torcida estava cada vez menor. Após o apito do árbitro, garrafas voaram das arquibancadas para a entrada do vestiário palmeirense.

Três dias depois, o Palmeiras tinha nova chance de redenção contra o America-RJ. Em teoria, um adversário mais modesto, mas só em teoria. Os cariocas fizeram jogo duro no Parque Antarctica. O Alviverde, embora jogasse com vontade, estava nervoso e errava mais do que o normal, o que facilitava a vida dos visitantes. O Verdão até largou na frente com César Maluco. Porém, a inconstância dentro da partida fez o América virar, e a tragédia só não ficou maior porque, no fim, Zé Carlos deixou tudo igual. O Palmeiras continuava sem vencer, mas conseguia seu primeiro ponto na competição. Mesmo assim, o time paulista era o último colocado do seu grupo.

Dessa vez, a torcida, cada vez mais enfurecida, arremessou azulejos em campo. Os alvos eram Minelli e o diretor José Gimenez Lopes, que tiveram que desviar para não serem atingidos. A situação não era nada boa. O treinador perdia o prestígio no comando do clube. A imprensa, por sua vez, fez marcação cerrada. Minelli sentiu que os repórteres faziam perguntas ardilosas a fim de tirar alguma coisa dos jogadores e, por isso, pediu-lhes que parassem de dar entrevistas.

— Ninguém desrespeitou o meu pedido. Eles até se aproveitaram, já que não precisavam se expor. Diziam que o treinador não deixava falar.

Minelli nunca desistiu do time, fazia alterações a cada jogo, a fim de encaixar o esquema e encontrar os 11 titulares. Sabia que a equipe tinha enorme potencial e evoluía, apesar dos resultados não aparecerem.

Viagem longa. Alta temperatura. Torcida rival fervorosa. Desfalques. Além do Bahia, eram muitos os adversários que o Palmeiras teria que superar para conquistar a sua primeira vitória no Robertão. Não bastasse isso, no início do duelo, os paulistas passaram a ter outro empecilho pela frente: o goleiro Marco Aurélio. O arqueiro segurou o ímpeto alviverde e manteve o 0 a 0 no placar durante a primeira etapa. No segundo tempo, o Tricolor Baiano voltou diferente e, após balançar as redes de Leão em duas oportunidades e liquidarem o jogo, a confiança dos palmeirenses ficou ainda mais abalada.

O técnico Rubens Minelli estava por um fio. A onda para que fosse demitido era grande. Ninguém o apoiava, exceto os atletas, que viam sua seriedade e esforço no dia a dia, e o diretor José Gimenez Lopes, que bancava Minelli com unhas e dentes. Dizia que, além de conhecer o potencial do treinador, havia comprovado, na excursão que fizeram, que ele era o técnico ideal.

Após a quarta derrota em cinco jogos disputados e apenas um ponto conquistado em dez possíveis, o burburinho dentro do clube a favor da queda de Minelli ficou enorme. Gimenez Lopes convocou o treinador, todos os conselheiros e diretores do clube para uma reunião. De acordo com Minelli, o cartola alviverde fez o seguinte discurso:

— Prestem atenção. Esse aqui – apontando para Minelli – é o nosso treinador, Rubens Minelli. Conhecem? Vamos fazer uma coisa. Você – apontando para um diretor – é da bocha? Então, cuide dos velhinhos. Você – apontando para outro diretor – não cuida da parte social? Então, cuide das piscinas. O treinador é o Minelli. O diretor sou eu. E enquanto eu for o diretor de futebol, ele não sai daqui. Eu o acompanhei na Europa, vi ele treinar por aqui, então parem de fazer onda. O Minelli ficará até o fim do ano.

Ele se sentiu respaldado e com a confiança em alta novamente. Acreditava que Gimenez era um exemplo na função. Primeiro, porque não se metia em nada que não lhe dissesse respeito. Segundo, porque dava plenos poderes e uma grande retaguarda para que o profissional pudesse trabalhar com tranquilidade.

Após essa reunião interna de Gimenez, a pressão e tensão diminuíram. Todos, apesar de saberem que passavam por uma situação delicada e que tinham que dar uma resposta, mostravam ser possível dar a volta por cima.

Por parte dos jogadores também houve uma conversa para dar um basta nos maus resultados que a equipe vinha tendo. O ex-goleiro do Palmeiras, Neuri, detalha o papo entre os atletas que ocorreu na concentração do time em Recife, às vésperas do confronto diante do Santa Cruz:

COM A PALAVRA...

NEURI E EDU BALA

— Nós estávamos tomando porrada de todo mundo. O Baldochi era o capitão do time. Na hora do almoço, ele falou: "Vamos fazer uma reunião no meu apartamento, só os boleiros", e avisou, logicamente, toda a diretoria, inclusive o Seu Minelli. A reunião para resolver os problemas foi no quarto do Baldochi. Ele e outro jogador foram enfáticos: "Nós, hoje, vamos resolver os nossos problemas, porque não podemos ficar assim perdendo". Foi quando o companheiro disse: "Estamos perdendo prestígio, dinheiro... nós estamos perdendo tudo! Daqui a pouco um e outro vai ser mandado embora, e quem vai perder somos nós, que estamos bancando os bobos". E aí virou para outro jogador e repreendeu: "Você fulano, se você não gosta do homem, problema seu! Vamos jogar e vamos acabar com essa palhaçada, porque isso que você está fazendo é uma palhaçada!". O fulano abaixou a cabeça e não disse nada. Daquele jogo em diante, foi feito um pacto entre os atletas. E aquele jogador, mais dois ou três que não gostavam muito do Seu Minelli e estavam "andando" em campo, pararam de fazer corpo mole. Levaram a bronca e dali para frente tudo mudou.

— O capitão que tem que tomar a decisão. A gente se reuniu para sair do marasmo, ver o que faltava e cada um cobrar de si. Não faltava treino, faltava só a gente jogar. Na minha opinião, a reunião foi um alerta e passamos a jogar o que pretendíamos. Daí, pensamos: "Vamos nessa batida para ver aonde vamos chegar" – completa Edu Bala.

É MELHOR VOLTAR!

Rubens Minelli, apesar de algumas vezes negar, sempre foi supersticioso. Quando algo que vislumbrava dava certo, apegava-se aos mínimos detalhes para que tudo permanecesse igual e a "sorte" não o abandonasse. Isso dentro de campo, na época de jogador e, também, em sua vida particular. Quando virou técnico, parece que a superstição se intensificou. Fazia coisas como usar a mesma camisa, a corrente da sorte e, por mais incrível que possa parecer, até mantinha o descongestionante nasal vazio na *necessaire* que levava para as concentrações.

Em sua primeira passagem pelo Palmeiras, ainda não tinha muito disso, mas se apegava a algumas coisas. Por coincidência ou não, elas foram decisivas para que conquistasse o seu primeiro grande título.

Desde que chegou ao Alviverde, antes de jogos rotineiros e decisivos, jogadores e comissão técnica tinham o costume de se hospedar em um hotel luxuoso e cheio de requinte no bairro de Santa Cecília, o Lord Palace Hotel, hoje desativado. Todos preferiam se concentrar lá. Via-se o estilo refinado e glamuroso espalhado no teto, nos pisos e pelas paredes. Sem contar que o local trazia sorte ao Palmeiras. No entanto, no início do Robertão de 1969, o Verdão deixou as instalações do hotel por algum motivo até hoje desconhecido – talvez tenha sido questão financeira – e passou a concentrar no Hotel San Raphael, que ficava no Largo do Arouche. E como já dito, o começo do Campeonato do Palmeiras não foi nada agradável. Quatro derrotas e um empate nos cinco primeiros jogos disputados.

Após uma série de reuniões e muita coisa discutida, Minelli fez um pedido inusitado à diretoria, que, a fim de que as coisas voltassem logo ao normal, resolveu acatar:

— Nós tínhamos perdido quatro dos cinco jogos, aí ele [Rubens Minelli] chegou e falou: "Vamos voltar para o Lord Hotel, da Rua das Palmeiras". E era assim, quando o Palmeiras saia dali, perdia o título. Estávamos concentrados no San Raphael. Nós voltamos para o Lord e fomos Campeões – relembra o ponta Edu Bala.

Coincidência ou não, a superstição deu certo.

A má fase do time, enfim, mudaria e se iniciaria a arrancada rumo ao título. Entretanto, a primeira vitória, que contaria com um verdadeiro *show* de César Maluco, não foi fácil. Logo de cara, o artilheiro alviverde marcou dois gols, deixando a equipe paulista em grande vantagem. À frente no placar, o time relaxou e a entrada de Fernando

Santana no Santa Cruz mudou o jogo. Ele participou da jogada do primeiro gol do Santinha e anotou outro tento, 2 a 2. E quando, mais uma vez, o triunfo alviverde estava ameaçado, o camisa 9 do Palmeiras chamou a responsabilidade e marcou seu terceiro gol na partida. Enfim, os paulistas venciam a primeira.

— Nós perdemos algumas partidas e depois da sexta rodada começamos a crescer e engrenou. Depois que pegou no breu, *bello*, aí não teve jeito – garante Cardoso.

Com a vitória, Minelli finalmente experimentava alguns dias de sossego no comando do Palmeiras. Sem contar um período de "folga" dos jogos para que o time pudesse se recuperar de vez e aprimorar a sua forma física. Tranquilidade era o que todos precisavam. Apesar disso, o treinador, que se sentia um pouco mais leve, já tinha que quebrar a cabeça novamente, pois encararia um clássico na sequência. Enfrentaria, nada mais nada menos, que Pelé e o esquadrão santista.

O comandante alviverde tinha um bom retrospecto contra o Rei, levando a melhor em alguns confrontos na época que treinou o América-SP e o Guarani. Para o duelo, o Alviverde teve, no miolo de zaga, o talento e a juventude de Luís Pereira, que substituiu Baldochi, machucado, e, sob o olhar de mais de 30 mil pessoas no Pacaembu, foi um dos responsáveis por "amansar" o camisa 10 da Vila, que, ainda assim, fez gol. Lá na frente, mais uma vez, César foi decisivo e marcou em duas oportunidades. No final da partida, deu Verdão, 2 a 1.

O Palmeiras se fortalecia a cada jogo e escapava da parte de baixo da tabela. Para a imprensa, o time não teria o poder de reação necessário para chegar às cabeças, mas para o treinador, tudo era possível. Ele acreditava na força do elenco. Sabia que a equipe podia se classificar para o quadrangular final.

No jogo em que, de fato, o Alviverde se colocaria entre as equipes postulantes às duas vagas, caiu um balde de água fria em Minelli e seus comandados. Derrota no Maracanã para o Fluminense de Telê Santana, por 2 a 0. A solução para a classificação seria uma campanha que beirasse quase à perfeição.

A equipe não se abateu com a derrota, pois sabia ter sido apenas um deslize. Afinal, o seu bom futebol havia voltado. Além disso, a estrutura do time titular estava, enfim, montada. No gol, o jovem Leão agarrou sua chance da mesma forma que agarrava os chutes adversários e se manteve com a camisa 1. Nas laterais, Eurico e Zeca mantiveram a regularidade e foram os escolhidos. O xerife Baldochi permaneceu no miolo de zaga, mas, dessa vez, tinha Nelson como seu companheiro. No meio, Dudu e Ademir da Guia eram os pontos de equilíbrio da equipe, os motores do time. Eles ditavam o ritmo. Entrosados, quando estavam em forma e inspirados, não tinha quem fizesse frente. Ao lado da dupla que marcou época no Palmeiras, o versátil Jaime, que atacava e defendia com a mesma eficiência, auxiliando os craques. Na frente, César Maluco era o único titular absoluto. Fazedor de gols, o camisa 9, que pouco era utilizado antes da chegada de Minelli, virou peça-chave de seu time. E nas pontas, Serginho, Edu Bala, Pio, Cardoso e Copeu disputavam duas vagas, e, dependendo do esquema adversário e da tática que o treinador palmeirense definisse, eles eram escolhidos. No banco, o meia atacante Madureira e Cabralzinho eram sempre boas opções para mudar o jogo.

Diante do Botafogo do técnico Zagallo – que contava com Paulo César Caju e Jairzinho – e do Atlético-MG de Dario, também conhecido como Dadá Maravilha, o Verdão ganhou fôlego na competição e subiu na tabela com as vitórias de 3 a 0 e de 1 a 0, respectivamente.

Nem o tropeço inesperado no clássico contra o São Paulo fez o Alviverde se desestabilizar e sair do plano traçado pelo comandante. No entanto, para avançar de fase, o time necessitava vencer as cincos partidas restantes. E por mais improvável que possa parecer, Minelli e seus atletas conseguiram!

— No Robertão de 1969, nós acreditávamos que poderíamos chegar, pois a equipe estava jogando um bom futebol – revela Divino.

Entre as partidas que faltavam para o término da primeira fase, uma delas era o Dérbi, e o sinal de alerta já estava ligado. Porém, antes de enfrentar seu arquirrival, o Palmeiras duelou contra Coritiba e Vasco da Gama. Triunfos de 3 a 1 fora de casa, diante dos paranaenses, e de 1 a 0 frente ao Cruzmaltino. Minelli e o Palmeiras se recuperavam, chegando à quinta colocação.

O clássico se aproximava e o Alviverde estava mais embalado do que nunca, mas, dessa vez, o buraco era mais embaixo. Se quisesse se classificar, o Palmeiras não poderia mais tropeçar, sem contar que uma derrota em um jogo dessa magnitude poderia custar a cabeça de Minelli.

O Dérbi é aquele confronto que tira o sono da torcida. Que mexe com a imprensa e que tem um alcance nacional. Aquela partida que pode transformar uma campanha. Pode tanto dar moral e confiança para quem ganha, como trazer uma crise e mudanças radicais para os derrotados. Do lado de lá, o Corinthians de Dino Sani, grande amigo do treinador palmeirense, tinha como sua principal estrela Roberto Rivelino, jogador diferenciado. Habilidoso, foi um dos atletas que introduziu o elástico ao futebol brasileiro e dono de um chute devastador, que lhe rendeu o apelido de Patada Atômica.

Além do camisa 10 do Alvinegro, o Corinthians tinha a seu favor a tranquilidade para jogar, pois era líder do seu grupo e já estava qualificado para disputar o quadrangular. Dedicados e inteligentes, os palmeirenses obedeceram à risca todas as solicitações do treinador, anulando os corintianos e jogando quando tinham a posse da bola para os quase 30 mil espectadores presentes no estádio do Pacaembu. Ademir da Guia foi cirúrgico e, com o seu solitário tento, fez a equipe somar mais dois pontos e alcançar o topo do grupo ao lado do Botafogo.

Era oficial. O time desacreditado e criticado por tudo e todos havia se recuperado e agora era um dos candidatos ao título do Robertão. Minelli ainda não tinha conquistado nada, mas agora não era mais o "patinho feio" para a imprensa. Mesmo com a boa fase, ele tratou de conter a euforia de seus atletas.

Nas duas últimas rodadas antes da fase final, o Palmeiras enfrentaria o Grêmio e a Portuguesa. Diante do Tricolor Gaúcho, tudo deu certo para o Alviverde. A equipe mandou no jogo do começo ao fim, sem dar chance para o adversário. Partidaça de César Maluco, com três gols, e do Divino, que mais uma vez esbanjou toda a sua categoria dentro de campo, 4 a 1. Contra a Lusa do técnico Aymoré Moreira, o Palmeiras manteve seu ritmo. Nem a segurança defensiva de Marinho Peres e o talento do jovem Leivinha, que começava a despontar para o futebol, foram suficientes para segurar o Verdão. A dupla, aliás, encantou Minelli e, no futuro, teria muito sucesso ao lado do comandante. Mais um triunfo. Dessa vez, por 2 a 0. Liderança e classificação garantidas para o quadrangular ao lado de Corinthians, Cruzeiro e Botafogo.

No *todos contra todos* da fase decisiva, foi emocionante. Nos bastidores, o Alviverde levou a pior diante dos seus adversários. Isso porque, na hora de fazer a tabela e decidir os mandos de campo, o Palmeiras, nem tendo somado mais pontos em seu grupo, teve vantagem. A equipe jogaria dois jogos em campo neutro e um no Mineirão. O Cruzeiro jogaria dois em casa e um fora. Já o Corinthians e o Botafogo teriam um jogo sob seus domínios, um em campo neutro e outro fora de casa. Isso preocupava Minelli.

No primeiro confronto, mais um Dérbi. Apesar de ter a melhor campanha geral, o Alvinegro vinha em uma descendente. Oposto ao arquirrival que estava na "ponta dos cascos" e cresceu de produção justamente no fim da competição. Por isso, as quase 40 mil pessoas que foram ao Morumbi assistir ao clássico viram um Corinthians diferente. Uma equipe mais cautelosa do que o normal. Também por conta disso, o Palmeiras não conseguiu produzir tanto. Um jogo truncado e que terminou em 0 a 0. Para alívio de Minelli e da torcida palmeirense, no outro duelo, ocorreu um empate de 2 a 2 entre Cruzeiro e Botafogo. Ao término da primeira rodada, todos os times tinham a mesma pontuação.

Em seguida, o Verdão enfrentaria o Cruzeiro em pleno Mineirão. O técnico Rubens Minelli não escondeu de ninguém que a estratégia do time em Belo Horizonte seria marcar forte e jogar no contra-ataque. Dono do melhor futebol do torneio, a Raposa não podia contar com o craque Tostão, fora de combate, e apostava suas fichas em Dirceu Lopes para superar o Alviverde. Mas o Palmeiras foi valente e, em uma das poucas oportunidades que teve, César Maluco, sempre ele, colocou a equipe em vantagem no fim da primeira etapa. Minelli, que já implantava um ferrolho desde o início do jogo, agora à frente no placar, não abriria mão de sua estratégia. E teria dado certo, não fosse o pênalti cometido por Zeca, que acabaria no gol de Palhinha; 1 a 1 e o título ameaçado, pois, no Pacaembu, o Corinthians vencera o Botafogo por 1 a 0 e se tornara o líder isolado do quadrangular, precisando vencer ou empatar, caso o Palmeiras empatasse também com a equipe carioca.

O GRANDE DIA

Era o jogo decisivo. Com maiores chances do arquirrival ser Campeão, a torcida estava desconfiada e apenas oito mil torcedores compareceram ao estádio do Morumbi para o duelo entre Palmeiras e Botafogo; aliás, os únicos que tiveram o prazer de assistir ao confronto, já que a partida não foi televisionada.

Fazia uns 70 dias que Minelli estava por um fio no cargo e na vice-lanterna do campeonato. Agora, tinha reais chances ao título, mas necessitava de uma combinação de resultados (empate ou derrota simples do Corinthians) para levantar a taça. O primeiro critério de desempate previsto em regulamento era o saldo de gols das equipes no quadrangular. E ele seria determinante.

Para o confronto decisivo e mais importante até o momento da carreira do técnico Rubens Francisco Minelli, ele optou pela seguinte escalação: Leão; Eurico, Nelson, Baldochi, Zeca; Dudu, Ademir da Guia, Jaime; Cardoso, César Maluco e Pio. Era a equipe que vinha atuando apenas com a entrada de Cardoso, eterno talismã do treinador, no lugar de Edu Bala.

Do lado de lá, o Botafogo era quem menos tinha chance ao título, pois já havia perdido uma partida e ainda contava com seis desfalques para o jogo.

Sabendo que era tudo ou nada, Minelli entrou na mente de seus atletas e fez uma preleção para lá de especial. O time estava cheio de si e a fim de jogo! Em um ritmo avassalador, amassou o Botafogo logo na primeira etapa. Destaque para Ademir da Guia, com dois gols, e César Maluco, com um. Na segunda etapa, o time do técnico Zagallo diminuiu, 3 a 1. Com o fim da partida, o Palmeiras vivia um misto de ansiedade e temor, pois estava com o grito de Campeão entalado na garganta e precisava esperar o término do jogo entre Corinthians e Cruzeiro, atrasado em 32 minutos, que empatavam em 1 a 1.

Pilhados, Minelli e seus atletas desceram ao vestiário, onde continuaram inquietos. O treinador, durante todo o período, permaneceu com o semblante fechado e não conseguia ficar parado.

— Estávamos todos reunidos ouvindo aquele jogo e, de repente, o Cruzeiro fez o 2 a 1. Aí, nós torcemos para o Cruzeiro não fazer mais gols – lembra Minelli.

Nem o gol cruzeirense de Dirceu Lopes foi capaz de melhorar a expressão do comandante. Com a vitória momentânea, o time celeste ainda tinha chances de título, mas precisava lutar contra o relógio e anotar mais dois tentos para colocar a mão na taça. Jogadores, comissão técnica, diretores, conselheiros e torcedores alviverdes rezavam enquanto ouviam o final da partida em radinhos de pilha, um deles do presidente Delfino Facchina.

Com o resultado momentâneo, Palmeiras e Cruzeiro empatariam com quatro pontos na liderança do quadrangular. No entanto, o time de Minelli tinha um gol a mais de saldo e levaria a melhor, de acordo com o regulamento.

E com o apito final do árbitro Arnaldo César Coelho no estádio do Mineirão, o Palmeiras sagrava-se Campeão do Torneio Roberto Gomes Pedrosa de 1969. Era a quarta conquista nacional do Alviverde.

— Foi uma comemoração maravilhosa. Quando nós voltamos no Carranza, já foi uma festa. Imagina do Robertão. Foi uma euforia da torcida. Foi muito bom – garante o comandante.

Apesar de feliz, Minelli estava engasgado com muita gente que duvidou de sua competência e fez de tudo para que ele deixasse o clube. O treinador não perdeu a oportunidade de desabafar:

— Qual foi minha reação? Eu estava revoltado com tanta onda, tantas críticas. Mas é verdade que eu deixei escapar uma lágrima ao ser erguido pelo Jaime e pelo César e, depois, fiquei encostado na parede ali no saguão do Morumbi. Por que isso? Eu explico. Eu encostei na parede para que muitos imbecis não viessem dar tapinhas nas minhas costas. Aqueles que ficaram em casa com medo de ir ao Morumbi, e depois iriam dizer que sempre estiveram do meu lado – revelou em entrevista ao *Jornal da Tarde*, de 13 de março de 1978.

Era o primeiro título de expressão que Rubens Francisco Minelli conquistara em sua carreira de treinador profissional. Ao fim da partida, ele dedicou a vitória à sua filha Cecília Helena, que poucos dias antes completara dez anos. O treinador não continha a felicidade pela conquista, mas, diferente dos demais, queria celebrar com a família, que estava em São José do Rio Preto. Por isso, enquanto os jogadores e alguns membros da comissão saíam para festejar cidade afora, ele encontrou sua tia Luisinha, que havia estado no estádio e, juntos, foram ao encontro de seus familiares.

A festa que se iniciou no Morumbi chegou à Pompéia, no estádio do Parque Antarctica, com gritos de exaltação ao Alviverde e provocação com o arquirrival.

PEDE PARA O VIZINHO!

Três dias depois da conquista do título do Robertão, o Palmeiras tinha um amistoso agendado contra a Seleção de Gana. Minelli deixou a pacata Rio Preto para o jogo das faixas. O seu filho mais velho, Rubens Francisco Minelli Júnior, o Rubinho, com apenas 11 anos na época, acompanhou o pai.

A partida foi disputada no dia 10 de dezembro de 1969, no estádio do Parque Antarctica. Esse amistoso era para ocorrer entre Corinthians e Gana, mas, como os alvinegros não venceram o Robertão, foi o Palmeiras que entrou em campo. Com a bola rolando e o time-base no gramado, vitória com tranquilidade. Com gols de Ademir da Guia, César Maluco e Cardoso, o Verdão venceu por 3 a 1 e não deixou que os africanos "carimbassem" a faixa.

Na cerimônia de entrega da faixa de Campeão do Torneio Roberto Gomes Pedrosa, diferentemente da maioria dos jogadores e da comissão técnica, Minelli fez questão de receber do seu filho Rubinho.

Após a entrega, um dos membros da diretoria chamou o garoto para conversar e perguntou se ele estava feliz pelo título. Como toda criança, o jovem, sem qualquer filtro e sincero, disse: "Estou feliz pelo meu pai, mas eu sou são-paulino".

O cartola ficou desconcertado, pois não esperava tal resposta, e em tom de brincadeira, por se tratar de uma criança, retrucou: "Pede, então, para o Laudo Natel [presidente do São Paulo] pagar a sua mesada".

Com um 1969 quase perfeito para Rubens Minelli, com a conquista de títulos nacionais e internacionais de relevância na época, o treinador, enfim, não era mais visto como uma aposta no cargo. As opiniões contrárias à sua permanência cessaram e a imprensa, aos poucos, rendia-se ao talento e à dedicação do jovem comandante alviverde.

O trabalho do técnico ia muito além de estratégias, táticas e jogadas ensaiadas. Com um time repleto de jovens de enorme potencial, Minelli foi fundamental para a ascensão desses jogadores, pois deu a sequência necessária para mostrarem que eram a melhor opção. Como já dito, o goleiro Emerson Leão, vindo do Comercial, havia se tornado reserva de Chicão, mas, na primeira oportunidade que teve com Minelli, virou titular absoluto. César Maluco alternava entre titular e reserva com Filpo Nuñez. O camisa 9 se tornou um dos maiores artilheiros da história palmeirense. Luís Pereira, um pouco mais novo que os demais, aos poucos tinha suas chances e se tornaria intocável no ano seguinte.

— O jogador amadurece quando joga. Quanto maior o número de partidas, mais adversários difíceis ele enfrenta e, assim, vai ficando maduro até chegar no ápice dele – explica Minelli.

Se dentro de campo Minelli dava oportunidade e sequência para que os mais jovens crescessem; fora dele, o treinador também foi fundamental para o grupo. O ponta Edu Bala relembra dos papos que Minelli tinha com os atletas:

— Ele era uma pessoa muito boa. Gostava muito de chamar a gente de lado para aconselhar, explicar como era a vida no futebol. Para nós, que estávamos começando, foi muito bom.

Desde o início, o comandante procurava ser o mais participativo e transparente possível com seus jogadores. Além das instruções táticas, colocava a mão, ou melhor, o "pé na massa". Como não existia treinador de goleiros na época, Minelli, que chutava muito bem desde o tempo em que fora jogador profissional, treinava seus arqueiros. Durante a atividade, apostava Guaraná com seus goleiros, como forma de incentivo. Já no famoso dois toques, ele também gostava de atuar, e apostava almoços e lanches com seus atletas. No entanto, alguns deles revelaram que o treinador, que detestava perder, sempre escolhia o seu time.

No trato com os boleiros, ele era justo. E prezava pelas boas maneiras. Dava as broncas que tinha que dar, mas sem apelar e sem proferir palavrões.

Antes de os campeonatos começarem, Minelli queria seguir a receita de sucesso de 1969 e fazer uma pré-temporada vencedora, que preparasse fisicamente seus atletas, mas sem tanto desgaste dessa vez. O primeiro passo foi o Torneio de Cochabamba, na Bolívia. No quadrangular, faziam parte a Portuguesa de Desportos, além do Litoral e do Jorge Wilstermann, ambos daquele país. O Alviverde venceu um confronto e empatou outro diante dos donos da casa. Assim, dividiu a primeira posição com a Lusa. Entretanto, a partida final entre as duas equipes não ocorreu por conta de falta de datas em seus calendários e ambas ficaram com o título.

Antes de partir para a Europa, além de muitos amistosos, o Palmeiras disputou o quadrangular de São José dos Campos e a Taça São Paulo, não tendo êxito.

A primeira parada no velho continente para um torneio internacional foi a deslumbrante Grécia. Minelli e seus comandados venceram a equipe do Aris e do Olympiakos, por 2 a 1, e conquistaram a Copa da Grécia.

Os brasileiros passaram também pela Itália e União Soviética, mas foi na Iugoslávia que o comandante do Alviverde viveu um capítulo importante e emocionante fora dos gramados, e que marcou a sua vida.

À SUA ESPERA

Filho de um brasileiro com uma iugoslava, Rubens Francisco Minelli sempre foi o laço que uniu essas duas culturas. Nacionalista, seu pai nunca permitiu que sua mãe lhe ensinasse a falar uma língua estrangeira. Isso, contudo, não impediu que Rubens se interessasse em conhecer mais sobre o país em que sua mãe nascera e que tivesse proximidade com seus familiares maternos. Aqui no Brasil, teve contato com sua tia Maria; seu tio Nicola; seu primo Zvonimir Mirko, ou Zvonko, para os mais próximos; além de seu outro primo Stjepan, que chegaria anos depois ao nosso país. Mesmo sendo mais novo que Zvonko, a relação deles era muito boa, faziam e falavam de tudo. Porém, o futebol não era assunto abordado, pois seu primo não se interessava pela modalidade.

Minelli, que ouvia sua mãe constantemente falar sobre sua avó, tinha em seu íntimo o sonho de um dia poder conhecê-la. Quando garoto, todas as vezes que sua mãe escrevia cartas para as irmãs e os pais, que residiam na Europa, ele estava junto. Por isso, acabou guardando o endereço e a cidade em que suas tias e avós moravam. Após o falecimento de sua mãe, ele perdeu totalmente o contato com seus parentes do velho continente.

Seus avós maternos, o croata Frantisek Pilat, nascido na antiga Tchecoslováquia, e a húngara Juliana Sedlak Pilat tinham uma vida simples na pacata cidade de Sremska Mitrovica, na antiga Iugoslávia. Sem luxos. Eram donos de uma padaria, mas as guerras – motivo pelo qual seus tios e sua mãe vieram para o Brasil – acabaram por devastar suas finanças e seu país. Passaram necessidade por um longo período, mas nem assim deixavam de ajudar quem estava em situação pior.

O ano era 1970. Minelli excursionava com o Palmeiras pela Europa. A equipe acabara de voltar da União Soviética, onde havia disputado três amistosos, quando, ao chegar à Iugoslávia, o destino tratou de preparar uma surpresa e tanto para ele.

O treinador estava em Belgrado – hoje capital da Sérvia. Na companhia do médico alviverde, o comandante olhava relógios no *free shop* e comentara que em uma cidade próxima dali residia alguns membros de sua família que ainda não conhecia, em especial a sua avó. A vendedora, que se comunicava em castelhano, estava por perto e se intrometeu na conversa. Contou ter nascido em uma cidade chamada Sremska Mitrovica. Surpreso, o técnico perguntou se ela conhecia a família Pilat, pois era o sobrenome da família de sua mãe. Prontamente, ela respondeu: "A velha está viva. Sua avó ainda está viva!". Minelli ficou desconcertado e quis encontrá-la de qualquer maneira. Solicitou ao empresário responsável pela excursão alviverde que o levasse até Sremska Mitrovica. Ele disse que não poderia, pois tinha cotas a receber em outro país. Porém, pediu que sua esposa, de carro, acompanhasse o treinador até lá.

Ao chegar à cidade, foram à delegacia e aos correios para tentar localizar a família. Ao conversar com o carteiro da região, ele os levou até o endereço em que os parentes de Minelli moravam. Chegando lá, a esposa do empresário, que era iugoslava e falava castelhano, fez as vezes de intérprete para Minelli. Juliana Sedlak Pilat, avó do treinador, estava próxima de completar um século de vida. Em razão disso, um pouco debilitada, já apresentava lapsos de memória.

— Foi um *arrebenta coração* conhecer a minha avó, que logo completaria 100 anos. Tinha hora que ela olhava para mim e perguntava: "Quem é?" A esposa do empresário traduzia: "É o Rubens, filho da Helena". Aí, minha avó segurava a minha mão e falava: "Como Deus é bom! Deixou eu conhecer o meu neto". Ela dizia que era o pagamento de Deus por seu marido, na época da Guerra, ter ajudado os mais necessitados... Um minuto depois, ela voltava a perguntar: "Quem é?". E assim tivemos um contato mais estreito.

Antes de ir embora, Minelli deixou seu endereço e o de sua tia para que não perdessem mais o contato com o restante da família. E parece que sua avó estava mesmo à sua espera, pois menos de dois anos após o encontro, no dia 3 de maio de 1972, a 170 dias do centenário de Juliana Sedlak Pilat, sua tia Maria recebeu uma carta informando que ela havia partido.

Assim que retornaram ao Brasil, Minelli pôde preparar seu time por quase 30 dias para a estreia no Campeonato Paulista. Para fortalecer ainda mais o elenco alviverde, foi contratado o meia-atacante Héctor Silva, vindo do Peñarol, do Uruguai. Jogador rodado, que havia disputado a Copa do Mundo de 1966 pela Seleção Celeste.

Com a bola já rolando, Palmeiras, São Paulo e Ponte Preta se revezavam na liderança do Campeonato Paulista de 1970, que era disputado por pontos corridos. O Alviverde assumiu a ponta após a vitória diante do Tricolor, faltando três rodadas para o término da competição. No entanto, após empatar as últimas três partidas e o São Paulo vencer todas, o técnico viu o rival do Morumbi o ultrapassar novamente e levantar o caneco. Vice-Campeonato para Minelli e seus comandados.

— Na verdade, o ano de 1970 foi muito sofrido, pois a equipe jogou bem, mas nos jogos finais não conseguiu as vitórias e foi realmente o que faltou [para a conquista] – relembra Ademir da Guia.

O ponta alviverde Edu Bala enumera os fatores que, na sua opinião, fizeram com que o título escapasse das mãos palmeirenses.

— Você chega ao fim do campeonato e, nessa fase, a maioria dos clubes já sabe a maneira como você joga, então vai dificultando. E quando você está com excesso de confiança, não dá certo. Nós estávamos com muita confiança e isso atrapalhou. Empatamos os três últimos jogos e ficamos fora.

Aproximadamente uma semana após o dolorido fim do Campeonato Paulista, teve início mais uma edição do Torneio Roberto Gomes Pedrosa, competição na qual o Palmeiras defenderia seu título conquistado no ano anterior. Diferentemente de 1969 quando o time voltou do exterior às pressas, dessa vez a CBD não antecipou o campeonato. Sendo assim, depois de um Estadual quase perfeito – perdido nos detalhes –, os jogadores estavam mais do que preparados para o início do torneio. Prova disso foi que a equipe embalou desde o começo. Foram oito jogos de invencibilidade, com seis vitórias e apenas dois empates. Tropeço apenas contra o Fluminense, na nona rodada. Os cariocas tinham um time muito forte. Contavam com o goleiro da Seleção Brasileira, Félix, e os ótimos atacantes Flávio Minuano e Lula. Eles se revezavam na liderança do grupo B com o Cruzeiro e, assim como os paulistas, jogavam o melhor futebol da época.

O Palmeiras continuou da mesma forma até o término da primeira fase, fazendo a melhor campanha geral e classificando-se em primeiro do grupo A, seguido pelo Atlético-MG, para o quadrangular final. Na outra chave, Cruzeiro, em primeiro, e Fluminense, na segunda colocação, foram os classificados.

Dos três confrontos finais, o Alviverde triunfou diante das duas equipes mineiras, porém, mais uma vez, tropeçou no Tricolor Carioca, dessa vez, jogando no Maracanã. Com isso, somou quatro pontos contra cinco do Fluminense, que ganhou duas e empatou uma partida. E mais um Vice-Campeonato para os palmeirenses.

— Tivemos dificuldades porque eles montaram um time muito bom, além do fator campo, que favorece bastante – afirma o palmeirense Ademir da Guia.

Partilhando da opinião do Divino, Edu Bala também elogiou a qualidade da equipe carioca e crê que os adversários souberam aproveitar as oportunidades para balançar as redes melhor do que o time de Parque Antarctica.

O ano que poderia ter sido perfeito para Rubens Minelli e para o Palmeiras acabou no *quase*. Como consolação, veio a classificação para a Copa Libertadores da América de 1971.

APENAS UM ATÉ LOGO

Rubens Minelli sempre se caracterizou pelo temperamento forte e pela sua transparência, doa a quem doer. Nessa época, já tinha suas diferenças com alguns dirigentes alviverdes. Entretanto, mesmo sem digerir determinadas atitudes dos cartolas, tocava seu trabalho.

Seu primeiro desafio em 1971 foi a Libertadores da América. O Palmeiras estava no grupo 3 ao lado de Fluminense, Deportivo Galícia e Deportivo Itália, ambos da Venezuela. Com cinco vitórias e apenas uma derrota, classificou-se em primeiro, com dez pontos, e avançou. A próxima fase seria um triangular disputado em duas chaves, cujo vencedor de cada grupo faria a grande final. O Alviverde dividiu a chave com o Nacional, do Uruguai, e o Universitário, do Peru. Depois de vencer os peruanos em duas oportunidades e ser derrotado dentro e fora de casa pelos uruguaios, com gols do ex-palmeirense Artime, deu adeus à competição. Na decisão, o Nacional derrotou o Estudiantes de La Plata, da Argentina, e sagrou-se Campeão.

Para o restante da temporada, o treinador queria enriquecer ainda mais o seu grupo para deixar de bater na trave. Encantado com Leivinha, um jovem talento que via despontar na Portuguesa de Desportos, um meia clássico, fazedor de gols e exímio cabeceador, Minelli pediu a sua contratação. O pedido foi prontamente atendido pela diretoria.

No Campeonato Paulista, o Palmeiras mais uma vez chegava forte. Todavia, apesar do início favorável da equipe, Minelli se incomodava com o extracampo, que acabava conturbando o ambiente.

Vitória sobre o Santos de Pelé, derrota para o São Paulo de Brandão. E internamente as coisas não iam bem. O clima já não era igual.

Mesmo com um bom primeiro turno e um início de segundo ainda mais promissor, após outra vitória sobre o time do Rei do futebol, a situação e a relação com o diretor de futebol Domingos Ianacone, na opinião de Rubens Minelli, ficara insustentável e o treinador resolveu deixar o clube.

— Eu saí por conta de uma desavença com um diretor de futebol que tinha lá. Por ser dirigente de futebol, ele não procedia como deveria. Vinha presenteando os jogadores com geladeiras, televisores e, assim, formava o seu grupinho. Então, em determinado momento, eu achei que era hora de sair. Uma onda contra começou a crescer e eu percebi que era hora de largar, até porque não tinha aquele negócio de ou eu ou ele. Convicto, pedi demissão.

Até Mario Travaglini assumir o comando da equipe, Minelli havia disputado 16 partidas no Paulista, com 11 vitórias, dois empates e apenas três derrotas.

A base da Segunda Academia que conquistaria diversos títulos nos anos seguintes estava praticamente pronta, faltando apenas alguns ajustes que seriam feitos futuramente. Por essas e outras, o treinador Rubens Minelli teve grande papel na formação desse time vencedor e que faria história.

— Certamente ele deixou um grande legado para o que veio a ser chamado na história do futebol brasileiro de "A Segunda Academia de Futebol". Minelli foi o responsável pela renovação de um elenco Campeão, a partir de 1969. Luís Pereira, Edu e Leivinha, que fizeram parte da formação mágica que está na memória de todos os palmeirenses, são atletas que se fixaram na titularidade da equipe pelas mãos de Minelli, por exemplo. Além de manter a espinhal dorsal do meio de campo, com Dudu e Ademir da Guia como peças fundamentais do esquema tático adotado pelo Alviverde – garante o historiador palmeirense, Fernando Galuppo.

— Ele tem muita contribuição para a formação da Segunda Academia, lógico. Tem o valor dele. Ele chegou, trouxe jogadores, montou um grande time e dirigiu a equipe muito bem. Nós aprendemos muito com ele – completa Edu Bala.

DA "ITÁLIA" PARA "PORTUGAL"

Rubens Francisco Minelli deixou o Palmeiras após a vitória contra o Santos, no dia 30 de maio de 1971, em partida válida pelo segundo turno do Campeonato Paulista. Já que passou a ter mais tempo livre do que o habitual, mais uma vez aproveitou para matar a saudade da família. E, por muito pouco, nesse período, não mudou todo o roteiro da sua vida e da sua carreira.

SONHO ESPANHOL

Durante o tempo em que estava sem clube, um velho amigo voltou a procurá-lo, o empresário espanhol Luís Guijarro. Alguns anos atrás, Guijarro havia tentado levar Minelli para o Barcelona; no entanto, o treinador não se sentiu preparado para tal desafio e as conversas não avançaram. Porém, dessa vez, a história era diferente. Após as conquistas do Robertão e do Carranza, Minelli se achava pronto e estava aberto a ouvir propostas internacionais. Guijarro tinha em mãos uma oferta do Sevilla, da Espanha, e por telefone entrou em contato com Minelli. Na excursão alviverde à Europa, os espanhóis ficaram encantados com a *performance* do Palmeiras nas partidas diante de Atlético de Madrid, Real Madrid e Barcelona, e viam muito potencial em Minelli.

— Eu fiz a proposta para eles e me mandaram as passagens.

O treinador embarcou para a Espanha disposto a sacramentar tudo. Chegou a Madrid numa terça-feira, encontrou-se com Guijarro e depois foi para o hotel, a fim de descansar do voo.

No dia seguinte, o treinador partiria rumo a Sevilla. Assim que desembarcou, foi recepcionado por funcionários do clube, que o levaram para o hotel apenas para deixar as malas, pois, no mesmo dia, a equipe do Sevilla faria um amistoso e Minelli seria o convidado de honra da diretoria para assistir ao jogo.

Com uma boa impressão do time que treinaria, Minelli foi levado para conhecer sua futura residência. Um apartamento muito grande, bonito e bem localizado.

A noite terminaria em um jantar com o presidente do clube. E entre uma palavra e outra em espanhol, Minelli desenferrujava o seu "portunhol". Brincadeiras à parte, o comandante, apesar de não ser fluente no idioma, conseguia entender com clareza e falar com certa desenvoltura. Em conversa com o mandatário espanhol, Minelli havia decidido até o futuro dos filhos, que, a convite do próprio presidente, estudariam com os dele em Londres, na Inglaterra.

Minelli chegou na terça e iria embora na sexta. No último dia, estava empolgado com tudo que lhe fora mostrado e apresentado, mas, até o momento, o contrato ainda não havia sido discutido e muito menos assinado. Quando, enfim, chegou a hora de assinar, as desavenças começaram. O combinado entre as partes seriam 60 mil dólares de luvas com um salário de 12 mil dólares.

— Uma parte do que havíamos combinado tinha sido diluída. As luvas que eu receberia na frente, me disseram que não seria possível. Alegaram que precisavam pagar a confederação por eu ser treinador estrangeiro e a taxa era muito alta para estrangeiros treinarem na Espanha. Então, falei que se não tivessem as luvas, eu não ficaria. Só pelo salário não compensava, pois era praticamente o mesmo que eu ganhava aqui, então, não ia me aventurar por lá.

Aliás, com a não concretização do negócio entre Minelli e Sevilla, o treinador, orgulhoso, fez questão de pagar do próprio bolso sua passagem de volta ao Brasil.

Hoje, passados muitos anos do acordo "furado", ele revela o sentimento que ficou.

— Fiquei frustrado na ocasião. Na hora que entrei no avião para voltar, já me arrependi. Eu esperava realmente acertar. Você fica sonhando com uma nova etapa na sua vida e, de repente, fica travado. Realmente, eu senti bastante. Eu gostaria de ter ido. Mas, na hora do vamos ver, não vi – lamenta o treinador, mas sem deixar o bom humor de lado.

Depois de aproveitar o período sabático e da frustrante negociação com o Sevilla, era hora de Portugal fazer parte da sua história. Quase no final do ano, em outubro, o comandante foi contrato pela Portuguesa de Desportos.

— A chegada do Rubens Minelli foi muito positiva, porque ele já tinha feito uma boa campanha no Palmeiras, e a Portuguesa, naquela geração, não era um time tão poderoso como os outros, mas era grande. Ficamos superfelizes por ter um treinador de primeira linha como o Minelli. Abraçamos a causa dele e aprendemos muito com os seus ensinamentos – lembra o meio-campo Basílio.

O primeiro desafio que o técnico teria à frente da Lusa seria terminar o Campeonato Brasileiro de 1971. Quando assumiu o time, ainda restavam sete rodadas para o término da competição. Apesar de vitórias importantes diante do São Paulo e Botafogo, quando enfrentou o Atlético-MG, Campeão daquele ano, acabou derrotado. E a Portuguesa ficou de fora logo na primeira fase do torneio.

Uma nova temporada se iniciara e com ela novas expectativas. Chance para Minelli dar continuidade ao seu trabalho.

O ano começou com uma série de amistosos que a diretoria marcara para comemorar a reinauguração do estádio Independência, futuramente chamado de Doutor Oswaldo Teixeira Duarte, nome do presidente da época (1972). Porém, é como estádio do Canindé que o local ganhou mais notoriedade.

A fim de divulgar a sua nova casa, o mandatário lusitano teve uma ideia de mestre. Entrou em contato com alguns clubes da capital e solicitou que cedessem por empréstimo alguns de seus craques para atuarem por meio tempo com a camisa da equipe rubro-verde.

Na primeira partida do estádio, a equipe convidada foi o Sport Lisboa e Benfica, de Portugal. Como "reforço" da Portuguesa para o duelo, o Santos liberou o lateral-direito Carlos Alberto Torres, que vestiu a camisa da Lusa, porém, não entrou em campo. E mesmo sem contar com o craque Eusébio, que estava machucado, os lisboetas venceram por 3 a 1. A partida, no entanto, contou com um fato bem curioso.

— Meu primeiro jogo da Portuguesa no Canindé foi inacabado. Jogávamos contra o Benfica, de Portugal. O Benfica estava ganhando e caiu uma chuva daquelas. O campo ficou impraticável e nós não pudemos continuar – recorda-se Minelli, que viu o duelo se encerrar aos 33 minutos do segundo tempo.

Presente na partida, o volante Basílio conta que, antes de o confronto ser encerrado, o técnico Rubens Minelli passou algumas instruções aos seus jogadores para driblar as poças d'água!

— Choveu muito e o campo ficou impraticável, e o Seu Minelli passou uma ideia muito boa; ele disse: "Gente, vocês têm que levantar a bola e tocar por cima, porque, pelo chão, não vai funcionar". Muitos jogadores, principalmente os que faziam a diferença, queriam tentar algo individual, mas, com o campo daquele jeito, era impossível – revela Basílio.

Diante da decepção de iniciar a trajetória no novo estádio com derrota, equipes mais modestas foram convidadas para os demais confrontos.

O próximo adversário era o desconhecido Željezničar, da antiga Iugoslávia – hoje, a equipe está situada em Sarajevo, na Bósnia-Herzegovina. E para ajudar a Fabulosa nesse jogo, foi "convocado" o craque corintiano Roberto Rivelino, que não só atuou, como balançou as redes depois de um belo chute de direita de fora da área, precedido de um elástico, sua marca registrada. Vitória por 2 a 0. Alguns dias depois, mais um triunfo. Frente ao Steua Bucareste, da Romênia, placar de 1 a 0.

Para encerrar as festividades, mais dois amistosos. Um diante da Seleção da Hungria e outro contra a Seleção do Zaire, ambos com vitória por 2 a 0 da Portuguesa. No primeiro duelo, o palmeirense Cesar Maluco jogou pela Lusa; já o segundo confronto marcou a despedida de um velho conhecido que fez história na equipe rubro-verde, o zagueiro Djalma Santos, que atuou por alguns minutos antes de pendurar as chuteiras.

Celebrações à parte, agora Minelli tinha, de fato, uma competição para disputar. Era o Torneio Laudo Natel, que contava com a participação de todos os times que disputavam a divisão especial.

O bom retrospecto durante a competição fez com que a Lusa chegasse à final diante do Palmeiras. Minelli conhecia bem quase a totalidade dos jogadores adversários, pois tinha recém-saído do Alviverde; entretanto, a disparidade técnica falou mais alto e o Alviverde venceu por 3 a 1 e deixou a Portuguesa com o Vice-Campeonato.

RUBENS EMANUELLI

Descendente de italianos, Rubens Francisco Minelli, desde que chegou à Portuguesa, nunca foi bem aceito por parte da diretoria, que, pouco profissional, acreditava que o fato de ter os laços mais fortes com a cultura italiana não fazia dele a pessoa certa para estar no comando de uma equipe com raízes lusitanas. Por esse fato, a cada derrota ou empate, a pressão era além do normal. Nem nas vitórias o reconhecimento de seu trabalho era feito da maneira correta por todos.

— Nós ficamos na final contra o Palmeiras e perdemos o título e eu disse que estava muito satisfeito com o que a Portuguesa tinha feito, ou seja, chegado à final do campeonato. E confundiram as coisas. Falaram que eu estava bem satisfeito porque o Palmeiras [um time de origem italiana] tinha sido Campeão.

Tempos depois, em uma entrevista, um repórter indagou o treinador afirmando que parte da torcida, assim como alguns diretores, não gostavam dele pelo fato de Minelli ser um nome de origem italiana, e que, por conta disso, tinha ligação com o Palmeiras. No entanto, o comandante foi categórico na resposta:

— Se o problema for esse, em vez de me chamarem de Rubens Minelli, podem me chamar de Rubens Emanuelli – rebateu.

Em seu elenco, Minelli contava com jogadores do calibre do zagueiro Marinho Peres, que futuramente reencontraria o treinador e fariam muito sucesso juntos no Internacional; e do meio-campista Basílio, que entrou para a história com a camisa do Corinthians, anos depois.

O defensor, inclusive, era responsável por comandar a linha de impedimento, exaustivamente treinada e implantada em todas as equipes do comandante.

Também foi na Lusa que Rubens Minelli conheceu um dos seus melhores amigos e que lhe acompanhou ao longo de sua carreira.

Trata-se do preparador físico, João Paulo Medina, que nesse período era quase um recém-formado e dava os seus primeiros passos no futebol. Juntos, foram uma dupla de sucesso, tanto no Brasil quanto fora dele.

— Depois de um ano, um ano e meio que eu estava na Portuguesa, o Minelli foi contratado. Foi amor à primeira vista. Tivemos um bom relacionamento, entrosamos os nossos conhecimentos. Foi uma junção muito boa, nos dávamos muito bem e conversávamos muito – lembra Medina.

O técnico iniciou o Campeonato Paulista pela Lusa com um empate de 1 a 1 diante do Juventus. No entanto, sua história na equipe rubro-verde não seria muito longa. Isso porque, algumas rodadas mais tarde, totalizando seis jogos sem vencer, aliado a um conflito interno com um diretor de futebol, Rubens Minelli foi demitido pela primeira vez em sua carreira.

— Eu não me afinei muito com ele e chegou uma ocasião em que nós discutimos no final de um jogo.

A partida em questão era um amistoso diante do São Bento, de Sorocaba, que a Portuguesa tinha que fazer como parte do pagamento da chegada do meia-esquerda Carlinhos ao Canindé. O duelo estava marcado para o interior paulista, o que era visto de maneira positiva por Minelli, pois ele planejava experimentar alguns jogadores e, como não queria expô-los a possíveis críticas da torcida, preferia atuar longe de casa. Porém, o cartola bateu o pé e marcou o jogo em São Paulo. Ao fim da partida que terminou em igualdade, alguns torcedores vaiaram o fraco futebol apresentado pelo time e xingaram tanto os jogadores quanto o dirigente que, indignado com tal atitude, foi cobrar o comandante pela situação.

— Então eu disse para ele umas coisas que eu sentia e que foram um pouco contundentes. Falei que ele tinha a orelha muito grande e que, por isso, não enxergava... Aí, ele fez a queixa ao presidente e me mandaram embora.

A passagem de Minelli pela Lusa foi apenas regular. O treinador comandou o time em 26 partidas, vencendo 13 jogos, empatando seis e sendo derrotado em sete confrontos.

Mesmo assim, alguns jogadores da Portuguesa, caso de Basílio, eximem o treinador de qualquer culpa pelos maus resultados obtidos.

— A culpa foi dos próprios jogadores que alternavam boas partidas com outras sem uma boa sequência. O problema do Seu Minelli foi diretamente com os diretores de futebol daquela época. Ele era cobrado, mas sabíamos que a culpa era nossa. No fim, a maioria dos jogadores teve um aprendizado muito rápido com o comando do Minelli.

O MUNDO CAIU

Com a saída da Portuguesa, Rubens Minelli novamente estava desempregado. Porém, não demorou para o comandante arrumar um novo time. E depois de alguns anos distante, retornou a Campinas, mas, dessa vez, para o lado alvinegro da cidade, para a Ponte Preta.

Substituto de Cilinho, Minelli tinha mais um Campeonato Paulista pela frente.

Da Lusa, o técnico levou o seu preparador físico, e agora amigo pessoal, João Paulo Medina.

Em seu elenco, o treinador contava com atletas de destaque, como os meio-campistas Chicão e Dicá, os atacantes Manfrini e Tuta, além de um talentoso arqueiro que despontava, chamado Waldir Peres.

— O time da Ponte Preta era muito forte. Era muito bom – garante Minelli.

A estreia do comandante ocorreu na última partida do primeiro turno do Campeonato Estadual. No dia 21 de maio de 1972, a Macaca sairia derrotada por 3 a 2 para o Santos de Pelé, em plena Vila Belmiro.

Minelli sempre teve bom retrospecto quando treinou equipes do interior e enfrentou os gigantes paulistas. Entretanto, pelo clube campineiro, não foi bem o que aconteceu. Sua passagem pela Ponte foi regada de vitórias contra as equipes menores, insucessos diante dos grandes e muitos e muitos empates. Para se ter uma ideia, durante o Campeonato Paulista, desde a chegada do novo comandante, foram seis igualdades em 12 partidas disputadas. Em compensação, tinha a quarta melhor defesa da competição e era também a quarta equipe que menos havia perdido, atrás apenas de Palmeiras, São Paulo e Corinthians, em ambos os quesitos. A falta de um ataque mais poderoso rendeu apenas o meio da tabela à Macaca.

PEGOS NO FLAGRA

Fora do Moisés Lucarelli, o trabalho não terminava. Minelli, Medina e o massagista Hélio Santos se reuniam para discutirem o trabalho que estava sendo feito, o desempenho dos jogadores e até possíveis contratações. O local sagrado para esse ritual de toda semana era o bar Giovannetti, onde, entre um *chopp* e um petisco, o papo rolava até tarde.

Se Minelli e sua comissão gostavam de se reunir para socializar e conversar, seus jogadores não ficavam atrás. Tudo normal. O problema se dava quando o dia escolhido era inadequado, tendo em vista a maratona de treinos e jogos que a Ponte Preta enfrentava.

Em uma determinada noite, o técnico ficou sabendo que alguns de seus atletas se reuniram para extravasar na famosa churrascaria Sulina, em Campinas. Pensando no trabalho do dia seguinte e em uma rotina de esforço que todo o grupo vinha fazendo até então, resolveu fazer uma surpresa para seus comandados.

Assim que Rubens Minelli chegou ao local, espantou a todos, pegando o grupo campineiro no flagra. E para saber qual tinha sido o "prejuízo" da noite, ele mesmo resolveu pagar a conta e descobriu que já haviam sido consumidas 14 garrafas de cerveja.

No fim, apenas chamou a atenção de seus atletas e, é claro, repassou a conta.

Ao término da competição e de fora do Campeonato Brasileiro, a Macaca, além de uma série de amistosos, disputou o chamado Paulistinha, torneio classificatório para o Campeonato Paulista do ano seguinte. No total, seis das 12 equipes que disputavam o campeonato se classificavam. E com muitos jogos em sequência, a equipe embalou. Com 30 pontos em 22 partidas disputadas, a Ponte Preta não só se garantiu no Paulista de 1973, como sagrou-se Campeã do Paulistinha. Foram 12 vitórias, seis empates e quatro derrotas. O time campineiro marcou 31 gols e sofreu 19 durante a campanha.

Minelli morava distante da família que estava toda instalada em São José do Rio Preto. Entre uma folga e outra, enfrentava os quase 400 quilômetros de distância para revê-los. Frequentemente, recebia notícias de sua esposa e de seu irmão sobre seus filhos e seus pais.

Foi, então, que o maior baque da sua vida aconteceu. Sua mãe Helena, que há algum tempo vinha se queixando de dores, foi diagnosticada com câncer no intestino. Quando a doença já estava em estágio avançado e sem qualquer possibilidade de reversão do quadro, seu irmão Ruy ligou, chamando-o para que ele pudesse passar os últimos instantes ao lado dela. E no dia 24 de outubro de 1972, Minelli perdera sua mãe. O mundo desabou sobre sua cabeça. Muito apegado à sua matriarca, ele ficou sem chão. Pensou até em largar tudo e voltar definitivamente para São José do Rio Preto, entretanto tinha um acordo assinado em vigência até o fim da temporada, e com o lado profissional falando mais alto, permaneceu no clube até o dia 17 de dezembro, quando, enfim, encerraria o seu contrato com a equipe campineira.

— Quando minha mãe faleceu, meu pai não quis morar comigo. Ele quis morar sozinho. Então, eu me preocupei com isso e disse para a minha mulher que eu deixaria de trabalhar por um tempo para ficar junto com ele e equacionar os problemas que surgiram com o falecimento da minha mãe.

Minelli estava satisfeito na Ponte Preta, mas precisava de um tempo para assimilar tudo. Ele não renovou contrato com a Macaca, retornou para São José do Rio Preto e ficou um período afastado do futebol até que a "poeira abaixasse".

Em sua passagem pela equipe alvinegra, disputou 38 partidas, com 16 vitórias, 15 empates e apenas sete derrotas. Com 47 gols marcados e 31 sofridos. Na história do time de Campinas, Minelli é o 30º treinador que mais comandou o time – até a publicação deste livro.

HORA DE RETOMAR A CARREIRA

Antes de focarem na contratação do técnico Rubens Minelli, o Rio Preto também estudou os nomes de Vail Mota e João Avelino para o comando da equipe alviverde. No entanto, um dos fatores que pesou na escolha, além da qualidade de Minelli, foi o fato de o treinador ter toda a sua estrutura familiar em São José do Rio Preto.

Sabendo do momento difícil que Rubens Minelli e a família passavam depois do falecimento da mãe do treinador, e da intenção do comandante de permanecer próximo de seus parentes quando retomasse sua carreira, o Rio Preto Esporte Clube viu a oportunidade perfeita para fazer um convite para que Minelli treinasse o time.

Os dirigentes Ulisses Jamil Cury e Anísio Haddad estavam encarregados dessa negociação e foram à casa do comandante a fim de acertar os detalhes. Para assinar o vínculo com o time rio-pretense, Minelli exigiu do presidente que o Rio Preto tivesse uma infraestrutura de time grande, com materiais e acomodações de qualidade para todos.

Tal investimento do Jacaré tinha como objetivo chegar à divisão especial no ano seguinte.

— Seu Minelli nunca nos deixou perceber se estava preocupado ou com problemas pessoais. Ele assimilava tudo e absorvia. Quando foi contratado, sentimos que o clube estaria em outro nível em termos de organização. Uma mudança radical para melhor. Ele passava para nós que apenas o cenário mudava, mas que éramos tão bons quanto as estrelas nacionais que estavam na mídia – relembra o goleiro Adilson Ladeia, o popular Bussada.

Se os rio-pretenses estavam empolgados com a contratação de um treinador que passou a ser muito conhecido no cenário estadual e buscava maior reconhecimento no restante do país, para a Ponte Preta o momento era de tristeza pelo adeus do comandante.

— Lamentamos profundamente a sua saída. Foi um moço que veio para a Ponte Preta quando da saída de Cilinho, e demonstrando a sua capacidade, realizou um excelente trabalho. Com sua psicologia e conhecimentos de futebol, levou nosso elenco a excelentes resultados, chegando ao título – afirmou Sérgio Abdalla, então presidente da Ponte Preta, ao jornal *A Notícia*, de São José do Rio Preto, em 1973.

Com Minelli, o Rio Preto também contratou o jovem e competente preparador físico Luiz Flávio Buongermino.

Para iniciar seu trabalho à frente do Verdão do interior, Rubens Minelli teria uma série de partidas amistosas antes do primeiro compromisso oficial, em 1º de julho. A competição em questão seria o Torneio de Seleção da Primeira Divisão, uma espécie de seletiva para o Paulistinha, que possuía todos os times da divisão especial, exceto as equipes grandes.

Os times eram divididos em dois grupos, com cinco agremiações em cada um, disputando partidas de ida e volta, todos contra todos; e as três equipes que mais somassem pontos se classificariam para a disputa do Paulistinha.

O Rio Preto estava no grupo B, ao lado de Rio Claro, Catanduvense, Francana e Corinthians, de Presidente Prudente.

A formação do esquadrão rio-pretense também teve o dedo de Minelli. Apesar de reconhecer o talento do grupo que tinha em mãos, assim que chegou ao clube preparou uma lista de contratações e a colocou no bolso da camisa de Ulisses Jamil Cury, que foi atrás de cada uma das peças solicitadas pelo comandante. Tal mescla fora fundamental para a ascensão da equipe.

Visando ter o elenco ao seu lado, Minelli solicitou à diretoria que a remuneração dos seus atletas passasse de mensal para quinzenal, sem contar os *bichos* que daquele momento em diante seriam pagos, ou nos próprios dias de jogos, ou no máximo nas segundas-feiras seguintes às partidas.

Na preparação para o torneio, os amistosos disputados para ganhar ritmo e para que Minelli encontrasse a equipe ideal deram resultado. O treinador montou um time forte, que se entrosou rapidamente, atingindo 13 partidas de invencibilidade. Recorde que só chegaria ao fim no dia 23 de maio de 1973, no tropeço diante do Marília, por 2 a 0. Pouco tempo depois, com o Torneio de Seleção "batendo à porta", o Jacaré emplacou duas senhoras goleadas, que deram moral para a sequência da temporada. A primeira foi o troco no mesmo Marília por 6 a 0 e a segunda contra a Francana, por placar igual.

No primeiro turno, o Glorioso estreou com um empate de 1 a 1 diante do Catanduvense. Na segunda rodada, a equipe sobrou. Três a zero frente ao Corinthians, de Presidente Prudente, com dois gols de Dante e um de Pitanga. Para fechar o turno, empate sem gols contra a Francana e triunfo por 1 a 0 sobre o Rio Claro, tento anotado por Nei.

— Fizemos uma pré-temporada muito boa. O time, no início do campeonato, entrou voando. Geralmente, as equipes começam a evoluir a partir do sexto ou sétimo jogo, porque todos começam do zero. E nós começamos bem o campeonato – relembra o comandante.

Nessa época, a superstição já fazia parte da vida de Minelli, que dirigia o time com a mesma camisa – devidamente lavada – da última vitória, além de pedir para que os jogadores que estivessem no banco de reservas permanecessem sentados na mesma ordem que estavam no último triunfo.

No returno, embalado e invicto, o Rio Preto foi ainda mais efetivo. Aproveitando a boa fase do time, a torcida compareceu em peso ao estádio Riopretão. Mais de quatro mil pessoas viram o Verdão não tomar conhecimento do Catanduvense na vitória por 3 a 1, com gols de Nei, Dante e Caravetti, um velho conhecido de Minelli. O duelo também ficou marcado pelo recorde de público e renda do torneio. Na sequência, Nei e Cornélio foram os responsáveis por balançar as redes do Rio Claro na vitória por 2 a 1.

DESCONTRAÇÃO E BEM-ESTAR FORA DOS GRAMADOS

Fora de campo, o clima era bom entre o grupo. Na concentração, Minelli chegava com o seu opala vermelho e falava, cheio de orgulho, da potência do carro. Também desafiava seus jogadores e companheiros de comissão para partidas de *snooker*. Sem contar as folgas de segunda-feira, quando o comandante saía para pescar no rio Grande, no interior de São Paulo, ou no rio Tietê na companhia de Tino, Tião, Dante e o massagista Mário Taparo.

A classificação para o Paulistinha chegou na penúltima rodada. Mesmo com o tropeço por 2 a 0 diante do Corinthians, de Presidente

Prudente, o empate na outra partida do grupo entre Francana e Rio Claro garantiu a vaga ao Jacaré.

Já classificado, mas em busca da primeira posição e da taça, o Rio Preto tinha mais um adversário pela frente, a Francana. Para a partida, Minelli escalou a equipe com: Gilson Bernardes; Gil, Carlos, Jarbas e Tula; Tino e Nei; Nerinho, Pitanga, Dante e Caravetti. As arquibancadas pulsavam. A torcida não continha a alegria. E o caminho para chegar à elite estava cada vez mais próximo. Dentro de campo, vitória por 2 a 0 do Rio Preto, gols de Tula e Nei e título garantido do Torneio de Seleção.

Além do Rio Preto, o Saad, equipe de São Caetano do Sul, líder do grupo A, e o Nacional da capital se classificaram.

— O Rubens Minelli revolucionou o Rio Preto Esporte Clube e, para mim, foi ótimo trabalhar com ele, porque eu aprendi muito, principalmente em termos de organização e de trabalho. Ele me falava: "Olha, vamos seguir sempre essa linha. Mesmo perdendo a gente não pode perder o foco. Derrota ou empate acontece, mas não podemos sair do objetivo que buscamos, que é ser Campeão". E o time foi indo. E nós fomos Campeões – relembra o preparador físico, Luiz Flávio Buongermino.

E QUE VENHA O PAULISTINHA!

O próximo desafio do Rio Preto era um torneio composto por 14 times, em que sete agremiações se classificavam para a disputa do Campeonato Paulista da divisão especial de 1974, o grande objetivo do Jacaré.

Com alguns jogadores no departamento médico e sabendo que, para essa nova classificatória, o time precisava se qualificar ainda mais, Minelli expôs a situação para a diretoria e pediu para o presidente Anísio Haddad trazer mais alguns reforços para a sequência da temporada. Nessa leva, vieram atletas como o atacante Wilson, do Palmeiras. Em outra oportunidade, o próprio comandante foi a São Paulo, na companhia do dirigente José Dionísio Flenick, atrás de novas contratações.

Os jogos do Rio Preto no Paulistinha foram bem mais difíceis do que o esperado. A equipe sonhava com o acesso à elite, mas, desde o início da competição, o desempenho do Jacaré deixou a desejar. O primeiro triunfo só viria na quinta rodada diante do Saad, antes disso foram dois empates e duas derrotas. Durante toda a campanha, em nenhum momento, o Verdão conseguiu duas vitórias consecutivas. Foi uma equipe irregular e que passou por muitos apuros ao longo do torneio. Era um empate, uma vitória; uma derrota, uma vitória.

Minelli queria mudar as coisas. Testava formações diferentes. Tentava mexer com o brio dos atletas, mas nada colocava o time no eixo novamente. Se antes se mostrava focado e forte na disputa do Torneio de Seleção, agora o time estava desatento e desmotivado para a disputa do Paulistinha. O treinador sabia que tinha sua parcela de culpa pelo momento que a equipe estava passando, no entanto, não conseguia colocá-la novamente nos trilhos.

A competição chegava à reta final e o contrato de Minelli também, que era válido até o dia 31 de dezembro de 1973. De tempos em tempos, o técnico recebia sondagens e consultas de outras agremiações interessadas em seu trabalho. Enquanto isso, o Rio Preto não se pronunciava sobre uma possível renovação. A saída do diretor do departamento de futebol, Ulisses Jamil Cury, responsável direto pelo acerto do treinador com o Alviverde, balançou Minelli sobre a sua permanência no clube, pois, além de serem próximos, gozava da confiança do cartola.

— Eu estava completamente satisfeito no Rio Preto. Me possibilitava ficar na cidade onde morava, junto da minha esposa e meus filhos. Eu tinha, nos meus dias de folga, a pescaria com os meus amigos. Ganhava bem. Era registrado. Realmente eu não queria sair, eu não queria que terminassem aqueles bons momentos – conta o comandante.

O campeonato seria interrompido para as festividades de fim de ano e retomado apenas em 1974.

Eis que surgiu um Gigante Colorado na história. O Sport Club Internacional, de Porto Alegre, acreditava que Rubens Francisco Minelli poderia ser a peça que faltava para transformar uma equipe forte e que se sobressaia no Rio Grande do Sul em um time Campeão no cenário nacional, assim como fizera com o Palmeiras.

Além do título Brasileiro com o Alviverde de Parque Antarctica, outra coisa que pesou para que o Internacional fosse atrás de Minelli foi o fato de o presidente da equipe gaúcha, Eraldo Herrmann, acompanhar de perto o futebol paulista, em especial o São Paulo, time que admirava. Herrmann, em um papo com o mandatário são-paulino, Henri Aidar, com quem tinha grande proximidade, comentou que estava à procura de um técnico para substituir Dino Sani na próxima temporada, e ouviu de Aidar que em Rio Preto tinha um treinador muito bom, mas que era rico e fazendeiro e dificilmente aceitaria uma proposta.

Minelli não era fazendeiro e tampouco rico. Além disso, sem colocar na balança a diferença da magnitude do Colorado e do Rio Preto, no início, o treinador rechaçou a oferta do Inter e começou a colocar empecilhos para que o acordo não saísse.

— O Internacional pediu que eu fosse para São Paulo me encontrar com eles. Naquele tempo, a estrada [Rodovia Washington Luiz] tinha uma pista só e aconteciam muitos desastres. Eu falei que não queria pegar a Rodovia porque o trajeto até São Paulo, naquela época, durava seis horas e meia. Então, eu disse a eles que não dava para viajar. Honestamente, minha intenção não era sair de Rio Preto e ir para Porto Alegre.

O treinador até resolveu ir pescar para "fugir" do assédio Colorado. Mas seu destino estava traçado e Minelli foi vencido pelo cansaço.

— Eu tinha ido pescar em Goiás, para ficar 15 dias. Como não estava dando peixe, voltei no quarto dia. Os dirigentes do Inter me pegaram ainda com *a lata de minhocas na mão.* Se ficasse pescando mais tempo, por certo teriam contratado outro. Bem que eles tentaram o Telê Santana e o Ênio Andrade – revelou o técnico em entrevista ao *Jornal da Tarde*, de 13 de março de 1978.

Convictos de que Rubens Minelli era o homem certo para o cargo, os gaúchos, insistentes, não desistiriam tão fácil. Certo dia, o treinador estava em casa na companhia de sua família, quando, de repente, José Asmuz e Marcelo Feijó, a pedido de Eraldo Herrmann, tocaram a campainha. O técnico os recebeu e começaram as tratativas.

Minelli era cabeça-dura e ainda não estava convicto de que sair de Rio Preto fosse a escolha mais acertada para a sua carreira e para a sua família. Prevendo, então, uma provável recusa por parte dos dirigentes do Inter, resolveu pedir alto.

— Eles me fizeram uma proposta e eu fiz uma contraproposta que foi aceita. Era uma soma muito boa. Três... quatro ou cinco vezes mais do que eu ganhava no Rio Preto.

E antes ainda de o ano terminar, a notícia surpreendeu o Rio Preto. No dia 29 de dezembro de 1973, o jornal *Correio da Araraquarense* noticiou que Minelli havia aceitado a oferta do Colorado. E como teve que se transferir de imediato, deixou a equipe a poucas rodadas do término do Paulistinha. Depois de sua saída, o time não conseguiu vencer mais nenhuma partida e o sonho de disputar a elite do Paulista de 1974 ficou para trás. Apesar do desfecho ter chateado os cartolas e os jogadores, a transferência do treinador para Porto Alegre não mudou a forma como todos o viam.

— Para nós, foi uma surpresa a ida dele para o Internacional, pois estávamos num bom time de acesso, mas o Rio Preto não era referência nacional – revela Ladeia.

INTERNACIONAL E MINELLI: O CASAMENTO PERFEITO

INÍCIO CONTURBADO

Habituado a ficar distante da família enquanto tocava a sua carreira, Minelli tomou a decisão de, pela primeira vez, levar com ele, para fora do estado, sua esposa e filhos. Adaptados ao clima quente de São José do Rio Preto, agora teriam que se acostumar com o frio de Porto Alegre. E o começo não foi fácil para ninguém.

A despedida da família Minelli do interior paulista foi triste e bem calorosa. O bairro inteiro tratou de dar um último adeus a todos e até os acompanhou à estação. Rosa, Cecília, Rubinho e Ricardo pegaram um trem noturno com destino a São Paulo. O percurso todo foi de muito choro por parte das crianças, que não sabiam o que as esperava no Rio Grande do Sul. Ao chegar à capital paulista, os quatro foram recebidos por Miguel, tio de Rosinha, que os pegou e os levou até o aeroporto para que embarcassem a Porto Alegre.

Rubens Minelli, que já estava na capital gaúcha, tinha como objetivo, além de continuar com a hegemonia do Campeonato Estadual, no qual o Inter era Pentacampeão, elevar o nível da equipe para que pudesse chegar forte e até conquistar os campeonatos nacionais.

— Lá no Internacional, eu encontrei um time com quase 50 jogadores, contando os que haviam voltado de empréstimo de outros times, mais a equipe que era Campeã.

No primeiro contato com o elenco, Minelli foi enfático ao passar seu recado. Disse que não conhecia ninguém (o que era quase uma verdade, pois não tinha muito contato com o futebol gaúcho) e que, para conquistarem uma vaga dentro do time, os jogadores teriam que mostrar o seu potencial nos treinamentos e nos jogos, o que foi um balde de água fria para os mais acomodados e uma grande oportunidade para os jovens da base e os atletas recém-chegados.

Como se não bastasse o elenco inchado, a diretoria colorada queria se desfazer da antiga comissão técnica, a fim de mudar a mentalidade de seus jogadores – que eram multicampeões, porém apenas em território estadual. Solicitaram que Minelli indicasse ou trouxesse novos profissionais para preencher essas vagas. Com pouco conhecimento do grupo e do futebol gaúcho, o treinador se aproximou do preparador físico Gilberto Tim e pediu à diretoria para que ele fosse mantido em sua comissão técnica, pois seria de grande valia.

— Ele era Pentacampeão [Estadual] e queriam mandá-lo embora quando eu cheguei. Mantive o Tim porque eu também não conhecia ninguém e precisava me apegar em alguém. Falei para a diretoria que o preparador físico deveria ficar, pois eu não iria trazer nenhum. Além do mais, se o cara é Pentacampeão, como era o caso dele, é sinal de que está fazendo as coisas direito. Eu já sabia como trabalhar para atingir os meus objetivos, mas o Gilberto Tim me ajudou bastante ao me orientar a respeito do temperamento dos jogadores. Ele falava: "O fulano de tal é ranheta, o sicrano precisa levar porrada para ir pra frente; tem o cara que só obedece à base de gritos, e tem outro que você não pode gritar porque ele se ofende". Ele me deu todas as dicas.

GILBERTO TIM

Gilberto Pazzeto, o popular Gilberto Tim, depois de atuar nos gramados pelas laterais esquerdas de equipes do Sul do país, com destaque para o Internacional e Novo Hamburgo, também teve passagem pelo Corinthians antes de encerrar sua breve carreira como jogador. Apesar da pouca relevância como atleta, após dedicar-se à realização de alguns cursos e especializações, com o tempo, tornou-se uma das referências no quesito preparação física.

Sua primeira oportunidade surgiu na base do Internacional. Mostrava-se à frente do seu tempo e não demorou muito para ser o responsável pela preparação física da equipe principal. O casamento com o Colorado lhe rendeu muitos títulos. Além de diversos Campeonatos Gaúchos desde que iniciou seu trabalho, conquistou três Campeonatos Brasileiros (1975; 1976 e 1979).

Foi o braço direito de Minelli desde que este desembarcou no Beira-Rio, e o acompanhou em outros clubes.

Em seu trabalho, sempre enfatizou os exercícios de força e resistência muscular e, apesar de não agradar muito os boleiros, dado tamanho esforço durante as atividades que comandava, foi este diferencial que lhe rendeu, entre o fim da década de 1970 e início dos anos 1980, a alcunha de melhor preparador físico do Brasil.

Fundamental para as conquistas do Colorado na década de 1970, cujo vigor físico e preparação de seus atletas era de dar inveja aos rivais, passou também por Palmeiras, Corinthians, Grêmio e até pelo Belenenses, de Portugal.

Anos mais tarde, foi premiado ao ser convidado por Telê Santana para fazer parte da comissão técnica da Seleção Brasileira nas Copas do Mundo de 1982 e 1986.

Antes de sair de cena no cenário nacional, ainda se aventurou por um breve período como técnico do Coritiba, em 1988.

Assim que chegou a Porto Alegre, o comandante mal teve tempo de conhecer seu grupo e já precisou ir a campo. O Campeonato Brasileiro de 1973 ainda não havia terminado e estava nas últimas rodadas do segundo turno. Dino Sani, antes de sair, deixou o Colorado bem classificado e, para avançar ao quadrangular final, Minelli tinha que manter o bom desempenho. Se o fizesse, fatalmente estaria entre os quatro melhores.

Sua estreia foi um 0 a 0 contra o Atlético-MG, em Belo Horizonte, no dia 13 de janeiro de 1974.

Nas nove últimas partidas do turno, o Internacional venceu quatro, empatou quatro e perdeu apenas uma. Qualificando-se para a fase seguinte, ao lado de Cruzeiro, Palmeiras e São Paulo. Campanha regular, mas que foi suficiente para o momento, porém não para o que viria.

Na primeira partida do quadrangular final, o Colorado, ainda um pouco desconhecido de Minelli, enfrentaria o São Paulo, no Morumbi. Com uma goleada por 4 a 1 do Tricolor Paulista, o recém-chegado técnico da equipe gaúcha começou a sentir um pouco a pressão e as "cornetas". Segundo o jornal *A Notícia*, periódico de São José do Rio Preto, que ainda acompanhava a carreira do treinador, o resultado da partida tinha deixado o presidente Eraldo Herrmann extremamente irritado. Como resposta, Minelli preparava algumas alterações para o confronto seguinte, diante do Palmeiras. Das substituições que fez na equipe, a de maior impacto foi a saída do goleiro Rafael para a entrada de Schneider. Em busca de achar o time titular ideal, o comandante, aos poucos, conhecia o elenco e dava oportunidades para quem ainda não havia sido testado.

A equipe iniciou bem, abrindo o placar logo aos cinco minutos, com o chileno Figueroa, de cabeça, após bobeada da defesa palmeirense. No entanto, jogando em São Paulo, o Verdão não desistiu e correu atrás do placar durante toda a partida e foi premiado com o gol de Ronaldo, aos 32 minutos da segunda etapa. Os paulistas continuaram pressionando e chegaram ao gol da vitória, três minutos depois, com a cabeçada de Luís Pereira. Final, 2 a 1 Palmeiras. O Alviverde lideraria o quadrangular com quatro pontos e o Colorado, ainda sem pontuar, ficaria na lanterna.

Depois do resultado, o Inter já estava fora da disputa pelo título, mas Minelli queria terminar a competição de cabeça erguida. Na última partida, diante do Cruzeiro, jogando em casa, a vitória teria que vir a qualquer custo. E veio aos 75 minutos de jogo, com gol de Escurinho. Mesmo com o triunfo, a equipe gaúcha ficou na quarta colocação geral e viu o Palmeiras levantar a taça de Campeão do Campeonato Brasileiro de 1973.

A competição nacional recém-terminada se iniciaria novamente dentro de 20 dias. Tempo para que o novo treinador se ambientasse mais a Porto Alegre e ao Colorado.

Avaliando o elenco e reconhecendo os seus pontos fortes e fracos, Minelli pediu alguns reforços para a diretoria colorada. Entretanto, foi enfático e sincero com o presidente e disse que, para elevar a equipe de patamar, precisaria trazer jogadores titulares de outros times e não apenas novidades para compor o grupo. Em sua análise, a equipe precisaria de um goleiro, já que Rafael e principalmente Schneider – que era visto pelo treinador como um ótimo profissional – não tinham a boa e velha "loucura" de que os arqueiros de destaque necessitavam. Ambos se revezavam no gol colorado, mas nenhum tomara conta da posição. Além de um novo camisa 1, Minelli solicitou a contratação de um ponta-esquerda rápido e habilidoso e um centroavante goleador e experiente, pois, apesar de Claudiomiro ser um jogador excepcional, vivia acima do peso, e seus suplentes não tinham a mesma qualidade.

Para assumir a camisa 1 colorada, os nomes sugeridos viriam da diretoria. Para a ponta esquerda, o time contava com Dorinho, bom jogador, porém desprovido de algumas características que o treinador entendia como primordiais para exercer a função. Ele queria um ponta agudo e incisivo, assim como era Valdomiro pelo lado direito. Minelli quebrou a cabeça para encontrar essa peça que considerava fundamental no esquema que desejava implementar. Um dia, folheando o jornal, leu que o ponteiro Lula, um atleta fora de série, tinha se desentendido com a diretoria do Fluminense. E foi aí que o comandante enxergou uma ótima oportunidade de mercado. Sabia que um jogador do talento de Lula acrescentaria muito ao seu time e o indicou. Já para o comando de ataque, o treinador havia indicado Flávio Minuano, que vivia grande fase no Porto, de Portugal, e que não seria nada fácil trazê-lo.

Antes do início da competição, a equipe teve uns dias para descansar, porém voltou logo a treinar, pois o Brasileiro se aproximava. No único amistoso feito nesse período que antecedeu o campeonato, contra o modesto Acafol, do Rio Grande do Sul, o Colorado venceu por 3 a 0.

O torneio nacional era disputado por 40 equipes, divididas em dois grupos, e as 24 melhores se classificariam para a segunda fase. Na terceira etapa, os times seriam separados em quatro grupos de seis agremiações cada. As quatro melhores chegariam ao quadrangular final para se enfrentarem e definir quem seria a grande Campeã.

Ainda na correria por novas contratações, o Internacional iniciou o campeonato com o mesmo time que havia atuado no último Brasileiro. Dessa vez, contudo, além de Minelli estar mais bem ambientado, pegara o trabalho desde o início.

Apesar de estrear com o pé esquerdo, com uma derrota por 1 a 0 para o Atlético-PR, na rodada de abertura do Campeonato Brasileiro de 1974, o Colorado se recuperou de imediato. Antes de disputar o seu primeiro Grenal no comando do Internacional, Minelli conquistou três vitórias contra Avaí, Paysandu e Itabaiana e, assim, foi com moral para o clássico.

A partida marcaria a estreia do tão esperado Lula pelo Internacional. O ponta-esquerda chegou após uma negociação de cifras altíssimas para a época, custou um milhão de cruzeiros para os cofres colorados. E mesmo sem o recém-chegado balançar as redes, ele contribuiu diretamente para o triunfo de 2 a 1 sobre o arquirrival Grêmio. Os gols do Inter foram marcados por Claudiomiro e Valdomiro.

O técnico começava a se solidificar e destacar no cargo. Em seguida, mais três pontos frente ao modesto time do Tiradentes, do Piauí.

Nesse período de semana cheia, para manter o desempenho e o ritmo de jogo, o Colorado marcava partidas amistosas no meio da semana. Em uma delas, diante da Seleção do Chile, do craque Figueroa, os gaúchos levaram a melhor e venceram por 2 a 0. Todavia, o bom momento não duraria. Aproximando-se da metade da primeira fase, a equipe começou a oscilar. Apesar de algumas vitórias, o grande número de empates, as derrotas para equipes de menor expressão e investimentos que chamaram a atenção dos críticos fizeram com que o nome de Minelli começasse a ser questionado.

— O começo estava complicado, porque uma parte da torcida, que ficava atrás do gol, cobrava muito. E a própria imprensa tinha opinião dividida entre aquilo que eu deveria fazer e o que eu conseguiria fazer. Então, as coisas ficaram difíceis. Alguns faziam até apologia de troca. Quando o time sofria um empate ou uma derrota, diziam que a diretoria estava pronta para mandar o treinador embora. Tanto que eu havia conversado com a minha mulher para ela cuidar da transferência [de escola] dos meus filhos, porque nós iríamos voltar para São Paulo, pois eu não me sentia inteiramente à vontade por tudo aquilo que acontecia no extracampo – conta o treinador.

Mesmo sem apresentar resultados negativos expressivos, o comandante balançava no cargo diante da pressão exercida pela imprensa e por parte da diretoria colorada. O que jogava ao lado do treinador era o fato de o presidente Eraldo Herrmann, que era quem realmente dava as cartas, ter convicção da escolha que fizera e manter a confiança em Minelli.

Um dos principais jogadores do elenco, o meia Paulo César Carpegiani conta que, em nenhum momento, passou-lhe a ideia de que Minelli iria deixar o clube:

— Eu não lembrava disso [que Minelli quase deixou o clube no começo]. Talvez tenha sido pela exigência dele próprio. Pode ser que ele não estivesse realizado, mas eu não sentia isso. Ele transmitia uma segurança muito grande.

Depois dessa fase turbulenta, o Colorado chegara à quinta colocação no Brasileiro, qualificando-se para a próxima etapa. No seu grupo, teria pela frente Atlético-PR, São Paulo, Portuguesa, Fluminense e Goiás. E foi nesse período que a equipe pegou novamente no "breu". Dos cinco jogos que o Inter disputou, conseguiu três vitórias e dois empates, somando oito pontos. Ficando em primeiro no grupo, avançou mais uma vez (também se classificou no campeonato anterior) para o quadrangular final. Nessa nova oportunidade, o nível aumentara e os adversários eram o Santos de Pelé, o Cruzeiro de Nelinho e o Vasco da Gama de Roberto Dinamite.

A estreia na terceira fase seria contra o Cruzeiro, no Beira-Rio. O time que Minelli colocou em campo tinha: Schneider; Cláudio Duarte, Figueroa, Pontes e Vacaria; Falcão, Paulo César Carpegiani e Tovar; Claudiomiro, Valdomiro e Lula.

Empolgados pelos mais de 50 mil torcedores presentes em seu estádio, os jogadores do Inter faziam a diferença. Aos 14 minutos, Valdomiro abriu o placar para o Internacional, depois de um chute forte cruzado da ponta direita que foi morrer no ângulo do goleiro Vítor de Paula. O Colorado mantinha-se bem na partida, mas em um descuido, aos 40 minutos da primeira etapa, Roberto Batata acertou um belo chute rasteiro da intermediária e igualou o marcador. Final 1 a 1.

Para a partida seguinte, diante do Santos, o Colorado tinha novidades. Mais especificamente debaixo das traves. O camisa 1 pedido pelo treinador chegara. Era ele, Manga, que teve excelente passagem pelo Botafogo e havia jogado no Nacional, do Uruguai, onde era ídolo.

A negociação que envolveu a contratação do arqueiro foi um tanto inusitada. Um dia, um cartola colorado viajara e, por coincidência, no mesmo avião estava Manga. O dirigente conversou com ele e lhe perguntou se tinha interesse em ir para Porto Alegre. Com o sinal positivo de Manga, seu nome foi levado para o presidente e para o técnico Rubens Minelli. Diante da resposta positiva de ambos, a negociação foi concluída e teve final feliz para o Inter, que finalmente achara um novo camisa 1.

Manga assumiria a meta da equipe gaúcha contra o Peixe. O Alvinegro Praiano, em São Paulo, no estádio do Morumbi, precisava urgentemente da vitória, pois havia sido derrotado pelo Vasco na primeira rodada. Os paulistas foram para cima e conseguiram chegar lá aos 38 minutos da etapa inicial.

No intervalo, Minelli organizou a casa e fez com que seus atletas voltassem com mais garra. Logo no começo do segundo tempo, aos sete minutos, Valdomiro cobrou falta para a área do Santos e o centroavante Claudiomiro se antecipou aos adversários e, de peixinho, deixou tudo igual.

Inter e Santos faziam um jogo acirrado. Porém, aos 39 da etapa final, o estreante Manga falhou no lance crucial do jogo. O goleiro tentou agarrar a bola em três oportunidades e não conseguiu. E mesmo com a defesa colorada salvando duas vezes, na terceira Fernandinho não perdoou e colocou novamente o Alvinegro Praiano na frente. Vitória do Peixe, e Colorado a um passo da eliminação. O que amenizou um pouco a derrota gaúcha foi o empate de 1 a 1 entre Cruzeiro e Vasco.

A disputa ainda estava em aberto. O Cruzmaltino tinha três pontos, a Raposa e o Santos dois e o Internacional apenas um. Na última rodada da fase, o Colorado mediria forças com o Vasco da Gama.

O Maracanã estava lotado. Nas arquibancadas, mais de 118 mil torcedores para o confronto. Em maioria avassaladora, cariocas estavam à espera de soltarem o grito de Campeão.

O Vasco iniciou a partida se impondo. O time estava ligado no 220V. Prova disso foi o gol de Roberto Dinamite, aos quatro minutos de jogo. Pouco tempo depois, Zanata, em chute de longe, resolveu testar o goleiro Manga, que havia falhado na última partida. E não é que o arqueiro falhou outra vez? O camisa 1 colorado tomou um verdadeiro frango, começando com o pé esquerdo sua trajetória na equipe gaúcha. A fim de evitar uma goleada ainda nos primeiros 45 minutos, o Inter se segurava como podia.

Como era de praxe, Tim e Minelli pilharam seus jogadores para a etapa complementar. No segundo tempo, o Colorado voltou outro do vestiário e chegou à igualdade com Lula e Escurinho. No fim, o Inter até esboçou uma pressão para virar o jogo, mas ficou nisso, 2 a 2. E fim de papo para os gaúchos, que mais uma vez ficaram na quarta colocação, batendo na trave no campeonato.

O Vasco da Gama empataria em pontos com o Cruzeiro e, em um duelo extra, venceria o jogo e seria o Campeão Brasileiro de 1974.

Depois do início difícil, o trabalho de Minelli mostrou-se promissor. O lateral-direito Cláudio Duarte crê que se não fossem os equívocos da arbitragem em alguns duelos da fase final, o Inter poderia ter conquistado o torneio naquela temporada.

— O Internacional já deveria ter sido Campeão em 1974. Fez um grande campeonato, mas foi prejudicado nas finais por equívocos na época, porque não tínhamos o VAR. Se tivéssemos o VAR, com certeza teríamos sido Campeões.

CHEGOU A HORA

Vindo de dois Brasileiros extremamente competitivos, em que o Internacional havia chegado à fase final e deixado escapar a conquista, Minelli tinha pela frente uma responsabilidade gigantesca. Como até o momento não levantara o caneco do Brasileiro, o mínimo que a torcida e a diretoria esperavam era a conquista do Campeonato Gaúcho, pois o Colorado vinha de um Pentacampeonato consecutivo.

No dia 4 de agosto de 1974, Minelli e seus comandados estreavam no Gauchão em busca do Hexacampeonato. Depois de quebrar a cabeça no último torneio, o treinador, enfim, encontrou sua equipe base, composta por: Manga; Cláudio Duarte, Figueroa, Pontes e Vacaria; Falcão, Paulo César Carpegiani e Escurinho; Valdomiro, Claudiomiro e Lula.

O adversário do debute do treinador na competição estadual era o Atlético de Carazinho. Ainda pegando no tranco, o Colorado venceu por apenas 1 a 0, com gol solitário de Lula.

— Quando achei que aquele era o time, eu comecei a fazer trabalhos técnicos e táticos – revela o comandante.

A cada partida, o entrosamento e o entendimento do que o técnico queria ficava mais claro para os atletas.

Na segunda rodada, goleada frente à Associação Santa Cruz-RS, por 5 a 1, tentos marcados por Valdomiro, Claudiomiro (2), Carpegiani e João Ribeiro. O gol sofrido pelo Colorado seria o único durante todo o turno.

Mais uma vez, com uma semana livre até o próximo confronto, Minelli pediu para a diretoria que marcasse um amistoso, pois não queria perder o ritmo. O duelo ocorreu em Santiago, diante do Palestino, do Chile, com mais um triunfo da equipe gaúcha, dessa vez, por 2 a 0. *Show* de Escurinho, que assinalou os dois gols.

Em seguida, vieram as vitórias sobre o Ypiranga, de Erechim, por 2 a 0; e sobre o Esportivo-RS, por 4 a 0. Questionado pela forma física e constante briga com a balança, Claudiomiro vinha resolvendo para o Inter e calando os críticos. E foi assim até o final do turno.

Enquanto isso, o Internacional via o Grêmio na sua cola, já que seu arquirrival também fazia boa campanha no Campeonato Estadual. Quatro partidas separavam os times do tão aguardado Grenal, e o Colorado queria chegar embalado para o embate.

Triunfos apertados sobre o Encantado, a Associação Caxias e o Gaúcho, além da goleada por 4 a 0 frente ao Internacional de Santa Maria antecederam o clássico. O Colorado, que chegara com 100% de aproveitamento para o confronto, jogava pelo empate, enquanto o Tricolor Gaúcho precisaria vencer a fim de provocar um jogo extra. Era a decisão de quem seria o Campeão do primeiro turno.

Dos lados do Beira-Rio, o centroavante Claudiomiro, que no início da competição vinha bem, apresentava queda brusca de rendimento e perdeu de vez a posição. Tadeu Bauru e principalmente Sérgio Lima revezavam-se na equipe titular.

O Grenal foi disputado no estádio Olímpico, e necessitando apenas de uma igualdade para levar o turno, Minelli armou o time para esperar o rival e jogar nos contra-ataques. Apesar de precisar vencer, o Grêmio preocupava-se em não deixar espaços, então, pouco atacava. Durante boa parte do confronto, foi assim, até que, a partir do meio da segunda etapa, o Internacional começou a se soltar e tomar conta do jogo. O duelo, todavia, caminhava para um empate sem gols. Quase no fim da partida, Vacaria arrancou pela esquerda e cruzou na medida para Escurinho marcar e garantir o título do primeiro turno para o Colorado. Feito para comemorar, mas nem tanto.

Na semana seguinte, iniciava o segundo turno. Como primeiro oponente, o Inter tinha pela frente o Gaúcho. Jogando o fino da bola, a equipe comandada pelo técnico Rubens Minelli não teve dificuldades para furar a retranca adversária e golear. Escurinho, em duas oportunidades, e Sérgio Lima já tinham balançado as redes quando o árbitro assinalou penalidade máxima para o Internacional. Com a partida ganha e o clima de festa nas arquibancadas, a torcida pediu para que o goleiro Manga fosse para a bola. Com o aval de Minelli e a indignação dos adversários, o camisa 1 atravessou o campo em direção à marca do pênalti. O arqueiro rival tentou até o último segundo impedir a cobrança de Manga, pois acreditava se tratar de uma atitude antidesportiva e, até pior, uma verdadeira humilhação. Manga bateu mal, mas diante de um goleiro que, em sinal de protesto, ficou parado, marcou o quarto gol do Colorado e deu números finais ao jogo.

A equipe começara bem o turno. E aplicaria outras goleadas no restante da competição. Bateu o Ypiranga de Erechim, Encantado e Associação Caxias por 3 a 0. Contra o Atlético Carazinho, foi 4 a 0. Destaque para os atacantes Sérgio Lima e Escurinho.

Mas, nem só de goleadas se fez a campanha colorada. Antes de novamente pegar o Grêmio, o Inter teve dificuldades para passar por Esportivo-RS, Associação Santa Cruz-RS e Internacional de Santa Maria, única equipe a conseguir furar a defesa composta por Figueroa e Pontes. Todos esses triunfos ocorreram pela diferença mínima de um gol.

O Hexacampeonato batia à porta. E só faltava o Grenal. Diante da brilhante campanha que fez também no segundo turno, o Colorado precisaria apenas vencer para garantir o título de Campeão Gaúcho.

Para o clássico, o Internacional vinha com uma dúvida importante: a presença do lateral-direito e um dos líderes do time, Cláudio Duarte. O jogador havia machucado o tornozelo e, até horas antes do duelo, estava com o pé engessado, andando de muletas. A maioria dava como certa a sua ausência. No entanto, quando se trata de Grenal, nada é impossível. Minelli contava com ele, e o próprio jogador também não queria ficar de fora da decisão. Cláudio fez de tudo para atuar nessa partida e, mesmo longe do ideal, foi para o jogo, ou melhor, para o sacrifício.

COM A PALAVRA...

CLÁUDIO DUARTE

A gente jogou em Caxias, no domingo anterior. E no final do jogo eu sofri uma entorse. Tive que vir de Caxias a Porto Alegre, que são umas três horas, com o pé para cima, enrolado em gelo. Quando chegamos a Porto Alegre, me levaram para o hospital. Bateram um raio-x e me engessaram até o joelho.

Como eu morava sozinho na época, o pessoal da comissão me colocou no estádio dos Eucaliptos, onde a base morava. Eu fiquei numa cama com o pé para cima. O Edir Marques da Cruz, que era massagista, me alimentava ali.

No domingo seguinte tinha o jogo. Eu nem pensava nisso. Fiquei engessado do domingo anterior de noite até o sábado de manhã, tomando anti-inflamatório. Queriam tirar o gesso e me levaram ao Beira-Rio. Chegando lá, os médicos se reuniram, cerraram a frente do gesso. Quando tiraram, meu pé não estava inchado, mas estava completamente roxo. Então, me fizeram um "mundaréu" de coisa. Me colocaram aquela tala... mesmo assim, eu não tinha condição. Aí voltei para o estádio dos Eucaliptos e fiquei com a perna levantada de novo. Domingo de manhã, chegam o Minelli, o Tim e o doutor. No quarto, eu me surpreendi vendo como a tala saiu fácil. Nessa hora, o Minelli me disse: "Trouxemos a sua chuteira e vamos fazer o teste!". E eu falei: "Teste? Olha o meu pé!". Enfim, o Edir me enfaixou. Botei a chuteira e tentei correr. Na hora, eu tive uma dorzinha. Mas corri pra lá e pra cá e quando bati na bola doeu bastante; aí eu tive que colocar o gesso de novo.

Então, fomos almoçar. Eu achava que, de muleta, já estava fora. Na hora da preleção, o Minelli me chamou, falou que o doutor havia dito que dava, pelo menos, para eu começar o jogo e ver quanto tempo aguentaria. Aí colocaram um monte de faixa; fizeram uma botinha e, quando fui colocar a chuteira, ela não entrava no pé machucado. Joguei com o pé bom número 42, que era o meu tamanho, e o pé machucado com uma chuteira 43, que era do goleiro Schneider.

Naquele dia chuvoso, quando o Minelli avisou que eu ia para o jogo, foi uma surpresa até para o time. Resultado, joguei o primeiro tempo, que terminou em 0 a 0. Fiz tudo o que podia. No intervalo, o Minelli me perguntou: "E aí, como você está?". Eu disse que mais um pouco dava para eu ir. Depois de um tempo fizemos 1 a 0. Nosso time cresceu. Eu fui indo... Indo... Quando vi, já estava 40 e poucos do segundo tempo. Foi quando eu dividi uma bola e fiquei caído. O jogador do Grêmio, o Jorge Tabajara, pisou no meu pé e eu vi estrela. Cobrei dele mais tarde, quando fui treinador no Grêmio.

Eu estava aos berros. Por meio do massagista Edir, o Minelli mandou avisar que se eu quisesse sair, eu poderia. Perguntei quanto tempo faltava. Ao saber que faltavam dois minutos, eu disse para o massagista: "Fala para o Minelli ficar quieto. Faltam dois minutos e eu vou até o fim". Queria terminar a decisão dentro de campo. Consegui. No aspecto jogo, tudo resolvido, mas no pessoal, não. Depois da partida, o Edir e o médico tentaram tirar a minha faixa e não conseguiram. Tiveram que me anestesiar. Eu apaguei. A festa do título rolando e eu grogue. Então, me levaram para o hospital, me engessaram de novo, e depois de 35 dias de gesso, eu fui liberado. Esse tornozelo nunca mais curou. Tenho as marcas no pé até hoje. Eu só não tinha quebrado o osso. Depois disso, pelo resto da minha carreira eu tive que jogar precavido [com alguma proteção].

Debaixo de muita chuva, o Beira-Rio viu mais uma batalha entre o Internacional e o Grêmio. Assim como grande parte dos clássicos gaúchos, o bom futebol ficou em segundo plano e a vontade e a garra prevaleceram. Carrinhos, entradas duras e até cotoveladas estiveram presentes na peleja.

O jogo parecia uma cópia da partida do primeiro turno, quando o Tricolor atacou, o Colorado contra-atacou e, no fim, Minelli e companhia levaram a melhor.

Em uma das únicas chances que o Colorado teve no jogo, sairia o gol do título. Com a bola em seu domínio, Carpegiani encontrou Lula na ponta esquerda. O ponteiro colocou a bola na frente e fez o cruzamento buscando Claudiomiro, que havia entrado na vaga de Sérgio Lima. A zaga cortou mal e sobrou na outra ponta para Valdomiro, que acertou um sem-pulo perfeito, fazendo a bola morrer no fundo do gol. Resultado, 1 a 0 Inter e o Hexacampeonato garantido de maneira invicta e com 100% de aproveitamento.

— Sempre tem um sabor especial fazer gol contra o Grêmio. Aquele gol foi muito importante, porque era o sexto campeonato que ganharíamos em seguida – conta Valdomiro, o herói da decisão.

O Colorado faria a melhor campanha da história do Campeonato Gaúcho. Foram 18 partidas disputadas, com 36 pontos conquistados. Em um retrospecto invejável de 18 vitórias com 43 gols marcados e apenas dois gols sofridos.

— Nós tivemos esse título inédito no futebol gaúcho, onde vencemos invictos, sem nenhum ponto perdido. O Minelli já estava colhendo os frutos no Estadual, do trabalho que ele havia iniciado. Com a sua inteligência e capacidade, colheu os frutos rapidamente – relembra o meia Paulo César Carpegiani.

Na opinião do lateral-direito Cláudio Duarte, a maneira como o título foi conquistado deve-se ao modo como o grupo encarou o torneio do começo ao fim. Além disso, o jogador lembra que, em 1974, o time jogava diferente.

— Foi reflexo da confiança estabelecida. Em 1975, o goleador foi o Flávio. Em 1976, o Dario. E em 1974 não tínhamos essa característica de jogador. O mais adiantado era o Sérgio Lima. Ele não era um centroavante fixo. No âmbito doméstico, o time criou uma confiança muito grande. Casaram as características, o sistema.

Já para o craque Paulo Roberto Falcão, o fator determinante para essa conquista com zero pontos perdidos foi tático. Mais precisamente, o esquema que Minelli implantou.

— Foi a novidade. Em 1974, o Minelli resolveu fazer uma marcação homem a homem, individual. E isso surpreendeu muito os times do interior. Se não me engano, nós fizemos uma média de quatro gols em todos os times lá, média nos dois jogos, porque era um jogo em casa e um fora. Só não fizemos no Grêmio essa média, mas no resto todo, sim. A diferença foi essa, a marcação individual que surpreendeu a todos. Então, nós marcamos homem a homem no Campeonato Gaúcho. Cada um pegava um jogador. O Cláudio [Duarte] pegava o ponta-esquerda, o lateral-esquerdo era o Vacaria e ele marcava o ponta-direita adversário, o quarto zagueiro [Bibiano Pontes] marcava o centroavante e o Figueroa sobrava. No meio-campo, Carpegiani, eu e o Escurinho marcávamos os três deles. E na frente, o Valdomiro cuidava do lateral-esquerdo adversário, Lula do lateral-direito e o nosso centroavante, que era o Sérgio Lima, muitas vezes ficava em cima do zagueiro com mais qualidade, para deixar o que tinha menos qualidade sair jogando. Era mais ou menos isso.

DÁ PARA MELHORAR

O torcedor ama seu clube. Torce incondicionalmente para que o time chegue às vitórias e conquiste títulos. Mas, muitas vezes, de maneira involuntária, a razão dá lugar à emoção e o cega. Deixa que um simples fato seja maior que o todo. A memória também costuma ser curta e apenas um resultado negativo, mesmo após um título, vira motivo para o treinador sofrer críticas e, inacreditavelmente, em algumas ocasiões, até balançar no cargo.

Minelli conta que pouco tempo depois que foi Campeão Gaúcho com 100% de aproveitamento, teve torcedor que queria um desempenho ainda melhor.

— Quando acabou o Campeonato Gaúcho, disputa em que fomos Campeões com zero pontos perdidos, eu saí de férias e fui com a minha família para São Paulo. No caminho, parei em um posto de gasolina para abastecer e, nessa hora, o frentista me falou: "Meus parabéns pelo título desse ano, Minelli. Agora, para o ano que vem, temos que ser Campeões de novo, mas sem tomar nenhum gol". Nós tomamos dois gols o campeonato todo e ele achou que foi muito – lembra o comandante, incrédulo com o pensamento do torcedor colorado.

Se para a torcida e a diretoria era apenas mais um Campeonato Gaúcho, para Minelli a conquista foi fundamental, pois ele ganhou moral no clube e fôlego no cargo para enfrentar o que vinha pela frente.

A campanha e os números foram inquestionáveis e, de acordo com o historiador colorado Raul Pons, definitivamente, o Internacional fez a melhor campanha da história de um Campeonato Gaúcho.

— A campanha do título Gaúcho em 1974 é inigualável. Em outras temporadas, antes da unificação do Campeonato Gaúcho em 1961, nós tivemos outros Campeões com 100% de aproveitamento, mas nenhum chegou a jogar sequer metade das 18 partidas do campeonato de 1974. Em 1974, foram 18 partidas, 18 vitórias e só dois gols sofridos. O título Gaúcho de 1974 alçou o Internacional à condição de melhor clube do Brasil. Fato destacado pela própria imprensa do país e depois confirmado pelos títulos Brasileiros seguintes.

ESTRUTURAÇÃO DA BASE E PREPARAÇÃO NO EXTERIOR

Com um título incontestável em quase um ano de clube, o treinador, enfim, tinha um pouco de tranquilidade para trabalhar e colocar em prática as suas ideias.

— Ter sido Campeão Gaúcho sem perder nenhum ponto, provavelmente me ajudou no Internacional, porque a credibilidade no meu método de trabalho passou a existir. A partir da conquista, tudo ficou mais fácil.

Uma das especialidades do comandante ao longo de sua carreira sempre foi usar a base e dar chance para os garotos no time de cima. Uma solução caseira geralmente utilizada para combater a falta de investimento para contratações. Porém, dessa vez, Minelli não precisava se preocupar com dinheiro, e mesmo podendo solicitar reforços para a diretoria colorada, via muito potencial nos juvenis do Inter.

— Desde aquela sangria, na qual saíram os atletas que não interessavam, eu comecei a aproveitar os jogadores das divisões de base. Teve uma porção de jogador que foi usado. E o Internacional tinha cinco ou seis no time que já eram feitos no clube – conta Minelli.

Graças ao treinador, muitos atletas subiram para fazer parte da equipe principal. Entre eles, destaque para Jair, Caçapava, Batista e Chico

Fraga. O volante Falcão, que também fora revelado pelo clube, já estava na equipe principal quando o comandante assumiu.

— O Minelli dava oportunidade para todos nós da categoria de base – confirma o meio-campo Jair, que atuou sob o comando do treinador de 1974 a 1976.

Além de subir e colocar para jogar os garotos que despontavam na base colorada, Minelli resolveu fazer uma mudança em todas as categorias de formação do Internacional abaixo dos profissionais. A partir daquele momento, todas as categorias jogariam da mesma forma. Tática que só se iniciou nas últimas décadas em poderosos times europeus, como, por exemplo, no Barcelona. Quem confirma a mudança é o ex-zagueiro Larry Chaves, que, na época, fazia parte da base da equipe gaúcha, mas que, algumas vezes, treinava com o time profissional, sendo observado com muito carinho pelo comandante.

— A pedido de Minelli, em 1974, o time já fazia marcação pressão e todos os times jogavam no mesmo esquema. Ele era muito à frente do seu tempo.

Mas, antes de mais uma empreitada no Brasileiro em busca do título inédito e do Campeonato Gaúcho, no qual o Internacional defenderia o seu Hexacampeonato, a equipe faria uma série de amistosos.

Em solo brasileiro, enfrentou equipes do Sul, Nordeste, além do Flamengo. Na maioria dos confrontos, foi bem-sucedido. Sofreu uma derrota apenas na partida frente ao Rubro-Negro Carioca; no entanto, três dias depois – em clima de revanche –, deu o troco e venceu o duelo pelo placar de 4 a 0.

A segunda fase de preparação ocorreria no exterior, onde o time contava com uma série de partidas no velho continente agendadas por um empresário. Para disputar a pré-temporada, o Colorado ficaria um pouco mais de um mês excursionando pela Europa. Minelli, por onde passou e teve possibilidade, sempre gostou de testar e ajustar seu time diante de equipes de outro país em amistosos e torneios de tiro curto. Fez isso em clubes como o Botafogo-RP e Palmeiras, onde a preparação antecedeu a conquista do Campeonato Nacional.

Antes de embarcarem, os colorados tiveram uma prévia do que os esperava diante do Ruch Chorzów, da Polônia. E passaram no teste. Vitória de 3 a 2 e passaporte na mão rumo à Europa.

Paulo César Carpegiani, que se recuperava de uma contusão, e Escurinho, que resolvia sua renovação contratual, foram dois desfalques importantes. Por conta disso, para o meio de campo, Minelli havia escolhido subir e levar para o torneio preparatório um atleta de muito potencial: Batista, que se lembra perfeitamente do ocorrido, mas que, no fim, foi impedido de viajar com o restante do grupo.

— Eu estava no vestiário me apresentando para o time Júnior, quando o roupeiro entrou e avisou que o Minelli me chamava no Beira-Rio. Eu já havia jogado em seleção de base. Eu subi e nós estávamos indo para a excursão quando me tiraram do ônibus por causa da convocação para a Seleção Brasileira – não a principal – que disputaria os Jogos Pan-Americanos no México. Com isso, o Caçapava subiu para o profissional e foi no meu lugar.

No entanto, a escolha por Caçapava, naquele momento, também foi obra do acaso.

— Eu me perguntei: "Quem vou levar?". Concidentemente o "negão" [Caçapava] entrou na minha frente e eu lembrei dele; até então, não havia lembrado – recorda-se Minelli.

Carlos Duran, supervisor de futebol do Internacional, adepto da gozação, entrou na brincadeira quando questionado por Minelli se o jovem tinha passaporte para viajar e respondeu: "Eu não sei nem se ele tem carteira de identidade".

No passado, todas as vezes que os times excursionavam, um jornalista era convidado para participar da viagem a fim de relatar o dia a dia do clube. Nessa viagem, o escolhido foi o jovem Telmo Zanini, que trabalhava na *Folha da Manhã*, periódico de Porto Alegre.

— Eu fui o jornalista designado para cobrir a atividade e os jogos do Inter durante esse tempo todo, 45 dias. Foi uma excursão maluca. Fomos para lá com dois ou três jogos confirmados e, no fim, fizemos uns dez. O empresário que organizou era um belga, que se encantou com o nosso futebol e achou que podia fazer algum dinheiro com o time brasileiro.

Telmo, que virou um grande amigo do treinador, passou até a frequentar sua casa. Era um grande fã da omelete, da pizza de frigideira e do bacalhau que Dona Rosinha fazia.

— Nas segundas-feiras, eu ia na casa do Seu Minelli. Depois do almoço, ficávamos discutindo e resenhando, e eu aproveitava para fazer matéria. A minha era sempre a mais fundamentada. A gente tomava aquele cafezinho com bolinho da Dona Rosinha, ficava batendo-papo e, também, assistindo a dois seriados de cachorro que ele adorava: *As aventuras de Rin-Tin-Tin* e *Lassie*.

Durante a pré-temporada, o Colorado passou por Bélgica, Alemanha, Itália, Inglaterra e Turquia. E duelou tanto contra times conhecidos quanto diante de equipes amadoras.

Logo na primeira partida, o zagueiro Bibiano Pontes se contundiu e abriu brecha para o companheiro Hermínio, que, tendo boas atuações, tornou-se titular no decorrer da temporada. Seu companheiro de zaga, o chileno Figueroa, alguns amistosos depois, também se machucou e retornou ao Brasil. Com um elenco enxuto, o Inter estava sem opções na posição e o técnico Rubens Minelli precisou fazer testes e improvisações durante a excursão. Ora o volante Caçapava, ora o lateral-direito Valdir, faziam a função.

Um dos jogos mais memoráveis da viagem ocorreu diante do Newcastle, da Inglaterra. Na época, a equipe inglesa tinha recém-conquistado a FA Cup e figurava em posição intermediária no Campeonato Inglês. O Inter, com um futebol mais vistoso e entrosado a cada jogo, não tinha nada com isso e atropelou seu adversário. A apresentação do Colorado encantou tanto os ingleses que um dos jornais locais, que já chamava o Inter de "O novo Ajax", nomeou a crônica do duelo como "É a magia brasileira". Os brasileiros golearam por 3 a 0. Gols de Tadeu Bauru, Tovar e Vacaria.

— Contra o Newcastle, com estádio lotado, o gol do Vacaria foi inesquecível para quem viu – garante Telmo Zanini.

Em seguida, veio o amistoso diante do Stuttgart, da Alemanha. E foi nesse jogo que o raçudo e jovem volante Caçapava começou a cair nas graças do chefe.

— Fomos jogar em Stuttgart e estava cinco abaixo de zero. O time deles parecia 11 aviões à jato e o nosso 11 teco-tecos. Era difícil correr atrás e marcar. O primeiro tempo acabou 2 a 0 para eles. Tinha um loirinho no time alemão que devia ter tomado gasolina, porque não era possível o que o cara fazia, ninguém conseguia pegar ele. Aí, eu chamei o Caçapava e perguntei: "Como é que você tá?". Ele falou que estava bem. Na volta do intervalo, eu o orientei: "Tá vendo aquele jogador deles, o loirinho? Não deixa mais ele pegar na bola". Então, me lembrei de uma frase do Alfredo Ramos e a reproduzi para o Caçapava: "Deitado ele não corre!". E completei: "Marca ele de frente e aonde ele for você vai atrás". Na primeira vez que o cara pegou na bola, o Caçapava deu-lhe uma trombada que ele foi lá em cima; foi até jogar de lateral-direito. No fim, o jogo foi 2 a 2. João Ribeiro fez o gol de empate.

Alguns dias depois, o grupo chegaria à Itália. E foi no país do seu avô Francesco que Minelli e o Internacional tiraram a "barriga da miséria". Foram 41 gols em apenas oito jogos. Destaque para os 12 a 0 diante do Combinado Olbia-Arzachena, quando Claudiomiro balançou as redes em quatro oportunidades e João Ribeiro em três. O 9 a 0 frente ao Calangianus, o 7 a 0 sobre a Seleção de Arzachena, cuja partida teve que ser interrompida aos dez minutos da etapa final por conta das fortes chuvas; além do 6 a 0 contra o Tharros, que rendeu aos gaúchos o título da Copa Constantino, caneco que fez alusão ao aniversário de 50 anos dos italianos.

PARA FICAR BEM NA FOTO

Em um desses jogos contra os times italianos, o técnico Rubens Minelli tomou conhecimento de um episódio que ocorreu com a bola rolando e que foi contado pelo seu capitão, Figueroa.

Na partida em questão, o Internacional era bem superior ao seu adversário. Portanto, não demorou muito para colocar vários gols de vantagem no placar. Mas um fato marcou o confronto e deixou o treinador com uma *pulga atrás da orelha*.

— Jogamos contra um time de uma divisão inferior, que tinha um centroavante inconveniente. Aonde o Figueroa ia, o cara ia atrás. E eu olhava e não entendia. Pô, ele estava perdendo de 6 a 0 e continuava a marcar o Figueroa? Depois, descobrimos que o sujeito era prefeito da cidade e tinha contratado um fotógrafo para tirar fotografia dele junto com o Figueroa.

Ah, o futebol! Sempre nos surpreende.

Para fechar a excursão, a bela Turquia seria o destino. E mais uma vez, como foi em toda a pré-temporada, o Inter não tomou conhecimento dos adversários e engatou mais duas vitórias sobre tradicionais rivais do país. Triunfos de 2 a 0 frente ao Besiktas e de 1 a 0 diante do Fenerbahçe, a última partida da viagem.

Saldo mais do que positivo da excursão. Em 14 partidas disputadas, foram 12 vitórias e apenas dois empates, sofrendo apenas três tentos.

O Internacional voltaria para o Brasil para o fim de sua preparação com o moral elevado e com mais alguns amistosos a serem disputados antes do Estadual.

HEPTACAMPEONATO

O formato de disputa do Campeonato Gaúcho de 1975 seria um pouco diferente do último. Depois de uma fase classificatória, Inter e Grêmio entrariam na competição na fase seguinte e fariam um turno todos contra todos. Classificavam-se quatro times que disputariam entre si jogos de ida e volta e, em cada turno, os dois primeiros fariam uma final. Quem vencesse o primeiro e quem vencesse o segundo turno da fase final se qualificariam para a grande decisão.

Com 100% de aproveitamento no último Estadual, a tarefa de Minelli era árdua em 1975. Além de defender um Hexacampeonato Gaúcho, cuja maioria das agremiações rivais já sabia como o Inter atuava, a torcida cobrava desempenho ainda melhor do que o da temporada passada. A primeira partida do Colorado foi frente ao Ypiranga de Erechim, que se arrependeu de ter sido o adversário de estreia, já que Minelli e seus comandados aplicaram no time um 6 a 0 maiúsculo.

Na sequência, apenas um Grenal pela frente.

Embora o jogo fosse amistoso, isso era de menos. Ninguém queria perder. E, apesar de o camisa 9 que Minelli pediu ainda não ter chegado, quem fez a diferença na partida foi o meia-atacante Escurinho, que balançou a rede duas vezes.

Se ganhar os Grenais garantiu alguma tranquilidade ao treinador, dentro de casa tais vitórias não teriam o mesmo efeito. Rubinho e Cecília sofriam a cada triunfo do Inter sobre o seu arquirrival. A menina enfrentava problemas com relação aos seus professores gremistas que, de maneira pouco profissional, deixavam que as derrotas influenciassem na avaliação sobre ela. Tratavam-na diferente das demais alunas e a colocavam em recuperação sem motivo. No entanto, Cecília – de personalidade forte –, além de enfrentar os professores, expôs a situação para sua mãe. Indignada, Dona Rosinha entrou em contato com os diretores do colégio e resolveu, temporariamente, o problema. O primogênito, por usa vez, teve dificuldade com as amizades. Em razão do sobrenome que carregava, ali, em Porto Alegre, os "amigos" só se aproximavam por interesse, muito diferente de Rio Preto, onde os amigos eram realmente sinceros e se importavam com ele. Rubinho, que era mais introspectivo, sofria em silêncio. Muitas vezes, optava por cabular as aulas e faltar à escola sem que seus pais soubessem. E os problemas ficariam ainda mais sérios quando Dona Rosinha passou a receber ameaças por telefone. Pediam para que seu marido entregasse o jogo para o Grêmio, caso contrário seus filhos seriam sequestrados. Minelli, então, resolveu contratar guarda-costas, que, em segredo, por um período, tomavam conta dos seus filhos.

A tarefa de Rubens Francisco Minelli não vinha sendo fácil. Com dois times (o de casa e o do Internacional) para administrar, o treinador teve que ter um jogo de cintura e tanto para que nada lhe fugisse ao controle. E assim o fez.

Nas rodadas consecutivas, o Internacional venceu apertado o Lajeado por 1 a 0 e, em seguida, chegou à sua primeira igualdade desde a última edição do Campeonato Gaúcho. Empate sem gols diante do Grêmio de Bagé. Mesmo invicto, Minelli sabia que o exigente torcedor colorado esperava mais do time. E ele também. Por isso, fez alguns ajustes na equipe e engatou mais uma série de bons resultados. Vitórias de 3 a 0, 5 a 0, 3 a 1 e 4 a 0, contra Inter de Santa Maria, Riograndense, Santo Ângelo e Cachoeira, respectivamente.

A campanha era boa, mas não beirou à perfeição como no ano anterior. No primeiro turno, a equipe ainda empataria em mais duas oportunidades. Contra o Guarany de Bajé por 2 a 2, e contra o Caxias, pelo placar de 0 a 0. Em seguida, foram seis vitórias consecutivas até o clássico que definiria o Campeão do turno.

A equipe estava entrosada e fazendo muitos gols, porém, a peça fundamental que Minelli queria, o tão esperado camisa 9, até então não havia chegado. Quando chegou, estreou em uma partida mais do que especial: um Grenal.

Flávio Minuano, o novo artilheiro do Colorado, era um jogador experiente. O centroavante que atuou na equipe Infantil do Internacional e fez sua estreia como profissional em 1961, voltaria ao Beira-Rio 14 anos mais tarde para ser a solução do ataque. O comandante, satisfeito e confiante, achava que, agora, o time estava pronto.

Para o clássico, o Colorado contava com força máxima. Manga; Cláudio Duarte, Hermínio, Figueroa e Vacaria; Falcão, Carpegiani e Escurinho; Valdomiro, Flávio Minuano e Lula. Minelli escalou uma equipe ofensiva. Atrás de mais uma vitória, atuando no estádio Olímpico, com mais de 50 mil espectadores, a pressão foi tanta que o primeiro tento saiu logo no começo da partida. Lula carregou a bola pela esquerda até a linha de fundo e cruzou para a área. Depois de duas belas defesas do goleiro Picasso nos chutes de Valdomiro e Cláudio Duarte, a bola espalmada sobrou novamente para Valdomiro, na direita, que cruzou rasteiro para a área e Flávio Minuano só completou para o fundo das redes, 1 a 0 Inter. Cerca de dez minutos mais tarde, Carpegiani aumentou o placar.

Com visão privilegiada da jogada, o atacante Valdomiro relembra o lance.

— O Vacaria fez a jogada pela esquerda e passou para o Paulo César [Carpegiani]. Ele deu o corte no zagueiro e jogou no canto.

Quando o jogo caminhava para um resultado mais elástico, o Tricolor diminuiu. Daí em diante, foi uma partida franca. O Inter tentando ampliar o marcador e o Grêmio buscando o empate. Mas não saiu disso. Triunfo Colorado e liderança da primeira fase confirmada.

Com o Inter, classificaram-se para a fase seguinte: Caxias, Grêmio e Santa Cruz.

Nos confrontos de ida, o Inter não encontrou dificuldades contra Santa Cruz e Caxias, mas diante do seu arquirrival foi surpreendido, e Minelli conheceu sua primeira derrota no Grenal, por 3 a 1 para o Tricolor. Mesmo com o revés, Inter e Caxias definiram o turno e, com gol solitário de Flávio Minuano, o time se garantiu na grande decisão.

Nos duelos de volta, o Colorado venceu o Santa Cruz por 3 a 0 e empatou com o Caxias e o Grêmio. Na classificação do returno, o Inter dividiu a liderança com o seu arquirrival e teve que ir para o embate final para decidir quem ficaria com a ponta. Se Minelli e seus comandados vencessem seriam Heptacampeões Gaúchos; em caso de derrota, o torneio seria definido em outra partida, pois cada time teria conquistado um turno.

A decisão, como todo Grenal, foi acirrada até o último minuto. O Internacional estava ligeiramente mais perigoso por conta da grande atuação de Carpegiani, que causava dor de cabeça à defesa adversária. Tanto Manga quanto Picasso trabalharam bastante durante a partida. E foi assim durante a primeira e segunda etapas, que terminaram em igualdade. Com isso, o jogo foi para mais 30 minutos de prorrogação para que o vencedor fosse definido.

As equipes não tinham saída e precisavam se arriscar para garantir a vitória. No fim da primeira etapa do tempo extra, Valdomiro fez grande jogada pelo lado direito e chutou com força para o meio da área tricolor. O zagueiro uruguaio Ancheta tentou cortar e desviou contra seu próprio patrimônio. O goleiro Picasso salvou o Grêmio temporariamente, mas espalmou a bola nos pés do atacante Flávio Minuano, que aproveitou a sobra, como um autêntico camisa 9, e fez o gol de mais um título colorado. Era o Heptacampeonato Estadual do Inter e o Bi de Minelli.

A fase era tão boa e o nome do treinador estava tão em alta, que nesse período toda a família passou a dar autógrafos para os colorados, até mesmo Cleonice, funcionária de Minelli, que ajudava Dona Rosinha nos afazeres diários e os acompanhava desde São José do Rio Preto.

A FORMAÇÃO IDEAL

É verdade que no ano anterior parte da base do Inter já havia sido montada de maneira inteligente pelo antecessor Dino Sani. Também é verdade que Rubens Minelli incrementou esse time com jogadores pontuais – vistos por ele como carências no elenco –, deixando a equipe ainda mais forte. Após levantar dois canecos consecutivos do Campeonato Gaúcho em dois torneios disputados, um deles com 100% de aproveitamento, a confiança do elenco e a de Minelli, enfim, cresceram.

E o time ideal do Colorado finalmente surgiu.

Todo bom time começa com um bom goleiro. A frase é batida, mas se encaixa perfeitamente ao Internacional. Quando chegou ao Colorado, Minelli sentia que faltava algo a mais nos seus arqueiros, algo que só conseguiu com a chegada de Haílton Corrêa de Arruda, mais conhecido como Manga.

Goleiro de porte físico invejável, com grande envergadura – além de muito alto, tinha braços compridos e mãos grandes –, rápido e de reflexo apurado, dificilmente era superado quando ficava frente a frente com o atacante. Dono de técnica admirável, adquirida com a experiência internacional, além de ser uma referência embaixo das traves do Colorado, chegou a vestir a camisa da Seleção Brasileira. Seu ponto fraco era o extracampo. O arqueiro gostava muito de jogos de cartas e de apostas, e frequentemente estava envolvido em alguma polêmica. Minelli sabia que ele era um jogador importante e tratava de aconselhá-lo.

Na lateral direita, Cláudio Duarte era o titular. Um dos jogadores mais respeitados pelo grupo. Um dos líderes do time. Unia a garra típica do futebol gaúcho com uma parte física invejável. Atacava e defendia com a mesma eficiência e intensidade, e nunca se entregava dentro de campo, *vide* a final do Gaúcho de 1974. Na hora de atacar, por ordem de Minelli, avançava em diagonal a fim de dar espaço para Valdomiro fazer o seu jogo pelas pontas.

A zaga colorada era composta por Hermínio e Figueroa. Hermínio cresceu sob o comando de Minelli. Ganhou a condição de titular de

Bibiano Pontes, na excursão feita para a Europa. Experiente, tinha como principais características sua força e o posicionamento. Fazia o bom e velho arroz com feijão.

Atuando ao seu lado, ninguém menos do que Elías Ricardo Figueroa, o Don Elías, um dos principais defensores da história colorada e da Seleção Chilena. O Gringo, como era chamado por Minelli, era um atleta extraclasse. Diferenciado em todos os sentidos. Possuía os quesitos necessários para, de fato, ser acima da média. Capitão e homem de confiança do treinador, Figueroa era muito forte e veloz. Tinha um jogo viril, mas sem ser violento. Preciso nos desarmes e nas antecipações, o defensor também se sobressaia no jogo aéreo ofensivo, por meio do qual fazia os seus golzinhos e ajudava lá na frente.

Na lateral esquerda, talvez o jogador mais contestado na época: Olavo Dorico Vieira, popularmente conhecido como Vacaria. Era ponta-esquerda de origem, mas foi recuado para a lateral. Para a imprensa, Vacaria destoava desse time repleto de bons e selecionáveis jogadores. Não para Minelli, que enxergava nele a facilidade que tinha em bater na bola, dando cruzamentos precisos para os atacantes. Além disso, aos poucos, Vacaria se adaptava defensivamente à função e fazia tudo o que o treinador solicitava.

A fim de valorizar as qualidades de cada um, para o setor esquerdo, Minelli fez o oposto do lado direito. Vacaria era quem atuava pelas beiradas, indo até a linha de fundo, enquanto o ponta-esquerda Lula caia pelo meio na hora de atacar.

O meio-campo era talvez uma das principais virtudes da equipe. Para os jogos que exigiam um pouco mais de pegada e marcação, o preferido de Minelli era o garoto recém-promovido da base, Luís Carlos Melo Lopes, o Caçapava. Ele era incansável, um verdadeiro guerreiro dentro de campo, e um carrapato, que, a pedido de Minelli, sempre ficava na cola dos meias mais habilidosos das equipes rivais. Caçapava dava a proteção necessária para a zaga e fazia o setor defensivo colorado ainda mais forte. Além disso, graças ao seu papel, o setor de criação do Inter, que passava pelos pés de Falcão e Carpegiani, tinha mais liberdade para articular.

A dedicação e eficiência do volante era tanta, que, certa vez, em um papo informal, o capitão Figueroa soltou a seguinte frase para

Minelli: “Chefe, com o Caçapava jogando na frente, eu jogo até os 50 anos”.

Um pouco mais à frente de Caçapava, estava Paulo Roberto Falcão, jogador que marcou época no Colorado, e um dos principais nomes da história do clube e do país. Falcão era o motor do time. O ponto de equilíbrio ofensiva e defensivamente. Na hora de marcar, fazia boa proteção ao lado de Caçapava, e na hora de atacar, estava na entrada da área ou dentro dela para concluir a jogada. Fazia com excelência o chamado hoje “*box to box*”.

Para completar esse meio campo de respeito, o cérebro do time, o camisa 10: Paulo César Carpegiani. Dele, saiam as principais jogadas coloradas, sejam em passes precisos ou em jogadas individuais que criava. Carpegiani tinha a inteligência e a visão de jogo como suas principais características. Era o fator de desequilíbrio do time.

— O Minelli era o tipo de pessoa que, dentro de uma disciplina tática, dava liberdade para mostrarmos o que tínhamos de melhor. Eu respeitava o que ele pedia, mas tinha liberdade para jogar no meio. Ele falava para eu ser dinâmico e ter iniciativa – relembra o camisa 10.

Para o comandante, o meia era fundamental, além de ser um dos seus trunfos em campo.

— O Carpegiani era o principal jogador do time no começo. Era ele quem dava ritmo ao jogo – confessa Minelli.

No ataque, pelo lado direito, um dos maiores ídolos do Internacional e quem mais atuou com a camisa colorada e no Beira-Rio, Valdomiro. O ponta-direita era um jogador completo. Tinha a velocidade de poucos; o drible, sempre levando vantagem no um contra um; e uma bola parada primorosa. Gols importantes de falta saíram dos seus pés, seja direto para as redes ou por meio de cruzamentos para a cabeça de seus companheiros. Com exceção do centroavante da equipe, era ele quem mais balançava as redes. Segundo o próprio camisa 7, a recomendação de Minelli para o time, em caso de dificuldade, era a seguinte: “Quando a coisa apertar no meio, pode jogar para o Valdomiro que ele dá um jeito”.

Do outro lado, na ponta esquerda, atuava Lula. Dor de cabeça frequente dos adversários, e também de Minelli. O treinador considerava o habilidoso canhoto como um jogador excepcional e isso fez com que muitas vezes aturasse as suas "maluquices" e desobediências.

— Ele me enchia o saco a semana inteira, mas, no final de semana [dentro de campo], ele enchia o saco do treinador adversário – relembra o comandante.

Para completar o time, ninguém melhor que o goleador. O camisa 9. Esse era Flávio Minuano. Oportunista nato. Posicionava-se bem; estava no lugar certo, na hora certa. O centroavante foi artilheiro por onde passou e era o homem-gol de Minelli no comando do ataque colorado.

Como opção no banco de reservas, o time contava com jogadores importantes. Escurinho era prova viva disso. Antes titular absoluto, aos poucos foi perdendo espaço, já que Minelli queria deixar a equipe um pouco mais equilibrada na marcação. Além de entrar no lugar de Caçapava em jogos que exigiam menos marcação, o 12º jogador do Internacional era perigo constante para os adversários na segunda etapa. Todas as vezes em que entrava, ou deixava a sua marca, ou bagunçava os sistemas rivais. Exímio cabeceador, Escurinho era um dos que mais se aproveitava das jogadas ensaiadas.

Os demais suplentes, também oriundos da base, foram importantes durante as temporadas. Nas alas, Valdir e Chico Fraga substituíam à altura os titulares, assim como Bibiano Pontes, que era sombra frequente para Hermínio. Mais ofensivos, Borjão, bom meio-campo e irmão de Carpegiani; além de Jair e Batista, atletas de grande potencial, vez e outra tinham suas oportunidades e viraram coringas do time de Minelli.

— O Internacional tinha seis ou sete jogadores naquela época que poderiam jogar em qualquer time do mundo – opina o treinador.

— O time fisicamente estava bem. A bola alta era muito boa. Tínhamos bons cabeceadores, tanto ofensivamente quanto defensivamente. Tínhamos um excelente cobrador de falta, que era o Valdomiro. Era um time, não vou dizer perfeito, porque perfeição não existe, mas era completo – analisa Falcão.

RIO GRANDE DO SUL NO MAPA

Regulamento de 1975: uma competição longa e repleta de times, o Brasileiro daquele ano tinha um regulamento um tanto quanto bagunçado. As 42 equipes que disputariam o torneio seriam divididas em dois grupos de dez e dois grupos de 11 agremiações, e todos jogariam contra todos em turno único. Cinco equipes de cada grupo se classificariam para a próxima fase e as demais iriam para a repescagem.

Na segunda fase, seriam formados dois grupos de dez times, e seis equipes de cada grupo se qualificariam após os duelos de turno único. Ao mesmo tempo, na repescagem, as demais agremiações, divididas em quatro grupos, levariam o vencedor de cada grupo para a terceira fase.

A terceira fase contava com dois grupos de oito equipes cada, e só as duas primeiras de cada um se classificariam para a fase final.

As semifinais em turno único seriam disputadas pelo time de melhor campanha de um grupo frente ao segundo de melhor campanha do outro grupo. E esses confrontos definiriam a grande decisão, cujo time de melhor campanha geral faria a final em casa.

*****

"O Internacional é uma equipe apenas regional."

"O Inter nada, nada e morre na praia."

Esse era o discurso da imprensa em todo o Brasil. Frases que incomodavam torcedores, dirigentes e, principalmente, os jogadores, que guardavam em seu íntimo os fracassos recentes no Campeonato Brasileiro.

Minelli foi contratado pelo Colorado justamente para elevar a equipe de patamar e trazer uma conquista de âmbito nacional.

Sem desculpas e diferentemente dos anos anteriores, dessa vez, Minelli e seus comandados Heptacampeões Gaúchos estavam, enfim, preparados para iniciar o Campeonato Brasileiro de 1975.

Além de uma equipe pronta para se aventurar e disputar títulos de maior expressão no cenário nacional, o treinador transformou o jeito de o Colorado atuar taticamente, o que dava ainda mais notoriedade ao seu trabalho.

— O Rubens Minelli revolucionou a maneira do Inter jogar. O Dino Sani, que era um grande treinador, que respeito muito, trabalhava de um jeito, mas quando chegou o Seu Minelli, a forma de jogarmos mudou radicalmente. Ele deu liberdade pra gente jogar. Mostrou para nós que poderíamos render muito mais do que rendíamos. Tínhamos grandes jogadores – afirma Valdomiro.

Desde a base do Palmeiras, Minelli já trabalhava com um sistema de observação. Conforme já dito, depois que passou a ser mais conhecido, nomeava auxiliares para assistir aos jogos dos rivais e reportar-lhe detalhes, qualidades e fraquezas das equipes. Otacílio Gonçalves era um dos encarregados dessa função no Inter. Além disso, mais uma vez à frente do seu tempo, em meados dos anos 1980, Minelli já utilizava análise de desempenho.

Na época, ainda sem a tecnologia dos dias de hoje, Minelli solicitou que um fotógrafo do clube ficasse em uma posição estratégica no estádio do Beira-Rio para que pudesse reportar, por fotos, a disposição tática da sua equipe e da equipe adversária, vista de cima. Depois, a fim de ajustar posicionamentos e delegar novas funções, Minelli fazia uma apresentação de *slides*, quadro a quadro, para seus jogadores. A "sessão" ocorria na parede branca do refeitório colorado.

Posicionamentos à parte, o exigente comandante também não abria mão de que seus atletas realizassem uma série de funções, com e sem a bola, durante os duelos. Além do volume de jogo e da transição rápida, que eram marcas registradas do Inter, Minelli apostou em novas estratégias para surpreender seus adversários.

Taticamente, uma delas foi a marcação pressão juntamente com a famosa pressão pós-perda.

— Nós, do ataque, não podíamos deixar os quatro homens de defesa saírem jogando. Na maioria dos jogos, os caras só davam balão e nossa defesa pegava a bola de frente. E com a posse da bola, nós jogávamos. Treinávamos muito isso de pegar a bola. Todo mundo marcava. Quando um perdia a bola, todos nós queríamos recuperá-la. Às vezes, três jogadores nossos marcavam um do adversário – conta Valdomiro.

O Internacional "sufocava" os rivais com a marcação alta para que conseguisse a posse da bola o mais rápido possível.

— Naquele tempo, se o adversário vinha com dez atrás, eu ia com dez na frente. O adversário, para cobrar tiro de meta, tinha que chutar a bola para frente. Sair jogando, ele não conseguia, pois eu marcava certo. Às vezes, por exemplo, o treinador do outro time abria os dois laterais ou os dois centrais para receber a bola do goleiro e eu punha, entre o lateral e o central, um jogador no meio. Quer dizer, ali não dariam a bola para nenhum dos dois. E se um dos zagueiros, por exemplo, escapasse com a bola, o Caçapava era quem atacava ele. Se alguém passasse o meio de campo com a bola dominada, era o Caçapava que ia em cima – detalha o comandante colorado.

Até hoje, Minelli afirma que nunca acertaram, de fato, a formação correta de como sua equipe jogava. Ele explica que, sob o seu comando, o Inter atuava em 1-3-1-2-3 e não em 4-3-3, como se falava.

COM A PALAVRA ... **RUBENS MINELLI**

Em 1975, depois de um ano de trabalho, nós modificamos a maneira de jogar e, também, os jogadores. O Internacional jogava de um jeito diferente daquilo que era apregoado pela imprensa: um 4-3-3. Nós jogávamos com o Manga no gol e com dois zagueiros de área, o Hermínio e o Figueroa. Um dos dois voltava para marcar, ficando como líbero (normalmente, o Hermínio) e o outro (na maioria das vezes, o Figueroa) saía na caça, dependendo da posição que jogava o atacante. Nós tínhamos apenas o Caçapava na frente da zaga e eu usava dois meias, que eram o Paulo César Carpegiani e o Falcão, indo e voltando, compondo o ataque e a defesa. Um ponta-direita, que era o Valdomiro, bem aberto; o Flávio Minuano de centroavante, muito usado para fazer parede e principalmente para a conclusão; e um ponta-esquerda, o Lula, que era um jogador excepcional. Os meus dois laterais eram o Cláudio Duarte, que apoiava muito em diagonal, em direção ao gol adversário quando estava atacando; e o Vacaria, que aproveitava a entrada do Lula para dentro do campo como um meia, e fazia o papel de ponta-esquerda, cruzando as bolas. Ele era um atacante de origem que foi transformado em lateral-esquerdo. O time, quando atacava, ia com cinco jogadores, sempre com o assessoramento dos dois laterais. E quando o time defendia, eu invertia a posição. Eu colocava o Carpegiani para marcar o volante contrário e trazia o Falcão, juntamente com o Caçapava, para ficar com dois cabeças de área para defender e anular os dois meias contrários. Na hora que eu atacava, meu time tinha um volante e dois meias. E quando eu defendia, tinha dois volantes e um meia. Eu invertia o triângulo. Ao atacar, a base do meu triângulo apontava para o goleiro adversário. Ao defender, a base apontava para o meu goleiro.

Tenho que ressaltar a figura do Escurinho, que era um jogador que entrava em todas as partidas nos últimos 30 minutos. Nós tínhamos jogadas ensaiadas. Quando ele entrava, ocupava o lugar de um dos jogadores de meio de campo. Na maioria das vezes, substituía o Caçapava. Também podia substituir o Carpegiani. Ele jogava como um atacante e nós invertíamos a posição do Lula. Trazíamos o Lula para dentro da área; o Vacaria, do lado esquerdo, cruzava a bola no segundo pau; e o Escurinho, ou fazia o gol ou preparava o gol [a bola] para o centroavante e os meias, que vinham de trás.

O jornalista que cobria o Colorado no dia a dia, Telmo Zanini, compara o Minelli de décadas atrás aos principais técnicos europeus dos dias de hoje.

— O que ele implantava no Internacional é muito parecido com o estilo de jogo do Klopp, do Guardiola. Na forma de montar os seus times, o Minelli se iguala aos técnicos europeus atuais. Ele marcava pressão no campo de ataque do adversário, ninguém fazia isso. Os treinos dele eram diferentes e revolucionários para a época. Eram uma coisa única. Ele havia começado a observar aquele estilo de jogo na Copa de 1974, que teve o futebol total da Holanda. Ele pegou aquilo e deu uma adaptada para o modo brasileiro. E era isto: marcação na saída de bola, pressão, um cara só que ficava no grande círculo, e os outros dez defendiam. E quando atacava, ficava um mais atrás, outro para cobertura e o resto atacando. Eram jogadas pelas pontas, extremas. Era um futebol totalmente à frente. Foi muito prazeroso ver ele trabalhar.

No entanto, não foi só a parte tática que viria a ser fundamental para a mudança de postura do Colorado dentro de campo. Minelli sabia como poucos gerir o grupo, e com trabalho e companheirismo, ganhou a confiança do time.

— Minelli acreditava muito nesse grupo de atletas e na capacidade física e futebolística de cada um. Isso, aliado a todo o seu conhecimento e visão de jogo, era a combinação perfeita. Ele fazia a gente se sentir imbatível, e foi isso o que nos tornamos – revela Figueroa.

*****

O Internacional, que ficou no grupo D e enfrentaria os adversários do grupo C, começou a primeira fase do Campeonato Brasileiro de forma avassaladora, com quatro boas vitórias frente ao Figueirense (3 a 1), ao Vitória (5 a 0), ao Goiânia (1 a 0) e à Portuguesa de Desportos (2 a 0).

A sequência de triunfos foi interrompida após um empate em 1 a 1 diante do seu arquirrival, Grêmio. O resultado, porém, não abalou o grupo, que continuou focado em seu objetivo. Além do Santos, o Colorado passou bem no teste contra as equipes nordestinas. Vitórias diante do Santa Cruz (1 a 0), Sergipe (5 a 0), Campinense, da Paraíba (3 a 0), e empate de 1 a 1 contra o América de Natal.

Já classificado para a próxima fase na primeira posição, a equipe gaúcha tinha apenas mais uma partida pela frente, o Flamengo. E foi justamente contra o time de Zico que o Inter conheceu a sua primeira derrota na competição. Tropeço por 2 a 1.

Na segunda fase do torneio, o Colorado, presente no grupo 2, disputaria um turno completo contra as agremiações do grupo 1. Nessa fase, o nível dos adversários, que já era bom, aumentaria.

A essa altura da competição, o centroavante Flávio Minuano liderava a artilharia do Brasileiro, com dez gols marcados. E era um dos grandes destaques da equipe colorada.

BANHO NO CHEFE!

O Internacional era um time muito alegre. Provavelmente, reflexo do bom ambiente no Beira-Rio, proveniente dos ótimos resultados. Dentro das quatro linhas, o foco e a concentração imperavam. No entanto, na convivência extracampo, o grupo usava e abusava das brincadeiras. Em alguns momentos, chegava até a extrapolar.

Um episódio marcante ocorreu no vestiário, minutos antes de um dos treinamentos. Personagem central do episódio, o meia Paulo César Carpegiani lembra detalhadamente do fato.

— Era inverno. Estávamos dentro do vestiário, que tinha banheiras e as cabines dos banheiros, daqueles que a porta é aberta embaixo. Era uma [cabine] do lado da outra. Estava um frio desgraçado e o Escurinho me chamou e falou: "Olha ali o João Ribeiro no banheiro". Eles [João Ribeiro e Minelli] tinham a unha igual. A do João Ribeiro era encravada e a do Minelli também. Eu enchi meio balde d'água, fui do lado da cabine que ele estava e despejei a água. Quando joguei, escutei: "Quem foi o moleque que fez isso!", berrou Minelli. "Me fodi", pensei. Então, entrei na cabine do lado para me esconder. E o Minelli continuou: "Cadê esse moleque. Se não aparecer, vou multar todo mundo!". Eu abri a porta e disse: "Me desculpe, chefe. Eu aceito qualquer coisa". E ele continuou: "Isso é molecagem, não pode fazer isso". Paguei um mico filho da puta.

Quando a porta da cabine se abriu, Minelli estava enfurecido e ensopado, com o agasalho no tornozelo e o jornal na mão.

Cláudio Duarte, companheiro do Escurinho nas brincadeiras, viu o episódio de "camarote", e revela que o grupo teve que interferir para que a punição imposta por Minelli a Carpegiani fosse mais branda.

— Fizemos uma reunião e dissemos para o Minelli que o Carpegiani era o menos culpado. Que se fosse para demitir alguém, que fosse um de nós. Aí, induzimos ele a não mandar o Carpegiani embora.

"Molecagens" à parte, o episódio serviu para unir ainda mais o grupo. Só Minelli que pagou o pato e tomou um banho de graça. Será que era sábado?

O primeiro teste na fase seguinte foi diante do Atlético-MG, mesmo fora de casa, o Inter mostrou a sua superioridade e venceu por 2 a 0, gols marcados por Figueroa e Valdomiro.

Na sequência, o Remo seria o adversário do Colorado. Eis um jogo cuja tática de Minelli funcionou perfeitamente. A equipe vinha treinando exaustivamente a marcação pressão e colocou em prática contra o time do Belém do Pará. O resultado? Valdomiro se lembra como se fosse ontem:

— Em 15 minutos já estava 3 a 0 para nós e eles não tinham tocado na bola. O nosso time implantou isso. Nós não corríamos 90 minutos, nós queríamos correr 120 minutos. Tínhamos um preparador físico fora de série, que era o Tim.

O jogo terminaria em 4 a 0 e com Flávio Minuano somando mais três na conta.

O modesto Tiradentes foi a vítima seguinte na vitória por 2 a 0, seguido pelo empate diante do Cruzeiro até chegar ao esperado duelo contra o Fluminense, uma das equipes favoritas ao título. Sem dúvida, era um daqueles jogos grandes, que servem para medir o quão preparado o time estava para as fases finais. Com certa tranquilidade, jogando em pleno Beira-Rio, o Colorado aplicou 3 a 1 no Tricolor Carioca e ganhou moral para o restante da competição.

O empate diante do Corinthians antecedeu o segundo revés do time no Campeonato Brasileiro. Agora, o carrasco do Colorado seria o America-RJ. *Vide* o poder da equipe colorada, um acidente de percurso. Talvez obra do cansaço. Talvez causado pelo salto alto. O fato é que Minelli não deixava esse tipo de situação atingir seus jogadores.

Aprendizado prontamente colocado em prática pelos atletas.

— O jogo mais difícil sempre era o próximo. Não importava contra quem jogássemos. Nós aprendemos que, se a gente perde e não sabe como perdeu, iríamos perder o outro jogo. E se a gente ganha e não sabe por que ganhou, perderíamos o outro também. Assim, entendíamos que nunca ganharíamos nada de barbada. Estabelecemos que, todas as vezes, íamos trabalhar pensando no próximo jogo – conta Cláudio Duarte.

— Ele cobrava quando a gente relaxava, principalmente quando pegávamos um time menor – relembra Valdomiro.

O Colorado seguia forte na disputa. Para fechar a segunda fase, foram dois empates, uma vitória e a liderança do grupo mais uma vez. Pronto para a terceira fase, quando a competição afunilaria ainda mais, o Inter tinha mais sete jogos pela frente antes de uma possível semifinal.

No confronto de debute da terceira fase, derrota para o Santa Cruz, equipe que vinha fazendo excelente campanha, e também estava nas cabeças. O revés tratou de deixar o Inter de Minelli em alerta.

— Ele tinha o controle sobre o grupo, de não deixar a peteca cair, de não deixar a soberba vir à tona. Ele sabia conviver com esses jogadores sempre os motivando e exigindo responsabilidade – revela Batista.

Prova disso foram as rodadas posteriores, quando o time reencontraria o caminho das vitórias. Foram derrotados: Guarani, Sport, Náutico, Portuguesa. E, para a alegria da parte vermelha de Porto Alegre, o Grêmio também pagou o preço.

"TRAÍRA, CARA!"

Apesar de ser um excelente jogador de baralho, Minelli nunca gostou de jogatina entre seus atletas na concentração. Isso porque, muitas vezes, envolvia dinheiro e apostas, sem contar que o treinador queria que todos estivessem focados e pensassem exclusivamente na próxima partida.

Durante a concentração para um dos jogos da fase final, ocorreu um episódio engraçado e inusitado que ficou marcado na memória de todo o elenco colorado.

— Estávamos concentrados. O Minelli havia pedido para pararmos com o negócio de cartas, pois o Manguinha ficava muito acelerado. "Não quero mais isso", falava o Minelli. "Quero concentração total nos jogos, não quero ninguém com dívida de jogo" – relembra Batista.

Os jogadores haviam acabado de almoçar e queriam se divertir um pouco à espera da digestão. Um grupo resolveu se isolar para tentar passar desapercebido pelo treinador enquanto o carteado rolava solto.

— Depois do almoço, fomos no último quarto e nos fechamos lá. Estava o Lula, eu, o Manga, o Hermínio e, se não me engano, o Vacaria. Éramos em cinco. Estávamos jogando carta quietos, pois era proibido – conta Carpegiani.

Os demais jogadores permaneceram nas áreas comuns do hotel. Alguns estavam na sala, enquanto Minelli e Tim tentavam avistar cada atleta.

— De repente chega o Minelli e diz: "Não estou achando fulano e beltrano". Foi, então, que saíram à procura do restante dos jogadores. Fomos atrás dos dois [Minelli e Tim]. Eles começaram a bater nas portas dos quartos dos jogadores e nós, atrás deles, queríamos ver onde isso ia dar. Após passar pelos quartos e não achar ninguém, viram que o último estava trancado – detalha Batista.

O comandante bateu na porta: "Abre aí! Eu sei que vocês estão jogando. Abre a porta". Depois de espiarem e se certificarem de que era Minelli, começou o desespero.

— Foi um corre de se esconder debaixo da cama, atrás da cortina. Aí, eu fui abrir a porta. O Minelli sabia quem eram os jogadores de baralho. O Manga, que por conta do tamanho não tinha como se esconder debaixo da cama – e as cortinas estavam ocupadas –, entrou no guarda-roupa e se fechou – lembra Carpegiani.

Lula e Carpegiani estavam deitados nas camas. Os demais já haviam sido encontrados. Mas faltava um. Eis que Minelli se toca de que um atleta não estava em nenhum quarto, tampouco ali. "Cadê, o Manga?", ele perguntou. Carpegiani, vendo que não tinha mais para onde correr, apontou para o armário.

— O pessoal se entreolhou e deu risada. Tim e Minelli perceberam que havia algo estranho. Foram averiguar o armário. Era um armário bem pequeno. Eles abriram uma das portas e viram uma bunda virada para o lado. Abriram a outra, e a bunda voltou a aparecer. O Manga se virava para se esconder. No fim, não deu mais – relembra Batista.

Quando Manga, com quase 1,90m, foi descoberto, e saiu do armário, foi repreendido em tom de brincadeira pelo treinador: "Manguinha, que vergonha! Até tu? Eu desconfiava que você jogava baralho".

O goleiro ficou sem jeito pela maneira como foi encontrado; desculpou-se com Minelli e mandou o recado para os colegas: "Traíra, cara. Deduraram o Manguinha". Após descobrir que foi Carpegiani que o entregou, também não aliviou: "Guri puto, entregou o Manguita". Então, todos foram repreendidos e levaram uma bronca do treinador.

— O Minelli tinha esse sentimento. Essa sensibilidade para com seus profissionais. Essa gestão de grupo para saber a hora da exigência, de cobrar, e a hora de afrouxar. Ele tinha o direito de multar todo mundo, mas só ficou na dura – pondera Carpegiani.

Mais uma vez tudo "acabou em *pizza*", e o clima leve no Internacional imperou.

— O ambiente era muito bom, muito gostoso. Tudo era motivo de brincadeira. E o Minelli trabalhou muito bem essa parte também – revela Falcão.

O confronto diante da Lusa pela última rodada da terceira fase do Brasileiro é relembrado até os dias de hoje pela tamanha imposição colocada pelo Colorado, desde o apito inicial do árbitro.

Cláudio Duarte recorda-se do duelo, véspera da semifinal, quando o Internacional mostrou toda a sua qualidade e fez com que os lusitanos recuassem. Depois de resolver a partida, os atletas se "pouparam" dentro de campo, para não se desgastarem para o próximo embate.

— Estávamos treinando forte a marcação alta, a *blitz*, duplicando a marcação. E nesse jogo resolvemos fazer novamente. Em 25 minutos estava 3 a 0 e a Portuguesa não tinha passado do meio de campo. Conseguimos fazer, definimos a partida e administramos para o confronto da quarta-feira, que seria um jogo grande.

O triunfo acarretou a classificação dos gaúchos para a fase seguinte.

— Fomos galgando posições, ganhando, ganhando e ganhando e chegamos às semifinais – relembra Carpegiani.

No grupo 2, Internacional e Santa Cruz avançaram de fase, já do outro lado, no grupo 1, Fluminense e Cruzeiro se classificaram. Pela melhor campanha do grupo 1, o Tricolor das Laranjeiras duelaria contra o Colorado, segundo do seu grupo. Na outra semifinal, o Santinha teria a Raposa pela frente.

— Éramos como um grupo de leões, sem medo de nada, nem de ninguém – comenta o capitão Figueroa.

E que venha a "Máquina Tricolor"!

A MÁQUINA EMPERROU?

O grande número de atletas conhecidos e de qualidade do Tricolor Carioca, que na época, por conta da proximidade com a CBD, tinha mais visibilidade do que os jogadores de potencial similar do Sul do país, fez com que o Fluminense fosse alçado ao posto de favorito para chegar à decisão.

Mostrando total conhecimento do adversário que tinham pela frente, o craque Falcão relembra a escalação do Tricolor.

— O time do Fluminense era decantado como um timaço, e era mesmo uma máquina. Tinha Félix, Toninho e Marco Antônio nas laterais, dois jogadores da Seleção Brasileira. Silveira e Edinho despontando também para a Seleção. O meio-campo era Zé Mário, Rivellino e Paulo César Caju. Olha o meio-campo, que força! Gil, Manfrini e Zé Roberto. Zé Roberto fazia o quarto homem e o Gil era muito agudo, quer dizer, um jogador de Seleção. Era um timaço! E o treinador era o Didi.

Qualidades à parte, o Inter também tinha um time de respeito, e no banco de reservas um domador para todas essas feras.

— O grande mérito do Minelli foi saber trabalhar muito bem com as estrelas. Porque ele tinha que trabalhar com gente enorme ali. O Figueroa, Manga, Valdomiro, Lula, Carpegiani... Ele sabia lidar com essas figuras todas – crava Falcão.

Colorado *x* Tricolor, um jogo grande. Entretanto, algumas figuras tratavam de ignorar a força colorada, já que, até então, nenhum time gaúcho havia conseguido conquistar uma competição nacional. Uma dessas figuras era o próprio presidente do tricolor, Francisco Horta.

— Na época, o Fluminense tinha um presidente muito falastrão, que dizia sermos favas contadas. Nós ficamos sabendo disso. Ele, inclusive, já havia mandado buscar o vídeo do jogo entre Santa Cruz e Cruzeiro porque não acreditava na gente – lembra Carpegiani.

A cada dia que antecedia o confronto, o Tricolor Carioca fortalecia-se no favoritismo. A imprensa carioca também comprou esse discurso e, além de cravar que o Fluminense passaria com tranquilidade, fez uma entrevista com o treinador tricolor, da qual Minelli se recorda até hoje e acredita que aquilo foi o combustível que faltava para seus jogadores.

— Nós fomos para o jogo no Rio de Janeiro e, quando estávamos fazendo o *check-in* no hotel, apareceu na televisão o Didi falando que o Internacional iria bem fechado para a partida. Então, eu chamei uns jogadores, havia uns quatro ou cinco que ainda não tinham recebido a chave para ir para o quarto, e falei: "Olha o que ele está dizendo". No dia seguinte, saiu a entrevista com o Didi falando isso em um jornal do Rio, sei lá qual jornal era [*Jornal dos Sports*]. Eu comprei uns dez jornais, espalhei para todos os jogadores lerem e ainda fiz uns recortezinhos e coloquei embaixo do prato que eles iam almoçar. Quando eles levantavam o prato, as coisas que o Didi tinha falado estavam lá. Os jogadores comentavam: "Deixa eles pensarem isso, é bom. Deixa eles acharem que vamos entrar bem fechadinho".

— A imprensa falava que o Fluminense ia amassar o Internacional – conta Valdomiro.

— Nós não éramos considerados adversários para eles. Nós fomos jogar no Rio porque nossa campanha foi um pouco inferior à do Fluminense – lembra Carpegiani.

Todo esse sentimento de menosprezo para com o Colorado fez com que a vontade de derrotar o Fluminense aumentasse. Segundo Minelli, Lula, ex-jogador do próprio Tricolor, foi quem mais pegou pilha com as declarações.

E o dia, enfim, chegara. Dia 7 de dezembro de 1975.

Maracanã lotado. Quase 100 mil espectadores estavam presentes para a semifinal entre Fluminense e Internacional. Colorado concentrado e Minelli com algumas cartas na manga.

Sem poder contar com os laterais Cláudio Duarte e Vacaria, contundidos, Valdir e Chico Fraga foram os escolhidos. No meio-campo, a maior surpresa para a partida. O treinador resolveu apostar todas as suas fichas em Caçapava para uma tarefa extremamente ingrata. O garoto de 20 anos, recém-promovido ao time profissional, tinha a difícil obrigação de marcar um dos melhores e mais habilidosos jogadores do país, Roberto Rivelino. Aliás, marcar não; Minelli pediu para que Caçapava não deixasse o camisa 10 do Tricolor respirar, e muito menos receber a bola de frente e com liberdade. Com o volante Caçapava no time, Escurinho ficaria como opção, e Falcão e Carpegiani, que completariam o meio, teriam mais liberdade para jogar.

Para os atacantes, o comandante também exigia sacrifícios na marcação.

— O Seu Minelli falou: "Valdomiro, tu fechas um pouco o meio". Ele pediu isso porque o Marco Antônio não apoiava, pois tinha medo de deixar o lado esquerdo da defesa livre para eu atacar – relembra o ponta-direita.

Atento, Minelli passou cada particularidade do Fluminense para seus jogadores. Em especial, uma jogada que era característica do craque Rivelino com o atacante Gil. E que era feita em todas as partidas. O camisa 10 tricolor recebia a bola no meio-campo e enfiava a bola para o veloz Gil, que entrava em "facão" (diagonal) da ponta para o meio, a fim de se desvencilhar da zaga adversária e concluir para o gol.

Times em campo. Tudo pronto. Dulcídio Vanderlei Boschilia, árbitro escalado para o duelo, apita e a semifinal começa.

Logo nos primeiros minutos, o que Minelli previa aconteceu. E nem mesmo alertando seus jogadores sobre a jogada entre Rivelino e Gil, a defesa colorada conseguiu evitar. Sorte que, ao receber do camisa 10, o atacante finalizou, mas não levou perigo ao gol de Manga.

— O Gil chutou essa bola e foi só. Eles deram esse chute e depois só foram dar outro aos 22 minutos do segundo tempo – afirma Carpegiani.

Daí em diante, só deu Internacional. Atiçados por toda a situação que envolvia a partida, os jogadores colorados encararam o jogo como uma verdadeira guerra e quem pagou o preço foi o Tricolor Carioca. A marcação encaixou. Chico Fraga não dava espaço para Gil. Caçapava, que tinha a missão de parar Rivelino, o fez com perfeição, e ainda sobrou tempo para uma entrada dura aqui e outra ali em cima de Paulo César Caju.

Se a defesa estava eficiente, o que falar do ataque então!? Do meio para a frente, o Colorado jogava solto. Falcão e Carpegiani tinham liberdade e acionavam com frequência os pontas Lula e Valdomiro, que deixavam a defesa tricolor em apuros.

Aos 33 minutos do primeiro tempo, Falcão recebeu a bola na ponta esquerda. Ele recuou na intermediária para Lula, que devolveu para o camisa 5 e se projetou para a área. Em um momento de classe e visão de jogo, Falcão, de "três dedos", enfiou a bola para Lula dentro da área. O veloz ponta-esquerda chegou na frente dos dois zagueiros do Fluminense e chutou forte, cruzado. A bola bateu na trave antes de balançar a rede, 1 a 0 Internacional.

O gol foi um baque e tanto para a "Máquina Tricolor" que entrou em parafuso. O time não se achava dentro de campo e via a equipe gaúcha ensaiar o segundo gol. O Colorado jogava fácil, mas parava frequentemente no goleiro Félix.

A fim de mudar um pouco as coisas, Minelli trocou Valdomiro pelo jovem Jair. O garoto entrou com personalidade, e dos seus pés nasceria o segundo tento colorado. Jair tabelou com Falcão e enxergou Paulo César Carpegiani na entrada da área. O camisa 10 recebeu em velocidade, deu um toque para sair da marcação do zagueiro Silveira, aplicando um "drible da vaca" no defensor, e tocou por cima na saída do goleiro. Colorado 2 a 0 e classificado, pela primeira vez na sua história, para a decisão do Campeonato Brasileiro.

— As semifinais foram consagradoras. Foram o divisor de águas para o Internacional. Uma vitória incontestável. Passamos a ser os grandes favoritos – afirma um dos heróis da partida, Paulo César Carpegiani.

— Foi uma vitória sensacional. Até fiquei com os olhos marejados – declara Cláudio Duarte, que não pôde atuar, mas que se emocionou vendo de fora.

Na finalíssima, o Internacional teria pela frente o Cruzeiro, que na outra semifinal venceu o Santa Cruz, em pleno estádio do Arruda, pelo placar de 3 a 2, em um jogo repleto de emoção e de viradas.

A CONSAGRAÇÃO!

Por fazer uma campanha superior à da Raposa, o Internacional jogaria a decisão no estádio do Beira-Rio.

Para a grande final contra o Cruzeiro, Minelli permanecia com desfalque dos seus laterais titulares. Cláudio Duarte ainda não estava 100% recuperado de uma lesão, mas, de acordo com o próprio dono da posição, isso não era problema, já que Valdir vivia um grande momento.

— O Minelli me disse: "Eu só vou te usar em caso de emergência". Eu não tinha condição de jogar, mas o Valdir deu conta e foi muito bem. Foram duas atuações marcantes dele e do time.

Já do lado esquerdo, Chico Fraga também havia sido escalado no lugar de Vacaria e conta que foi cheio de moral para a grande decisão.

— Ele [Minelli] me chamou na sala dele e disse que eu iria jogar. Me pediu para repetir o que eu fazia nos treinos. Aliás, nos meus últimos jogos, ele já havia me passado muita confiança e isso foi fundamental para mim, me senti seguro.

Depois da atuação primorosa contra o Fluminense, o jovem volante Caçapava ganhou a posição e permaneceu no time. Ele seria de grande valia novamente, pois teria pela frente mais uma equipe repleta de bons jogadores, como Zé Carlos, Piazza, Palhinha e Joãozinho. E marcação e pegada no meio-campo seriam fundamentais.

A final estava marcada para dia 14 de dezembro, uma semana depois da heroica classificação contra o Tricolor Carioca. Os dias que antecederam o duelo decisivo foram de muito trabalho, recuperação e foco do lado colorado.

Minelli dissecava cada ponto forte e fraco da Raposa e os passava diariamente aos seus jogadores, que, dessa maneira, já "viviam" a partida dias antes de a bola rolar.

A ansiedade tomava conta de todos. A torcida colorada sonhava em conquistar o seu primeiro título Nacional. Minelli, em chegar ao Bicampeonato Brasileiro. E os jogadores em coroarem um trabalho espetacular, entrarem para a história com a camisa do Internacional e virarem ídolos.

O dia chegou. Porto Alegre, que costumava ser dividida em duas cores, acordou vermelha. O Beira-Rio estava preparado para receber o confronto. Mais de 80 mil pessoas eram esperadas no estádio.

A Arena estava pronta, mas os gladiadores ainda estavam no vestiário, unidos, e juntando forças para a última batalha.

— A preleção de uma final é diferente, porque envolve muita coisa. Envolve sentimentos. Tem a parte técnica, tática... Mas a preleção envolve outras tantas coisas. E o time tem que ir para o jogo com a ideia de que pode ganhar. A preparação de uma final é diferente do dia a dia. Envolve o sucesso futuro de todo mundo. O próprio treinador se emocionava e fazia com que a emoção entrasse na gente – afirma Cláudio Duarte.

Minelli sempre foi muito coração. Mesmo que às vezes não deixasse transparecer, vivia de corpo e alma cada momento. E no vestiário colorado, para a grande decisão, tratou de inflamar os seus jogadores juntamente com seu preparador físico e braço direito, Gilberto Tim.

— Contra o Cruzeiro, sabíamos que seria difícil, pelo grande time que tinham. Mas o Minelli motivou a gente. Ele disse: "Vocês vão entrar tranquilos, pensando no que treinamos. Hoje é a nossa consagração, a consagração de vocês. Vocês vão ganhar esse título!" – relembra Valdomiro.

— A final de 1975 foi natural. Só de termos passado pelo Fluminense, que já foi uma final por tudo que representava, nós reconhecemos que teríamos capacidade de ser Campeões Brasileiros. O Minelli nos lembrou da responsabilidade que tínhamos e de que era nossa a obrigação de ganhar, pois estávamos jogando em casa com a nossa torcida e tínhamos que ser Campeões naquele dia. A obrigação de ganhar era todo nossa – completa Carpegiani.

Com a bola rolando, a Raposa mostrava que venderia caro o título. O Internacional teria que jogar muita bola para levantar o caneco.

Dentro de casa, o Colorado tratou de ir para cima. Porém, provavelmente para não se desgastar tanto no começo da decisão, investiu mais nos chutes de fora da área. Chico Fraga, Falcão e Valdomiro deram trabalho para o goleiro Raul.

Do outro lado, a velocidade de Palhinha nos contra-ataques e Nelinho em cobranças de falta eram as armas mais perigosas da equipe mineira.

E foi assim durante todo o primeiro tempo.

Na etapa complementar, o Internacional entrou com a mentalidade de definir o jogo. E logo no começo, sairia o que seria um dos gols mais importantes de toda a história colorada. Valdomiro recebeu na ponta direita da intermediária do campo de ataque. Como era característico do camisa 7, ele foi para cima do marcador. Aplicou um drible da vaca em Isidoro e, na hora que ia cruzar para a área, foi derrubado. O árbitro assinalou falta para o Colorado.

— O Piazza cobra de mim até hoje. Ele fala que aquele lance não foi falta – revela Valdomiro.

Das arquibancadas, veio o coro da torcida: "Colorado, Colorado, Colorado!".

Depois da cobrança de falta, a história todo mundo já conhece.

COM A PALAVRA...

FIGUEROA

A final de 1975. Porto Alegre. Dezembro. Calor. Torcida lotando o Beira-Rio. Desde o meio-dia, eu estava à espera do jogo. Na noite anterior, eu sonhei que faria o gol e liguei para contar para minha esposa antes do jogo. Já no campo, eles [os adversários] eram ferozes, mas nós éramos mais, muito mais. Aos 11 minutos do segundo tempo, já era um fim de tarde. O Sol estava se pondo quando Valdomiro se preparou para bater uma falta pela direita. Eu falei para o Hermínio, vou lá [na área] fazer o gol. A gente treinava exaustivamente e tínhamos códigos de sinais para dizer onde ia a bola. Ele [Valdomiro] cruzou, eu corri na diagonal e pulei. De repente, um raio de sol bateu no meu rosto no momento em que eu cabeceei à minha esquerda, e a bola entrou. Veio, então, uma explosão no Beira-Rio. Meus colegas pulavam sobre mim e eu dizia: "Ainda não acabou, ainda não acabou". Terminamos Campeões e felizes de sentir que o dever estava cumprido.

Gol narrado assim pelo icônico locutor Haroldo de Souza:

"É a torcida empurrando a academia do povo. Capricha aí, Valdô. Capricha. Capricha, malandro, que o placar não é seu. Correu pra bola Valdomiro, levantou na área. Cabeceio na área... Adiviiiiiiiiiiiiiiiiiiiiiiiinhe. Gooooooooool. Coooolooraaaadoooooo. Capitão Brander, Elías Figueroa. A bola subiu na boca do gol e o Capitão Brander, o 3 do Beira-Rio, estufa os cordéis da cidadela do Raul. A rede ainda está balançando, balançando. Está aberto o caminho do Campeonato Brasileiro. Está aberto o caminho da Copa Brasil. Figueroa. E agora as bandeiras coloradas estão tremulando, tremulando, tremulando, torcedor gaúcho."

Lance do gol no caderno de imagens: foto 6

— O gol iluminado foi a prova de que Deus estava com a gente. Mas foi interessante. Tinha uma frestazinha na arquibancada, onde passava só um raio de sol e esse raio de sol iluminou. Fez um caminho. E o Figueroa, quando cabeceou, cabeceou exatamente onde estava o raio. Então, ficou marcado como gol iluminado – explica Minelli.

Os tais códigos entre Figueroa e Valdomiro, treinados no dia a dia, costumavam funcionar. Quando o capitão passava a mão no cabelo, ele pedia para que Valdomiro cobrasse o escanteio no primeiro pau, um pouco mais curto. E quando o chileno passava a mão no rosto, era um pedido para que o camisa 7 colorado jogasse a bola mais comprida, ou seja, no segundo pau.

Todavia, assim como o próprio Figueroa disse aos seus companheiros, a partida ainda não havia terminado. A prova disso foi a defesa que o goleiro Manga fez, minutos depois, para evitar o empate celeste.

Nelinho estava com o pé calibrado. Dono de um chute poderosíssimo e repleto de efeito, era perigo constante para os arqueiros. O lateral cruzeirense chutava de um lado e o efeito que ele colocava, levava a bola para o outro lado. Manga se desdobrou para salvar e praticou, no mínimo, dois milagres em Porto Alegre.

Já do lado colorado, Lula era o mais perigoso da equipe e depois de acertar uma bola na trave de Raul, perdeu uma oportunidade feita na cara do gol. O ponta-esquerda acabou concluindo para fora o cruzamento açucarado de Valdomiro.

No fim, a Raposa encurralou o Inter, que só conseguiu manter a vantagem no placar pela partida segura que fez a defesa gaúcha. Destaque para Figueroa, Hermínio e, principalmente, ele, Manga.

— Nós jogamos em casa. E foi um jogo que poderíamos ter perdido também, porque foi um jogo igual. O Manga fez defesas maravilhosas. O Raul, goleiro deles, fez defesas maravilhosas. Nós entramos para ganhar, fazer eles correrem atrás da gente, mas o time deles era muito bom também – pondera Minelli.

A pressão, no entanto, não surtiu efeito e a celebração começou com o apito final.

O Sport Club Internacional chegava à glória e se tornara o primeiro time do Rio Grande do Sul a vencer uma competição nacional, possibilitando, enfim, que o seu torcedor pudesse extravasar e fizesse com que o grito de "É Campeão!", dessa vez Brasileiro, ecoasse por Porto Alegre.

— O Minelli estabeleceu um alicerce muito forte e fez com que fôssemos Campeões – disse Cláudio Duarte.

Minelli cumpria a missão para a qual havia sido contratado e ainda foi além, já que também viu todo o Brasil se render ao futebol praticado pelo Colorado.

Com o título em mãos, agora, vale a lembrança de um fato que quase pôs fim à história de Minelli no Internacional, e que, provavelmente, teria consequências na conquista do Campeonato Brasileiro de 1975.

O clima entre Minelli e o elenco foi ótimo em grande parte da campanha. No entanto, um episódio entre Minelli e Lula por pouco não foi determinante para o término do "casamento perfeito" do comandante com o Colorado.

— O único problema que tive no Internacional foi com o Lula. Ele não ia treinar, pô. Tinha que mandar buscá-lo na casa dele para que fosse treinar!

"EU NÃO VOU CONTINUAR"

Campeonato rolando à toda, e dias antes de mais uma rodada do Brasileiro, o Internacional tinha treino marcado no Beira-Rio, como era de praxe. Minelli marcava um horário e os atletas se policiavam para não se atrasarem e serem multados.

Em um dia normal de treino, o técnico Rubens Minelli já estava em campo, o elenco todo do Colorado estava em campo, mas, na hora de começar a atividade, o treinador sentiu falta de um jogador: Lula.

Eis que o comandante, enfurecido, tomou uma atitude.

— Tinha que ir escondido da imprensa atrás dele. A imprensa ficava 24 horas em cima da gente. Então, eu mandava o Duran, que era o supervisor [de futebol do Internacional]. Para despistar a imprensa, eu orientava: "Não pega o carro do Internacional". O Internacional tinha duas ou três peruas que faziam o serviço de levar os jogadores para lá e para cá. O Duran pegou outro carro e foi [na casa do Lula]. Quando chegou lá, disse: "Porra, Lula, não vai treinar? Tem treino hoje!". E enquanto regava as plantas, com toda a calma e tranquilidade do mundo, o ranheta Lula disse: "Mas é que eu já tô com o saco cheio".

O episódio deixou Minelli em seu limite, a ponto de jogar tudo para o alto na próxima ocorrência. A torcida ficou do lado dele. No entanto, estava aflita com a possibilidade de perder o treinador.

E não seria um caso isolado.

Algum tempo depois do dia em que Lula, simplesmente, não apareceu no treino, o pior aconteceu. Às 9h da manhã, Minelli leu nos jornais algumas entrevistas de seus jogadores fazendo reinvindicações, criticando seu esquema e uma e outra orientação dada por ele durante o último Grenal. O técnico ficou furioso, pois além de garantir que algumas reivindicações não eram verídicas, sentiu certa interferência em seu trabalho, algo que nunca permitiu.

No contato com alguns de seus jogadores que estavam próximos dali, mandou o seguinte recado:

"Chega! Vocês já sabem tudo de futebol. O que eu ensinei para vocês guardem porque é bom, mas eu não vou mais continuar aqui."

Nervoso, o comandante seguiu para o departamento de futebol, para tentar se tranquilizar e esclarecer as ideias. No entanto, desesperados pelas palavras do treinador, líderes do elenco, como o capitão Figueroa, juntamente com membros da comissão técnica, foram atrás de Minelli a fim de mudarem sua opinião. O discurso do grupo era de que Minelli não podia deixá-los naquele momento.

O presidente Eraldo Herrmann se antecipou ao técnico e foi ao seu encontro para ouvi-lo e, assim como os demais, tentar fazê-lo voltar atrás do pedido de demissão.

Parecia que tudo já estava decidido. O mandatário, porém, contava com uma última carta na manga. Extrovertido e próximo de Minelli, o vice-presidente Frederico Ballvé era o único que poderia convencer o comandante a permanecer. Foi, então, que ligaram para a casa dele.

Boêmio, o cartola costumeiramente dormia até tarde. Quem atendeu ao telefonema foi sua funcionária, que tinha a ordem de não o perturbar em hipótese alguma.

— Eu não posso acordá-lo. Vou perder meu emprego – dizia ela.

Entretanto, diante da enorme insistência e urgência, teve que fazê-lo. Assim que recebeu a notícia, Ballvé foi imediatamente ao encontro de Minelli. Ao chegar ao departamento de futebol, onde o treinador estava reunido com o presidente Herrmann e seu auxiliar e amigo, Gilberto Tim – entre outros membros da comissão técnica e da diretoria –, o cartola surpreendeu a todos com uma entrada para lá de triunfal:

— Porra, vai pedir demissão agora? Por que não pede às quatro da tarde?

Tal atitude verdadeira e espontânea desarmou e conquistou Minelli, que, com os demais, caiu na risada. E em pouco tempo, Ballvé fez com que o treinador desistisse da ideia, permanecesse no comando do Internacional e resolvesse o problema interno com Lula e os outros jogadores.

No fim, com as arestas aparadas, o destino foi a boa e velha Churrascaria Saci.

PRIMEIRA LIBERTADORES E A BUSCA PELO OCTA

Para o ano de 1976, além dos tradicionais torneios, o Internacional teria mais uma novidade em seu calendário, a Copa Libertadores. Torneio disputado entre as melhores equipes do continente sul-americano, que faria com que o Colorado tivesse a tabela cheia de jogos e participasse simultaneamente da competição e do Campeonato Gaúcho.

Campeão Brasileiro e Gaúcho de 1975, o Inter, que já tinha uma equipe fortíssima, manteve a base do ano anterior e estava atrás de algumas peças para enriquecer ainda mais o seu plantel. A primeira e menos badalada veio logo no início da temporada: o atacante Ramón.

Jogador que se destacou com a camisa do Santa Cruz, Ramón chamou atenção do Internacional e foi contratado com o objetivo de dar descanso para o artilheiro Flávio Minuano. O recém-chegado seria a primeira opção ofensiva no banco de reservas para a função de centroavante.

Antes do início do torneio continental, o Colorado fez uma série de amistosos como preparação, e se manteve invicto até a partida de estreia, que seria diante do Cruzeiro, no estádio do Mineirão.

Em seu grupo, o Inter duelaria contra do Cruzeiro, Olimpia e Sportivo Luqueño, ambos do Paraguai.

Diante da Raposa, três meses depois do gol iluminado de Figueroa, que deu fim ao sonho do primeiro título Nacional da equipe mineira, o Inter teria pela frente um time "mordido" e que ansiava por revanche. E, para isso, contava com um reforço e tanto. Jairzinho, o Furacão da Copa do Mundo de 1970, era o mais novo contratado da equipe celeste.

Dentro de campo, o que se viu foi um jogaço. Talvez, o melhor de toda a competição. O Cruzeiro foi para cima e logo aos cinco minutos abriu o placar. O jogo era movimentado, lá e cá. Mas os mineiros se aproveitavam da desatenção da defesa colorada e não desperdiçavam as chances de aumentar. Em 21 minutos de jogo, a Raposa já vencia por 3 a 1. Mesmo com Jairzinho em campo, eram Palhinha e Joãozinho que bagunçavam o setor defensivo do time gaúcho.

Minelli via uma equipe abalada e ansiosa dentro de campo. Porém, com empenho dos jogadores, que nunca desistiam, e seus gritos à beira do gramado com o intuito de pilhá-los, o Colorado chegou à igualdade no início da segunda etapa. Lula, com sua velocidade e habilidade, era quem mais se destacava do lado vermelho.

Um dos principais jogadores do Internacional, o centroavante Flávio Minuano se machucou e deu lugar ao novato Ramón, que, após ver Joãozinho colocar o Cruzeiro novamente em vantagem, empatou a partida. E quando tudo indicava um empate heroico de Minelli e seus comandados, o lateral Valdir fez pênalti em Joãozinho. Nelinho bateu do jeito que sabe: forte, no canto, e sem chances para o goleiro Manga. 5 a 4. A Raposa, enfim, estava vingada.

No entanto, o Colorado viria a se recuperar nas duas semanas seguintes. Nos compromissos contra os paraguaios, Olimpia e Sportivo Luqueño, conquistou vitórias por 1 a 0 e 3 a 0, respectivamente. Destaque para Lula e Ramón, os responsáveis por balançar as redes.

Antes do debute no Campeonato Gaúcho, o Internacional tinha o jogo de volta contra o Cruzeiro, agora no Beira-Rio.

Desfalque desde o início da Libertadores por conta de uma lesão, Paulo César Carpegiani, que era a cabeça pensante da equipe, vinha fazendo muita falta ao time, e mais uma vez não estava à disposição de Minelli.

Dentro de campo, a Raposa não deu chances para o Colorado. Vitória por 2 a 0 para a equipe mineira e a classificação do Inter para a próxima fase estava ameaçada.

Segundo o camisa 7, Valdomiro, mesmo levando a sério todo o torneio de que participava, nessa época, o Internacional dava mais atenção aos campeonatos disputados no Brasil do que a Libertadores.

— Se olhar os anos 1970, nós chegávamos no mínimo em terceiro, quarto lugar. Estaríamos sempre na Libertadores se fosse hoje. Na época, ela não valia nada. Tanto é que poupávamos os jogadores para jogar o Gaúcho e o Brasileiro. Libertadores, antes, dava prejuízo, não ia ninguém. O Gaúcho era mais importante.

Um dos maiores artilheiros do futebol brasileiro e futuro camisa 9 colorado, o atacante Dadá Maravilha, compartilha da opinião do ponta-direita.

— A Libertadores tinha moral, mas o Campeonato Brasileiro tinha mais. Era mais valorizado. Os técnicos não tinham tanto tesão de ganhar uma Libertadores. Esse tesão acontece hoje porque os argentinos estavam ganhando muito e agora eles [os times brasileiros] querem se aproximar dos argentinos. Lembrando que todos os olhares estavam no Campeonato Brasileiro, já que os melhores jogadores do mundo jogavam no Brasil.

A cada ano que passava, a tarefa de se manter no topo do Campeonato Gaúcho ficava mais difícil. Apesar de comprovadamente ter a melhor equipe do Rio Grande do Sul, quando se tratava da competição estadual, nada era fácil. Seja pelos gramados castigados no interior, pela virilidade e garra dos concorrentes ou pela grande rivalidade frente ao Grêmio, que transformava cada partida em uma verdadeira guerra.

Dessa vez, o Colorado defendia seu Heptacampeonato Gaúcho e estava atrás da oitava conquista. E, desde o início, mostrou que havia entrado focado e forte na disputa. Nos três primeiros duelos, três vitórias e dez gols marcados. Porém, a equipe do Beira-Rio não estava satisfeita, queria mais. Mesmo com um desfalque aqui e outro ali, por contusão ou suspensão, o Internacional, que tinha um time fortíssimo, via uma fragilidade em sua equipe: Hermínio. Apesar de seguro defensivamente, o experiente jogador já deixava a desejar na parte física e tinha dificuldade para perseguir os atacantes mais velozes. Por isso, o Colorado foi ao mercado atrás de um jogador para formar uma dupla de zaga imbatível com Figueroa.

Minelli, fundamental na negociação, conta detalhadamente como se antecipou ao Palmeiras e a um grande amigo para contratar um velho conhecido seu, da época que treinou a Portuguesa de Desportos.

— Eu precisava de um quarto zagueiro e estava *dando tratos à bola* para pensar num nome. Nós fomos jogar [um amistoso] no Espírito Santo, em Vitória, e encontramos a delegação do Palmeiras. Aí, eu conversei com o Dino Sani [técnico do Palmeiras] e ele me disse: "O Marinho Peres brigou lá no Barcelona e eu vou ver se consigo trazê-lo para o Palmeiras". Na mesma hora, pensei: "Pô, é um nome, né?". Então, eu telefonei para o presidente [do Inter] e, por coincidência, o vice-presidente de futebol do Internacional estava em Barcelona. Entraram em contato com ele [o vice-presidente]. Depois, quando o Palmeiras pensou em trazer o Marinho Peres, ele já estava treinando comigo. Eu gozo o Dino quando eu o vejo.

Marinho Peres era um zagueiro acima da média e um líder nato. Além de capitão da Seleção Brasileira na Copa do Mundo de 1974, no Barcelona atuou ao lado de jogadores como o holandês Johan Cruyff.

A "briga" de Marinho Peres em questão ocorreu por conta de sua dupla nacionalidade. O jogador brasileiro havia se naturalizado espanhol e, apesar de ter 27 anos, seria obrigado a se apresentar ao Serviço Militar da Espanha. Por conta disso, mesmo correndo o risco até de ser preso, queria voltar às pressas ao Brasil.

Assim que chegou ao Internacional, o jogador tomou conta da posição. E já estava em campo no duelo contra o Sportivo Luqueño pela Copa Libertadores. Vitória por 1 a 0.

Na semana seguinte, o empate diante do Olímpia acarretou a desclassificação da equipe gaúcha na Copa Libertadores, que futuramente seria conquistada pelo Cruzeiro, carrasco do Colorado no torneio.

Com a zaga reforçada e pronto para fazer história e chegar ao Octacampeonato Gaúcho, o Internacional, agora, estava totalmente focado no Estadual.

Assim como o Tricolor Gaúcho, o Colorado passava por todos os adversários que tinha pela frente. Vitórias incontestáveis frente ao Juventude, Gaúcho e Riograndense, marcando quatro tentos em cada partida. Depois, jogos apertados, mas cuja qualidade falou a favor do Internacional, diante de Cruzeiro de Porto Alegre e do Caxias. Triunfos magros por 1 a 0. No entanto, o confronto mais surpreendente da campanha ainda estava por vir.

Dia 23 de maio de 1976, o Internacional enfrentaria o Esporte Clube Ferro Carril. O jogo, que seria apenas mais uma rodada do Campeonato Estadual, se transformaria em um episódio histórico tanto para Minelli e seus jogadores, quanto para o Ferro Carril e o Campeonato Gaúcho.

"PAREM, SE NÃO EU QUEBRO!"

Adversário do Internacional em partida válida pelo Campeonato Gaúcho, o Ferro Carril, uma equipe semiamadora e sem estrutura, havia deixado a cidade de Uruguaiana, 700 quilômetros de Porto Alegre, com o pensamento de perder de pouco do Colorado.

No entanto, o presidente, e também técnico, da modesta equipe, Edgar Fagundes, tratou de apimentar e mudar consideravelmente o destino do confronto. Isso porque, antes do duelo, ele teria dito que os times grandes do Rio Grande do Sul, caso de Internacional e Grêmio, eram favorecidos pela arbitragem frente às equipes de menor expressão. Tal declaração irritou o agora presidente do Colorado, Frederico Arnaldo Ballvé, que fazia questão que seu time atropelasse o do mandatário falastrão.

Para fazer com que seus atletas tivessem a mesma gana de vencer, e por um placar elástico, fez uma proposta animadora para Minelli e seus comandados.

— Além do bicho do jogo, tem mais 50 por cada gol marcado — prometeu Ballvé.

A oferta ganhou o grupo, que entrou em campo pilhado, mais a fim de jogo do que nunca. Azar do arqueiro rival, o folclórico Orlando, que, no "auge" dos seus 106 quilos, teria um dia para ser esquecido.

Tal superioridade ficou evidente em questão de segundos. Precisamente aos 35 segundos de jogo, o volante Caçapava abriu o placar para o Colorado.

A partida virou um massacre em pouco tempo. Aos 12 minutos, o Internacional já vencia por 4 a 0.

A cada gol que saía, Ballvé suava frio e sua alegria começava a dar lugar ao desespero. Ao contrário das demais partidas em que o Colorado, com o resultado a seu favor, passava a administrar o jogo para se poupar para as rodadas seguintes, nesse confronto isso não estava acontecendo. Caçapava, Genau, Carpegiani, Flávio Minuano, Valdomiro, Ramón, Cláudio Duarte e Escurinho já tinham feito o seu. Porém, ao contrário do mandatário, os jogadores e o comandante queriam mais.

— Do vestiário, ele [Ballvé] ficou olhando o jogo e logo mudou de opinião: "Olha, isso daí não tá valendo mais". Já estava 8 a 0 – diverte-se Valdomiro.

— Ele virou para os jogadores e falou: "Parem, se não eu quebro!" – lembra Minelli.

O duelo terminaria em 14 a 0, a maior goleada da história do Campeonato Gaúcho. O Internacional com saldo de gols abundante e na liderança isolada. Minelli e os jogadores com a conta mais gorda, e o presidente "choramingando", não pelo resultado e, sim, pela promessa, fato que o fez se arrepender amargamente.

Depois do "passeio" em cima do Ferro Carril, até o dia do confronto diante do Grêmio, que geralmente definia o turno, o Colorado engatou uma sequência invicta de oito jogos com sete vitórias e apenas uma igualdade. No entanto, os empates durante o turno fizeram com que o Inter fosse ultrapassado na tabela pelo seu arquirrival e, para conseguir se igualar à pontuação do Grêmio, o Colorado precisava vencer.

Mesmo com vitórias seguidas, e a equipe rendendo no contexto geral, a função de centroavante não funcionava mais como outrora. Diante da queda de rendimento, das constantes lesões de Flávio Minuano e da chegada frustrante de Ramón, que não convenceu, o Inter buscava um novo artilheiro para o restante da temporada. O Colorado agiu rápido e, pouco tempo depois, um novo camisa 9 desembarcou em Porto Alegre.

— O Minelli pediu a minha contratação porque o Flávio estava machucado e era o grande goleador do time. Eles queriam um jogador à altura do Flávio. O Minelli já sabia da fera que era a "Máquina de fazer gols" [Dadá] e, chegando lá, aconteceu o que todo mundo esperava: correspondi à expectativa – garante Dadá.

Dario José dos Santos, carinhosamente apelidado de Dadá Maravilha, era o mais novo centroavante do Internacional. Com a sua chegada, tanto Flávio quanto Ramón deixaram o Colorado. Flávio se transferiu para o Esporte Clube Pelotas, enquanto Ramón foi parar no Sport Recife.

Jogando em casa, mais uma vez o Internacional fez valer essa vantagem e, com uma vitória por 2 a 0 – gols de Figueroa e Carpegiani –, a equipe chegou ao mesmo número de pontos do Grêmio no primeiro turno: 36 no total. Com isso, uma partida extra seria marcada para que o Campeão do turno fosse conhecido. Para o duelo decisivo, o técnico Rubens Francisco Minelli escalou a mesma equipe que havia derrotado o Grêmio. Porém, dessa vez, a partida aconteceria no estádio Olímpico. E o Colorado sucumbiu diante do seu arquirrival. O Tricolor Gaúcho devolveu o placar de 2 a 0 e conquistou o turno e a primeira fase do torneio. Além da derrota, a notícia mais sentida foi a contusão do meia Paulo César Carpegiani, que sofreu uma distensão na virilha, fato que o deixaria longe dos gramados por um longo período.

Para a fase seguinte, as quatro melhores agremiações do primeiro turno (Esportivo, Caxias, Internacional e Grêmio) se desafiariam em jogos de ida e volta para definirem quem enfrentaria o Tricolor na decisão do Estadual. Caso o Grêmio fizesse a melhor campanha, automaticamente se consagraria Campeão.

Quando a bola voltou a rolar, o Inter correspondeu. O Colorado derrotou o Esportivo e o Caxias na ida e na volta da segunda fase. A vitória por 1 a 0 frente à equipe grená contou com um episódio para lá de inusitado no jogo de volta, cujo treinamento e as táticas de Minelli vieram à tona.

QUEIMARAM A LARGADA

Minelli nunca escondeu o seu lado estudioso. Gostava de ampliar o seu conhecimento. Como já dito no capítulo “Técnico profissional”, com livros estrangeiros que traziam as bases para as formações táticas e variações de times que marcaram época na Europa, como Juventus e Torino, ambos da Itália, Minelli assimilava as informações e tentava colocá-las em prática em suas equipes. Diga-se de passagem, ele foi o primeiro a se utilizar disso em solo brasileiro.

Uma das táticas era a linha de impedimento. Além de treiná-la exaustivamente, Minelli criou sinais para que ela fosse executada pelos seus atletas durante as partidas. Apaixonado por pássaros, a palavra-chave escolhida não poderia ser muito diferente disso e o treinador resolveu que *curió* seria o código para que os jogadores organizassem tal esquema.

Capitão e homem de confiança do treinador, Figueroa era o responsável por convocar a linha de impedimento.

— Nossa linha de impedimento era muito efetiva. Para evitar erros por desatenção, eu a comandava. Todos ficavam do outro lado da linha e eu dizia a palavra combinada. Graças às infinitas repetições em treinamentos, a tática dava certo – garante o defensor chileno.

Na fase final do Campeonato Gaúcho, na partida entre Colorado e Caxias, o esquema funcionaria com perfeição.

O Internacional vencia a equipe grená por 1 a 0 quando, no último minuto da partida, o Caxias, que tinha Luiz Felipe Scolari, o Felipão, como zagueiro e capitão, chamou todo o time para a área colorada a fim de empatar o duelo.

O juiz autorizou a cobrança. Quando Felipão e boa parte da equipe do Caxias se preparavam para ir ao encontro da bola, o chileno Figueroa gritou: "Curió, Curió!". Todos os jogadores colorados fizeram a "linha burra" com perfeição e deixaram os atletas adversários que foram para área impedidos.

O ex-zagueiro do Caxias, Felipão, recorda-se com exatidão do lance:

— Eu lembro perfeitamente desse jogo. Nós estávamos fazendo pressão contra o Internacional. Perdíamos o jogo em Caxias, 1 a 0, mas, apesar disso, estávamos jogando bem. Nos minutos finais, tivemos uma bola de falta. Uma bola lateral. Na cobrança, e na ânsia de empatar o jogo, fomos todos. Não nos demos conta de que o Inter vinha trabalhando a situação de impedimento com propriedade. Isso era uma coisa muito bem trabalhada pelo Minelli. E nós ficamos em seis, sete impedidos. Foi uma coisa absurda. Quando vimos o árbitro apitar, ficamos até envergonhados. Nós caímos no erro de ir até a área e não esperar a bola chegar. Saímos antes e o Internacional fez a jogada com uma qualidade estupenda.

Diante de tal constrangimento, até o árbitro desconsiderou os minutos de acréscimo que ele mesmo dera, apitando o fim do jogo.

Tempos depois, com a palavra *curió* manjada pelos adversários, Minelli mudou a palavra-chave, que passou a ser a expressão *vamos marcar*. O código acabava ludibriando os rivais, que pensavam que a equipe permaneceria em suas respectivas posições, quando, na verdade, todos saiam para formar a linha de impedimento, executada com excelência.

O Internacional mostrava que, além do vasto repertório ofensivo, defensivamente tinha boas soluções.

Contra o seu arquirrival, venceu o primeiro duelo por 1 a 0 e manteve a igualdade no jogo de volta. Com isso, o Colorado venceria o turno e disputaria mais uma decisão contra o Grêmio.

O Octacampeonato Gaúcho era mais realidade do que nunca. O oitavo título seria um novo recorde no Estadual, pois tanto Internacional quanto Grêmio, até o momento, só haviam conquistado setes títulos de maneira consecutiva.

A data é emblemática: 22 de agosto de 1976.

Para a grande final, Minelli teria apenas o desfalque de Carpegiani, machucado, e que daria lugar ao jovem Jair. Do lado do Tricolor, os problemas eram maiores. Além do atacante Tarciso, o Grêmio não poderia contar com o artilheiro do campeonato, Alcino, que estava contundido. Por isso, com um ataque bem enfraquecido, o técnico Paulo Lumumba tinha como estratégia povoar o meio-campo, segurar o Colorado e, com um empate, tentar levar a partida para um jogo extra no estádio Olímpico.

Na primeira etapa, o Inter caiu na estratégia do rival. Apesar da boa movimentação de Valdomiro e Lula, a dupla não conseguiu acionar o artilheiro Dario, que ficou preso na marcação gremista.

A ideia do Tricolor para o restante da partida era manter essa pegada e tentar achar um contra-ataque para chegar à vitória, porém as lesões do zagueiro Beto Fuscão e do volante Jerônimo, enfraqueceram a equipe. Foi, então, que Minelli entendeu ser o momento de colocar "fogo" no jogo e tratou de chamar o seu 12º jogador: Escurinho. O talismã colorado todas as vezes que entrava incendiava a torcida e os companheiros do Internacional, além de causar enorme preocupação aos adversários. A partir de sua entrada, o Colorado começou a chegar com mais perigo ao ataque e viria a abrir o placar após jogada de

Vacaria e Lula. O ponta-esquerda recebera cara a cara com o goleiro e não perdoou, 1 a 0 Inter. O Tricolor sentiu o golpe e, pouco tempo depois, Dadá mostraria suas credenciais e o motivo pelo qual fora contratado.

O recém-chegado camisa 9 sabia fazer gol como ninguém e se recorda como se fosse ontem do tento que marcou na decisão. Seria o segundo do Internacional no confronto. Para a surpresa do jogador, o gol lhe rendeu mais gozações do que elogios por parte do treinador e de seus companheiros.

— Foi um lançamento do Falcão, um jogador extraordinário. Eu entrei em velocidade, e, quando o goleiro saiu, dei um toque debaixo da bola, encobri o goleiro e fiz um gol de categoria. Eu ainda lembro quando o Minelli gritou, brincando comigo: "Não, Dadá, é muita categoria para você". E eu fiz um golaço.

Tais brincadeiras aconteciam pela qualidade técnica "duvidosa" de Dadá que destoava do resto do time, pois sendo um homem-gol nato, tinha como ponto forte a finalização. Quando era obrigado a trabalhar a bola um pouco mais distante da área adversária, encontrava dificuldade.

— Realmente eu tinha dificuldade para dominar a bola. Tecnicamente, não fui um grande craque, mas eu era um cara que treinava barbaridade. E eu queria fazer o gol, tinha tara com o gol e, por isso, virei uma máquina de fazer gols. Eu treinava cabeçada, antecipações, chute de pé direito, chute de pé esquerdo. Eu queria ser goleador.

Além de artilheiro, Dadá se destacou pelo seu lado folclórico e pelas declarações bem-humoradas. Uma delas aconteceu antes mesmo de chegar ao Colorado. Entretanto, serviu para que o técnico Rubens Minelli enxergasse que o camisa 9 era exatamente o jogador que ele estava procurando.

— [Na fase anterior ao Campeonato Gaúcho] O Grêmio ia jogar pelo empate. Com isso, a torcida já estava dizendo que o time ia ser o Campeão. E eu dei uma entrevista na televisão perguntando qual time queria ser Campeão. O time que quisesse ser Campeão tinha que contratar o Dadá, eu falei. E o Inter ligou para mim e eu reforcei: "Esse desafio é do Dadá mesmo. Quer ser Campeão, contrata o Dadá".

E deu certo.

Com a conquista, o Internacional entrou para a história da competição ao chegar ao Octacampeonato consecutivo em mais uma campanha memorável. Em 27 partidas disputadas, o Colorado somou 23 vitórias, três empates e apenas uma derrota. Com um total de 69 gols feitos e nove sofridos.

Já quando pegamos o todo, as oito conquistas, os números são ainda mais impressionantes. Foram 214 jogos com um total de 168 triunfos, 36 empates e dez revezes. Anotando 430 tentos e levando 76.

DEFENDENDO O TÍTULO

Regulamento de 1976: assim como no ano anterior, o Campeonato Brasileiro tinha um regulamento bem confuso. Agora, em vez de 42, eram 54 equipes que disputariam o torneio. Os times seriam divididos em seis grupos com nove agremiações em cada, e todos jogariam contra todos, em turno único. As quatro melhores equipes de cada grupo se classificariam para a próxima fase e as demais iriam para a repescagem.

Na segunda fase, seriam formados quatro grupos de seis times, e três equipes de cada grupo se qualificariam após os confrontos de turno único. Ao mesmo tempo, na repescagem, as demais agremiações, divididas em seis chaves, levariam o vencedor de cada grupo para a terceira fase.

A terceira fase contava com duas chaves de nove equipes, e só as duas primeiras de cada grupo se classificariam para a fase decisiva.

As semifinais seriam disputadas em jogo único, na casa do time de melhor campanha, diante da equipe com a segunda melhor pontuação da outra chave. E desses duelos sairiam os dois finalistas, cujo time de melhor campanha geral jogaria a decisão em casa.

*****

A cada vitória e conquista, Minelli e o Internacional faziam história. Até o momento, a passagem de quase dois anos vinha dando certo. Foram três Campeonatos Gaúchos consecutivos e um Campeonato Brasileiro, título inédito e de maior magnitude da galeria colorada.

O treinador ganhava notoriedade entre a torcida, a diretoria e a imprensa. E era visto como peça fundamental para que o Internacional e sua grande equipe continuassem na mesma toada e brigando por mais títulos.

O time, enfim, estava fechado depois da chegada do goleiro Luiz Carlos Gasperin. O jovem arqueiro vindo do Juventude, seria opção para substituir o titular Manga, pois o suplente Schneider constantemente estava machucado. Com grande envergadura, rapidez no raciocínio e boa impulsão, Gasperin fortalecia ainda mais o setor da equipe colorada.

Na busca pelo Bicampeonato Nacional, Minelli e seus jogadores sabiam que a jornada seria árdua, mas confiavam no trabalho que vinham desenvolvendo e acreditavam que teriam que se superar para chegar à glória novamente.

— Você, ao ostentar o título de Campeão, se torna a bola da vez. Todos querem ganhar do Campeão. Nessa condição, as qualidades de cada um, tanto dos jogadores quanto da comissão, se revelam ainda mais. É preciso colocar para fora mais competência, porque a qualidade aumenta – pondera Cláudio Duarte.

De azarão, o Internacional se tornou a equipe mais visada e estudada por todas. O comandante, então, teria que se reinventar e implantar uma ou outra inovação na maneira de o time jogar. Algumas mudanças Minelli seria obrigado a fazer. Por exemplo, no meio-campo, pois um dos principais jogadores, o camisa 10, Paulo César Carpegiani, tivera uma grave contusão nas finais do Campeonato Gaúcho. Boas opções não faltavam. Jair e Batista, ambos oriundos da base, disputavam a posição. Batista, um pouco mais defensivo, tinha como algumas de suas características o poder de marcação e a polivalência, e também se destacava ofensivamente pela capacidade de articulação e chegada à frente. Jair contava com muita qualidade na criação, possuía boa visão de jogo, além de um poderoso arremate, dando muita qualidade ao setor ofensivo colorado.

A bola da vez era Jair, um pouco mais experiente do que o companheiro, pois estava entre os profissionais há mais tempo, além de ter características semelhantes às de Carpegiani. Minelli deu todo o apoio ao garoto e confiava que ele poderia *carregar esse piano*.

— Não foi surpresa eu ser o escolhido. Mentalmente e fisicamente eu me preparava todos os dias para ele me chamar. Eu estava pronto e, por isso, deu certo. O Minelli sabia do meu potencial – relembra Jair.

Além do meia, para a partida de estreia diante do Figueirense, no Campeonato Brasileiro, Gasperin e Chico Fraga estavam entre os titulares. Isso porque o técnico Rubens Minelli também não poderia contar com Manga e Vacaria, ambos contundidos.

E foi em casa que o Internacional começou a competição dando pinta de que seria, de novo, forte candidato ao título. O Colorado, avassalador, aplicou um 6 a 0 de respeito em cima dos catarinenses, com três gols de Dadá, dois de Valdomiro e um de Jair, que crescia no time principal. Foi um jogo em que tudo deu certo para a equipe gaúcha e que, com muita eficiência, aplicação e concentração, uma simples vitória se transformou em uma grande goleada. Ótima, inclusive, para o moral do time que, na rodada seguinte, outra vez no ano, teria pela frente o seu arquirrival, Grêmio.

Contra o Tricolor Gaúcho, mais um desfalque importante: o volante Caçapava, que também estava entregue ao departamento médico. Em seu lugar, Batista seria o escolhido.

Como de praxe nos Grenais, o início da partida foi truncado. O Grêmio estava engasgado com o Colorado por conta da sequência de derrotas que sofrera e tinha para si que esse seria o jogo para dar a volta por cima e reencontrar o caminho das vitórias diante do seu rival.

No começo da segunda etapa, o meia Alexandre Bueno chutou com força da entrada da área e não deu chances para o goleiro Gasperin, 1 a 0 Tricolor. Tal desvantagem no placar fez com que as arquibancadas do Beira-Rio começassem a empurrar os donos da casa rumo ao empate, que veio depois de quase dez minutos. Após uma confusão na área gremista, Lula, em um arremate certeiro, marcou. Depois do tento, o Colorado engrenou e tomou conta do jogo. Após cruzamento na medida, vindo da ponta esquerda, Jair subiu mais alto que a zaga tricolor e, com um belo cabeceio, virou o jogo. Lula, de pênalti, daria números finais ao clássico, 3 a 1.

Com uma rodada colada na outra, Minelli mal tinha tempo de treinar e acertar a equipe, então utilizava os jogos também para testar algumas situações e formações.

Na rodada seguinte, mais um conhecido de Minelli e do Internacional, o Caxias. A equipe constantemente dava trabalho no Campeonato Gaúcho pelo seu jogo viril e de muita raça, agora enfrentaria o Colorado também no Brasileiro.

Para variar, mais uma baixa na equipe. Dessa vez, o Internacional tinha o desfalque do craque Falcão, que acabaria por fazer muita falta. Porém, com o retorno de Caçapava, Batista, que vinha acumulando oportunidades entre os 11 iniciais, permaneceria na equipe.

O duelo que ocorreu no dia 12 de setembro de 1976 marcou a inauguração da mais nova casa da equipe grená, o estádio Francisco

Stedille, conhecido também como Centenário. O clima de novidade e euforia da cidade para com a nova arena transformou o local em um verdadeiro *caldeirão*. E quem pagou essa conta foi o Inter, que, com um tropeço por 2 a 1, conheceu o seu primeiro revés no torneio.

Apesar da derrota, o clima continuava bom pelos lados do Beira-Rio. Prova disso era a relação amistosa e descontraída entre Minelli e seus jogadores.

TESOURA NELE!

Desde a época em que atuava, Minelli prezava por uma aparência mais discreta, conservadora e "jogava" no time dos atletas que pouco chamavam atenção. Por conta disso, sempre que podia, dava uma cutucada aqui e outra ali nos seus jogadores mais cabeludos e com visuais mais extravagantes.

Dono de uma aparência de destaque na época do Internacional, o volante Batista foi um dos alvos do comandante colorado. E relembra de um episódio entre ele e o treinador.

— Uma vez, apareci de cabelo comprido e ele achou que estava muito grande. Meu cabelo era encaracolado. Cheguei no clube e passei pela sala dele. Eu era meio tímido, não sabia como me situar. Ele me chamou: "Ôôô, Batista". Aí, eu respondi: "Bom dia, chefe". E ele soltou: "Batista, o que você está passando no cabelo?". Achei que estava arrebentando. Então, falei: "Nada, eu só lavo e dou uma chacoalhada". De repente ele rebateu: "Pois é, de vez em quando é bom passar uma tesoura nele". Ele devia ter saltado da cama com o pé direito. Às vezes ele era brincalhão.

Bem-humorado, Minelli era um dos adeptos daquela famosa expressão: "Você perde o amigo, mas não perde a piada".

No período à frente do Colorado, Minelli, comissão técnica e jogadores se transformaram em uma verdadeira família. O que explica um pouco o sucesso da equipe dentro das quatro linhas.

— Éramos uma unidade. Todos fazendo o seu melhor. Não apenas o time em campo, mas os reservas, a comissão, os funcionários do clube. Éramos um time só – revela Cláudio Duarte.

Minelli colocava à prova o elenco colorado, que, no geral, fazia um grande trabalho e vinha dando conta do recado. Durante toda a competição foi assim. Além de Batista e Escurinho, que eram presença frequente nas partidas, Luís Fernando, Pedrinho Gaúcho e Zé Maria, vira e mexe, entravam em campo para ajudar e mostrar que tinham potencial.

Para se recuperar após derrota para o Caxias, o Internacional enfrentaria, fora de casa, o Avaí, e tinha reforços. Com o retorno de Manga e Vacaria, o setor defensivo titular estava novamente à disposição do comandante. E com o Colorado praticamente completo, a diferença para as outras equipes ficava cada vez mais evidente. Diante do Leão da Ilha, os gaúchos não tiveram dificuldades para aplicar um 4 a 0. Dadá Maravilha, o homem-gol do Internacional, foi quem se destacou ao marcar três gols.

Em seguida, o compromisso era a Desportiva Ferroviária, do Espírito Santo, e novamente quem chamou a responsabilidade e definiu a partida foi o artilheiro colorado que anotou dois tentos no triunfo por 4 a 1.

— Mil agradecimentos ao Minelli. Ele me ajudou bastante. Ele botava Valdomiro de um lado e Lula do outro cruzando. Aí, com o Valdomiro, era queixo no peito [para cabecear de frente], e com o Lula, queixo no ombro [para cabeçada lateral]. Eu treinava barbaridade e cheguei à perfeição – agradece Dadá Maravilha, detalhando a maneira como cabeceava e concluía as assistências dos companheiros para o fundo do gol.

O Colorado disparava na liderança do grupo A e praticamente garantia a sua classificação para a próxima fase, seguido por Grêmio, Palmeiras e Santos.

Dentro de campo, os resultados traziam tranquilidade para Minelli trabalhar, no entanto, fora dele, no que dizia respeito à sua família, seu filho mais velho, Rubinho, seguia descontente com a vida em Porto Alegre e não via a hora de se mudar. E isso assombrava o treinador.

Faltavam três jogos para o fim da primeira fase. E o primeiro deles seria contra o Alvinegro Praiano. O Santos não era o mesmo de outrora. O time fantástico, formado por craques como Pelé, Coutinho e Pepe, já não existia. No entanto, mesmo assim, o Peixe fez jogo duro.

— Eu me lembro que jogamos contra o Santos no Morumbi e no segundo tempo nós conseguimos virar o jogo. Foi 3 a 1 para nós. Gols do Escuro e do Dario. Nosso time, além de ser bom, tinha uma reposição muito boa – recorda-se Valdomiro.

O Peixe abriu o placar com Tata ainda no primeiro tempo. Na etapa final, Minelli usou mais uma vez sua arma secreta do segundo tempo: Escurinho. O talismã do comandante sempre resolvia o jogo quando as coisas não estavam dando certo. Depois que o jogador entrou, tudo mudou. Escurinho marcou dois gols e iniciou a jogada do tento feito por Dadá. Final, 3 a 1.

Pela penúltima rodada, o Internacional enfrentou o modesto Rio Branco, do Espírito Santo, e com certa tranquilidade impôs a sua superioridade e goleou os capixabas por 3 a 0, gols de Jair, Figueroa e Escurinho.

O último triunfo garantiria a primeira posição do grupo para o Colorado, que fecharia a primeira fase, em casa, diante do Palmeiras de Ademir da Guia, Leão e Jorge Mendonça. Mesmo com um duelo bastante acirrado, a boa atuação de Manga e o faro de gol de Dario, autor do único gol do jogo, foram o bastante para a equipe somar mais uma vitória.

— As dificuldades que tivemos em 1975 não aconteceram em 1976. O time, quando entrava em campo, era bem superior ao adversário. Em 1975, ainda ficava aquela dúvida. Tanto que a imprensa achava que íamos nadar, nadar e morrer na praia. Mas nós nadamos, nadamos e "atravessamos". As mudanças foram poucas – relata o comandante Rubens Minelli.

INCENTIVO COLORADO

Vestir a camisa de um gigante como o Internacional é um privilégio e uma honra por si só, mas receber salário e até bonificação por cada bom resultado é melhor e mais motivador ainda.

Não é de hoje que os "bichos" – remuneração à parte dos salários dada pela diretoria ao elenco após as vitórias – ocorrem. No Colorado, sob o comando de Rubens Minelli, surgiu um sistema de gratificação um pouco diferente denominado: caixinha.

— Nós tínhamos uma caixinha dos atletas. Isso eu havia estabelecido também nos outros clubes em que trabalhei – conta o comandante.

O sistema ocorria da seguinte maneira: todas as vezes que o Internacional conquistava uma vitória, o supervisor de futebol, Carlos Duran, sob ordens do presidente Ballvé, fazia o pagamento do bicho. O cheque com o montante ia para o tesoureiro, o goleiro Gasperin, que se dirigia até o banco para retirar o dinheiro. Na volta, Gasperin repassava a quantia para Valdomiro, que distribuía o valor para o resto do grupo.

— Quando jogávamos no domingo, na segunda-feira já recebíamos o dinheiro do bicho, e quando jogávamos na quarta-feira, na quinta-feira o dinheiro estava na mão – recorda-se o "presida" Valdomiro.

O camisa 7 sempre teve o controle total de toda a grana, por isso seus companheiros usavam e abusavam de suas qualidades como "contador". Alguns mais organizados preferiam deixar a sua parte na caixinha aos seus cuidados, para retirar o dinheiro em outro momento. Porém, havia os mais deslumbrados, que, além de pegarem suas partes, pediam um "cascalho" a mais.

— Às vezes, o pessoal pegava emprestado da caixinha. Eu perguntava: "Quanto você precisa? Cinco, dez mil?". Mas tinha juros – detalha Valdomiro, que até hoje é considerado "durão" pelos seus ex-companheiros quando relembra do assunto.

No entanto, tal fórmula apresentava um pequeno defeito. Por jogo, eram relacionados cerca de 16 jogadores. Desses, os atletas que iniciavam entre os titulares, mais uns dois ou três que vinham do banco de reservas, eram os que ganhavam o bicho total. Enquanto os que não entravam em campo recebiam apenas metade do prêmio.

Para levantar um dinheiro extra, principalmente para os atletas que faziam parte do grupo, mas que não atuavam com tanta frequência, o técnico Rubens Minelli bolou duas saídas.

A primeira foi a criação de rifas.

— Nós conseguíamos, por exemplo, uma televisão. "Mordíamos" algum diretor que dava uma televisão e nós e os jogadores dividíamos as rifas entre todos e vendíamos. Não tinha problema de vender. Os jogadores ficavam com dois blocos de dez números cada um. Se quisessem vender, eles vendiam, e se não quisessem, concorriam com aqueles números, mas aí o valor das rifas era descontado do salário.

Naquele tempo, era comum que os atletas saíssem pelo Beira-Rio, antes das partidas, para vender as rifas.

Já a segunda ideia do treinador foi mexer no bolso dos jogadores que não respeitavam muito o horário e deixavam a pontualidade de lado.

— Havia alguns jogadores que se atrasavam muito, então, estabelecemos o seguinte: por cada minuto de atraso, eles pagavam uma determinada importância. Nós usávamos uma parte das multas para, de vez em quando, sair um bicho extra para aqueles que não estavam jogando. E no fim do ano se fazia um churrasco e o mais multado era o que se sentava no lugar de honra. E eram sempre os mesmos que chegavam atrasados. Diziam que foram para o hospital, que levaram a mulher não sei para onde, que o bonde quebrou, que o ônibus não funcionou – revela o treinador.

Valdomiro, sob os olhares do comandante, levava muito a sério sua função e era rígido com a caixinha. Sem dar mole aos companheiros e sem "papas na língua", o jogador tratou de entregar os atrasados:

— No treinamento, todos precisavam estar dentro do campo às três horas da tarde. Até 15 minutos antes, tinham que se pesar. Se passasse, levavam multa. Os campeões de multa eram o Batista e o Falcão. Às três horas era o treino e às duas e meia eu já estava lá. O atraso era descontado de cada um no fim do mês. Os dois [Falcão e Batista] reclamavam mais.

Um dos citados, o meio-campo Falcão, desconversou sobre a delação do companheiro e afirmou que tudo não passa de um equívoco do camisa 7.

— O Valdomiro diz que eu era um dos que mais pagava multa? Mentira do Valdomiro! De vez em quando eu chegava atrasado, mas, normalmente, não. Eu tinha muito cuidado com isso. Evidente que pode ter acontecido. Enfim, não me lembro de ter pagado multa por causa disso.

Batista, por sua vez, optou por assumir que não era muito pontual e ainda endossou o coro do "presidente" da caixinha a respeito do Falcão.

— Uma época, inventaram que eu e o Falcão disputávamos quem chegava mais atrasado. Eu chegava atrasado mesmo. Eu morava em Canoas, que ficava a 40 minutos de Porto Alegre, aí acabava me atrapalhando com o horário. E o Falcão também tinha costume de se atrasar. São manias que a gente tem. Na época, deram muita manchete falando disso. Como não havia o que dizer do time que só ganhava, inventaram isso.

Ao final da temporada, o grupo se unia e reservava uma parte da caixinha para entregar para as cozinheiras, os roupeiros, os massagistas e os demais funcionários do clube, a fim de retribuir todo o apoio ao longo da temporada.

Minelli, agradecido e sentindo-se abençoado pelos inúmeros triunfos e títulos à frente do Colorado, ao término de cada ano, doava 20% do valor do seu bicho para instituições de caridade.

SEGUNDA FASE

O Internacional somou 20 pontos no grupo A, conquistou a primeira colocação da chave e se garantiu na próxima fase, ao lado de Grêmio, Santos e Palmeiras. Na segunda fase, buscaria a classificação ao lado de Botafogo, de Ribeirão Preto, Fluminense, Fortaleza, Goiás e América-RN.

Logo na primeira partida, o Colorado enfrentaria, em pleno Maracanã, o time mais forte do grupo, o Fluminense, equipe que vinha de recentes confrontos memoráveis diante dos gaúchos e que não entregaria a vitória de "mão beijada". Dentro de campo, aconteceu o que se esperava. Duelo de muita técnica e garra, em que nenhuma das duas equipes conseguiu se sobressair. Empate de 1 a 1. E, para variar, fazendo valer a "lei do ex", já que Lula, ex-Tricolor Carioca, marcou o gol do Internacional.

Apesar da poderosa equipe que enfrentou, o empate não era a melhor maneira de iniciar a segunda fase da competição. Minelli queria mais, porque sabia que o time poderia dar mais. E foi exatamente o que se viu nas partidas seguintes.

Frente ao Goiás e América-RN, Minelli e seus comandados mostraram mais uma vez a força do Colorado, com vitórias incontestáveis por 3 a 0 e 2 a 0, respectivamente. O goleador Dadá Maravilha deixou o seu em ambos os jogos.

A fase era tão boa que a imprensa, que costumeiramente criticava o time, parecia encantada e exaltava o Inter até sem motivo.

— Uma ocasião, teve uma jogada que enfiaram uma bola para o Valdomiro na ponta direita. A bola estava quase saindo do campo e ele chegou nela, e para não deixar sair, ele chutou para a área. A bola foi alta, no bico da grande área do outro lado, e o Lula pegou de sem-pulo e a bola entrou. Falaram que foi jogada ensaiada – relembra Minelli.

O time subia na tabela e novamente estava nas cabeças. O próximo duelo seria contra o Fortaleza, e o treinador e a torcida do Internacional tinham mais um motivo para sorrir: o retorno de Falcão. O jogador, que ficara um período afastado por conta de uma lesão, foi escalado entre os titulares.

Tal reforço fortaleceria ainda mais o time que já estava "azeitado". E o volante mostrou sua importância dentro de campo, pois, além de fazer uma boa partida, balançou as redes do Tricolor Cearense. Final, 2 a 0.

Para se qualificar e avançar na competição, a equipe de Beira-Rio teria confronto diante do Botafogo-SP, na última rodada da segunda fase. Com um 3 a 0 de almanaque, mais uma vez ficou na liderança de seu grupo e, com o próprio Botafogo-SP e o Fluminense, chegou à terceira fase do Brasileiro.

Mesmo colecionando triunfos e avançando de fases ao longo do torneio, Minelli não deixava que isso subisse à cabeça de seus jogadores, que aprenderam, durante os quase três anos com o comandante, que não podiam contar vitória antes do tempo.

— Não sentíamos que dava para ser Campeões, porque os times eram muito bons. Durante o campeonato, não dava para pensar nisso, se não corríamos o risco de ficar no meio do caminho. A crença no título acontecia somente nas finais. E só pensávamos que dava para chegar lá se não dormíssemos no ponto. Cada jogo era um clássico – pondera Batista.

Antes de uma possível semifinal, o Colorado precisava passar por mais uma fase classificatória. Eram dois grupos, com nove equipes cada. O Inter enfrentaria Corinthians, Ponte Preta, Coritiba, Palmeiras, Caxias, Botafogo-SP, Santa Cruz e Portuguesa. Os dois de melhor campanha de cada chave se qualificariam.

TERCEIRA FASE

Para abrir a terceira fase, o Internacional visitaria o Coritiba. E dessa partida, viria mais um sinal de alerta para os colorados. Depois de uma segunda fase perfeita, na qual permaneceu invicto e sem sofrer riscos, os gaúchos tiveram bastante dificuldade em fazer o seu jogo no Paraná. Sabendo da técnica refinada dos atletas do Inter, o Coxa tratou de amarrar o jogo, segurando o ímpeto ofensivo colorado, e em uma das poucas oportunidades que teve para fazer o gol, não desperdiçou e conquistou um importante triunfo.

Para os duelos frente ao Botafogo-SP e ao Santa Cruz, a trinca formada por Jair, Lula e Valdomiro, que tinha como função primordial abastecer o centroavante Dadá, deixou as assistências de lado e resolveu decidir a partida. Eles marcaram em ambas as partidas e foram responsáveis diretos pelas goleadas de 4 a 1 e 5 a 1, respectivamente.

VOU LANCETAR!

Peça fundamental no meio-campo do Internacional, Paulo César Carpegiani, que fora um dos destaques do título do Campeonato Brasileiro de 1975, virou um desfalque importante para o Colorado na disputa da mesma competição em 1976. A lesão, que no primeiro momento não parecia tão séria, custou-lhe a temporada. O camisa 10 sofreu uma distensão na virilha no dia 28 de julho de 1976, na derrota por 2 a 0 para o

Grêmio, nas fases derradeiras do Campeonato Gaúcho e ficaria ausente durante o resto do ano. Ao todo, foram 30 jogos em que o maestro colorado ficou de molho.

No entanto, o problema poderia ter sido resolvido antes se o jogador tivesse procurado o técnico Rubens Minelli ou um profissional que entendesse do assunto. Depois do longo período e espaço que o comandante deu para o jogador assimilar o golpe, ele esperava que Carpegiani o procurasse, mas não foi o que aconteceu. Sendo assim, o treinador resolveu intervir na situação.

— O Carpegiani teve uma inflamação na virilha. Não morreu porque eu e o médico fomos na casa dele. Ele não ia no clube, falava que estava descansando. Estava se tratando sozinho, fazendo um monte de merda. Foi até num curandeiro. Ele tinha essas manias aí. A virilha dele estava muito inchada. Ia dar uma septicemia nele. O doutor examinou e falou: "Está completamente infeccionado, eu vou lancetar isso aqui". E o Carpegiani dizia: "Não, doutor, não mexe!". O médico abriu a infecção, tratou, e pouco tempo depois, o Carpegiani já pôde treinar.

No final das contas, tudo deu certo. Porém, o Campeonato Brasileiro poderia ter vindo com mais tranquilidade se o jogador tivesse entrado em campo antes.

Na sequência, Luiz Felipe Scolari, o Felipão, estava mais uma vez no caminho do Inter de Minelli. E novamente, a raça e determinação do zagueirão não foram suficientes para parar o fortíssimo ataque colorado que, com um 2 a 0, seguia firme e forte na briga pelo título.

— Enfrentei várias vezes o time dirigido pelo Minelli e era muito difícil de a gente encarar aquele time. Era muito organizado, todos os jogadores tinham grande qualidade. Todos sabiam quais funções deveriam exercer em campo. Quando a bola estava conosco, sabiam como se comportar. Quando não estava, era muito difícil marcar eles, muito difícil, pode acreditar. Aqueles anos foram de aprendizados para nós jogadores. Depois, seguimos tudo aquilo que vimos como jogador. E estudamos o que vimos no Minelli como técnico, a forma como ele dirigia seus times.

PROPOSTA INUSITADA

Diante de várias taças levantadas pelo Colorado e um futebol de encher os olhos, Rubens Minelli chamou a atenção também longe do Brasil. E dessa vez, não foram os dólares árabes que seduziram o comandante e, sim, uma oferta para lá de inusitada que chegou a balançar Minelli na função de treinador.

A proposta veio dos Estados Unidos, mais precisamente da cidade de Cleveland, em Ohio. E qual seria o desafio? Treinar a Seleção dos Estados Unidos ou algum time de origem norte-americana? Por incrível que pareça, não!

Por intermédio de uma escola de inglês que se situava no Brasil, os estadunidenses procuraram o comandante para exercer uma outra função: ser professor de futebol da Universidade de Cleveland.

Minelli tinha em mente aceitar o convite, tanto que, por um período, iniciou um curso de inglês. O salário em si não era muito diferente do que recebia em Porto Alegre, mas o que encantou o treinador foi a possibilidade de passar para frente o seu conhecimento, além de seus filhos poderem usufruir de um aprendizado ainda melhor do que o que tinham.

No fim, o que impossibilitou o acerto foram a pressa dos americanos de concretizarem o negócio, e o fato de Minelli não ser fluente em inglês, o que era fundamental para a sua nova função. Mesmo assim, o desejo de ensinar e transmitir tudo que aprendeu aflorou em seu íntimo.

Para o restante da terceira fase, o Internacional disputaria um Minicampeonato Paulista, já que nas quatro rodadas restantes enfrentaria quatro equipes do estado de São Paulo: Palmeiras, Corinthians, Ponte Preta e Portuguesa.

Os torcedores tinham a escalação do Colorado na ponta da língua. O lateral-direito Zé Maria, nome mais recente entre os 11 titulares – que estava na equipe há algumas rodadas por conta da lesão de Cláudio Duarte –, também já havia caído nas graças da torcida.

No estádio do Morumbi, o confronto seria entre o Campeão Gaúcho da temporada, o Internacional, e o Campeão Paulista, o Palmeiras. Por conta disso, todos esperavam uma partida eletrizante. E foi exatamente o que aconteceu. O Alviverde e o Colorado faziam um jogo franco, com muitas chances de gol. Na primeira delas, logo aos cinco minutos do primeiro tempo, Falcão aproveitou a sobra da defesa palmeirense após o cruzamento de Lula e, com uma bomba de pé esquerdo, inaugurou o marcador. Inter 1 a 0. Jorge Mendonça, Edu Bala, Itamar e Ademir da Guia davam trabalho à defesa colorada e faziam de tudo para empatar a partida, mas a bola insistia em não entrar. E como no futebol existe aquela máxima de "quem não faz, toma", o Alviverde acabaria punido. No fim da primeira etapa, Vacaria arriscou um cruzamento pelo flanco esquerdo da intermediária para a área palmeirense. Valdomiro se antecipou à zaga alviverde e, de cabeça, fez o segundo.

No segundo tempo, de tanto tentar, Jorge Mendonça, em bela cobrança de falta, diminuiu o prejuízo. Final, Internacional 2 a 1.

Após o triunfo frente ao Palmeiras, o Colorado novamente seria a atração no estádio do Morumbi, pois duelaria com o arquirrival da equipe de Parque Antarctica, o Corinthians. Nas arquibancadas, a massa alvinegra estava em peso. Eram 120 mil torcedores, em maioria avassaladora, para empurrar o Timão contra o Internacional. Diferente do jogo diante do Alviverde, a partida foi mais truncada. A marcação corintiana foi fundamental para segurar o poderio ofensivo do Colorado, que não conseguiu criar tantas chances como de costume. O atacante Romeu, pelo lado esquerdo, deu muito trabalho para Zé Maria e para os defensores de Minelli. E foi por lá que se iniciaram as jogadas dos dois gols alvinegros, para a alegria da Fiel. Falcão, com uma pintura, diminuiu, mas não seria o suficiente. Com o triunfo, o Alvinegro saltou na tabela e chegou às cabeças para incomodar o Inter e buscar uma vaga nas semifinais.

— É preciso levar em consideração que você não vai ganhar todas. Às vezes, o adversário está num dia mais feliz. Mas o Internacional foi uma equipe que venceu constantemente e, quando perdeu, valorizou o adversário. O Corinthians ganhou porque foi melhor, superior. Não por falhas gritantes. Há jogos que você pode ganhar ou perder. Você cria situações, mas não faz o gol e o adversário faz. Enfim, a equipe sempre se comportou muito bem – amenizou Minelli.

Indo bem na competição, a Ponte Preta queria se aproveitar da derrota frente ao Corinthians e de um possível abatimento colorado para arrancar algum ponto da equipe gaúcha. No comando da Macaca estava um velho conhecido de Minelli, o técnico Armando Renganeschi, de quem ele foi auxiliar técnico na equipe principal do Palmeiras.

Dentro de campo, Minelli contava com mais talentos em seu time do que Renganeschi. E por mais que o Internacional tenha tido trabalho para furar o esquema campineiro no primeiro tempo, na etapa complementar as coisas começaram a dar certo. Com uma ajudinha da sua talentosa categoria de base, o Colorado saiu vencedor. Gols de Jair e Caçapava. Destaque também para o volante Batista, que se sobressaíra e entraria de vez no radar do comandante.

Para, enfim, chegar às semifinais do Campeonato Brasileiro, o Internacional encerraria sua participação na terceira fase contra a Portuguesa. A única mudança na equipe foi a entrada de Escurinho na vaga de Lula, que não tinha condições de jogo. O time ganhava em força e jogada aérea, mas perdia um pouco da velocidade e do improviso do camisa 11 colorado. Com a bola rolando, a falta do ponta-esquerda titular ficou evidente. Com isso, do outro lado, Valdomiro, muito acionado, ficaria sobrecarregado e se desgastaria bastante durante a partida. Percebendo que a equipe colorada forçaria mais as jogadas por ali, a Lusa vinha conseguindo neutralizar o camisa 7; sem contar a bola área, que Dadá e Escurinho não conseguiam aproveitar. Foi então que Minelli tirou um coelho da cartola para mudar o panorama da partida.

— Estávamos empatando, o Minelli falou para eu fechar no meio, pelo lado esquerdo – relembra Batista.

O treinador colocou o volante Batista, que além de equilibrar o meio-campo, daria mais mobilidade, velocidade e opções lá na frente.

— Esses tempos, fui rever esse jogo. Eu entrei com muita autoridade. Atuei como meia ofensivo porque a Portuguesa só se defendia. Então, fui para a ponta esquerda e ganhamos de 3 a 0, com as duas jogadas dos dois primeiros gols iniciadas por mim.

No primeiro, Batista veio com a bola dominada da intermediária, fazendo fila. Tabelou com Falcão, entrou na área, e na hora de finalizar, serviu Dario, que marcou o primeiro gol do jogo. A jogada do segundo tento se iniciou com um toque de calcanhar de Vacaria. Sim, dele mesmo. O lateral-esquerdo colorado, diferente do que muitos pregavam, tinha bastante qualidade. A bola chegou a Batista, que passou por dois adversários desmontando a defesa lusitana e cruzou para a área. Escurinho errou o cabeceio e a bola sobrou para Valdomiro, que encheu o pé de canhota e ampliou. O próprio camisa 7 ainda faria mais um e daria números finais ao duelo.

O Colorado, assim como nas outras fases, fez uma campanha de encher os olhos. Muito pelas goleadas aplicadas, já que, na época, a vitória valia dois pontos. No caso de dois ou mais gols de diferença, entretanto, as equipes ganhavam um ponto extra. O Inter liderou seu grupo e avançou para as semifinais. A segunda colocação foi do Corinthians. Na outra chave, o Fluminense foi o primeiro colocado, seguido pelo Atlético-MG. Com isso, os confrontos estavam decididos: Internacional *x* Galo e Fluminense *x* Corinthians.

Mesmo com a grande quantidade de jogos durante a competição, Minelli não se preocupava com o físico e com um possível desgaste do seu time para as fases finais. Isso porque, desde o início do campeonato, o técnico e os profissionais de preparação física estavam em sintonia.

— A equipe era preparada. Nós fazíamos um estudo. Por exemplo, no início começávamos a todo vapor para tentar fazer o máximo de pontos. Mas o campeonato é muito grande. Então, "puxávamos" um pouquinho; deixávamos um pouquinho de lado no começo para ter mais pernas no final. Essa planificação era feita antes. A gente pegava a tabela e via: "Até aqui tem que ser assim, e daqui para frente tem que ser assado". Com isso, nós equilibrávamos a equipe. Nas finais, estávamos sempre bem fisicamente e tecnicamente.

UMA FINAL ANTECIPADA

O Colorado chegou cheio de gás, motivado e focado na busca pelo Bicampeonato Brasileiro. A partida diante do Atlético-MG aconteceria no Beira-Rio, vantagem adquirida por fazer a melhor campanha na fase anterior da competição.

Minelli tinha desfalque importante para o duelo. Machucado, Valdomiro ficou de fora da semifinal. E o treinador viria a surpreender até mesmo o substituto do camisa 7 na escalação.

Batista, que vinha ganhando espaço durante o torneio, com atuações convincentes quando recebia oportunidades, pedia passagem na equipe titular.

— Eu me senti importante quando cheguei e vi, na preleção, meu nome entre os titulares contra o Atlético-MG. No jogo contra a Portuguesa [jogo anterior], o Minelli me "descobriu" e deve ter pensado: "O guri está pronto" – relembra Batista, o escolhido pelo comandante.

Assim como o Internacional, o Galo era uma das equipes mais fortes do país, com alguns jogadores de nível de Seleção Brasileira, por isso prometia jogo duro. A partida tinha cara de uma final antecipada.

— O Atlético-MG era um grande time, com Toninho Cerezo e muitas figuras – recorda-se Figueroa.

A equipe mineira também amargava uma baixa importante para o confronto, a do atacante Reinaldo, que convivia com problemas no joelho, ficando de fora em algumas oportunidades. Boa notícia para Minelli e seus comandados.

Com a bola rolando, os dois times fizeram uma grande partida. Jogando em seus domínios, o Colorado tomou a iniciativa e se lançou ao ataque. Foram diversas chances criadas de ambos os lados. No entanto, o Colorado, apesar de melhor, não conseguia abrir o placar, pois parava na grande atuação do goleiro adversário.

— Esse jogo contra o Atlético-MG foi o mais difícil do campeonato. Jogo duro. Ortiz, um argentino, era o goleiro deles. Pegou até a mãe naquele dia. Pô, o gol não saia, rapaz. O time deles era muito bom – comenta Minelli.

Foi então que, aos 30 minutos do primeiro tempo, o drama colorado se iniciou. Pelo lado direito do ataque do Galo, falta para o Atlético. Cafuringa foi para a cobrança e alçou a bola na área. O zagueiro Vantuir subiu mais alto que toda a defesa do Internacional e cabeceou firme para o gol de Manga, que nada pôde fazer. Os mineiros estavam na frente.

Falcão e companhia não se abateram e tentaram chegar à igualdade no marcador antes do fim da primeira etapa. Sem sucesso.

Para o tempo complementar, Minelli sabia que precisava mudar algo para chacoalhar sua equipe, que até vinha jogando bem, mas que se desesperava a cada minuto, pois a bola persistia em não entrar. A primeira mexida do treinador foi a entrada de Escurinho, o seu talismã. O comandante fez uma alteração ousada, colocando o camisa 14 no lugar do lateral-direito, Zé Maria. Com isso, o polivalente Batista seria deslocado para o setor. A troca fez o Colorado se mandar de vez para frente em busca do empate. O Galo, que antes também assustava no campo de ataque, passou a se defender um pouco mais e a explorar os contra-ataques. A alteração fez a equipe gaúcha crescer. No entanto, para desespero de Minelli e dos milhares de torcedores no Beira-Rio, o gol do Inter insistia em não sair.

À procura de uma última cartada, Minelli arriscou mais uma vez. Apesar de substituir um lateral por outro, ele trocou o lateral-esquerdo Vacaria pelo lateral-direito Cláudio Duarte, que era mais ofensivo que seu companheiro e poderia explorar bem o lado direito, já que não tinha Valdomiro por ali. A alteração, de novo, faria com que Batista mudasse de posição. Dessa vez, o jogador saiu da lateral direita e foi parar na lateral esquerda.

E daí em diante tudo deu certo.

— Aquelas finais mostraram a coragem do Minelli. Ele lançou um guri num jogo daquele. Tem que ter muita coragem e convicção. Eu entrei jogando, e nós começamos perdendo. Iniciei a partida como meia-direita. Depois, para entrar o Escurinho, virei lateral-direito e, em seguida, fui para a lateral esquerda. Ele [Minelli] não me tirou. E foi por ali que fiz o gol. Visão de um treinador experiente que teve confiança em colocar um garoto em três posições num jogo importante como foi esse contra o Galo. A vivência e a convicção dele em mim foram fundamentais. O que será que se passou na cabeça dele? Ele não queria me tirar. Pensou: "Vamos morrer juntos". Era mesmo para eu fazer o gol – afirma o "coringa" colorado, Batista.

O tento, enfim, sairia aos 28 minutos do segundo tempo, depois de uma bomba de Batista da entrada da área, sem a menor possibilidade de Ortiz salvar o Galo.

Com o 1 a 1 no marcador e a eminente disputa de pênaltis, as equipes, ao mesmo tempo que precisavam se arriscar, tinham receio de levar gol, com o jogo quase terminando. Minelli não queria saber das penalidades e incentivava seus jogadores a atacarem e tentarem decidir a partida a todo custo.

E quando tudo se encaminhava para a decisão por pênaltis, aos 45 minutos da etapa final, o inesperado aconteceu. Em uma jogada ensaiada por Falcão e Escurinho, o gol mais importante e esperado da temporada até então, finalmente, saiu.

COM A PALAVRA

FALCÃO

Lance do gol no caderno de imagens: foto 7

A tabela com o Escurinho era uma jogada que nós treinávamos repetidas vezes. Eu pegava a bola pela meia direita, logo que passava o meio-campo, o Escuro se colocava lá na meia esquerda, perto da área, e ele fazia menção de entrar para receber a bola alta na cabeça. Então, ele saía da área de costas, de modo que eu pudesse entregar essa bola alta em parábola, porque a bola tinha que ser em uma curva cônica, num ponto definido, para que desse tempo de eu chegar. E aí aconteceu aquele gol, que foi um reflexo do treino. Embora não tenha sido essa bola parada, mas a bola saiu do Figueroa para o Dario, do Dario para o Escuro e do Escuro para mim. O gol foi resultado do nosso trabalho. Quer dizer, o Escurinho e eu, nós nos entendíamos e nós treinamos muito essa jogada.

No gol, Figueroa recebeu a bola e conduziu até o círculo central. Do meio-campo, lançou Dadá, que, para a surpresa de todos, com muita categoria, acertou um passe preciso para Escurinho, que estava na entrada da área. Escurinho, sem deixar a bola cair, de cabeça, passou para Falcão. O camisa 5 devolveu para Escurinho, também de cabeça, e se projetou para dentro da área. Escurinho, então, mais uma vez de cabeça, deixou o companheiro na cara do gol. Falcão finalizou com o bico da chuteira, e a bola passou "chorada" pelo goleiro Ortiz.

O estádio veio abaixo. Era o gol da virada! E o fim da agonia colorada.

— Os dois jogos mais difíceis nas duas vezes que fomos Campeões foram contra equipes mineiras. Em 1975, a final contra o Cruzeiro e em 1976, essa semifinal contra o Atlético – garante o técnico Rubens Minelli.

BASTIDORES DO GOL

Como já dito, o tento fantástico e decisivo anotado por Paulo Roberto Falcão foi fruto de uma jogada exaustivamente treinada pelo camisa 5 com o companheiro Escurinho. No entanto, se dependesse do incentivo do treinador, o gol certamente não teria saído.

— A jogada do Falcão e do Escurinho que resultou no gol contra o Atlético-MG, eles faziam de brincadeira no treino e o Seu Minelli falava: "Para com isso, isso não vai dar em nada" – brinca Valdomiro.

— Essa jogada foram eles que inventaram, eles que fizeram – revela o treinador.

O gol levava o atual Campeão pela segunda vez consecutiva para a decisão do Campeonato Brasileiro. Porém, o unido e brincalhão elenco colorado preferiu gozar Dadá pelo passe que iniciou o gol de Falcão, do que comemorar a vaga na finalíssima.

— Naquela jogada até o Dadá deu o passe certo. O Dadá não sabia passar uma bola. Fora da área, ele não fazia gol, mas dentro da área ele era mortal – diverte-se Valdomiro.

— A bola veio para o Dario e ele deu um passe de canela. Pegou na canela dele e a bola subiu e chegou no Escurinho – brinca o comandante.

Contente com o seu desempenho e a participação no tento decisivo, o próprio Dadá preferiu levar a gozação na esportiva.

— Eles brincavam muito comigo. O Figueroa deu um lançamento de 30 metros e a bola veio e eu toquei sutilmente para o Falcão. Quando acabou o jogo, todo mundo veio me gozar. "Dadá, Dadá, eu não acredito que você acertou esse passe". E eu falei: "Não são só vocês, eu também não acredito!" – conta o bem-humorado Dadá.

O adversário do Internacional na final da competição seria o Corinthians, que venceu o favorito Fluminense em pleno Maracanã, na partida que ficou conhecida como a "Invasão Corintiana", já que dos quase 150 mil torcedores presentes no estádio, cerca de 70 mil eram torcedores alvinegros. O confronto havia terminado em 1 a 1 e, nos pênaltis, o Timão levou a melhor.

O ÚLTIMO ATO

O possível Bicampeonato do Internacional, de forma consecutiva, já tinha data e hora marcada: 12 de dezembro de 1976, às 17h.

Minelli sabia da força do Corinthians, equipe que quase um mês antes tinha causado problemas para o Colorado jogando no Morumbi. Duelo que acarretou uma das três derrotas sofridas pelos gaúchos na competição.

Atento e precavido, o comandante usava os últimos dias de preparação para testar formações e jogadores, a fim de achar o equilíbrio perfeito para a grande decisão. Valdomiro, que não pôde atuar na semifinal por estar machucado, fora escalado. E Cláudio Duarte, titular da posição, finalmente via-se em condições físicas de iniciar uma partida novamente. Batista, que vinha crescendo, corria por fora e sonhava com uma vaguinha no time na grande final.

Se para o comandante enfrentar, na finalíssima, uma das poucas equipes que conseguiu anular o seu jogo e vencê-lo era motivo de preocupação, para alguns jogadores do Internacional, que enxergavam seu time mais capacitado do que o Alvinegro, a história era um pouco diferente.

— Em 1976, quando soubemos que enfrentaríamos o Corinthians, a gente deu até risada, porque o Manguinha, que era gozador, disse: "Já paga o meu bicho adiantado". Nós sabíamos que íamos ganhar. Éramos muito superiores. Nosso time já era bom em 1975 e mudaram poucos jogadores – conta Valdomiro.

Do outro lado, ciente da tarefa indigesta que teria no Beira-Rio, nos bastidores, o Timão fazia de tudo para mudar o local do confronto.

— O Corinthians tentou melar a final. Eles queriam jogar em campo neutro. E não conseguiram. Então, ficou aquela animosidade. A torcida deles invadiu a cidade. O jogo seria domingo e sexta-feira já começaram a aparecer. Só que o gaúcho não leva desaforo para casa e saiu uma pancadaria e tanto antes do jogo. No dia do jogo, [os torcedores do Corinthians] quebraram todos os sanitários. Tiveram que fechar até a água porque estava vazando tudo. Chegaram a dizer que fechamos a água para matarmos eles de sede – revela o comandante colorado.

E foi assim até minutos antes de o árbitro José Roberto Wright apitar o início da partida. Aliás, até a bola rolar, muita coisa estava por vir.

Quando a delegação corintiana chegou ao vestiário foi surpreendida. Principalmente, o supersticioso e espiritualista técnico do Corinthians, Duque, que acabaria entrando em desespero ao se deparar com o que lhe esperava lá dentro.

COM A PALAVRA ...

RUBENS MINELLI

Duque, o treinador do Corinthians, era adepto de mandinga, mesa branca, mesa preta. E quando prepararam o vestiário do Corinthians, puseram um galo morto dentro. Não sei quem colocou. Até hoje quem fez aquilo não apareceu. Com o galo morto no vestiário, eles não quiseram entrar. "Não entra ninguém, não entra ninguém, não entra ninguém!". Fizeram o sinal da cruz, e aqueles negócios que eles fazem. Chamaram o representante da arbitragem, que já estava indo para lá pegar a assinatura dos jogadores na súmula, e ele viu aquilo. E começaram a falar: "Vamos suspender o jogo, não vamos jogar!".

O Internacional tinha três vestiários do outro lado [onde eles estavam] e dois do meu lado. Eram cinco vestiários. O diretor do Internacional, intercedendo a favor do jogo, falou: "Não seja por isso". Chamou o gerente de futebol e pediu: "Me dá a chave do vestiário B". Então, ele levou a delegação do Corinthians lá e estava tudo limpinho. Com isso, tiveram que jogar – mas não queriam.

Alguém pôs o galo lá. Acho que foi o Tim, mas eu não posso afirmar que foi, porque, na verdade, não sei. Ele nunca falou que foi ele que colocou o galo com o pescoço cortado no vestiário.

Do lado colorado, novamente Minelli surpreendeu a todos. Para a decisão, escalou: Manga; Cláudio Duarte, Figueroa, Marinho Peres, Vacaria; Caçapava, Falcão, Batista; Valdomiro, Lula e Dario.

Apesar da pouca idade, o escolhido, Batista, mostrava muita personalidade e revelou que não sentia o peso de jogar uma final daquele tamanho.

— Se você pensar que é uma final, você trava. Mas tínhamos muitos caras experientes que não se abalavam nesses jogos. Entrávamos para jogar sério. Nas finais, eu não encarava os adversários como bichos-papões. O que me ajudou muito nessas decisões foi participar da seleção amadora, porque eu tinha experiência de jogar contra grandes seleções. Jogamos contra a Polônia, Rússia, Alemanha Oriental. E eram os times principais, pois, na época, eles não contavam com uma equipe amadora. Eu ganhei maturidade com esses jogos. Então, quando cheguei ao Inter, já estava vacinado, e isso foi importante para eu virar titular.

Quem perdeu a vaga entre os 11 que iniciariam a partida foi o meia Jair, que havia sido um competente titular ao substituir Carpegiani durante toda a competição.

Apesar da ausência no jogo mais importante do campeonato, Jair afirma que não ficou chateado com a escolha do comandante. No entanto, ainda tenta entender o porquê da decisão.

— Não tenho mágoa do Seu Minelli. Joguei todas as partidas e a mais fácil fiquei de fora. Pode ser porque tínhamos perdido o outro jogo contra o Corinthians e ele achou melhor fechar o meio. Esse é o raciocínio pela escalação. Porque era o 4-3-3, que era um volante, um meia-esquerda e um articulador, que seria o 8, e que seria eu. Então, ele fechou mais o meio de campo por causa do Corinthians, mesmo jogando dentro de casa. Dentro de casa, time grande tem que atacar e ganhar a partida. Mas isso não importa. Só estranhei não entrar porque um articulador com um chute forte, como o que eu tinha, em um jogo fechado, pode resolver numa jogada. Com um chute certeiro, você faz o gol e ganha a partida. Enfim, a mais tranquila, eu saí fora. Acho que se eu consegui jogar as mais difíceis, essa teria sido ainda mais fácil para mim, com certeza.

Com o Inter escalado e pronto para subir ao gramado. O técnico Rubens Minelli passaria as últimas ponderações e falaria as últimas palavras de incentivo antes do duelo.

— Eu nunca preparei preleção. Desde o Infantil, Juvenil, nunca preparei: “Vou falar isso”. É o que vinha na hora. Era no improviso mesmo – revela Minelli.

O discurso do treinador antes do confronto mais importante da temporada ficou marcado na mente dos jogadores. Em especial, do atacante Dario, que relembra o momento como se fosse ontem.

— Na preleção, as palavras dele foram especiais para nós. O Minelli usou da humildade e transmitiu pra gente que teríamos que ser humildes, mas também teríamos que pensar que podíamos ser Campeões, pois a nossa campanha, até então, era a melhor do Brasil. E todo mundo assimilava o que o Minelli dizia, porque, apesar de ele brincar demais com a gente, ele era muito sincero. Ele expressava a verdade. Então, a gente seguia o Mestre. O Minelli era um líder nato e, acima de tudo, tinha moral, era um homem virtuoso.

Ao entrar em campo, o Colorado viu o Gigante da Beira-Rio lotado e tomado pela cor vermelha e branca, com aproximadamente 84 mil torcedores, e apenas uma pequena parte mandava vibrações positivas aos alvinegros.

O início da partida foi muito similar ao do último confronto entre as equipes. O Internacional ficava com a bola, mas nada produzia, pois era anulado pelo Timão. Bem posicionado, o Alvinegro se aproveitava dos espaços dados pelo time gaúcho para criar as suas jogadas que, ao menos, incomodavam o goleiro Manga. Apesar da dificuldade que tinham em entrar na área adversária, os corintianos arriscavam de longa distância e levavam perigo. Os rápidos e ariscos Vaguinho e Romeu, e o raçudo Ruço eram os responsáveis por bagunçar a defesa colorada, principalmente pelo flanco esquerdo. O time de Minelli ficou encurralado e demorou para se achar no jogo e conseguir escapar da armadilha imposta pelo técnico Duque.

— Internacional e Corinthians faziam um jogo muito apertado. Nós fomos surpreendidos pelo Corinthians, porque o treinador deles, o Duque, falou que faria uma retranca contra a gente no Beira-Rio. Nós estávamos certos de que jogariam na retranca e, para a nossa surpresa, o Corinthians veio pra cima. O Corinthians massacrou a gente. Nos primeiros 15 minutos, foi um sufoco tremendo – comenta Dadá.

Falcão e companhia, aos poucos, desvencilhavam-se da marcação alvinegra. No entanto, ainda erravam muitos passes e permaneciam com dificuldade de armar e, principalmente, concluir as jogadas. Em uma das poucas vezes em que o Internacional conseguiu colocar a bola no chão, erguer a cabeça e sair com propriedade, as coisas fluíram, mais precisamente em um contra-ataque colorado.

Falta para o Corinthians. O lateral-direito corintiano, Zé Maria, estava na bola e a lançou na área colorada. Vacaria se antecipou, afastando a pelota para longe. A fim de manter a posse de bola, Dario recuou e fez o pivô para Batista, que, com um tapa de qualidade, achou Cláudio Duarte na direita. Com espaço, ele carregou a bola e, quando a marcação chegou, cortou para dentro e inverteu do outro lado para Falcão. No momento em que o camisa 5 dominava a bola no peito, foi atropelado por Zé Maria.

COM A PALAVRA...

DADÁ MARAVILHA

Até que aconteceu uma falta. O Valdomiro cobrou, a bola bateu na barreira e subiu. Eu fui correndo para subir com o Moisés e fiz o gol. Daquele momento em diante, o Inter jogou o seu verdadeiro futebol. O Moisés, na hora que subiu para cabecear comigo, viu o número da minha chuteira. Ele olhou para cima e viu que eu calçava 42.

Lance do gol no caderno de imagens: foto 8

Com o tento, Dario chegava ao seu 16º gol na competição, garantindo a artilharia isolada do torneio. Sua terceira na história, pois já havia conquistado esse prêmio nos Campeonatos Brasileiros de 1971 e 1972, quando atuava pelo Atlético-MG.

O ERRADO QUE DEU CERTO

Humilde de nascença, o centroavante Dario, até virar um fazedor de gols nato, viveu uma infância bastante conturbada. Presenciou sua mãe cometer suicídio e, tempos depois, foi colocado pelo pai na FEBEM (Fundação do Bem-Estar do Menor), com a desculpa de que teria comida e poderia ser alguém na vida. Porém, foi lá que conheceu e entrou para o mundo do crime. Fugia da instituição para cometer assaltos e roubos até o dia em que perdeu um companheiro, morto por um tiro, e resolveu mudar de vida.

Mesmo sem se orgulhar de partes do seu passado, o hoje alegre e espirituoso Dadá Maravilha conta que alguns dos seus principais fundamentos como jogador vieram do tipo de vida que levava antes. Seu gol na decisão de 1976, por exemplo, cuja velocidade e impulsão foram fundamentais, é uma prova disso.

— A velocidade vem da minha infância, porque eu era bandido, ladrão, assaltante. E correndo da polícia e de tiro, ganhei velocidade. A minha impulsão surgiu de eu subir em árvore para roubar manga. Eu desenvolvi uma impulsão fabulosa.

A vida é imprevisível e deu uma segunda chance para Dadá, que a honrou de maneira ímpar e construiu uma história linda no futebol brasileiro.

A partida ficou mais aberta e os times afrouxaram a marcação e mostraram o futebol que os levou à decisão. No entanto, as principais chances de ambos os lados nasciam dos chutes de fora da área.

Na segunda etapa, o clima quente, típico de uma final, saiu das quatro linhas. O jogo foi paralisado diversas vezes e o gramado invadido. Para que o Internacional e o Corinthians conseguissem, enfim, disputar os 45 minutos derradeiros, a Brigada Militar teve que agir.

Com a bola rolando, o duelo pegava fogo. Uma falta batida pela equipe corintiana carimbou o travessão de Manga e deu esperança para a torcida alvinegra. Já do outro lado, Tobias teve trabalho para espalmar para a linha de fundo o forte chute de Valdomiro, que surgiu depois de uma tabela com Caçapava, atiçando as arquibancadas do Beira-Rio. O Colorado tomava as rédeas da partida e começava a pressionar o Timão até que, aos 12 minutos da etapa final, a vantagem da equipe gaúcha aumentara.

Batista sofreu falta dura na entrada da área. Na bola, sempre ele: Valdomiro. O camisa 7 era o cobrador oficial do Colorado.

COM A PALAVRA ... VALDOMIRO

Joguei com o Pelé na Seleção Brasileira e ele falava que tínhamos que treinar cada vez mais. Pô, se ele falou isso, quem sou eu para discordar?

Quem batia as faltas no Internacional era eu. Eu treinava 40, 50 faltas por cima da barreira com o Manga. Ele ficava bravo porque eu fazia que metia no canto e metia em cima da barreira. E fazia que ia chutar por cima da barreira e metia no canto.

Na decisão, eu participei dos dois gols contra o Corinthians. Chutei a bola que originou o primeiro gol e fiz o segundo.

A primeira falta eu cobrei e saiu o gol. A segunda, foi aquela falta polêmica que os jogadores do Corinthians reclamaram que a bola não tinha entrado. Tem câmera que mostra a bola quase 30 centímetros dentro. Quando vi o bandeirinha correr para o meio-campo, eu corri também. Todos os corintianos foram para cima do juiz falando que não entrou.

Valdomiro cobrou a falta com perfeição. E apesar de não balançar as redes, a bola de fato passou a linha, pingou dentro e acabou saindo. Lance difícil para os juízes, pois em 1976 não existia o VAR para auxiliá-los. Mesmo assim, com muita visão e confiança, assinalaram corretamente o segundo gol do Internacional.

Dali em diante, bastou o Sport Club Internacional administrar o jogo até o apito final para conquistar o Bicampeonato Brasileiro. Minelli, por sua vez, chegava ao seu terceiro título Brasileiro (a CBF reconheceu o torneio Roberto Gomes Pedrosa como Campeonato Brasileiro) e segundo de forma consecutiva. Para lhe agradecer por tal feito, a diretoria enviou um bicho gordo para o comandante. Na época, 20 mil cruzeiros.

— O auge do Minelli aconteceu num momento importante, em um momento de transição, de um futebol antes apenas técnico – até a Copa de 1970 –, para o futebol também físico, como se via na Europa. Transição perceptível principalmente naquele time do Inter, que alinhava o negócio do saber jogar e saber marcar; a competição e o equilíbrio do futebol-força e do futebol-arte. Não era nem retranca e nem “faceirinho”. Aquele time do Inter é o mais equilibrado da história do futebol brasileiro. Você achava que o Manga não ia tomar gol nunca. Os pontas eram bastante incisivos e muito pela concepção de jogo. Anos antes de a gente discutir todas essas coisas, o Minelli já fazia isso na prática – afirma o jornalista e historiador Celso Unzelte.

Décadas depois dessa conquista, ao comentar sobre a partida e comparar ao título conquistado no ano anterior, diante do Cruzeiro, os colorados revelam qual título foi mais complicado de ganhar.

— Em 1975, foi o mais difícil de todos os títulos do Internacional, porque, naquele ano, o time do Cruzeiro era uma máquina. Praticamente todos jogavam na Seleção Brasileira. Contra o Corinthians foi *mamão com açúcar*. A mais fácil foi essa partida de 1976 – comenta Jair.

— Em 1976 foi mais fácil que em 1975. E a final também foi mais fácil porque o Corinthians de 1976 não era tão forte quanto o Cruzeiro de 1975, que tinha jogadores de Seleção. O Corinthians era um time de respeito, até porque ganhou do Fluminense, mas ganhamos deles – endossa o coro, o camisa 7 Valdomiro.

A própria campanha colorada fala por si só e já deixa claro que a equipe não encontrou tantos obstáculos em 1976 como nos anos anteriores. Dos 23 jogos disputados, o Inter venceu 19 confrontos, empatou um, e perdeu apenas em três oportunidades.

— Nós atropelamos todo mundo aquele ano, com 84% de aproveitamento. Chegamos à final com 54 pontos contra 38 pontos do Corinthians. E ganhamos porque, igual em 1975, sabíamos que em jogo único no Beira-Rio, e com a nossa torcida, não podíamos perder – revela o capitão Figueroa.

Até hoje (2023), o título vencido pelos gaúchos é considerado um dos de melhor campanha entre todos os Campeões do Campeonato Brasileiro. Quem garante é o historiador colorado, Raul Pons, que também elege a equipe treinada pelo técnico Rubens Minelli como o *melhor time de todos os tempos* do Internacional.

— Apesar de o Internacional ter tido grandes esquadrões na sua história, como o “Rolo Compressor” dos anos 1940, com as equipes Campeãs da América em 2006 e 2010, o time de 1975/1976 certamente é o que alcançou resultados mais marcantes. Com um incontestável Bicampeonato Brasileiro, a melhor campanha de Campeões Nacionais, com o Colorado de 1976. Sem dúvida, é um time que marcou época e pode ser considerado, tranquilamente, o melhor da história colorada.

AMULETOS DA SORTE E TRADIÇÕES

O técnico Rubens Minelli sempre acreditou que o trabalho e o estudo caminham lado a lado e são o primeiro passo para o sucesso. No entanto, sabia que contar com um pouco de sorte não fazia mal a ninguém.

Sendo assim, seu lado supersticioso falou mais alto e ajudou nos títulos colorados, graças a alguns dos seus amuletos e das tradições que ele seguia. O primeiro deles era sua camisa vermelha, usada na grande maioria dos seus jogos. E apesar de na época ter inúmeras vestimentas, principalmente vermelhas, já que era a única cor que ganhava de seus amigos, nas campanhas dos títulos Brasileiros a camisa utilizada era a mesma. Sorte da torcida e azar de Dona Rosinha. Com jogos todas as semanas, Dona Rosinha teve trabalho dobrado, pois além de cuidar das roupas da família inteira, tinha uma atenção especial com esse amuleto de seu marido, que, diferente das demais peças, lavava à mão e não na máquina.

Com o tempo, a peça foi se desgastando, mas nem assim o treinador fazia questão de trocar.

Em uma ocasião, sua esposa preparou sua mala para a viagem e colocou dentro uma camisa vermelha nova.

Minelli a usou e acabou derrotado. Quando retornou para casa, ficou na bronca com Dona Rosinha, que retrucou dizendo que o comandante estava parecendo com um mendigo por conta da condição que se encontrava sua camisa da sorte.

Além dessa mania ou crença – chamem como quiser –, durante as conquistas, Minelli e sua comissão técnica não cortavam o cabelo. No caso do treinador, o que lhe restava dos fios.

E para surpresa ainda maior, havia um segundo amuleto nesse período: seu descongestionante nasal, que, mesmo com o término do seu conteúdo, permaneceu vazio em sua *necessaire*, pois *seguia dando sorte*.

A parte vermelha do Rio Grande do Sul era só alegria. Além de somar mais Campeonatos Gaúchos do que o seu rival, Grêmio, o Internacional chegava à conquista do seu segundo Campeonato Brasileiro, enquanto o Tricolor ainda não tinha nenhum em sua prateleira. Minelli e o Colorado foi o casamento perfeito. A torcida exalava confiança no comandante e no seu time. Os jogadores estavam satisfeitos com o chefe e famintos por mais títulos. O treinador havia de fato chegado ao seu auge, conseguindo mostrar toda a sua capacidade e colocando em prática tudo o que aprendera e estudara. No entanto, a felicidade não era unanimidade na família Minelli.

Se no futebol tudo vinha dando certo – o treinador ainda tinha mais um ano de contrato com o Internacional –, nos "bastidores" da família, ou seja, no edifício Arpoador, na Rua Ramiro Barcelos, n. 1.314, sétimo andar, no bairro Bonfim, tinha um torcedor do Colorado, que, apesar de ter muitos motivos para sorrir, não estava feliz. O nome dele? Rubens Francisco Minelli Júnior, o Rubinho. O primogênito do comandante, que na época estava com 18 anos, queria ir embora de Porto Alegre e voltar para São Paulo. E, inclusive, já havia informado ao seu pai que, independente de sua decisão, de permanecer ou sair do Internacional, ele, Rubinho, deixaria a cidade e iria morar com seu tio Ruy, irmão de Minelli, no interior paulista, em São José do Rio Preto.

A notícia caiu como uma bomba no colo de Minelli. De um lado estava a sua carreira que decolava no cenário nacional, comandando um time praticamente perfeito, e do outro a felicidade de uma parte de sua família. Foram dias difíceis para o treinador. Mas Minelli sempre deixou claro ao longo de toda a sua trajetória o que realmente lhe importava e quais eram as suas prioridades. E uma visita inesperada tratou de definir o seu destino.

DIA D

O ano já havia praticamente terminado. O futebol entrara em recesso, também as escolas. E como de costume, ao lado de sua esposa e dos seus três filhos, Minelli deixaria Porto Alegre para passar as festas de fim de ano em São José do Rio Preto, com seus parentes.

Eles já arrumavam as malas, quando, de repente, a campainha tocou. Para a surpresa de toda a família, era o diretor do São Paulo Futebol Clube, José Douglas Dallora. O dirigente procurava Minelli, um especialista em futebol gaúcho, o qual já conhecia de outros tempos, para saber sua opinião sobre possíveis reforços locais para o Tricolor do Morumbi na próxima temporada.

Assim que foi convidado a entrar, Dallora se dirigiu para a sala à espera do treinador colorado. Rubinho foi avisar sobre a visita e ouviu de seu pai um pedido para que fizesse "sala" para o cartola, já que iria demorar um pouco, pois estava no banho e ainda faria a barba.

Rubinho, então, apresentou-se a Dallora e não perdeu tempo. O jovem foi direto e fez com que o rumo da conversa e da visita começassem a mudar.

— Dr. Dallora, eu como são-paulino desde criança, por influência da minha avó, sempre sonhei que meu pai treinasse o São Paulo. E esse também é o sonho dele.

— Seu pai trocaria o melhor time do Brasil por uma equipe mais modesta? – surpreendeu-se Dallora.

— Sim, desde que a proposta seja boa. Além disso, a nossa família gostaria muito de voltar a morar em São Paulo, onde estão os nossos parentes – completou o primogênito.

Dallora, ainda um pouco boquiaberto com a revelação, ligou na mesma hora para o presidente tricolor, Dr. Henri Aidar, para dar a notícia. O mandatário se empolgou e pediu para Dallora fazer uma proposta para que Rubens Francisco Minelli assumisse o cargo de técnico do São Paulo. Quando Minelli, enfim, apareceu, Dallora entrou no assunto e depois de muita conversa, tendo em mente a felicidade por completo de sua família, as partes chegaram a um acordo.

— Parece que queriam saber sobre o Tarciso, do Grêmio, mas meu pai logo disse para eles nem tentarem, pois ele era ídolo no clube e inegociável. Então, conversaram sobre outros jogadores, mas, no fim, acabaram se contentando com a contratação do meu pai, que foi bem mais do que eles esperavam – revela Rubinho.

Assim que o Internacional ficou sabendo da negociação, o diretor financeiro do clube, Rafael Strougo, grande amigo de Minelli na época do Colorado, a pedido da presidência do clube, levou um contrato em branco para o treinador, a fim de que Minelli colocasse quanto queria ganhar para permanecer na equipe gaúcha.

O comandante agradeceu à proposta, mas ressaltou que a família estava em primeiro lugar, e como ela não estava feliz morando em Porto Alegre, resolveu que era hora de deixar o clube.

O casamento perfeito entre Minelli e Internacional chegava ao fim. O treinador seria apenas o primeiro a sair de um desmanche e tanto que sofreria o Colorado. Além do comandante, deixaram o clube jogadores importantíssimos, como Figueroa, Lula e Carpegiani. Um baque enorme para a torcida e para os atletas que permaneceram.

— Quando soube da notícia de que ele não ficaria, foi uma das maiores surpresas, porque, dentro daquilo que tínhamos feito, a expectativa era de continuidade, mas posteriormente entendemos. Ele saiu do Internacional e foi para o São Paulo. Saiu de uma grande estrutura e foi para outra – conta o lateral-direito Cláudio Duarte.

— O time se desmanchou. Além do Minelli, foram embora os pontos-chave do time. Você tem uma afinidade com o treinador, e tem que fazer a mesma coisa com o próximo, mas é do futebol. É corriqueiro. É claro que fica aquele carinho pelo treinador que te lançou, que confiou em você, te colocou de titular. E tem a convivência... Mas você precisa colocar na cabeça que tem que agradar o sucessor também, se não você vai para o banco. Enfim, depois eu seguia a carreira do Minelli fora do Inter. Abria o jornal e via o que ele estava fazendo. "Olha só, o homem tá ganhando lá". Ficou aquele afeto e proximidade que tínhamos – revela o volante Batista.

Sob o comando do Internacional, Rubens Francisco Minelli, no período de 1974 a 1976, somou três Campeonatos Estaduais e dois Campeonatos Brasileiros. No total foram 217 partidas disputadas, com o retrospecto invejável de 153 vitórias, 44 empates e apenas 20 derrotas.

Pelos feitos do passado, Minelli é considerado até hoje um dos principais comandantes da história do Sport Club Internacional. Quem garante é o historiador Raul Pons.

— A torcida colorada tem um sentimento de profunda admiração e respeito pelo Rubens Minelli. Ele foi o técnico que levou o clube a dar um salto de qualidade. Fazendo com que ele se tornasse definitivamente uma das grandes potências nacionais, depois do Bicampeonato Brasileiro. O Minelli é um dos melhores técnicos da história colorada. Se não for o melhor. Ele forma com Ênio Andrade, com Teté e com Abel Braga, um grupo restrito de técnicos que são idolatrados pela torcida até hoje.

Na opinião do técnico Tite, Minelli representou muito mais do que títulos para o estado.

— Minelli me impressionou e me inspirou com o grande Internacional de 1975/1976 e, mais especificamente, a formatação do seu meio-campo. E essa amostragem é de um gaúcho, um garoto que acompanhava o futebol. Ele [Minelli] privilegiava, sim, a qualidade técnica individual dos atletas. Porém, o cumprimento das funções exercidas e o equilíbrio que o cérebro da equipe necessita ter eram impressionantes. Rubens Minelli, assim como Ênio Andrade, representaram para o futebol do Rio Grande do Sul uma quebra de paradigma, de que o futebol do Rio Grande do Sul é, por característica, excessivamente competitivo, de garra, de competição, de amor à camisa. E agora ele tem um outro lado, que é o lado técnico, o lado da qualidade técnica individual. São os dois momentos diferentes: de ser competitivo sem estar com a bola; e ser criativo, qualificado e ter o futebol bonito com a bola nos pés. Esse legado ficou marcado na minha geração. Sob o meu ponto de vista, Rubens Minelli, antes, e Ênio Andrade, na sequência, mostraram ao Rio Grande do Sul que tu podes fazer um futebol competitivo e de raça, sim, mas também de qualidade técnica e bonito de se ver.

UMA NOVA HISTÓRIA

Imagine deixar um lugar em que você é venerado e tem o trabalho reconhecido por todos! Torcida, jogadores, diretoria e até a imprensa, todos exaltando seus feitos e conquistas. Imagine deixar esse reconhecimento para tentar um novo desafio, sabendo que haverá muito trabalho pela frente e que a *matéria-prima* à disposição será bem inferior àquela que se tinha antes. Inimaginável. Pois é. Rubens Francisco Minelli deixou tudo para trás no Sport Club Internacional para mostrar um pouco mais do que era capaz de fazer no São Paulo Futebol Clube.

É verdade que ele trocava um grande clube por outro. No entanto, como o Colorado quando Minelli assumiu, o São Paulo ainda não havia conquistado nenhum título de expressão nacional, diferentemente dos seus rivais Palmeiras e Santos. E Minelli, um Tricampeão Brasileiro, era visto como o técnico que podia elevar o clube a este patamar.

— Nós vimos a chegada do Minelli como uma grande oportunidade de sermos Campeões do Brasileiro, título que o São Paulo ainda não havia conquistado. O São Paulo vinha de um ano anterior muito ruim no Campeonato Brasileiro. Tínhamos sido desclassificados e estávamos em reformulação, que foi maior ainda com a contratação do Minelli. Ele já chegou com uma moral muito grande – revela o ponta-esquerda Zé Sérgio, recém-promovido da base na época.

A LENDA DA CORDA

Na apresentação de Minelli à torcida, que contou com a participação da imprensa, o presidente do Tricolor Paulista, Henri Aidar foi enfático no único pedido que fez para o técnico Rubens Francisco Minelli. Aidar disse que queria que o São Paulo fosse uma equipe forte e grande assim como era o Sport Club Internacional, atual Bicampeão Brasileiro. No entanto, a resposta dada pelo comandante tomou uma repercussão negativa e exagerada, já que foi interpretada de maneira equivocada, tornando-se uma lenda dentro do futebol. Sendo assim, o próprio treinador faz questão de esclarecer a famosa história da corda.

— Isso é uma besteira muito grande. O que aconteceu foi o seguinte: quando eu fui contratado, o Dr. Henri Aidar, um homem de 1,65m, mais ou menos, era o presidente do clube. Quando eu estava no escritório dele, a imprensa estava junto, e ele me disse: "Eu quero um time forte e grande igual o Internacional". Então, eu disse para ele: "Doutor, nós vamos fazer o seguinte, coloca um barbante aí na parede [em uma altura em que] só o senhor passa por baixo. Coloca o barbante a 1,75/1,80m e por baixo só o senhor passa, os jogadores terão que se abaixar para passar". Só falei isso, brincando na hora da minha apresentação. Mas, depois inventaram uma coisa diferente, disseram que eu só queria jogador grande. Eu sempre falei: "Se eu tiver dois jogadores na mesma condição técnica, um anão e um gigante, vou preferir o anão?".

Além de um bom salário – melhor do que o da época do Internacional –, Rubens Minelli recebeu carta branca da diretoria para formar a sua comissão técnica e indicar os jogadores que quisesse.

Atento e preocupado com a parte física, na qual também via como um trunfo importante para as vitórias, o recém-chegado comandante tricolor queria montar um *staff* de respeito e convidou os profissionais e amigos, João Paulo Medina e Gilberto Tim para essa nova empreitada. Seria a união perfeita da força – que Tim fazia questão de destacar em seus atletas – com o lado científico e acadêmico de Medina. Seria. Pois Gilberto Tim acabou não se acertando com o Tricolor. Com a ausência de Tim, Minelli deu liberdade para Medina indicar um profissional substituto, e Pedro Oswaldo Beagim, que havia trabalhado com ambos na Ponte Preta, foi o escolhido. Além deles, Hélio Santos, massagista também da época da Macaca, e Mário Juliatto, funcionário do clube, que vinha exercendo a função de técnico interino e que agora seria auxiliar técnico, completavam a comissão.

— Nós chegamos e vimos um ambiente pouco performático. O São Paulo era o quarto do *ranking* estadual. Se consultar as estatísticas, você verá que, em 1977, o São Paulo era isso. Pegamos realmente um time que não tinha um *pedigree* de conquistas expressivas – detalha Medina, expressando seu sentimento ao chegar ao clube.

Com a comissão técnica fechada, chegara a hora de Minelli começar a conhecer o que tinha em mãos para dar andamento ao trabalho.

Assim como na época de Internacional, ao desembarcar no Morumbi, Minelli se deparou com um elenco bastante volumoso. Cerca de 50 jogadores mantinham contrato com o Tricolor, dos quais 20 haviam acabado de retornar ao São Paulo após um período de empréstimo em clubes do interior. Com esse cenário, o comandante foi obrigado a depurar o elenco.

— Quando o Professor chegou, reuniu todos os atletas do São Paulo. Os jogadores que estavam emprestados e os que iam disputar o Paulista da época. Eram uns 50, e ele selecionou os que melhor utilizaria. Mas deu confiança a todos, e isso já conquistou o grupo – revela o meio-campo são-paulino, Viana, que também buscava seu espaço.

O treinador enxergava qualidade no grupo e optou por utilizar o Campeonato Paulista como laboratório, a fim de dar oportunidades aos atletas inscritos na competição e, com isso, avaliar quem ficaria para o restante da temporada e quais eram as principais carências do elenco, para, então, intensificar a busca por reforços.

Mesmo sem ter a equipe ideal, Minelli, ao começar a implantar sua metodologia, sentia que o plantel tricolor precisava ser lapidado. E de uma maneira pouco habitual para a época, o comandante, com o preparador físico Medina, implementou um treinamento intenso para que seus jogadores pudessem render ainda mais dentro de campo.

— Eu tive que modificar um pouco a minha maneira de trabalhar porque senti que a equipe não estava muito preparada, tanto física quanto tecnicamente. Então, programei um treinamento em *full time*, onde os jogadores entravam de manhã, treinavam, almoçavam no clube, treinavam de novo na parte da tarde e só depois iam embora. Isso, todos os dias. No começo foi muito difícil, porque os mais "graduados" [jogadores mais famosos] não gostavam. Alguns falavam: "Mas como eu faço, eu tenho que ir ao banco". Eu respondia: "Não tem problema nenhum, depois do almoço você pode ir. Você almoça 11h30, 12h, e só volta a treinar às três horas, nessas duas horas você vai ao banco".

Estudioso da ciência, Medina, homem de confiança de Minelli, observou que todos os jogadores precisavam ser mais exigidos para obterem melhor formação atlética. Sendo assim, recomendou que o ideal seria trabalharem em dois períodos. Pela manhã, mais a parte física; à tarde, treino com bola. Inclusive, com a sua ajuda, o Tricolor do Morumbi, nessa época, introduziu a fisiologia no futebol brasileiro. Como era um trabalho pouco explorado no meio e ainda engatinhava, foram contratados quatro estagiários para ajudar Medina: Ivan Piçarra, Paulo Zogaib, Renato Lotufo e Turíbio Leite. Este último acabaria contratado, tendo uma carreira de extremo sucesso e de longos anos no São Paulo.

A estratégia colocada em prática nas primeiras semanas é vista pelo treinador – hoje com muito mais experiência – como um dos fatores principais para o sucesso da equipe do Morumbi na temporada.

— Aquilo fez com que o São Paulo, um time sem grande destaque na opinião pública, chegasse aonde chegou – garante ele.

Alguns de seus comandados também reconhecem que todo o esforço valeu a pena.

— O Minelli era diferenciado. Ele estava um passo à frente dos adversários. Quando ele chegou e adotou todos esses trabalhos no São Paulo, não houve rejeição e, sim, medo de não assimilarmos. Mas ele nos mostrava os prós e os contras, o certo e o errado. Diante disso, nós assimilávamos e aprendíamos com alguém que tinha bagagem no futebol – revela o goleiro Toinho.

— Esse treinamento em *full time* foi benéfico para nós. Jogador não tem que ter muito espaço, não. [Após o período de treinos *full time*] Estávamos na ponta dos cascos e aquilo fez a diferença – relembra o lateral Antenor, que sofreu na pele com o novo treino.

SONO PESADO

E não é que o treinamento *full time* não foi só de alegria do lado tricolor?

Com Mirandinha e Piau, seus companheiros de quarto, Antenor conta que um dia, após o treinamento da manhã e o almoço, exaustos, o trio foi para o dormitório descansar. O problema é que o grau de cansaço deles foi tão grande que os três perderam o horário.

Os jogadores acordaram assustados ao perceberem que já havia passado das três, horário marcado pelo treinador para o treino vespertino.

Desesperados para não tomarem bronca de Minelli, Antenor, Mirandinha e Piau saíram em disparada a fim de diminuírem o prejuízo. Assim que chegaram ao campo e se reuniram com os demais atletas e com o comandante foram recebidos por uma grande e forte salva de palmas.

Como se não bastasse o constrangimento do trio com o grupo, a multa que tiveram que pagar para a caixinha – sistema introduzido por Minelli por onde passava – também acabou pesando no bolso.

A constante presença de grandes clubes com chance de título fez com que o Campeonato Paulista fosse considerado o Estadual mais difícil e forte do Brasil. Além dos tradicionais Palmeiras, São Paulo, Corinthians, Santos e Portuguesa, as equipes do interior também não aliviavam para os gigantes e, vez e outra, aprontavam alguma surpresa.

Entre os clubes, o Alviverde era o atual Campeão do torneio. O Tricolor do Morumbi levou a competição dois anos antes, em 1975; e Santos e Portuguesa dividiram o caneco de 1973, depois de um erro da arbitragem na disputa de pênaltis. Já o Timão vivia uma grande seca de títulos, tendo faturado o Paulistão pela última vez no ano de 1954 e chegava "babando" para dar um fim ao jejum de conquistas.

Antes de estrear oficialmente pelo São Paulo, Minelli disputou jogos e torneios amistosos para encerrar a preparação para o Campeonato Paulista de 1977.

CORREU À TOA

O São Paulo ainda aquecia seus motores no início da temporada, quando foi marcado um amistoso diante do Goiás, em pleno Serra Dourada. Nesse início de preparação, época em que as equipes mais treinam do que jogam, o Tricolor começou a ensaiar algumas jogadas e viu no jogo contra o Esmeraldino a oportunidade ideal para colocar em prática tudo que treinara.

Peça fundamental de uma das jogadas ensaiadas de Minelli, o ponta-esquerda Zé Sérgio relembra um momento engraçado e constrangedor que sofreu durante essa partida.

— Aconteceu um episódio interessante no início da minha carreira, em 1977. No começo do ano, nós fizemos a pré-temporada. Na época, tinha um bom tempo de pré-temporada. O Minelli dispunha de uma jogada ensaiada de saída de bola que era assim: o Muricy tocava para o Serginho no meio de campo, na saída de bola; e o Serginho jogava ali, na intermediária, na lateral; e metiam a bola em diagonal para mim, atrás do lateral; e aí o Muricy e o Chulapa vinham de trás e eu tentava finalizar, ou eu ajeitava para o Serginho. Treinamos essa jogada várias vezes na pré-temporada. Bom, nós íamos estrear. E chegou o dia de fazer essa jogada no jogo lá em Goiás. Aí, eu me preparando para sair, estava bem aberto. Então, o juiz apitou a saída de bola e eu corri. Já estava atrás do lateral, e quando eu olho, era um minuto de silêncio. Nossa! Quando eu corri, o Minelli começou a gritar. Tomei uma bronca danada, e o time acabou perdendo aquele jogo. Esse é um episódio que me marcou na época que o Minelli foi meu treinador no São Paulo.

E foi nesse período que chegou o primeiro reforço do técnico tricolor, o goleiro Toinho, vindo do Sport, após uma troca com o ponta-direita Mauro Madureira. Minelli queria mais um goleiro no grupo, já que Waldir Peres, constantemente, figurava na lista de convocados da Seleção Brasileira.

— Você ter sido contratado pelo técnico Bicampeão Brasileiro com o Internacional quer dizer que você tem virtudes. Minelli tinha uma visão muito ampla. Ele parecia aqueles jogadores que, quando você pensava em executar, ele já tinha executado. Alguém com aquela estirpe te escolher é uma coisa deslumbrante – relembra o recém-chegado Toinho.

O debute oficial de Minelli pelo clube ocorreu diante do Paulista, de Jundiaí, pelo Campeonato Estadual, no dia 12 de fevereiro daquele ano.

Em sua primeira escalação pelo Tricolor, o comandante mandou a campo: Toinho; Nelson, Paranhos, Arlindo, Gilberto Sorriso; Teodoro, Muricy Ramalho, Pedro Rocha; Zé Sérgio, Viana e Mickey. Mickey, aliás, foi o grande responsável por impedir o Bicampeonato Nacional consecutivo de Rubens Minelli no comando do Palmeiras, em 1970. O centroavante, que atuava pelo Fluminense, foi o autor do gol do Tricolor das Laranjeiras contra o Alviverde no quadrangular final daquele ano e encaminhou o título da equipe carioca. Sem perder o bom humor, assim que chegou ao clube, em tom de brincadeira, o técnico não deixou escapar a oportunidade e colocou o atacante são-paulino na parede.

— Pô, a sua orelha já me tirou um título Brasileiro. Vê se me ajuda a ganhar um agora – brincou o comandante, referindo-se ao gol que levara de Mickey, em 1970.

A primeira partida à frente do São Paulo não foi como Minelli e sua comissão esperavam, já que o placar de 0 a 0 persistiu até o apito final. Com o resultado, ficou a certeza de que algumas coisas teriam que mudar.

Nas três rodadas seguintes, as entradas de Bezerra na defesa, do raçudo volante Chicão e do artilheiro Serginho no time titular deixaram a equipe mais equilibrada. Assim, o Tricolor conquistou boas vitórias diante de Noroeste, Portuguesa Santista e Marília, anotando 11 gols e sofrendo apenas três. Destaque para Serginho e Pedro Rocha, que juntos anotaram sete desses tentos.

Além deles, Muricy, um garoto que vinha crescendo e aos poucos ganhava rodagem, aproveitava as chances dadas por Minelli. O treinador enxergava muito talento nele e trabalhava para que, naturalmente, virasse o substituto do craque uruguaio Pedro Rocha, que aos seus 34 anos já decrescia na carreira.

— Quando o Seu Minelli chegou ao São Paulo, ele realmente via que eu tinha muito potencial no setor de meio-campo e estava me preparando para substituir o Pedro Rocha. Simplesmente o Pedro Rocha, um dos maiores do mundo! Ele conversou comigo. Falou que eu tinha que me esforçar, que eu tinha que me preparar fisicamente, que com certeza ia chegar a minha vez. E isso aconteceu. Depois de uma boa preparação, tive a minha oportunidade e correspondi – relembra Muricy Ramalho.

Quando a equipe parecia que estava se encaixando, veio a derrota para o rival Palmeiras por 3 a 2, em pleno Morumbi. Era o primeiro revés do treinador no comando do São Paulo, mas que não abalou o técnico nem os jogadores.

O time, inclusive – e para a alegria de Minelli –, começou a ganhar mais novidades durante a competição. Agora era a vez do lateral Antenor, indicado pelo massagista Hélio Santos e aprovado pelo treinador. Antenor era polivalente e tinha facilidade em atuar pelos dois lados do campo. Ele vinha do Nacional de Manaus, como reposição para Nelsinho Baptista, que se transferiu para o Santos.

DISPUTA ACIRRADA E BRONCA DO CHEFE

Em meio à disputa do Campeonato Paulista, Minelli teve que lidar com uma situação bastante delicada: a de quem seria o seu camisa 1.

Desde que foi contratado, Toinho, que a princípio chegaria para ser opção a Waldir Peres, aproveitou a ausência do titular para, com boas atuações e esbanjando segurança, tomar conta da posição. Mas uma hora o titular voltaria.

— A cabeça dele [Minelli] ficou a mil por hora. Quando o Waldir estava na Seleção, eu cheguei ao São Paulo e já virei titular. Então, ele [o treinador] começou a ter dúvidas de quem colocaria – relembra o goleiro Toinho.

Apesar de a disputa ser acirrada debaixo das traves, o arqueiro contava com alguns diferenciais que fizeram com que o comandante ficasse ainda mais pensativo sobre quem seria seu titular. Toinho já atuava como o líbero da equipe, fazendo a cobertura dos zagueiros, e sabia muito bem trabalhar com os pés, qualidades pouco comuns para os goleiros daquela época.

Ao retornar, Waldir imaginou que assumiria de imediato e com naturalidade a posição de titular. Vendo que o retorno não seria tão fácil quanto imaginava, chamou o comandante para conversar e recebeu uma resposta inesperada de Minelli, que deixou claro quem estava no comando.

— Quando ele [Waldir] voltou da Seleção, eu estava em ótima forma, em alta *performance*. Parece que ele falou com o Minelli pedindo a titularidade. E o Minelli virou para o Waldir e disse: "Você tem um treinador lá na Seleção, mas aqui o treinador sou eu" – revela Toinho.

Waldir retornou ao São Paulo no meio de março de 1977, porém só figurou novamente entre os 11 iniciais em um amistoso, cerca de dez dias depois. Já em jogos oficiais, a espera foi maior. O arqueiro ficou mais quatro partidas de fora e voltaria, coincidentemente, nas finais do primeiro turno. Coincidentemente porque, ciente da qualidade e do bom momento de seus dois arqueiros, Minelli instituiu um sistema de revezamento: cada goleiro atuava em três partidas consecutivas.

E foi assim por um bom período.

A equipe continuou no mesmo caminho, com mais triunfos do que tropeços, até o fim do primeiro turno, também chamado de Taça Cidade de São Paulo. Na primeira fase, nas 18 partidas que disputou, o Tricolor somou dez vitórias, sendo duas delas com três ou mais gols de saldo, cinco empates e apenas três derrotas. E assim chegou às finais do primeiro turno com outras três equipes, todas líderes de seus respectivos grupos: Palmeiras, Botafogo-RP e Guarani.

Nas semifinais, duelariam o Tricolor do Morumbi contra o Alviverde, e do outro lado Bugre e Pantera. Quatro clubes que Minelli teve o prazer de comandar.

Depois de serem derrotados na primeira fase, Minelli e seus jogadores queriam revanche diante do Verdão. O técnico fez algumas modificações na equipe para o jogo decisivo. Waldir Peres entrou na vaga de Toinho; Tecão foi improvisado no meio-campo, no lugar de Chicão, que havia sido expulso; e o recém-chegado Antenor mais uma vez figuraria entre os titulares. As mudanças do treinador surtiram efeito e, com uma boa partida, o São Paulo passou pelo Palmeiras, 3 a 1.

A decisão do primeiro turno seria contra o Botafogo-RP. Por conta da melhor campanha, o time do interior, que contava com jogadores talentosos, tinha o empate a seu favor em uma possível prorrogação, apesar de jogar fora de casa.

Titular na decisão, o lateral Antenor relembra o jogo duro no Morumbi.

— O Botafogo tinha um grande time; os times do interior eram bons naquela época. Eles tinham o Sócrates, o Lorico, o Zé Mário. Uma equipe muito boa. Foi um jogo lá e cá. Nos impusemos mais, por jogarmos em casa, mas eles resistiram. Nós tivemos poucas oportunidades e eles também, e o empate foi o mais justo. Mas, infelizmente, o empate favorecia o Botafogo.

A partida terminou em 0 a 0, dando o título para o Pantera, tornando-o o primeiro time do interior paulista na história do campeonato a levantar essa taça.

Como se não bastasse a perda do caneco e do turno, Minelli e o Tricolor somavam mais um motivo para lamentar, a grave lesão de Muricy Ramalho, que o tirou dos gramados pelo restante da temporada.

— Tive a infelicidade de sofrer uma contusão séria e, é claro, fiquei por muito tempo acompanhando o trabalho do Seu Minelli – conta Muricy, que na época ainda não imaginava que seguiria os passos do seu treinador.

PALAVRA-CHAVE ERRADA

O lado tático de Rubens Minelli sempre foi muito apurado. Além de esquemas e jogadas ensaiadas, o treinador prezava pela boa e velha linha de impedimento, frequentemente feita de forma extremamente assertiva.

O comandante escolhia códigos, ou melhor, palavras-chave que eram responsáveis por definir o posicionamento defensivo da equipe, principalmente na hora do impedimento. Conforme já dito no capítulo "Primeira Libertadores e a busca pelo Octa", até então, Minelli havia escolhido a palavra *curió* e a expressão *vamos marcar*. A primeira, mais habitual, só dava lugar à segunda quando aquela começava a ficar manjada pelos adversários.

E essa mudança acabou por confundir também um dos seus jogadores.

Em uma das partidas do Campeonato Paulista, o lateral do Tricolor, Gilberto Sorriso, era quem daria a ordem e chamaria a linha de impedimento. Foi, então, que, em vez de *curió* ele gritou: "Vamos marcar!", e enquanto todos saíram, ele ficou no lugar, deixando os jogadores adversários em posição legal, para o desespero do comandante tricolor. Porém, para a sorte de Minelli, do São Paulo, e principalmente de Gilberto Sorriso, o gol não saiu.

Depois de bater na trave no primeiro turno, Minelli e seus jogadores queriam mais, e fizeram uma campanha no segundo turno ainda melhor que a do primeiro. Entretanto, apesar de se classificar para a eliminatória da Taça Governador do Estado de São Paulo, vulgo segundo turno, dessa vez, a equipe não conseguiu chegar à final. O Corinthians derrotou o Tricolor na semifinal, sendo o vencedor dessa fase.

No terceiro e decisivo turno, Minelli ganhou mais uma opção para o setor defensivo. Um velho conhecido seu, da época do Internacional, o zagueiro Hermínio, desembarcou no Morumbi. O Tricolor teve uma boa *performance* na terceira fase, mas não suficiente para chegar à finalíssima e viu Corinthians e Ponte Preta disputarem a partida na casa são-paulina. Triunfo corintiano e fim da seca de títulos dos lados do Parque São Jorge.

— O período em que eu abri os olhos para o futebol foi quando o Corinthians foi Campeão em [19]77. Nessa época, Minelli era o melhor técnico do Brasil. Parecia que ele fazia mágica. Ele misturava o talento de jogadores com uma coisa de mais força, e o futebol brasileiro buscava isso. Para mim, ele foi o primeiro sinônimo de técnico de futebol, junto com o Brandão, que era o técnico do meu time [Corinthians]. Mas, na época, não se dava tanta bola para o técnico. Por isso, uma coisa que me chamava atenção é que, tanto o Brandão quanto o Minelli, eram nomes [que estavam] no nível de quem jogava. Eles tinham espaço proporcional aos que jogavam bola e isso foi por muito tempo – relata Celso Unzelte.

Mesmo sem levantar o caneco, o lado positivo da participação tricolor na competição foi o atacante Serginho Chulapa que, em ótima fase, conquistou o prêmio de artilheiro do Campeonato Paulista com 32 gols marcados, sem contar o time que, aos poucos, estruturava-se.

— Ali, no Paulista, o time ainda estava em formação. Muitos jogadores chegando. Não digo que não foi merecido o título do Corinthians, mas foi um campeonato bem disputado – relembra Antenor.

O TRI CONSECUTIVO

Regulamento de 1977: o Campeonato Brasileiro daquele ano contava com ainda mais times do que o do ano anterior. Eram 62 agremiações que disputariam o torneio. Os times seriam divididos em quatro grupos com dez clubes em cada e mais dois grupos com 11 times, e todos jogariam contra todos, em turno único. As cinco equipes de melhor campanha de cada chave se classificariam para a próxima fase e as demais iriam para a repescagem.

Na segunda fase, foram formados seis grupos de cinco equipes, e as três melhores de cada grupo se qualificariam após confrontos de turno único. Ao mesmo tempo, na repescagem, as demais agremiações, divididas em seis grupos, levariam o vencedor de cada chave para a terceira fase.

A terceira fase contava com quatro chaves de seis clubes, e só o vencedor de cada grupo avançava para as semifinais.

As semifinais seriam disputadas em jogos de ida e volta e, em caso de um duplo empate, o time de melhor campanha passava para a decisão. E desses duelos sairiam os dois finalistas, cujo time de melhor campanha geral jogaria a final em casa. Em caso de igualdade, o confronto seria definido nas penalidades.

*****

Depois de analisar a fundo os trunfos e deficiências do time durante o Campeonato Paulista, além de indicar reforços, Minelli fez uma série de modificações na equipe que disputaria o Campeonato Brasileiro – título mais almejado pela cúpula do Tricolor. E a mais impactante das modificações causou bastante polêmica na ocasião. Porém, convicto do que queria para o seu time, Minelli foi firme em sua decisão, contrariando parte da diretoria, a torcida e a imprensa.

O primeiro movimento do técnico foi o afastamento do craque uruguaio e ídolo são-paulino, Pedro Rocha. O comandante sabia da importância do atleta e o queria com ele, mas em outra função.

— Houve um certo desgaste quando eu tirei o Pedro Rocha do time. Mas eu ofereci a ele ser meu auxiliar e, futuramente, quando eu saísse, ele continuaria a carreira como treinador de futebol. Mais ou menos o que aconteceu com o Milton Cruz. O Pedro disse que não. Ele queria jogar. O meu time era um time taticamente muito bem-organizado, mas tecnicamente era um pouco limitado, então, eu precisava, dentro do meu sistema, de um jogador na posição do Pedro Rocha com característica diferente da dele, pois ele era um atleta que jogava mais com a bola no pé. Ele foi muito bom jogador, mas já estava cansado; estava com 34 anos. E aquele time sem o Pedro Rocha entrosou, foi ganhando, e ele foi ficando de fora.

Apesar de recusar a proposta e se surpreender com a decisão, o jogador respeitou a escolha do treinador e seguiu treinando normalmente.

— Ele trabalhou todas as vezes de uma maneira justa e honesta, sempre continuou trabalhando. Era evidente que ele era o nome do time, ídolo da torcida, favorito da imprensa, mas infelizmente eu tive que tirá-lo. E deu resultado.

Mesmo sendo bombardeado por todos os lados devido ao afastamento do meio-campo uruguaio, parte do elenco, que vivenciava os treinamentos e o dia a dia do clube, entendia a posição do comandante.

— A imprensa pedia a saída do Minelli, e fazia pressão para a volta do Pedro Rocha, que, na época, não tinha mais condições de jogar. Não era questão pessoal o Minelli não o escalar. Não escalava porque ele [Pedro Rocha] estava com uma idade avançada, fisicamente não acompanhava o ritmo de trabalho e o ritmo de jogo que o São Paulo tinha – garante o zagueiro tricolor Estevam Soares.

Além da situação de Pedro Rocha, o lateral Gilberto Sorriso se transferiu para o Santos e deixou Minelli com ainda menos opções.

Era hora, então, de ir ao mercado.

— O Minelli chegou e começou a fazer as mudanças durante o Campeonato Paulista. Para formar o time de 1977, houve a saída de alguns jogadores que já estavam há um bom tempo no São Paulo. Vieram alguns atletas que jogavam como ele gostava, que tinham um futebol como o do Rio Grande do Sul; um futebol mais força, mais veloz. Uns jogadores diferentes. Houve um tempo de adaptação. Mas não foi fácil, não. Foi meio complicado. Alguns jogadores deram certo, outros não – relembra Zé Sérgio.

Para o lugar de Gilberto Sorriso, Minelli já tinha o seu escolhido: Getúlio, do Atlético-MG, que além de ser bom marcador, era um dos laterais que melhor batia na bola. O atleta contava com uma verdadeira bomba no pé direito. O lateral-direito mostrou total surpresa pelo fato de o atual técnico, Bicampeão Brasileiro, querer contar com o seu futebol.

— Foi o Seu Minelli que me indicou para o São Paulo. Eu fiquei até meio bobo com a notícia. Eu comecei no Atlético aos 13 anos e depois fiquei sabendo que o São Paulo estava me querendo. Belo Horizonte era bem pequeno, não sabia se ia me acostumar em São Paulo, que tinha aqueles prédios daquele tamanho. Meu Deus do céu, que isso! Eu nem dormia à noite.

PERFECCIONISTA IMPULSIVO

Conhecido por seu lado extremamente exigente dentro de campo, Minelli era aquele tipo de pessoa que fora dos gramados tinha as suas manias. Não gostava de nada fora do lugar, pela metade e nem malfeito. Primava pelo perfeccionismo e se mostrava atento a tudo e a todos.

No dia da apresentação, assim que chegou para treinar, o recém-contratado Getúlio foi até o Tião, roupeiro do Tricolor, pegar o uniforme. Vestiu-se e seguiu para o campo. Assim que Minelli o viu, chamou-o para conversar. Atencioso e preocupado com cada atleta do seu elenco, queria saber do lado pessoal de seu novo lateral. O técnico prezava pelo bem-estar de seus jogadores e acreditava que se eles estivessem com a vida em ordem renderiam mais dentro das quatro linhas.

— Ele perguntou como eu estava. Quis saber da minha família. Nunca peguei um técnico assim – valoriza Getúlio.

Depois do papo sobre o extracampo, assim que Minelli colocou os olhos no uniforme de Getúlio, seu lado perfeccionista entrou em ação.

— Ele falou: "Essa camisa está rasgada. Vá trocar!". Pô, no Atlético jogávamos até com calção de pano e aqui o homem pediu para trocar. Quando fui trocar, o Tião me pediu desculpas.

Comandante exigente e detalhista com a bola rolando ou não, já que o rasgo em questão se tratava de um furinho milimétrico.

Além da chegada de Getúlio, o São Paulo, ao mesmo tempo, acertava a contratação do meia Neca. O jogador, aliás, agora se juntaria ao técnico que havia sido uma verdadeira pedra no seu sapato nos últimos anos. Isso porque, em 1975, quando Minelli estava no Inter, Neca atuava pelo arquirrival Grêmio, que nesse período sofria bastante com o Colorado, *vide* o Campeonato Gaúcho daquele ano. No ano seguinte, em 1976, mais uma ducha de água fria em Neca. O meio-campo se transferiu para o Corinthians, que graças a uma bela campanha, chegou à decisão do Campeonato Brasileiro. Contra quem? Minelli e o Internacional, que mais uma vez deixaram o jogador com o Vice-Campeonato.

A contratação do jogador, que vinha do Cruzeiro, dividiu opiniões. Por conhecer Neca de longa data, Minelli insistia que ele seria um ótimo reforço; sabia que era um meia armador e criativo, e que também chegava à frente para concluir as jogadas, marcando muitos gols. Parte da diretoria, todavia, estava com o pé atrás em investir na contratação do meio-campista, dada a maneira conturbada com que foi dispensado do Corinthians. Após Minelli expor a situação para o jogador, o próprio Neca, confiante no seu potencial, sugeriu que o Tricolor o contratasse por empréstimo e não em definitivo. Dessa forma, poderiam avaliar se ele valeria ou não o investimento. Então, o acerto aconteceu e Neca e Minelli, enfim, estavam do mesmo lado, prontos para o próximo desafio.

No mesmo período, o São Paulo acertava os últimos detalhes do jogador que era visto por Minelli como o substituto perfeito de Pedro Rocha – e coincidentemente também era um uruguaio. Darío Pereyra, um jovem atleta que desfilava seu futebol pelo Nacional, do Uruguai, e era um desconhecido para a maioria do público brasileiro. Porém, não para o técnico Rubens Minelli, que se encantou com a técnica e garra do meio-campista ao vê-lo pela primeira vez em ação, ainda na época de Internacional, em uma partida válida pela Taça do Atlântico de 1976 – um campeonato entre Brasil, Argentina, Uruguai e Paraguai. Os jogos em questão, cujo jogador chamou a atenção do treinador, foram entre Brasil e Uruguai. Darío Pereyra tinha a missão de marcar ninguém menos que o craque Roberto Rivellino, e apesar de sair derrotado das duas partidas, o jogador teve grandes atuações.

Na época do Inter, com Falcão, Caçapava, Batista, Jair e Carpegiani, Minelli tinha boas opções para o setor que o uruguaio jogava. Não havia, portanto, a necessidade da contratação. Mas o comandante sempre manteve Darío Pereyra em seu radar. E assim que chegou ao Tricolor do Morumbi, fez o *lobby* do atleta para o presidente. Minelli ainda foi ao Uruguai para assistir a uma partida do jogador em seu clube, e voltou com a certeza de que era de quem ele precisava.

— Será um jogador importantíssimo para o time e para o futebol que pretendo impor no São Paulo. Atua nas três posições do meio-campo com a mesma eficiência, possuindo ainda uma capacidade orgânica fora do comum – afirmou o treinador em entrevista à revista *Placar*, de outubro de 1977.

O São Paulo acertara a compra de Darío Pereyra – a segunda negociação mais cara da história do Tricolor até então –, mas teria que esperar para a assinatura do contrato do jogador. Isso porque a Associação Uruguaia de Futebol tinha uma regra que impedia que jogadores menores de 21 anos fossem vendidos para fora do país.

O elenco tricolor ainda não estava fechado, Minelli queria contar com mais dois reforços. Um ponta-direita veloz e incisivo e um zagueiro que chegasse para ser titular. Já tinham atuado na zaga, Tecão, Bezerra, Hermínio, Marinho, entre outros, mas nenhuma dupla mostrava o entrosamento que o técnico esperava.

O comandante buscava novos jogadores a fim de manter o esquema vencedor oriundo de sua época no Internacional, adaptando uma ou outra função, já que no São Paulo contava com jogadores de características e qualidades diferentes.

Mas, enquanto as novas contratações não chegavam, o Tricolor focava no Campeonato Brasileiro. A equipe do Morumbi pegou um grupo com agremiações de São Paulo e do Nordeste, em sua maioria. E logo de cara, o clube teria um *minitour* pela região Nordeste, durante as três primeiras rodadas, percorrendo Pernambuco, Paraíba e Alagoas.

Recife era a primeira parada. Confronto diante do Vice-Campeão Estadual, o Náutico. O Tricolor contou com as estreias de Getúlio e Neca e já somou pontos. Com gol do artilheiro Serginho Chulapa, o time conquistou a sua primeira vitória no torneio, por 1 a 0. Apesar da importância de se iniciar a competição vencendo e pontuando, o exigente técnico Rubens Francisco Minelli não gostou do futebol apresentado pelo São Paulo, justamente por saber que seus jogadores tinham qualidade para muito mais.

— O time me decepcionou. A única coisa válida foi termos vencido na estreia, mas podíamos ter jogado dez vezes mais. Em vez de o Náutico correr atrás de nós, como eu havia planejado, nós é que terminamos correndo atrás dele – afirmou o treinador em entrevista à revista *Placar*, de 21 de outubro de 1977.

Nos dois jogos seguintes, o time do Morumbi conseguiu mais um triunfo frente ao Botafogo, da Paraíba, por 2 a 0, e um empate sem gols diante do CSA, de Alagoas.

Até então, Minelli não havia encontrado a equipe perfeita. Além da posição de goleiro, que contava com um rodízio, jogo após jogo, o treinador trocava constantemente alguns jogadores à procura dos 11 iniciais. O que estava prestes a mudar, pois mais contratações indicadas pelo treinador estavam desembarcando no Morumbi.

Para compor o setor defensivo, Minelli indicou o jovem zagueiro Estevam Soares, que atuava pelo XV de Jaú. O jogador encarava a chegada ao São Paulo como sua grande oportunidade na carreira.

— Em 1977, eu estava viajando pela Europa e Ásia com a Seleção Paulista e recebi a notícia da contratação pelo São Paulo. Quando cheguei ao Morumbi, a felicidade de conhecer um treinador Bicampeão Brasileiro foi muito grande. Seu Minelli, que apostou na minha contratação, era uma lenda, um mito do futebol... Poder trabalhar com ele foi uma felicidade. Eu era um jovem de 21 anos e, a partir daí, comecei a me entregar de maneira intensa. Era uma luta constante. Primeiro, para me firmar como atleta profissional de um grande clube, depois para não decepcionar um treinador de tanto renome, que havia apostado todas as fichas na minha contratação – revela Estevam.

Além da zaga, o ataque também foi reforçado pelo Tricolor. O sonho e plano A de Minelli era o colorado Valdomiro, mas o jogador foi considerado inegociável pela diretoria do clube gaúcho. Com isso, o São Paulo partiu para o plano B e anunciou a contratação do ponta-direita do Grêmio, Zequinha. O treinador conhecia o atleta da época em que treinava o Colorado. E, assim como Neca, Zequinha também sofreu com Minelli e o Internacional nos Campeonatos Gaúchos de 1974, 1975 e 1976.

— Podem todos ficar tranquilos que ele terá funções importantes no esquema do São Paulo. Ninguém desconhece que gosto de armar meu ataque através de jogadas pelas extremas e que andei um bom tempo obrigado a me contentar apenas com o Zé Sérgio, tendo que deslocá-lo constantemente de um lado para o outro, a fim de evitar uma marcação que comprometeria todo o setor ofensivo. Além do mais, o Zequinha é um jogador que vai com facilidade à linha de fundo, cruzando com perfeição – garantiu o treinador Rubens Minelli, em entrevista à revista *Placar*, de 4 de novembro de 1977.

Zequinha não era o primeiro ponta-direita contratado e testado pelo comandante. Antes de, mais uma vez, pedir para a diretoria um atleta daquela posição, o treinador recebeu Marcos Cavalo, plano C na ocasião, vindo do Figueirense, clube catarinense no qual fez história. O jogador sentiu a pressão de vestir a camisa tricolor e, com o passar dos jogos, perdeu espaço e oportunidades.

Sem tempo a desperdiçar, pois queria ajustar o time o quanto antes, o comandante escalou os dois novos reforços no duelo seguinte, contra o XV de Piracicaba. O Tricolor até fez uma boa partida, mas não conseguiu furar o forte bloqueio defensivo da equipe do interior e ficou no 1 a 1. Se a vitória não veio, Minelli tinha ao menos um motivo para se animar. Durante a partida, ele trocou o zagueiro Marinho pelo lateral Antenor, deslocando Bezerra para a zaga. Tal mudança, que seria muito importante para o São Paulo ao longo do campeonato, dava maior poderio ofensivo ao time do Morumbi pelas laterais e mais consistência na zaga. Uma sacada e tanto do técnico.

Depois de, enfim, completar seus 21 anos e assinar contrato com o São Paulo, Darío Pereyra tinha tudo para estrear no Choque-Rei. Porém, Minelli e a torcida tricolor tiveram que segurar a ansiedade pela escalação do uruguaio, pois, como seu visto de trabalho ainda não havia sido emitido, ele não podia ser inscrito no Campeonato Brasileiro.

Com o time em formação, o São Paulo teve problemas frente a um Palmeiras ajustado e com jogadores que desequilibravam. Um deles, Jorge Mendonça, que tomou conta do jogo e, com dois gols, definiu o placar. A expulsão de Serginho acabou por "matar" o time do Morumbi.

— Por não termos começado bem o campeonato, a equipe do São Paulo procurava um posicionamento, um acerto – relembra Estevam.

O Alviverde disparava na liderança do grupo. Sem querer se distanciar do rival, o Tricolor, com mais uma sequência de equipes nordestinas pela frente, dessa vez em São Paulo, precisava de vitórias para se classificar para a próxima fase.

Para abrir a segunda série de duelos, o São Paulo enfrentaria o Santa Cruz. Sem poder contar com Serginho Chulapa, suspenso, Minelli apostou na escalação de Mickey no ataque. O centroavante bem que tentou, mas foi o atacante Müller, que entrou na etapa final, o responsável por colocar o Tricolor em vantagem e garantir o triunfo. Müller, até então, era uma espécie de amuleto de Minelli no segundo tempo – assim como fora Escurinho no Internacional –, e se não marcava tantos gols quanto o jogador colorado, era responsável por colocar fogo no jogo e criar boas jogadas quando entrava.

Sedento por balançar as redes depois de ficar de fora pelo cartão vermelho recebido contra o Palmeiras, o artilheiro Serginho Chulapa novamente mostrou suas credenciais. O atacante infernizou a defesa do Treze-PB durante o jogo e assinalou os três gols do Tricolor e da partida. São Paulo 3 a 0. Sport e CRB também foram presas fáceis para o Tricolor, que não teve trabalho para chegar à vitória com placares de 2 a 0 e 4 a 0, respectivamente. Nessas partidas, há de se destacar o polivalente e coringa de Minelli, o jovem Viana, que substituiu Zé Sérgio com maestria desde a partida contra o XV e ficou no foco do treinador.

Os resultados garantiram a equipe do Morumbi na fase seguinte do Brasileiro. Com o São Paulo, que ficou com a segunda colocação do grupo, atrás apenas do Palmeiras, classificaram-se Santa Cruz, XV de Piracicaba e CSA.

Agora na segunda fase, o Tricolor teria a companhia de mais quatro times: Corinthians, America-RJ, Internacional e Brasília. Sendo que apenas três deles avançariam para a terceira fase do campeonato.

Com poucos times no grupo, cada ponto e vitória seriam fundamentais para que o Tricolor conseguisse a classificação. Não existia espaço para tropeços. E já na primeira partida, o São Paulo teria pela frente o clássico contra o Corinthians.

Serginho Chulapa era desfalque certo no Majestoso para a tristeza da torcida tricolor e do técnico Rubens Minelli. Zé Sérgio, um dos destaques da equipe durante a temporada, também não estava 100% e acabou no banco de reservas. Mickey e Viana foram os substitutos. E a falta de entrosamento no setor ofensivo foi sentida. O treinador quase não viu seus jogadores de frente produzirem. E lá atrás, o desempenho dos são-paulinos foi ainda pior. Se não bastasse o espaço e as más atuações da zaga tricolor, incluindo a expulsão de Estevam Soares, o goleiro Waldir Peres falhou em dois lances, justamente nos gols de Geraldo e Romeu.

Em uma atuação para ser esquecida pelo São Paulo, o Timão venceu o jogo, somou seus primeiros três pontos na segunda fase e colocou uma pressão enorme no rival para a sequência do Brasileiro.

— O pessimismo começou a tomar conta de todo mundo. Da diretoria, da imprensa, da torcida, dos jogadores de um modo geral, só não do treinador. E aí, o líder despontou. Rubens Minelli apareceu dando tranquilidade, abraçando e protegendo todo o elenco do São Paulo. Acima de tudo e, mais importante, junto com a sua comissão técnica, que era o Mário Juliatto, o Medina e Pedro Oswaldo Beagim trabalharam muito. Incansavelmente. Em alguns momentos, depois de algumas derrotas, nós mesmos não acreditávamos ser possível a classificação para as outras fases, quanto mais chegar ao título Brasileiro. E ele sempre firme, com a postura de vencedor, foi nos passando essa confiança, foi nos transmitindo essa determinação, e, a partir da metade do campeonato, a nossa equipe se acertou – revela Estevam Soares.

Minelli e sua comissão técnica se mostravam fortes e blindavam o elenco para que o pior não acontecesse. Confiavam em seu trabalho e em seu grupo.

Depois de uma semana de muito trabalho tático, físico e psicológico, somada a alguns retornos importantes, o Tricolor estava preparado para a próxima rodada diante do Brasília, o jogo que já seria fundamental por si só ganhou um peso ainda maior por conta da última derrota.

Para o duelo contra o Brasília, Minelli, enfim, encontraria a escalação ideal que tanto procurava. No gol, o rodízio se mantinha, mas, dessa vez, era Waldir Peres que estava debaixo das traves. Na lateral direita, Getúlio era figurinha carimbada. Na zaga, Estevam, que havia sido expulso, deu lugar a Tecão, que tomou conta da posição e encaixou com Bezerra, agora zagueiro. Na lateral esquerda, Antenor, apesar de ser destro, era o mais novo titular. No meio, a trinca era formada por Chicão, Teodoro e Neca; e lá na frente Zequinha, Zé Sérgio e Serginho Chulapa completavam o time.

A confirmação de que Minelli tinha acertado a mão na escalação foi o resultado de 5 a 0 para o Tricolor, que contou com uma atuação de gala de seus jogadores. Time obediente, raçudo e eficiente. Esse era o São Paulo de Minelli.

— No Paulista, o Professor conseguiu dar uma estrutura tática do jeito dele. No Brasileirão da época, o grupo já estava muito confiante e, no decorrer dos jogos, o Professor fazia as mudanças e o time ficava mais forte – conta Viana.

O duelo também marcou o retorno do atacante Mirandinha, que depois de três anos e quatro cirurgias, voltou a entrar em campo e se tornou mais uma opção para o comandante no setor ofensivo. Minelli ensaiava, há algumas partidas, escalar o jogador e, em um confronto já definido, viu a oportunidade perfeita de colocá-lo em campo para que pudesse participar por alguns minutos e retomar aos poucos o ritmo de jogo.

O triunfo encheu de moral os são-paulinos, que teriam uma pedreira e tanto pela frente. Era o Internacional. Confronto para lá de especial para o comandante tricolor, que, pela primeira vez, enfrentaria o time no qual fez história.

INQUILINO INDIGESTO

Sabe aquela sensação de se sentir em casa, mas, no fundo, saber que ela não te pertence? Sim, era esse sentimento de *inquilino* que Rubens Minelli teve em sua chegada ao Rio Grande do Sul, a Porto Alegre e ao Beira-Rio.

Apesar de muita coisa ter mudado desde a sua saída do Colorado, o comandante tinha fresco em sua memória cada trunfo e deficiência dos seus ex-jogadores. Muitos ainda permaneciam lá, casos de Cláudio Duarte, Batista, Falcão, Jair, Valdomiro e Escurinho. E Minelli sabia bem como enfrentá-los e usar a seu favor as deficiências de cada um.

O Internacional, com uma vitória e um empate, estava à frente do Tricolor na classificação e jogando em casa queria abrir ainda mais vantagem.

Do lado do Colorado, o volante Batista, revelado por Minelli na equipe gaúcha, sabia da competência do seu ex-comandante e de como ele poderia complicar a partida.

— Isso de o Internacional enfrentar o Minelli era coisa da imprensa. Conversávamos sobre isso, de que "vamos enfrentar o time do homem". Entretanto, no jogo, você enfrenta o time adversário. É uma dinâmica do futebol, se torna comum. O jogador está acostumado com isso. Mas, sem dúvida, ele era um técnico que respeitava a característica dos jogadores e sabia tirar o melhor e explorar o máximo de cada um.

Talvez ansioso ou quem sabe prevendo muito trabalho, o técnico Rubens Minelli desembarcou em Porto Alegre um dia antes da delegação para se preparar para o confronto. Sabia da pressão e do clima pesado e negativo que enfrentaria, principalmente fora das quatro linhas. Tinha uma ligação forte e um sentimento de gratidão com a equipe colorada, que o elevou de patamar no futebol brasileiro. Por isso, pregava muito respeito ao, agora adversário, Internacional.

O treinador fez muitos amigos na cidade, como, por exemplo, o lendário Magrão, mecânico, amigo pessoal de Tim e churrasqueiro de mão cheia, que conquistou toda a família Minelli pelo seu jeito divertido e espirituoso de ser. Outros deles, diretores do próprio Internacional, que o visitaram antes do jogo. Sempre "faladores", já davam como certa a derrota são-paulina e convidaram o comandante para um churrasco depois da partida. Na visão deles, seria um prêmio de consolação após a derrota.

No entanto, nada nem ninguém estava mais focado no duelo do que o próprio comandante tricolor, que começava a usar seu "campinho" para colocar em prática a sua especialidade: a parte tática.

Para o confronto, o São Paulo manteve a equipe da goleada sobre o Brasília, com exceção do goleiro. O arqueiro Toinho ganhava uma oportunidade. Além disso, Minelli contava com uma grande novidade no banco de reservas, a presença do uruguaio Darío Pereyra, pela primeira vez à sua disposição.

O comandante traçou algumas estratégias para que seus jogadores seguissem no complicado duelo. A primeira delas seria tentar anular a principal arma colorada, o meio-campo. Sabia que Falcão, Batista e Jair eram a alma do time e os atletas que ditavam o ritmo do jogo. Se conseguisse segurá-los, seria meio caminho andado. Chicão e Teodoro foram os soldados escalados para essa importante missão.

Já na parte ofensiva, Minelli apostava as suas fichas no rápido e habilidoso Zé Sérgio, que vivia ótima fase. E assim que teve a confirmação de que o seu velho amigo e lateral-direito, Cláudio Duarte, estava escalado, o treinador sabia que, por ali, seria o *mapa da mina*. Minelli conhecia bem Claudião. Sabia que o veterano jogador estava prestes a encerrar a sua carreira e que convivia constantemente com problemas físicos. Sendo assim, não teve dúvidas e colocou a velocidade do jovem ponta-esquerda tricolor para incomodar o ex-comandado.

Com a bola rolando, o mandante Internacional tentou ir para cima do Tricolor, mas com um meio-campo bastante congestionado, tinha dificuldades em atacar. Enquanto isso, o São Paulo usava e abusava dos contra-ataques. O primeiro gol do jogo saiu de um chute despretensioso de Teodoro, do meio da rua, que o goleiro Benítez aceitou. Tricolor na frente, 1 a 0.

Batista chamou o jogo para si e criava as melhores investidas do Colorado, mas todas paravam em Toinho, em noite inspirada. Foi, então, que o plano ofensivo do treinador começou a dar resultado e Zé Sérgio passou a infernizar o lateral-direito Cláudio Duarte. No primeiro lance, o ponta-esquerda ganhou na corrida do jogador colorado e cruzou na medida para Serginho Chulapa fazer o segundo gol da partida, 2 a 0. E, quando a primeira etapa se encaminhava para o fim, mais uma vez o são-paulino arrancou pela ala esquerda, deixou para trás Cláudio Duarte, passou por Carlão e tocou na saída do goleiro, ampliando a contagem. Era o terceiro.

A goleada tricolor fez a torcida colorada se enfurecer. Parte da torcida deixou o estádio do Beira-Rio no intervalo, e os que permaneceram se viraram contra o próprio time e, ironicamente, soltavam gritos de: "Mais um! Mais um!", "pedindo" para que o São Paulo aumentasse o placar.

Na segunda etapa, o Colorado estava praticamente entregue. E logo nos primeiros minutos, o endiabrado Zé Sérgio iniciou mais uma jogada pelo flanco esquerdo e achou Serginho, sem marcação, dentro da área, para fazer o quarto. No fim da partida, Escurinho diminuiu para o Colorado, mas de nada adiantou.

A aguardada estreia de Darío Pereyra também aconteceu e, nos minutos em que esteve em campo, o uruguaio mostrou que seria peça importante para essa arrancada final do São Paulo no Campeonato Brasileiro.

Presente em campo naquele dia, o meia Jair credita o triunfo tricolor ao seu ex-comandante, que mais uma vez mostrou seu lado tático aguçado.

— O jogo de 1977, Inter e São Paulo, no Beira-Rio, foi bem atípico. O Minelli era um grande treinador, bem-organizado taticamente. Além disso, ele havia saído do Beira-Rio e nos conhecia como nunca; todos os mínimos detalhes dentro e fora de campo. Então, o que ele fez? Neutralizou o nosso meio de campo, que, não tendo a articulação, automaticamente ficávamos sem contra-ataque. Porque a gente fazia o pega-pega, jogava no contra-ataque e pegávamos os times de "calça na mão", e o que aconteceu? Ele neutralizou o meio. Nós, que não atacávamos, fomos obrigados a atacar e ele aproveitou o contra-ataque. Nós poderíamos ficar a tarde toda jogando que não íamos ganhar a partida e o São Paulo ia ficar o dia inteiro fazendo gols, porque o Minelli conhecia tudo do nosso time. Essa foi a vantagem que ele teve. E ele, como grande treinador que foi, esperto, inteligente, nos neutralizou e nos matou. Ele jogou no contra-ataque e cada contra-ataque que fazia era um gol. E essa foi a diferença em 1977. Parabéns para ele por essa façanha!

Além dos méritos a Minelli e seus comandados, o grande culpado pelo resultado na opinião de parte da imprensa da época acabou sendo Cláudio Duarte, que naquele dia também faria sua última partida como jogador profissional. Em entrevista à revista *Placar*, de 3 de fevereiro de 1978, o jogador deu sua versão sobre o confronto.

— No vestiário, falei para a turma: "Tomara que culpem a mim". Sei como são as coisas quando o time perde. Tem que haver um bode, e eu não queria que pegassem no pé de um mais jovem. Pois olha, dito e feito! Li e ouvi que fui culpado de três gols. Mas, sinceramente, acho que só tive culpa no gol do Zé Sérgio. Quando ele passou, pensei em atirá-lo na pista de atletismo, como sempre fiz. Tentei firmar a perna e, pela primeira vez, senti que não tinha firmeza nela.

O triunfo foi fundamental tanto para a classificação da equipe na competição, quanto para o moral dos jogadores, que foi lá para cima depois da ótima vitória e atuação em solo gaúcho.

Ao final da partida, a diretoria colorada ficou impressionada com o "xeque-mate" de Minelli em seu ex-clube e, a pouco tempo da próxima eleição presidencial do Internacional, alguns dos candidatos à presidência prometiam com todas as forças tentar viabilizar o retorno do técnico Rubens Minelli ao Colorado, caso fossem eleitos. Tal questão chegou aos ouvidos do mandatário tricolor Henri Aidar, que respondeu à altura a audácia do seu adversário.

— Não foi o Internacional que convidou, foram os dois candidatos à presidência do Internacional. Mas é tanto empenho, de maneira que eles inclusive galgam a sua campanha eleitoral na contratação do Minelli. Eu acho que se o Minelli for para a presidência do Internacional nós nada teremos a opor, ele irá. Mas, como técnico, ele continuará no São Paulo – ironizou o presidente do São Paulo em entrevista ao jornalista Juarez Soares, repórter do programa *Copa Brasil*, da TV Globo, apresentado pelo jornalista Léo Batista e que serviu de piloto para a posterior criação do *Globo Esporte*, em agosto de 1978.

O *inquilino*, mais uma vez, sentiu-se à vontade, aproveitou toda a hospitalidade dos donos da casa e terminou sua visita com um bom e velho churrasco gaúcho. Saboroso para uns, nem tanto para outros.

HORA DOS SACRIFÍCIOS

Com a vitória maiúscula dentro do estádio do Beira-Rio, o Tricolor Paulista estava mais vivo do que nunca na competição.

— O jogo do Inter nos alavancou a nível nacional. Ganhar do Inter dentro do Beira-Rio nos deu moral e nos deu a ideia de que podíamos chegar lá. Nosso psicólogo na época era o Minelli, não tinha outro. Parecíamos soldados que iam para a guerra. Mentalizávamos tudo o que precisávamos fazer e estávamos prontos para provar que tínhamos condição de conquistar – relembra o goleiro Toinho.

Na última rodada da segunda fase, o São Paulo teria pela frente o America-RJ para garantir a classificação para a terceira fase. Minelli usou a mesma escalação do *show* tricolor em Porto Alegre. No entanto, dessa vez, jogando no Maracanã, a equipe do Morumbi ficou apenas no empate de 0 a 0. Mesmo assim, garantiu sua vaga para a fase seguinte, na segunda colocação do grupo. Também se classificaram o líder Corinthians e o próprio America-RJ, que acabou sendo o terceiro colocado.

Em seu novo grupo, em busca de uma vaga nas semifinais, o São Paulo duelaria com Grêmio, Botafogo-SP, Ponte Preta, Sport e XV de Piracicaba. Porém, os jogos demorariam um pouco mais do que o normal para acontecer. Isso porque, como a competição se iniciou em 1977 e continuou em 1978, os jogadores não tiveram a pausa para as férias. Portanto, antes do início da terceira fase do Campeonato Brasileiro, os jogadores teriam aproximadamente um mês de descanso.

Bom, isso é o que todos os jogadores tinham em mente, mas não Minelli e a sua comissão técnica. Prezavam por uma condição física de excelência e sabiam que a paralização faria com que os jogadores ganhassem alguns quilinhos a mais e perdessem potência e ritmo de jogo.

Sendo assim, o *staff* são-paulino, vislumbrando ficar à frente dos demais adversários após a parada, traçou uma estratégia para lá de polêmica. O preparador físico João Paulo Medina tratou de preparar uma cartilha para os jogadores seguirem durante o período de recesso. Na cartilha, havia recomendações de exercícios e de alimentação para serem seguidas durante as “férias”.

— Eu conversei com o Minelli e falei que íamos dar umas férias de mentira. "Vamos dar um programa para que eles cumpram durante as férias." E o Minelli perguntou: "Você acha que o Serginho vai treinar?" Aí, colocamos o Zé Sérgio em cima dele, falando que seríamos Campeões e que ele era fundamental. Então, o Zé tinha que levar o Serginho para o bosque do Morumbi para fazer os exercícios. Encostamos os jogadores mais regrados perto dos mais malandros para ficarem em cima deles. Se fizéssemos isso, ficaríamos na frente dos outros times. Voltamos cheios de gás, com um preparo físico invejável – revela o preparador físico João Paulo Medina.

Apesar de muitos não terem gostado da "lição de casa" passada por Medina, como bons profissionais, seguiram à risca as recomendações. Cada um do seu jeito. Muitos preferiam treinar sozinhos para que não houvesse distrações durante as atividades. Além disso, não podiam deixar de lado uma boa alimentação.

— O Medina era muito rígido no que diz respeito à obediência. Tínhamos que obedecer às recomendações da cartilha. Não podíamos fugir daquilo que havíamos colocado em prática para que não caíssemos de rendimento, porque, para se recuperar depois, demora, não é tão rápido. E essas recomendações foram válidas para a equipe chegar aonde chegou. Sem contar a alimentação que tínhamos. Eu não comia salada, massas. E de acordo com a determinação, eu precisava comer. Comia com rapadura, porque sou do Nordeste, para me adaptar – detalha o goleiro Toinho.

— O Medina nos reuniu e disse que íamos ficar parados por um tempo. Então, teríamos que fazer isso, isso, isso e isso... – relembra Getúlio, que sofreu bastante na pausa por conviver constantemente com uma briga com a balança.

Outros atletas, ainda mais preocupados com a parte física, fizeram questão de se preparar com o auxílio de um profissional do ramo. O lateral Antenor, por exemplo, que havia acabado de conquistar uma vaga entre os titulares, não queria dar "sopa para o azar" e perder a posição. E coincidentemente acabou se preparando com um amigo de longa data e que, por obra do destino, mais tarde, também se transformaria em um grande rival.

— Cada um foi para o seu Estado ficar esse período com a família, mas, bem recomendados, estávamos conscientes de que tínhamos que nos preparar nesse período. Inclusive, eu que sou de Minas e joguei no Atlético, me preparei com o preparador do Atlético, que me falou que se eu quisesse podia treinar com ele e com o João Leite umas duas, três vezes por semana. Treinei com eles na Vila Olímpica do Atlético e não imaginava que fôssemos nos encontrar na final. Isso foi muito interessante – conta o lateral.

Os jogadores puderam passar as festas de fim de ano ao lado dos amigos e dos familiares, e permaneceram sem entrar em campo do dia 18 de dezembro de 1977 – data da última partida diante do America-RJ, pela segunda fase do Campeonato Brasileiro – ao dia 28 de janeiro de 1978, quando teriam duelo marcado contra o XV de Piracicaba, válido pela primeira rodada da terceira fase da competição.

Na reapresentação do elenco, Minelli e Medina gostaram do que viram. E estavam otimistas de que todo esforço e sacrifício dos jogadores trariam resultados.

— Avaliamos os jogadores antes e depois que voltaram e perdemos só 12% da forma física. Então, conseguimos manter. Quando os adversários trabalhavam força, a gente estava na frente, trabalhando a velocidade. E foi isso que fizemos e acho que foi fundamental para ganharmos – garante o preparador físico João Paulo Medina.

— Todos se prepararam e abdicaram das férias. Na análise que fizemos quando eles saíram e quando voltaram, vimos que todos tinham se cuidado – detalha o comandante.

No entanto, não foi somente a parte física que o *staff* são-paulino tratou de aperfeiçoar. Taticamente e, principalmente tecnicamente, os jogadores tricolores foram treinados individualmente para que pudessem evoluir. Dois dos principais jogadores que participaram dessa etapa foram destaques da equipe: Serginho Chulapa e Zé Sérgio.

— Nós ensinamos o Zé Sérgio a driblar para os dois lados, porque ele só driblava para um. Ele se sobressaiu, mas depois começou a cair de produção, porque, por mais rápido que fosse, ele driblava só para um lado, então ao término do treino eu ficava fazendo o complemento com ele – lembra Medina.

O trabalho com o centroavante foi ainda mais detalhado e com certeza rendeu frutos.

— Sabe qual foi o detalhe para o Serginho crescer tanto e marcar gols? Ele era centroavante que caía para o lado esquerdo. Então, se ele estava vendo o gol de frente e caía pelo lado esquerdo, passava a ver somente um pedacinho do gol. Aí, eu o coloquei em cima do quarto zagueiro. Dessa maneira, ele sempre jogaria do lado direito, e quando driblava, estava com o gol de frente. Nós ensinamos ele a chutar com a perna direita; ensinamos ele a tocar a bola com a perna direita no ar. Eu tinha feito uma forca na área de treinamento, um pêndulo, no qual a bola ia e voltava. E ensinamos ele a cabecear e preparar para os outros caras. Ele ficava com a cabeça desse tamanho [inchada] – detalha o técnico Rubens Minelli.

O pêndulo criado por Minelli para Serginho e companhia treinarem era o seguinte: um poste de dez metros, feito em cimento, que ficava no centro. Dos lados, foram construídas duas hastes de ferro que foram fincadas no poste e que serviam de sustentação para os seis metros de madeira na parte de cima. Passando sobre essa madeira, ficavam cordas com engrenagens que serviam para ajustar a altura do pêndulo. Em sua ponta havia ganchos, responsáveis por prender as bolas. De um lado, ficava uma bola de vôlei, pois, por ser mais leve, era mais difícil de acertar; e no outro lado, uma de futebol, para simular o que acontecia nos jogos. Cada lado possuía um piso diferente. Um deles era de grama, assim como o campo em que jogavam; e outro de areia, que seria responsável por potencializar cada um dos movimentos. O intuito do pêndulo do comandante era ajudar seus jogadores a ter melhor tempo de bola e mais alcance e impulso no jogo aéreo.

Pêndulo no caderno de imagens: foto 12

Era hora, então, de ver na prática a condição e o desenvolvimento dos são-paulinos e colocar à prova todo o planejamento feito por Minelli e sua comissão técnica.

O jogo do retorno seria em casa, diante do XV de Piracicaba. O Tricolor foi surpreendido logo no começo com um gol do Nhô Quim, fato fundamental para a equipe acordar e, enfim, lembrar-se de que o Campeonato Brasileiro tinha recomeçado. Daí para frente, não só a qualidade, mas o preparo físico do São Paulo fez a diferença. Os jogadores percorriam o campo todo com mais disposição, não existia bola perdida. E o resultado veio. Com bela atuação do trio Serginho Chulapa, Zé Sérgio e Neca, a equipe do Morumbi novamente tomou as rédeas da partida e venceu o jogo pelo placar de 4 a 2.

— Quando uma equipe sai de férias e retorna, ela tem um planejamento. Tínhamos uma condição melhor do que a dos rivais. A obediência desse grupo e desses jogadores foi muito grande e foi o que fez a equipe chegar aonde chegou. Tínhamos que manter o condicionamento físico. Quando se tem um comandante que extrai o máximo de você, como nesse caso, o time chega aonde chegou – afirma Toinho.

Na sequência, o Tricolor foi para Campinas. Tinha pela frente a Ponte Preta, uma equipe vista pelo técnico Rubens Minelli como bem organizada e competitiva, desde as finais do Campeonato Paulista. Por isso, previa um jogo duro e acreditava que, em caso de sucesso, o São Paulo ganharia corpo na briga pelo Campeonato Nacional.

E quem, mais uma vez, garantiu a vitória tricolor foi o goleador Serginho Chulapa, que anotou dois tentos, no 3 a 1 para o time do Morumbi, e entrou na disputa pela artilharia do torneio, com 12 gols marcados.

Para o lateral Antenor, a partida ficou marcada por um comentário feito pelo volante Chicão, que ocorreu após triunfo sobre a Macaca.

— Estávamos em um jogo em Campinas, contra a Ponte Preta, que tinha Dicá, Lúcio... E eu marquei o Lúcio. Foi um jogo dificílimo. Eu me recordo que até o Chicão nos falou. Na resenha depois daquele jogo, o Chicão disse: “Nós estamos com pinta de Campeão”.

O sentimento não foi exclusivo do capitão tricolor. Após o resultado, o irmão do treinador, Ruy, confidenciou um papo que teve com Rubens, cujo comandante demonstrou sua empolgação depois de garantir mais três pontos.

Segundo Ruy, Minelli afirmou que se vencesse a Ponte Preta – uma equipe entusiasmada e que possuía um excelente conjunto –, o São Paulo seria Campeão Brasileiro, nem que fosse na disputa de pênaltis.

Apesar da empolgação pela boa fase, o técnico não deixava a euforia passar para o grupo nem tomar conta dele mesmo. E o destino, outra vez, fez com que Rubens Minelli tivesse que se reinventar na reta final se quisesse chegar ao tão sonhado objetivo. E tudo aconteceu depois da partida frente ao Botafogo, de Ribeirão Preto, que já havia sido um dos carrascos do São Paulo no Campeonato Estadual.

Dentro de campo, Tricolor e Pantera fizeram um jogo bastante equilibrado, mas duas grandes polêmicas, definitivamente, determinaram os rumos da partida. A primeira delas aos 13 minutos da etapa final. O ex-são-paulino Terto recebeu lançamento em profundidade, ganhou de Bezerra na corrida e cruzou para a área onde Sócrates cabeceou para o fundo das redes, 1 a 0 Botafogo. A confusão se deu pelo fato de a bola ter saído pela linha de fundo antes do ponta-direita da equipe do interior alçar na área. Por esse motivo, o zagueiro são-paulino, que ficou pedindo insistentemente a saída da bola, afrouxou a marcação e deixou o adversário seguir com o lance.

Como se não bastasse uma jogada polêmica, no último lance do jogo ocorreu outra que gerou discussão da mídia e da equipe do Morumbi. Serginho recebeu passe por elevação, na entrada da área, de Zé Sérgio e, de primeira, completou para o gol. Foi uma explosão de alegria e, quando o centroavante e todo o time do São Paulo saíam para comemorar, o auxiliar Vandevaldo Rangel levantou a bandeira e marcou impedimento. Todos ficaram enfurecidos, mas ninguém tanto quanto o autor do gol. Após a marcação, o camisa 9 do São Paulo, possesso, correu em direção ao auxiliar e, no meio da confusão, muito nervoso e tomado pelo sentimento de injustiça, perdeu a cabeça e chutou a canela do bandeira.

O prejuízo foi ainda maior para Minelli e o Tricolor que, além dos três pontos, viram seu principal jogador ser expulso.

— Eu conversava com ele [Serginho] e procurava orientá-lo para que fosse menos explosivo. Só que, às vezes, um cara dava um pontapé em um companheiro e ele já queria ir lá revidar e dar um pontapé no cara. Eu falava que ele podia tomar um amarelo por besteira e ficar fora do próximo jogo. Mas ele nunca me criou problemas – garante o treinador Rubens Minelli.

PODIA SER PIOR

Sem tempo para seus afazeres particulares durante a semana por conta da movimentada rotina como treinador, Minelli aproveitava os dias de folga para resolver as coisas normais de qualquer cidadão, como, por exemplo, arrumar o carro.

Anos depois do ocorrido contra o Botafogo, de Ribeirão Preto, no Brasileiro de 1977, o treinador estava descansando em sua chácara, em Valinhos, quando resolveu ir até o seu mecânico Moacir, em Campinas, consertar o carro. Minelli teve que deixar seu carro por lá e, no momento em que procurava um táxi para voltar, Moacir pediu a um amigo que tinha acabado de buscar seu carro para dar uma carona ao comandante.

De prontidão, Minelli aceitou a gentileza e, quando eles estavam dentro do carro, a caminho da chácara, o tal amigo resolveu se apresentar: "Seu Minelli, o senhor sabe quem eu sou?". O técnico respondeu: "Não, infelizmente eu não o conheço". E o condutor completou: "Você tem uma mágoa muito grande de mim. Eu sou o Vandevaldo Rangel, o bandeirinha que atuou naquele jogo". Surpreendentemente, Minelli respondeu: "Olha, muito obrigado". Sem entender, Vandevaldo retrucou: "Por quê?". Da maneira mais sincera possível, o comandante tricolor desabafou: "Porque eu ia te dar um soco na cara, e talvez eu fosse até banido do futebol, mas o Serginho me antecipou e deu um bico em você".

Vandevaldo não esperava tamanha transparência, e revivendo em sua mente o lance, jurou de pés juntos que, naquele lance, achou que Serginho estava impedido. Contudo, Minelli, o prejudicado na época, não conseguiu acreditar, mas nem por isso deixou de agradecer a carona.

Com a maratona de jogos da terceira fase, o São Paulo entraria em campo novamente sem tempo de lamentar a derrota. O Sport seria o adversário, e essa foi uma partida em que o trabalho do elenco durante as férias, para manter a condição física apurada, foi fundamental.

O Tricolor entrou desligado no duelo e viu o Leão abrir dois gols de vantagem. Porém, com Mirandinha no comando do ataque, substituindo Serginho, suspenso, o São Paulo resolveu ir para cima, fez o abafa com a marcação pressão, típica dos times de Minelli, e no fim do primeiro tempo chegou à igualdade.

O jogo reiniciou e, em menos de 15 minutos, o time do Morumbi, que continuou em cima do seu adversário, colocou dois gols de vantagem no marcador. Antes do apagar das luzes, o Rubro-Negro fez mais um, mas não foi o suficiente, 4 a 3 para os paulistas. A nota triste ficou pela contusão de Tecão, dando lugar a Estevam, que retornara à zaga são-paulina.

A vitória rendeu a liderança do grupo ao Tricolor Paulista, que ainda não havia assegurado a classificação para a próxima fase. Para garantir a vaga nas semifinais, o São Paulo, que duelaria contra o Grêmio na rodada final, precisaria no mínimo de um empate para que não fosse mais alcançado pelos rivais.

Na partida derradeira, no Morumbi, frente ao Tricolor Gaúcho, o São Paulo contava com o retorno de Serginho e a presença de Estevam entre os titulares. Desde o começo, os paulistas foram em busca do resultado. Logo aos 23 minutos, o primeiro gol saiu. E foi uma pintura. Falta para o Tricolor Paulista da intermediária. O lateral Getúlio, conhecido por ter um canhão na perna direita, surpreendeu a todos, pegando a bola e se ajeitando para o disparo. Os companheiros do são-paulino o olharam sem entender a cobrança, já que o local da infração era bem distante da meta do goleiro Corbo, mas, confiante, ele resolveu arriscar.

— O Chicão veio me falar: "Tá do meio da rua, não vai bater". Quando o cara [goleiro] tirou a barreira, respondi: "Vou bater direto, Chicão". E fiz um gol do meio da rua – detalha Getúlio.

O São Paulo viria a ampliar com Serginho e Mirandinha. Éder faria o de honra do Grêmio, que de nada adiantou, pois Minelli e seus comandados estavam nas semifinais.

Ao lado do Tricolor Paulista, avançaram para as semifinais Operário, Londrina e Atlético-MG. A nova missão são-paulina seria, em duas partidas, despachar a equipe do Mato Grosso do Sul e chegar à grande decisão.

A comemoração de Minelli, sua comissão técnica, da cúpula tricolor e de alguns de seus amigos pessoais, como o turco Rafi, tinha local certo para acontecer. Como de costume, a celebração após as vitórias ocorria no bairro de Santo Amaro, mais precisamente na pizzaria Paulino. Rubinho, filho de Minelli e apaixonado pelas resenhas do meio, acompanhava o treinador constantemente. Além das *pizzadas* depois dos triunfos, também era comum, às segundas e sextas, após os treinamentos, irem ao bar Berlim para um bate-bola sobre o momento do clube, os adversários e os futuros planos para o Tricolor. Regado a *chopp*, petiscos típicos alemães e muita conversa, as reuniões eram o desafogo do comandante diante do estresse diário que o futebol gerava.

DE OLHO NA DECISÃO

Diferentemente dos últimos campeonatos, em que Minelli, no comando do Internacional, enfrentou nas semifinais os poderosos Fluminense e Atlético-MG, consideradas as equipes a serem batidas em 1975 e 1976, dessa vez o adversário era uma surpresa, o Operário Futebol Clube.

No Galo – apelido da equipe sul-mato-grossense –, atuavam alguns velhos conhecidos do comandante tricolor. O mais importante deles era o goleiro Manga, que fez história com o treinador no Internacional, nos dois anos anteriores. Além dele, o lateral-esquerdo Escurinho II, revelado pelo Inter, e irmão do meia-atacante do Colorado, também estava no clube quando Minelli era o técnico.

Sabendo que precisava respeitar o adversário – não em excesso – e fazer o resultado dentro de casa, Rubens Minelli armou um São Paulo ofensivo e "pegador" contra o Operário. Sacou Neca e Zequinha do time titular e apostou em Darío Pereyra e Mirandinha.

O Tricolor martelava, mas não concluía as chances em gol. Foi quando Minelli fez o simples. Deu um passo para trás para dar dois para frente e colocou novamente os titulares em campo. Zequinha e Neca, ainda mais motivados, entraram e tornaram o time do Morumbi mais efetivo. Resultado? Um 3 a 0 de respeito para um estádio completamente tomado pela torcida tricolor. E, para variar, o artilheiro Serginho Chulapa deixou sua marca em duas oportunidades e chegou aos 15 gols e à vice-artilharia do Campeonato Brasileiro.

— O jogo principal que fez com que enxergássemos a grande possibilidade de chegarmos ao título foi a partida contra o Operário, no Morumbi, que tinha 110 ou 120 mil torcedores são-paulinos contra praticamente ninguém do Operário. Aquele jogo foi muito importante – relembra Zé Sérgio.

Entretanto, a alegria tricolor daria lugar à tristeza em pouquíssimo tempo. Isso porque seu principal jogador, o camisa 9, Serginho Chulapa, foi julgado pela agressão ao bandeira Vandevaldo Rangel, na partida diante do Botafogo-SP, e acabou condenado a 14 meses de suspensão. Isso a dois jogos de um possível título Nacional inédito para o clube.

— Tivemos algumas dificuldades em termos de contusões e suspensões. Principalmente em função da suspensão do Serginho Chulapa, já que até então o time estava montadinho. Algumas mudanças precisaram ser feitas – garante o ponta-esquerda são-paulino.

Minelli estava a um empate de chegar à sua terceira decisão consecutiva do Brasileiro. E o Tricolor a um empate de se garantir na inédita grande final. Antes disso, os torneios contavam com formatos diferentes e o mais longe que a equipe do Morumbi havia chegado era um Vice-Campeonato no triangular final de 1971 e um Vice-Campeonato no quadrangular final de 1973.

Com um intervalo de três dias de um jogo para outro, o São Paulo faria a partida de volta da semifinal, dessa vez, no Mato Grosso do Sul, no Estádio Universitário Pedro Pedrossian, mais conhecido como Morenão. Sem poder contar com Serginho, além de Tecão e Teodoro, machucados, Minelli precisou mexer no time que estava encaixado. Darío Pereyra herdou a vaga de Teodoro, Estevam seguiu na equipe no lugar de Tecão e Mirandinha ficou com a vaga de Serginho.

Precisando de gols para tentar um milagre e se classificar ou ao menos diminuir o prejuízo, o Operário, desde o início, tentou sufocar a equipe do Morumbi. Martelou o São Paulo durante todo o jogo. Waldir Peres, com boas defesas, foi o principal nome tricolor e conseguiu segurar o Galo até o fim da segunda etapa, quando Tadeu desviou com categoria o cruzamento de Paulinho e colocou a bola no fundo da rede. Apesar de muito improvável que o Operário fizesse os gols de que necessitava, o tento colocou fogo no jogo e mexeu com o emocional de todos.

— Faltavam mais três gols. Era humanamente impossível perdermos a classificação. Nós já estávamos na final e eu até havia comprado a passagem para o meu pai. Ele ia assistir a essa final. Quando tomamos o gol, o jogador deles foi pegar a bola dentro do gol e o

Darío Pereyra chegou junto e deu uma cotovelada. Os dois trocaram cotoveladas, e o juiz expulsou o Antenor, que não tinha nada a ver com o Darío Pereyra. Eu, o Bezerra e o Chicão fomos para cima do bandeira. Eu falei: "Você tá louco?". E ele disse: "Foi você!". Eu falei: "O quê?". Ele chamou o juiz, que "desexpulsou" [nosso jogador]. Eu nunca vi isso. Ele "desexpulsou" o Antenor e me expulsou – relembra o defensor Estevam Soares.

A expulsão tirou o zagueiro Estevam da grande final. O jogador ficou enfurecido depois de receber o cartão vermelho e teve que ser contido pela comissão técnica e pelos companheiros.

— Eu entrei em pânico no vestiário, tive um surto. Comecei a chutar bola, chutar banco, dar porrada em todo mundo. Os caras precisaram me agarrar, me deitar, me acalmar. Foi uma decepção muito grande. A sensação de ficar de fora do jogo do título de 1977, eu creio que esteja entre as cinco, seis maiores tristezas da minha vida. Se equipara à perda da minha mãe, quando eu tinha 12 anos, e mais outras tristezas. Além da minha fratura na perna em 1975... Ficar de fora foi uma sensação muito doída. Eu acho que foi a morte para mim.

Apesar das perdas que abalaram o grupo, era oficial: o São Paulo estava em sua primeira final de Campeonato Brasileiro. E pela frente teria o poderoso Atlético-MG, que havia passado pelo Londrina.

Pelo grande número de craques, os mineiros eram vistos pela imprensa como os grandes favoritos. E apesar de terem o artilheiro da competição, o atacante Reinaldo, que marcou nada mais nada menos do que 28 gols, em 18 partidas disputadas, o Galo também não poderia contar com o atleta na decisão, já que, por conta de uma suposta agressão ao jogador do Fast Club, do Amazonas, Reinaldo foi suspenso, assim como Serginho Chulapa.

— As vitórias deram confiança. Eu programei o time dentro dos meus prognósticos. Estabelecemos uma maneira de jogar parecida com a do Internacional, mas com jogadores de menor categoria. A equipe foi ganhando, mas nunca agradando a imprensa. Até que, quando chegou à final do campeonato, o franco favorito era o Atlético-MG. Nós fomos comendo pelas beiradas e, quando o pessoal acordou, estávamos na final. A final era o favoritismo de 70 a 30, 70% para o Atlético e 30% para nós – garante Minelli.

ENTROU PARA A HISTÓRIA!

Com mais experiência no mundo do futebol, o técnico Rubens Minelli era vacinado contra a febre de favoritismo. Por todos os lados, ele e os tricolores eram atingidos com matérias e comentários de que o São Paulo não teria a menor chance de ser Campeão diante do poderoso Atlético-MG.

— O Atlético, que na época tinha um grande time com Reinaldo, Paulo Isidoro, Toninho Cerezo, Marcelo, Ziza, era considerado o bicho-papão. Além de estar jogando em casa, com a torcida ajudando, tinha um plantel muito bom – garante o jovem atacante tricolor da época, Milton Cruz.

Como se não bastasse a força de atuar em seus domínios e a qualidade dos seus jogadores, a torcida do Galo tinha outros tabus a seu favor para se apegar e se manter ainda mais confiante. A equipe mineira – até então invicta na competição – também não era derrotada por times de outros estados no estádio do Mineirão há três anos e meio. Somada a esses históricos números, existia ainda a importante marca do goleiro João Leite, que, até o duelo frente ao São Paulo, nunca havia perdido uma partida em sua curta carreira como profissional, que se iniciara no dia 15 de agosto de 1976.

A condição de azarão na qual se encontrava o Tricolor Paulista, não era novidade para Minelli, que já a vivenciara outras vezes. A mais famosa delas havia acontecido dois anos antes, no próprio Campeonato Brasileiro, em 1975. Na época, o treinador comandava o Internacional, até aquele momento um time subestimado na semifinal diante do Fluminense e na final contra o Cruzeiro, e sem conquistas nacionais, assim como o São Paulo. Minelli soube usar isso a seu favor e inflamou seus jogadores.

Dessa vez, mesmo sem ter um forte elenco comparado ao Colorado da época, o comandante, em momento algum, entregou os pontos. Por confiar tanto no seu trabalho quanto no da sua comissão técnica e dos seus atletas, ele acreditava na conquista tricolor.

A partida estava marcada para o dia 5 de março de 1978, às 17h, no estádio do Mineirão, já que o Galo tivera a melhor campanha durante a competição.

A fim de se preparar para a grande decisão e colocar seus jogadores em clima de final, o clube não perdeu tempo e viajou rumo a Belo Horizonte. Como é de praxe no futebol, o Cruzeiro, arquirrival do Atlético, convidou o Tricolor para se hospedar e se preparar para o importante confronto, utilizando as instalações da Toca da Raposa, centro de treinamento do time celeste.

O comandante defendia que um jogo de futebol vai muito além do duelo técnico dentro de campo. Acreditava que aspectos táticos e psicológicos, assim como em uma guerra, poderiam mudar os rumos da partida e levar o time mais fraco tecnicamente a triunfar. Sendo assim, começou a estudar detalhadamente o seu adversário e destrinchar os pontos mais vulneráveis para armar a sua equipe. O primeiro aspecto detectado pelo treinador era a maneira que se iniciavam as jogadas do Atlético. Minelli observou que a maioria das ações do Galo giravam em torno de um jogador: Toninho Cerezo.

— O Atlético-MG começava jogando com João Leite, o goleiro, e ele procurava o Cerezo. E o Cerezo trabalhava mais ou menos naquele lado esquerdo, [como] meia-esquerda; ele buscava o jogo por aquele lado. Então, falei: "Pô, como é que vou fazer para não permitir que ele saia jogando?". Eu estava procurando um jogador com a característica de muita movimentação. E eu tinha o Viana, que era um garoto muito habilidoso e "chato", porque, nos treinos, ele fazia o time inteiro correr atrás dele. Viana tinha muito fôlego, prendia bem a bola. Era baixinho, chutava bem. Além de ser um atleta com característica de "beliscar" sem encostar no jogador que ele marcava.

Afora Viana, que seria responsável por dar o primeiro combate na saída de bola adversária, o comandante tricolor queria uma marcação mais firme no selecionável da equipe mineira, Toninho Cerezo. Para essa missão, apostou suas fichas no raçudo e técnico, Dário Pereyra. O uruguaio tinha como obrigação estar junto sempre que o camisa 5 do Galo recebesse a bola, a fim de impedir que ele virasse de frente. Minelli deixou claro para o volante tricolor que ele não enfrentaria o Atlético-MG e, sim, Toninho Cerezo. Fazendo isso, o São Paulo atrapalharia o sistema de jogo atleticano.

— No jogo antes da final, o contrato do Zequinha havia terminado e não entraram em acordo para renovar. Então, o Professor optou, nos dois treinos antes da decisão, por me colocar, porque encaixava melhor no sistema de marcação e ataques. Nos jogos mais difíceis, o primeiro a marcar era eu, por ser o mais jovem. O Darío Pereyra, o Teodoro e o Chicão ficavam na marcação do meio até a frente da nossa zaga. Essa era a determinação do Professor, o Atlético tinha um meio de campo rápido – relembra Viana.

A ideia de Minelli era congestionar o meio de campo, setor onde o Atlético se sobressaía, com jogadores que, além de marcarem firme, tinham qualidade com a bola nos pés, e saíam em velocidade nos contra-ataques.

Defensivamente, travar o Toninho Cerezo era a sacada principal de Minelli. Já ofensivamente, o treinador observou duas válvulas de escape para que sua equipe pudesse incomodar o rival. A primeira delas seria a bola alçada na área. Segundo o comandante, nesse tipo de lance, a zaga atleticana, formada por Vantuir e Márcio, atrapalhava-se e encontrava bastante dificuldade em limpar a área. Outro ponto fraco do time mineiro era a lateral esquerda, cujo jovem e inexperiente Valdemir, que há pouco tempo havia estreado pelo Galo, ainda tinha atuações irregulares. Então, optou por inverter seu principal velocista de lado, o ponta Zé Sérgio, para se aproveitar disso.

— Foi uma estratégia do próprio Minelli. Ele usou o Viana pelo lado esquerdo, porque era canhoto, mas ele é mais um meia que joga pelo lado esquerdo. Ele fechou um quadrado ali no meio de campo e deixou o Mirandinha e eu mais na frente. Eu, pelo lado direito. Até porque o Atlético estava tendo um cuidado maior com o lateral pelo lado direito. E o lateral-esquerdo era mais novo também. Então, o Minelli usou essa estratégia – conta Zé Sérgio.

Sendo assim, a equipe estava praticamente escalada. A maior novidade ficou pelo retorno de Tecão, recém-recuperado de uma fratura na mão. O zagueiro, praticamente sem treinar, foi para o sacrifício e substituiu o suspenso Estevam Soares na defesa tricolor.

COM A PALAVRA ...

RUBENS MINELLI

No São Paulo de 1977, nós praticamente jogamos o campeonato todo dentro de um mesmo esquema. Aconteceram algumas modificações na última partida. Mas, para a final, o Valdir Peres era o goleiro. As duas laterais eram compostas pelo Getúlio (pela direita) e pelo Antenor (pela esquerda). Os meus dois zagueiros, nesse jogo, acabaram sendo o Tecão e o Bezerra. Eu tinha dois volantes, o Teodoro e o Chicão, que sabiam tocar bem a bola e marcavam muito bem. O Darío Pereyra jogou quase como um terceiro volante e como um atacante que chegava junto dos zagueiros. Por força da circunstância e da necessidade, usei o Viana naquele jogo como um falso ponta-esquerda, porque ele entrou para ajudar na marcação em cima do Toninho Cerezo, que era quem recebia a bola para iniciar as jogadas do Atlético-MG. Na função de centroavante, por causa da suspensão do Serginho Chulapa, utilizamos o Mirandinha. E na ponta direita, jogou o Zé Sérgio. A equipe marcava muito bem, dava pouco espaço ao adversário, e era muito veloz na hora dos contra-ataques.

Durante a preparação para o duelo, na última atividade antes do jogo, Minelli comandou um treinamento de penalidades, vislumbrando o pior dos cenários. Fez com que os titulares cobrassem uma série de penalidades para poder definir quem seriam os seus escolhidos, caso a decisão tivesse esse desfecho.

— Nós treinamos bastante e usamos o sistema de escalar quem teve o maior aproveitamento. Eram dez rodadas de cinco cobranças seguidas. Chutavam cinco, depois descansava e ia outro, outro, outro... Depois, voltava e mais cinco... Assim, chutaram 50 pênaltis cada um. Eu tive que diminuir os jogadores, porque, do contrário, ficaria muito tarde se todos batessem. Então, eu só separei alguns jogadores – conta o treinador.

Quando a atividade se encaminhava para o fim, os jogadores, já cansados, começaram a mostrar maior displicência nas cobranças e a brincar durante o treinamento. Nesse momento, a imprensa que acompanhava a atividade pôde conhecer um Minelli um pouco diferente. Ele ficou bravo com a atitude dos atletas e, quase aos berros, cobrou mais seriedade por parte de alguns deles. Falou que deveriam simular psicologicamente que aquilo era uma decisão por pênaltis. Mas logo se arrependeu e pediu desculpas ao grupo pelo esporro.

Com mais uma final se aproximando, o treinador estava com os nervos à flor da pele. Prova disso foi a madrugada pré-decisão, de sábado para domingo. Minelli sempre foi bastante ansioso. E tal sentimento tomou conta dele. Sem conseguir pegar no sono, pensando em cada lance e movimentação que poderia acontecer durante o jogo, o técnico abandonou seu quarto e, na companhia do diretor tricolor, Elias Abud passou toda a madrugada jogando sinuca e conversa fora para ocupar a cabeça. A dupla só parou quando o dia amanheceu e os dois foram tomar café.

O DIA DA FINALÍSSIMA

Antes de se prepararem para partirem rumo ao palco da decisão, o grupo todo estava reunido para a preleção mais importante da história tricolor.

Adepto do improviso na hora das preleções, Minelli tinha um hábito antes das partidas decisivas, e se utilizava dele para saber que rumo tomar em seu discurso e como motivar os seus atletas.

— Eu sempre chegava primeiro na sala. Sentava em uma cadeira e ficava observando os jogadores entrarem. Pelo comportamento deles, eu sabia se estavam cagados ou não. Dá para perceber. Quando o cara que não é alegre começa muito alegre é sinal de que está escondendo alguma coisa. Está cagado. E o atleta que está cagado, então? Os dois olhos dele ficam no chão. E a partir daí eu definia o rumo motivacional para fazer a preleção. E a gente combatia isso [essa insegurança] e depois ia para o jogo. Não é porque o jogador está cagado no vestiário que vai entrar lá, no campo, e se cagar todo. Você precisa acordar ele. Então, as preleções eram feitas dessa maneira. Eu punha o quadro-negro lá, com o time adversário e as posições que eles jogam, e punha o nome dos nossos jogadores. E começava a indicar: "Você, pega esse; você, joga aqui; você, faz a cobertura aqui, não deixa o ponta tomar a sua frente..." – lembra o treinador.

Para alguns jogadores, o discurso do comandante foi de grande importância para deixá-los ainda mais confiantes para o duelo.

— Ele falava o seguinte: "Eles [imprensa] estão dizendo que o favoritismo é deles [Atlético]. Vocês têm mérito de estarem aqui e têm time para vencerem. Eles são favoritos, mas, para mim, são vocês. É só pôr em prática o que vocês vêm fazendo". O Minelli nos encorajou – conta Antenor.

— Ele não foi longo, mas foi muito determinado, muito direcionado. Ele falou aquilo que teríamos que fazer; que éramos um time de guerreiros e que se chegamos aonde chegamos é porque tínhamos condição. Ele disse: "Não podemos ter medo, o medo te leva ao erro...O Atlético não é melhor do que vocês e temos condições de sair daqui com o título na mão". É muito importante ter um treinador que faz você se sentir qualificado. Isso fez com que o time se agigantasse. Ele disse que não podíamos perder as divididas. Quando você começa a perder as divididas, você tem que correr atrás – recorda-se Toinho.

COELHO DA CARTOLA

Como se não bastasse analisar minunciosamente o adversário e organizar o time taticamente para tentar anular o rival e jogar no erro do Atlético-MG, que possuía muitos jogadores que poderiam desequilibrar, Minelli também dispunha de algumas sacadas fora das quatro linhas, que acabavam por influenciar o desempenho das equipes quando a bola rolava.

Serginho Chulapa e Reinaldo estavam suspensos para a decisão. Porém, dias antes da final, o papo de que o artilheiro alvinegro poderia estar em campo mexeu com os ânimos do elenco tricolor.

Tentando mudar o foco dos seus jogadores e, consequentemente, bagunçar o lado de lá, o treinador ousou e, com uma jogada para lá de arriscada, movimentou ainda mais o pré-jogo no Mineirão.

— Quando nós chegamos para ficar na Toca da Raposa, as rádios de lá [Minas Gerais] começaram a falar que o Reinaldo ia jogar. Se vai jogar, vai jogar. Mas eu comecei a sentir que os meus jogadores estavam falando muito disso. Todos comentavam: "Pô, eles vão botar o Reinaldo". Então, pensei: "Como é que eu vou fazer para eles esquecerem isso?". Daí, mandei o Mário Juliatto, que era meu auxiliar, ligar para o Dr. Henri Aidar para que ele mandasse o Serginho. O Dr. Henri Aidar falou: "Mas, ele não pode jogar". Eu disse: "Então, vamos dizer que estamos procurando fazer uma manobra para colocar o jogador, porque está acontecendo isso, isso, isso e isso". Daí, ele mandou o Muricy, que estava lá em São Paulo, [achar o Serginho].

Machucado, mas escalado por Minelli e pelo presidente para encontrar o artilheiro tricolor, Muricy Ramalho não decepcionou e cumpriu sua missão.

— O presidente do São Paulo me ligou e pediu para que eu fosse buscar o Serginho na casa dele. Só que era muito difícil, de sábado para domingo, encontrar o Chulapa. Sabe como é que é, né? Ele ia para as baladas. Mas, mesmo assim, eu encontrei o Chulapa. Fui para o aeroporto. Eu mesmo aluguei um pequeno avião e mandei o Serginho para Belo Horizonte – detalha Muricy Ramalho.

A "encomenda" do treinador havia chegado em Belo Horizonte, e, com isso, a segunda parte do seu plano estava traçada.

— Quando ele chegou, eu avisei: "Não fala nada para ninguém. Se te perguntarem se você vai jogar, dá uma risadinha e fala que não vai. Disfarça, disfarça; você não vai jogar, mas disfarça". Qualquer coisa diz: "Não sei se vou jogar. Eu estou aqui porque o presidente me mandou vir, porque existe a possibilidade de eu jogar; então, eu estou aqui". Às 11h, tinha uma janela na concentração que abria para a imprensa entrar. Então, o Mário Juliatto foi buscá-lo às 8h30 e ficou fazendo cera até a hora de a imprensa chegar. E quando o Serginho apareceu com o Mário, a imprensa estava todinha lá. E eles perguntaram: "Mas e o Serginho...?". Eu respondi: "O departamento jurídico do São Paulo está tentando o efeito suspensivo. Então, nós trouxemos ele aqui porque a possibilidade é muito grande de se conseguir o efeito suspensivo". Eles entraram em pânico. Começou um vai, não vai; vai, não vai... E o Serginho se comportou como um artista. Podia trabalhar na televisão. Ele não deu entrevista porque eu proibi. E se perguntassem em *off*, ele também não diria nada.

E ficou essa interrogação na cabeça dos mineiros até o apito do árbitro.

Chegando ao estádio, Serginho estava com o grupo e permaneceu "atuando" de maneira exemplar. O artilheiro são-paulino trocou de roupa dentro do vestiário e iniciou o trabalho de aquecimento com os demais companheiros.

— Nós deixamos a porta do vestiário um pouco aberta e a imprensa toda estava vendo ele aquecer. Aí, [a imprensa] ligava para o lado de lá e falava: "Pô, o Serginho vai jogar!". E do lado do Atlético falaram que se o Serginho jogasse iam colocar o Reinaldo. Então, começaram a procurar algo que revertesse a pena do Reinaldo e lhe justificasse um efeito suspensivo e, com isso, acabaram desmoralizando o centroavante que ia jogar. O Serginho saiu do vestiário trocado. Havia 12 jogadores e eles nem viram. Só olharam o Serginho, porque o Serginho iria jogar. Depois, na hora de subir a escada, ele subiu e na hora de entrar no campo, ele voltou. E nessa hora não adiantava falar mais nada, o negócio já tinha pegado fogo do outro lado – relata o grande responsável pela façanha, o técnico Rubens Minelli.

Para confundir ainda mais os mineiros, o meia Neca também teve papel fundamental. O jogador já sabia que ficaria no banco de reservas para a entrada de Viana e não de Serginho e, enquanto todos estavam reunidos no vestiário, ele se retirou, não fez o aquecimento. Ao ser questionado, disse que havia saído do time, o que aumentara ainda mais o alarde.

Adversário daquele dia, o goleiro atleticano João Leite confirma que o papo de que Serginho Chulapa entraria em campo bagunçou os vestiários e a equipe do Galo.

— Fez diferença. O São Paulo utilizou essa estratégia e a levou para o nosso vestiário, que não era um vestiário tranquilo. O vestiário do Atlético desestabilizou depois disso. Os dirigentes do Atlético acreditaram naquilo e falaram para escalar o Reinaldo. Foi vencedora essa tática. E até quase a entrada em campo, ninguém sabia quem usaria a camisa 9 do Atlético. Estávamos tentando focar no jogo, mas toda hora entrava diretor, conselheiro, vice-presidente e aquele tumulto foi bem juvenil.

Anos mais tarde, depois do sucesso na estratégia traçada pelo comandante, os jogadores avaliam o quão importante foi o "coelho da cartola" tirado por Minelli.

— Se considerarmos os jogadores individuais, em termos de qualidade técnica, talvez a do Atlético fosse superior à do São Paulo naquele momento, mas a grande estratégia que veio do Minelli em levar o Serginho para o Mineirão mexeu um pouquinho com o ambiente e foi um ponto fundamental para essa conquista. Deixou praticamente as atenções nisso. Aquela situação do Atlético ser favorito se desfez e acabou equilibrando o jogo – crava o ponta são-paulino, Zé Sérgio.

— A ideia do Serginho foi uma estratégia maravilhosa. Ficamos sabendo no domingo que ele ia até lá, mas tínhamos conhecimento de que não jogaria. Ele chegou durante o domingo e realmente deu uma bagunçada do outro lado. O Atlético até mandou buscar o Reinaldo. Eles sentiram esse peso – afirma o lateral Antenor.

Dos lados do Galo, o artilheiro Reinaldo acredita que seu julgamento aconteceu por má-fé e que, se estivesse em campo, o resultado seria bem diferente.

— Criou-se um clima muito conflitante e eu não pude jogar aquela final por conta da suspensão. Eu tinha sido suspenso antes e atrasaram meu julgamento. E o Serginho foi expulso na semi e julgaram os dois juntos, sendo que o Serginho bateu no bandeirinha. Eu era o artilheiro do campeonato, tinha feito gol em todos os jogos, e tenho certeza de que faria o gol do título.

As expulsões, aliás, ocorreram com uma diferença de 11 dias. Enquanto o atleticano fora expulso no dia 1º de fevereiro de 1977, o são-paulino levou o cartão vermelho no dia 12 de fevereiro de 1977.

Ao chegar à Pampulha, a caminho do Mineirão, os tricolores começaram a avistar um mar de alvinegros. Aproximadamente 103 mil pessoas foram ao estádio. Era uma verdadeira festa com faixas para todos os lados, gritos de guerra e foguetórios. Foguetórios esses que estiveram presentes madrugada afora, tirando o sono de muitos jogadores, em uma algazarra sem fim da torcida atleticana extremamente empolgada pelo título prestes a ser conquistado.

Do lado tricolor, além do desfalque de seu goleador, o São Paulo teria outra ausência certa, a de ninguém mais, ninguém menos, do que o seu comandante, Rubens Minelli. Suspenso por conta da expulsão na semifinal, o técnico não poderia estar à beira do gramado e ficaria em uma cabine de uma emissora de rádio, de onde passaria as instruções, por meio de um *walkie-talkie,* principalmente para o seu auxiliar técnico, Mário Juliatto. Aliás, tentaria passar, já que em alguns momentos, diante da tensão da partida, Mario Juliatto e Medina, que se revezavam com o comunicador em mãos, esqueciam-se do treinador. E para o desespero dos ouvidos de seus auxiliares, o que se ouvia eram gritos e xingamentos por parte do também desesperado Minelli.

— Cadê vocês, porra? Estão me ouvindo? – esbravejava.

Já em relação aos mineiros, além da ausência de Reinaldo, o treinador Barbatana surpreendeu a todos em sua escalação, pois deixou um de seus principais jogadores, o meia Paulo Isidoro, no banco de reservas. O motivo? Inusitado. Mas o lateral são-paulino Getúlio, um mineiro raiz, anos depois, descobriu o porquê.

— O Atlético, geralmente quando jogava no domingo, no sábado liberava o jogador. O Paulo Isidoro aproveitou para lavar o carro e o Barbatana ficou bravo com ele. E, no dia do jogo, eu vi o time do Atlético entrar no campo sem o Paulo Isidoro.

Times escalados, táticas montadas. Estava na hora, então, de a bola rolar.

As equipes eram bem distintas. De um lado, o São Paulo, um time mais brigador e objetivo. Do outro, o Atlético, que se caracterizava por ser mais rápido e técnico. Isso até o jogo começar, porque as coisas se modificariam.

A partida teve um início truncado. Acostumado a tocar a bola em velocidade para criar triangulações e chegar ao gol adversário, o Galo estava com bastante dificuldade de fazer o seu jogo. Isso por conta da maneira como Minelli montou o Tricolor. Com a marcação especial feita em Toninho Cerezo e um meio de campo repleto de jogadores cheios de vigor, que mantinham a intensidade a todo instante e marcavam bem, os mineiros tiveram que mudar sua estratégia e apostar em lançamentos longos – que eram pouco eficazes, pois a zaga bem posicionada, formada por Bezerra e Tecão, cortava praticamente todas as bolas –, ou sair jogando com seus zagueiros, que não tinham a mesma dinâmica e visão de jogo de Cerezo.

Além de travar o meio atleticano, a ideia são-paulina era explorar a velocidade de Zé Sérgio e a habilidade de Viana pelas pontas, para bagunçar a defesa de João Leite e tentar enfiar uma bola para Mirandinha definir.

A primeira chance do confronto saiu depois que Zé Sérgio arrancou pela direita e ganhou a dividida do defensor alvinegro. Ele cruzou na medida para Viana, que, de cabeça, obrigou o goleiro João Leite fazer um verdadeiro milagre.

De resto, na primeira etapa foram chutes e faltas cobradas de longa distância, além de um cruzamento perigoso que Waldir Peres precisou se esticar todo para afastar a bola de sua área. Ângelo, Marcelo e Ziza se movimentaram bastante, mas não encontraram espaço na defesa tricolor a fim de finalizar e servir o centroavante Caio Cambalhota, substituto de Reinaldo, e que daria lugar a Joãozinho Paulista na segunda etapa, pois fora pouco participativo.

No segundo tempo, Darío Pereyra, Teodoro e Chicão continuaram com a mesma pegada, tomando conta do meio-campo e deixando o São Paulo mais perto do gol. Depois de falta alçada na área por Getúlio, a defesa afastou mal e Chicão chutou de primeira para o gol. João Leite, no chão, apenas observou o zagueiro Márcio, de cabeça, tirar a bola de cima da linha.

E tinha mais Tricolor.

Em uma bela triangulação entre Teodoro, Mirandinha e Viana, o baixinho camisa 7 do Morumbi, com uma finalização forte de canhota, quase tirou o 0 do placar, mas a bola carimbou a trave.

O Tricolor, com volume de jogo imponente, atacava mais. E foi assim até a entrada de Paulo Isidoro, que viria a equilibrar a partida. Poucos minutos depois de entrar, o camisa 14 da equipe mineira se infiltrou na área são-paulina e finalizou com violência. Waldir Peres, atento, teve trabalho, mas conseguiu espalmar a bola. Paulo Isidoro incendiou o jogo e as arquibancadas, que empurravam o time rumo ao primeiro gol. O jogador dava bastante trabalho para Antenor e Tecão pelo lado esquerdo da retaguarda tricolor. O Atlético era outro time e estava mais vivo do que nunca no jogo.

No lance seguinte, cruzamento na área de Waldir Peres, que afastou mal, e de cabeça, por cobertura, quase sofreu o gol de Ziza. Dessa vez, foi Teodoro o responsável por salvar em cima da linha.

Vendo o cansaço começar a dominar os guerreiros tricolores, Minelli resolveu colocar sangue novo em campo. Trocou Teodoro por Peres. O treinador queria que Peres, cheio de gás, fizesse marcação individual sobre o endiabrado Paulo Isidoro. Porém, o capitão, Chicão, chamou a responsabilidade para si e permaneceu exercendo tal função, deixando Peres marcando Ângelo.

O Galo continuou com a posse de bola e, constantemente, rondava a área são-paulina. Então, o comandante do time do Morumbi resolveu fazer mais uma alteração. Colocou em campo o meia Neca, no lugar do exausto Viana.

A troca deu mais fôlego ao São Paulo, que depois de muito tempo voltou a levar perigo ao goleiro João Leite. Primeiro, no chute de longe de Zé Sérgio. Depois, no escanteio, quando a bola desviou em Ângelo e, por pouco, não superou o goleiro João Leite.

Depois de 90 minutos de muita luta e entrega de ambos os lados, o árbitro Arnaldo César Coelho apitou o fim da partida. Agora, São Paulo e Atlético tentariam decidir na prorrogação, em dois tempos de 15 minutos.

A essa altura, todos os jogadores, principalmente os que iniciaram a partida como titulares, estavam esgotados. As equipes viviam de lampejos de seus velocistas para incomodar. Do lado Tricolor, apenas Zé Sérgio tentava algo diferente. Já os mineiros, que tinham jogadores mais leves, tentavam um *sprint* final com Paulo Isidoro, Ziza e companhia.

E foi nesse último gás dos atleticanos que a arquibancada quase foi abaixo. Primeiro, no chute de fora da área de Ângelo, que Waldir Peres mandou para fora. E minutos depois, na principal chance do Galo na partida. Jogada de Ziza pela ponta esquerda. O jogador avançou em velocidade, deixou o seu marcador no chão e levantou a bola na área. Waldir Peres conseguiu desviar para afastar o perigo. Porém, a bola sobrou no pé de Serginho, na entrada da pequena área. Ele chutou forte e, com um salto extraordinário, novamente o camisa 1 salvou o Tricolor. Talvez a melhor atuação de Waldir Peres em toda a competição.

A apresentação do arqueiro foi tão fora de série que até ganhou destaque por parte do narrador da TV Globo, Luciano do Valle: "Metade da Copa Brasil [Brasileirão], se for para o São Paulo, é de Waldir".

Depois disso, não houve mais futebol. As equipes se arrastavam em campo e torciam pelo apito final.

Era hora, então, das penalidades.

Os batedores já haviam sido definidos. Pelo São Paulo, os escolhidos foram: Getúlio, Chicão, Peres, Antenor e Bezerra.

— Ficou definido os que bateriam porque tinham sido os melhores, menos o Peres que entrou depois. O Getúlio e o Chicão bateram uns 50 pênaltis [nos treinamentos] e fizeram os 50. Eu errei uns três, mas no domingo falei que estaria pronto – recorda-se Antenor.

No Atlético-MG, os escalados foram: Toninho Cerezo, Ziza, Alves, Joãozinho Paulista e Márcio.

— Do lado deles, os caras não batiam nada. O Márcio batia esquisito na bola. Toninho Cerezo nunca tinha batido um pênalti. E o Joãozinho Paulista tinha acabado de chegar – pondera Getúlio.

O primeiro a bater era o lateral-direito são-paulino. E mesmo com o bom desempenho nos treinamentos, Getúlio, cria das categorias de base do Galo e parceiro de longa data de João Leite, antes de o duelo começar, já havia avisado ao técnico Rubens Minelli que não se sentia à vontade em cobrar uma penalidade em seu ex-companheiro, por motivos óbvios.

— Na sexta-feira, antes do jogo, parece que eu já sabia que ia para os pênaltis. Eu falei para o Seu Minelli que desde os 13 anos o João Leite sabia onde eu batia, mas ele insistiu, dizendo que confiava em mim e que era para eu bater. Eu tinha acabado de chegar do Atlético. Eu batia forte e ninguém pegava, mas quis mudar o jeito de bater e o canto, e o João Leite pegou.

O goleiro atleticano conhecia muito bem o lateral tricolor e previu que seu ex-companheiro tentaria algo diferente.

— Eu e o Getúlio jogamos bem na infância, no Atlético. Ele era um jogador muito forte, potente e sempre batia com violência no canto direito. Eu imaginei que ele ia mudar e peguei o pênalti.

Zero a zero no placar e o Alvinegro tinha a chance de pular na frente.

Era a vez, então, de Toninho Cerezo. O craque da Seleção Brasileira ajeitou, tomou muita distância e, na hora de cobrar, isolou a bola. A partida seguia empatada.

O próximo a cobrar com chance de fazer o primeiro gol tricolor era o capitão Chicão. Com bom aproveitamento, o jogador estava confiante, em nenhum momento demostrou nervosismo. No entanto, na hora que partiu para a bola, escorregou e o chute saiu mascado, facilitando a defesa do goleiro João Leite.

Na sequência, Ziza colocou bem a bola no ângulo de Waldir Peres e pôs o Galo em vantagem, 1 a 0.

Peres, o único que não havia treinado penalidades, chamou a responsabilidade. Em uma finalização perfeita, finalmente, conseguiu vazar o goleiro atleticano. Tudo igual. Mas o empate seria por pouco tempo, já que o lateral-direito Alves chutou forte, rasteiro, no meio do gol, e novamente colocou os mineiros em vantagem, 2 a 1.

Antenor foi o escolhido para buscar a igualdade nas penalidades.

— Desde que cheguei, o Minelli me deu confiança e moral. Era uma missão difícil. O João Leite não dava nem rebote. Então, pensei: "Vou bater no canto que já tinha escolhido, mas com muita força". Eu sentei a lenha mesmo. Tempos depois, em um papo com o João Leite, ele falou que eu não precisava ter chutado tão forte. Fomos mais frios.

Gol do São Paulo, 2 a 2.

Vez de Joãozinho Paulista, que se dirigia na direção da marca penal. Nas arquibancadas, muitos atleticanos, de tão nervosos, não queriam nem olhar para o campo. Lá do camarote, sem ter muito o que fazer, Minelli, supersticioso, apelava para todos os santos e amuletos. Caso o centroavante fizesse o gol, a situação são-paulina ficaria delicadíssima.

— Eu sempre tive amuletos da sorte. Eu tinha santo, figa, uma Nossa Senhora Aparecida. Eu tinha uns cinco ou seis patuás – revela o treinador.

E a sorte do São Paulo nas penalidades começou a mudar. Isso porque Joãozinho também desperdiçou o pênalti. Pela primeira vez, a equipe do Morumbi podia tomar a frente nas cobranças e ficar a um passo do título do Campeonato Brasileiro.

Bezerra, frio e calculista, era o encarregado de botar o Tricolor em vantagem. O canhoto não titubeou e, em um chute de muita força e rara felicidade, fez o terceiro gol do time.

Faltando apenas um pênalti para ser cobrado, o Galo necessitava do gol para chegar ao empate e seguir para as penalidades alternadas. Caso desperdiçasse a cobrança, o caneco iria para a capital paulista. Toda a pressão do mundo estava no zagueiro Márcio, o quinto batedor do Atlético.

Muito mais do que um fator técnico, nas penalidades o que mais pesa para jogadores e goleiros é o aspecto psicológico – um jogo de nervos entre o batedor e o arqueiro. Um tentando estudar e atrapalhar o outro de alguma forma, para que seu objetivo seja alcançado. E na última penalidade da decisão, Waldir Peres se utilizou desse macete e entrou na mente de Márcio. Como? O camisa 1 o desestabilizou depois de passar a mão em sua bunda.

— O Waldir era muito bom pegador de pênaltis e eu aprendi muito com ele e com o Leão. Na época, se falava muito com os caras e você ia mais no emocional, ou esperava o batedor. Ele buzinava muito na cabeça do batedor e qualquer coisa que você fala para o atacante, o emocional dele tem um certo abalo. Passar a mão na bunda também – revela Toinho, companheiro e reserva de Waldir Peres na grande final.

A ação mexeu com a cabeça de Márcio e na hora do arremate, a bola teve o mesmo destino dos chutes de Toninho Cerezo e Joãozinho Paulista, e saiu por cima do gol.

— Lamentavelmente, o Waldir catimbou muito e tirou a concentração dos nossos batedores. E perdemos três pênaltis – afirma João Leite.

Enfim, depois de muita espera, o São Paulo Futebol Clube conquistava o seu primeiro título Nacional. Por sua vez, o experiente Rubens Minelli erguia o seu terceiro troféu consecutivo.

— Nós jogamos aquela final e a equipe foi bem, se comportou bem. Teve mais chances do que o Atlético. O Atlético teve mais volume de jogo, evidente, pois estava jogando em casa, mas as oportunidades foram mais nossas do que deles – afirma Minelli.

A festa tricolor calou o Mineirão.

— O dia 5 de março de 1978 foi o mais triste de Minas Gerais. A chuva era como se fosse as lágrimas da cidade, ninguém acreditava – lamenta o atacante atleticano Reinaldo.

Emocionado com mais um caneco em sua galeria, o treinador, que estava engasgado com muita coisa que vinha sendo falada e noticiada na época, desabafou após a conquista.

— Sei que muita gente anda dizendo que o São Paulo só chegou à situação em que se encontra, com a faixa no peito, por obra do acaso, mas eu discordo. Para os que dizem essa bobagem, dou um recado: Depois do Atlético-MG, nós fizemos a melhor campanha nesse Campeonato Brasileiro. E, como o superamos na final, palmas para nós. Além disso, é bom lembrar que enfrentamos adversários bem mais difíceis do que ele enfrentou – afirmou Minelli em entrevista à revista *Placar*, de março de 1978.

O mérito era de todos. Minelli e sua comissão, que implantaram um novo modelo de jogo e fizeram um trabalho diferenciado de preparação física, além de esquemas táticos inovadores. Dos jogadores, que acreditaram no seu treinador e dentro de campo honraram a camisa tricolor; e da diretoria, que deu todo o respaldo para Minelli e seu elenco trabalharem.

Mesmo assim, o grupo tratou de enaltecer o Tricampeão consecutivo.

— Graças a ele, o São Paulo foi Campeão Brasileiro, porque ele tinha um time que não era muito forte. A gente respeitava a personalidade, a pessoa dele. E confiava muito no seu trabalho. Por isso, fomos Campeões em cima do Atlético-MG, que tinha um time melhor que o nosso. Mas a gente tinha o melhor treinador, que era o Seu Minelli. Ele acabou fazendo a diferença nessa campanha – garante Milton Cruz.

— Eu elegi e elejo o Minelli como o grande responsável por aquele título de 1977, porque nosso elenco não era tecnicamente o melhor do Brasil. Nosso clube nunca havia conquistado o Campeonato Brasileiro. Mas tínhamos um treinador, acima de tudo, que era à frente da sua época, tanto a nível de trabalhos psicológicos e técnicos, quanto trabalhos táticos, principalmente. Enquanto o Atlético-MG possuía um elenco recheado de craques, de jogadores que desequilibravam, nós contávamos com um treinador tático. Naquela época, o Minelli já usava o quadro-negro, seu quadro com botões. Nenhum treinador usava. Ele preparava, durante a semana, aquilo que íamos executar no domingo, no jogo. Ou seja, a grande sacada, além de tudo, foi a parte tática. Ele foi o grande responsável por transformar um elenco mediano em uma equipe com muita força, velocidade e com muita tática. Foi assim que ele nos levou ao título Brasileiro – detalha Estevam Soares.

— Ele não se limitava a treinar o time, a ensaiar as muitas jogadas que nos ajudaram a decidir o título [...] O Minelli motivava o time, transmitindo confiança e responsabilidade. Ele sempre repetia: "Nós vamos chegar lá. Peguem duro, que a gente vai conseguir o melhor. Nós sabemos o que somos e o que queremos. Isso pode não ser tudo, mas acreditem, é muito" – declarou o zagueiro Bezerra, em entrevista à revista *Placar*, de março de 1978.

BRONCA DENTRO DE CASA

Mineiro de nascimento, o lateral Antenor, atleticano e cria da base do Galo, sentia-se em casa no Mineirão, o palco da grande final. Além de poder estar presente no duelo diante do Atlético, o jogador também teria sua família ao seu lado nas arquibancadas.

— Minha mãe foi pela primeira vez no Mineirão [na final]. Foi a família toda. Fizeram almoço em casa, comeram e saíram para o estádio.

Eles viram os 90 minutos, a prorrogação. Viram Antenor convertendo a sua penalidade durante a cobrança de pênaltis e o São Paulo se sagrar Campeão em plena Belo Horizonte.

O camisa 4 são-paulino não continha a alegria e a emoção da conquista do Campeonato Brasileiro.

— Na volta, não tínhamos carro. Eu aluguei uma kombi e voltamos todos para a casa da minha mãe. Eu, Campeão, cheguei e queria ver o videoteipe do jogo, que passava. E perguntei para a minha mãe se não tinha uma cervejinha ou uma macarronada. Ela disse: "Não tem nada. Você tinha que ser o melhor em campo, mas o Galo que tinha que ser Campeão".

O fanatismo da família Machado era além da conta. Para eles, a situação perfeita seria se Antenor tivesse conquistado o título jogando pelo Galo.

Na época, o jogador até contornou a situação, mas o caneco de 1977 ainda é um assunto delicado na família.

— A minha irmã mais velha até hoje me xinga. Ainda me chamam de traidor, judas, mas em tom de brincadeira mesmo – revela Antenor.

Após a conquista, grande parte da imprensa exaltava a imagem do treinador Rubens Minelli e erroneamente se esquecia dos jogadores que, ao lado do comandante, transformaram o sonho tricolor em algo alcançável.

— Realmente, o Seu Minelli tem méritos para ser uma estrela, para ser o mais procurado pela imprensa. Não que ele procure, a imprensa é que o procura – desabafou Zé Sérgio, em entrevista à revista *Placar*, de março de 1978.

Polêmicas à parte, o título, de fato, foi um divisor de águas para o Tricolor, que entrava, de uma vez por todas, no rol das equipes mais tradicionais do Brasil. Quem garante é o historiador do São Paulo, Michael Serra.

— A conquista do Brasileiro de 1977 representou uma mudança de patamar do São Paulo em sua história. Como aconteceu antigamente, em 1942, com a chegada do Leônidas; em 1960, com a inauguração do Morumbi; o Brasileiro de 1977 inaugura um novo nível do clube no cenário do futebol brasileiro. Ele deixa de ser um time vencedor no cenário estadual para ser um clube nacional. Já tinha batido na trave em algumas oportunidades: Vice em 1971, Vice em 1973. Tinha até disputado a Libertadores. Mas com a conquista do título de 1977 [que teve a final realizada em março de 1978], o clube se assenta definitivamente como um grande clube.

PERDEU A FOME?

Diante da loucura do calendário e da grande quantidade de jogos a serem disputados, as coisas se inverteram. O São Paulo estrearia na temporada jogando a Copa Libertadores da América, seguido do Campeonato Brasileiro e, por fim, o Campeonato Paulista.

O Tricolor disputaria a sua terceira Libertadores. Nas outras edições, em 1972 e 1974, quando conquistou sua vaga pela condição de Vice-Campeão Brasileiro, teve desempenhos distintos. Em 1972, o time do Morumbi chegou à segunda fase do torneio e, então, foi eliminado. Em 1974, com uma campanha impecável, foi até a decisão da competição contra o Independiente, da Argentina. Venceu o primeiro jogo por 2 a 1, atuando em casa, e foi derrotado na volta pelos *hermanos*. Placar de 2 a 0. Na partida de desempate, disputada em Santiago, no Chile, melhor para os argentinos, que levantaram o caneco com uma vitória magra por 1 a 0.

Dessa vez, após garantir vaga pela condição de Campeão Brasileiro, a expectativa era ainda maior. O Tricolor dividiu o grupo com o Atlético-MG e com os chilenos, Palestino e Unión Española.

Fora de campo, o São Paulo ficava ainda mais forte. Como reforço para a temporada, o time trouxe o experiente ponta-direita Edu Bala, vindo do Palmeiras. O jogador atuara com Minelli no próprio Palmeiras, em 1969, em uma parceria de sucesso, que rendeu o Robertão para o Alviverde. Mas foi por pouco que o caminho dos dois não voltou a se cruzar.

— Quando saí do Palmeiras, eu ia para o Guarani. Numa sexta-feira, fui para Campinas e não acertei [com o Guarani]. Quando voltei para São Paulo, o Leão já tinha conversado com o Seu Minelli, que me levou para o Tricolor.

O goleiro alviverde, com quem Minelli também tinha trabalhado e mantinha boa relação, avisou o treinador que Edu não teria o seu contrato renovado pelo Palmeiras. Então, Minelli cresceu o olho e, com o aval da diretoria, levou o jogador.

Outro atleta que não era um reforço e, sim, uma novidade, figurando com mais frequência nas convocações tricolores, era o centroavante recém-promovido da base, Milton Cruz, que começou a ser a sombra de Mirandinha, o novo titular, após a longa punição dada a Serginho Chulapa.

Com algumas novas opções para armar o time, o São Paulo prometia priorizar a Libertadores, já que era um título inédito, tanto para o clube quanto para Minelli. Libertadores e Brasileiro se alternariam no calendário tricolor. E nas três primeiras rodadas do torneio Sul-Americano, jogando fora de casa, o São Paulo passou invicto com uma vitória e dois empates.

Uma pequena pausa na competição, já que o Brasileirão estava de volta, e o Tricolor jogava para defender o título. Frente ao Fortaleza, Comercial, de Ribeirão Preto, e River, do Piauí, Minelli e seus comandados não decepcionaram e venceram os três jogos. Destaque para o duelo diante dos piauienses, quando o São Paulo aplicou um 6 a 1 e iniciou sua jornada da melhor maneira possível.

Os são-paulinos tinham motivos de sobra para retomarem a caminhada na Libertadores cheios de moral, mas, quando a bola rolou, o desempenho foi bem aquém do esperado. Empate com o Unión Española, e derrotas para Atlético-MG e Palestino, que culminaram na eliminação precoce do Tricolor. O título da competição acabaria ficando com o Boca Juniors, da Argentina.

O baque de Minelli foi grande após a breve passagem pela Libertadores e uma pequena "crise" foi instaurada, por parte da imprensa, pelos lados do Morumbi. O desanimo era geral. Jogadores e diretoria também sentiram, pois sabiam que o grupo tinha condições de chegar mais longe. Bola para frente, já que o clube ainda estava na briga pelo Bicampeonato Nacional. O time, todavia, demorou um pouco até assimilar o golpe e, nas demais partidas da primeira fase do Brasileirão, foram três vitórias, três derrotas e dois empates. Mesmo com a queda de rendimento, o bom início garantiu o Tricolor na próxima fase da competição, após conquistar o segundo lugar do grupo, atrás apenas do Palmeiras.

"VAI BUSCAR, MINELLI!"

O técnico Minelli tinha o volante Chicão como uma referência a ser seguida dentro de campo. Tanto pela dedicação, raça e gana de vencer, como pelo futebol praticado. Não à toa, o treinador o fez capitão do São Paulo. No entanto, se engana quem acha que o camisa 5 são-paulino nunca teve o seu nome gritado pelo comandante à beira do campo. Era: "Volta, Chicão" pra cá, "Marca, Chicão" pra lá, fazendo com que o jogador saísse todo jogo com a orelha "doendo" de tanto que ouvia o chefe. Isso, porém, não era um problema para o jogador, que via as reivindicações de Minelli como uma maneira de melhorar e fazer as coisas certas.

Após o título do Campeonato Brasileiro de 1977, o carinho pelo treinador era tanto que lhe rendeu até uma "homenagem". O volante ganhou um cachorro e lhe deu o nome de Minelli.

O motivo? Chicão acreditava que nesse "Minelli" poderia mandar e dar ordens, devolvendo à altura toda a gritaria que sofrera durante as partidas.

Depois da chegada do cão, o que se ouvia na residência do capitão do time do Morumbi era: "Vai buscar, Minelli"; "Senta, Minelli"; "Levanta, Minelli".

E Chicão, enfim, conseguiu mostrar quem é que "mandava".

Na segunda fase, o time do Morumbi não podia bobear e precisava manter a regularidade desde o começo. Porém, para dificultar mais as coisas, o técnico Rubens Minelli ficou por mais de um mês sem poder contar com Chicão, Waldir Peres e Zé Sérgio, que foram convocados para a Seleção Brasileira para a disputa da Copa do Mundo da Argentina. Serginho Chulapa, ainda suspenso, e Mirandinha abaixo tecnicamente e constantemente lesionado, também eram desfalques. Então, sem muitas opções, Minelli precisou arriscar e deu oportunidade para o jovem centroavante Milton Cruz.

— Eu era novinho ainda, tinha 19 para 20 anos. Seu Minelli me colocou. Para mim, foi muito gratificante. Uma experiência muito grande. O Seu Minelli me fixou como o centroavante titular.

A aposta do treinador deu certo, e Milton Cruz que, como reserva, já havia balançado as redes quatro vezes, agora, como camisa 9 titular, mostrou que o faro de gol continuava apurado.

Após o empate diante do Guarani, o centroavante foi o grande responsável pelos triunfos frente ao Coritiba, Villa Nova-MG e Vasco da Gama, quando, ao todo, anotou seis gols.

Outro novato que ganhou algumas chances foi o goleiro Celso, pois Waldir Peres estava com a Seleção, e Toinho estava machucado.

E com apenas um revés na segunda fase, o Tricolor se classificou para a terceira fase do Campeonato Brasileiro. Em seu grupo, teria duelos contra Grêmio, Noroeste, Palmeiras, Flamengo, Botafogo-RJ, America-RJ e Coritiba. Entretanto, quando a bola voltou a rolar, o São Paulo, que há quatro meses havia se tornado Campeão Nacional e o time a ser batido, não se encontrou mais.

Não bastassem as quatro primeiras partidas serem disputadas no estádio do Morumbi, Minelli também poderia contar, para a estreia da terceira fase, com o retorno dos selecionáveis que disputaram a Copa do Mundo. O cenário extremamente favorável para o Tricolor Paulista se transformou em um verdadeiro pesadelo, pois a boa maré começou a mudar. No primeiro jogo, diante do Grêmio, derrota são-paulina. Seguida de empate atrás de empate.

Minelli trocava a zaga, as laterais, o meio, o ataque, mas nada surtia efeito. O apetite da equipe, que há meses parecia sem fim, aparentava ter acabado. E com três derrotas consecutivas fora de casa, nas três últimas rodadas, o Tricolor foi eliminado do Campeonato Brasileiro, com a última colocação do grupo.

Por que o time não reagia?

Milton Cruz credita a queda de rendimento da equipe ao título de 1977.

— O baixo rendimento no Brasileiro de 1978, que nós caímos fora, acho que foi o excesso de confiança e o relaxamento da equipe toda por já ter sido Campeã. Então, não tinha aquela obrigação de ganhar. Houve uma certa acomodação de alguns jogadores.

O goleiro Toinho segue o pensamento do companheiro.

— Você acha que está em outro patamar. Por ganhar aquele título, acha que vai ganhar qualquer um que disputar, por vaidade.

Sem tempo de encontrar uma solução para colocar o time de volta nos eixos, o São Paulo teria pela frente o Torneio dos Campeões, competição em que apenas as equipes Campeãs Brasileiras de 1971 a 1977 participariam. Como o Palmeiras, vencedor dos Campeonatos de 1972/1973, desistiu de participar, e o Internacional, que levantou o caneco de 1975/1976, com o próprio Minelli, foi excluído pela CBD – a tentativa do Colorado de tentar a liberação da suspensão do volante Falcão para um possível duelo diante do Palmeiras foi vista como desrespeitosa pela entidade e gerou tal punição –, apenas Atlético-MG, vencedor em 1971, Vasco da Gama, que ergueu o caneco em 1974 e o atual Campeão São Paulo disputariam o torneio.

Sendo assim, Galo e Cruzmaltino disputariam uma semifinal em dois jogos e o vencedor enfrentaria o Tricolor na grande decisão. Após vencer por 2 a 1 no Mineirão e segurar o empate de 1 a 1 no Maracanã, os mineiros se qualificaram para a finalíssima. E a decisão do Brasileiro de 1977 se repetiria: São Paulo *x* Atlético-MG.

O palco foi o mesmo. O placar seria o mesmo. A disputa de pênaltis também foi a mesma, mas o Campeão foi outro. Mais calejado e mais certeiro durante as penalidades, o Galo venceu o Tricolor e terminou com a taça.

A fase do time do Morumbi ia de mal a pior e, depois de tantas eliminações, o Campeonato Paulista era a chance de salvar o ano.

MEDIDA DRÁSTICA

Para que a má fase tivesse fim, Minelli queria entender o lado dos jogadores. Ele convocou uma reunião com todo o grupo nos vestiários do Morumbi. Fizeram uma roda, com todos em pé, para tirar a limpo o motivo de tanta oscilação, quando o time forte e Campeão virara apenas um mero coadjuvante. Incomodado e querendo ver novamente seus jogadores na melhor forma possível, o treinador foi bem direto com o grupo:

— O que está acontecendo? Por que nós não conseguimos retomar aquele futebol?

— E ninguém falava, com medo. Então, o Zé Sérgio, que era o príncipe do Morumbi, pediu a palavra. “Seu Rubens, eu posso falar?”. E todo mundo: “Pô, o que aconteceu? Fala! Fala!”. Aí, ele falou: “Seu Minelli, eu só tenho uma solução...”. O Zé fez um preâmbulo: "O Senhor tem que amarrar o pinto do Negão". Que era do Serginho. Ou seja, nós tínhamos que parar as festas, parar as baladas, pois aquela equipe de muita força, que durante 120 minutos guerreou esportivamente dentro do Mineirão e sobrou fisicamente, não tinha mais aquela pegada, aquela marcação, aquela velocidade e, talvez por isso, nós não tenhamos tido a mesma *performance* do título em 1978 – revelou o defensor são-paulino, Estevam Soares.

O time estava em outra sintonia.

Para o zagueiro tricolor, a rotina regrada e os sacrifícios feitos por todos que levaram o time ao título do Campeonato Brasileiro não existiam mais.

— No Brasil de agora ainda temos um problema muito grande de conscientização dos atletas, imagine há 44 anos. Após aquele título Brasileiro, a fama, o dinheiro, o prestígio... O que se viu foi uma sequência de festas, de baladas. Ou seja, aquele time comportado, aqueles atletas que treinavam e jogavam, treinavam e jogavam; se alimentavam, dormiam e treinavam, acabou. Foi entrando em outra rotina e começou a perder a força – completa Estevam.

Até algumas atitudes mais drásticas precisaram ser tomadas pela diretoria com a intenção de colocar novamente o time nos eixos.

— O Zé Sérgio ia lá para baixo [praia] com os amigos e voltava. Então, tiveram que cortar isso. Tiveram que proibir ele de andar de moto – relembra Toinho.

CHOQUE DE ÂNIMO

O Campeonato Paulista foi uma espécie de desfibrilador na vida do Tricolor, isso porque era a última chance de os comandados de Minelli "acordarem" na temporada e retomarem o caminho das vitórias, voltando a brigar pelos títulos.

Como de costume, a fórmula de disputa da competição mudou. Seriam disputados primeiro, segundo e terceiro turnos. Neste último, os mais bem qualificados nas outras fases seriam divididos em dois grupos de cinco, com jogos de todos contra todos, em que duas equipes de cada grupo se classificariam para a disputa da semifinal e, posteriormente, os vencedores fariam a decisão.

Depois do papo de Minelli com o grupo, as coisas começaram, enfim, a fluir. Mostrando que estavam juntos de seu treinador, todos os jogadores voltaram a apresentar o futebol de outrora. E a equipe engatou a segunda marcha com uma boa arrancada no começo da competição. Passaram por Marília, Botafogo-RP, XV de Piracicaba, Noroeste, Ponte Preta, Ferroviária, XV de Jaú, chegando a nove jogos de invencibilidade e liderando com folga o seu grupo. O Tricolor só conheceria sua primeira derrota quase um mês depois do início do campeonato, em um duelo diante do Santos, em que o Peixe venceu a partida pelo placar de 3 a 1, com *show* do atacante Juary.

Decisivo para o triunfo alvinegro, Juary acabaria sendo o "pesadelo", não apenas de um membro da família Minelli, mas de dois.

Na mesma época em que o São Paulo estava na briga pelo Paulista, o primogênito do treinador, Rubinho, ingressava na faculdade de Odontologia, em Mogi das Cruzes. Logo nos primeiros dias de aula, sua "identidade", que era segredo para todos, foi descoberta. E carregar o nome Minelli mais uma vez voltou a ser um "fardo" e lhe causar problemas. O "trote" feito pelos seus veteranos foi pesado, exclusivo e de caráter pessoal.

— Quando ele entrou na faculdade de Odontologia, nós tínhamos perdido pro Santos e o Juary tinha feito três gols. Aí, pintaram ele [Rubinho] inteirinho de Juary... Escreveram Juary na cara dele e também o placar – relembra o comandante, que sente pelo filho, mas acredita que é a cota de sacrifício que se paga pelo fato de se ter uma vida saudável e uma família com certa notoriedade.

Problemas familiares à parte, o time do Morumbi seguia firme na luta pelo título Estadual. A equipe se manteve forte e contou com apenas dois tropeços nas nove rodadas que faltavam. Na última delas, o empate de 1 a 1 diante do Corinthians contou com um fato inusitado. Para tentar vencer seu arquirrival, Minelli encarregou Estevam Soares de marcar Sócrates, principal jogador do Alvinegro, por todo o gramado. O defensor não largou do pé de Sócrates nem na hora de beber água, e ainda com a bola rolando, ouviu do adversário: "Ô, Estevam, pô, me larga". O zagueiro retrucou: "Fala com o homem lá no banco. Ele que mandou eu marcar você homem a homem".

Das 20 agremiações, o São Paulo fez a melhor campanha e avançou de fase no primeiro turno.

UM TERREMOTO CHAMADO MINELLI

O São Paulo alugava uma casa próxima ao viaduto de Santo Amaro, onde alguns jogadores do Tricolor moravam. Certa vez, Minelli e Dallora saíram para assistir a um jogo do Santos. Antes, porém, resolveram fazer uma visita aos jogadores para ver se tudo estava em ordem por lá. Assim que chegaram, depararam-se com alguns atletas se alimentando, outros assistindo à TV e outros jogando baralho. Sim, baralho. Prática que o treinador, conforme já dito, não via com bons olhos, pois, quase sempre, envolvia dinheiro.

Depois de uma rápida visita, a dupla partiu para o jogo do Peixe. O treinador queria analisar algumas particularidades da equipe praiana. Assim que retornaram da partida, já tarde da noite, Minelli e Dallora resolveram passar mais uma vez pela casa dos jogadores. De fora, viram que as luzes estavam acesas. E a continuação dessa história, o goleiro Toinho lembra bem:

— Os caras estavam jogando baralho. Muricy, Frazão, Marcos e Piau... Só eu, Getúlio e Antenor que não jogávamos. Os caras ainda estavam no carteado e nós íamos fazer um trabalho no bosque do Morumbi no dia seguinte. Eles jogavam por dinheiro e escondiam. De repente, eles [Minelli e Dallora] pararam na porta e todos saíram correndo com medo do homem. Um desceu e foi para a geladeira. Outro fingiu que estava fazendo lanche; outro que dormia na poltrona; outro entrou debaixo da cama, entre o colchão e o estrado, mas deixou a perna de fora. Foi uma gozação dos caras com medo do Seu Minelli. Estávamos no quarto quase dormindo quando o Getúlio perguntou: "Que terremoto é esse?". Eu virei para ele e respondi: "O terremoto é um carequinha lá embaixo, que é o Seu Minelli".

Nas quartas, o Santos era o adversário, e por um regulamento falho, o Tricolor acabou eliminado. As equipes empataram em 0 a 0 e o Peixe se classificou por ter feito mais gols que o time da capital, mesmo com menos vitórias e pontos.

Se o resultado não foi o esperado, ao menos a notícia positiva ficou pelo retorno do meia Muricy Ramalho, que era visto com muito potencial por Minelli, mas que pouco foi utilizado, pois se machucou logo na chegada do treinador.

Duas semanas depois, o time do Morumbi disputaria o segundo turno do campeonato. Nas primeiras partidas, o comandante tricolor ganhou mais um reforço de peso: o do centroavante Serginho Chulapa, que teve sua pena reduzida de 14 meses de suspensão para 11.

O treinador tinha diversas opções para escalar o São Paulo, entretanto, a equipe não engrenou e, com mais derrotas e empates do que vitórias, ficou de fora ainda na primeira fase do segundo turno.

Corinthians e Ponte Preta conquistaram o primeiro e o segundo turno, respectivamente.

Para o terceiro e último turno, que, de fato, valeria o título de Campeão Paulista, o Tricolor se classificou por índice técnico, graças à sua boa campanha durante o primeiro turno.

No duelo de todos contra todos, o Tricolor teve a segunda melhor campanha do grupo, ficando atrás apenas do Guarani, e chegou às semifinais do torneio. No outro grupo se classificaram: Palmeiras, em primeiro, e Santos, em segundo. Com isso, o time do Morumbi enfrentaria o Alviverde. E quem tratou de definir, como de costume, foi ele, Serginho Chulapa, que estava com fome de bola depois de tanto tempo afastado. O camisa 9 são-paulino marcou o único gol do jogo e colocou Minelli e seus companheiros em mais uma decisão. Dessa vez, diante do Santos, que passou com tranquilidade pelo Guarani.

Treinado por Chico Formiga, o time do Peixe ficara conhecido como Meninos da Vila, já que contava com diversas apostas da base santista na equipe titular. E esse Santos, alegre e de futebol moleque, tirava o sono de Minelli. Nas três partidas disputadas entre as equipes até o confronto, o Alvinegro Praiano conquistara duas vitórias e um empate.

Era a hora, então, de o São Paulo tentar acabar com esse incômodo tabu.

Para o primeiro jogo da decisão, Minelli tinha vários problemas no setor defensivo, pois os zagueiros Estevam Soares e Bezerra, e o lateral Antenor, estavam contundidos. Sendo assim, o Tricolor apostou no ataque para tentar definir a partida o quanto antes. E logo no início, Serginho Chulapa colocou o São Paulo em vantagem, 1 a 0. Porém, com o time completo e bastante entrosado, o gol só serviu para acordar o Peixe, que, minutos depois, chegaria à igualdade com Juary.

No segundo tempo, o veloz e fatal ataque santista fez a diferença sob a remendada defesa são-paulina e Pita marcou o tento que garantiu o triunfo santista.

— No primeiro jogo não fomos bem. O Santos tinha boa marcação e um ataque rápido demais. Não conseguimos fazer um bom jogo – recorda-se o meia tricolor, Viana.

Para garantir o título, o Santos teria que vencer a segunda partida. Em caso de empate ou vitória do São Paulo, a decisão do caneco ficaria para um terceiro embate.

No segundo jogo, ainda mais desfalcado – além de perder quase toda a defesa, também havia perdido Teodoro –, o Tricolor foi guerreiro. E o gol de empate saiu aos 44 da etapa complementar, 1 a 1.

A sorte tricolor seria decidida na terceira partida. Para sagrar-se Campeão, o time do Morumbi precisava ganhar no tempo normal e, também, na prorrogação, já que o empate na prorrogação daria o título ao Santos por ter feito a melhor campanha.

No terceiro e derradeiro duelo, apesar do retorno de Bezerra, novamente o São Paulo não poderia contar com seu craque Serginho Chulapa, que estava suspenso. Com isso, Minelli resolveu utilizar um esquema que ficou bastante conhecido após o título Brasileiro de 1977. O comandante escalou Viana pelo lado esquerdo do ataque tricolor, jogando o dono da posição, Zé Sérgio, para o lado direito. A estratégia confundiu Formiga e o Santos, tornando o São Paulo soberano na partida. E com gols de Zé Sérgio e Neca, o jogo foi para a prorrogação. No entanto, a dedicação e entrega de todos os jogadores durante os 90 minutos fizeram com que os tricolores perdessem o gás e não tivessem força para balançar as redes também no tempo extra. Resultado: o Peixe ficou com a taça.

— No último jogo, fomos melhores, tanto na defesa quanto no ataque, mas não conseguimos o título – lamenta Viana.

Foi mais um confronto entre Minelli e Formiga. E, segundo o comandante tricolor, o treinador santista era uma verdadeira pedra no seu sapato. Durante toda a sua carreira, era o técnico adversário que mais lhe dava trabalho.

— O Formiga era meu adversário na profissão. Era fatal nos enfrentarmos. A maioria das vezes que eu jogava contra o time do Formiga, ele era vencedor. O sistema de trabalho dele era o que [nos] complicava. Fora de campo, ele virou um grande amigo.

HORA DE PARTIR

No São Paulo, Minelli fez história e conseguiu cumprir sua missão principal que era colocar o clube no cenário nacional. Ajudou a desenvolver o potencial de seus jogadores e transformou o Tricolor em uma equipe ainda mais competitiva e aguerrida, que entrava em qualquer competição para brigar pelas cabeças.

— O Rubens Minelli, não só hoje, mas também na época, pouco tempo depois que treinou o São Paulo, já era considerado um dos grandes treinadores da história do Tricolor, tanto que ele foi um dos que mais dirigiu o time consecutivamente, de 1977 a 1979. E a conquista [1977] por ser tão significante, o condiciona como um dos maiores ídolos da história do clube entre os treinadores – garante o historiador do São Paulo, Michael Serra.

O comandante tricolor nunca escondeu de ninguém que era um aficionado por novos desafios. Gostava de chegar a locais em que tivesse pouca chance de sucesso e, com muito trabalho, reverter as probabilidades.

Com três Campeonatos Nacionais ganhos em sequência, ele alimentou a ideia de que poderia ser o escolhido para treinar a Seleção Brasileira na Copa de 1978. Ganhou pesquisas e era nome forte para preencher a vaga. No entanto, o destino quis que Cláudio Coutinho fosse o técnico, decepcionando o treinador. Assunto que retomaremos com mais detalhes nos próximos capítulos.

Deixando a decepção de lado, enquanto comandava o São Paulo em mais um Campeonato Paulista, Minelli foi surpreendido por uma proposta das Arábias, um contrato com valores inimagináveis para o futebol brasileiro. Uma proposta irrecusável, que parecia ter surgido daquelas histórias infantis, cujo gênio da lâmpada lhe concede três desejos.

Íntegro e transparente, o treinador expôs a situação para o diretor Dallora e o mandatário tricolor, Antônio Leme Nunes Galvão. Ficaram cientes de que ele comandaria o São Paulo até que o acerto no exterior se concretizasse. Foram mais sete jogos no comando do time. Em sua despedida, os jogadores fizeram uma partida de almanaque e venceram a Portuguesa pelo placar de 3 a 0, fechando com chave de ouro a passagem de Rubens Minelli pelo Tricolor. Para o seu lugar, o clube efetivou seu auxiliar técnico, Mário Juliatto.

Ao todo, Minelli comandou o clube durante 166 jogos, conquistando 79 vitórias, 47 empates e tendo 40 derrotas, tornando-se o sétimo técnico que mais treinou o Tricolor.

Era hora de uma nova aventura.

SEU RECANTO

Antes mesmo de acertar com os árabes, o comandante comprou um terreno na cidade de Valinhos, cerca de 86km de São Paulo, para a construção do seu recanto, lugar onde se isolaria do mundo, ficaria em paz e recarregaria as suas energias. Em homenagem à sua mãe, o lugar foi denominado: Chácara Helena.

Na época, Minelli já era um dos principais técnicos do país e seu salário o acompanhava. Sendo assim, o planejamento era de que as obras de sua chácara levassem cerca de cinco anos até o término. No entanto, os dólares sauditas acabaram por agilizar o processo, fazendo com que em apenas um ano seu local favorito em todo o mundo ficasse pronto.

Seria o lugar onde abrigaria sua família para comemorações e reuniria amigos, todos desfrutando de churrascos, banhos de piscina, partidinhas de sinuca (um de seus maiores *hobbies* junto com a pesca) ou, até, de um bate-bola no campinho construído.

AVENTURA DAS ARÁBIAS

Engana-se quem acredita que a ida de Rubens Francisco Minelli para a Arábia Saudita foi fácil e até mesmo planejada. É evidente que, décadas atrás, quando nem as equipes grandes do futebol brasileiro pagavam altos salários, a única forma de fazer o famoso "pé de meia" era saindo do país. Entretanto, o treinador, assim como fez na negociação com outras equipes anteriormente, dificultou o acerto, pois não estava totalmente convencido de que, partir para a Arábia, seria o melhor a fazer. Até conversou com o craque e amigo Roberto Rivellino, que atuava pelo Al-Hilal, e com mais alguns brasileiros que trabalhavam lá, antes de tomar a sua decisão.

— Eu estava doido para ir, porque era um contrato muito interessante. Aqui, no Brasil, sempre vivemos uma certa insegurança. Além disso, era um trabalho muito desafiador, de desbravar o futebol lá, começar do zero. Mas ele não queria ir. Ele queria a Seleção Brasileira. Estava de olho na Seleção, esperando ser convidado. Então, convidaram o Cláudio Coutinho e, diante de uma proposta muito boa da Arábia, somada à minha insistência e à frustração dele, ele aceitou o convite – relembra Medina.

Além das altas cifras, o que chamou a atenção de Minelli foi a possibilidade de poder realizar um antigo sonho: iniciar um projeto estrutural e esportivo em um país onde o futebol ainda engatinhava.

Para Minelli, o fato curioso e que causou surpresa na proposta saudita foi a maneira como o seu nome começou a ventilar entre os príncipes árabes. A procura dos sauditas por ele ocorreu após indicação da CBD. O príncipe responsável pela negociação entrou em contato com a Confederação Brasileira de Desportos, por meio de um Telex, querendo saber quem seria o principal técnico em solo brasileiro, e o nome Rubens Minelli foi o que chegou aos árabes.

— Depois, eu fiquei sabendo disso. Quer dizer, eu não servia para a Seleção Brasileira, mas era considerado o melhor. Para se livrarem de mim, me mandaram para a Arábia – reflete Minelli.

Após a indicação, certo dia, um árabe apareceu no Morumbi querendo conversar com o técnico são-paulino. O comandante o recebeu e o levou para a sala do vice-presidente de futebol, a fim de fugir da imprensa. Porém, a conversa continuaria depois em sua residência.

O treinador, ciente de tudo que teria de abdicar no Brasil, já que seu nome estava em grande evidência na época, fez uma proposta alta. Pensando em seu futuro, ele fez uma conta de 7 para 1. Ou seja, em um contrato de três anos, pediu um valor sete vezes maior do que o seu salário no Tricolor. Assim, poderia faturar em três anos o que demoraria aproximadamente 21 anos se fosse no Brasil. Por conta dos valores, a ideia de Minelli era, inclusive, aposentar-se após seu retorno da Arábia. Três dias depois, o príncipe saudita deu sinal verde e Minelli, enfim, acertou sua transferência para a Seleção da Arábia Saudita. O que, a princípio, desagradou a Dona Rosinha, que gostaria de ter sido consultada sobre a decisão do marido, mas, depois, compreendeu o acerto.

O treinador seria mais um brasileiro a se aventurar pelo país saudita. O primeiro deles foi o craque brasileiro Waldir Pereira, mais conhecido como Didi, que brilhou em campo ao lado de Pelé e companhia na Seleção, nas Copas do Mundo de 1958 e 1962. Didi treinava o Al-Ahli.

Os planos árabes eram ambiciosos, além de estruturar o futebol árabe, Minelli e companhia tinham a missão de tentar classificar a Seleção para a Copa de 1982, que aconteceria na Espanha.

Os últimos detalhes do contrato de Minelli, e de todos os demais profissionais que viajariam, aconteceram no escritório dos irmãos turcos Rafi e Berg Kahtalian, amigos de longa data do treinador.

A expedição de Minelli rumo à Arábia levou ao país cerca de 30 brasileiros. E para a formação de sua comissão técnica, algumas exigências foram feitas pelos sauditas. Além da questão religiosa, que incluía obedecer às leis islâmicas e respeitar os mandamentos do Alcorão, a Federação Árabe de Futebol também determinou que se comprovasse o estado civil dos casados e até que falassem minimamente o inglês.

Fora esposas e filhos, os profissionais escolhidos por Minelli foram: três preparadores físicos, o competente e amigo João Paulo Medina, além de Luiz Flávio Buongermino e Ariovaldo Malízia; o médico Eraldo José Rabelo Álvares de Lima; o fisioterapeuta Romildo Luís Alves de

Albuquerque, mais conhecido como Pernambuco; três intérpretes, entre eles Rabih Osman e Mustafha Zein; o treinador de goleiros Juan Miguel Perez e dois técnicos assistentes, a princípio, Oswaldo Sampaio Júnior, também conhecido como Paulistinha, e Raul Eduardo Travassos Tagliari. Este, por não se adaptar e entrar em conflito com membros da comissão técnica e da Confederação Árabe, após breve período, deu lugar a Joel Castro Flores.

Minelli, por sua vez, deixou a família no Brasil. Enquanto Ricardo, o caçula, prestava vestibular, os filhos mais velhos, Rubinho e Cecília, já cursavam a faculdade e permaneceriam no país até que concluíssem o curso. Dona Rosinha também permaneceria no Brasil para cuidar de suas crias.

Enquanto isso, pelos lados da Arábia Saudita, os membros da expedição brasileira seriam divididos em três cidades. Cada qual com sua missão. Todos, porém, trabalhariam em conjunto.

Na capital da Arábia Saudita, Riad, ficariam os membros da comissão técnica que treinariam a Seleção principal. Onde o técnico Rubens Francisco Minelli e o preparador físico João Paulo Medina seriam os grandes responsáveis por tocar o projeto e selecionar os melhores jogadores do país em busca da tão sonhada missão. Junto deles, também estava o intérprete Rabih Osman, fundamental para a adaptação da dupla brasileira.

Em Jeddah, para cuidar da Seleção Júnior/Olímpica, de atletas de 19 a 23 anos, o técnico seria Paulistinha, que teria a companhia do preparador físico Ariovaldo Malízia e de um intérprete. Sua função era preparar os jogadores que se destacassem para serem integrados à Seleção principal.

E, por último, na cidade de Dammam, o técnico Joel Castro Flores, acompanhado do preparador físico Luiz Flávio Buongermino e de um intérprete, ficariam encarregados de lapidar os jovens talentos árabes. Jogadores da equipe Juvenil, com idade entre 16 e 19 anos, que davam seus primeiros passos no futebol. Os chamados “gatinhos de Dammam”, que, segundo os bem-humorados brasileiros, não tinham cara de adolescentes. Caso se esquecessem de fazer a barba, talvez fossem impedidos de jogar.

Além do contato praticamente diário que Minelli e Medina tinham, por telefone, com os técnicos e preparadores físicos das demais sedes, a dupla esporadicamente fazia visitas a Jeddah e Dammam, a fim de acompanhar a evolução das equipes. Também recebiam relatórios manuscritos a cada novo evento.

A comitiva brasileira chegaria para assumir o lugar do inglês Jimmy Hill. E o cenário que os brasileiros encontraram por lá foi preocupante. Não bastassem os maus resultados dentro de campo, fora dele os ingleses gastaram muito mais do que precisavam e nada fizeram para desenvolver o futebol no país saudita.

— Eles [os árabes] estavam arrasados. Tinha passado por lá uma equipe inglesa que fez muita coisa que não deu certo. Nós pegamos, não do zero, mas pegamos do menos dez – garante João Paulo Medina.

— Eles tiveram uma comissão técnica inglesa, que encheram de coisa, compraram uma porção de aparelhos que não precisavam. Tinha umas cinco ou seis máquinas de musculação no deserto, porque não tinha onde colocar, não usaram. Faziam despesas enormes – afirma Minelli.

Na época, a Arábia Saudita estava apenas na 22ª posição do *ranking* asiático e pouco avançava nas competições. E para mudar essa história, os brasileiros tinham um aliado bastante poderoso. Ninguém mais, ninguém menos do que o príncipe Fahed Bin Sultan Abdul Aziz, vice-presidente da Federação, admirador do futebol brasileiro e quem atendia a cada recomendação e pedido dos novos contratados.

Durante o período que esteve na Arábia Saudita como técnico da Seleção, Minelli, por não ter levado a família, dividiu moradia com o seu braço direito, Medina, e sua esposa Rosane. Uma casa de revista, com cinco quartos e dois empregados à disposição para limpar os aposentos e ajudá-los com as demais tarefas domésticas. Como não tinha a sua esposa e seus filhos por perto, foi no casal que o treinador se apegou. No tempo livre, os três viam filmes, ouviam música e jogavam até buraco juntos.

Já bem instalados e, aos poucos, sentindo-se adaptados, era *hora de arregaçar as mangas e colocar a mão na massa.*

Uma das primeiras missões de Minelli e companhia era resgatar, ou melhor, implantar um vínculo patriótico nos jogadores. Como o futebol disputado na Arábia Saudita era amador, muitos jogadores, além de atuarem por um determinado clube local, no restante do dia exerciam outra atividade, tinham outro emprego. E como não encaravam o futebol como uma profissão – muitas vezes se confundia mais com um *hobby* –, o comprometimento era bem abaixo do esperado para um atleta. Por isso, as raízes com a Seleção Saudita acabavam ficando de lado.

— Havia muita descrença com relação à Seleção. Eles tinham desprezo por ela. Preferiam jogar nos clubes ao invés da Seleção. Primeiro, tivemos que recuperar essa vontade de representar o país. Aos poucos, conseguimos implantar esse sentimento neles – conta Medina.

Mas mudar isso exigiu, além de premiações por triunfos e conquistas oferecidas pelo príncipe, confiança. Os jogadores começaram a observar um trabalho sério da comissão técnica, advindo dos treinos, dos ensinamentos e dos papos no dia a dia, com ajuda dos intérpretes, é claro.

Um exemplo do tamanho descrédito que a Seleção tinha na época por parte dos jogadores foi a primeira convocação feita pelo técnico brasileiro.

Ainda com pouco conhecimento sobre os atletas e o futebol do país, Minelli repetiu a última lista de convocados da antiga comissão técnica e, no devido tempo, faria os ajustes nas posições que menos o agradasse.

E no dia da apresentação, ficou claro que a tarefa seria árdua.

— A primeira convocação que fizemos, pegamos a lista dos ingleses, porque não conhecíamos ninguém, e dos 25 convocados, apareceram oito na hora marcada. Uns chegaram à noite. Os outros chegaram no dia seguinte com as desculpas mais absurdas. Falavam coisas sem sentido, como, por exemplo: "Meu pai pediu para eu ir ver um carneiro que tinha morrido". Diante disso, eu falei: "Minelli, o que viemos fazer aqui?". Mas, aí, fomos limpando. E quem não tinha os requisitos mínimos para formar um time competitivo, o Minelli cortava e trazia outro – revela Medina.

Aliás, o treinador era duro na queda e não permitia um segundo deslize de jogador algum. E tal reincidência seria punida com o desligamento definitivo da Seleção Árabe. Independente se fosse o melhor jogador ou não, todos deveriam seguir as mesmas regras disciplinares que foram impostas.

Não bastasse o trabalho diferenciado para com os jogadores, a falta de registros técnicos e datas dos jogos já disputados era outro problema.

— Eu precisei ver no jornal, pois não tinha dado nenhum. Os ingleses levaram tudo. Fomos ver o jornal quando havia sido o último jogo.

SEM EXCEÇÕES

Uma prova do quanto Minelli levava a sério o seu trabalho e fazia valer suas regras veio à tona logo no seu início com a Seleção Saudita. Os árabes tinham como grande estrela da época o atacante Amin Dabu, que atuava pelo Al-Ahli Saudi FC.

Ciente da sua importância para o time e sabedor do respeito que os companheiros de Seleção e os príncipes tinham por ele, Amin Dabu desprezava as regras. Acreditava que não se aplicavam a ele, o grande nome da equipe. Por muito tempo e com muitos treinadores, agiu dessa maneira. No entanto, assim que chegou, Rubens Minelli expôs sua maneira de trabalhar, e deixou claro que as regras existiam para todos e que, em caso de um segundo deslize, haveria consequências.

— Seu Minelli já havia comunicado à Confederação que não aceitaria mais nenhuma infração disciplinar de qualquer jogador. Ele foi irredutível e mostrou o que tinha ido fazer lá. Então, o diretor-presidente do Al-Ahli Saudi FC o convocou para uma reunião, e fez vários apelos para que Seu Minelli voltasse atrás da decisão que havia tomado referente ao "corte" do tão famoso atacante, mas Seu Minelli sustentou a palavra e não reconvocou mais o jogador, o deixando fora definitivamente. Fato este muito importante na nossa profissão, mostrando para todos a seriedade com que deve ser visto e tratado o futebol – conta um dos membros da comissão técnica saudita, o preparador físico brasileiro, Ariovaldo Malízia.

Minelli ficou sem o seu melhor jogador, em um grupo que já não tinha muitos talentos. Porém, sendo seu costume priorizar o que é correto, não abriria exceções, mesmo que isso o prejudicasse.

Aliás, esse não foi o único corte que acontecera. Outros, ainda frescos na memória de Minelli e de sua comissão técnica, são o do irmão do zagueiro Saleh Al Naima e mais outros seis jogadores. O irmão do Saleh, meio-campo e capitão do time, recusou-se a vestir o uniforme da Seleção e preferiu treinar com a camisa do seu clube. Tal atitude foi repreendida pelo técnico Rubens Minelli que, mais uma vez, mostrou seu pulso firme.

— Todo mundo com a camisa da Seleção e ele com a camisa do time dele. Chamei o intérprete e falei: "Pede para ele ir depressa, se não vai perder o avião". O intérprete disse que o jogador não entendeu e ele também não. Perguntei: "Você falou para ele?". E ele perguntou: "Falei, mas por quê?"; "Porque ele está dispensado. O time onde ele joga deve estar treinando, então fala para ele pegar o avião e ir treinar lá, porque aqui ele não joga mais".

Com relação aos uniformes, tanto a Seleção quanto os clubes eram mesmo desorganizados, uma verdadeira bagunça. Isso porque, sem contar com materiais para a realização das atividades, cada atleta comparecia ao treino vestido da maneira que quisesse.

— Os clubes lá treinavam com camisas diferentes. Cada um ia com uma meia diferente, com calção, camisa de clubes da Inglaterra, do Brasil, da França e isso aí era um festival de cores. Então, o Seu Rubens conversou na Federação e, a partir daí, os jogadores dos clubes também começaram a se organizar e começaram a ter o calção, a meia, a camisa para os treinamentos, todo mundo igual. Isso aí se deve ao trabalho da comissão técnica do Seu Rubens Minelli – relembra o preparador físico Luiz Flávio Buongermino.

Era o primeiro passo para a mudança.

Outro era a disciplina.

BOATE THE LIBRARY

Além do corte do capitão do time, um maior estava por vir, e foi durante um jogo da Seleção Saudita, na cidade de Singapura. No hotel em que o comandante e seus jogadores ficaram hospedados, funcionava uma boate, denominada *The Library*. Assim que soube que seis atletas do seu grupo desrespeitaram as regras e desceram para o local, a fim de aproveitarem a noite, Minelli os dispensou, mesmo ficando com uma série de problemas para o próximo jogo.

— Tive que jogar com o beque de centroavante e fiquei com apenas um jogador no banco de reservas, o resto foi tudo embora – relembra o técnico.

Aliás, Minelli acabou com qualquer tipo de mania e regalia dos seus atletas.

— Nós começamos a ver o seguinte: cinco ficavam num canto, três em outro, quatro em outro. Então, perguntei para o intérprete [Rabi] o porquê daquilo. "É que estão lá os da seita tal, aquele ali é tal... E tem outro detalhe, na hora de dormir, tem que ser dois da mesma seita". Me espantei: "O quê?". Daí, resolvi: "Aqui agora é assim: goleiro com goleiro, lateral com lateral, beque com beque...". Sabe por quê? Porque assim não tem onda. Vão estar juntos [por exemplo] o lateral-direito titular e o reserva, o cara não ia meter o pau no outro. E quem não se enquadrava, eu trocava – revela o treinador.

Diante dos jogadores mais conhecidos e pouco interessados, Minelli, aos poucos, foi reformulando a Seleção com atletas mais jovens, cheios de vigor e vontade para as convocações seguintes.

Lista no caderno de imagens: foto 13

O lateral-esquerdo Mohamed Abduljawad, que atuava pelo Al-Ahli, fez parte dessa nova leva de garotos que foram convocados e ainda guarda grande carinho pelo ex-comandante.

— O Rubens Minelli foi meu grande treinador, meu Mestre. O cara que me lançou na Seleção. Gosto muito dele. Ele mudou 26 jogadores da Seleção antiga e chamou muitos garotos no lugar, um deles, eu.

No início, durante os primeiros amistosos, o comandante encontrou um pouco de dificuldade para reconhecer os seus atletas. Diferentemente do Brasil, os números dos jogadores eram aleatórios e não definidos por posição de 2 a 11. Além disso, a fisionomia e, principalmente, os nomes (Abdala, Ahmed, Abdullah de todo o lado) deram ainda mais trabalho para Minelli, Medina e companhia.

A comissão técnica teve que se virar. E para começar a identificar os jogadores, foi feito um trabalho de mentalização com fotografias, nomes e informações, como, por exemplo, o clube em que atuava cada convocado.

Além disso, para ajudar nas convocações seguintes, o príncipe Fahed disponibilizou para Minelli e sua comissão técnica um aparelho de videocassete, que na época era uma tecnologia de ponta – que mal havia chegado ao Brasil –, juntamente com fitas de todas as partidas que a Seleção Saudita havia disputado no Torneio do Golfo.

Possuir tal equipamento faria com que Minelli, depois que retornasse ao país, fosse um dos pioneiros a utilizar tal recurso por aqui.

— Eu fui o primeiro treinador que teve videocassete. Eu gravava os times adversários. Enquanto eu estava jogando, estava gravando o jogo do meu próximo adversário. Depois, isso me deu uma certa vantagem. De saber, descobrir... Eu não levava jogador para ver o vídeo, eu é que resolvia. Eu via o vídeo, duas, três vezes e ia anotando as maneiras como os jogadores se comportavam, como o adversário se comportava. A parte fraca deles. A parte mais forte. Me ajudou bastante – garante o comandante.

Diferentemente do que muitos pensavam, a qualidade técnica dos atletas da Seleção da Arábia não era tão baixa assim. Os árabes tinham um time competitivo, no entanto, desorganizado e pouco profissional. Muitas vezes reclamavam de trabalhar a parte física, o que, no início, foi uma tarefa árdua para Medina e os demais preparadores físicos corrigirem.

E se o time era pouco profissional, com relação à infraestrutura, a situação também era complicada. Além das altíssimas temperaturas que, em grande parte do ano, beiravam os 40 graus, os jogos ocorriam em campos de grama sintética, diferentemente das demais Seleções que a Arábia enfrentava nas Eliminatórias Asiáticas. O único gramado natural do país pertencia à Polícia Militar, e quando Minelli solicitou para que seus jogadores pudessem usá-lo para treinar, um desentendimento entre dois príncipes/presidentes – o da Seleção e o da Confederação – fez com que o desejo do técnico não se concretizasse.

Ele pediu para que trocassem os gramados artificiais por gramados naturais. Contudo, até que isso acontecesse, levaria tempo. E sem tempo para esperar, mas com recursos para usar, pois dinheiro não era problema para o príncipe Fahed, os treinamentos iriam para outro lugar.

Depois de uma vasta pesquisa, Medina descobriu que em países próximos, como Singapura, Indonésia, Malásia e Filipinas, existiam gramados naturais de excelente qualidade para que a Seleção da Arábia Saudita iniciasse os treinamentos. Singapura, dona dos melhores campos, foi a escolhida e serviu para a preparação dos sauditas.

CASA SEM JANELA (TEM 13 LETRAS)

Longe da família e de seu país, o treinador Rubens Francisco Minelli se apegava aos mínimos detalhes que o lembravam do Brasil. Não obstante, queria continuar conhecendo a fundo as manias e a cultura saudita.

Certo dia, um velho conhecido seu, Mario Jorge Lobo Zagallo, que treinava o Al-Hilal, um dos principais times do país, convidou ele e Medina para um almoço em sua casa, com o objetivo de trocarem ideias e histórias sobre o futebol e os árabes. Minelli se animou com o convite e, na companhia do seu braço direito, compareceu ao local combinado. E foi aí que o problema começou.

Zagallo morava em uma bela casa, mas com uma peculiaridade que faria com que Minelli suasse frio.

Assim que chegou, o comandante da Seleção Saudita, ao lado de Medina, foi conduzido para um elevador para que fossem ao encontro de Zagallo. Por conta de suas dimensões estreitas, o percurso pareceu uma eternidade para Minelli, que ficou com o coração acelerado.

Chegaram até a sala, cumprimentaram Zagallo e ao avistar um cômodo que não tinha sequer uma janela, Minelli, claustrofóbico desde que se conhece por gente, começou a se desesperar e ter dificuldades para respirar. Aguentou dez, 20, 30 minutos... Foi até o seu limite. Então, começou a entrar em pânico, até que resolveu ir embora para acabar com a "tortura". Medina, que conhecia bem o treinador, desculpou-se e explicou a situação a Zagallo, que, por coincidência ou não, nunca mais chamou a dupla para uma visita.

Antes do início dos jogos oficiais pela Seleção da Arábia Saudita, Minelli uniu o útil ao agradável e solicitou ao príncipe Fahed que os árabes fizessem sua pré-temporada no Brasil, assim ele estaria mais próximo de sua família, mataria um pouco a saudade, e a Seleção poderia treinar em bons gramados naturais, além de enfrentar adversários mais qualificados. O comandante chegou a comentar com Medina que achava que seu pedido não seria atendido em razão das altas cifras, mas a conversa com o príncipe saudita foi surpreendente.

— Nós tínhamos planejado a pré-temporada para as três divisões. Então, eram quase 60 jogadores. Fizemos mais ou menos os custos do que se gastaria. Cerca de um milhão de dólares. Eu até comentei com o Professor Medina: "Sabe quando vamos para o Brasil? Nunca!". Um milhão de dólares! Então, eu levei para o príncipe. Ele olhou, olhou, olhou e perguntou sobre o total. "Um milhão de dólares", eu respondi. E ele virou pra mim e disse: "Quando vocês embarcam?". Para eles, não era nada aquele valor – diverte-se Minelli ao lembrar do fato.

Já no Brasil, o grupo se dividiu em duas sedes. Enquanto Minelli e a Seleção principal ficaram em Embu das Artes, usufruindo da estrutura do Hotel Rancho Silvestre, as equipes de base e suas comissões ficaram na Pousada Fonte Sônia, na cidade de Valinhos.

— Os árabes aprenderam muito aqui no Brasil. Fizemos alguns trabalhos, treinamentos, amistosos, alguns jogos-treinos. Foi muito bom – relembra o preparador físico Luiz Flávio Buongermino, responsável pelo time Sub-19.

Um dos amistosos em questão ocorreu diante do União Barbarense e terminou em revés para os sauditas. Vitória de 5 a 2 para os brasileiros.

ENFRENTANDO VELHOS CONHECIDOS

Durante o período que esteve no comando da Seleção da Arábia Saudita, o técnico Rubens Francisco Minelli disputou uma série de amistosos diante de sua ex-equipe, o São Paulo. No total, foram quatro partidas. Duas em solo árabe e duas em solo brasileiro.

Na maioria das partidas, diferente do que se podia esperar, o selecionado saudita foi a famosa “carne de pescoço”. Em seus domínios, os árabes conquistaram dois empates, ambos de 1 a 1. Já no Morumbi, os duelos foram mais animados.

No primeiro deles, mais uma igualdade, porém, pelo placar de 2 a 2.

E na partida derradeira, não teve jeito, o Tricolor conseguiu demonstrar sua superioridade. É verdade que exclusivamente para esse jogo o São Paulo ganhou o reforço do craque Roberto Rivellino, o que elevou ainda mais a qualidade da equipe paulista e lhe rendeu um placar elástico de 5 a 1.

Além de técnico, Rubens Minelli, no período em que esteve à frente da Seleção da Arábia, fazia um pouco de tudo. E tal proatividade ficou evidente quando ele veio ao Brasil, com todo o grupo. Foi nessa viagem que, afora ajudar no crescimento dos jogadores árabes, o comandante resolveu um problema antigo da Seleção: a questão dos uniformes.

Apesar de contar com vestimentas novas que haviam sido solicitadas pelos ingleses, Minelli observou que o tipo de tecido não condizia com o clima quente saudita. Por isso, interveio e foi o intermediário na negociação com um novo fornecedor de material esportivo.

— Nós usamos aquilo para treinar e só mudamos o material porque era tudo de fibra sintética. E em um calor de 36 graus, imagine... Quando vim para o Brasil, fiz contato com a Penalty. Fechamos um contrato com a empresa, que nos forneceu o material todo de algodão, os jogadores enlouqueceram.

Novidade que o aproximou ainda mais dos atletas, que perceberam ter um treinador diferenciado dos demais, um comandante que se importava com eles.

Se os “pequenos” problemas já estavam sendo resolvidos por Minelli e sua comissão, o maior deles, a língua, ainda trazia um pouco de dificuldade a todos.

Rabih Osman, o intérprete responsável pela Seleção principal, era praticamente a sombra de Minelli e Medina 24 horas por dia. Apesar de simpático, culto e muito inteligente, Rabih não tinha experiência alguma com o futebol, e a falta de conhecimento do esporte, às vezes, atrapalhava-o na hora de passar as instruções do treinador para os jogadores e interpretar as palavras mais emotivas na preleção antes das partidas. Os brasileiros tiveram a missão de, aos poucos, introduzir essa veia futebolística ao intérprete.

— Os intérpretes não trabalhavam tanto com o futebol. Era uma dificuldade grande. Teve uma vez que brinquei com o Seu Rubens; eu falei: "Você está mandando o time atacar e eu acho que o intérprete está falando para o time defender". Era bem complicado mesmo. Mas a gente foi se adaptando e aprendendo algumas palavras também. Os números e algumas palavras de motivação que aprendemos ajudavam no treinamento. Eles também procuravam saber algumas palavras em português. E o "porra" e "caralho" saiam quase toda hora lá. Mas faz parte do futebol – lembra Buongermino.

Apesar da dificuldade dos intérpretes, muitas vezes eles acabavam por proteger os treinadores. Isso porque a maneira como alguns técnicos se expressam, com xingamentos e palavras mais fortes, o que já virou um costume no Brasil, na Arábia é visto como um desrespeito, um absurdo, e os intérpretes acabavam por fazer um filtro de tudo o que ouviam antes de repassar para os atletas, para que não houvesse maiores consequências para os técnicos.

TROCANDO AS BOLAS

Enquanto adaptava-se ao grupo e conhecia os seus jogadores, o técnico Rubens Minelli vivia um dilema com relação ao seu camisa 1. Ainda decidia quem sairia jogando. Havia uma enorme briga no país, pedindo a titularidade de cada arqueiro. Eram eles, Marwan e Mabruk.

Depois de alguns treinos, o comandante decidiu. O titular da Seleção da Arábia Saudita seria Marwan.

Certo dia, a Seleção Árabe fez uma grande exibição. A equipe venceu seu adversário mostrando um futebol envolvente, de muita qualidade. Tanto que fez com que os dirigentes e príncipes fossem aos vestiários parabenizar Minelli e todo o grupo. Assim que entraram, só se ouvia, em coro: "*Mabruk, mabruk, mabruk*".

Mabruk, em árabe, significa parabéns. Sem saber do significado da palavra, não demorou para o técnico Rubens Minelli esbravejar e responder aos sauditas:

— *Mabruk*, não! Marwan! Marwan! – recorda-se Medina, aos risos.

O técnico achou que, mesmo após o triunfo, os dirigentes tivessem ido aos vestiários para pedir a titularidade de Mabruk no lugar de Marwan e não para dar os parabéns ao elenco pela boa atuação.

Após a explicação do intérprete Rabih Osman, Minelli e todo o vestiário caíram no riso e quebraram o gelo.

A pré-temporada no Brasil e a série de amistosos feitos fizeram com que a Seleção Árabe concluísse a primeira fase de sua preparação para as Eliminatórias da Copa do Mundo de 1982. Agora, o trabalho de Minelli e sua comissão técnica seria estudar e "dissecar" cada detalhe dos seus futuros adversários. E, para entenderem o que os sauditas teriam pela frente, precisavam viajar para outros países.

Nessa missão, Minelli contou com toda a sua comissão, até com os profissionais que estavam nas outras sedes, "transferindo-os" temporariamente para o setor de inteligência.

— Nesse evento, trabalhei no setor de inteligência da nossa comissão técnica, que tinha como missão capturar das seleções adversárias os comportamentos táticos, técnicos, maneira de jogar, de atacar, defender, jogadas ensaiadas, qualidade de passes, entre outros – relembra Malízia.

BONITA LIMUSINE

O comandante Rubens Francisco Minelli deixaria a Arábia Saudita por alguns dias para acompanhar dois amistosos que ocorreriam na cidade de Jacarta, na Indonésia, e em Sidney, na Austrália. Com o treinador, iriam seus companheiros de dia a dia, João Paulo Medina, seu grande amigo e braço direito, ao lado de sua esposa, Rosane. Porém, antes de assistir a esses confrontos, Minelli e companhia teriam que se deslocar para Genebra, na Suíça, onde o príncipe Fahed queria encontrá-los para debater alguns assuntos. Mas a reunião só ocorreria no terceiro dia de viagem, o que lhes daria 48 horas de turismo.

Os três ficaram hospedados no Hotel President, local de primeira linha, que oferecia do bom e do melhor, tudo na conta do príncipe. Todos os dias acordavam, tomavam um café da manhã reforçado e saíam para conhecer um pouco das belezas de Genebra. Na saída do hotel cinco estrelas, deparavam-se com uma limusine na porta e admiravam o veículo, que era condizente com o tipo de hotel. Passado o momento de admiração, percorriam a cidade em passeios de ônibus, trem, ou mesmo a pé.

No terceiro dia, na reunião marcada, Minelli e Medina alinharam algumas coisas com Fahed. Na hora de irem embora, o príncipe virou-se para a dupla e comentou: "Gostaram da limusine que deixei à disposição de vocês?".

Minelli e Medina não acreditaram no que tinham acabado de ouvir e sem o príncipe entender nada, a dupla, mais uma vez, não conteve as gargalhadas.

Amistosos feitos, adversários estudados, chegara a hora de a bola rolar para valer. Os jogos das Eliminatórias Asiáticas iriam começar e Rubens Minelli tinha um desafio e tanto. Isso porque os sauditas jamais passaram da primeira fase.

Nessas Eliminatórias, as Seleções Asiáticas estavam divididas em grupos, cujos líderes de cada grupo se classificariam para uma fase final, em que todos jogariam contra todos.

Na primeira fase, a Arábia Saudita teria em seu grupo a companhia de Iraque, Catar, Bahrein e Síria. E, apesar da qualidade do time árabe ser similar à dos demais times do grupo, o trabalho feito por Minelli e companhia faria a diferença nessa primeira fase, em que os times estavam mais nivelados.

Os sauditas fizeram uma campanha irretocável. Nenhuma atuação de gala, é verdade. No entanto, foram partidas seguras, eficientes e que mostravam a evolução da Seleção a cada confronto. Dos quatro jogos que a Seleção da Arábia Saudita disputou, conquistou quatro vitórias e passou pela primeira fase sem tomar nenhum gol sequer.

A festa feita pelos sauditas após garantir a classificação para a próxima fase foi digna de título. As arquibancadas estavam em êxtase e o gramado, então, nem se fala. Minelli foi carregado no ombro por Mohamed Abduljawad. Príncipes e até policiais invadiram o campo para parabenizar os jogadores pelo desempenho da campanha na primeira fase, um feito histórico. O que rendeu à Seleção até um troféu, o primeiro de sua história.

Como a bebida alcóolica é proibida na Arábia Saudita, os brasileiros tiveram que comemorar de uma maneira bem diferente.

— A classificação foi o resultado esperado pela comissão técnica, graças ao trabalho realizado. Ela foi euforicamente comemorada por todos, regada à base de muito chá – revela Malízia.

Primeiro objetivo concluído. Antes do restante das Eliminatórias, Minelli ganhou do príncipe alguns dias de folga. Sem pensar duas vezes, correu para o Brasil para matar a saudade da sua família. Esse período serviu para relembrá-lo, mais uma vez, como é ter uma família por perto e perceber o quanto ela lhe fazia falta. Foram dias proveitosos, de muita alegria para todos.

No tempo em que esteve no país, o técnico, que ainda era considerado um dos melhores na função, foi assediado por outro time: o Corinthians.

Vicente Matheus, então presidente do Alvinegro, queria conversar com Minelli e o chamou para o seu escritório. Pensando em ser algo para o futuro, o treinador compareceu ao local marcado, na Rua 7 de Abril, bem no coração de São Paulo, onde era o escritório do mandatário. Ao chegar, deparou-se com um lugar que parecia abandonado, pó por todos os lados, cheiro de naftalina predominando na sala.

Vicente Matheus, então, expôs a situação, disse que tinha interesse em contratá-lo naquele momento. Minelli agradeceu, mas explicou que, apesar de ter muita vontade de voltar ao país para ficar com a família, aquele não era o momento ideal, seria muito complicado.

— O Corinthians me fez uma oferta e o presidente do clube divulgou na imprensa que estava me contratando. Com isso, eu recebi, através da embaixada brasileira, em Brasília, uma comunicação para que eu não tomasse nenhuma atitude, porque os príncipes queriam conversar comigo – lembra Minelli.

A princípio, o príncipe solicitou que Minelli voltasse à Arábia. O treinador, que apesar de não ter culpa, não era bobo, preferia que a conversa ocorresse em um território "neutro" para os dois e alegou que a Arábia seria muito longe. Então, acabaram por se encontrar na metade do caminho, em Paris. Sem tempo a perder, e querendo resolver o quanto antes a situação, o príncipe mandou uma passagem para o comandante via Concorde, um avião da Air France tão rápido que atravessava a barreira do som.

Quando chegou à capital francesa, Minelli explicou a situação e, mais uma vez, revelou que sentia muita falta de sua família.

Sabendo que o trabalho que estava sendo desenvolvido era bom e promissor, o príncipe Fahed recuou, entendeu a situação e ofereceu para o treinador 15 dias de folga no Brasil a cada 90 dias, desde que não atrapalhasse o calendário da Seleção. Idas e vindas sempre de primeira classe. E foi assim que o acordo foi selado e Minelli seguiu no cargo.

BOLO REAL

O príncipe constantemente reconhecia o bom trabalho de Minelli e os feitos que ele conquistara, como, por exemplo, levar a Seleção Saudita, pela primeira vez, à segunda fase das Eliminatórias da Copa. A fim de demonstrar seu reconhecimento, Fahed gostava de agradar o treinador. Como mimo, deu-lhe carros de luxo, e até um cavalo puro-sangue (esse rejeitado por Minelli, já que não tinha como cuidar do animal da maneira correta).

Depois de aparar algumas arestas com o técnico Rubens Minelli a respeito de sua permanência no cargo, o príncipe Fahed quis estreitar ainda mais os lanços entre eles e o chamou para um jantar em sua casa. Minelli, sempre pontual, chegou no horário marcado.

O príncipe morava em uma casa cinematográfica, um verdadeiro palácio. Assim que entrou, o treinador foi convidado pelos empregados de Fahed a se sentar à mesa de jantar (de mais de dez lugares), e foi avisado de que, em instantes, o príncipe se juntaria a ele. Acomodado, Minelli começou a sentir certa estranheza no ar. Passaram-se 20 minutos. Meia hora. Uma hora. Duas horas. Foi, então, que um de seus empregados avisou que o príncipe não chegaria para o jantar.

O comandante ficou desconfortável com a situação, mas sabia bem com quem estava lidando e não demonstrou qualquer insatisfação.

Um verdadeiro bolo real na casa do próprio príncipe.

Com tudo acertado, era hora da segunda fase das Eliminatórias Asiáticas e a busca pela tão sonhada classificação para a Copa do Mundo de 1982. Dessa vez, na fase final, já era sabido que tudo seria mais difícil. Isso porque a Arábia Saudita disputaria com seleções que haviam iniciado um trabalho há mais tempo, como Nova Zelândia e, principalmente, o Kuwait. A Seleção da China, assim como a dos sauditas, corria por fora pela qualificação.

Seriam jogos de todos contra todos, e as duas seleções que fizessem mais pontos garantiriam a vaga na Copa do Mundo da Espanha.

CHEIO DE MORAL COM O POVO

A fim de se preparar para a segunda fase das Eliminatórias, o técnico Rubens Minelli voltou as suas atenções para os seus futuros adversários. Entre eles, a Seleção do Kuwait. Então, ele resolveu estudá-la um pouco mais de perto.

Cheio de moral com os sauditas, o comandante decidiu pegar um voo para o Kuwait às pressas, na véspera de um confronto do rival. No aeroporto, na hora de comprar a passagem, foi informado de que o voo para o Kuwait estava lotado. No entanto, o treinador tinha caído de vez nas graças dos árabes, e um deles – que também estava atrás de uma passagem – virou-se para um outro homem que havia acabado de conseguir um assento e pediu para que ele cedesse seu lugar, porque o técnico da Seleção Nacional precisava entrar no voo.

E assim aconteceu. E Minelli embarcou para o Kuwait.

— Ele sempre foi bem-querido, muito respeitado – revela Pernambuco.

Quando a bola voltou a rolar, o destino dos sauditas foi bem diferente do imaginado. Dado os excelentes resultados da primeira fase, esperavam igual desempenho.

Em boa parte das partidas, a equipe foi extremamente competitiva. Porém, nos detalhes, deixava de vencer. E esses detalhes acabaram por custar caro. A Arábia Saudita foi a última colocada entre as seleções na segunda fase.

Em sua partida final, já sem chances de classificação para a Copa, mas tendo que cumprir o calendário, Minelli sentiu na pele a única coisa que não aceitava de seus jogadores em hipótese alguma: descomprometimento. Sem a possibilidade de ganharem prêmios e de se qualificarem, os jogadores encararam a partida como um jogo qualquer. Dias antes, mal queriam treinar. Brincavam e dançavam durante as atividades. Só para se ter uma ideia, o primeiro tempo terminou em 5 a 0 para a Nova Zelândia. Na segunda etapa, o placar não mudou e muito menos a atitude dos atletas, o que fez o treinador esbravejar com o seu grupo dentro dos vestiários.

— Seus filhos da puta! – gritou o comandante.

Minelli foi duro com as palavras. Pedia para que o intérprete, dessa vez, não filtrasse nada e repetisse exatamente o seu discurso, o que até o assustou.

E a falta de vergonha na cara e de patriotismo que sentiu dos seus jogadores foi preponderante para que ele jogasse tudo para o alto e pedisse a rescisão contratual.

— Ele pediu para sair quando nós perdemos para a Nova Zelândia por 5 a 0, porque teve alguns jogadores que ficaram rindo no vestiário – relembra Mohamed Abduljawad, que fazia parte do grupo.

Após solicitar seu desligamento, Minelli teria mais uma novela pela frente, pois o príncipe Fahed não aceitou, de primeira, o pedido. O comandante, então, voltou para o Brasil ainda tendo vínculo com a Seleção Saudita. Depois de alguns telefonemas dos árabes pedindo para que ele reconsiderasse a decisão, e percebendo que o treinador estava irredutível, o príncipe, enfim, concordou em liberá-lo.

Ignorado pela Seleção de seu país, o técnico tinha visto a oportunidade de treinar os sauditas como sua única chance de disputar uma Copa do Mundo. E, agora, tudo tinha ido por água abaixo.

Era o fim de Minelli no comando da Seleção da Arábia Saudita.

E se o comandante não saiu da maneira que imaginava, pelo menos deixou o terreno preparado para os treinadores seguintes, que puderam continuar um trabalho mais profissional, que já havia sido iniciado e que, devagar, começava a dar frutos.

— A respeito da Seleção principal, a gestão Minelli e Medina, podemos citar, seguramente, que foi épica no futebol do Oriente Médio, uma vez que a Seleção Nacional saiu de uma zona de desconforto para uma zona de conforto muito rapidamente. O que era sinônimo de derrota passou a ser de vitória, fazendo com que o futebol saudita passasse a ser respeitado em todo o mundo Árabe, criando uma expectativa enorme na população – afirma Malízia.

E apesar de não ter sido o primeiro brasileiro a passar pela Arábia, Minelli deixou um legado para as futuras gerações.

— A passagem do Rubens Minelli pela Seleção Saudita foi maravilhosa. Ele foi o engenheiro da Seleção da Arábia, porque foi ele que planejou tudo – garante Mohamed Abduljawad.

— Eu posso dizer que o trabalho foi muito, muito bom. Seu Rubens deixou a marca dele lá, porque em termos de organização, eles aprenderam demais. E depois da era Minelli, outros brasileiros foram para lá – garante Buongermino.

Apesar do distrato, o técnico ainda tinha uma série de passagens de primeira classe que estavam em seu contrato para receber. E como não iria mais para a Arábia Saudita, o montante se transformou em um *voucher* e tanto, que fora muito bem aproveitado por Minelli e sua família.

Sem emprego, bem financeiramente e com *vouchers* de passagens para usar, Minelli, sua esposa Rosinha e seu filho mais novo, Ricardo, aproveitaram o período sabático do treinador e viajaram pelo mundo durante um bom tempo.

Era o tempo que Minelli precisava para aliviar todo o *stress* passado e colocar novamente a cabeça no lugar.

SONHO VERDE E AMARELO

— Eu tive um desencanto em nunca ter treinado a Seleção Brasileira. Houve oportunidades em que tudo indicava que seria eu, mas depois acabei não sendo o treinador. Meu nome foi cogitado em 1977, 1982, 1983, mas não me deram a oportunidade nem de fracassar, porque, no Brasil, se você não ganha, você fracassa. E todos fracassaram de 1970 a 1994.

Tricampeão Brasileiro, com os títulos à frente do Palmeiras e do Internacional, Rubens Francisco Minelli era nome forte para assumir a Seleção Brasileira, após a saída de Oswaldo Brandão.

Mesmo comandando o São Paulo, durante esse período e próximo de mais uma conquista nacional, tudo que o treinador fizera pelo Colorado não foi esquecido. E a imprensa gaúcha foi apenas uma entre muitas que realizaram pesquisas entre todos os meios de comunicação, a fim de "indicarem" a melhor opção para substituir Brandão. E Minelli foi praticamente uma unanimidade para assumir o cargo, principalmente em solo gaúcho.

O ex-técnico Muricy Ramalho revela um dos principais motivos para que Minelli fosse um dos preferidos da crítica e dos torcedores para assumir o comando da Seleção Brasileira.

— Eu sempre disse que o Seu Minelli, naquela época, foi quem começou a mudar os times brasileiros taticamente. Fazia treinamentos sem adversário, de posicionamentos, bolas paradas. Então, o Seu Minelli tem grande mérito nesse sentido.

Tal conceito de futebol era uma novidade e encantava os amantes do esporte. Ainda mais com material humano para trabalhar, como foi no Colorado.

Na época, os técnicos que tinham um currículo tão vitorioso quanto o do Minelli eram o lendário treinador Luis Alonso Perez, o Lula, Pentacampeão Brasileiro, que teve sob seu comando o magistral Santos de Pelé, Pepe e companhia; e o próprio Oswaldo Brandão, que deixava o cargo.

Porém, isso não foi suficiente para que, na ocasião, a CBD escolhesse Minelli. Quem ficou com a vaga de comandante da Seleção Brasileira foi Cláudio Coutinho, militar, preparador físico de origem, e com pouquíssima experiência como técnico de futebol, já que na época só havia treinado o Flamengo.

— Eu acredito que foi por falta de reconhecimento do grande momento. Muitos treinadores nunca tiveram passagem por nenhum time e já foram para a Seleção. Outros passaram em clubes, não tiveram sucesso e foram treinadores da Seleção. E ele sendo Campeão três vezes consecutivas não teve essa oportunidade. Isso me chama muita a atenção. Como treinador, isso não me escapa. No seu momento, logo depois dos títulos, que seria o ideal, ele não foi lembrado – declara Carpegiani.

— Ele não foi convidado porque a questão era mais política do que é hoje, até pela CBF [CBD na época] ser no Rio de Janeiro. E viviam reclamando disso. Ali não tinha jeito, privilegiavam os cariocas. Em 1978, o Coutinho não tinha a história nem a bagagem do Minelli e foi chamado. O Coutinho era um técnico de boas ideias, mas, naquele momento, em 1978, o nome tinha que ser do Minelli, técnico Tricampeão Brasileiro e muito mais gabaritado. E quem era Cláudio Coutinho? Um preparador físico que até fazia um bom trabalho no Flamengo. Quando o Brandão cai, ali era uma chance de retomada do futebol do Rio de Janeiro. Tínhamos muito pouco "intercâmbio", o bairrismo era mais forte e o Minelli foi vítima disso. Quando falaram de Coutinho, achavam que era o parceiro do Pelé, e isso jamais aconteceria com o Minelli. Podiam até não gostar dele, mas não saber quem ele era, impossível. Ele era uma celebridade no tempo em que os técnicos não eram celebridades. O Minelli tinha direito à foto no jornal, à recepção em aeroporto, era outro *status* – comenta Celso Unzelte.

Aliás, quase todos o "conheciam". Não obstante, segundo um dos cartolas, André Richer, diretor de futebol da CBD e chefe da Comissão Técnica da Seleção Brasileira, o nome Rubens Minelli não dizia nada. O dirigente chegou a afirmar que sequer sabia quem era o treinador.

Tal declaração soou como uma bomba para Minelli e para toda a imprensa que via o técnico como o nome ideal para a função. Tanto é verdade que o *Jornal da Tarde* publicou, em 7 de março de 1977, uma página inteira contando toda a história e trajetória de Rubens Francisco Minelli na vida e no futebol, trazendo o seguinte título: "Sr. Richer, eis Rubens Minelli".

Um verdadeiro tapa na cara do cartola.

Minelli chegou até a criar esperanças de que poderia ser mesmo escolhido como técnico da Seleção Brasileira. Entretanto, um velho amigo tratou de colocar seus pés no chão e lhe revelar a verdade nua e crua, antes mesmo de o nome de Coutinho ser oficializado.

— O Dr. Henri Aidar, que era presidente do São Paulo e membro do comitê brasileiro de qualquer coisa no Rio de Janeiro, me telefonou e disse o seguinte: "Não transforme esse sonho em realidade porque não vai acontecer, o treinador vai ser o fulano de tal, já foi escolhido e só falta ser divulgado". Então, eu já sabia que não seria o treinador... Eu era só fumaça".

Assim que iniciou seu trabalho no comando da Amarelinha, Coutinho disputou com a Seleção alguns jogos das Eliminatórias para a Copa do Mundo da Argentina e tais atuações não foram convincentes, nem para o povo brasileiro, e muito menos para a imprensa.

Meses depois da declaração de Richer, o futebol pouco atraente da Seleção de Coutinho fez com que voltassem as especulações, principalmente por parte da imprensa carioca, sobre a possibilidade de Rubens Minelli assumir o cargo. E tanto o diretor quanto o presidente da CBD, Heleno Nunes, tiveram que vir a público para desmentir o rumor e garantir Coutinho no comando.

Um dos comandados de Coutinho era um velho conhecido de Minelli, o ponta são-paulino, Zé Sérgio, que nesse período era treinado pelo próprio no Tricolor Paulista. O jogador, que havia trabalhado com ambos os treinadores, praticamente ao mesmo tempo, falou sobre a diferença dos dois e qual deles seria o seu favorito.

— Eu acho que ele era a pessoa certa para ir para a Copa do Mundo de 1978, principalmente depois dos dois títulos com o Inter. Para mim, o Minelli deveria estar comandando aquela Seleção. Então, colocaram o Cláudio Coutinho. Eu fui nessa Seleção também, mas era bem diferente. O Minelli era mais experiente e com uma condição muito melhor. Mas eu acho que ele não ia se submeter às condições da CBD. Talvez ele fosse levar a sua comissão técnica, e a CBD não permitia, era meio complicado naquela época. Hoje, é bem diferente, mas ele, depois, assumiu a Seleção da Arábia Saudita. E o importante é que ele ficou para a história do futebol brasileiro, independentemente de ter ido ou não para Seleção Brasileira.

Aliás, de um jeito bem diferente do que imaginava, Rubens Minelli também participou *in loco* da Copa do Mundo de 1978, na Argentina. Apesar de não ter tido a oportunidade de ir como treinador, foi convidado pela Rede Globo de Televisão para ser um dos comentaristas e analistas da emissora durante o torneio. Na época, seu companheiro de quarto era o saudoso jornalista Fernando Vanucci. Além de dar a sua opinião em programas de debate, como os bate-bolas, Minelli, muito exaltado pelo seu conhecimento tático, esboçava e analisava como as Seleções jogariam antes das partidas no quadro *Quem é Quem?*, que ocorria na própria transmissão.

— Quando ele comentava e analisava, fazia com botões magnéticos, um jeito mais professoral. Antigamente, falavam que o futebol era simples e que os técnicos inventavam, e o Minelli mostrou que o futebol não era só isso – pondera Celso Unzelte.

AJUDANDO O CONCORRENTE?

Talvez ainda um pouco "assustado" com a responsabilidade e a pressão de ser o técnico escolhido para treinar a Seleção Brasileira na Copa do Mundo de 1978, e sabendo de sua pouca bagagem para a função, Cláudio Coutinho não teve "vergonha" alguma de demonstrar tal sentimento e fez um pedido bastante curioso para um amigo jornalista. Queria conversar com Rubens Minelli para colher sua opinião e tirar algumas dúvidas a respeito da convocação que ele, Cláudio, faria para o Mundial. O jornalista também era conhecido de Minelli, e fez esse encontro acontecer.

Diante da imagem de um profissional exemplar e de caráter que era Coutinho, Minelli não se opôs a ajudá-lo e compareceu ao encontro. Aliás, encontros. O primeiro ocorreu na residência do próprio jornalista, já o segundo aconteceu em Campinas, após uma partida do São Paulo – equipe treinada por Minelli na época – contra a Ponte Preta.

Nesses encontros, Coutinho aproveitava ao máximo o conhecimento de Minelli. Expôs suas dúvidas sobre convocar jogador A, B ou C e até sobre esquemas e adversários. Minelli era o mais sincero possível e fazia de tudo para atender o comandante canarinho.

Um dos assuntos tratados durante as conversas fora a convocação de Paulo Roberto Falcão para a Copa do Mundo da Argentina. Minelli, que trabalhou com Falcão de 1974 a 1976, e tendo o camisa 5 colorado como um de seus principais jogadores no Internacional, tratou de fazer *lobby* para Coutinho sobre sua convocação. No entanto, Coutinho preferiu ir pela sua convicção e não deu ouvidos para Minelli, dando prioridade aos outros três volantes.

Disputavam posição com Falcão o companheiro de colorado, Batista, o são-paulino Chicão e o atleticano Toninho Cerezo.

Anos mais tarde, na década de 1990, quando Falcão assumiu o comando da Seleção Brasileira, o técnico Rubens Minelli foi um dos treinadores a quem o ex-volante colorado pediu conselhos. Além dele, Telê Santana, Zagallo e Ênio Andrade também foram lembrados.

Como se não bastassem os conselhos para Coutinho, Rubens Minelli também ajudaria a Seleção Brasileira de outra forma. Ele foi o técnico escolhido para comandar a Seleção Paulista, que enfrentaria o selecionado nacional de Coutinho, em partida amistosa como preparação para a Copa.

— Simplesmente uma maneira de colaborar com a Seleção Brasileira. Isto é claro, não quer dizer que ela encontrará todas as facilidades para impor o seu jogo. Ao contrário, quanto mais resistência seus jogadores encontrarem, melhor será o teste. Assim, Coutinho terá melhores condições de avaliar o verdadeiro futebol de seu time. Só posso garantir que, se depender de nós, será um jogo de verdade. Nada de jogo-treino – afirmou Rubens Minelli, ao jornal *O Estado de S. Paulo*, de 14 de junho de 1977.

A fim de enfrentar o selecionado canarinho, que tinha craques como Zico, Rivellino, Roberto Dinamite e companhia, Minelli mandou a Seleção Paulista a campo com: Waldir Peres; Gilberto Sorriso,

Beto Fuscão, Zé Eduardo, Cláudio Mineiro; Badeco, Ademir da Guia e Vaguinho; Palhinha, Eneás e Zé Sérgio. Para o segundo tempo, ainda deixou Zenon e Sócrates. Outra verdadeira Seleção.

Com a bola rolando, o jogo foi parelho durante os 90 minutos, e acabou em 1 a 1, em pleno estádio do Morumbi. Os torcedores da Seleção Paulista vaiaram o selecionado brasileiro e caíram em cima de Coutinho.

Minelli saiu em defesa do seu companheiro de profissão:

— Tirar alguma conclusão em três jogos é impossível. Vamos dar tempo ao Coutinho para que ele tenha tempo de empregar algumas de suas ideias – declarou ao jornal *O Estado de S. Paulo*, de 14 de junho de 1977.

No fim, apesar de bons números à frente da Seleção, e uma eliminação da Copa do Mundo de 1978, mesmo sem ser derrotado, Coutinho não agradou e deixou o cargo em 1979. Para o historiador Celso Unzelte, a presença de Rubens Minelli no comando de Seleção Brasileira durante esse período poderia ter rendido mais frutos ao país.

— Havia boa possibilidade de termos um resultado diferente, porque mesmo o Coutinho inventando tudo aquilo, não obtivemos sucesso. Naquele momento, ele era muito obcecado em *overlapping*, ponto futuro. Falavam do "coutinhês". Enfim, ele cometeu um crime não levando o Falcão para a Copa do Mundo. Levou o Chicão, um volante duro do São Paulo. Só pelo fato de o Minelli levar o Falcão, caso fosse o treinador, já teria muito mais chance de dar certo.

MAIS UMA VEZ LEMBRADO

Enquanto disputava as Eliminatórias para tentar colocar os árabes na Copa do Mundo, o treinador recebeu uma sondagem da cúpula da CBF sobre a possibilidade de comandar o escrete canarinho para a Copa de 1982.

— De 1974 a 1988, o meu nome sempre foi cotado como o mais forte. Em algumas ocasiões, eu era a cortina de fumaça para desviar a atenção. Eu estava na Arábia Saudita e me fizeram uma consulta num jantar com o João Havelange. O único treinador convidado para homenagear o Havelange fui eu e me foi feita uma pergunta pelo Giulite

Coutinho [presidente da CBF], se eu pagaria a multa pela rescisão de contrato para treinar a Seleção. Isso aconteceu em 1982, quando [o treinador] foi o Telê – declarou Minelli em entrevista ao jornal *Tribuna do Paraná*, de 30 de abril de 1990.

Aliás, sobre a Seleção de 1982, vista por muitos como a melhor de todos os tempos, mesmo saindo derrotada, o técnico Minelli é voto vencido em apontar que, apesar de contar com fantásticos nomes, estava longe de ser a melhor.

COM A PALAVRA ...

RUBENS MINELLI

Na minha opinião, todas as outras Seleções Brasileiras são melhores do que a de 1982. Naquela, não tinha um esquema. Veja: você é treinador da Seleção Brasileira, jogando contra a Itália. Você [treinador] analisou a Itália e viu que é um time que só joga de contra-ataque. Eles não sabiam jogar sem contra-ataque. Então, você [treinador] faz umas burradas e dá o contra-ataque para a Itália e toma dois gols. A Seleção vai e marca 2 gols, 2 a 2. Faltam 20 minutos para acabar o jogo. O que é preciso fazer? É preciso trazer o time para trás e obrigar a Itália a jogar curtinho, coisa que eles não sabiam. Mas, não, o Brasil foi atacar para tentar o terceiro e deixou tudo aberto. Tinha ocasiões em que o Oscar estava marcando um e o Luisinho marcando outro, e todo mundo lá na frente. E, em vez de eles também irem para a frente, seguraram eles aqui, os dois. Ficou um baita de um espaço. Na verdade, nós perdemos de 5, não foi 3 a 2. Teve um pênalti que o Luisinho fez e o juiz não deu. E teve o gol anulado, onde o Júnior estava quase dentro do gol, não estava impedido. Para mim, desculpe o termo, foi uma merda a Seleção.

Como eu já disse, não tinha esquema. O Telê achava que o Cerezo ia ser o maior jogador do mundo. Não é crítica, é o que era. Então, ele tinha que colocar o Cerezo para jogar. Todas as partidas anteriores nós jogamos com um ponta-direita, aí, quando ele ia pôr o Falcão, não podia. O Falcão arrebentou com o jogo, o Cerezo não podia jogar o primeiro... E para botar o

Cerezo, ele tirou o ponta-direita, alguém ia cair por lá. Sócrates não caiu, Zico não caiu, Falcão não caiu, ficou sem ninguém. E aí quem ia? Ia o lateral-direito, aí ficava aquele buracão no lado direito.

Eu sou ponto discordante. Eu tenho todos os jogos aqui do Brasil na cabeça. O Brasil foi mal contra a União Soviética, não jogou nada e ganhou de 2 a 1, anularam um gol do ponta-esquerda da União Soviética, não estava impedido. Depois, o Brasil ganhou da Escócia, a Escócia saiu na frente, e aos trancos e barrancos o Brasil fez uma jogada e fez um gol, e depois fez três gols no segundo tempo e ganhou o jogo...

Depois que deixou a Seleção da Arábia Saudita, o comandante, após o período sabático viajando com a família, retornaria para São Paulo, mais precisamente para treinar o Palmeiras, que apostava todas as suas fichas nele, a fim de acabar com o jejum de títulos do clube que se iniciara em 1976.

Minelli fora contratado a peso de ouro e era visto como o grande nome da equipe.

O contrato era curto. Até o final da temporada, cerca de quatro meses, já que no ano seguinte haveria eleições no clube e Minelli não pretendia fazer um acordo a longo prazo sem saber se quem estivesse na diretoria pretendia que ele permanecesse ou não.

Apesar de a imprensa ligar o fato do contrato de Minelli se encerrar coincidentemente no mesmo dia do término do contrato de Telê Santana, que comandava a Seleção Brasileira na época e que já havia revelado que deixaria o cargo, o próprio Minelli garantiu, em entrevista ao jornal *O Estado de S. Paulo*, de 24 de agosto de 1982, que tal fato não teve influência em seu curto contrato.

— Honestamente, não. Será um orgulho dirigir a Seleção, principalmente tendo como aval essa pesquisa feita pelo *O Estado de S. Paulo*, com jornalistas de todo o Brasil, que me elegeram o técnico ideal para a Seleção. Fico envaidecido com isso, mas agora meu negócio é o Palmeiras.

Mesmo ansioso com tal possibilidade, Minelli sempre foi transparente e extremamente profissional e não deixava isso influenciar seu trabalho.

Mas quando até o seu próprio vice-presidente acreditava que ele seria o escolhido da CBF, o rumor começou a ganhar ainda mais força.

— Não sou eu que está dizendo isso... A própria imprensa do país entende que ele é o melhor, que deve dirigir o selecionado e que sabe como levar um time às vitórias. Aliás, o Palmeiras costuma dar técnicos para a Seleção Brasileira: Filpo Nuñez, Oswaldo Brandão, Telê Santana e, agora, ao que tudo indica, será a vez de Minelli – revelou o cartola palmeirense, Nelson Duque, em entrevista ao jornal *A Gazeta Esportiva*, de 24 de agosto de 1982.

A pesquisa a que o recém-chegado técnico do Palmeiras se referiu foi feita pelo jornal *O Estado de S. Paulo*. O periódico reuniu 171 jornalistas de todos os cantos do país para chegar à resposta à seguinte pergunta: "Quem, enfim, deve ser o substituto?".

Com 88 votos, mais da metade da preferência dos jornalistas, Rubens Francisco Minelli fora o escolhido, seguido por Paulo César Carpegiani, jovem treinador e que havia sido seu jogador, com 47 indicações.

A escolha da maioria pelo técnico paulista se deu, principalmente, por verem em Minelli características que acreditavam ser fundamentais para quem quer que fosse o novo comandante do Brasil, como: experiência, honestidade, independência, além de vocação para ser Campeão.

Presidente da CBF em exercício nesse período, Giulite Coutinho, ao tomar conhecimento da pesquisa, mostrou total conhecimento do trabalho do treinador – ao contrário de Richer – e rasgou elogios a Minelli. No entanto, ponderou que, por estar no fim do seu mandato, não cabia a ele escolher o substituto de Telê e, sim, ao seu sucessor.

O técnico Rubens Minelli enalteceu o cargo de treinador da Seleção Brasileira, afirmando que tal condição é o ápice para qualquer profissional de sua área e que seria a coroação do trabalho que vinha efetuando. Todavia, nem o eminente convite da CBF fez com que ele "tirasse os pés do chão", pois, mesmo honrado, sabia que não tinha nada concreto. Ademais, o anúncio do novo nome ocorreria apenas no início de 1983. Portanto, ainda era cedo para comemorar.

Telê Santana havia prometido apoio total ao seu sucessor, e pouco tempo depois da oficialização de sua saída, quando tudo e todos praticamente "cravavam" Minelli no cargo, o técnico Carlos Alberto Parreira, ex-Fluminense, fora anunciado pela CBF.

Minelli não foi o único a sentir o golpe. Alguns de seus ex-jogadores também veem como uma grande falha um treinador vencedor e de tamanha integridade e qualidade nunca ter tido a oportunidade de treinar a Seleção Brasileira.

— Sem dúvida nenhuma, o Minelli foi injustiçado em não ter sido convidado para treinar a Seleção Brasileira. Nós sabemos que o Rio de Janeiro, por ter a CBF lá, sempre dominou o futebol brasileiro em todos os níveis. E nós vimos vários treinadores cariocas, sem a mínima condição, comparados ao Professor Minelli, dirigirem a Seleção e participarem de Copas do Mundo. Ficaram uma ou duas Copas do Mundo. O Minelli poderia ter tido uma oportunidade. A Seleção Brasileira perdeu, talvez, de ter um dos melhores treinadores sob o seu comando – esbraveja Estevam Soares, atualmente técnico e que atuara com Minelli no São Paulo.

— Injustiçado, injustiçado, injustiçado mil vezes. Eu vi três grandes treinadores: Telê Santana, Zagallo e Minelli. Todos os três mereciam ser treinadores da Seleção Brasileira e, infelizmente, o Minelli não teve esse cartaz. Não deram a ele o que ele merecia – lamenta Dadá Maravilha, artilheiro sob o comando de Minelli no Internacional.

Já o treinador que foi preterido, apesar de todo o seu currículo, desabafou na época sem deixar a sua autenticidade de lado.

— A convocação do treinador é um emaranhado de politicagem, na qual eu não entrei. E a minha maneira de trabalhar [de não permitir qualquer interferência] também atrapalhou bastante.

Ao longo de toda a sua carreira, Minelli, que passou por diversos clubes, nunca chegou a treinar uma equipe carioca – apesar dos convites para assumir Flamengo e Vasco da Gama em 1982, antes de aceitar a proposta palmeirense. Caso tivesse treinado um time carioca, teria ficado muito mais próximo dos homens fortes do futebol brasileiro que trabalhavam na CBF. Isso, talvez, tivesse causado algum incômodo a eles. Fato é que a CBF recebeu Minelli apenas em uma oportunidade em toda a sua carreira. O treinador, que nunca trabalhou com empresário, sempre foi avesso a puxar o saco de quem estava no poder, acabou penalizado justamente por ser íntegro e ter opinião.

NOME FORTE NOVAMENTE

Oito meses de Carlos Alberto Parreira no cargo de treinador da Seleção foram suficientes para que tivesse seu trabalho questionado. E, adivinhem quem foi cogitado de novo, assim como nos últimos anos? Ele mesmo, Rubens Francisco Minelli.

Dessa vez, foi a revista *Placar* a responsável por realizar uma pesquisa, em dezembro de 1983, sugerindo outra troca no comando do selecionado brasileiro. E novamente, por ampla maioria, com um total de 4.230 votos, os eleitores da revista elegeram Minelli o nome ideal para substituir Parreira.

Na segunda posição, ficou Telê Santana, com um número bem inferior: 1.923 votos.

Parreira já havia deixado o cargo, e a demora pela escolha de um novo comandante, agora em 1984, fez com que a *Placar* lançasse outra pesquisa. Entretanto, muito mais completa do que a que a revista, e todos os meios de comunicação, já havia feito.

A pesquisa foi dividida em três etapas e teria a duração de duas semanas. A primeira etapa consistia em saber a opinião do grande público e os votos (indicações) seriam colhidos por meio de telefonemas recebidos.

Na segunda etapa, um grupo de jornalistas dos sete grandes centros seriam questionados; e, na última, o papel de opinar e eleger um nome para uma das mais importantes funções do futebol brasileiro ficaria a cargo de um grupo seleto de jogadores.

Os resultados? Pouco surpreenderam.

Em inacreditáveis 30 mil telefonemas, o povo brasileiro sugeriu, com mais de 50% dos votos, que Minelli seria a melhor opção. Os jornalistas compactuaram com o povo e, dos 223 profissionais que foram consultados, 51 deles mostraram preferência novamente por Minelli. Para se ter uma noção, o segundo colocado computou 21 indicações.

Na opinião dos jogadores, Minelli acabou derrotado em São Paulo e no Rio de Janeiro, mesmo liderando a pesquisa em Minas Gerais e no Rio Grande do Sul. E nessa etapa, ficou na segunda colocação, com apenas dois votos a menos do que Telê Santana.

Tal descrédito no Rio de Janeiro se dava por uma fala de Minelli em resposta a um cronista local e que não caiu bem para os cidadãos da "Cidade Maravilhosa", muito menos para os que mandavam no futebol brasileiro. Depois de o jornalista declarar ao treinador que o público carioca não gostava dele, o comandante não se acovardou e rebateu a calúnia com a seguinte frase: "a recíproca é verdadeira".

O que antes era otimismo e ansiedade, deu lugar ao pessimismo e à amargura, já que nem seu nome sendo sugerido pelos quatro cantos do país foi o suficiente para que o sonho de um Tetracampeão Brasileiro se realizasse.

— O problema não é a idade, mas o momento. O meu momento já passou... Tenho certeza de que eu jamais serei convidado – foram as palavras de Rubens Minelli em entrevista à revista *Placar*, de 13 de abril de 1984.

Ele estava certo. E acabou outra vez sendo preterido pela CBF. Agora, o felizardo foi Eduardo Antunes Coimbra, irmão de Zico, que em sua curta carreira como técnico havia treinado apenas o America-RJ. E sua passagem como comandante da "Amarelinha" durou pouco, apenas três partidas amistosas. Na sequência, Evaristo de Macedo deu continuidade ao trabalho, mas também não teve vida longa no cargo, e deu lugar a Telê Santana, aí sim, fazer um trabalho a longo prazo.

Já desgastado sobre o assunto e visivelmente decepcionado, Minelli, que na ocasião estava à frente do Atlético-MG, foi duro nas palavras e, enfim, elegeu um culpado para a situação.

— É evidente que eu tenho amigos influentes no Rio de Janeiro que me colocavam a par da situação. E eu sabia desde o começo que não seria eu. Por isso, disse que não me surpreendia por já conhecer o baralho – afirmou o treinador à revista *Placar*, de 13 de abril de 1984.

O baralho em questão seriam os profissionais que "davam as cartas na CBF", os mandantes que, tempos atrás, apostaram em Brandão, um técnico sem raízes cariocas. Tudo indicava que não o fariam de novo.

AGORA OU NUNCA

Havia virado rotina nos anos 1980. Se a Seleção não estava agradando e o grande público e a imprensa estavam descontentes com o treinador, automaticamente o nome do técnico Rubens Minelli era trazido à tona.

Em 1986 não foi diferente.

Ao lado de Telê Santana e Zagallo, Minelli era um dos nomes cotados para assumir o cargo de técnico da Seleção Brasileira.

A demora para a escolha do novo treinador para comandar o Brasil na Copa do Mundo de 1986, no México, dava-se porque a CBF estava em eleições. Nabi Abi Chedid, que era oposição e tinha Minelli como seu nome preferido para o cargo de técnico, era vice de sua chapa, que seria presidida por Otávio Pinto Guimarães. Jogada estratégica, já que, em caso de empate nas urnas, o candidato com mais idade seria eleito, no caso, Guimarães. Porém, a indefinição do nome começou a incomodar até mesmo o Rei do futebol.

— Todo mundo está falando que a decisão será entre Telê Santana, Zagallo ou Rubens Minelli. Acho que os três são excelentes, mas é preciso decidir o mais rápido possível para que o trabalho seja iniciado – declarou Pelé, em entrevista ao jornal *A Tribuna*, de 6 de janeiro de 1986.

Aproximadamente uma semana depois da declaração, o técnico Telê Santana abriu mão do cargo, afirmando que caso fosse chamado não aceitaria.

— Ainda não recebi nenhum convite, mas se acontecer não aceitarei, pois minha decisão está tomada – disse o treinador ao jornal *A Tribuna*, de 11 de janeiro de 1986.

Com a saída do seu principal concorrente, o caminho estava livre para Minelli, enfim, ganhar a sua oportunidade à frente do escrete canarinho.

Minelli havia deixado o Grêmio após o título do Campeonato Gaúcho de 1985 e acertado contrato com o Corinthians. Na época, seu diretor no Parque São Jorge era ninguém mais ninguém menos do que Oswaldo Brandão. E foi o próprio que uma última vez colocou um fio de esperança no sonho de Minelli de comandar o Brasil, já que a indicação partiria dos presidentes dos clubes, para os quais o nome do comandante era bem-visto.

— Eu estava no Corinthians e o Brandão recebeu um telefonema dos cupinchas da Federação. Íamos jogar com o Santos na Vila e o Brandão, na hora da preleção, na frente de todos os jogadores, disse: "Agora é com você a Seleção, quero ver".

Tudo indicava que esse seria o momento. Minelli estava empolgado e as coisas conspiravam a seu favor. O próprio Nabi Abi Chedid, nome forte na CBF, às duas horas da tarde daquele dia, havia dito para Minelli que ele seria o escolhido. Porém, algumas horas depois, quando a delegação corintiana chegava para o jogo contra o Peixe, o nome de Telê Santana já estava sacramentado.

DOR FAMILIAR

Após mais uma vez ser preterido no comando da Seleção Brasileira, a decepção estava estampada na face de Rubens Francisco Minelli. Aliás, foi uma das únicas vezes que o treinador realmente chorou por causa do futebol. Seus familiares absorveram toda a sua dor e, quando tiveram oportunidade, cheios de personalidade, não deixaram barato.

A primeira a se manifestar foi sua esposa, Dona Rosinha, uma mulher simples e cheia de princípios, mas que não aceitava injustiças e muito menos ver seu marido naquela situação novamente.

Nessa época, toda vez que ligava um repórter na casa dos "Minelli's" solicitando uma entrevista, ela respondia categórica: "Vai ligar para o Telê e não para o meu marido".

O sangue quente e a língua afiada eram de família. E quem comprovou tal afirmação foi a filha Cecília. Em determinada ocasião, a família Minelli foi chamada para um casamento, onde Nabi Abi Chedid também estava presente. Como era próximo de Minelli, Nabi foi se apresentar à família dele. Ao cumprimentar Cecília, falou: "Gosto muito do seu pai, viu?". Cecília, sem papas na língua, não perdeu tempo, e ainda corroendo a recente decepção do seu pai, respondeu: "Gosta tanto que chamou o

Telê Santana para o lugar dele". Nabi ficou desconcertado, com o sorriso amarelo, sem saber o que dizer.

Família unida sempre, nos bons e nos maus momentos.

Minelli, que antes tinha 12 dos 14 votos para assumir o cargo, em pouco tempo acabou derrotado. Como isso aconteceu? O próprio treinador tem a sua versão e afirma que ficou sabendo que Márcio Braga foi quem conseguiu dissuadir as pessoas para que ele não fosse o treinador. Dessa forma, eles não teriam nenhuma responsabilidade caso o Brasil fracassasse.

Um dos motivos que causou todo o desespero na cúpula da CBF e a mudança repentina de decisão foi uma antiga frase do treinador que foi resgatada e descontextualizada.

O fato em questão era novamente a declaração de Minelli, anos atrás, sobre sua preferência em relação a jogadores altos e baixos.

— Isso foi plantado... Onde já se viu tirar tecnicamente um jogador pela estatura... Embora o futebol brasileiro seja um esporte de choque e contato físico, o que eu disse foi que se eu tivesse dois jogadores das mesmas condições técnicas, eu ia preferir o jogador mais forte... Quem é que não faria isso? E eles colocaram mal o negócio, exatamente para me derrubar da Seleção. Me difamaram. Falaram que eu não convocaria o Zico, não convocaria fulano ou sicrano, que eram jogadores de evidência no futebol brasileiro na ocasião, para levar os brutamontes.

Algo totalmente equivocado, pois o treinador era um admirador do futebol de Zico, Júnior, entre outros craques de menor estatura, que certamente também seriam convocados.

— Pensaram: "Porra, o Telê já está com todos os nomes consagrados e vão colocar o Minelli? Vão complicar a nossa vida". Os caras não me queriam lá. Queriam me ver afastado. E quando chegou a vez de o Rio de Janeiro decidir, mijaram para trás e entrou o Telê.

Sem qualquer contato da CBF para que o técnico Rubens Minelli assumisse o comando do selecionado nacional, mas, apaixonado pelo futebol como era, o treinador não queria ficar de fora da Copa do Mundo e acertou com a TV Globo para, mais uma vez, participar *in loco* das transmissões, como comentarista. Com ele, faziam parte da equipe os narradores Galvão Bueno e Osmar Santos, e o outro comentarista Mário Jorge Lobo Zagallo. Além disso, sob a apresentação do jornalista Armando Nogueira, Minelli, Carlos Alberto Torres e novamente Zagallo participavam constantemente, sempre com a presença de um convidado, de um bate-bola sobre os jogos do Brasil e das demais seleções da Copa.

Para o jornalista Mauro Beting, a falta do convite da CBF para que Rubens Minelli fosse o escolhido para treinar a Seleção Brasileira é um dos maiores pecados da história da amarelinha.

— Uma das grandes injustiças do futebol brasileiro foi ele não ter sido o treinador do Brasil. Certamente, quando da saída do Brandão, depois daquele 0 a 0 na Colômbia, no início das Eliminatórias da Copa da Argentina de 1978, o treinador era o Minelli. Quando o Coutinho saiu no finalzinho de 1979 e o Telê assumiu em fevereiro de 1980, para mim, tinha que ser o Telê. Quando o Telê deixou a Seleção Brasileira e entrou o Parreira, eu queria o Minelli. Para deixar muito claro: eu, se fosse presidente da CBF, na época da CDB, em 1977, eu teria trazido o Minelli e o teria conduzido também em 1982, quando o Telê foi para Arábia, depois da Copa da Espanha. É um absurdo o Rubens Minelli não ter sido o treinador da Seleção pelo menos uma vez. Talvez, a maior injustiça da história da Seleção Brasileira, em 1977, mais ou menos como foi o movimento do Tite, que também tem algumas semelhanças com o Minelli. Quando ele assumiu, em fim de 2016, depois do fracasso da eliminação do Brasil do Dunga, na primeira fase da Copa América Centenária de 2016, o Tite já devia ter assumido depois da Copa de 2014. Foi uma puta injustiça o Minelli não ter assumido duas vezes, mas sobretudo em 1977.

Pois é, tudo não passou de um sonho.

UM DOS MELHORES ENTRE OS PIORES

De volta ao futebol brasileiro, de novo ao Palmeiras, clube em que já havia feito história, desde as categorias de base até o Robertão de 1969, Minelli assumiria o lugar de Paulinho de Almeida. O preparador físico, Moraci Sant'Anna e o ex-jogador e auxiliar Fedato tinham comandado o time em algumas partidas interinamente.

Para entender o momento que o Alviverde enfrentava desde 1976, início da seca de títulos, até a chegada de Minelli, em 1982, o historiador palmeirense Fernando Galuppo traçou um panorama da situação do clube:

— O início da década de 1980 foi um período bem turbulento na vida palmeirense, dentro e fora de campo. Uma geração de craques e ídolos encerrava ciclos e uma nova safra surgia, sem o mesmo brilho das anteriores. O clube teve perdas de figuras de destaque na vida política, o que gerou uma grande instabilidade interna, e refletiu no ambiente do futebol, que permaneceu em constante ebulição. Toda essa agitação culminou em erros e em constantes mudanças de elenco e comissão técnica. Entramos num ciclo negativo. A cada derrota, havia um bode expiatório e uma impaciência coletiva que, ao invés de resolver nossos problemas, criavam mais. Foi nesse cenário que Rubens Minelli teve a sua segunda passagem [pela equipe profissional] no clube. Em 1982, pegou o trabalho no meio da temporada, e pouco pôde fazer para obter resultados a curto prazo. Foi um momento de ajustes para o ano seguinte.

A chegada de Minelli dividiu opiniões entre alguns torcedores. Enquanto muitos sabiam o que podiam esperar do vitorioso treinador, outros, apesar de não o rejeitarem, gostariam que Fedato, ex-jogador de Minelli e do clube – e que já havia tido oportunidade em alguns jogos como técnico interino –, fosse efetivado.

O recém-chegado comandante palmeirense, a princípio, teve que trabalhar com o grupo que tinha, já que além de não prometer reforços para Minelli, o vice-presidente Nelson Duque demonstrava grande confiança no elenco alviverde e no próprio treinador.

— O Palmeiras tem o melhor elenco entre os clubes do futebol paulista e acaba de fazer uma grande contratação [Baltazar]. Ainda temos chance de brigar pelo título. Para isso, nada melhor que contratar Minelli, o maior técnico do Brasil e que estava em disponibilidade – afirmou o dirigente em entrevista ao jornal *Folha de S.Paulo*, de 24 de agosto de 1982.

E não era só a diretoria que enxergava Minelli como um grande reforço e um ponto de virada na história alviverde daquela época. Boa parte do grupo de jogadores também compartilhava dessa opinião.

— Eu pensava: "O Minelli é um lutador, um treinador forte. E por onde ele passou, ganhou títulos. Ele é a pessoa certa para somar e levantar o clube. Com ele, eu tinha certeza de que ganharíamos". E eu passava isso para os jogadores. Ele trabalhava nesse intuito de sempre incentivar, de falar para nos cuidarmos fora de campo para que rendêssemos o máximo possível e conseguíssemos esses títulos – garante Jorginho Putinatti.

— O Seu Minelli era um treinador de grande renome. Uma pessoa muito conceituada. Quando foi anunciada a contratação dele, é natural que os atletas gostassem muito. Até porque ele tinha um currículo invejável. Seu Rubens Minelli era o *Professor* Rubens Minelli. Então, foi uma aceitação geral – completa o ex-goleiro Gilmar.

Sem muito tempo para trabalhar, pois o Campeonato Paulista já havia começado, Minelli acreditava que melhorar o psicológico dos jogadores seria importantíssimo para a equipe recuperar um pouco da confiança de outrora. O treinador, inclusive, comprometeu-se a estudar caso a caso para ajudar seus atletas da melhor maneira. Exemplo disso era o do atacante Barbosa, que havia chegado ao Palmeiras um pouco antes do técnico Rubens Minelli, mas ainda não se sentia à vontade. Sentia-se receoso, na verdade.

— Na minha chegada ao Palmeiras, me deparei com ele [Minelli] e todas aquelas feras consagradas, como Luís Pereira, Enéas, Polozi, Jorginho e outros. Fiquei assustado, porque, até então, só os conhecia por TV e figurinha. Eu não acreditava que estava ali. Naquele momento, eu queria voltar para o meu ex-clube e o Sr. Rubens me chamou e disse que se eu estava fazendo parte daquele grupo, era porque eu era tão grande quanto eles. Foi aí que a ficha caiu – relembra o jogador.

Com confiança de uma carreira vitoriosa e sabendo de todo o seu potencial, Minelli acreditava que podia tirar o clube dessa incômoda fila.

— Acertei com o Palmeiras e espero poder trabalhar tranquilo e receber todo o apoio dos jogadores. O objetivo é conquistar pontos e vitórias importantes. O elenco do Palmeiras é bom, os integrantes da comissão técnica possuem qualidades inegáveis e acho mesmo que um título não será impossível para o Palmeiras nesse Paulistão – declarou Minelli ao jornal *A Gazeta Esportiva*, de 24 de agosto de 1982.

O elenco da equipe de Parque Antarctica, apesar de não ser o esquadrão de outras épocas, contava com jogadores que podiam fazer a diferença como o meia Jorginho Putinatti, o atacante Baltazar e o zagueiro Luís Pereira. O defensor aliás, guardava certa rusga de Minelli da sua primeira passagem pelo clube, quando ainda mais novo não era escalado como titular absoluto, motivo pelo qual o xerife alviverde soltou o verbo pouco antes da contratação do comandante se concretizar e chegou a proferir fortes palavras: "Se o Minelli entrar por uma porta, eu saio pela outra".

Avesso a qualquer tipo de rancor, logo em seu primeiro treinamento, Minelli, na frente de todo o grupo, fez questão de esclarecer a situação. E para mostrar quem é que mandava, também não aliviou e rebateu: "Você falou que se eu entrasse por uma porta, você sairia pela outra, mas se quiser pode sair pela janela também".

O recado foi dado e assimilado pelo zagueiro que não voltou a criticar o técnico e ambos viveram pacificamente, fazendo o profissionalismo falar mais alto.

O fim do primeiro turno do Campeonato Paulista já estava próximo, quando Minelli reestreou pelo clube, em um empate sem gols, diante do Santo André. O Palmeiras fazia uma campanha bem irregular, pois empatava e perdia quase na mesma proporção que ganhava as partidas.

Apesar disso, apenas uma vitória e alguns gols de saldo separaram o Verdão de uma vaga na próxima fase. Seus arquirrivais Corinthians e São Paulo somaram mais pontos e se classificaram.

— No dia a dia, o Seu Rubens era um treinador muito tático. Parava muito os treinamentos, dava muita importância à parte tática. Os jogadores tinham que se enquadrar e entender o que ele queria, e mesmo nas preleções dele era um pouco complicado, porque ele escrevia tudo na lousa, deixava tudo anotadinho, a função de cada um, e alguns jogadores não entendiam... Não são todos que têm a parte tática bem definida. Existia jogador que tinha intuição, porém a parte tática deixava a desejar. E o Rubens Minelli sempre foi um treinador muito tático e dava muita importância a essa situação – revela Gilmar.

No segundo turno, Minelli modificou algumas coisas e a equipe cresceu, teve desempenho melhor do que no turno anterior, mas não o suficiente para chegar à fase final. Outra vez, os rivais São Paulo e Corinthians foram mais eficientes e chegaram à decisão, futuramente vencida pelo Alvinegro.

O ano terminou e o contrato de Minelli que se encerraria no mesmo período foi renovado por mais uma temporada. Isso porque o time que antes apresentava um cenário pessimista para o futuro, esboçava uma reação. Era uma equipe mais organizada e, enfim, com uma perspectiva de melhora.

A campanha em 1982 foi de 27 partidas, 12 vitórias, seis empates e sete derrotas.

EM CRESCIMENTO...

Para a temporada de 1983, o Verdão aumentou o investimento, sem trazer tantos reforços expressivos, mas transformando o Palmeiras em uma equipe ainda mais competitiva. O zagueiro Márcio Alcântara e o atacante Carlos Henrique vieram do Londrina. Para o setor defensivo, o zagueiro Vágner Bacharel – jogador que viria a fazer história pelo clube – chegou do Joinville. Para a lateral direita, Perivaldo, ex-Botafogo, também foi contratado.

— Nós íamos montar um time. Mas não houve um compromisso, dizendo: "Você vai para lá que nós vamos fazer um time". Então, começamos a pensar nas posições que precisaríamos e foram contratados os jogadores, e as coisas melhoraram bastante – recorda-se Minelli.

A grande aposta alviverde era num meio-campo forte, que já contava com o craque Jorginho Putinatti, e ficaria ainda mais forte com a chegada de uma dupla que já se conhecia dos tempos de Colorado: o volante Batista e o meia Cléo.

A chegada de Batista foi bem curiosa, pois ocorreu por meio do GAP (Grupo de Apoio ao Presidente), em que um grupo formado por palmeirenses afortunados bancaram a contratação do jogador com recursos próprios. Sua chegada contou com o aval de Minelli, mas foi encaminhada pelo dirigente e conselheiro Márcio Papa.

Na época, muito pela carência de craques e ídolos, Batista e Cléo foram vistos pela imprensa paulista como os substitutos da histórica dupla de craques do meio-campo palmeirense, formada por Dudu e Ademir da Guia.

— Era uma comparação bem legal. Mas eu não consigo me equiparar ou ver algo parecido com eles, cada um tem as suas características. Não teve uma comparação de estilo de jogo e, sim, de posição – afirma Batista.

Batista se tornou um dos nomes mais fortes da "companhia" e, com isso, também aumentava a responsabilidade sobre ele, especialmente em um time cuja seca de títulos reinava.

— Pela receptividade que tive quando cheguei, eu sabia que esperavam muito de mim. Eu já tinha jogado a Copa do Mundo de 1978, era jogador de Seleção Brasileira e Tricampeão com o Internacional. Mas eu conseguia entregar. Não me preocupava com isso dentro de campo, a gente pensava e ouvia a pressão por parte dos torcedores antes, na rua, nos treinamentos – relembra Batista.

Seu companheiro Cléo também chegou cheio de pompa, pois, além dos altos valores da negociação, o jogador desembarcou no Parque Antarctica após passagem pelo poderoso Barcelona, da Espanha.

Se fora de campo Minelli começava a reestruturar a equipe, dentro os jogadores ainda sentiam o peso da seca de títulos.

— Era uma pressão muito grande, apesar da capacidade do Senhor Rubens Minelli em armar a equipe taticamente muito bem e administrar como poucos o grupo dentro e fora de campo. A pressão política e a falta de títulos afetavam demais o desempenho da equipe – conta o atacante Barbosa.

— Era natural que a pressão existisse, até porque era uma equipe que vinha tentando buscar um título que, há algum tempo, o Palmeiras não conquistava. Mas, de qualquer forma, a pressão de jogar numa equipe grande sempre existe, independente de títulos ou não. Todos os jogos são feitos sob pressão. Porque eles [os torcedores] não admitem que uma equipe do porte do Palmeiras tenha deslizes. Então, a cobrança, independente de resultados, de títulos, sempre existiu – afirma o arqueiro Gilmar.

No fim de janeiro, o Campeonato Brasileiro se iniciara e à medida que o tempo passava, o Alviverde ganhava mais confiança e engatava uma série de bons resultados.

Na primeira fase, em oito partidas, o Palmeiras conquistou seis vitórias e dois empates, classificando-se para a etapa seguinte da competição.

Na segunda fase, a invencibilidade do clube de Parque Antarctica continuou. Dos seis jogos que a equipe disputou, conquistou três empates e três vitórias, entre elas as goleadas de 5 a 1 e 6 a 0 sobre o Tiradentes e de 3 a 1 sobre o Flamengo de Zico e companhia, que mais tarde seria o grande Campeão.

DE NOVO A SUPERSTIÇÃO

Sem deixar de lado o árduo trabalho do dia a dia, quando as coisas começavam a dar certo, na cabeça de Minelli havia um responsável, ou melhor, algo que fora responsável. Podia ser qualquer coisa...

O ex-goleiro palmeirense, Gilmar, lembrou de momentos curiosos e engraçados de Minelli.

— Nós fomos fazer um jogo no interior, não sei se foi em Rio Preto... Estava muito calor e ele sentiu que sua careca ia pegar fogo. Então, ele arranjou um boné emprestado, um boné igual um boné de pedreiro. Nesse dia, nós ganhamos a partida. Depois disso, todo jogo ele tinha que usar aquele boné. E ele, com aquelas camisas de seda, era um homem muito alinhado. Mas, com aquele boné, ficava engraçado.

— Ele, normalmente, usava sapatos de cromo alemão, coisa fina. Também, no dia a dia, ia trabalhar com camisa de seda. Era um homem muito alinhado. Muito polido. Teve um jogo que ganhamos. Não sei se foi um dia de chuva, coisa assim; ele estava com um sapato mais batido e nós ganhamos. A coisa também deu certo. Então, todo jogo ele estava com aquelas roupas de seda, aquelas calças impecáveis, e com aquele sapato surrado pra caramba. A gente fingia que não prestava atenção, mas era notório que ele tinha algumas crendices. Havia ali um pouco daquelas coisas que você acredita no futebol que dá certo. "Esse sapato aqui é o sapato da sorte", a gente via mais ou menos dessa forma. Mas Seu Rubens Minelli, um homem de um português muito correto, de um linguajar muito avançado para a época, se colocava muito bem. O Professor realmente marcou época no Palmeiras pela sua classe. Para nós, foi uma grande honra ter o Seu Rubens Minelli como treinador.

Para tentar se qualificar para as quartas de final, o Palmeiras teria que superar equipes ainda mais tarimbadas em jogos de ida e volta. Dessa vez, eram Santos, Vasco da Gama e Náutico que estavam no caminho do Alviverde. No entanto, o time iniciou muito mal as partidas de ida, com um empate e duas derrotas, e a classificação ficou ameaçada. Os jogadores caíram de produção e Minelli tentou chacoalhar a equipe.

E AÍ, VAI JOGAR BOLA?

Rubens Minelli sabia do potencial de seus jogadores e tinha a consciência de que alguns ainda estavam rendendo muito abaixo do esperado. Um deles, era o meia Cléo, contratado a peso de ouro pelo clube paulista. O jogador alternava entre a equipe titular e reserva, pois suas apresentações deixavam a desejar.

Com seu temperamento forte, honesto e transparente, o comandante alviverde, a fim de tentar resolver a situação, tomou uma atitude inimaginável para os dias de hoje, mas que, na época, foi a solução encontrada. Quem relembra desse momento é o lateral-esquerdo, Denys. O atleta, que aos seus 17 anos começava a figurar entre os profissionais do Palmeiras, acompanhou de perto o episódio.

— Eu me lembro que o Palmeiras contratou o Cléo, que foi jogador do Internacional e do Barcelona e custou cerca de 100 mil cruzeiros. Ele já tinha jogado não sei quantas partidas, quando o Seu Minelli reuniu todo mundo no meio de campo e falou na frente de todos: “E aí, Cléo, quando é que você vai começar a jogar futebol? Você custou 100 mil cruzeiros para o Palmeiras, quando é que você vai começar a jogar bola?”. Na frente de todo mundo. E o Cléo abaixou a cabeça, ficou quietinho. Para você ver como são as coisas, a moral que o Seu Minelli tinha, o Cléo veio do Barcelona!

Tempos depois, sem se adaptar ao Alviverde, Cléo se transferiria para o Flamengo.

No returno, as coisas pareciam voltar ao normal e indicavam que uma classificação para a próxima fase do Brasileiro não seria um absurdo. Em um jogo bastante movimentado, o Palmeiras empatou com o Santos em 2 a 2 e, dias depois, massacrou o Náutico pelo placar de 6 a 0, em bela partida do meia Cléo, autor de dois gols.

No duelo derradeiro da terceira fase, o Alviverde recebeu o Vasco da Gama, do centroavante Roberto Dinamite, no estádio do Morumbi, precisando vencer para avançar às quartas de final.

Minelli colocou o time para frente, tentando sufocar o Cruzmaltino. Porém, a equipe abusou das ligações diretas e só conseguiu criar situações de perigo quando colocou a bola no chão. Pelo flanco esquerdo, o rápido e habilidoso Carlos Henrique partia para cima dos adversários e era o mais lúcido do setor ofensivo. Mas era pouco. E o gol que Minelli, os jogadores e a torcida do Verdão esperavam não saiu e, mais uma vez, o Palmeiras estava eliminado da competição nacional.

— Nenhum time era muito superior ao nosso. Naquela época, havia muito equilíbrio. Fomos eliminados por detalhes. Jogos que não esperávamos perder e acabamos perdendo e, infelizmente, não conseguimos ganhar o título – garante o comandante alviverde.

UM DOUTOR PELO CAMINHO...

Mesmo com a recente eliminação, o Alviverde, desacreditado quando Minelli retornou ao clube em 1982, estava em ascensão e focado de que o Campeonato Paulista de 1983 poderia ser a oportunidade que a equipe tanto precisava para sair da fila.

Apesar de motivado, o Palmeiras sofreu uma baixa significativa para o restante da temporada. O volante Batista, uma das estrelas do time, foi negociado com a Lazio, da Itália, e o treinador teve que quebrar a cabeça atrás de um substituto para o craque da Seleção Brasileira. Diante de tantas opções, mas com características diferentes das de Batista, Minelli optou por não definir um titular e escalar a equipe de acordo com cada adversário.

O foco, então, passou a ser o Campeonato Paulista.

Entre os jogos amistosos preparatórios para o Estadual, o Verdão enfrentou a Udinese, da Itália, em pleno Morumbi, e ficou no empate de 2 a 2.

Para o restante da temporada, ele ainda buscava o equilíbrio que tanto valorizava em seus times. Apesar de ser adepto de uma equipe que jogasse com a bola nos pés e fosse ofensiva, em momento algum deixava sua defesa à deriva, desguarnecida. Focava em uma marcação que se iniciava pelos próprios atacantes.

O Paulistão daquele ano contara com 20 times, e todos enfrentariam todos em partidas de ida e volta na primeira fase, mesmo estando divididos em quatro grupos.

O Alviverde, em todo o primeiro turno, tropeçou apenas uma vez. No restante das 18 rodadas, o time venceu ou empatou, e entrou cheio de moral no segundo turno. Nessa mesma toada, com mais resultados positivos do que negativos, o Palmeiras, equipe que menos perdeu na primeira fase ao lado do São Paulo, classificou-se para a segunda fase. Destaque para o confronto diante do Santos, que ficou marcado na história de Minelli, de Jorginho, do torcedor palmeirense e do futebol mundial como a primeira e, provavelmente, uma das únicas partidas em que ocorreu um gol do árbitro.

Quem relembra do lance do juiz José de Assis Aragão – "fatídico" para o Santos e "heroico" para o Palmeiras – é o meia Jorginho Putinatti, o "coautor" do gol, que contou com uma ajuda e tanto do árbitro para empatar o duelo contra o Peixe.

COM A PALAVRA...

JORGINHO PUTINATTI

Naquele tempo, os juízes ficavam perto da linha de fundo porque achavam que tinham uma visão melhor.

O Santos estava ganhando o jogo, e era escanteio para nós. Eu era o cobrador de escanteio, mas, dessa vez, porque estava cansado, acabei ficando no rebote e no bate-rebate, a bola sobrou na meia lua. Eu chutei, a bola bateu no juiz e entrou. E foi anotado como gol do juiz. O primeiro juiz que ficou marcado por fazer um gol.

Ficou na minha história também. Aos 47 minutos do segundo tempo, chutei a bola com efeito para bater em alguém e ir para o gol.

Para carimbar a sua vaga na semifinal do campeonato, o Verdão recebeu em casa a Portuguesa, precisando apenas de um empate. Depois de uma partida muito dura e um sufoco da Lusa no fim, deu certo, mais um empate para a conta. Minelli e o Alviverde continuavam na briga pelo título.

O próximo adversário seria o Corinthians, enquanto na outra semifinal, São Paulo e Santos se enfrentariam.

O duelo frente ao Timão, uma equipe mais ajustada e pronta do que o próprio Palmeiras, fez com que o técnico Rubens Minelli começasse a pensar em uma estratégia diferente. O arquirrival tinha no time titular jogadores do calibre de Leão, Biro-Biro, Wladimir, Zenon, Casagrande e ele, o Doutor Sócrates.

O treinador palmeirense enxergava Sócrates como o grande "motor", responsável pela organização e parte criativa corintiana. Sabia, portanto, que, para segurar o Corinthians, seria fundamental não deixar o camisa 8 jogar. Mesma estratégia utilizada por Minelli em um São Paulo e Corinthians, no ano de 1978, que acabaria em igualdade.

A fim de não dar nenhum espaço para Sócrates, o técnico alviverde escolheu o zagueiro Márcio Alcântara para marcá-lo. Minelli o improvisou de volante e pediu para que o jogador não deixasse o corintiano "respirar". Além disso, o comandante resolveu adotar uma estratégia mais defensiva na primeira partida.

— Fechamos a casinha no primeiro jogo. Seu Minelli falou: "Vamos ficar quietinhos aqui e vamos pensar no segundo jogo" – relembra Jorginho.

Em campo, a tática palmeirense deu certo. Com o gol de cabeça de Baltazar, o Palmeiras ficou em vantagem.

O Verdão fazia uma partida taticamente perfeita, mas perdeu oportunidades de aumentar a contagem. Defensivamente, Márcio Alcântara fazia marcação implacável em Sócrates, acompanhando-o na defesa, no meio-campo, no ataque, fora de campo – seguiu o corintiano quando ele foi buscar uma bola que saiu pela linha lateral – e até na ida para os vestiários, no intervalo. No entanto, em uma bola parada, única maneira possível de não ter a companhia de Márcio, o meia aproveitou e igualou o placar aos 31 da segunda etapa. Em cobrança de pênalti, após Silmar tirar uma bola de dentro do gol com as mãos, o camisa 8 definiu. Final 1 a 1.

— Tivemos chance de sair com a vitória. Eu mesmo perdi gol – lamenta Jorginho.

Para o confronto de volta, os palmeirenses estavam repletos de confiança e acreditavam que chegariam à grande decisão. Minelli optou por soltar um pouco mais o time e deixou Márcio Alcântara e Rocha jogando quando tinham a bola, e se revezando na marcação de Sócrates, sem ela.

O Palmeiras começou sufocando o arquirrival. Jorginho Putinatti e Baltazar perderam chances claras de marcar no início da partida. Porém, com mais liberdade do que no último jogo, não demorou para o craque fazer a diferença. Aos 21 minutos do primeiro tempo, Sócrates recebeu de Biro-Biro, girou em cima de Carlão, e chutou no canto de João Marcos, 1 a 0 Corinthians.

Mesmo atrás, o Verdão não abaixou a cabeça e martelou até praticamente o apito do árbitro. Enquanto isso, o Alvinegro, que tinha mais espaço, tentava definir o duelo nos contra-ataques. Mas, ficou nisso, e o Timão avançou para a final do Campeonato Paulista, no qual viria a se sagrar Campeão em cima do São Paulo.

— Foi um jogo igual. Chegamos perto, mas, infelizmente, não avançamos e não fomos Campeões com o Palmeiras, que estava numa seca de títulos de muitos anos – lembra Minelli.

Mais uma vez batendo na trave, o elenco alviverde sentiu o baque.

— Essa foi nossa maior tristeza e decepção, porque a equipe vinha muito bem e tínhamos a certeza de que se passássemos pelo rival, seríamos Campeões – garante Barbosa

— A gente se perguntava: "O que está acontecendo? Por que não deu certo? Lutamos, brigamos, onde é que erramos?" Nós não achávamos uma solução. Não íamos culpar ninguém. Era um todo – lamenta Jorginho.

COM A PALAVRA...

MAURO BETING

O Minelli, em 1983, fez um trabalho bárbaro no Palmeiras, foi o grande time do Verdão com o do Leão de 1989; também com muitos investimentos, que me deram orgulho de torcer. Uma coisa que tem muito mérito do Minelli são as aquelas jogadas ensaiadas, escanteios e faltas laterais, que o Jorginho Putinatti, também com mérito absurdo, batia com o pé direito e com o esquerdo. O Luís Pereira e o saudoso Vágner Bacharel... Aquele time todo me deu muita alegria, mesmo não conseguindo ganhar. Nem o Paulista, pois parou diante do maravilhoso Sócrates da democracia corintiana na semifinal. Nem no Brasileiro, quando parou com uma arbitragem deletéria contra o Vasco, num 0 a 0, em um sábado à noite no Morumbi. Foi um time muito legal, que inclusive venceria o Flamengo naquela temporada, em uma das fases intermediárias do Brasileiro de 1983, em uma virada espetacular por 3 a 1. É um dos jogos que eu cheguei a ouvir duas vezes, não o *tape*, mas o áudio *tape* completo da narração da Jovem Pan. É um dos jogos mágicos. Outro dia, acho que no ano passado, eu vi no YouTube. Foi maravilhoso! O Flamengo pressionando, dominando... Era para ser uns dois, três, quatro. O Palmeiras estava jogando muito mal. Então, o Batista fez um belo gol, empatando no primeiro tempo. O Carlos Henrique, ponta-esquerda, fez um golaço da entrada da área, vencendo o Raul com uma bola de curva, e o Cléo, de cabeça, fez 3 a 1. Uma puta vitória, uma das poucas maravilhosas do período da fila, graças ao Seu Minelli.

Com pensamento distinto do da diretoria alviverde em alguns aspectos, e uma mudança de comportamento radical, que começou a preocupar ele próprio e a sua família, Minelli comandaria o Palmeiras apenas em mais um jogo antes de se despedir do clube.

— O Palmeiras é um clube conturbado politicamente e isso influi demasiado no elenco e na comissão técnica. A tensão era muito grande: comecei a me transformar, passei a ser quase um torcedor; comecei a dar pontapé no banco; a me levantar constantemente. Até a minha família se queixou: os filhos reclamavam da falta de diálogo, e minha mulher, que eu havia me transformado. Chegava em casa e falava pouco: sentia-me extenuado a cada jogo. Parecia que tinha levado uma surra de bastão; não dormia a noite inteira. Isso nunca tinha acontecido. Resolvi dizer aos dirigentes: "Não tenho nada contra ninguém, mas vou acabar morrendo aqui" – revelou Minelli à revista *Placar*, de 20 de janeiro de 1984.

Acostumados com o entra e sai de técnicos ao longo dos anos, os jogadores, que passaram por momentos complicados durante os anos de fila do clube, apontaram a diretoria como a principal culpada pelo conturbado período. A grande reclamação dos atletas era em relação a constante troca de elenco e reformulação que os cartolas palmeirenses faziam a cada temporada. No lugar de trazerem reforços pontuais e permanecerem com a base para o ano seguinte, optavam por novos jogadores a cada ano, não dando tempo hábil para que eles se adaptassem ao estilo de jogo solicitado pelos treinadores nem que a equipe se entrosasse dentro de campo.

Mesmo sem conseguir levantar um caneco nesse período, o técnico Rubens Minelli foi responsável por montar uma das equipes mais competitivas do Palmeiras na chamada "década perdida", e alcançar um dos maiores feitos na época: iniciar e terminar o ano no cargo, coisa que pouquíssimos treinadores conseguiram nesse período.

NÃO DEU LIGA

Assim que se desligou da equipe de Parque Antarctica, Minelli, por ser um dos principais treinadores do cenário nacional, chamava a atenção dos clubes. Propostas não faltavam.

Antes de definir o seu futuro, ele recebeu contato do Grêmio, que procurava um nome de peso para substituir Valdir Espinosa, o comandante dos títulos da Taça Libertadores da América e do Mundial Interclubes, e que deixaria o cargo no fim do ano. Além do Tricolor Gaúcho, o Internacional também trazia o nome de Minelli como um dos cotados a substituir Dino Sani, coincidentemente seu amigo e antecessor em sua vitoriosa passagem pelo Colorado nos anos 1970.

Até um possível retorno à Arábia Saudita apareceu como uma oportunidade.

Entretanto, quem agradou ao técnico Rubens Minelli, com o projeto mais promissor e audacioso, foi o presidente do Atlético-MG, Elias Kalil, ou melhor, seus representantes Ivo Mello e Evandro de Pádua Abreu, que se reuniram com o treinador para acertar todos os detalhes. Em seu primeiro ano de mandato, Kalil queria um time forte e desejava ter no comando do Galo um treinador de nome e que pudesse levar a equipe a mais conquistas. Minelli encaixava-se perfeitamente nas pretensões do time mineiro.

— Com o Minelli, o Atlético será Campeão Brasileiro em 1984, e 1985 partirá para a conquista da Taça Libertadores e do Mundial de Clubes. Minelli é técnico pé-quente e já foi Campeão Brasileiro por três clubes: Palmeiras, Internacional e São Paulo. Agora, chegou a vez do Atlético. Meu clube, até agora, só teve um técnico de renome: Telê Santana. Depois dele, só o Minelli. Este ano será do Atlético e tudo começou com o João da Matta, que venceu a São Silvestre – declarou o presidente Elias Kalil, ao jornal *Última Hora*, do Rio de Janeiro, de 5 de janeiro de 1984.

O novo comandante alvinegro assinou contrato de cinco meses, condizente ao período de disputa do Campeonato Brasileiro. Pouco tempo? Talvez. Mas, não era uma novidade para o técnico Rubens Minelli, que vinha fazendo contratos por torneios e não por temporadas.

Desse modo, nem o clube nem ele ficavam presos a uma eventual multa por rescisão contratual e tinham autonomia para decidir o que era melhor para ambas as partes.

De novo, o treinador se afastava de sua família e ficava praticamente sozinho na cidade. Dessa vez, pensando ao menos em uma adaptação mais rápida, escolheu como seu auxiliar João Avelino, um amigo que o futebol lhe deu e que, além de ter sido um dos responsáveis pela primeira sondagem do clube a Minelli, tinha trânsito livre no Galo.

E com jeitos bastante diferentes, ambos se completavam.

— Uma coisa que chamava muito a atenção da gente era o João Avelino. E era interessante a diferença de comportamento de um para o outro. O Minelli era um acadêmico, um *gentleman*, uma pessoa muito inteligente, amável, e o João Avelino era meio boleirão. Então, aconteciam momentos engraçados, porque o João Avelino falava e o Professor tinha que corrigir as orientações dele – relembra o goleiro João Leite.

Se de um lado o comandante estava ansioso para iniciar seu trabalho em Belo Horizonte, do outro os jogadores se mostravam curiosos em trabalhar com um treinador de tanto renome no futebol brasileiro.

— Com ele a gente sonhava e tinha pretensão de conquistar títulos – garante o atacante Reinaldo.

— Foi uma expectativa enorme porque, em 1977, ele tinha batido um excelente time do Atlético. Com conhecimento, ele armou o time dele [São Paulo] muito bem. A torcida e os jogadores tinham uma grande expectativa com a sua presença – recorda-se João Leite.

O arqueiro, aliás, puxava a fila de grandes jogadores do plantel atleticano. No entanto, virou desfalque para Minelli depois de uma fratura no pé. Além do goleiro, Nelinho, Luizinho, Reinaldo e Éder eram alguns outros destaques da equipe.

Assim que chegou ao clube e começou a analisar mais a fundo o seu grupo, Minelli percebeu que o time, que acabara de voltar do período de férias, estava abaixo técnica e fisicamente. Seria necessário um trabalho mais pesado para que todos estivessem em condições melhores para o início do Campeonato Brasileiro que começaria no fim do mês. Por isso, o treinador mudou seu planejamento e utilizou novamente um método que lhe deu ótimos resultados no passado, justamente contra o próprio Atlético em 1977, o treinamento em *full time*. Treinamentos em dois períodos e jogadores mais próximos e presentes no clube.

— Era necessário na época. O treinador precisava de mais tempo, mas ele mudou a rotina e teve o controle aos poucos, o que foi importante, porque trazia uma convivência mais intensa – conta Reinaldo.

A estreia do Galo na competição nacional aconteceu contra o Bahia, em Salvador, no dia 29 de janeiro, e não ocorreu da forma como todos sonhavam. Os mineiros acabaram derrotados por 2 a 0.

Na sequência, as goleadas de 4 a 1 sobre o Treze-PB, 4 a 0 diante do CRB-AL e 6 a 0 no Bahia foram essenciais para que o Galo mostrasse seu valor e assegurasse a liderança do grupo na primeira fase do Brasileirão.

— Ele organizou muito bem o time. Ganhamos alguns jogos por causa de suas orientações, que eram sistemáticas e aconteciam. O resto, criávamos levando em conta a nossa qualidade – afirma Reinaldo.

Mesmo classificados para a próxima fase, o treinamento em *full time* continuou. Minelli sabia que tinha um grupo muito capaz em mãos e queria lapidar ainda mais para que os atletas atingissem um alto nível. Porém, não demorou para que alguns jogadores começassem a olhar torto para tal método.

E o rendimento, coincidentemente, começasse a cair.

— O Minelli chegou aqui com um trabalho bastante pesado. Ele dava treinamento de manhã e de tarde. Na época, eu estava até estudando e tive que parar. Era puxado – lembra o atacante Reinaldo.

— Não foi uma coisa simples. Muitos jogadores não queriam aquela maneira de treinamento. O Minelli era muito presente, atento. Tínhamos treinos após os jogos, aos domingos e às quartas-feiras. Não foi uma relação muito fácil, por conta desses treinamentos. Eu ouvi a insatisfação de muitos jogadores comparado a outro estilo de treinamento. Ele [Minelli] impôs esse. Eram treinamentos muito inteligentes, mas muitos [jogadores] não gostaram, porque não queriam ficar treinando o dia inteiro. Tinham que voltar ao clube para treinar e isso foi um desgaste para o Minelli – revela o goleiro João Leite.

Em seu grupo da segunda fase do Brasileiro, o Alvinegro tinha a companhia de Vasco da Gama, Grêmio e Joinville. E a equipe, antes embalada, passou a tropeçar com certa frequência. Foram três derrotas, duas vitórias e um empate, o que causou a eliminação precoce do Atlético no campeonato. O sonho de uma temporada perfeita havia acabado logo em março. E além de Minelli e da torcida atleticana, as finanças do clube sofreram, já que amargaram um prejuízo de cerca de 550 milhões de cruzeiros na época. Fato que fez com que Kalil repensasse a continuidade do treinador no cargo. Entretanto, depois de uma longa conversa e tudo acertado, Minelli permaneceu no clube.

No mesmo momento em que balançava no cargo, o comandante foi procurado pelo Santos, que lhe consultou sobre a possibilidade de ele se mudar para o litoral paulista. As conversas, porém, não evoluíram.

Já eliminado da competição nacional, o Galo, que ficaria um bom tempo sem entrar em campo, assim como os outros clubes, foi convidado para participar do Torneio Heleno Nunes, campeonato criado pela Federação Paulista de Futebol, com a chancela da CBF, para que os times eliminados na segunda fase do Campeonato Brasileiro jogassem entre si, com um caneco em disputa.

Além do Atlético, Palmeiras, São Paulo, Guarani, Internacional, Sport, Bahia, Botafogo, Cruzeiro e Santa Cruz foram os participantes.

Querendo dar uma sacudida no time e fortalecer o grupo, Rubens Minelli se reuniu com o presidente Elias Kalil, solicitando a chegada de alguns reforços. Entre os nomes pedidos pelo treinador estavam o de Paulo Isidoro e Serginho Chulapa, do Santos; Jorginho Putinatti, do Palmeiras, além de muitos outros. Contudo, o técnico não foi atendido pela diretoria. A sua nova chance de mostrar serviço duraria pouco. Sem o apoio de jogadores importantes e sem o total respaldo da diretoria, a equipe mais uma vez sucumbiu. Das nove partidas disputadas, venceu apenas três. Terminou a competição na quinta posição e viu o Internacional erguer o troféu.

— No Atlético existia um problema muito sério, os jogadores não estavam acostumados a treinar em dois períodos. E eu sempre trabalhei em dois períodos. Então, havia uma má vontade muito grande da parte deles. Eles estavam acostumados e se sentiam bem com treinador que jogava no time deles. A minha forma de comando era outra e eles não aceitaram. Além disso, eu e o diretor de futebol na ocasião, um senhor chamado Ivo [Mello], tínhamos algumas divergências – revela Minelli.

A "panela" já estava feita e Minelli com os dias contados.

Ele até chegou a iniciar o Campeonato Mineiro no comando do Galo, mas a situação parecia irreversível. Na primeira rodada, o Atlético empatou em casa, por 1 a 1, com o Democrata, de Sete Lagoas. Na rodada seguinte, que viria a ser a última do técnico Rubens Minelli no comando do time, mais um empate de 1 a 1, dessa vez diante do Democrata, de Governador Valadares, e debaixo de muitas vaias vindas das arquibancadas do estádio José Mammoud Abbas, o Mamudão.

Neste confronto, um desentendimento entre Minelli e o diretor Ivo Mello fez com que a passagem do comandante no clube se encerrasse por ali.

— Disputamos um jogo fora de Belo Horizonte em que existiu uma situação no campo, com o Éder. O Éder era um excelente jogador de futebol, chutava como ninguém, muito inteligente para jogar, mas era irritadiço demais. E ele vinha de três cartões amarelos recebidos por reclamação, tinha ficado um jogo fora. Naquele jogo, ele foi expulso por causa de uma falta, aos dez minutos. E o diretor que estava sentado comigo no banco falou: "Não fez nada, ele não fez nada!" Eu disse: "Pô, ele pulou no pescoço do jogador. Como não fez nada?". Então, eu discuti com o diretor. Quando acabou o jogo, fui embora para São Paulo, pois a cada 15 dias eu ficava a segunda-feira na cidade para cuidar dos meus negócios. Na terça de manhã, fui desligado do clube. Cheguei lá, fui trocar de roupa para treinar e me avisaram: "O senhor está dispensado".

Minelli nunca digeriu bem a sua saída do Atlético-MG. Até hoje guarda grande mágoa de não ter tido a oportunidade de dar a volta por cima na equipe mineira.

— Fica uma decepção [de não ter mostrado o meu potencial]. Evidente que quando você começa um trabalho, você pensa na frente, no trabalho a ser feito para chegar ao título. No Atlético, eu fiquei no meio do caminho, não consegui chegar, porque eu fui dispensado na metade do campeonato – confessa o comandante.

Ao todo, o técnico Rubens Minelli esteve no comando do Galo em 27 partidas. Foram 11 vitórias, oito empates e oito derrotas, com 36 gols pró e 26 contra, e um aproveitamento total de 50,6%.

DO LADO AZUL DE PORTO ALEGRE

Depois da frustrante passagem pelo Atlético-MG, um antigo interessado em contar com o trabalho de Rubens Francisco Minelli apareceu, o Grêmio. Cerca de dez anos depois de fazer história no Internacional, maior rival do Tricolor Gaúcho, o treinador foi contratado pelo lado azul da cidade.

— Eu não pensei duas vezes em assumir o Grêmio por causa do Internacional. Eu fiz uma proposta, o Grêmio aceitou e eu fui. Quando eu ia jogar contra o Inter, me xingavam. E a imprensa pró-Internacional também torcia contra – garante o treinador, que apesar do grande carinho que tem pelo Colorado, sempre prezou pelo profissionalismo.

A chegada de Minelli – apesar de ter sido um carrasco para o Tricolor ao longo da década de 1970 – era vista com bons olhos pela maioria da torcida e da diretoria gremista. Viam nele um profissional competente, que poderia colocar o time no caminho das vitórias, após o início de década mais vitoriosa da história Tricolor e um ano de 1984 que passara em branco.

O Grêmio, aliás, conseguiu juntar novamente a famosa e vitoriosa dobradinha colorada, formada por Rubens Minelli e Gilberto Tim. O treinador e o preparador físico tentariam, mais uma vez, uma parceria de sucesso. A aposta na dupla pela diretoria gremista era tão alta que ambos se transformaram em garotos-propagandas do clube, no momento em que o *marketing* no futebol ainda ganhava forma.

— O Grêmio estava numa situação da venda de títulos de sócios-proprietários. Então, eles nos contrataram. Eu e o Gilberto Tim fizemos a campanha. Oferecíamos os títulos de sócios-proprietários do Grêmio para que, com o dinheiro [das vendas], fizessem obras no clube. Uma espécie de *marketing* – relembra Minelli.

O primeiro desafio do multicampeão Rubens Minelli era o Brasileiro de 1985, denominado Taça Ouro. Assim como o Grêmio, o comandante procurava reerguer um troféu, já que seu último título importante havia sido o Campeonato Brasileiro de 1977 pelo São Paulo. Sua gana e vontade de, outra vez, dar uma volta olímpica era enorme, praticamente a de um iniciante.

No dia 27 de janeiro de 1985, Rubens Minelli iniciou a sua jornada no comando do time azul de Porto Alegre. A partida em questão foi entre Grêmio e Náutico. A estreia foi dura, mas o treinador começou com vitória, de 1 a 0, com gol de Renato Portaluppi.

O Grenal estava a menos de um mês. Seria o primeiro de Minelli no comando do Tricolor. E antes da tão esperada partida, o Grêmio conquistou uma vitória e dois empates, permanecendo invicto na competição nacional.

O duelo estava marcado para a nova casa do treinador, o estádio Olímpico. A premiação para a vitória em cima do arquirrival era de 200 mil cruzeiros. Mesmo confiante em um triunfo no clássico, Minelli, a fim de mexer com o brio de seus jogadores e jogar a pressão para o outro lado, afirmou na época que o Internacional era o favorito.

No comando do Colorado estava Otacílio Gonçalves, amigo e auxiliar de Minelli na década de 1970 no próprio Inter. Ambos se conheciam muito bem.

E foi nessa partida que a mentalidade do time na hora de jogar os Grenais começou a mudar. O Grêmio entrou em campo para tentar quebrar um tabu, pois desde o dia 3 de agosto de 1982 não vencia o Colorado em competições oficiais. Naquela ocasião, o Tricolor venceu por 2 a 0, em pleno estádio do Beira-Rio.

— A chegada do Minelli e do Tim fez com a gente mudasse a maneira de encarar o Grenal. Muito pelo modo da preparação física e psicológica. O Seu Minelli tinha um poder de persuasão muito grande com relação a isso e nos deu algumas dicas dos motivos que nos impedia de ganhar o Grenal, e do porquê a gente perdia. A partir de 1985 perdemos poucos Grenais – revela o volante gremista China.

Com a bola rolando, o Grêmio foi outro. Corajoso, destemido, raçudo e com muita qualidade, assim como vinha sendo nos anos anteriores. Em noite inspirada de Renato Portaluppi, que anotou o seu e deu assistência para Ademir abrir o placar, o Tricolor voltou a vencer o seu arquirrival. Final, Grêmio 2 a 0.

Embalada, a equipe manteve a invencibilidade nos quatro jogos seguintes, e só foi perder uma partida na última rodada do primeiro turno, diante do Flamengo. Até então, o Tricolor Gaúcho fazia uma boa campanha e figurava entre os primeiros colocados do grupo. A grande quantidade de empates, no entanto, preocupava o técnico Rubens Minelli, que observava uma equipe ainda em formação, inexperiente em alguns momentos, pois tinha no elenco vários atletas jovens e alguns jogadores recém-contratados que se acostumavam, aos poucos, com sua maneira de jogar.

Para o restante da temporada, o Grêmio reforçou ainda mais o seu qualificado elenco com a contratação do meia argentino Alejandro Sabella, jogador habilidoso e com boa visão de jogo.

A campanha do Tricolor Gaúcho no segundo turno de 1985 foi muito parecida com a do Atlético-MG, ex-time do técnico Rubens Minelli, em 1984. A equipe que começou bem foi perdendo força a cada rodada, mostrando que ainda não estava pronta. Dos dez jogos que fez, o Grêmio conseguiu vencer apenas três, sendo um deles o clássico contra o Internacional, disputado no Beira-Rio, em um dia de muita chuva, cujos destaques foram o meia Luiz Fernando, autor do gol gremista, e a dupla de zaga formada por Baidek e Luís Eduardo, que fizeram partida segura e garantiram o placar.

COM A PALAVRA... RAUL

Inconstante no segundo turno, o Grêmio ainda buscava sua melhor formação durante a competição. E após uma goleada sofrida diante do Bahia, na Fonte Nova, por 4 a 1, o comandante resolveu fazer algumas alterações para o confronto seguinte diante do São Paulo. Entre elas, a saída do lateral-direito Raul, que daria lugar a Ronaldo. Principal "vítima" das mexidas de Minelli, Raul revela seu lado da história e a bronca em que ficou ao ser substituído pelo treinador:

O Grêmio jogou contra o Bahia, na Fonte Nova, e perdeu por 4 a 1. Eu joguei de titular. O Minelli fez, então, suas análises e resolveu alterar a equipe para enfrentar o São Paulo, no Morumbi. E advinha? Me sacou da equipe, apesar de eu, na minha visão, não ter tido nenhuma participação negativa, ou seja, não falhei em nenhum gol.

Na palestra que antecedeu o jogo contra o São Paulo, ainda no hotel, numa sala de reuniões, Minelli colocava em um quadro-negro a escalação da equipe, utilizando as iniciais dos nomes de cada um e flechas que apontavam os movimentos que cada jogador teria que fazer no jogo.

No decorrer da palestra, o Minelli falou de todos os jogadores e nada quanto à lateral direita, que, ao invés de constar *Ra*, constava *Ro*. Fui ficando apreensivo, mas esperei, pois em algum momento ele teria que falar sobre isso.

E, colocando uma pimenta, o Bonamigo, que estava do meu lado, me provocou: "Eu acho que ele [Minelli] esqueceu da perninha do a".

No fim da palestra, o Minelli então disse que o Ronaldo iria jogar.

Bem, eu que tenho personalidade forte pensei: "Vou chutar o balde com o Minelli". Nessa hora, nem era mais Minelli, era "esse véio". Porém, não sei quem colocou um cartaz na sala desta palestra que dizia mais ou menos assim: "Quando seus superiores não reconhecerem o que você estiver realizando, não desanime, pois o Sol ao nascer dá um espetáculo e a maioria das pessoas está dormindo". Pensei que tivesse sido o próprio Minelli que colocou aquele cartaz. Porém, refleti e fiquei calado, apesar de muito furioso.

Na sequência, pela desclassificação contra o São Paulo, a imprensa, sempre atenta a quem entrevistar, veio até mim – já em Porto Alegre –, querendo informações sobre eu ter saído da equipe contra o São Paulo. Eu, garoto contrariado, disse: "Quem viu que eu falhei em algum lance contra o Bahia é burro e não entende nada de futebol".

O próximo jogo era contra o Flamengo, no estádio Olímpico. Na concentração, o preparador físico Nestor Kerb me procurou e relatou: "O homem [Minelli] tá muito brabo contigo, pelo que tu falou". E eu respondi: "Bem, eu não falei para ele, mas se serviu o chapéu, então..."

Agora, aí que vem uma das qualidades indiscutíveis do Minelli. Sabendo que lidava com um guri, ainda que com personalidade forte, não considerou tamanha provocação e me colocou como titular novamente na equipe contra o Flamengo, e vencemos por 1 a 0.

A partir desse fato, caí nas graças e passei a fazer parte das histórias e dos atletas de que ele se lembra quando fala do futebol.

Muitos anos depois, Minelli revelou que o cartaz presente na preleção fora colocado por ele.

Mesmo com um time a evoluir e com grandes talentos individuais, o Tricolor estava eliminado da Taça Ouro. Mas, tanto essa fatalidade quanto a sentida contusão de Renato Portaluppi, acabaram, coincidentemente, colocando novamente o Grêmio nos trilhos. Quem garante é o próprio Rubens Minelli:

— Eu dei sorte no seguinte: o meu time não andava, capengava. E o ponta-direita era o Renato Gaúcho, um "boi brabo". Então, ele teve que operar o joelho e eu lancei o Valdo. Ele entrou no time e não podia sair mais, e quando o Renato se recuperou, eu tirei o Caio Júnior e coloquei o Renato de centroavante. Como ele jogava mais na ponta direita, eu falei: "Você entra de centroavante, fica junto com o beque e, quando nós pegarmos a bola, você vai para a ponta direita". Aí, eu trouxe o Valdo, que era um ponta mais para dentro – detalha.

E pensando em uma preparação melhor para o Campeonato Gaúcho, que seria disputado em setembro, também ciente de que a pressão aumentara ainda mais sobre ele, Minelli, com a diretoria, planejou uma série de excursões para a disputa de amistosos e torneios preparatórios ao redor do mundo.

Primeira parada América do Sul.

EXCURSÃO PARA AS AMÉRICAS

Com tempo livre depois de uma eliminação precoce e inesperada do Campeonato Brasileiro, o Grêmio iniciaria seus amistosos preparatórios. Antes de embarcar para o Peru, quem "pagou o pato" pela eliminação gremista foi o Santa Cruz, de Concórdia-SC, que no último amistoso antes da excursão para a América do Sul e Central, levou uma goleada de 7 a 0.

A equipe gaúcha iniciou a sua intertemporada em dois amistosos diante da Seleção Peruana. E apesar de um deles ser disputado em Lima e outro em Arequipa, a 2.300 metros de altitude, ambos terminaram em igualdade: 0 a 0 e 2 a 2.

A próxima parada seria a Bolívia. E foi no trajeto de um país para o outro que o treinador mostrou outra faceta sua e que poucos conheciam, a de poeta.

UM OUTRO LADO

A 9.000 metros de altura, enquanto sobrevoava o lago Titicaca, entre a cidade de La Paz e Lima, o técnico Rubens Minelli compôs a seguinte poesia:

Você

Você é tudo o que eu queria
Tudo o que anseio, que a ilusão me dê
O meu sonho de amor de cada dia
Minha vida, uma alma fugidia
Tudo isso é você.

Você é como o néctar das flores
Você é o aroma, o odor dos meus amores
Você é angústia do meu sonho irrealizado
Você é o presente, o futuro e o passado.

Sonhos, glória imortal, seria um louco
Pedir tanta ilusão, não sei por quê;
Mesmo a alegria, que possuo tão pouco
E tudo mais que a vida ainda me dê
Tudo isso eu daria
Tudo, por você.

O Tricolor Gaúcho também foi agraciado com o talento e carinho do treinador, que fez uma poesia com as iniciais do clube durante o voo:

Gravitando em torno de uma luta árdua;
Reunindo o esforço de um grupo unido;
Elevando ao céu o lábaro querido;
Massacrando cruel o rival batido;
Imponente em campo qual gigante grua;
Ostentando o anil gloriosamente ungido;

Parecendo, enfim, um aríete helênico;
Opressor mortal de fúria incontida;
Reinando em campo qual monarca dórico;
Tão forte como uma falange altiva;
Ornamentando o verde desse campo;

Azul, branco, preto... Tricolor;
Levantado ao céu, pano esvoaçante;
Emergindo das nuvens igual ave gigante;
Germinando glórias, vencedor altivo;
Ramadas de louro, coroando as cores;
Entumecendo em campo, o rival contido;
Nem o insucesso, apaga sua grandeza;
Sabedor de sua força com certeza;
Eis o G.P.A, que beleza!

Em Santa Cruz de La Sierra, o adversário Tricolor foi a Seleção da Bolívia, e a primeira vitória diante de uma seleção na América do Sul veio, 3 a 2 para o Grêmio.

— Eu marquei gols contra a Seleção da Bolívia e a do Peru, e fomos ganhando tudo – relembra o zagueiro Baidek.

Daí em diante, a equipe comandada por Minelli começou a se sobressair. O Grêmio venceu equipes da Costa Rica, de El Salvador e a Seleção de Honduras.

— Foi uma miniexcursão bem legal, onde também tiramos proveito para algumas situações, como para integrar alguns jogadores ao elenco – relata China.

TENSÃO TRICOLOR

Apesar de muito boa e proveitosa, a excursão pela América Central não foi só de alegrias. O Grêmio passou por apuros durante sua estadia em El Salvador. No dia 2 de junho de 1985, enfrentou o Alianza Fútbol Club, equipe tradicional de El Salvador, no estádio Cuscatlán, na cidade de San Salvador. Com uma diferença abissal na qualidade dos times, não demorou para os gaúchos começarem a mostrar sua superioridade dentro de campo. O Grêmio fez um, fez dois, fez três, quatro, cinco, seis. Ademir, com três gols, foi o grande nome da partida. No entanto, no meio do confronto ocorreu um fato bastante incomum, que mudou a logística gremista na viagem. Quem se recorda desse momento é o zagueiro Baidek.

— Em El Salvador, estávamos jogando um amistoso até que, durante o jogo, um comunicado avisou que precisávamos ir embora porque os guerrilheiros estavam chegando. E tivemos que sair correndo. Passamos por caminhões de combate até chegarmos ao nosso hotel.

No fim, após uma bela goleada e seguros em sua hospedagem, tudo não passou de um susto e mais uma história para contar.

O Tricolor evoluía e Minelli, aos poucos, conseguia implantar as suas ideias. Antes da tão aguardada ida para a Europa, o Grêmio retornou ao Brasil, onde seguiu sua preparação no país por um mês, com amistosos disputados praticamente dia sim, dia não. E a campanha continuou impecável.

A hora de enfrentar times mais modestos havia passado e a equipe gaúcha tinha pela frente verdadeiros desafios em torneios internacionais.

Tal excursão, aliás, era considerada pelo vice-presidente gremista da época, Adalberto Preis, como um marco na história tricolor.

— Tanto no aspecto financeiro como na qualidade dos adversários, o Grêmio encara essa viagem como a mais significativa da sua vida. E nossa meta é continuar invictos, conquistar torneios e ainda preparar o time para o Gauchão – revelou o cartola para o jornal *Pioneiro*, de 1º de agosto de 1985.

TORNEIO DE ROTERDÃ

O primeiro dos desafios na Europa seria disputado na Holanda, o famoso Torneio de Roterdã. Além do Tricolor, os demais participantes seriam o terceiro colocado do Campeonato Holandês, Feyenoord, o Campeão Alemão, Bayern de Munique, e o mais modesto Campeão Húngaro, Budapest Hónved Football Club.

Os bávaros tinham em seu elenco jogadores do quilate de Lothar Matthäus, Michael Rummenigge e Klaus Augenthaler, enquanto os holandeses contavam com o meia Mario Been, um dos maiores artilheiros da história do clube.

A favor dos brasileiros pesava o fator preparação. Enquanto os europeus iniciavam uma temporada ainda atrás de sua melhor forma física e técnica, buscando ajustes táticos para o resto do ano, o Grêmio, apesar de estar em campo desde janeiro, ainda em busca da formação ideal, demonstrava um estágio mais avançado que os seus oponentes.

No quadrangular, o Tricolor duelaria contra os donos da casa e o Bayern diante da equipe húngara. Os vencedores jogariam a decisão.

Para encarar o Feyenoord, Minelli estudou muito os holandeses e chegou à conclusão de que o setor de meio-campo era o principal trunfo da equipe. Pensando em como segurar os donos da casa, ele fez uma mudança capital no time, ação que equilibraria ainda mais o Grêmio.

— Foi uma partida que jogamos eu e o Bonamigo. Era difícil jogar os dois volantes, mas chegou um determinado momento em que Seu Minelli decidiu colocar nós dois juntos e, a partir daí, as coisas melhoraram muito. Os outros treinadores nunca nos colocavam juntos. Eu, que fui titular há mais tempo, tive que carregar o piano sozinho e dificilmente conseguia fazer um solo. E com o Bonamigo me ajudando ali, de vez em quando [nos momentos ofensivos], eu arriscava ir para o ataque [sendo mais uma opção ao time na hora de finalizar as jogadas] – garante China.

Além de maior consistência defensiva, a equipe ganhava em mobilidade e na chegada de um fator surpresa ao ataque.

E o primeiro gol mostrou que Minelli estava certo. Bonamigo veio com a bola praticamente do setor defensivo, tabelou com Valdo, driblou o zagueiro e, assim que o goleiro saiu para fazer o abafa, ele cruzou para a área. Osvaldo, livre de marcação, dominou e chutou cruzado. No meio do caminho, Renato Portaluppi, mostrando oportunismo e faro de gol, esticou-se para tocar na bola e colocar o Tricolor em vantagem, 1 a 0.

Minutos depois, Mario Been recebeu na entrada da área e chutou no canto de Mazaropi para empatar o jogo.

Com o meio-campo bastante povoado pelos holandeses, o técnico Rubens Minelli pediu para que seus jogadores explorassem mais as jogadas de ultrapassagem, principalmente pelas alas e foi de lá que o gol da vitória saiu.

O atacante Caio Júnior recebeu no meio-campo e, mesmo de costas, percebeu que o lateral Raul passava em velocidade pelo flanco direito e, em lançamento preciso pelo alto, deixou o companheiro, sem marcação, na cara do gol. Raul dominou bem, colocou na frente e, na saída do goleiro, tocou por baixo para garantir os gaúchos na decisão contra o Bayern de Munique.

Apesar do jogo bem equilibrado contra os holandeses, o técnico Rubens Minelli constatou que a parte física mais apurada dos jogadores do Grêmio, fora a qualidade, havia sido um dos pontos-chave para o triunfo. Sabendo disso, usaria a mesma fórmula diante dos bávaros.

Muito participativo e fundamental para a vitória frente ao Feyenoord, o atacante Caio Júnior ganhou a posição de Ademir e estava escalado para a grande decisão contra os alemães. O Tricolor vinha a campo com o melhor que tinha: Mazaropi; Raul, Luís Eduardo, Baidek e Casemiro; China, Bonamigo e Osvaldo; Renato Portaluppi, Valdo e Caio Júnior.

Inteligente e precavido, Minelli examinou cada parte do time do Bayern e enxergou um excesso de jogadas pelo lado esquerdo, além de um ataque móvel e de qualidade, com destaque para o artilheiro Rummenigge. Após se preparar para combater tais características dos alemães, o comandante solicitou que, no início da partida, os jogadores fizessem um abafa, e uma marcação pressão na equipe de Munique. O que foi uma grande surpresa para o técnico do Bayern, Udo Lattek, e para todo o estádio que viu o Grêmio abrir o placar da final, com o meia Osvaldo, logo no primeiro minuto de jogo. O adversário acusou o golpe e, pouco tempo depois, em um gol contra do defensor alemão Klaus Augenthaler, os gaúchos ampliaram.

No segundo tempo, de pênalti, Rummenigge diminuiu, mas nada mudou, o título do Torneio do Roterdã era do Grêmio.

— Não é qualquer time que vai jogar com um Bayern na Holanda, que era uma das bases da Seleção Alemã, e consegue vencer – exalta o lateral Casemiro.

Para o zagueiro Baidek, o Tricolor, na época, estava em outro patamar.

— Nós éramos melhores. Naquele ano, pegamos o Feyenoord e o Bayern de Munique e fomos ganhando. Sem dúvida nenhuma não tínhamos adversário na Europa.

TORNEIO PALMA DE MALLORCA

Mal deu tempo de levantar o troféu e comemorar o título do Torneio de Roterdã, e o Grêmio entrou em outra competição. Dessa vez, foi para a Espanha a fim de disputar o Troféu Internacional Ciudad Palma de Mallorca.

Além dos donos da casa, o Mallorca, que naquele momento estava na segunda divisão, também foram convidados para o quadrangular, o Grêmio e os espanhóis Sporting Gijón e Barcelona, respectivamente o quarto colocado e o Campeão do Campeonato Espanhol.

A estreia do time gaúcho seria contra o Sporting Gijón, time que na época disputava as cabeças do Campeonato Nacional com os catalães e com o Real Madrid.

Com poucas opções ofensivas – Tarciso sequer viajou para a excursão, pois seria negociado –, e com os atletas bem desgastados depois de tantos jogos disputados, o técnico Rubens Minelli acelerou a contratação, com o Brasil de Pelotas, do atacante Bira, um dos principais artilheiros da Taça Ouro, com 16 gols. O jogador, inclusive, foi enviado para se juntar ao grupo gremista em voo direto para Madrid. E viria a ser fundamental para a próxima conquista.

Diante do Sporting Gijón, Minelli, apesar de mexer na equipe, usou a mesma estratégia do jogo contra o Bayern de Munique dias antes. Mais uma vez deu resultado, pelo menos, por um tempo. Com 20 minutos de jogo, os gaúchos venciam por 2 a 0, com dois gols de Caio Júnior. As falhas defensivas da equipe, todavia, custaram caro e os espanhóis empataram e levaram a partida para os pênaltis.

Valdo, Osvaldo, Caio Júnior, Luís Eduardo e Bonamigo foram os escolhidos por Minelli. O meia Osvaldo desperdiçou sua penalidade. No entanto, os espanhóis também erraram uma e a disputa foi para as cobranças alternadas.

Ademir marcou para o Grêmio e colocou a equipe na finalíssima depois de ver mais uma vez Mazaropi brilhar.

— No Torneio de Palma de Mallorca, na Espanha, tive a felicidade de defender um pênalti na semifinal e enfrentamos o poderoso Barcelona na final – relembra o arqueiro tricolor.

Na outra semifinal, vitória por 1 a 0 do Barcelona sobre o Mallorca. Mas o que chamou a atenção dos gremistas que acompanhavam a partida no estádio não fora a qualidade da equipe catalã e, sim, um episódio envolvendo o craque alemão Schuster, que atuava pelo Barça.

— Depois, nós fomos ver o jogo do Barcelona e assistimos a uma cena bizarra. O Barcelona ganhava o jogo, 1 a 0, e o treinador do time [Terry Venables] quis substituir o Schuster porque dali a um, dois dias, seria a decisão contra o Grêmio. Era uns 20, 25 minutos do segundo tempo, quando o Schuster, saindo de campo irritadíssimo, tirou a camisa, jogou na cara do treinador e desceu para o vestiário. Foi lamentável, uma cena que eu me lembro bem. O Schuster era a grande estrela do Barcelona – contou o lateral-esquerdo Casemiro.

Para o duelo valendo a taça, Minelli não podia contar com Renato Portaluppi, que se contundiu ainda no jogo contra o Sporting Gijón. Surpreendendo até mesmo os jogadores gremistas, o treinador apostou suas fichas em Bira, que faria a sua estreia pelo clube, justamente diante do gigante Barcelona.

Em sua análise sobre os espanhóis, o técnico percebeu que o jogo catalão girava em torno do meia alemão Schuster, que era quem distribuía e criava as principais oportunidades para o Barcelona, e do ponta-esquerda Marco, o mais agudo e perigoso do ataque da equipe blaugrana. Sendo assim, mais uma vez escalou sua dupla de volantes China e Bonamigo – marcadora e de grande qualidade técnica – com o intuito de diminuir os espaços no meio-campo. Nas laterais, reforçou a cobertura do lado direito, já que Raul subia com maior frequência.

E foi em uma dessas subidas que o Grêmio encontrou o caminho do gol. Valdo recebeu a bola na intermediária e lançou Raul, que passava em velocidade. O lateral-direito ganhou na velocidade do zagueiro catalão e cruzou rasteiro para área, onde brilhou a estrela de Minelli e, principalmente, de Bira, que só teve o trabalho de empurrar a bola para o fundo das redes.

— O Bira era goleador e atravessou o Oceano Atlântico para se encaixar na equipe, na Europa. Seu Minelli teve essa luz de colocá-lo para estrear nesse jogo e ele fez o gol da vitória – recorda-se China.

O triunfo fez com que os gaúchos chegassem ao 25º jogo de invencibilidade, fazendo uma intertemporada praticamente perfeita.

Para o zagueiro Luís Eduardo, que depois de boas atuações na Europa virou alvo do Sporting, de Portugal, um dos principais motivos pelo sucesso Tricolor no velho continente foi o estilo do futebol brasileiro.

— O nosso futebol tinha muito improviso. Não era uma coisa mecânica. Nossos jogadores podiam fazer jogadas individuais e isso compensava muito, principalmente quando você ia jogar contra os europeus, que não estavam acostumados com esse tipo de coisa. Nosso time era muito técnico, com jogadores de uma habilidade incrível, casos do Valdo e do Osvaldo.

PERCALÇOS ITALIANOS

Depois de títulos conquistados na Espanha e na Holanda, a excursão gremista partiria rumo à Itália.

A ideia de Minelli era seguir enfrentando poderosos times europeus para testar e ajustar ainda mais o Tricolor para o Estadual. No entanto, na “velha bota” não foi possível. Isso porque, diante da greve no futebol italiano, o empresário que cuidava da viagem dos gaúchos não conseguiu marcar amistosos diante das potências do país e arrumou dois adversários de pouca expressão.

Já em território italiano, o Grêmio treinava e se preparava para o confronto em suas "instalações", que, aliás, eram para lá de curiosas. A equipe hospedou-se em uma espécie de retiro para idosos, que possuía uma estância de águas termais e ficava a 12 quilômetros do centro. A apesar de bem descontentes com a localização, o grupo fazia de tudo para tentar passar o tempo. Entre banhos de piscina e carteados, os jogadores animavam o local com o bom e velho samba brasileiro.

No dia do primeiro confronto, a única dúvida dos gremistas, que estavam há quatro meses sem saber o que era uma derrota, era de quanto ganhariam o jogo.

— Na Europa, o time ia bem, assimilando as ideias do Seu Minelli, sempre focado contra qualquer adversário; mas, aí [nesse jogo, na Itália,] estava um clima de "oba-oba". Nós tínhamos um duelo marcado contra o time do Padova, em Pádua. Pô, mas ninguém conhecia. "Que time é esse?" – conta Casemiro, que, com dores musculares, foi preservado do duelo.

Com a bola rolando, a moleza esperada pelo Tricolor não apareceu.

Um fato bem curioso sobre a partida é que o árbitro também era o prefeito eleito da cidade. E não é que essa "coincidência" acabou custando caro para os brasileiros? Isso porque, aos 22 minutos da etapa final, o árbitro/prefeito fingiu não ver o impedimento de cinco jogadores do Padova e validou o tento italiano responsável por colocar fim à invencibilidade dos gaúchos.

— Jogamos contra o time do prefeito e ele meteu a mão – lembra Minelli.

No dia seguinte, ainda nervoso com a derrota e com a maneira como ela aconteceu, o técnico reuniu o grupo e deu uma chamada de atenção bastante enérgica em seus jogadores, visando à próxima partida que teriam pela frente contra mais um modesto time italiano.

— Agora, pessoal, vamos respeitar o adversário mesmo que a gente não o conheça.

GOLEADA HISTÓRICA

Antes do compromisso que aconteceria na cidade de Veneza, o Imortal tinha agendado um jogo-treino no dia 15 de agosto de 1985 diante do Bovolenta. Essa atividade, apesar de não ser de caráter oficial, entrou para a história dos gaúchos.

Sem tomar nenhum conhecimento do seu adversário, o Grêmio fez com que a equipe italiana enfrentasse as consequências pela quebra da invencibilidade Tricolor ocorrida no último duelo. Vitória sobre os italianos pelo placar de 27 a 0. Sim, você não leu errado, 27 a 0. O triunfo contou com sete gols do centroavante Caio Júnior, cinco de Bira, três de Ademir, Ortiz e China. Dois gols de Osvaldo e um de Sabella, Bonamigo, Baidek e Luís Eduardo.

Uma goleada para lavar a alma.

O próximo oponente seria o Venezia, um time da segunda divisão italiana e principal rival do Padova, que ficava na linda e única cidade de Veneza, que conta com características bastante peculiares.

Veneza é uma cidade ao norte da Itália, conhecida por seu jeito acolhedor, rústico e que traz um ar de romantismo, pois os únicos meios de transporte da cidade são pluviais, ou seja, barcos, lanchas e gôndolas. Suas cerca de 118 ilhas são interligadas por aproximadamente 150 canais e 400 pontes.

Minelli e seus jogadores se surpreenderam com cada canto da cidade, nunca tinham visto nada parecido, e horas antes de disputarem mais uma partida, a delegação gremista fizera um passeio para conhecer algumas fábricas e indústrias da região.

O local do confronto seria o acanhado estádio Pierluigi Penzo, com capacidade para cerca de 7.500 pessoas, que, além de ser o mais antigo do futebol profissional italiano, é famoso por haver apenas duas maneiras de se chegar a ele, a pé, em uma caminhada de 20 a 30 minutos do centro de Veneza, ou por meio de barcos.

— Me recordo que o estádio era rodeado por águas, muito diferente, tanto que a delegação do Grêmio chegou numa lancha grande para o jogo, pois era o único transporte possível. Os atletas da equipe adversária chegavam nas suas lanchas particulares, ao invés dos carrões – detalha Raul.

Vindo de uma derrota contra o pequeno Padova, o técnico Rubens Minelli já havia dado uma chamada em seus jogadores e sabia que o mal futebol apresentado na última partida não aconteceria novamente.

— Entramos realmente com muita seriedade, todo mundo sabendo daquele fiasco que tinha sido contra o Padova. Por isso, nós não respeitamos mesmo [o adversário] e colocamos em prática todo o potencial que tínhamos. Fizemos um gol atrás do outro. Um, dois, três e não baixamos o ritmo, e todo mundo que entrou também não. Durante o jogo, até perdemos a contagem, se era nove, dez, 11, 12... No final das contas, ficou como 11 a 0. E é tido na história do futebol do Grêmio como um grande resultado [ao lado dos 27 a 0 contra o Bovolenta] – revela o lateral Casemiro.

— É verdade que o Venezia era um time regular. A gente aproveitou e encarou todo o jogo com personalidade, vontade. E graças a Deus fui coroado com três gols nessa partida – afirma o meia Osvaldo, artilheiro do confronto.

Além do *hat-trick* de Osvaldo, Caio Júnior e Valdo marcaram duas vezes e Bira, Raul, Ademir e Ortiz, com um tento cada, finalizaram a goleada.

Apesar de se tratar de uma partida amistosa, tanto os jogadores quanto a direção do Venezia ficaram furiosos com o placar e se recusaram a trocar camisas. E pior, negaram-se a pagar a cota acordada pelo duelo. Certamente, questionavam-se como uma equipe que perdeu do seu principal rival por 1 a 0 poderia goleá-los por 11 a 0.

E a aventura Tricolor na Itália ganharia mais um episódio após o apito final do árbitro, já que o time teve que sair às pressas do estádio mais uma vez, como acontecera no jogo em El Salvador. Porém, agora o motivo era outro, a maré. Com o nível das águas subindo, era questão de tempo para que o retorno ficasse inviável e que os barcos e as lanchas não conseguissem mais passar pelas pontes da cidade. No fim, tudo acabou em *pizza* na boa e velha Itália.

PRONTOS PARA O GAÚCHO

Depois que deixou a Itália, a delegação gremista ainda fez alguns jogos em solo espanhol antes de retornar ao Brasil. No geral, o Tricolor lucrou com a excursão aproximadamente 700 milhões de cruzeiros, além de prestígio diante das grandes atuações contra potências europeias e de uma grande abertura da marca "Grêmio" dentro do mercado internacional.

Para os gremistas, o ganho de toda essa intertemporada seria ainda maior.

— Quando fomos fazer a excursão de praticamente 30 dias na Europa, é que começou o nosso crescimento em termos de corpo, de time, de estrutura, de organização, de definição de peças, de fase ofensiva bem treinada, de time bem organizado e de confiança, principalmente porque os resultados apareceram contra as grandes equipes da Europa – afirma Bonamigo.

— A excursão da Europa foi muito boa, veio no momento certo. Veio para reagrupar o time, encontrar novas maneiras de jogar e poder reencontrar aquele futebol que o Grêmio vinha apresentando nos últimos anos – acrescenta Casemiro.

O Campeonato Gaúcho contaria com a presença de 14 clubes, que duelariam em turno e returno e os Campeões de cada turno fariam a grande decisão.

Sem poder contar com Renato Portaluppi, machucado, e com outros jogadores visivelmente cansados, Minelli foi mexendo as peças que tinha e mudando as formações a cada partida. Ainda assim, o desempenho continuou o mesmo.

A estreia foi um empate em 2 a 2 diante do Santa Cruz. E daí até o Grenal, na última rodada, foi só alegria. O Grêmio foi fazendo vítima atrás de vítima. Vitórias diante de Novo Hamburgo, Caxias, Gaúcho, São Borja, Pelotas, Aimoré, Riograndense, Esportivo, Juventude e Brasil de Pelotas, além de um empate sem gols frente ao Inter de Santa Maria.

Na rodada final do turno, já com a primeira posição garantida, o Tricolor tinha mais um Grenal pela frente. Mas, pensando no segundo turno e em poupar seus principais jogadores, o técnico Rubens

Minelli escalou uma equipe bem modificada, praticamente reserva para o duelo.

Resultado? Vitória de quem, mesmo na segunda colocação, fez de tudo para quebrar a invencibilidade do arquirrival no turno. E conseguiu. Colorado 2 a 0.

O tropeço contra o maior rival não abalou o grupo nem incomodou tanto a torcida que tinha a primeira colocação do turno para se apegar.

A conta de ter um time entrosado e efetivo depois de uma longa série de amistosos pelo Brasil e pelo mundo chegou no fim do primeiro turno: o desgaste. E isso fez com que o Grêmio demorasse um pouquinho para voltar ao grau de competividade que vinha apresentando.

No primeiro jogo do returno, o Tricolor até ganhou do Inter de Santa Maria por 2 a 0, mas o futebol apresentado não foi o mesmo de outrora.

O triunfo foi seguido por dois empates contra São Borja e Aimoré, ambos fora de casa. Enquanto isso, do lado vermelho de Porto Alegre, as coisas iam melhor. O Colorado havia passado à frente no início do segundo turno.

Para a sequência da competição, o técnico Rubens Minelli ganhava um reforço e tanto: o retorno de seu camisa 7, Renato Portaluppi, que se recuperara de lesão após um bom tempo fora. O jogador, com sede de títulos, demonstrava muita vontade de voltar a atuar.

— Entro no time num momento importante. O Grêmio vem de dois empates e precisa vencer. Antes, eu peço que a torcida tenha tranquilidade e incentive desde o início. Dentro de campo, nós faremos o possível para vencer a partida. Até porque o Grêmio precisa ganhar o campeonato este ano e, depois, eu quero ser Campeão Gaúcho – declarou o ponta-direita ao jornal *Pioneiro*, de Caxias do Sul, de 2 de novembro de 1985.

Com exceção do zagueiro Baidek, que seguia contundido, Minelli pôde colocar seu time ideal em campo e, com a volta de Renato Portaluppi, aplicou um 3 a 0 no Novo Hamburgo.

Naquela altura da competição, o Tricolor seguia irregular, jogava um futebol de extremos: ou era impecável e não dava chance para seus adversários; ou era irreconhecível e perdia pontos bobos. O fator casa também interferiu. E muito. Dentro do estádio Olímpico, Minelli e seus comandados não só venciam como davam aula de futebol, mas fora de seus domínios, o time passava dificuldades. Foi assim até as últimas rodadas. Entre as derrotas inesperadas diante do Santa Cruz e Esportivo, o Grêmio aplicou goleadas expressivas frente ao Caxias, Gaúcho (a primeira vitória fora de casa do turno), Pelotas e Riograndense, marcando um total de 18 gols nessas quatro partidas e sofrendo apenas um.

Para chegar com moral para o Grenal decisivo e que valeria o título do Campeonato Gaúcho, o Tricolor tinha o Juventude e o Brasil de Pelotas pela frente. Jogando dentro de casa, o Grêmio atropelou o Alviverde por 4 a 0. Entretanto, diante do "Xavante", em Pelotas, o placar ficou no 0 a 0.

Com os resultados, Minelli e companhia deram início à preparação para o clássico mais importante para o Tricolor desde 1980, ano em que a equipe dera a volta olímpica no Estadual pela última vez.

A DECISÃO

Enquanto o Grêmio levou a melhor no primeiro turno, até então o Internacional liderava o segundo. Com apenas o Grenal por vir, o Colorado precisava só de um empate para garantir o título do segundo turno e obrigar a disputa de outra partida entre os times, para decidir quem levantaria o troféu do Gauchão. Do lado do Imortal, apenas a vitória interessava, já que o triunfo traria uma campanha bastante similar à do rival. As equipes se igualariam no número de pontos, vitórias, empates, derrotas. No entanto, o Tricolor levaria a melhor no número de gols feitos e saldo de gols, dois critérios de desempate e, consequentemente, sairia vencedor.

Apesar de nos últimos anos o Grêmio ter conquistado títulos expressivos, como o do Campeonato Brasileiro, da Copa Libertadores e do Mundial Interclubes, em solo gaúcho, as coisas não iam bem, já que o Colorado era Tetracampeão Estadual consecutivo e estava na busca pelo Penta.

— Foram anos que o Grêmio, não que tenha deixado um pouco de lado [o Estadual], mas deu prioridade a outras competições que eram superimportantes – pondera o lateral-esquerdo Casemiro.

Minelli disputava o seu quarto Campeonato Gaúcho na história, e carregava um retrospecto invejável de cem por cento de aproveitamento. Nos Campeonatos no comando do Inter, em 1974, 1975, 1976, o treinador venceu todos. Agora, do lado azul de Porto Alegre, tinha a sua primeira oportunidade de se "redimir" e dar alegria aos gremistas.

Apesar da presença do zagueiro Baidek no Grenal decisivo ser vista pelo médico Saul Berdichevski como bastante improvável, a de Caio Júnior, desfalque do time nas duas últimas partidas, só dependia do técnico Rubens Minelli. Além do título, uma motivação extra para o atacante era sua perseguição à artilharia da competição, cujo posto dividia com o colorado Tita, ambos com 11 gols.

COM A PALAVRA... **BAIDEK**

Se em 1974 o lateral-direito Cláudio Duarte, praticamente fora da decisão do Campeonato Gaúcho, sacrificou-se por Minelli e pelo time em busca do título Estadual para o Internacional, em 1985 a história parecia estar se repetindo, só que, dessa vez, com o zagueiro gremista Baidek, que reunia poucas condições de jogo, mas fez tudo o que pôde para não deixar o comandante e os companheiros na mão nem correr o risco de perder a taça:

O Tim falou que essa partida era importantíssima. Já tínhamos vencido o primeiro turno, e se ganhássemos esse jogo, não teria outro.

Os médicos me deram 20 dias de recuperação... Passou domingo, segunda, terça, quarta... E mandaram um dos preparadores físicos, o Nestor, para me acompanhar, porque eu estava descartado para o jogo decisivo, mas eu falei: "Eu vou jogar esse jogo".

O Internacional tinha uma grande equipe. Um dia, o jornalista do *Zero Hora* foi fazer uma entrevista comigo e me perguntou como eu estava. Respondi: "Tô pronto para o chefe". O Minelli viu no *Zero Hora* e quis saber: "Como você realmente está?". "Estou 60%". E ele me chamou. O Tim me levou para a musculação, e eu tinha que mostrar que estava bem. Eu treinei no time debaixo só para ver minhas condições.

Na sexta, fiz um coletivo. Sábado, um recreativo. Eu fiquei correndo em volta do campo com o Tim e todo mundo olhando para mim. Fiz alongamentos, abdominais e aí veio o Zeca Albuquerque [preparador físico] e me falou: "Não vai embora que o chefe quer falar contigo".

O Seu Minelli disse: "Olha, você nem vai estar na convocação. Vai para o Barranco [famoso restaurante do Rio Grande do Sul] para todos te verem. E apareça amanhã lá na concentração para o almoço".

Mas eu fui para casa e toda a imprensa falava: "O Baidek está fora do Grenal".

Eu, então, almocei. E na preleção [o jogo era às quatro da tarde], ele começa a fazer a escalação e vi minhas iniciais no quadro. Foi uma alegria muito grande.

A imprensa toda estava querendo saber se eu ia jogar. Fui para a massagem, comecei a mexer na lesão e ela abriu. Estava cicatrizando, mas abriu. O Tim disse: "Não fala nada para ninguém e aguenta até onde der". Olha só como fui para o jogo! E ele [Tim] continuou: "Os atacantes têm receio de você. Fica comandando e não sai muito. Eu confio em você". Eu tinha a confiança de todos, aguentei boa parte do jogo.

Nesse jogo do título, eu estava praticamente fora, mas disse estar pronto. Estava uns 60% e o Seu Minelli falou: "Então vai jogar". E eu, todo arrebentado, fui para o jogo.

O Tim ficou com o saco de gelo na minha perna. "Aguenta, temos que ser Campeões", ele disse. Fui para o campo me arrastando.

O comandante Tricolor treinou duas formações diferentes no ataque durante a semana. Um trio formado por Renato, Caio Júnior e Valdo, jogadores já entrosados, e outro formado por Renato, Valdo e Odair, pois Caio ainda não estava com cem por cento de suas condições físicas. Minelli já tinha a sua escolha definida, mas não daria munição para o rival.

Depois de um período pré-jogo de muito *stress*, com entrevistas para cá e para lá, com a imprensa tentando adivinhar a escalação, cobertura quase 24h dentro e, às vezes, fora do clube, chegara o grande dia. E para a surpresa da imprensa, da torcida e até dos próprios jogadores, tanto Baidek quanto Caio Júnior estavam escalados.

Do outro lado, os principais jogadores do Colorado eram o goleiro Taffarel, o zagueiro Mauro Galvão e o meia Tita.

Minelli tinha mais time, confiava no seu taco e, jogando em casa, sabia que tinha grandes chances de vencer.

Diferente do último duelo vencido pelo Colorado, neste o comandante ia com força máxima. E, dentro de campo, prevaleceu o time mais técnico, com mais "sangue nos olhos" e que tinha uma missão bastante clara: colocar fim à hegemonia do seu principal rival no estado, que já perdurava desde 1981.

E logo de cara, o Imortal mostrou que não estava para brincadeira.

COM A PALAVRA...

PAULO BONAMIGO

O gol saiu cedo. Normalmente nos Grenais, a gente tinha orientação do Professor Minelli de marcar uma pressão média alta, quase sufocando. O jogo foi dentro do Olímpico. Eu pegava bem de fora da área, o Valdo me ajeitou e eu bati de perna esquerda, e eu sou destro. Foi um bate-pronto, que ela [a bola] fez uma curva muito grande em cima do Taffarel, uma bola que foi muito forte.

O Colorado sentiu o gol, o que deu ainda mais moral para o Grêmio continuar atacando. Lá atrás, Baidek, longe de sua melhor forma, fazia tudo que podia ao lado de Luís Eduardo e pouco davam chances para o ataque adversário.

Vinte minutos depois, em contra-ataque puxado por Osvaldo, o Tricolor aumentou a contagem. Com passe preciso, o meia deixou o atacante Caio Júnior na cara do gol e, goleador nato como sempre foi, não titubeou mesmo diante de Taffarel e marcou o segundo do Grêmio.

Lance do gol no caderno de imagens: foto 9

Minelli e seus comandados reinavam absolutos na partida, até que o gol de Kita, de pênalti, no fim do primeiro tempo, deu um fio de esperança para a torcida colorada na volta dos vestiários.

Na etapa final, mesmo sem balançar as redes, o Tricolor continuou no comando do jogo, segurou o placar e sagrou-se novamente Campeão Gaúcho.

— Trabalhamos bem, montamos um time que disputou um excelente campeonato e acabamos Campeões Gaúchos – explica o comandante.

Um feito memorável também para todos os atletas.

— Aqui no Sul é a maior rivalidade. Se ganhar um Grenal já é importante, imagina vencer seu arquirrival na final do Gauchão e quebrar sua hegemonia? É maravilhoso – afirma Mazaropi.

— O título de 1985 realmente foi muito especial para nós porque resgatamos realmente o que não ganhávamos desde 1980. Nós conseguimos os títulos de Campeão Brasileiro de 1981, Vice-Campeão Brasileiro de 1982, Campeão Mundial e da Libertadores de 1983 e não dávamos aquela importância devida para os Campeonatos Estaduais, então nós perdíamos. O Inter era Tetracampeão Gaúcho. E essa recuperação da hegemonia em 1985 foi muito importante – explica Bonamigo.

Os Tricolores definitivamente estavam engasgados com os colorados desde 1981 e para muitos deles a presença do técnico Rubens Minelli fora fundamental para que o Grêmio recuperasse a supremacia no estado.

— O Campeonato Gaúcho de 1985 foi uma coisa fantástica, porque a gente vinha há muito tempo de resultados negativos contra o Internacional. Talvez seja essa parceria do Professor Minelli com o Professor Gilberto Tim; pelo fato de eles estarem acostumados a vencer os rivais, né? Eles nos acostumaram a vencer o Inter. Então, mudou tudo: as expectativas, a forma de jogo, a atitude dentro do campo – garante Luís Eduardo.

— Sempre nos jogos contra o Inter a gente ficava engasgado. Queria ganhar de todo o jeito, ainda mais com as temporadas onde eles vinham sendo Campeões. Seu Minelli deu moral para o grupo todo. E isso foi essencial para quebrarmos o tabu e sermos Campeões – conta Osvaldo.

Essa foi uma das equipes do Grêmio que marcou época nos anos 1980 e de que Minelli se recorda nos dias de hoje, tanto da sua escalação quanto da maneira como jogava.

COM A PALAVRA ...

RUBENS MINELLI

O Grêmio de 1985 quebrou uma hegemonia do Internacional de quatro anos, e era uma equipe muito boa, jogando um futebol muito bom; tocavam bastante a bola. Os jogadores todos – ou a grande maioria – eram bastante técnicos. Era um time que se movimentava bastante. Nós jogávamos com um goleiro que era o Mazaropi; o Raul na lateral direita, que se juntava ao Renato [Portaluppi] na ponta direita; e, por ali, faziam uma jogada muito forte pelo lado direito. O Baidek e o Luís Eduardo na zaga. O Luís Eduardo, às vezes, aparecia como um elemento surpresa. Tinha o China, que era o cabeça de área, e vinha quase como um meia passando da intermediária contrária; e o Casemiro, na lateral esquerda, que era um bom marcador e fazia uma cobertura boa pelo lado esquerdo. Osvaldo e o Bonamigo eram os dois meias. E na frente, com o Renato, eu tinha o Caio Júnior e o Valdo na ponta esquerda, jogador de muita técnica e de um passe apurado, que jogou na Seleção Brasileira. Era uma equipe bastante homogênea, eminentemente técnica, e que se entendia muito bem.

Após a conquista, nos vestiários, o treinador – que ainda era cogitado para assumir a Seleção Brasileira e que tinha recebido uma oferta interessante do Corinthians – foi questionado se permaneceria no comando da equipe para a próxima temporada. Minelli, naquele momento, já estava praticamente decidido a aceitar a proposta do Alvinegro, pois em São Paulo novamente teria a sua família por perto. Porém, desconversou sobre qualquer possibilidade de sair. O comandante queria desfrutar ao máximo aquele momento, considerado por ele como uma retomada de grande importância em sua carreira, já que voltava a sentir o gosto de dar uma volta olímpica como Campeão e erguer uma taça depois de muito tempo.

— Saiu uma reportagem dele aqui na RBS [Rede Brasil Sul], dizendo que ele tinha feito uma promessa de ir pescar na segunda-feira, porque já estaria de férias. Se a gente empatasse, teria mais uma semana de Grenal. Como vencemos, acabou o campeonato, no outro dia, ele foi no rio Guaíba e até pescou em um valão só para cumprir a promessa feita – recorda-se China.

A celebração foi longa e bastante fervorosa por parte de todos. Minelli aproveitou cada segundo. Mas, se por um período conseguiu despistar a imprensa sobre sua saída do clube, seus jogadores sabiam que não teriam seu comandante em 1986.

— Sabíamos que o Minelli e o Tim iriam para o Corinthians. O nome dele também estava forte para assumir a Seleção. Além disso, ele pegou o autógrafo de todos nós na camisa – relembra o zagueiro Baidek.

No entanto, tal chance de treinar a Seleção, como já dito, nunca chegou.

Minelli deixara o Tricolor Gaúcho ao término da temporada, tendo realizado 76 partidas no comando da equipe, entre jogos oficiais e torneios amistosos, com um retrospecto de 43 vitórias, 22 empates e 11 derrotas. O Imortal marcou 155 gols e sofreu apenas 60. Do total de partidas, 23 foram disputadas no Olímpico e 53 fora. E, apesar de ter tido uma passagem bem mais curta e menos vitoriosa do que no arquirrival Colorado, o treinador deixou sua marca no clube.

— A contribuição do Seu Rubens Minelli, além de nos passar a sua experiência, conhecimento tático, senso de profissionalismo e como deve ser o verdadeiro comportamento de um atleta, ele nos mostrou o quão era importante se tornar um grupo vencedor, um verdadeiro Campeão – analisa Mazaropi.

ANTES TARDE DO QUE NUNCA...

Em 1980, o presidente corintiano, Vicente Matheus, queria contar com um técnico de nome no comando do Alvinegro. Minelli estava na crista da onda, pois tinha conquistado há pouco tempo – em 1977 – o seu quarto Campeonato Brasileiro e não sabia se continuaria na Arábia Saudita por conta da ausência de sua família, que estava a 11.834 quilômetros de distância (de São José do Rio Preto a Riad).

As negociações até ocorreram, mas como o treinador não conseguiu sua liberação com a Seleção Árabe, permaneceu por lá na época.

— Pedi desculpas ao [Vicente] Matheus naquela época, porque eu não pude realmente treinar o Corinthians. Mas, quando terminou meu compromisso com o Grêmio em 1985, quando fomos Campeões Gaúchos, eu realmente quis voltar. Eu queria ficar em São Paulo com a família – lembra o comandante.

Seis anos mais tarde, o Timão fazia uma reformulação geral e o nome do técnico Rubens Minelli encabeçava a lista de reforços. O Alvinegro ainda mantinha o sonho de ter o treinador Tetracampeão Brasileiro. Sua saída do Tricolor Gaúcho e o desejo dele em ter o convívio familiar novamente reascenderam esse interesse corintiano.

Roberto Pasqua, presidente em exercício na época, solicitou ao seu vice, Alberto Dualib, que tomasse as rédeas da negociação. No entanto, para o acerto ser firmado, Minelli, que já tinha um contrato para trabalhar como comentarista na Copa do México pela Rede Globo, ausentar-se-ia do comando do clube durante a competição, mais precisamente por cinco jogos oficiais do Paulista, o que não fora um problema para o mandatário alvinegro, que acenou positivamente para um desfecho favorável do negócio.

— Foi excelente a vinda dele. Muitos tinham consciência de que havia chegado um treinador que era vencedor e que queria dar continuidade a um Corinthians também vencedor. Quem não gostaria de estar num time no qual o treinador era cogitado para a Seleção? – afirma o corintiano Basílio, ídolo alvinegro, e que seria auxiliar de Minelli.

Visando voltar às conquistas de outrora e a uma reconstrução no clube, o Corinthians demitiu dirigentes e não se opôs às saídas de nomes importantes do seu elenco como as do zagueiro De Leon, do lateral-esquerdo Wladimir, do atacante Serginho Chulapa e do volante Dunga.

A debandada dos craques corintianos aconteceu por desejo pessoal dos próprios atletas, pois muitos já estavam há certo tempo no clube e queriam buscar novos ares, e outros mostravam insatisfação com algumas decisões tomadas pelos cartolas alvinegros.

A pré-temporada ocorreu em Águas de Lindóia. Minelli queria conhecer mais a fundo o seu grupo e fortalecê-lo conforme a necessidade. Com o treinador, veio seu homem de confiança e braço direito, Tim, para ser o preparador físico do clube. E só foram necessários alguns dias no interior paulista para ambos perceberem o tamanho da dificuldade que teriam.

— Foi o time em piores condições que já encontrei na minha carreira – revelou o preparador físico, em 20 de janeiro de 1986, à revista *Placar*.

O trabalho seria árduo, mas trabalho sempre foi o sobrenome dessa dupla. Para driblar as adversidades, colocar o time novamente no caminho certo e prepará-lo para o que viria, as atividades foram bastante intensas. Cerca de quatro horas diárias de musculação, aeróbico e trabalhos com bola faziam parte da rotina alvinegra em Águas de Lindóia. É natural que alguns atletas reclamassem e até achassem um exagero tamanha preocupação com a parte física e a maneira como as tarefas eram elaboradas. Porém, para outros, ficou claro que um dos maiores problemas do Timão na última temporada, já que qualidade não lhe faltava, havia sido o físico.

Em uma época em que todos davam importância principalmente à parte técnica, Minelli e Tim também priorizaram a parte física. Sabiam que um time com uma parte física apurada e taticamente obediente muitas vezes conseguia levar vantagem, inclusive contra equipes favoritas e com mais competência.

Essa era a visão e o plano que tinham para o Alvinegro.

— Meu time tem que ganhar 90% de suas partidas. E sair de cabeça erguida quando perder – disse Minelli à revista *Placar*, de 20 de janeiro de 1986.

Lutar e nunca desistir era o que o comandante pleiteava, assim como a Fiel sempre cobra de quem veste o manto corintiano.

Para iniciar sua jornada no Timão, Minelli teve que usar uma de suas principais ferramentas, a retórica. Comunicar-se bem com seus jogadores faria com que comprassem suas ideias e acreditassem nos seus comandos. Está aí um dos motivos de seu sucesso como treinador. Mas, antes de tentar mudar o astral e trazer mais confiança para seu elenco iniciar a temporada, o técnico tinha uma importante missão. Depois de perder grandes jogadores, o comandante não admitiria que ninguém mais saísse, principalmente um dos pilares do seu time, o volante Biro-Biro, que estava propenso a deixar o clube.

Minelli teve um papo franco com o jogador, que durou horas, e mostrou o quão fundamental ele era para a equipe e para o seu esquema; trouxe a sua confiança de volta e o fez capitão.

— O Minelli era um treinador que conversava bastante com o grupo, gostava de contar história e era uma pessoa maravilhosa. Um cara tranquilo. Não era de dar esporro, mas sabia cobrar os jogadores. Foi a primeira vez que trabalhei com ele. Me surpreendeu... Um treinador que estava cogitado para a Seleção – detalha Biro-Biro.

A preparação seguia firme e era hora de começar a colocar o trabalho em prática.

O debute do técnico no comando do Corinthians ocorreria no Torneio de Verão, organizado no litoral paulista, disputado por Corinthians, Santos e Grasshopper, da Suíça.

Apesar de contar com sete jogadores da equipe suíça, o Timão não tomou conhecimento dos europeus e venceu com certa facilidade o jogo por 3 a 0. Para conquistar o torneio, Minelli e seus comandados teriam o anfitrião Santos pela frente, que contava com o lendário goleiro Rodolfo Rodrigues debaixo das traves. O que acabaria não sendo um problema, pois com destaque mais uma vez para o atacante Lima, o Corinthians mostrou que estava no caminho certo e aplicou um 2 a 0 nos donos da casa, garantindo mais um troféu para a sua galeria.

— Aquela conquista eu lembro que foi na Vila Belmiro. Eles tinham um time bom, mas a nossa equipe era um pouco melhor – garante o volante Biro-Biro.

NASCE A PRIMEIRA NETA

Depois que viu seus filhos crescerem, Minelli, que gostava da casa sempre cheia, vislumbrou a chegada de seus netos. Em entrevistas chegou a revelar que sonhava em ter pelo menos quatro. E a primeira delas, Stefanne, filha de Cecília e Luiz Carlos de Moraes, nasceu no dia 31 de janeiro de 1986.

Stefanne, desde pequena, puxou o lado sagaz de Minelli. Uma publicitária de mão cheia. A partir da adolescência, "meteu as caras" e passou nos mais diversos lugares, construindo um nome de respeito no segmento. Em 2015, veio a maternidade. Da união com o engenheiro Adriano Moreno, nasceu o grande xodó da família e de Minelli, o bisneto: Gustavo Henrique. Hoje, além da sua devoção como mãe, mantém-se dedicada aos estudos, pois quer sempre aprender mais, bagagem herdada também do avô.

Até as competições mais importantes começarem, os clubes iam se preparando para o restante da temporada realizando amistosos e torneios de tiro curto por todos os cantos. Uma forma de testarem os plantéis e faturarem algum dinheiro.

— Depois do Torneio de Verão, o Corinthians entrou também no Torneio Início. Naquele tempo, tinha o Torneio Início no futebol paulista e nós iríamos viajar depois do Torneio. Nós jogamos bem os três jogos, ganhamos os dois primeiros e fomos eliminados na semifinal. Aí, diziam que havíamos sido eliminados porque se não iríamos perder a viagem para Mar Del Plata para disputar o outro torneio – recorda-se o técnico Rubens Minelli.

O Alvinegro foi eliminado pelo Santo André, que viria a ser o segundo colocado da competição, em que o Juventus, da Mooca, de maneira bem surpreendente, ergueu a taça. A equipe grená saiu vencedora sem ganhar de nenhum time e sem fazer um gol no tempo normal. Foram quatro empates por 0 a 0, cujo Moleque Travesso avançava de fase ou por ter mais escanteios que o adversário (regra do torneio) ou por levar a melhor nas cobranças de pênaltis.

O torneio em questão, a que Minelli se referiu, era um amistoso diante do Independiente, da Argentina, denominado Copa dos Campeões.

O xerife da equipe argentina era um velho conhecido dos brasileiros, principalmente dos são-paulinos, que o tiveram como seu comandante em 2016, Edgardo Bausa, sempre duro, que não aliviava nas divididas.

O duelo, assim como um clássico Brasil e Argentina, foi muito brigado. E apesar da enorme pressão por parte dos *hermanos*, foram os alvinegros que marcaram com Paulo César. Timão 1 a 0. Como era de se esperar, daí em diante, mesmo com uma ou outra chance de gol corintiana, os argentinos pressionaram e tomaram conta do jogo. Todavia, com vantagem no placar, Minelli fez com que os seus adversários provassem do próprio veneno: a cera e a catimba. Além de picotar o jogo, irritando o time do Independiente, os brasileiros souberam se defender muito bem e garantiram mais um troféu na pré-temporada, o que trouxe ainda mais moral para a equipe que estava prestes a iniciar o Campeonato Paulista.

— Foi um jogo bem disputado. Time argentino é sempre difícil, o bicho pegava. Sem dúvida essa conquista deu mais confiança. Quando começou o Paulista, estávamos mais fortes e isso motivou o grupo – lembra Biro-Biro.

O Paulistão, torneio que Minelli ainda não havia conquistado em sua carreira, tinha o seguinte regulamento nessa temporada: 20 times que se enfrentariam em turno e returno, classificando-se o vencedor de cada turno com as duas equipes que mais somassem pontos durante esse período. Nas semifinais, fariam jogos de ida e volta. Em caso de igualdade na soma dos placares, a disputa iria para a prorrogação. Os vencedores disputariam a grande final.

CONSELHO DO CHEFE

Com o passar do tempo, o futebol foi evoluindo. Consequentemente, algumas facetas dele também. Fora do Brasil, as chuteiras começaram a mudar de cor nos anos 1970, enquanto, por aqui, a moda demorou um pouquinho mais para chegar e começou a aparecer apenas nos anos 1980.

O jogador Allan Ball, do Everton, da Inglaterra, foi o primeiro atleta a calçar uma chuteira branca dentro de campo. Aqui, nos gramados brasileiros, quem chamou a atenção com pisantes diferentes dos clássicos pretos foi o jovem centroavante corintiano, Walter Casagrande.

Fora de campo, Casão já se destacava por ter um perfil diferente dos demais atletas. Além de sua altura avantajada, era mais culto, politizado e irreverente que seus companheiros de profissão. Dentro de campo, o atacante também queria ser referência não apenas pelo faro de gol apurado, e aceitou de prontidão quando lhe foi oferecida, por um ex-colega de time, o zagueiro uruguaio Daniel González, uma chuteira branca para ser utilizada durante os jogos, já que o número ficara grande para o defensor.

Mesmo chegando anos depois ao clube, o técnico Rubens Minelli trabalhou com Casagrande, quando pôde acompanhar o seu atleta inovando no cenário brasileiro. Logo o técnico lhe deu um conselho.

— O Casagrande estava começando naquela época, ele já tinha jogado no Corinthians. Era um garoto com muita fama porque era um bom jogador, e foi o primeiro que começou a usar chuteira branca. Uma vez até falei para ele: “Você usando uma chuteira diferente, fica diferente dos outros e, por isso, terá que jogar mais que os outros”.

E o Casão obedeceu. Fez história no clube e se tornou um dos maiores ídolos da torcida corintiana.

No primeiro turno do Campeonato Estadual, o Timão se mostrou bastante competitivo e, mesmo sem os grandes nomes de 1985, Minelli montou um time guerreiro e de qualidade, ficando na quinta colocação do turno. A colocação não era ruim, mas o treinador sabia que a equipe podia render mais.

Antes de retomar seu trabalho com o plantel corintiano, o comandante havia informado à diretoria que “desfalcaria” o time de Parque São Jorge por algumas rodadas, pois se ausentaria por um curto período do comando alvinegro, a fim de cumprir o acordo com a Rede Globo para comentar os jogos da Copa do Mundo de 1986, conforme constava em seu contrato.

O técnico viajou para o México na companhia do seu filho Rubinho e, em seu lugar, ficou o seu auxiliar e ídolo corintiano, Basílio.

— Seu Minelli já tinha trabalhado comigo quando eu era jogador. A confiança dele foi grande de me deixar o plantel para trabalhar. Ele conversou comigo antes e falou: "Faz o que a sua cabeça mandar. Você sabe como é a minha maneira de trabalhar, exija o máximo deles!". E sem mudar muito a maneira que ele montou, dei continuidade. Foi ótimo para mim como aprendizado – conta Basílio.

Os atletas estavam com o auxiliar, pelo qual também tinham um respeito enorme. No entanto, reconhecem a mudança no comando.

— Quando ele [Rubens Minelli] saiu foi uma diferença grande. Existe essa diferença se tratando dele porque ele era um treinador de *status* enorme, muito respeitado por nós jogadores e por todo o Brasil. Não fazendo comparação com o assistente, mas primeiro existe uma hierarquia, e por maior que seja a proximidade que o assistente tenha com o elenco, porque ele que faz essa ligação, a relação com o treinador é diferente. Independentemente de qualquer coisa, ele exerce um comando maior, porque é ele que toma as decisões. E nessa época ainda não se trabalhava com comissões técnicas tão abrangentes. Ele tinha o Basílio, um ex-jogador, de um grande histórico no clube, e tinha o Tim, que era o componente da comissão de maior confiança pelo tempo, entrosamento e por serem amigos pessoais – revela o meio-campo Cristóvão Borges, uma das contratações indicadas por Minelli e que chegara durante a competição.

No total, foram oito partidas em que Basílio esteve no comando do Corinthians. Além de um amistoso, cinco confrontos pelo Paulistão e dois jogos do torneio amistoso Triangular de Belém, ao lado de Remo e Paysandú. Foram três triunfos, sendo só um deles pelo Campeonato Estadual, quatro empates e uma derrota.

Como interino, Basílio tinha convicções diferentes do treinador, além de suas preferências enquanto esteve no comando do Timão. Suas escalações traziam dois ou três jogadores distintos dos 11 iniciais de Minelli.

Assim que retornou ao clube, o comandante novamente pôs seu time base para jogar e foi assim até o fim. Um dos escalados era seu novo contratado Cristóvão Borges, que diante da tamanha qualidade com a bola no pé, foi colocado mais à frente para chegar como homem surpresa e finalizar no gol adversário.

Apesar do mesmo número de derrotas do primeiro turno, cinco no total, o Corinthians de Minelli fez uma campanha superior. Com duas vitórias a mais, ocupou a terceira colocação do returno e garantiu, pela soma de sua pontuação nos dois turnos, a vaga nas semifinais, com Palmeiras, que seria seu adversário, Inter de Limeira e Santos.

SEMIFINAL CONTURBADA

Minelli e a Fiel se apegavam ao fato de a equipe ter uma grande oportunidade de recuperar a hegemonia do estado e voltar a vencer o Campeonato Paulista, o que não ocorria desde 1983.

E até as coincidências animavam os corintianos, pois, no caminho do último título, o Alvinegro também enfrentara o Palmeiras, que, na época, era comandado pelo próprio Rubens Minelli.

Apesar de ter um time extremamente competitivo e obediente taticamente, Minelli sabia que o arquirrival era superior tecnicamente. Por isso, para as semifinais, a ideia do comandante era travar o adversário, ser extremamente objetivo e letal nos contra-ataques. O Timão executou com perfeição as instruções e se aproveitou da vantagem numérica depois da expulsão de Edu Manga. E com o gol solitário de Cristóvão Borges, venceu a partida por 1 a 0.

— A bola sobrou para mim em meio a uma dividida e, quase escorregando, eu chutei. Eles tiveram um gol anulado e quiseram colocar em dúvida esse meu gol, que foi legal; alegaram falta durante o decorrer da jogada.

Os primeiros 90 minutos foram bastante polêmicos e dividiram opiniões entre palmeirenses e corintianos. Do lado alviverde, o lateral-esquerdo Denys se refere à partida como um verdadeiro "assalto".

— Naquele jogo, nós fomos roubados, nitidamente. Mão do Edivaldo, o gol do Bacharel anulado. Foi assim, nitidamente, roubado. E ainda fomos bem superiores ao Corinthians. Se você pegar o VT daquela época, vai ver que foi ridículo aquele jogo.

Enquanto do outro lado, o alvinegro, a conversa era outra.

— Eu enxergo diferente... O perdedor sempre vai ter um travesseirinho para ele dormir de cabeça quente e reclamando. O Corinthians fez o seu papel, o Palmeiras saiu reclamando. O Minelli falava: "Vocês façam e cumpram o que a gente determinou". E após o jogo, não deixando os jogadores caírem na pilha, tranquilizou a todos dizendo que não tínhamos nada com a chiadeira do outro lado – garante o auxiliar técnico Basílio.

A revolta palmeirense durou a semana toda. Reclamação por parte dos jogadores, comissão técnica e até dirigentes. Em sinal de repúdio à arbitragem de Ulisses Tavares, que, segundo o presidente do Palmeiras, Nelson Duque, tirou-lhes a vitória, o mandatário tratou de pagar o bicho prometido aos atletas em caso de triunfo, cerca de dez mil cruzeiros. Com isso, garantiu que todo o grupo ficasse ainda mais motivado para o jogo de volta, no qual, se vencessem no tempo normal, teriam vantagem na prorrogação, por terem somado mais pontos na fase anterior e o empate os classificaria no tempo extra para a grande decisão do Paulista.

Para o jogo de volta, o comandante acreditava que tinha ajustes a fazer. Acima de tudo, buscava dar mais tranquilidade ao seu time, pois sentiu os jogadores um pouco nervosos durante o confronto, errando muitos passes simples, que se transformaram em oportunidades para o rival.

Minelli, aliás, deu uma declaração inocente antes da partida que acabaria ganhando outra conotação, servindo de combustível para os palmeirenses.

— Foi mais em tom de brincadeira que eu falei: "Não vai ter prorrogação porque eu tenho um jantar depois da partida", mas foi apenas um deslize humorístico meu.

A frase de Minelli, somada à toda a confusão que aconteceu no duelo de ida, inflamou os atletas alviverdes, que avisaram ser questão de honra derrotar o arquirrival e avançar para a final do torneio.

— Nós estávamos meio "putos", por causa da primeira partida que sacanearam a gente. Então, entramos nesse jogo bem mordidos mesmo – confessou o lateral-esquerdo Denys, que, apesar de estar suspenso neste confronto, compartilhava do mesmo sentimento dos demais colegas.

Dentro de campo, todo esse "sangue nos olhos" dos jogadores do Verdão se comprovou. A equipe estava concentrada e a fim de dar o troco no Corinthians. Durante boa parte do Derbi, o Palmeiras se lançou para cima do arquirrival e deu muito trabalho para o goleiro Carlos. O arqueiro contou com muita sorte e viu o Alviverde carimbar a trave em diversas oportunidades. Enquanto isso, o Timão só chegava e incomodava nos chutes de longa distância e cobranças de falta.

E assim seria durante todo o jogo, até que, aos 87 minutos de bola rolando, em uma desatenção da defesa corintiana, o centroavante Mirandinha começou a fazer a diferença e inaugurou o marcador, Palmeiras 1 a 0.

O gol que levou a partida para a prorrogação encheu de esperança o Verdão e abalou os alvinegros. Além disso, em resposta à declaração dada pelo técnico Rubens Minelli no início do jogo, o placar eletrônico do estádio do Morumbi trouxe os seguintes dizeres: "O jantar vai ter que esperar".

— A gente estava com o jogo praticamente decidido. Era final do jogo, era só segurar. E como acontece em qualquer partida, tomamos um gol no final, quando eles pressionavam. E eles chegaram na prorrogação muito mais fortes psicologicamente e sentimos um pouco que [a partida] tinha escapado de nós – recorda-se Cristóvão Borges.

Minelli gritava à beira do campo tentando reanimar seus atletas e demonstrando confiança de que conseguiriam reagir. Mas, era tarde demais, o time estava desnorteado e, apesar de uma chance ou outra criada, foi o Palmeiras que voltou a marcar com Mirandinha e fechou o placar com Éder, em um bonito gol olímpico, que confirmou a classificação.

— Na prorrogação, tentamos ir para cima e acabamos tomando mais dois gols. O time desandou – lamenta Biro-Biro.

Eliminado mais uma vez de uma semifinal do Campeonato Paulista, Rubens Minelli também sentiu o golpe, mas reconheceu os méritos do adversário.

— Realmente, o Palmeiras ganhou o segundo jogo muito bem, nós não repetimos a atuação que tivemos no primeiro e o Palmeiras foi para a final.

Essa acabaria sendo a última partida do treinador no comando do Corinthians. A curta passagem foi interrompida após uma proposta irrecusável vinda, novamente, do mundo árabe. Dessa vez, o desafio de Minelli seria treinar o Al-Hilal, uma das equipes mais poderosas da Arábia Saudita e do Oriente Médio.

A saída do comandante deixou saudades no grupo, pois acreditavam que o time estava em crescimento e que futuramente colheria os frutos.

— Foi uma pena ele não continuar. Acabou que não fomos Campeões Paulistas. Pela experiência dele passada para o grupo, se ele ficasse, poderíamos ter conseguido um título Brasileiro, ou pelo menos ter chegado às finais do Campeonato Brasileiro – garante Biro-Biro.

Dos 38 jogos em que esteve à frente do Corinthians, o técnico Rubens Francisco Minelli alcançou um retrospecto de 21 vitórias, sete empates e dez derrotas.

Era hora de mais uma aventura fora do país.

TURBULÊNCIA NO BOEING

Menos de um mês após deixar o Corinthians, mais precisamente no dia 22 de setembro de 1986, Rubens Minelli, que já tinha acertado sua transferência para o Al-Hilal, estava a caminho de Riad. Em sua chegada, como parte das "luvas", ele ganhou um Mercedes-Benz, na cor vinho.

Sobre o acordo fechado com os árabes, o primeiro contato surgiu na Copa do Mundo de 1986, no México. Minelli, que estava de licença do Corinthians, exercendo o papel de comentarista na Globo, por coincidência, encontrou o príncipe Fahed e seu primo, que era o dono do Al-Hilal, principal clube do país, e ali houve a primeira consulta para saber se havia interesse dele em assumir o comando da equipe. Minelli sinalizou positivamente, pois, dessa vez, já tinha noção do que lhe esperava. Mas a negociação só se concretizaria após o Paulistão.

— Ele me fez uma proposta financeiramente irrecusável. Era muita discrepância daquilo que eu ganhava no Corinthians, que já era muito para o futebol brasileiro. Não tinha como negar aquilo que eles estavam me oferecendo para ir treinar o Hilal. Quando voltei da Copa do Mundo de 1986, eu conversei com o Dualib, rescindi meu contrato com o Corinthians e fui para Arábia de novo – recorda-se Minelli.

No entanto, quem teve total participação na ida do comandante para o time saudita foi o seu amigo e companheiro de trabalho, João Paulo Medina, que permaneceu trabalhando na Arábia como preparador físico, agora do Al-Hilal, e o indicou para o cargo.

— Mesmo com vários títulos, o técnico foi demitido. Eles falavam que o Al-Hilal era um Boeing dirigido por um piloto de teco-teco, o Zé Nogueira. Apoiamos muito o Zé. O time, de cinco campeonatos disputados, ganhou três. Invocaram com ele e o mandaram embora. Eu tinha muita moral com os árabes. Então, eu indiquei o Minelli.

Com tudo fechado, o trabalho iniciou antes mesmo do novo comandante desembarcar na Arábia. Como seu auxiliar técnico, Minelli teria Fedato, seu ex-jogador da época de Palmeiras, com quem tinha ótimo relacionamento. Em sua comissão, o treinador também teria Medina na preparação física e seu auxiliar, Reinaldo Alves; além do fisioterapeuta, Romildo Luís Alves de Albuquerque, o Pernambuco.

Depois de alinhar como seria o plano da comissão pré-Minelli, o Al-Hilal fez uma pré-temporada e deu início ao calendário de jogos sob o comando de Fedato. O primeiro desafio foi a Copa da Confederação, um torneio eliminatório que englobava todas as divisões da Arábia Saudita.

Para chegar à Arábia Saudita, Minelli pegou o voo 147 da Swissair, de São Paulo até Genebra, na Suíça; e de lá o voo 376, da mesma companhia, para Riad. Até que ele de fato chegasse em solo saudita, o trabalho não podia parar. Por isso, Fedato, seu auxiliar, Medina e os demais profissionais já estavam a todo vapor.

Das quatro partidas disputadas no comando do Al-Hilal, a comissão teve um retrospecto de duas vitórias, um empate e uma derrota. A equipe ainda ganhava forma, mas o trabalho estava sendo bem-feito.

— O Fedato tinha bastante autonomia para fazer as coisas, mas sempre conversando com o Seu Minelli antes para saber a opinião dele. O time estava evoluindo. O nosso time era muito bom – relembra o preparador físico, Reinaldo Alves.

No dia em que chegou à Arábia Saudita, Minelli apenas acompanhou de fora a vitória do Al-Hilal contra o Al-Shabbab, por 2 a 1. Dias depois, enfim, era hora de ele iniciar o seu trabalho. Cheio de motivação e alegria pelo novo desafio, o técnico havia feito a lição de casa e estudado seus próximos adversários, o Al-Tai FC e o Al-Etiffaq FC, e caso vencesse os dois confrontos, o Al-Hilal se consagraria Campeão.

Diante do Al-Tai FC, do técnico Carlos Roberto de Carvalho, Minelli havia observado que o comandante brasileiro tinha um time bastante organizado, com zagueiros que marcavam duro e que o ponto de desequilíbrio da equipe era um atacante que ficava em cima do zagueiro central e saia ao encontro de seu meio-campo para fugir da marcação. Depois de armar um esquema a fim de neutralizar a estratégia do adversário, contou com seu artilheiro Youssef e com o Saud, que veio do banco de reservas, para vencer uma partida bem disputada, pelo placar de 2 a 1.

Foi o cartão de visitas de Minelli, que estreara com o pé direito. E queria mais.

Poucos dias depois, a decisão seria contra o Al-Etiffaq FC e, outra vez, o treinador dissecou o adversário e descobriu como poderia combatê-lo. Primeiro, atentou-se ao meio-campo Issa Kalifa, responsável pelo toque de bola envolvente e pela criação das jogadas da equipe, e ao centroavante Jamal Mubarah, que se movimentava muito e tinha grande habilidade. Além disso, o time contava com zagueiros muito altos que jogavam firme e tinham uma jogada capital, mas que logo seria destrinchada por Minelli. O número 7 do Etiffaq sempre entrava em diagonal, dando total espaço na ponta para a chegada do lateral ou do número 10 da equipe. Jogada que se repetia algumas vezes ao longo da partida e que gerava boas chances de gol.

Com tudo isso em mente, o comandante, de novo, teve êxito em anular o adversário e viu seu atacante Youssef balançar as redes em duas oportunidades, para garantir o título da Copa da Confederação ao Al-Hilal.

— Essa conquista é mais importante do que a Copa do Mundo Árabe. É uma conquista muito grande, que foi muito festejada. E todos agradeciam ao Professor pelo título – relembra Pernambuco.

Com o seu primeiro caneco saudita na mão, Minelli tinha o plano de ficar um bom tempo por lá, tanto é que, para não sentir a dolorosa saudade da família, como aconteceu em sua passagem pela Seleção da Arábia Saudita, o treinador levou todos. Acompanharam o comandante: sua esposa, seus três filhos, seu genro e sua neta, Stefanne, que comemoraria o seu primeiro aniversário em solo saudita. Aliás, para que eles fossem aceitos e pudessem ingressar no país, todos foram registrados como funcionários do clube. Única maneira possível para que pudessem morar de maneira legal na Arábia Saudita, já que, na época, o país tinha portas fechadas para o turismo.

PAROU NA ALFÂNDEGA

Diferentemente de boa parte do mundo, as normas, regras e leis da Arábia Saudita são extremamente rígidas. Exemplo disso, a proibição do consumo de álcool dentro do país.

Os árabes também são duros e enfáticos com qualquer coisa de cunho sexual. E, nesse sentido, as revistas nos aeroportos feitas pelos policiais são bem sérias e criteriosas.

Mesmo sem nada de ilegal em suas bagagens, na hora que

desembarcaram em Riad, a família Minelli teve bastante trabalho para se livrar das autoridades na alfândega.

Primeiro, Ricardo. Minelli havia pedido para que seu filho lhe trouxesse fitas VHS do Brasil. Eram gravações de jogos de times internacionais para que o treinador pudesse complementar seus estudos. Na hora de passar pela alfândega, todas as fitas foram confiscadas e verificadas a fim de se confirmar o conteúdo.

Sua filha Cecília também passou certo aperto durante as checagens. Com o intuito de se distrair durante as diversas horas de viagem, ela havia levado algumas revistas da época, como *Cruzeiro* e *Manchete*; revistas ao melhor estilo "Caras", as quais, além do conteúdo, mostravam imagens de famosos, alguns com roupas de banho e curtindo as férias. Tais publicações foram vistas pelos árabes como inaceitáveis e, para se livrarem de cada imagem em que aparecia qualquer parte do corpo das pessoas que não estivesse coberta, acabaram por retalhar as revistas, rasgando algumas páginas e riscando com caneta hidrográfica outras, não sobrando quase nenhuma página inteira.

E tais medidas não se restringiam aos aeroportos. Em passeios pelos mercados sauditas, os comerciantes, que negociavam de tudo um pouco, vendiam fitas cassetes de artistas famosos. Porém, todas que tivessem uma imagem um pouco mais artística em suas capas, também eram censuradas nas próprias lojas.

A presença da família Minelli em Riad facilitou as coisas para o treinador. Todos viviam em um duplex no condomínio Al Khozama, sob os cuidados diários de dois filipinos a mando do clube. Enquanto o treinador trabalhava, seus filhos e seu genro se exercitavam no Centro Esportivo do condomínio, faziam academia, natação, sauna e até jogavam *squash*. Sua esposa, ao lado de sua filha, cuidava de sua netinha.

As saídas da família se resumiam a jantares no KFC, Pizza Hut, restaurantes especializados em frutos do mar, comida chinesa, italiana e árabe, ou a idas a mercados ou feiras, verdadeiros *shoppings* fechados e a céu aberto, que vendiam ouro a preço de banana e produtos de todas as partes do mundo.

HORA SAGRADA

A religião é o que existe de mais valioso para os sauditas com relação à sua cultura. Levam as suas rezas muito a sério.

Ao todo, para cumprirem o *"Salat"*, obrigatoriamente necessitam fazer cinco orações por dia. "*Fajr*", um pouco antes do nascer do sol, "*Dhuhr*", quando o sol alcança o ponto mais alto do céu, "*Asr*", à tarde, antes do início do pôr do sol, "*Maghrib*", antes do total pôr do sol e "*Ishaa*", ao anoitecer. Nesses momentos, os muçulmanos viram em direção à Caaba – a casa sagrada construída por Abraão, em Meca –, estendem seus tapetes e se ajoelham para fazerem as preces. O país todo para. O que é extremamente normal e sagrado para os sauditas se transforma em um verdadeiro caos para quem não está acostumado, pois, muitas vezes, eles largam seus carros no meio da rua para rezarem e até trancam suas lojas, independentemente se estão com clientes ou não.

Em uma ocasião, Cecília, filha de Minelli, coberta por um pano de seda preto todas as vezes em que saia de sua residência – conforme as normas do país –, ficou presa em uma loja no centro da cidade, pois, na hora da reza, o dono do local trancou seu estabelecimento e só abriu após terminar sua prece.

Em outra ocasião, dessa vez na rua, viu um de seus irmãos ser surpreendido com uma "paulada" de cedro de um chefe religioso que, de costas, o confundiu com um saudita. Os chefes religiosos andam pela cidade fiscalizando se todos estão cumprindo suas obrigações durante estes momentos.

Pernambuco, que ainda mora em Riad, na Arábia Saudita, conta como foi a adaptação a essa cultura extremamente diferente da nossa.

— Para nos adaptarmos demorou um pouquinho, mas aprendemos a respeitar a filosofia de vida deles.

Ao contrário da primeira vez em que o comandante esteve no Oriente Médio, quando toda a estrutura do país saudita era arcaica, dessa vez diversas das solicitações feitas por Minelli na época já haviam se tornado realidade, e muito pela ajuda de João Paulo Medina, que permaneceu por lá. A grama sintética deu lugar à grama natural; centros de treinamentos foram construídos; equipamentos de musculação mais modernos foram comprados e uniformes e materiais esportivos já eram costume nos clubes.

Mesmo com diversas mudanças, as equipes de Riad não tinham sua própria casa e dividiam o estádio Prince Faisal Bin Fahd Stadium entre Al-Hilal, Al-Nassr e Al-Shabab para fazerem os treinamentos e jogos, assim como Milan e Inter de Milão, da Itália, dividem o San Siro/Giuseppe Meazza. Minelli e o Hilal treinavam com hora marcada, pois as demais equipes, conforme dito, usariam o local. Em algumas oportunidades, o treinador se aproveitava disso e acompanhava sorrateiramente a atividade dos outros times.

Para o restante da temporada, o Al-Hilal do técnico Rubens Minelli, além de realizar alguns amistosos, teria pela frente a Copa da Ásia, a Copa do Rei e o Campeonato Nacional como de costume. Todos disputados simultaneamente. Porém, exclusivamente nesse ano, o clube disputaria mais uma competição.

— Como tínhamos vencido a Copa do Golfo no ano anterior, em 1985, quando o Seu Minelli assumiu, ele teria mais esse campeonato, a Copa dos Campeões Árabes, que foi disputado na Tunísia – relembra Reinaldo Alves.

Com exceção da competição nacional, as demais competições seriam de tiro curto e a expectativa dos príncipes que estavam à frente da equipe era grande.

— Os árabes têm uma noção de que o time deles é imbatível, o melhor do mundo. Acham que o time tem que ganhar tudo. Quando o Seu Minelli voltou para lá, todo mundo ressaltava o trabalho que ele havia feito na Seleção e dizia que ele seria um treinador que faria o Al-Hilal atingir um índice de aproveitamento, em termos de campeonato, muito bom – recorda-se Reinaldo Alves.

Mesmo com um time de qualidade na mão, sem conhecer tanto as demais equipes, Minelli não fazia as tão sonhadas contratações, que seriam fundamentais para que o grupo conseguisse utilizar o seu esquema de jogo preferido. Além disso, o mercado de transferências estava fechado. Sendo assim, nem o dinheiro que o Hilal poderia proporcionar para as contratações pôde ser utilizado, e jogadores brasileiros que seriam grandes adições para o clube saudita não podiam chegar.

— [Num clube] Você trabalha de uma maneira diferente. Sendo treinador da Seleção Nacional tem todos os jogadores da Arábia à sua disposição, as convocações que quiser fazer, faz. E no clube você só pode contratar dois jogadores estrangeiros. Por isso, é diferente – lembra o técnico.

O primeiro revés do treinador aconteceu na Copa dos Campeões Árabes, torneio que envolvia os clubes Campeões tanto da Ásia quanto da África. Apesar de chegar às semifinais da competição, o Hilal foi derrotado pelos iraquianos do Al-Rasheed – que mais tarde se tornariam o Al-Karkh, e acabariam sendo os grandes vencedores. Eles tinham um time com algumas características de que Minelli gostava: eram extremamente competitivos, com jogadores grandes, fortes e com um sistema de marcação bem sólido.

Na sequência, a Copa da Ásia tinha tudo para ser o campeonato de redenção do treinador. Desde o início, o time se mostrou forte. Vitórias de 2 a 0 e 5 a 0 sobre equipes do Iêmen do Norte, destaque para Saud, autor de dois gols em cada confronto. Frente ao Liaoning, da China, e ao Al-Tallaba Club, do Iraque, mais uma vez as ideias de Minelli funcionaram e, com grandes partidas, ambas vencidas por 2 a 1, o Al-Hilal estava próximo ao caneco.

PELÉ NIPÔNICO

O confronto decisivo seria contra o time japonês do Furukawa Eletric Soccer Club, que futuramente se transformaria no JEF United Ichihara Chiba. Tanto sauditas quanto japoneses haviam vencido todas as partidas e quem vencesse o duelo entre eles daria a tão almejada volta olímpica.

Os japoneses estavam escalados com Sato; Kobayashi, Kaneko, Yoshida; Okada, Miyauchi, Yasuhiko Okudera, Maeda; Nagai, Kanno e Echigo. Apesar de Minelli ter estudado e visto qualidade no time japonês, não imaginou que o camisa 3, Yasuhiko Okudera, já acima da idade, fosse fazer o que fez. Foi só a bola rolar que o jogador virou um verdadeiro pesadelo para Minelli e companhia. Aliás, esse jogo faz com que o seu nome seja lembrado até hoje pelo treinador.

Apesar de na época ter voltado ao clube para se aposentar, o jogador construiu uma carreira sólida em clubes da Alemanha (Colônia, Hertha Berlin e Werder Bremen), além de ser o primeiro japonês da história a se tornar um atleta de futebol profissional.

Posto isso, voltemos ao jogo, ou melhor, ao dia de Okudera.

O camisa 3 jogava pela meia esquerda, mas isso não o impediu de, naquele dia, ser onipresente. Saída de bola para o time japonês, Okudera estava lá; jogada pelo lado direito, Okudera estava lá; batendo escanteio, Okudera; dando passe para gol, Okudera; balançando as redes, Okudera. Sim, ele estava em todas as partes do campo. Era responsável por iniciar as jogadas, distribuir a bola, bater faltas, escanteios, armar jogadas e finalizar.

— O Okudera ganhou a partida sozinho. Nesse jogo, esse cara fez milagre – lembra Minelli.

E se engana quem acha que o Hilal fez uma apresentação ruim. No entanto, o time sentiu a decisão e demorou boa parte do duelo para assimilar o golpe e entrar no jogo para valer.

— Eu lembro que ele jogou muita bola e acabou com a gente. Deu um pouco de tremedeira nos nossos jogadores e os caras, quando acordaram, já era tarde demais – afirma Pernambuco.

Final, Furukawa 4 a 3, em dia de Okudera *Arantes do Nascimento*. E Vice-Campeonato para os sauditas.

FIM DA LINHA

Desde que chegou ao clube, Minelli deu seu máximo, queria fazer história e ser lembrado, assim como fora na Seleção Nacional.

Sabia que, para um time com a ambição de ganhar tudo, os resultados não eram os ideais. Também sabia da pressão que sofreria por parte da alta cúpula do clube. Porém, via o time no caminho certo, competitivo em todos os torneios. O que acontecia é que muitas vezes a vitória, que lhe parecia nas mãos, escapava-lhe.

— Logicamente, o time melhor tem que se sobressair, mas infelizmente nem sempre isso acontece dentro do campo. Além do mais, os jogadores sentiam bastante a responsabilidade. Eram profissionais do ramo, mas tinham algumas coisas que aconteciam em torneios curtos e no desenrolar da temporada. Por exemplo, às vezes, num jogo, tem um lance que você não cumpre aquilo que foi determinado, então acaba perdendo o título – garante Reinaldo Alves.

Com isso, os príncipes apostavam todas as suas fichas no Campeonato Nacional e na Copa do Rei. Era óbvio que queriam mais. Essas conquistas dariam uma sobrevida para um técnico gabaritado e experiente como Rubens Minelli seguir no comando.

O ano de 1987 veio e, com ele, uma série de empates para o Al-Hilal, fazendo-o perder a ponta da competição nacional. Não obstante, para o lamento de Minelli, o pior ainda estava por vir, em um clássico diante do Al-Nassr, um verdadeiro Palmeiras *x* Corinthians em Riad. Minelli e seus comandados foram derrotas pelo placar de 1 a 0, em um jogo para lá de polêmico. A coisa, então, degringolou. Começando pela revolta da torcida do Hilal com a derrota, e sobrou até para os filhos do treinador, Rubinho e Ricardo, que estavam nas arquibancadas e acabaram sendo xingados pelos torcedores.

Ao término do confronto, o técnico Rubens Minelli se sentiu bastante prejudicado e soltou o verbo com a arbitragem de Abdalla Nasser.

— Meteu a mão na gente, a mando de algum príncipe... Meteu a mão porque mandaram ele fazer isso. Dei a entrevista, chamei ele de ladrão e saiu no jornal – recorda-se o treinador.

Não bastassem as fortes palavras do brasileiro direcionadas à alta cúpula da Federação Árabe, na Arábia Saudita o roubo é algo que na lei islâmica é punido de maneira radical. Para eles, Alá [Deus] prega que um ladrão/ladra deve ter as mãos amputadas como castigo pelo crime cometido, e caso o roubo envolva um óbito, pode acarretar até em pena de morte ao infrator.

Por conta disso, a situação do treinador extrapolava os gramados e começava a tomar proporções maiores. E junto desse balde de água fria e o término da temporada, vieram o Vice-Campeonato Nacional para o Al-Etiffaq e o revés na Copa do Rei, novamente para o rival Al-Nassr.

A pressão em cima do príncipe, dono do Al-Hilal, para demitir Minelli estava enorme. Para piorar a situação, se é que era possível, um membro da Federação Árabe, que mexia com cartas e vidência, declarou que, enquanto o técnico Rubens Minelli não fosse demitido, o Al-Hilal nunca mais ganharia nada. Com medo de uma maldição tomar o clube, o treinador foi desligado.

Apesar de ter conquistado apenas um título, Minelli teve bons números nesses seis meses de Al-Hilal. Em 46 partidas disputadas, foram 27 vitórias, 12 empates e apenas sete derrotas.

SALVADOR DA PÁTRIA?

— A chegada de Minelli em 1987 foi uma alternativa da diretoria para tentar levar a equipe a uma classificação improvável para a fase final da Copa União daquele ano. No popular, ser o salvador da pátria – definiu o historiador palmeirense, Fernando Galuppo, a chegada do treinador Rubens Minelli ao Palmeiras naquela temporada.

Somando as categorias de base alviverde, que treinou nos anos 1950, seria a quarta passagem dele pelo Parque Antarctica, as outras foram em 1969, na conquista do Robertão, e em 1982, quando atingiu o *recorde* de um treinador à frente do clube no período de fila, 16 meses.

Depois de sua saída do Al-Hilal, o comandante ficou cerca de sete meses de férias com seus amigos e sua família, até que recebeu um telefonema do presidente do Verdão, Nelson Duque.

— Quem é que vai recusar um convite de um clube como o Palmeiras? Quando eu fui convidado, de pronto aceitei. Acertamos as bases e fui trabalhar. Eu acreditava que poderia fazer um trabalho a longo prazo. O Palmeiras atravessava aquela fase de não ser o Campeão há muitos anos, mas foi um desafio que eu resolvi enfrentar – relembra.

Se, para Nelson Duque, o nome de Rubens Minelli impunha respeito em todo o país, para os jogadores, a história era parecida, somada ao fato de que achavam que o comandante poderia elevar o nível da equipe.

— Eu estava subindo da base, em busca de afirmação, e o Minelli era um nome que fez parte da minha infância. Quando o clube contrata um nome como o Minelli, a primeira leitura é que vai ser bom pra gente. Um cara desse nível, vencedor, respeitado, vai nos ensinar bastante. Quando criança, pela TV, nós vimos ele ser Campeão Brasileiro. Ele era um ídolo. E extremamente respeitado. O elenco enxergava isso. Eu enxergava que ele iria me mudar de patamar. Trabalhar com um técnico daquele, com certeza me tornaria um profissional melhor – garante o zagueiro Toninho Cecílio, uma das crias da base da época.

A reestreia do comandante seria "apenas" em um clássico contra o arquirrival Corinthians, abrindo o segundo turno da Copa União. Depois de um jogo parelho e bem aguerrido, houve um empate sem gols no Derbi. E por mais que não tenha sido o resultado ideal, o técnico sabia que o time havia se doado de corpo e alma.

— Para quem trabalhou apenas três dias, essa rapaziada me surpreendeu. Todos fizeram o máximo para realizar o que pedi – afirmou o treinador em entrevista à revista *Placar*, de 2 de novembro de 1987.

Dali até o fim do segundo turno, o Alviverde teve uma campanha de altos e baixos. E o terceiro lugar também nesse turno não foi o suficiente para que a equipe avançasse de fase. O Palmeiras, outra vez, ficara pelo caminho.

O ano de 1988 veio e o verde esperança contagiou a todos, a começar por Minelli que, ao retomar o trabalho desde janeiro, acreditava ser possível fazer o time render mais; os jogadores por terem a oportunidade de escreverem novas histórias; e a diretoria e a torcida por vislumbrarem o fim da seca de títulos.

A primeira providência tomada pelo comandante com a diretoria foi levar seu grupo para uma pré-temporada no Hotel Vacance, em Águas de Lindóia, interior de São Paulo, coincidentemente o mesmo lugar que levou o arquirrival Corinthians em sua passagem pelo clube, há dois anos.

Tanto Minelli quanto seu preparador físico Gilberto Tim achavam a cidade o local ideal para uma preparação, principalmente com os dados levantados de que os jogadores estavam com menos de 50% de suas condições físicas normais. Além de manter o grupo focado e ainda mais unido, as condições climáticas favoreciam, e Rubens Minelli acreditava que 15 dias de trabalho nas montanhas equivaliam a dois meses de trabalho em São Paulo.

O treinador aproveitou para trabalhar o psicológico dos jogadores, tanto dos jovens recém-chegados da base quanto dos mais experientes. Sabia que se estivessem com a cabeça boa, as coisas fluiriam melhor.

— Seu Rubens, na parte psicológica, conversava com a gente, mostrava quais eram os caminhos, e ele foi sempre muito eficiente. Era uma pessoa muito dinâmica. As palavras dele repercutiam de maneira positiva. Ele vivia atento às coisas. E foi uma pessoa muito importante, transmitia o que é jogar no Palmeiras e vestir essa camisa, porque ele já foi vencedor lá – recorda-se o volante Gerson Caçapa.

Além do papo com os atletas, o grupo começou a conhecer um pouco mais o técnico e a sua maneira de trabalhar.

— Ele pedia coisas para nós [em 1988] que se faz hoje [em 2023]. Isso me marcou profundamente. Ele era um líder forte, falava firme; um homem culto, educado, tinha vocabulário. O Minelli era um visionário, sempre incomodado, querendo melhorar o time. E tinha inteligência tática, visão de futuro, coragem de ousar, mudar e fazer coisas novas. Ele já trabalhava em bloco, trabalhava com linha alta na defesa. Tempos atrás, em 1988, foi a primeira vez que ouvi falar nisso. Hoje, a gente escuta alguns jornalistas criticando e dizendo que o treinador brasileiro é atrasado, e eu trabalhei com um cara que fazia isso antes de muita gente da Europa – revela Toninho Cecílio.

Somado a um time que mostrava potencial, Minelli tinha, ao menos internamente, a promessa, por parte do presidente Nelson Duque, de que o clube traria nomes de nível de Seleção para a temporada. Para o comandante, seria um grande acréscimo ao clube, já que a torcida ficaria satisfeita e o grupo mais confiante e qualificado.

A lista montada por Minelli tinha 11 nomes, em sua maioria de atletas mais experientes. No entanto, o tempo foi passando e o mandatário alviverde ignorou os pedidos do técnico, contratando jogadores de pouca expressão e que não foram solicitados pelo comandante.

O treinador, então, sabia que estava sozinho e precisaria se virar com o grupo que tinha em mãos.

SELEÇÃO PAULISTA

Semanas antes do início do Campeonato Paulista, Rubens Minelli, mais uma vez, fora escolhido como técnico da Seleção Paulista. Nessa oportunidade, ele teria três compromissos pela frente: dois jogos diante da Seleção de Goiás e uma partida frente à Seleção Carioca.

Sua convocação tinha nomes como dos goleiros Carlos e Zetti, do zagueiro André Cruz, do volante corintiano Biro-Biro, do meia são-paulino Silas e do atacante Agnaldo, que viria a ser um dos destaques desses amistosos.

Os paulistas venceram os duelos frente aos goianos por 3 a 1 e 1 a 0, e acabaram derrotados pelos cariocas por 1 a 0.

Após os amistosos, o Campeonato Paulista estava prestes a começar e, para o primeiro jogo contra o Mogi Mirim, em casa, o Palmeiras tinha um desfalque importantíssimo, o do seu próprio treinador, Rubens Francisco Minelli. Ele sofrera uma entorse no joelho esquerdo e acabou na mesa de cirurgia.

— Eu comecei a ter os problemas no joelho que eu tenho hoje[3]. Começou a falsear também, e não teve outro jeito, precisei operar. O meu caso foi um problema hereditário de artrite no joelho esquerdo.

E como se não bastasse essa questão de ordem pessoal, no âmbito profissional a situação andava desfavorável para ele, pois sob o comando de João Avelino, seu auxiliar, o Alviverde foi derrotado pelo Mogi Mirim na estreia da competição. E além dos xingamentos rotineiros sofridos, membros da torcida quiseram agredir os jogadores e apedrejaram o ônibus palmeirense na saída do estádio do Pacaembu. Isso tudo ocorreu apenas no primeiro jogo oficial da temporada sob os "ouvidos" de Rubens Minelli que se recuperava da cirurgia e escutava a partida pelo rádio, enquanto tomava o seu anti-inflamatório.

A situação ficava cada vez mais insustentável, nem a sequência de vitórias obtida depois do seu retorno ao clube viria a acalmar os jogadores e a torcida. Em um desses jogos, contra o Juventus, incomodado com a perseguição de alguns torcedores, apesar da vitória, o atacante Mauro teve uma crise de choro no vestiário e desabafou repetidamente: "Eu não sou cabeça de bagre".

O retorno ao Parque Antarctica – estádio que estava de gramado novo e placar eletrônico moderno, após cerca de nove meses em obras – acabou em vitória. Mesmo assim, a cobrança vinda das arquibancadas continuou, quem garante é o lateral-esquerdo, Denys, que viveu intensamente esse período.

— O Palmeiras era pressão todo jogo. Quando descíamos do ônibus no Parque Antarctica já se formava um corredor de torcedores e eles gritavam: "Se o Palmeiras não ganhar, olê, olê, olá... o pau vai quebrar". Então, o Palmeiras, como vinha muitos anos sem ganhar título, sofria pressão. Era direto. Mas o Seu Minelli tinha muita experiência, o Seu Minelli era *top*. Ele conseguia segurar, levar o ambiente bom, mas a gente mesmo sofria com pressão, que era normal.

---

[3] No ano da publicação deste livro (2023), Rubens Minelli estava com 94 anos.

Na verdade, jogar em casa muitas vezes parecia até pior do que fora, pois, diante de tanta pressão, a *bola começava a queimar* no pé dos atletas.

— Eu jogava de lateral-esquerdo e, naquela parte da arquibancada do Parque Antarctica, quando a bola vinha, eu dominava e já tocava. Dominava e tocava. A gente não fazia mais nada de diferente, porque, se errasse, a torcida caía em cima; mas era normal isso. Tínhamos que saber lidar com a situação quando a fase era meio ruim também. Quem joga no Palmeiras, quem joga em time grande, tem que estar acostumado com isso daí – completa Denys.

O treinador Rubens Minelli compartilhava desse sentimento.

— Lá fora, meu time esquece os traumas e as exigências. Aqui, há sempre alguns baderneiros que só vão ao estádio para vaiar. Se dessem apoio, se acreditassem, se confiassem mais, tudo iria melhorar – declarou o comandante ao jornal *A Tribuna*, de 2 de abril de 1988.

FALTOU MIRA

Na partida frente ao Botafogo-SP, pela terceira rodada do Campeonato Paulista, o lateral-esquerdo Denys enfrentou uma situação bastante desconfortável. Nesse dia, o clube fazia uma ação e oferecia bolas de presente aos torcedores. E os jogadores tinham 15 bolas para chutar em direção às arquibancadas. Cansado das pesadas críticas que ele e seus comandados sofriam injustamente por carregarem nas costas a fila de títulos do Palmeiras, o treinador chamou o jovem Denys e lhe deu um conselho. Pediu para que mirasse o chute na direção das numeradas, a fim de acertar os corneteiros alviverdes, a famosa Turma do Amendoim. O problema é que o nervosismo do garoto era tanto que, assim que ele se aproximou das numeradas e os torcedores começaram a lhe xingar, Denys, nervoso, acabou por acertar a boca do túnel com o seu chute.

Diante do XV de Jaú, o Alviverde não conseguiu fazer as pazes com a torcida e novamente ficou no empate, dessa vez, sem gols. Para piorar, após o apito do árbitro, parte da torcida palmeirense voltou-se contra o técnico Rubens Minelli, que foi vaiado e ofendido por alguns. Era um prenúncio de que a era Minelli no Palestra Itália estava chegando ao fim.

E foi enfrentando o Novorizontino, fora de casa, que tudo se confirmara. Palmeiras e Novorizontino faziam um jogo bastante disputado. O Verdão abriu a contagem com Lino, mas acabou tomando a virada. Quase no fim da partida, depois de várias chances desperdiçadas, o Alviverde chegou ao empate. Porém, de nada adiantou, pois o árbitro Almir Laguna anulou o gol.

— Naquele jogo, eu me lembro bem que fizemos o gol de empate, o bandeira deu, depois levou um aperto dos caras que estavam dentro do campo e, então, voltou atrás e anulou o gol – garante Minelli, que enxergou o árbitro intimidado por conta da grande quantidade de pessoas que estavam dentro do gramado e dos fortes maqueiros adversários.

Naquele dia, a paciência do comandante, que já não compactuava mais com o trabalho feito pela diretoria alviverde, chegou ao fim.

— O treinador só é lembrado quando o time perde. Quando ganha, quando o time é Campeão, sempre acham que não foi por causa dele. Houve uma troca de direção do clube e uma troca em que eu não era o favorito daqueles que entraram. Tudo o que eu pedia, não conseguia. Quando nós chegamos em São Paulo, percebi que seria muito difícil de trabalhar com aqueles dirigentes. Então, pedi demissão.

Contando todas as suas passagens pela equipe profissional, Rubens Francisco Minelli comandou o clube em 253 jogos, com 117 vitórias, 87 empates e 49 derrotas. E até a publicação deste livro, é o quinto técnico que mais comandou o Palmeiras em toda a sua história, estando atrás apenas de Oswaldo Brandão (562 jogos), Felipão (484 jogos), Vanderlei Luxemburgo (410 jogos) e Ventura Cambon (305 jogos).

PROPOSTAS E ACERTO COM UM VELHO CONHECIDO

Minelli deixou a equipe paulista no mês de abril e, antes de oficializar qual seria o seu próximo clube, o que aconteceria apenas em dezembro, teve algumas propostas que não se concretizaram, como a da Seleção Boliviana e a da Peruana, principalmente. Ambas para disputar as Eliminatórias para a Copa do Mundo. Todavia, até que se decidisse, ele passou por mais um baque.

FALTOU O ADEUS

Morando em São Paulo a cerca de 400 quilômetros de São José do Rio Preto, onde o restante de sua família residia, Rubens Minelli, todas as vezes que podia, dava um pulo no interior. Durante sua vida de treinador, a distância da família, como já dito, era agravante para as saudades e, em alguns momentos, para a tristeza. E uma dessas viagens, em particular, acabou sendo bastante dolorida.

Enquanto vislumbrava qual seria o seu próximo trabalho e organizava seus afazeres pessoais, foi surpreendido com uma notícia que o abalou. Seu irmão Ruy, que residia a alguns quarteirões do pai, e que diariamente almoçava com ele, começou a perceber que seu José, em determinados momentos, passava mal, não sentia o paladar. Levou-o para realizar alguns exames. Foi constatado que o patriarca da família, que tratava de um possível problema no coração, na verdade, estava com câncer no pulmão (agravado pelo seu vício em cigarros) em estágio bastante avançado. Além disso, o fígado havia começado a falhar, precisando operar o quanto antes.

Logo que soube da notícia, Ruy agilizou tudo, marcou a cirurgia e ligou para Rubens, que foi de prontidão a Rio Preto ver o pai.

Seu José Minelli entrou na sala de cirurgia, mas, infelizmente, não resistiu. Nascido em 1900, faleceu no dia 6 de agosto de 1987, aos 87 anos, antes mesmo de Rubens conseguir chegar à cidade e se despedir dele.

A oferta dos "Incas" surgiu por meio do irmão mais novo do famoso e lendário empresário da década de 1960 e 1970, Marcos Lázaro, que agenciava o "Rei" Roberto Carlos, além de outras estrelas.

José Lázaro, empresário do mundo esportivo, com forte influência na Federação Peruana, indicou Minelli ao presidente da Federação Peruana, que aprovou o nome e iniciou as tratativas. Ambos viajaram para São Paulo e, em um almoço, discutiram as condições e os valores do negócio com o comandante. Rubens Minelli estava inclinado a aceitar e, após acertar as questões salariais, fez uma última solicitação: além do preparador físico João Paulo Medina, gostaria de levar um auxiliar, que seria José Cândido Sotto Mayor, mais conhecido como Candinho.

— O Candinho nem sabia. Eu nem o consultei! – revela o treinador.

Diante dos valores elevados do trio brasileiro – incluindo o valor da comissão do empresário –, a Federação Peruana não concordou com a proposta e o acordo não foi concretizado.

Depois de algumas conversas que não evoluíram, no fim do ano, o técnico Rubens Minelli, enfim, definira o seu futuro. Assumiria o comando do Grêmio, bem no meio de um campeonato em disputa.

O acerto não foi fácil. O diretor Tricolor, Raul Régis, apareceu de surpresa na chácara de Minelli, em Valinhos, e a conversa se estendeu por quatro horas.

— Fiz um contrato de Drácula – brincou o comandante à revista *Placar*, de 9 de dezembro de 1988, já que a conversa iniciou às 20h e terminou à meia-noite.

Apesar de assumir o time no meio de um campeonato, para a sua rápida adaptação, o treinador tinha alguns trunfos. Jogadores que há três anos tinham sido Campeões Gaúchos com ele ainda estavam por lá, casos do goleiro Mazaropi, do zagueiro Luís Eduardo e do meio-campo Bonamigo. Além deles, outros velhos conhecidos de Minelli faziam parte do grupo, como os atletas Jorginho Putinatti, que atuara sob seu comando em 1982, no Palmeiras, e Cristóvão Borges, que trabalhou com ele no Corinthians de 1986. Boa parte da base do time, portanto, já era conhecida do técnico e ajustar o restante da equipe seria apenas questão de tempo.

Algo que precisou ser modificado desde a sua última passagem foi o modo de jogar do Tricolor, pois as características dos jogadores eram um tanto diferentes.

— O Campeão Gaúcho de 1985 era um time com jogadores que desequilibravam. Tínhamos um time de um conjunto muito forte, um time muito organizado, competitivo, vertical, onde o Renato Portaluppi era o ponteiro da direita e o Valdo vinha surgindo nas categorias de base com um grande destaque. Tínhamos uma força ofensiva muito boa, bem treinada. Jogávamos com as linhas muito próximas. Era um time bastante agressivo. Minelli gostava de ter uma equipe equilibrada, que ficava com a bola, propunha o jogo, dominava o adversário e pressionava em busca do gol o tempo todo. Aquela era uma equipe que dificilmente baixava linhas. E a equipe de 1988 era uma equipe mais técnica, que gostava de ficar ainda mais com a bola; uma outra ideia de jogo implantada pelo Minelli, de usar e valorizar a bola. Era a característica daquele time. Tínhamos eu, o Cristóvão, volantes muito técnicos. Era o Jorginho que fazia a função do Valdo, aquele falso extrema [ponta]; o Cuca no meio, que tinha intensidade de jogo. Então, nós tínhamos um meio-campo excelente e, normalmente, éramos dominantes em relação ao adversário. Eram duas equipes de grande qualidade, muito bem treinadas – compara Bonamigo.

Outra mudança ocorreria em sua comissão técnica. Acostumado a levar Gilberto Tim e João Paulo Medina, seus braços direitos e preparadores físicos da maioria dos times para onde ia, dessa vez Rubens Minelli teria como companheiro no banco de reservas um jovem e muito competente preparador físico, que se entrosaria rapidamente com o treinador e viria a fazer história dentro do futebol. Trata-se de Carlinhos Neves, que agradou rapidamente Minelli pela pessoa simples e profissional que é, além de utilizar em seu trabalho ensinamentos dos dois amigos e parceiros de futebol do comandante.

— Eu fui com o Otacílio para o Grêmio. Ganhamos o Estadual. Na época, o time era chamado de Grêmio *Show*. Mas o Brasileiro terminava no outro ano e veio o Seu Rubens. Foi imediato nosso entrosamento. Ele era mais jovem do que eu sou hoje[4]. Na preparação, minhas referências eram Gilberto Tim, na parte de metodologia e que ainda se

[4] Ano desta declaração 2022.

pratica; e Medina, na questão de comportamento, parte filosófica. Eu sou parecido com o Medina do ponto de vista filosófico e, em metodologia, me pareço com o Tim. Eles me passaram artigos, indicações de leitura e valiosas informação em estágios. Isso facilitou muito a nossa convivência – relembra o preparador físico Carlinhos Neves.

Depois de um ótimo primeiro turno, quando o Grêmio ficou com a segunda colocação do seu grupo no Campeonato Brasileiro/Copa União, no segundo turno, o time estava com uma campanha bastante irregular. Foi nesse cenário que Rubens Minelli assumiu. E apesar de ter tido apenas quatro rodadas para o término da segunda fase, diante da ótima campanha do primeiro turno, o Tricolor estava classificado para a próxima fase.

Uma peculiaridade dessa competição era que as partidas que terminassem em igualdade nessa primeira fase, ambas as equipes somavam um ponto, referente ao empate, e disputavam mais um ponto extra na cobrança de pênalti.

Nesses quatro jogos restantes, o clube conquistou uma vitória, uma derrota e dois empates, em que um terminou com final feliz, vitória nas penalidades, e o outro com final triste, derrota nos pênaltis.

Nas quartas de final, o adversário seria o poderoso Flamengo, em dois jogos. Promessa de uma partida complicadíssima para o Grêmio, já que o Rubro-Negro tinha em sua equipe craques como Zico, Bebeto, Leonardo, Zinho, Aldair e Jorginho, sem contar o experiente treinador Telê Santana.

Por conta do calendário apertado, a competição só retornaria no ano de 1989. Minelli conhecia bem essa condição, pois na sua última conquista do Campeonato Brasileiro, com o São Paulo, em 1977, a situação foi a mesma. E o grande diferencial daquele time na fase final foi a parte física, fundamental para que o Tricolor paulista chegasse ao título. Dessa vez, o treinador repetira a estratégia e, além de solicitar que os jogadores mantivessem o foco – não ficassem parados nas férias –, antecipou o retorno para que a preparação física da equipe gaúcha ficasse à frente das demais agremiações.

No primeiro confronto no estádio Olímpico, a equipe se lançou para cima dos cariocas e teve diversas chances de gol, todas defendidas pelo goleiro Zé Carlos ou cortadas pelo zagueiro Aldair. As oportunidades em que o ataque levava a melhor, Cuca, principal jogador Tricolor na partida, não conseguiu transformar em gol. Final 0 a 0.

Em relação à classificação, os números jogavam contra o Grêmio. Agora, o Flamengo tinha a vantagem do empate a seu favor, caso o jogo e a prorrogação terminassem em igualdade. Outro agravante: o Tricolor não vencia um duelo frente aos cariocas no estádio do Maracanã desde 1973. Mesmo sabendo de tudo isso, somado à certeza de que enfrentaria uma torcida adversária bastante numerosa, Minelli não queria que seus jogadores pensassem nas adversidades e pregou total confiança para o confronto de volta.

— Vamos para o tudo ou nada. No jogo de sábado, o Flamengo jogou fechado e dificultou nossa vida. Além disso, nossos atacantes não foram felizes nas conclusões. Espero que, no Maracanã, a sorte nos ajude – afirmou o treinador em entrevista ao jornal *Correio Braziliense*, de 30 de janeiro de 1989.

Alguns dos jogadores que ainda permaneciam no Tricolor desde 1982, ocasião em que o Flamengo venceu o Grêmio na final do Campeonato Brasileiro – caso de Bonamigo –, estavam engasgados com os cariocas e queriam revanche.

Na partida de volta, fora de casa, o Tricolor utilizou a mesma estratégia, já que precisava vencer para se garantir na semifinal. E a jogada do gol saiu momentos depois de uma sacada de Minelli. Ele colocou Bonamigo para ser a sombra de Zico. Com isso, liberou o lateral Alfinete e as jogadas pelo lado direito ficaram ainda mais frequentes. Em uma delas, depois de Cuca recuperar a bola no meio-campo e ela encontrar Alfinete no flanco direito, o lateral avançou e, em um cruzamento perfeito, achou Cuca que, dentro da área, cabeceou firme para finalmente achar o caminho das redes nessas quartas de final e colocar o Tricolor na próxima fase do Campeonato Brasileiro.

E o adversário na semifinal da competição seria o seu arquirrival Internacional.

GRENAL DO SÉCULO

A semifinal do Brasileirão ultrapassaria as barreiras de Porto Alegre e pintaria o país inteiro de vermelho e azul, transformando definitivamente o confronto em uma verdadeira final de Campeonato Gaúcho. A disputa que levaria um dos dois principais clubes do Rio Grande do Sul à decisão do Campeonato Nacional, sem dúvida, era a mais importante da história de Grêmio e Internacional, por tudo o que estava em jogo. Era a partida mais esperada da competição, já que o outro finalista sairia do duelo entre Bahia e Fluminense.

De um lado, estava o Grêmio, com uma invencibilidade de 12 jogos em Grenais. Do outro, o Internacional, equipe que fez a segunda melhor campanha em todo o campeonato e que tinha a vantagem caso o empate permanecesse até o fim da prorrogação.

Para o primeiro embate entre as equipes, que seria disputado no estádio Olímpico, cerca de 80 mil pessoas eram esperadas para empurrarem seus times para a grande decisão.

O técnico Rubens Minelli tinha desfalques no setor ofensivo para o jogo de ida, o principal deles era a ausência de Cuca, que tomara o terceiro cartão amarelo diante do Flamengo. Não bastasse a ausência de um dos principais jogadores do time, o ponta Jorge Veras se recuperava de lesão e era dúvida. Fato que não foi encarado como um problema para o comandante.

— Nós vamos jogar com a determinação de sempre, tentando as jogadas de contragolpe. O Inter que se cuide, pois nós queremos ir às finais e garantir a vaga para a Libertadores da América – disse Minelli ao jornal *Correio Braziliense*, de 9 de fevereiro de 1989.

Com o apito do árbitro, a "guerra", enfim, começou. Colorados e Tricolores, como de costume, batalharam por mais uma vitória. Do início ao fim, dividiram cada bola, alternaram-se em chances de gol e tiveram nos goleiros Mazaropi e Taffarel os grandes responsáveis pelo 0 a 0.

E o Grenal de número 297, independente do resultado, tomara uma dimensão gigantesca. Além de uma vaga na decisão do Campeonato Brasileiro de 1988, quem vencesse o confronto também estaria classificado para a Libertadores da América.

E toda essa comoção e relevância do confronto fizeram com que o jornalista Lauro Quadros criasse a expressão "Grenal do século" para representar a partida de maneira grandiosa.

Foram dias regados de tensão, foco e muito trabalho de ambos os lados.

De olho no duelo decisivo, o técnico Rubens Minelli já começava a esboçar sua equipe e acreditava num desfecho positivo para o Tricolor.

— Foi bom [o empate], pois agora teremos a volta do Cuca e do [Jorge] Veras, recompondo o time que ganhou no Maracanã. E com boas chances de vencer no Beira-Rio – afirmou o comandante tricolor ao jornal *O Pioneiro*, de 11 de fevereiro de 1989.

Do outro lado, o treinador Abel Braga pregava respeito, mas não se intimidava.

— Nós vamos atacar. Deu para ver que o Grêmio é um bom time, mas não mete medo. Nos minutos finais, nós fomos para cima e tivemos boas chances de vencer – garantiu o técnico colorado ao jornal *O Pioneiro*, de 11 de fevereiro de 1989.

A partida, que já havia ganhado uma alcunha histórica, ficou marcada na memória de todo brasileiro, seja ele colorado, tricolor ou torcedor de qualquer outra equipe. Um jogo com dois panoramas completamente diferentes durante os 90 minutos. Um embate de reviravoltas e muitas surpresas. Muito feliz para uns, muito triste para outros, mas inesquecível para todos.

Minelli escalou o Grêmio com Mazaropi; Alfinete, Trasante, Luís Eduardo, Airton; Bonamigo, Cristóvão, Cuca; Jorginho, Marcos Vinícius e Jorge Veras.

Eram duas equipes com estilos de jogo bastante distintos. Enquanto o Grêmio de Minelli tinha um meio-campo de marcação forte e de chegada na frente, com jogadores muito técnicos, que gostavam de tocar a bola; o Internacional de Abel Braga era um time rápido, principalmente pelas pontas. E agressivo.

Dentro de campo, cada característica ficara evidente. De um lado, Cuca, Cristóvão, Bonamigo e Jorginho se movimentavam muito e eram responsáveis pela criação das jogadas tricolores. Do outro, os velozes Maurício e Edu Lima eram dor de cabeça certa para a defesa gremista. A pesada marcação de ambos os lados fez com que os arremetes de longa distância e as bolas paradas fossem os grandes escapes dos times durante boa parte da primeira etapa. Porém, o jogo começara a tomar novos ares aos 26 minutos do primeiro tempo, quando o lateral-esquerdo Airton lançou o atacante Marcos Vinícius, que ganhou na corrida do zagueiro e, com a perna esquerda, de primeira, marcou, colocando o Tricolor em vantagem na semifinal.

O Colorado sentiu o baque, tentou reagir, mas parava em Mazaropi.

Pouco tempo depois, o lateral-esquerdo do Inter, Casemiro, seria expulso e transformaria completamente a partida.

— Eu ter sido expulso me marcou muito. Foi um momento bem difícil e complicado – recorda-se o jogador.

Foi aí que o Grêmio resolveu atacar ainda mais e deixou o seu arquirrival acuado. Com Bonamigo, mandou a bola na trave; Cuca também deu aquele frio na espinha dos colorados. Era jogo de um time só.

— A gente fez 1 a 0 e o Casemiro foi expulso. Nesse momento, mesmo equilibrado, sabíamos que éramos superiores. Isso tem um impacto negativo para eles e positivo para nós. Continuamos dominando o jogo e, então, termina o primeiro tempo 1 a 0. Tivemos chances de aumentar o placar e erramos – lamenta Cristóvão.

— Sabemos que um Grenal, independente da fase que cada um está, nunca é fácil. Mas esse Grenal... A história do próprio jogo foi transformando a partida, deixando fácil, porque nós jogamos muito bem o primeiro tempo e ficamos com um jogador a mais – completa Bonamigo.

Veio o intervalo. E que intervalo...

VESTIÁRIO GREMISTA

Time jogando bem, 1 a 0 no placar, um jogador a mais, eliminando fora de casa o arquirrival, Grêmio se classificando para a grande decisão. Motivos e mais motivos que, para muitos treinadores e jogadores, deveriam ser comemorados, mas não para o técnico Rubens Minelli, que sempre prezava pela excelência e respeito ao adversário e, num jogo daquele tamanho, vislumbrou que cada ação e, principalmente, cada gol, eram de suma importância.

Logo que entrou no vestiário, viu um enorme clima de festa de todos os lados. Membros da diretoria empolgados, estavam querendo comemorar a vitória. Grande parte dos atletas também estava contagiada pelas circunstâncias do jogo, pela vantagem e pela partida que fazia. No entanto, na cabeça de Minelli, tudo era diferente. Primeiro, o treinador começou "limpando" o vestiário, tirando todos que não faziam parte da comissão técnica e do grupo de jogadores e, na sequência, tratou de jogar um balde de água fria em seus comandados, fazendo-os colocar novamente os pés no chão.

— Eu disse para os jogadores o seguinte: "Se o Internacional estivesse ganhando de 1 a 0 ele teria feito três ou quatro gols". E nós estávamos trabalhando demais a bola em vez de chutar e procurar mais o gol – esbravejou o treinador.

A bronca não saiu da memória dos jogadores mesmo tantos anos depois.

— Sentíamos que estava na mão [a vitória]. E, no vestiário, o Seu Rubens começou a falar. Ele deu uma dura. Estava muito puto, porque ele achava que a gente deveria ter aproveitado as chances de gol para ganharmos por um placar melhor. E ele estava certo. Mas a dura foi muito forte e eu fiquei meio surpreso – conta Cristóvão.

— Ele, conhecendo o futebol mais do que ninguém, extremamente irritado, nos cobrava que o jogo não estava decidido, que tínhamos que respeitar o adversário. Que era necessário melhorar a postura em relação ao primeiro tempo. Não manter, e sim melhorar. Eu não esqueço aquela orientação de vestiário – relembra Bonamigo.

Tal cobrança feita pelo treinador repercutiu de maneiras diferentes no íntimo de cada atleta.

— Na cobrança do Professor, acho que ele exagerou. Talvez, no sentido de nos alertar que deveríamos matar o jogo, houve a cobrança. Veja bem, nós estávamos ganhando de 1 a 0, com um jogador a mais, duas bolas na trave, tínhamos o controle do jogo, éramos "o senhor do jogo" – revela Alfinete.

Discurso endossado por Cristóvão.

— Concordo com o Alfinete, porque na nossa volta [ao campo], estávamos completamente apáticos. É questão de sentimento pessoal, interpretação de cada um. Um time que estava vibrante e dominante tinha deixado de ser, e aceitamos o crescimento do adversário, mesmo eles com um jogador a menos.

Enquanto para uns Minelli abusou do discurso e das palavras fortes, para outros tudo foi muito bem assimilado.

— Ele alertou que estávamos perdendo gols e que tínhamos que matar o jogo, não abalou de forma alguma nada. Ele fez o que eu faço hoje com os meus jogadores, que é alertar e encurtar a rédea para mostrar que tem que matar. E clássico é isso – garante Cuca.

E assim como ele, o meia Jorginho e o zagueiro Luís Eduardo pensam igual ao comandante.

— Acho que o Professor Minelli cobrou uma coisa que era normal, muita chance de gol perdida... Poderíamos ter definido o jogo no primeiro tempo com a nossa superioridade, o time jogando super bem – afirma Luís Eduardo.

— Para mim, não interferiu, porque, no segundo tempo, perdemos gols também – garante Jorginho.

E essa confusão de emoções no vestiário gremista, como afirmou Cristóvão, teria muita influência no retorno da equipe para o segundo tempo da partida.

Enquanto isso, do outro lado...

VESTIÁRIO COLORADO

Alegria do lado gremista, tristeza do lado colorado. Os jogadores do Internacional retornaram ao vestiário bastante abatidos após um primeiro tempo em desvantagem numérica e no placar.

Mas isso era questão de tempo.

O folclore também faz parte do futebol, aparecendo nos momentos mais lúdicos e inesperados, a fim de modificar uma narrativa. E foi justamente de uma dessas histórias inventadas que o cenário daquela semifinal começara a mudar.

Durante o intervalo do duelo, chegou aos ouvidos dos colorados que, no vestiário do seu arquirrival, os gremistas já estavam tomando *champagne*, festejando a vitória e o passaporte para a final do campeonato. Esperto, o técnico Abel Braga tratou de pilhar seus jogadores com essa "informação" e conseguiu reverter aquele sentimento de derrota antes presente. Somado a isso, trouxe-lhes a confiança de volta e fez uma substituição que, simbolicamente, mudaria a história da partida.

— Esse jogo foi muito louco. Para mim, não tem outra definição. O jogo no Olímpico foi bem igual. Eu achei até que estivemos um pouquinho melhor no primeiro jogo, que foi 0 a 0. Nesse segundo jogo, o Grêmio começou de uma maneira inacreditável. O que o Grêmio jogou no primeiro tempo foi incrível, porque, da maneira que fez 1 a 0, poderia ter feito o segundo e o terceiro. E foi aí que eles deixaram escapar. Meu lateral-esquerdo, o Casemiro, foi expulso. E eu fiz uma loucura. Cheguei no vestiário chutando tudo. Falei assim para os caras: "Nós vamos tomar uma goleada. Se vocês acham que dá para mudar, eu vou fazer uma substituição. E se acham que não dá, vou fazer outra". Tipo, vou ficar atrás; vou fechar para não ser humilhado aqui, pois o primeiro tempo tinha sido avassalador. Então, os jogadores começaram a levantar e falar: "Acreditamos! Acreditamos!". Daí, eu tirei um volante e coloquei mais um atacante. Quer dizer, o negócio foi bem louco, meio surreal. Veio a virada. Nós fomos muito firmes no segundo tempo e, ainda que estivéssemos com um jogador a menos, não demos mais chances. E da mesma forma que fomos envolvidos no 11 contra 11 no primeiro tempo, conseguimos envolver no 10 contra 11 no segundo. O futebol é isso. Sempre foi assim, continua sendo assim e não vai mudar nunca – revelou o técnico Abel Braga.

Casemiro, um dos responsáveis por essa superioridade Tricolor nos primeiros 45 minutos – depois foi expulso –, garante que o discurso de Abel Braga no intervalo tratou de transformar toda a equipe para a segunda parte do jogo.

— O Internacional, com um jogador a menos, voltou a se motivar, se recondicionou, se reagrupou no intervalo e teve a condição de, no segundo tempo, suprir o meu desfalque com todo mundo dando um pouco a mais.

Com o entendimento do seu grupo de que o segundo tempo poderia ser diferente, o técnico Abel Braga, mesmo com um jogador a menos, tirou o volante Leomir e colocou o atacante Diego Aguirre na partida. Além disso, reposicionou Norberto no meio-campo colorado e deixou Edu Lima como o responsável por todo o flanco esquerdo, tanto defensiva quanto ofensivamente.

No retorno do intervalo, as coisas mudariam de figura. Antes de tudo isso, porém, o meia Cuca teve uma última chance, oportunidade de ouro para matar o jogo. Em uma jogada praticamente igual à do gol que classificou o Grêmio para as semifinais na partida contra o Flamengo, Alfinete chegou à linha de fundo pelo lado direito e cruzou na medida para Cuca que, dessa vez, cabeceou para fora, sobre o gol de Taffarel. Daí em diante, o Colorado cresceu e passou a mostrar que estava mais vivo do que nunca e que, apesar do desfalque de Casemiro, poderia empatar e, quem sabe, virar a partida.

Começou a ficar mais tempo no campo de ataque, mais tempo com a posse de bola. Passou a incomodar mais a defesa tricolor, mandar bola no travessão. Como sabemos, a insistência e a dedicação, na maioria das vezes, são premiadas com o sucesso.

— Eles voltaram bem demais no jogo, muito motivados. Se desdobraram porque estavam atrás e com um a menos, e o jogo ficou equilibrado. A partida era no Beira-Rio. Estava lotado. Eles empataram e a torcida veio junto. E nós não acertávamos mais nada! Nosso jogo desencaixou. Eles melhoraram. No final, foram lá e viraram – resume Cristóvão.

Os gols da virada que colocaram o Internacional na final do Campeonato Brasileiro diante do Bahia foram marcados pelo centroavante Nilson. O primeiro, em uma bela testada depois da falta cobrada por Edu Lima. E o segundo, após completar para o gol a bela jogada de Maurício.

Festa do lado vermelho do Rio Grande do Sul.

Já para Minelli e todo o lado azul de Porto Alegre, o clima era de decepção e tristeza.

— Foi uma pena. Acho que eu perderia mais Grenais, mas não gostaria de ter perdido aquele – conta Luís Eduardo.

— Nosso time era muito bom. Era para ser Campeão Brasileiro. O Inter, que era um time ruim, ganhou de nós. Depois daquele jogo, comecei a achar que era eu o pé-frio – afirma Jorginho, que passou maus bocados antes no Palmeiras.

O revés, aliás, transformou-se em uma cicatriz que jamais será curada pelos gremistas.

— A eliminação no Grenal, chamado de Grenal do século, foi doída. Fiquei realmente muito chateado. Afinal, perdemos para nós mesmos – garante Mazaropi.

— Essa é a derrota mais dolorosa da minha carreira, porque tem a derrota esportiva, que é o jogo que você não ganha; e tem a frustração, que é imensurável. Nesse campeonato, o nosso time era o melhor. Até essa partida, eu havia jogado nove Grenais e nunca tinha perdido, isso em dois anos de clube. E nosso time era muito bom, bom pra cacete. Era o melhor! Eu fui para casa com a minha mulher. Parecia um sonho... Ou melhor: um pesadelo que não ia passar. Isso é muito marcante. Foi a maior pancada que já levei – desabafa Cristóvão.

A frustração era gigantesca, tanto para os atletas quanto para a comissão.

— Fomos [eu e Seu Minelli] para a minha casa, que havia alugado do Otacílio [Gonçalves], e tomamos um litro de *whisky*. Foi muito duro. Fiquei desnorteado porque eu era muito jovem. Os deuses do futebol, às vezes, estão do outro lado – revela Carlinhos Neves.

Para Minelli, o buraco foi mais embaixo. E o tropeço lhe colocou um fim em mais um sonho.

— Ficou a mágoa. Eu poderia ter sido Campeão Brasileiro mais uma vez, mas o título me fugiu com aquela derrota para o Inter.

Depois da eliminação, as causas e os culpados pelo tropeço começaram a aparecer. Entre os principais motivos, estava o excesso de confiança do Grêmio, que numa posição bastante favorável, deixou a vitória escapar; a falta de pontaria dos jogadores, que perderam muitas oportunidades durante o jogo; e a bronca dada pelo treinador Rubens Minelli em seus jogadores no intervalo da partida, vista por alguns atletas – caso do Alfinete – como a razão da mudança de atitude do time na segunda etapa.

Enquanto o meia Cuca tratou de isentar o comandante de qualquer culpa, Minelli optou por rebater o pensamento do seu lateral-direito.

— Ele não teve culpa. A culpa foi totalmente nossa [dos jogadores]. Fomos dispersos. E se tivéssemos feito os gols, teríamos ganho – analisa Cuca.

— É uma opinião do Alfinete, que tem que ser respeitada. Mas os gols saíram pelo lado dele – rechaçou o treinador, recordando-se que o lateral fez a falta que originou o primeiro gol do Internacional e que marcava Nilson quando o centroavante anotou o gol da virada.

*****

Sem se recuperar totalmente do baque da derrota no Grenal do século, o Grêmio teria o Campeonato Gaúcho para jogar.

Visivelmente abatida, a equipe demorou para se recuperar, e o time que tempos atrás encantava perdera o brilho. Diante de alguns revezes inesperados e uma campanha regular na competição estadual, Minelli deixara o comando do time após disputar apenas 12 confrontos.

O mais curioso é que o Tricolor precisava somente de um chacoalhão para voltar a ser o time que a torcida estava acostumada. Um conhecido de Minelli, o ex-lateral-direito do seu Internacional Multicampeão da década de 1970, Cláudio Duarte, assumiria a equipe e levaria o clube para mais uma conquista.

Apesar de o comandante ter saído bem antes do título, os jogadores acreditam que ele tenha a sua contribuição também.

— Claro que ele tem uma parcela no título. Quando ele entrou [em 1988], a gente tinha uma identidade e ele só acrescentou, só potencializou... Sem a menor dúvida – afirma Cristóvão.

— Ele teve contribuição, porque, no Brasileiro, tínhamos o melhor futebol, mesmo eliminado. E no Gaúcho também. As coisas já tinham essa marca, e isso fica. Nos primeiros revezes que a equipe teve no Estadual acabou trocando o treinador. Parte do grupo foi até a diretoria pedir para manter o Minelli, mas ele já tinha partido para outra situação – garante Cuca.

A situação em questão era um convite inusitado que recebera. Uma surpresa para Minelli, que vislumbrou uma possibilidade de escrever uma nova história.

ÚNICO NETO

Após sua saída do Grêmio, o treinador ganharia mais um jogador para o seu time da vida: seu primeiro neto, Brunno, esse que vos escreve, que nascera na cidade de São Paulo.

Foi uma fase de muitas novidades para Minelli, que queria estar o máximo de tempo possível junto do recém-nascido. Todavia, ao mesmo tempo, ele tinha uma nova equipe para comandar em outro estado.

A distância era grande, mas, todas as vezes que podia, ia para São Paulo a fim de curtir o mais novo membro da família e passar-lhe esse amor pelo futebol e pela pesca.

O CLÁSSICO DOS CLÁSSICOS

Desde o início de sua carreira de técnico profissional, Rubens Minelli foi acostumado a encarar grandes rivalidades. Jogos importantes e decisivos. Só para lembrar alguns, ele começou disputando clássicos no interior paulista como América-SP *x* Rio Preto, em São José do Rio Preto; e o Come-Fogo, entre Comercial *x* Botafogo-SP. Na capital, foram vários. Destaque para o Derbi entre Palmeiras *x* Corinthians e o SanSão, entre São Paulo *x* Santos. No Nordeste, no comando do Sport, rivalizou com Náutico e Santa Cruz. Em Belo Horizonte, disputou um Atlético-MG *x* Cruzeiro. No entanto, os embates e as rivalidades que mais marcaram a carreira do comandante, sem dúvida, foram os Grenais, no Rio Grande do Sul, disputados entre Internacional *x* Grêmio.

A cidade de Porto Alegre é dividida praticamente em duas partes. A colorada, o lado vermelho, e a parte tricolor, o lado azul. Talvez seja a maior rivalidade do país, tal o grau de fanatismo de seus torcedores, e rejeição e "desprezo" pelo outro lado.

Cada partida entre as equipes é uma verdadeira guerra entre rivais que se odeiam e que têm aversão até à cor do adversário, mas que dependem um do outro para contar sua vitoriosa história e suas conquistas. É esse grau extremo de rivalidade que fazia com que o Grenal fosse tão interessante.

Do lado azul, não se vestia vermelho, não se pronunciava o nome do rival e muito menos o elogiava. Do outro lado, a mesma coisa, até o *azulejo* dava lugar ao *vermelhejo*.

— O Grenal é um dos maiores clássico do mundo pela polarização das torcidas. Ou é vermelho, ou azul, não tem outra opção. Isso faz com que a cidade e o estado inteiro se mobilizem para cada Grenal, jogado por dois times de relevância mundial – afirma o histórico ídolo colorado, Figueroa.

E o conceito dessa enorme rivalidade é pintada aos jovens "guris" desde as categorias de base dos times. Aliás, muitas vezes, antes mesmo de se tornarem atletas do clube, em suas casas, seus pais já faziam o serviço de instigarem tal conflito e desapreço para com os adversários colorados/tricolores.

— Eu adorava jogar clássicos. Joguei 25 e perdi dois. Eu aprendi, desde a base, quando tínhamos um presidente chamado Hélio Dourado. Ele falava: "Quem não ganhar Grenal não pode subir para o profissional". Eu fui Tricampeão Gaúcho, ganhei todos os anos. Mentalmente, no Grenal, você tem que ser muito forte. O carimbo do sucesso aqui no Rio Grande do Sul é vencer Grenais. Eu não dava a menor chance para nenhum centroavante do Inter – relembra o zagueiro gremista Baidek.

— Vindo da base, você fica com a mesma visão do torcedor. Então, seu compromisso de vencer passa a ser maior – revela Batista.

— Por ter iniciado na base do Grêmio, nas categorias mirins, em 1977, aprendi que um dos jogos mais importantes para um atleta e comissão técnica era o Grenal. Era e é o grande jogo para se jogar. Fica marcado na cabeça de quem joga e de quem torce. É um momento inesquecível, tanto que é registrado pela imprensa – conta o lateral-direito do Tricolor, Raul.

E as semanas e dias que antecedem o Grenal são bastante movimentadas. Cobertura da imprensa durante todo o dia, ou quase, com a criação de teorias e de chutes a respeito de esquemas e escalações.

No geral, a preparação para tal clássico não é diferente para a comissão técnica e para os jogadores. Fazem os mesmos trabalhos físicos e técnicos. No entanto, quando o assunto parte para a questão psicológica, aí a conversa muda. Praticamente em sua totalidade, os atletas, principalmente os de origem gaúcha, vivem essa atmosfera da melhor maneira possível e tratam o confronto como o divisor de águas de um campeonato. Como uma decisão, em que não é preciso de motivação extra para se chegar à vitória.

— Grenal é um jogo sagrado. Um jogo que vamos dormir e treinar preparando uma jogada para fazer quando for a hora. Eu sempre falei que, para mim, jogar um Grenal era melhor do que atuar numa partida pela Seleção Brasileira, porque é o jogo que divide um estado em vermelho e azul. Eu sempre gostei de jogar Grenal. Me preparava para ganhar. É um jogo que consagra jogador – garante o colorado Valdomiro.

O tricolor China também compartilha dessa opinião e vai mais além, ao expor o sentimento do jogador em caso de derrota.

— Grenal era um típico jogo que não precisava de preparador físico. A gente se motivava muito. Sabia da grande rivalidade, principalmente pelo trauma da derrota. A derrota deixava a gente muito abatido. Tínhamos vergonha de sair na rua. Eu demorava uns dois ou três dias para me recuperar até o próximo jogo. Era muito difícil perder um Grenal, por isso havia essa entrega toda.

Conforme já dito, Rubens Francisco Minelli, ao chegar ao Internacional em 1974, deu continuidade a uma sequência de vitórias no clássico e fez com que o Grêmio continuasse a ter pesadelos com o arquirrival.

— Freguês é um termo pejorativo. Nos Campeonatos Gaúchos em si, o Grêmio sofreu bastante – recorda-se Batista.

Pelo tempo maior que esteve no Colorado – foram três anos consecutivos (1974; 1975; 1976), só para lembrar –, os números são mais expressivos. No comando da equipe do Beira-Rio, dos craques Figueroa, Falcão, Valdomiro e companhia, o treinador participou de 16 clássicos, conquistando 11 vitórias, três empates e apenas duas derrotas.

Mesmo depois de aceitar o convite para treinar o Grêmio, o respeito e a admiração na grande maioria dos torcedores do Inter, ao longo dos anos, falaram mais alto e não apagaram suas conquistas.

— Sempre fica um gostinho amargo ver um ídolo no rival. Mas a importância dos feitos do Minelli no Colorado foi muito superior ao que ele conquistou no Grêmio, não arranham a sua imagem diante da torcida. Ela continua tendo um grande carinho por ele – revela o historiador colorado, Raul Pons.

Quem de fato não aprovou essa troca de times em Porto Alegre foi o amigo, jornalista e colorado, Telmo Zanini, que preferiria esquecer o fato.

— Eu gostava tanto dele e o achava tão colorado que preferia apagar um pouco a sua passagem pelo Grêmio. Não gostei da ida dele. Os mais antigos da minha geração não gostaram naquela época, mas no futebol e na vida tudo passa. Ele não perdeu a idolatria, o tempo apaga tudo.

Ainda que Minelli tenha chegado pela primeira vez ao Grêmio, em 1985, quando o clube estava em grande fase continental e até mundial, regionalmente tinha grandes dificuldades de vencer o seu rival. O comandante e sua comissão, como sabemos, trataram de reverter essa situação.

— Grenal para nós aqui é típico. É um jogo peculiar e que envolve duas camisas muito pesadas. Quando eu comecei como titular do Grêmio, já vinha uma força muito grande, pois o Inter estava conquistando muitos títulos. Então, quando o Professor Minelli chegou, com o Professor Gilberto Tim, toda a maneira de se trabalhar, todo o preparo para esse jogo [Grenal] mudou. E foi muito bom, porque a gente aprendeu a como disputar um Grenal – aponta o zagueiro Luís Eduardo.

Foi graças a essa mudança de mentalidade da equipe que o técnico Rubens Minelli, em sua primeira passagem pelo Grêmio, levou o time à conquista do Campeonato Gaúcho em cima do Internacional.

Apesar de ser um dos grandes vencedores desse disputado clássico, em sua segunda passagem pelo Tricolor, foi derrotado no mais importante deles, o Grenal do século, conforme descrito no capítulo anterior.

Comandando o Tricolor em suas duas passagens, disputou sete Grenais, venceu o Internacional em três, empatou dois e teve dois revezes.

Grenal sempre foi e sempre será um clássico à parte, principalmente para Minelli, que utilizava de suas matreirices até minutos antes de a bola rolar. Independente do técnico estar representando o lado vermelho ou o azul do estado, ele tinha algumas particularidades que não lhe assegurariam o resultado, mas que bagunçariam um pouco a estratégia do lado de lá.

— Esses detalhes fora de jogo, a gente fazia muito no Grenal. Eu tinha sempre dois ou três jogadores que não iam jogar na semana, não treinavam ou treinavam pouco. No sábado, eu os deixava fora do treino, tudo de propósito. Domingo, levava 15 para dentro do vestiário. Só descobriam o time que ia jogar na hora que entravam em campo. Quando nós tínhamos que fazer a súmula antes do outro lado, eu mandava a súmula faltando dois ou três jogadores. E depois, quando eles entravam, iam assinar lá com o representante – relembra o comandante.

Ao todo, na história dos Grenais, o técnico Rubens Minelli esteve no banco de reservas de Inter/Grêmio 23 vezes, conquistou 14 vitórias, cinco empates e quatro derrotas. Com a dupla Grenal, levou quatro Campeonatos Gaúchos e dois Campeonatos Nacionais, sem contar os torneios amistosos que venceu durante a pré-temporada, por ambas as equipes.

RENASCENDO NO PARANÁ CLUBE

Ao longo de sua carreira, Rubens Minelli foi galgando etapas. Recapitulando sua trajetória até aqui, o técnico saiu da pouco valorizada categoria de base para pequenos clubes do interior paulista, onde imperava a dificuldade financeira e técnica, e conquistou o Brasil à frente de gigantes, como Palmeiras, Internacional e São Paulo. Fora do país, continuou a escrever a sua história ao treinar equipes como a Seleção da Arábia Saudita e o Al-Hilal, um dos clubes mais famosos da Ásia.

Depois de chegar ao topo, ter seu nome em destaque por vários anos no futebol brasileiro e ser aclamado por torcedores de todos os cantos para treinar a Seleção Brasileira, era natural que, em determinado momento, a curva ascendente de clubes e trabalhos decairia e o seu nome, com o passar dos anos, mesmo muito respeitado, perdesse um pouco aquele *glamour* de outrora.

Para o comandante, também nada era como antes. Era preciso um novo desafio para lhe reascender aquela chama interior. Algo novo e que nunca havia vivido até então.

E após deixar o Grêmio no fim de 1989, um novo e poderoso clube, que estava sendo criado na região Sul do país, apareceu na sua vida, o Paraná Clube.

HISTÓRIA

O treinador comandaria uma nova agremiação, que tinha em sua história um compilado de fusões até alcançar a alcunha de Paraná Clube.

Tudo começou lá atrás, em 1914, quando surgiram em Curitiba as equipes do Esporte Clube Água Verde e Savóia Futebol Clube – que três anos depois incorporaria o Operário –, pertencentes ao mesmo bairro e que se uniriam em 1921, com a nomenclatura de Savóia Água Verde. Por conta das raízes italianas advindas do Savóia e em decorrência da Segunda Guerra Mundial, em 1942, o governo federal exigiu que tal fusão viesse a se chamar Esporte Clube Brasil, o que não duraria muito tempo.

Dois anos mais tarde, novamente o governo brasileiro interferiu na nomenclatura do clube e proibira a utilização do nome Brasil, passando assim a ser Água Verde Futebol Clube. O clube foi se desenvolvendo, estruturando-se e até levantando taças. Porém, sua diretoria, que vislumbrava uma equipe forte no âmbito social e esportivo não só no Paraná, mas em todo o país, acreditava que, com esse nome, não conseguiria alcançar suas pretensões e, por meio de um plebiscito, em 1971, resolveu de novo alterar o nome para Esporte Clube Pinheiros.

Do outro lado dessa história, no ano de 1914, foi fundado o Britânia Sport Club – criado da fusão do Leão FC e do Tigre FC –, nome em homenagem aos britânicos que inventaram o futebol. Desde cedo, o clube mostrou seu potencial, tornando-se Hexacampeão Paranaense, de 1918 a 1923, fato que ocorrera apenas mais uma vez em toda a história do Campeonato Estadual. Porém, em 1930, diante de tantas mudanças no país e um forte sentimento nacionalista, o nome para muitos não representava, de fato, a classe ferroviária no futebol. Assim, depois de uma cisão do Britânia, foi fundado o Clube Atlético Ferroviário.

Outro clube que passaria a figurar no cenário paranaense era o Palestra Itália, mais uma agremiação de origem italiana de Curitiba, e que, em 1924, quebrou a hegemonia do Britânia. Assim como o Savóia, foi obrigado a trocar de nome em algumas oportunidades, mas depois de entrar na justiça conseguiu o direito de retornar à sua nomenclatura original.

E da união desses três clubes: o Britânia, o Palestra Itália e o Ferroviário, no ano de 1971, foi fundado o Colorado Esporte Clube, uma equipe que passou a ter três estádios, entre eles o famoso Durival Britto e Silva.

Pinheiros e Colorado viriam a conquistar títulos Estaduais e a serem muito competitivos no cenário regional. No entanto, tinham realidades bastante diferentes. O Pinheiros era um time rico, organizado e com um clube social invejável; só que possuía pouca torcida. Já o Colorado era um time mal gerido, repleto de dívidas, mas que tinha uma grande torcida. E foi pensando nisso, depois de muitas reuniões, debates, desavenças e cessões, que os clubes resolveram se fundir e criar o Paraná Clube, que fora fundado no dia 19 de dezembro de 1989.

Como primeiro presidente do clube, foi escolhido Aramis Tissot, que participou da fusão e deu início à estruturação do novo clube. Tissot fazia parte do financeiro do Pinheiros e sabia do dever que tinha em suas mãos.

— Nós tínhamos uma ideia de que o Paraná seria o clube dos anos 2000. Então, tínhamos um trabalho que poderia ser feito a curto e médio prazo, que consistia exatamente em subirmos de patamar, porque a nossa ideia era atingirmos a primeira divisão do futebol do Brasil em um prazo de dois a três anos – revela o presidente Aramis Tissot.

Quem encabeçou a lista de contratações do Paraná fora Luiz Carlos de Souza das Neves, o popular Carlinhos Neves. Sim, ele mesmo, o jovem preparador físico que ascendia na profissão e que havia trabalhado com Rubens Minelli no Grêmio, do Rio Grande do Sul, e estava no Grêmio Maringá, do Paraná. Além dele, Almir Domingues fora contratado como preparador de goleiros.

Era hora de escolher, então, o comandante deste barco.

Como o Paraná ainda estava em formação, fora o Campeonato Estadual, o clube teria pela frente torneios de divisões inferiores, o que restringia as opções de técnicos de renome que aceitariam pegar a equipe nessa situação.

Com dirigentes de Colorado e Pinheiros fazendo parte da diretoria do Paraná, a disputa era grande para saber quem indicaria o nome do novo treinador. Enquanto o Colorado trabalhava com o nome do ex-jogador e irmão do Zico, Edu Coimbra, que treinara a equipe na década de 1970, o lado do Pinheiros pensava em Otacílio Gonçalves, o Chapinha, para assumir o comando, último técnico da agremiação antes da fusão. E para evitar qualquer atrito entre os dirigentes, logo no início da criação do Paraná, em relação à escolha do técnico, o preparador físico Carlinhos Neves tratou de palpitar e indicar uma solução que viria a ser bem aceita por ambos os lados.

— Eu disse: "Eu tenho um nome que é incontestável", que era do Rubens Minelli. E eles duvidaram que ele aceitaria. Nós ligamos e, no outro dia, ele estava em Curitiba e formamos a primeira comissão técnica – relembra Carlinhos Neves.

O mandatário Aramis Tissot foi um dos que gostou da indicação e, ao mesmo tempo, duvidou do acerto. Com o negócio já concretizado, o presidente revelou um dos motivos para que o treinador aceitasse o convite, além do projeto ambicioso do Paraná.

— Ele aceitou. E uma das razões que dizia ter aceitado era porque o clube foi fundado exatamente no dia do aniversário dele. O clube era do dia 19 de dezembro. Então, ele já achava que aquilo era um bom presságio para que ele fosse o técnico do clube.

Uma boa surpresa para Minelli que estava consciente da sua responsabilidade.

— É muito diferente você ser o primeiro treinador da história de um clube, porque você passa a ser pioneiro.

A contratação de Minelli acabou por unir duas premissas que o clube tinha: competência e *marketing*. Ter um técnico de qualidade para iniciar o trabalho e, ao mesmo tempo, ter um nome forte para que o clube passasse a ser notícia em todos os cantos do país, o que faria com que o clube economizasse em divulgação em jornais e nos demais meios de comunicação. E Minelli, sem dúvida, podia entregar tudo isso.

A notícia do acerto com Rubens Minelli foi muito festejada também pela torcida. Torcedor fanático do Tricolor da Vila Capanema desde a sua fundação, e hoje um dos mais nomeados historiadores do clube, James Skroch, era um dos que apoiava a chegada do comandante.

— Lembro-me de não acreditar que o Rubens Minelli seria o técnico do meu time e que eu iria ver de perto um técnico Tetracampeão Brasileiro.

Para compor sua comissão técnica, Minelli solicitou a contratação de Valdir Joaquim de Morais, que seria seu auxiliar técnico e ajudaria com sua experiência na preparação de goleiros, com o Almir Domingues.

O dedo do comandante também seria importante para fechar a comissão técnica paranista, pois, ao se apresentar ao clube, encontrou as comissões técnicas de Pinheiros e Colorado. Funcionários, como roupeiros e massagistas, por exemplo, tiveram que ser cortados, obrigando-o a escolher apenas um profissional de cada função.

Presidente escolhido, comissão técnica escolhida, agora era hora de selecionar o elenco tricolor, isso porque, com a fusão entre Colorado e Pinheiros, o Paraná herdou todos os jogadores dessas equipes, um número muito maior do que o plantel de qualquer outro clube. Foi aí que a sensatez e a bagagem do novo comandante começaram a fazer a diferença.

— No Paraná, nós começamos do zero. Eu não tive nenhuma experiência desse *naipe*, a não ser quando trabalhava nas divisões de base do Palmeiras, onde você começa a temporada do zero e vai pegando os garotos para selecionar. E no Paraná eu peguei os adultos para selecionar. Quando cheguei, havia duas comissões técnicas lá, uma do Pinheiros e outra do Colorado. Sessenta e poucos jogadores mais ou menos, 30 de um e 30 de outro, sem que eu conhecesse qualquer um deles. Como quem não quer nada, pedi para a comissão técnica do Pinheiros que escolhessem os melhores 20 jogadores do Colorado; e à do Colorado que selecionassem os 20 melhores jogadores do Pinheiros, evitando, assim, o "compadrismo". E com esses 40 jogadores, nós começamos a fazer o trabalho.

Ainda sem os fardamentos do novo clube, cada jogador treinava com os uniformes de seus antigos times.

VISÃO DOS JOGADORES

Se para o treinador e sua comissão foi difícil escolher o grupo de atletas que fariam parte do primeiro elenco da história do Paraná, para os jogadores, que estavam sendo observados e passaram por essa situação, foi ainda pior.

O volante Ney Santos, jovem atleta do Colorado, que foi avaliado por Rubens Minelli e companhia, revela qual o sentimento de passar por essa "peneirada".

— No final do ano, recebendo a notícia da fusão, ficou aquela insegurança, todos apreensivos. Os jogadores que eram mais experientes, mais veteranos do Colorado e do Pinheiros, já se davam como certos no Paraná Clube, e a gente, jogadores jovens, de 20 anos, era incógnita. Na sequência, foi feita uma avaliação por toda a comissão técnica comandada pelo Minelli e graças a Deus consegui ficar – desabafa Ney.

Do outro lado, a angústia e insegurança eram as mesmas. O atacante Maurílio, que atuava pelo Pinheiros antes da fusão, também sofreu por antecedência.

— Quando soubemos que seria o Professor Rubens Minelli o treinador, todos nós ficamos preocupados, porque ele vinha de um outro centro, outro mercado; um nome, e um "*know how*" muito grande. E nós tínhamos a preocupação de mostrar para ele o que sabíamos. Tínhamos a preocupação de ele gostar. Nós fomos liberados para sair de férias e, nesse momento, todo mundo ficou na dúvida se ficaria no Paraná Clube ao retornar. Mas todo mundo tinha a esperança de trabalhar com um grande treinador, aprender com ele e de estar nessa evolução, naquele início de um grande clube. Então, todo mundo ficou apreensivo. A sensação de ter passado e ficado para o início do clube, e estar trabalhando com o Professor Rubens, foi maravilhosa.

Fora os jogadores de Colorado e Pinheiros, o Paraná fez algumas contratações pontuais para esse começo de temporada. Uma delas, o atacante Sérgio Luís, vindo do Joinville. Ele revela que ficou bastante surpreso com a quantidade de jogadores.

— Na época, eu fiquei meio assustado. Quando cheguei, eles treinavam na Vila Olímpica, e tinha muitos jogadores em análise. E ele [Minelli] me chamou no último andar do estádio e disse: "Você vai chegar para jogar". Fiquei tranquilo, pois eu já conhecia o Carlinhos [Neves]. Foi tudo normal. Eu sabia que faria uma grande temporada.

Já para outros novos reforços, como o meia Adoílson, o acerto com o Paraná foi uma aposta.

— O Paraná ia fazer um time grande, renovado, uma equipe nova, que tinha de tudo para se tornar campeã de vários campeonatos. A gente sabia como seria, porque já tinha trabalhado com o Carlinhos, e ele falava que era um clube gigante, e que faria de tudo para estar nas cabeças de todas as competições. Acreditamos no projeto e vimos a estrutura. Tínhamos desconfiança, mas tínhamos que arriscar para fazer o melhor. E tínhamos fé de que tudo daria certo.

Depois desse primeiro "corte" de atletas feito por profissionais dos antigos clubes, houve um segundo, cujas jovens promessas eram a pauta.

— Foram selecionados alguns jogadores. Cinco ou seis do Pinheiros, vindo do Júnior, e cinco ou seis do Colorado, também do Júnior. Do Colorado, eu, o Ednelson, o Ariomar mais o Róger e um ou outro com condição de já ficar no elenco. E nós demos continuidade aos treinamentos, sempre sendo observados pela comissão técnica comandada pelo Minelli – relata Ney Santos.

Outros que acabaram cortados foram os jogadores que estavam emprestados para o Colorado/Pinheiros e retornaram aos seus antigos clubes.

Aos poucos, o grupo foi se formando e os aprovados já treinavam em separado.

— Os jogadores dos dois clubes faziam treinos coletivos, e a gente já fazia uma pré-temporada. Alguns, quando selecionados, vinham para o nosso lado, e outros vieram depois. Então, começou o trabalho do time que se formou – afirma Adoílson, um dos primeiros reforços do Paraná para a temporada.

Desde a sua fundação, o Paraná já se mostrava uma equipe diferenciada no estado, e os jogadores começaram a compreender isso, principalmente os advindos da fusão, quando passaram na peneira de Minelli e foram acertar seus novos contratos com a diretoria.

Aliás, para muitos, a chegada ao Paraná foi um marco na carreira. Com um elenco muito jovem e com poucos atletas de renome, uma situação chamou bastante a atenção do técnico Rubens Minelli. Nos primeiros dias, quando chegou ao clube para iniciar os treinamentos, ele percebeu que o estacionamento estava praticamente vazio. Observou que muitos de seus jogadores vinham treinar de circular (ônibus) e até de bicicleta, pois tinham uma condição financeira bem difícil. Minelli queria um time de estima elevada, para que, dentro de campo, as coisas fluíssem. Então, fez a seguinte ponderação para a sua comissão, sua diretoria e até para os seus atletas: "Enquanto esse estacionamento não tiver cheio de carro, nós não vamos ser Campeões, não!". Sugeriu, inclusive, que a diretoria comprasse carro para os atletas. Porém, o que conseguiu foi que tivessem salários mais dignos, fato que lhes possibilitaria, em pouco tempo, terem seus próprios veículos.

— A diferença do Colorado para o Paraná foi da água para o vinho, nem se compara. Para se ter uma ideia, o salário mínimo era uns 250 [cruzados novos], na época, alguma coisa nesse sentido. E eu fui pensando em pedir mil de salário e uns três mil de luvas e me ofereceram, 30 mil de luvas e 2,5 mil de salário. Então, foi uma mudança significativa para quem estava naquele bolo. Virou jogador mesmo – declara Ney Santos.

COM MEDO DO CHEFE

Com a fusão, o clima de ansiedade pairava entre os atletas, que, após o período de férias, apresentar-se-iam ao novo clube sem ao certo saber qual seriam os seus futuros. O atacante Maurílio, advindo do Pinheiros, estava nesse grupo. Natural de Brasília, onde passou a virada de ano com amigos e familiares, veio de ônibus até Curitiba, a aproximadamente 1.400 quilômetros de distância, uma viagem extremamente longa e desgastante. E tal percurso atrapalhou o retorno do jogador, que chegou bem depois da data prevista para a apresentação. Ele temia que seu atraso lhe rendesse a dispensa do clube.

— Eu cheguei atrasado na apresentação. Não me apresentei no horário que tinha que estar lá, nem no dia; somente depois de dois dias, porque eu vinha de ônibus de Brasília; antigamente era longe pra caramba! É longe do mesmo jeito hoje, mas os ônibus eram muito antigos, demoravam mais. Quando cheguei, me apresentei na rouparia, peguei a minha roupa e vi um grupo de atletas treinando no campo suplente. E vi o Professor Rubens Minelli lá embaixo, dando treino para um outro grupo. Eu não vou mentir, já cheguei morrendo de medo de não ficar. Aí, eu fui para um outro campo. Estava lá conversando com os caras e eles falaram: "Porra, você também foi dispensado?". Eu respondi: "Nem sei, eu cheguei hoje e vim para cá para não atrapalhar lá, mas depois do treino eu vou conversar com o Professor Minelli". De repente, quando eu olho para o lado, vejo o Rubens Minelli caminhando. Então, eu comentei: "Vixe Maria, o homem vem fazer o que aqui?". Ele se aproximou, me chamou e perguntou: "Está fazendo o quê aqui?". Eu falei: "Poxa, Professor, eu cheguei atrasado e ia falar com o Senhor após o treino, não quis atrapalhar o trabalho do Senhor". E ele: "Você é com a gente lá; você desce!". Pô, eu quase chorei de emoção naquele dia, porque o Professor Rubens Minelli veio até mim para me chamar e dizer que eu estava no grupo com ele. Foi uma emoção fantástica.

Para a surpresa de Maurílio, Minelli mostrou seu lado compreensível e fez com que o jogador não voltasse a se atrasar novamente.

Em geral, o elenco formado era composto por jogadores de grande técnica individual, mas que ainda precisavam do "dedo" do treinador, além de muito suor para superarem a falta de entrosamento.

— Ele era um treinador fantástico. Chegou, chegando. Tratou [a gente] muito bem. Foi um cara que mostrou respeito e exigiu respeito, disciplina. Um profissional bastante rígido com seus pensamentos, com a sua filosofia de trabalho. Mas deu liberdade para todo mundo. E isso fez com que todos crescessem e entendessem o planejamento e o que ele queria. Todo mundo ficou bastante feliz – garante Maurílio.

Fato que, nos primeiros dias e semanas de treino, foi um tanto estranho para os atletas, pois, tempos atrás, eram rivais dentro de campo.

— Estar com os atletas que viriam a ser nossos companheiros foi diferente, não vou mentir. E foi diferente porque, antes, a gente estava naquela luta constante de defender nossas cores. O Colorado defendendo as suas e nós, do Pinheiros, defendendo as nossas – explica Maurílio.

Com toda a estrutura interna praticamente definida para o início da temporada, só restava uma mudança a se fazer. Talvez a mais difícil delas: mudar a mentalidade das antigas diretorias e torcidas de Pinheiros e Colorado.

Em relação aos cartolas, existia um pouco de amadorismo e má vontade, já que pequenas atitudes e escolhas causavam uma verdadeira avalanche de sensações e reclamações sem sentido.

— Existia um problema muito sério: as duas torcidas não se bicavam, e as duas diretorias também não. Então, era um tal negócio... Se colocávamos uma placa lá: "É proibido pisar na grama", em vermelho, o pessoal do Pinheiros reclamava que tinha que ser em azul. Aí, brincando eu falei: "Põe o fundo em vermelho e as letras em azul" – diverte-se Minelli ao lembrar do fato.

Enquanto isso, os torcedores demoraram um tempo para se acostumarem com a nova realidade e o novo clube. Sempre davam apoio e "prioridade" aos seus antigos atletas. Se Minelli chamasse um jogador do Colorado para entrar em campo, os antigos torcedores do Pinheiros logo questionavam o motivo de o treinador não ter escolhido um do Pinheiros para entrar e vice-versa. E, segundo o preparador de goleiros, Almir Domingues, levou um tempo até que esse tipo de pensamento se normalizasse.

— Foi assim até as pessoas entenderem que, a partir daquele momento, o azul e o vermelho seriam uma cor só, com um só objetivo.

BOLA ROLANDO

Rubens Minelli vivia a ansiedade de fazer sua estreia como o primeiro técnico da história do Paraná Clube. E seus primeiros desafios no comando do Tricolor da Vila seriam o Campeonato Paranaense de 1990, cujo clube herdara as vagas de Colorado e Pinheiros e o Campeonato Brasileiro da Série C, para o qual ainda teria que garantir sua vaga, jogando uma seletiva.

Ainda ajustando o elenco em busca do melhor encaixe para o seu sistema de jogo, as primeiras escalações do comandante testadas nos treinos, e que viriam a se manter durante o início da competição, foram bem surpreendentes.

— Eu me eu lembro que, quando começaram as partidas, jogávamos com cinco jogadores na frente, todos meias de qualidade. O Seu Minelli me colocou como centroavante, e eu não gostava muito, porque sempre fui um meia de pegar a bola, fazer jogada, mas naquele momento ele disse que precisava ser assim. Eu concordei, mas falei que queria jogar na minha posição, quando possível – recorda-se o meia Adoílson.

Logo na primeira partida de sua história, o Paraná Clube iria até o Couto Pereira para enfrentar o Coritiba, equipe que se tornaria o seu grande rival. No comando do Coxa, estava um dos discípulos de Minelli, o técnico Paulo César Carpegiani, que tinha sido seu jogador na década de 1970, no vitorioso e memorável Internacional.

A primeira escalação do Tricolor da Vila tinha: Ademir Maria; Régis, Ariomar, Vágner Bacharel, Ednélson; Marquinhos Ferreira, Henágio, Pedrinho Maradona; Sérgio Luís, Adoílson e Marquinhos.

Destaque para o defensor e capitão, Vágner Bacharel, zagueiro firme e experiente, que já havia trabalhado com Minelli quando defendia o Palmeiras e era os olhos do comandante dentro de campo.

Era compreensível que todos vestidos de azul e vermelho estivessem muito ansiosos. Atletas, comissão técnica e torcedores vislumbravam como seria o jogo de estreia do novo clube e já sonhavam com a primeira vitória.

— Acho que, naquela época, não estávamos esperando quem é que iria fazer o primeiro gol. A gente enfrentou o Coritiba e jogamos de igual para igual. Era para ser um empate, ou uma vitória de 2 a 1 para nós, mas perdemos dois gols cara a cara com o goleiro – relembra Sérgio Luís.

O Paraná foi valente durante os 90 minutos. Contudo, acabou derrotado pelo placar de 1 a 0. Nada de alarde e preocupação para o técnico Rubens Minelli, que sabia não poder queimar etapas e entendia que, naturalmente, a equipe se encontraria. Por isso mesmo, tratou de acalmar seu grupo.

— Seu Minelli deu força e moral para todo mundo. Ele conversou com a gente. Ele dava muita palestra e colocou na nossa cabeça que tinha muita coisa para acontecer e todo mundo ficou com a cabeça boa, sabendo que a vitória viria – completa Sérgio Luís.

E veio no jogo seguinte, contra o Cascavel. Uma partida que entraria de vez para a história do Paraná Clube e de todos os envolvidos, mas, principalmente, para a do atacante tricolor, Sérgio Luís, responsável pelo triunfo e pelo primeiro gol profissional da história do clube.

COM A PALAVRA...

SÉRGIO LUÍS

Nós jogamos em casa [na Vila Capanema]. A partida estava muito enrolada. O primeiro tempo foi 0 a 0. Faltando dez, 15 minutos para o fim do segundo tempo, tive a felicidade de fazer o gol. O goleiro soltou, e eu acabei marcando.

O lateral-esquerdo do Cascavel era o Dionísio e nós subimos juntos com o goleiro, que foi atrapalhado pelo Dionísio, e quando caímos, a bola sobrou no meu pé e eu coloquei para dentro. Imagine a alegria de fazer o primeiro gol!

Meu filho tinha um ano, e ele tentou falar para a minha esposa que eu faria o primeiro gol do jogo. Depois que ela me contou isso, fiquei mais feliz ainda. E tem outra: por causa do gol, o Paraná colocou uma placa no estádio; que continua lá.

Queria voltar no tempo, voltar para o Paraná. É que somos paranistas, torcemos para o clube. Agora é que cai a ficha, pois, atualmente, dou muitas entrevistas por conta desse gol. O Adoílson brinca comigo falando que fez vários gols, muito mais do que eu pelo Paraná, e até hoje só falam de mim porque eu fiz o primeiro[5].

O triunfo seria um divisor de águas na vida do Paraná e de seus jogadores, que passaram a ter a torcida mais próxima e como uma verdadeira aliada, impulsionando-os para o restante da temporada.

— Foi muito bacana. Tudo novo, muito divertido, quando ganhamos de 1 a 0. E na saída do vestiário, foi toda aquela situação de dar autógrafo, virar jogador, virar ídolo de uma torcida grande, que nasceu vencedora, acostumada a ganhar – revela Ney Santos.

— Daí em diante, o time foi engrenando, cresceu, embalou, pegou corpo de time grande e a gente foi chegando – completa Adoílson.

De fato, a equipe engrenou. Minelli acertara no esquema, e enquanto seus jogadores de frente decidiam a partida, os defensores impediam os adversários de balançarem as redes paranistas.

[5] Sérgio Luís faria o primeiro gol profissional da história do Paraná. No entanto, no dia 27 de janeiro de 1990, o ponta-direita Polaco, que participou de um amistoso entre a equipe Júnior do Paraná e a Seleção de Matinhos, anotou o primeiro gol do clube.

No embalo de Adoílson, Sérgio Luís, Maurílio, Henágio e Pedrinho Maradona, o Paraná, mesmo com tão pouco tempo de existência, mostrava casca. Somava vitórias e empates, sem se lembrar de como era o gosto amargo da derrota, pois difícilmente era batido.

A cada bom resultado conquistado, Minelli se reunia com membros da comissão e da diretoria na casa do presidente Aramis Tissot e faziam churrascos regados ao bom vinho italiano Valpolicella, do qual o treinador – que tinha em paralelo um negócio de vinhos – era representante.

Porém, um fato extremamente triste tratou de mexer muito com o ambiente paranista e com todo o futebol paranaense.

PERDA IRREPARÁVEL

Em 14 de abril de 1990, no estádio Durival Britto e Silva, o Paraná Clube recebera o Sport, de Campo Mourão. E o que se encaminhava para uma vitória tranquila se transformou na despedida do zagueiro e capitão paranista Vágner Bacharel. Aos 18 minutos da etapa final, em uma disputa de cabeça, ele se chocou com Charuto, zagueiro adversário. E foi aí que o seu drama começou.

O jogador Tricolor foi ao chão e, após desmaiar rapidamente, acordou reclamando de dores na coluna. Por precaução, Bacharel, vestindo um colar cervical, deixou o gramado e partiu para o Hospital Evangélico, em Curitiba. O problema, a princípio, foi tratado como algo na região da coluna e do pescoço. Foram feitas radiografias, que nada constataram, fazendo com que os médicos dessem alta ao jogador, apesar de ele permanecer reclamando de dores na cabeça. Em casa, passou a ter convulsões e, na última delas, foi levado às pressas por uma ambulância de volta ao hospital.

Cerca de seis dias após o choque de cabeça, Bacharel faleceu em decorrência de um edema cerebral, causado por uma fratura no crânio.

— O Vágner Bacharel era uma pessoa maravilhosa, muito brincalhona e um grande amigo meu. Infelizmente, ocorreu essa fatalidade – afirma Minelli.

O baque foi grande ao grupo. Porém, o técnico Rubens Minelli fez o possível e o impossível para que seus comandados não perdessem o foco nem deixassem a peteca cair.

— A gente fechou como se fôssemos uma família, e o reflexo disso ia para dentro de campo, influenciando diretamente no ambiente de trabalho – revela Almir Domingues.

Focados nos jogos, mais triunfos vieram, entre eles vitórias de 9 a 1 sobre o Paranavaí e 6 a 0 sobre o Platinense, partida esta que marcou o 19º jogo de invencibilidade do Tricolor da Vila Capanema e fez com que o clube conquistasse o Troféu dos Invictos no Campeonato Paranaense.

— A gente tinha um time certinho, bem montado. E fomos ganhando. Então, começaram a olhar o Paraná de uma maneira diferente. Viram que íamos brigar de igual para igual e que iríamos ganhar títulos. Éramos um time muito bom, que só de olhar um para o outro, já sabíamos o que íamos fazer – retrata Adoílson.

Dentro do campo, tudo caminhava da melhor maneira possível, já que a equipe havia se encontrado e vinha dando conta do recado. No entanto, fora dele, alguns assuntos incomodavam o treinador. O extracampo de alguns jogadores estava extrapolando. Para conter, principalmente as peripécias de um deles, e manter a ordem dentro do elenco, o técnico Rubens Minelli resolveu contar uma boa e velha história.

O CACHORRO E A BOLACHA

O personagem em questão era o meia Henágio, um jogador de muita qualidade, carioca, marrento e, não raras vezes, indisciplinado.

— O Henágio, já falecido, saía muito; gostava da noite. Veio do Flamengo com moral, só que quebrava muito a noite, né? – recorda-se o volante paranista Ney Santos.

Pensando nisso, Minelli resolveu unir o grupo, durante um treinamento no centro do gramado, para conversar e começou a contar uma história, o que pegou todos de surpresa. O próprio Ney Santos, um dos atletas dessa época, recorda-se detalhadamente da história e desse momento.

— O Minelli contou uma história de um cego que era conduzido por um cachorro. O cego estava sendo puxado pelo seu cão-guia e, no meio da rua, em vez de o cão parar e o ceguinho parar, e o cachorro andar e o cego andar, era tudo ao contrário. Quando vinha carro, o cachorro puxava, e era aquele buzinaço. Uma pessoa aproximou-se do cego e disse: "Escuta, teu guia tá querendo te foder, cara. Ele tá te guiando, mas na hora que é para ir ele não vai, e na hora que é para ficar ele vai; e cada vez que você para, você tira uma bolacha do pacote e dá na boca dele". E o cego respondeu: "Isso aconteceu uma vez, aconteceu duas, mas eu estou fazendo isso porque, na terceira vez, quero saber onde é a boca dele porque quero dar uma bicuda na bunda dele. Então, preciso saber aonde é a boca para poder acertar o chute na bunda". Aí, o Minelli virou para o Henágio e avisou: "Henágio, você já está com a bolacha na boca; na terceira vez, você está dispensado".

Coincidência ou não, a passagem do jogador pelo Paraná seria breve. Será que ele pegou a terceira bolacha?

O Paraná tornara-se o bicho-papão das equipes mais modestas da competição, e somava pontos "a torto e a direito". Porém, quando o assunto eram os clássicos, o Tricolor da Vila Capanema não vinha tendo o mesmo sucesso. Até aquele momento, não havia conseguido vencer os gigantes Coritiba e Atlético.

Por seu desempenho no turno e no returno da primeira fase, o Paraná se classificou para o hexagonal da segunda fase, e depois de enfrentar todas as equipes e mais uma vez se destacar, foi um dos dois classificados do grupo e um dos quatro semifinalistas do torneio, ao lado de Coritiba, Atlético e Operário.

Em busca de uma vaga na grande final, Minelli e seus comandados teriam pela frente o Coritiba, equipe que havia se transformado na grande pedra de sapato do clube naquele começo de sua história. Nos dois jogos disputados, a estratégia do treinador não surtiu efeito e, com duas derrotas, uma por 1 a 0 e outra por 2 a 0, o sonho do Paraná de conquistar um título Estadual, logo no primeiro ano de sua existência, foi por água abaixo.

— Não fomos Campeões Paranaenses por pequenas coisas, mas sabíamos que seríamos um time de ponta, que chegaria em tudo para ser Campeão – relembra o craque paranista, Adoílson.

Mesmo com o revés, o grupo estava unido e pronto para o próximo desafio, o Campeonato Brasileiro da Série C. E apesar de nunca ter disputado tal divisão, Minelli era um especialista em competições nacionais, sempre conquistando ou chegando nas cabeças ao final dos torneios.

Para de fato conquistar uma vaga no Campeonato, o Paraná, como clube recém-formado, tinha que disputar uma seletiva ao lado de outras agremiações da região, como Londrina, União Bandeirante e Foz do Iguaçu. Depois de jogos de ida e volta, Tricolor e União Bandeirante conseguiram se classificar. Com isso, a equipe foi parar no grupo F – ao lado de Caxias, Ponte Preta, União Bandeirante e América-SP – e não fez feio. Avançou de fase de maneira invicta, conquistando três vitórias e um empate. Nas quartas de final, seu próximo adversário seria o Bangu. E dois empates foram suficientes para que a equipe da Vila Capanema, que tinha a melhor campanha na competição, chegasse às semifinais.

FUGINDO DO TREINADOR

Nos tempos que comandou o Paraná, Minelli esteve na cidade sozinho, novamente sem a presença de sua família. Então, visando a uma maior comodidade, preferiu morar em um hotel, local que os jogadores também usufruíam, concentrando-se antes das partidas.

E foi lá que aconteceu um episódio em que a dupla Sérgio Luís e Adoílson deram o famoso "perdido" no técnico Rubens Minelli. O atacante e autor do primeiro gol profissional da história do clube conta como foi o episódio.

— Ele [Rubens Minelli], que morava no Hotel Clímax, tinha um Galaxie [carro] preto. Certa vez, chegamos de viagem depois de jogar no interior, e eu e o Adoílson fomos num bar. [Minelli] Tinha avisado: "Não quero ninguém fora!". E a gente trocou de roupa no hotel e pediu para o gerente guardar as nossas malas, e quando voltamos do bar, encontramos o Seu Minelli e o Carlinhos Neves no saguão do hotel, umas três da manhã. Então, ficamos esperando eles dormirem para pegarmos as nossas coisas. Quando eles subiram, pegamos as malas e o gerente do hotel falou: "Por que vocês não dormem aí?". Eu e o Adoílson resolvemos dormir lá. No outro dia cedo, quando estávamos indo embora, saindo do elevador, quem estava no saguão do hotel? O Seu Minelli! Voltamos para o quarto e ficamos olhando pela janela até a hora que ele pegou o carro e deixou o hotel. Só depois nós pegamos um táxi e fomos para o treino.

Não foi a primeira vez que isso aconteceu. Sérgio Luís ainda revelou que, em um jogo diante do Foz do Iguaçu, ele e alguns companheiros também deixaram o hotel após o treino e demoraram um bom tempo para retornarem, já que o "sentinela" Minelli estava por lá.

Estar pela segunda vez em uma semifinal, em menos de um ano, era a prova de que o técnico Rubens Minelli, que pegou um clube novo, ainda desorganizado e desentrosado, estava em plena evolução, motivo de orgulho para todos os torcedores paranistas.

O rival agora seria o América-MG, uma equipe forte e que tinha dois craques que desequilibravam. Um deles na meta, o experiente goleiro João Leite, que estava no fim de sua carreira, e que alguns anos atrás havia trabalhado com Minelli no Atlético-MG. O outro e ainda mais decisivo, era o jovem meia-atacante Palhinha, que futuramente se consagraria no São Paulo, com o Bicampeonato da Libertadores e do Mundial de Clubes. Palhinha era a grande referência técnica da equipe, pois além de receber na área para concluir os cruzamentos dos pontas Celinho e Marcinho, muitas vezes tinha a função de voltar para ajudar na organização das jogadas e distribuição de jogo.

Do lado do Tricolor, Minelli tinha que mexer no time a todo momento, ora por contusões, ora por suspensões, e até pelo fato de alguns jogadores terem saído do clube, caso de Henágio, por exemplo. Esses fatos pesaram nas horas decisivas.

Como se não bastasse a derrota com gol de Palhinha em Belo Horizonte, o Paraná ainda teria um de seus melhores jogadores expulsos, o meia Adoílson, o que complicaria ainda mais a situação dos paranaenses, que buscavam uma virada no jogo de volta da semifinal.

Jogando na Vila Capanema, a torcida paranista acreditou que seria possível a classificação, quando Castro, no fim do primeiro tempo, balançou as redes. A equipe jogava bem e dava indícios de que poderia aumentar a contagem, mas novamente Palhinha, sempre ele, tratou de colocar "água no *chopp*" dos tricolores e decretou a eliminação do clube na competição.

Mesmo com um time muito bom, o Coelho que eliminou o Paraná acabou sendo superado pelo Atlético-GO, o grande Campeão da Série C de 1990.

Bater mais uma vez na trave e não conseguir levantar a taça foram motivos de lamentação e frustração para os paranistas.

— Tivemos uma campanha maravilhosa. Fizemos grandes jogos, mas quando chegou na fase do mata-mata, na fase final, enfrentamos equipes com o mesmo nível; tivemos dificuldades e nos atrapalhamos em busca dessa conquista. De todo jeito, o trabalho foi muito bem-feito. O Professor Rubens Minelli implantou sua metodologia e nós encaramos. Tínhamos ali grandes peças, grandes jogadores. Ficamos muito tristes pelo fato de não ter conquistado o título da Série C, porque seria o coroamento de uma grande fusão, de grandes jogadores e de um grande clube – declara o atacante Maurílio.

No entanto, se o título, de novo, passou perto do Durival Britto e Silva, pelo menos a meta traçada para o Paraná na temporada fora alcançada.

— Antes não tínhamos tanta organização. O objetivo era subir para a segunda divisão. Não fomos Campeões por detalhes, coisas extracampo, vaidade de alguns jogadores. Mas conseguimos subir. Tínhamos chance de sermos Campeões? Tínhamos. Sabíamos que na segunda divisão podíamos fazer um bom campeonato. Faltou um pouquinho mais por parte dos jogadores, mas a gente já sabia o que tinha que fazer, a gente trabalhou com bastante união, vontade e determinação e conseguimos chegar ao objetivo traçado – revela Adoílson.

SAÍDA PRECIPITADA

— O título, que é importantíssimo, não veio no primeiro ano, mas uma base muito forte permaneceu. Ficou evidente que o trabalho iniciado, certamente, iria render frutos – destaca Almir Domingues.

O sucesso da equipe em 1990, que em seu primeiro ano havia disputado de igual para igual, cabeça a cabeça, os títulos contra as demais equipes, tanto no Campeonato Paranaense quanto no Brasileiro da Série C, chegando a duas semifinais, mudou o pensamento e os planos da diretoria do Paraná, que passaram de médio prazo para planos de curto prazo.

Além do acesso à primeira divisão, principal meta do clube desde a sua fundação, a alta cúpula paranista tratara a conquista de um título praticamente como uma obrigação sob o comando do técnico Rubens Francisco Minelli, e o caneco previsto para chegar em aproximadamente cinco anos, virou a obsessão para o ano de 1991.

A forte pressão colocada em cima do grupo, que antes sequer existia, e o sentimento forte de imediatismo por parte dos cartolas, somados às modificações no elenco com a chegada e a saída de atletas, fizeram com que o Paraná tivesse um começo bastante complicado na disputa da Série B. Minelli, que antes tinha um esquema tático e um time base, precisou se adaptar ao novo pensamento da diretoria, pois em vez de preparar uma equipe e colher os frutos depois, agora teria que arrumar uma solução para chegar às conquistas o mais rápido possível.

As partidas foram chegando, e o time entrosado, que era destaque no ano anterior, deu lugar a uma equipe vulnerável e extremamente apática. Foi assim nas derrotas frente ao Caxias, Criciúma, Figueirense, e nos empates diante de Juventude e Coritiba. Há de se ressaltar que apenas um desses jogos fora disputado em casa, na Vila Capanema. E diante de um péssimo início de ano, como de costume, quem "pagou o pato" e acabou demitido foi o treinador.

O problema é que a notícia da sua dispensa foi feita de uma maneira bastante desrespeitosa, ainda mais por ele ser um profissional que se entregou ao projeto do clube de corpo e alma, colocou-se à frente de tudo, dando o seu máximo a cada dia. O presidente da época, Aramis Tissot, tratou de explicar a situação.

— O Minelli acabou saindo exatamente porque nós tivemos alguns resultados que não eram os esperados. No futebol, infelizmente, acontece muito disso. Então, por exigências de um dos nossos conselhos, tivemos que fazer um acerto com o Minelli. E até esse acerto foi feito de uma forma totalmente errada, mas eu me isento disso. No começo, o Minelli pensou que eu tivesse alguma culpa, mas não tive nenhuma interferência nisso, e nem na forma como ele saiu do clube. Nós tivemos uma reunião na casa do Ocimar Bolicenho [assessor do presidente], depois de um resultado ruim. O Minelli foi para casa, lá para Valinhos, e nós estávamos reunidos exatamente para ver como iríamos acertar a vida do Minelli. Estava eu, o Ocimar, o Valdir Joaquim de Morais, o Carlinhos Neves e o Joaquim Cirino dos Santos, que era o vice de futebol. Nós estávamos prontos para fazer essa mudança técnica em virtude do futebol, que infelizmente é assim mesmo. Muitas vezes, mesmo o técnico não tendo muita culpa, é no cargo dele, principalmente, que as mudanças acabam acontecendo. Nós deixamos que o Valdir de Morais e o Joaquim Cirino falassem com o Minelli para fazer a dispensa, porque até o Valdir dizia: "Olha, o Minelli não vai gostar muito e tal, mas deixa que a gente fala com ele. Vamos esperar a volta dele". Depois, fiquei sabendo que eles falaram com ele por telefone, o que foi absolutamente errado.

O comandante paranista se sentiu desprestigiado pela diretoria, que não mostrou qualquer consideração por ele, tampouco sinal de respeito com sua vitoriosa carreira. Minelli sabia que a situação era complicada e assumiu a bronca, sempre deixando claro que, se havia um culpado, era ele.

— Foi uma coisa estranha a saída dele. A gente sabia que alguma coisa havia acontecido, não entendemos. Um cara de nome, que sempre falava que íamos chegar lá, que íamos engrenar, ganhar. Sempre uma pessoa alegre, que brincava, que dava moral e conversava com cada um e fazia com que rendêssemos mais, um cara que sabia tudo de futebol [sair assim?]. Mas não podíamos fazer nada. Naquela época, o jogador tinha que ficar quieto e aceitar. Não tínhamos voz e nem a força que se tem hoje. Se tivéssemos, teríamos mudado esse cenário – afirma Adoílson.

— O Professor Rubens Minelli iniciou o trabalho na Série B e a gente não conseguiu levar para campo tudo aquilo que foi pedido por ele. Os jogos começaram a ser um pouco mais difíceis. O nível das competições foi aumentando e nós não tivemos a felicidade de fazer grandes jogos. Isso, no decorrer da competição, acarretou a saída do Professor. No dia, nós ficamos extremamente chateados, todo mundo viu que era uma decisão que o clube tomou e que não éramos favoráveis a ela, mas era uma decisão da diretoria. E a tristeza foi geral – completa Maurílio.

O uruguaio Sérgio Ramirez assumiu o time com a saída de Minelli, e a equipe, de fato, melhorou, mas também não alcançara o objetivo traçado, o que acarretou mais uma mudança no comando técnico. Otacílio Gonçalves, o Chapinha, assinou com o Paraná e conseguiu colocar o Tricolor da Vila novamente em destaque, tanto no cenário estadual quanto no nacional, e pouco depois seria o responsável pelas duas primeiras conquistas da história do clube, o Campeonato Paranaense e o título da segunda divisão do Campeonato Brasileiro.

Tanto para os jogadores quanto para Otacílio Gonçalves, tais conquistas tiveram muito do dedo do ex-treinador Rubens Francisco Minelli.

— O Seu Minelli saiu, o Otacílio chegou. Um cara de coração grande. Ele seguiu o ritmo do Seu Minelli. Quando assumiu, ele disse: "Esse foi o time que ele [Minelli] montou, e esse time é que será Campeão". Otacílio tocou o time, manteve o time. Ele tinha uma grande admiração pelo Seu Minelli. Já tinham trabalhado juntos, e ele sempre o citava. Nós sabíamos que tínhamos um time bom, que era bem treinado, bem fisicamente e taticamente, e o Otacílio deu continuidade naquilo que o Minelli vinha fazendo. Ele não mudou nada, nem a forma de jogar que o Seu Minelli já havia deixado pronta – revela o meia Adoílson.

Mesmo saindo, Minelli sabia que havia deixado um bom trabalho no clube.

— Nós fizemos uma boa campanha e, no ano seguinte, a equipe já tinha um padrão de jogo. O time estava bem montado e os títulos começaram a aparecer – relembra o treinador.

CARREIRA AMEAÇADA?

Rubens Minelli se despediu do Paraná Clube no dia 16 de fevereiro de 1991. Todavia, mesmo com um nome grandioso dentro do futebol e com uma condição financeira estável – sem ter a necessidade de arrumar um novo emprego rapidamente –, o treinador era sedento pela profissão e isso, em diversas ocasiões, acabou atrapalhando a sua carreira, custando-lhe caro. Tanto é que, quatro meses depois, ele já estava em negociações com um novo clube. E seis meses após sua última partida pelo Tricolor da Vila Capanema, Minelli havia se acertado com o modesto Rio Branco Esporte Clube, de Americana, no dia 31 de julho de 1991.

— Se tem alguma coisa de que me arrependo na minha profissão, é exatamente esse desprendimento que eu tinha de não ficar parado e ir trabalhar. O clube que aparecesse, eu acabava aceitando. Eu atingi o topo e, em vez de me manter nele, voltei a correr riscos trabalhando em times pequenos, com poucas possibilidades de títulos, lutando para não cair. Eu podia me manter no *status* que tinha. Eu gostava de trabalhar. A morte, para mim, era não estar trabalhando no futebol. Então, quem me convidasse, dependendo das condições que eu impunha, eu acabava aceitando, coisa que os grandes treinadores de nome, que atingiram essa posição, não faziam. Eles não corriam esses riscos e ficavam sem trabalhar, mantinham-se naquela faixa alta de time grande. Enfim, eu me arrependo muito de ter tomado esse tipo de atitude e aceitado o que viesse para não parar de trabalhar.

O contrato seria até o fim do ano, ao término do Campeonato Paulista, e o acerto com o Tigre se deu por meio de um convite do poderoso amigo, Eduardo José Farah, presidente da Federação Paulista de Futebol.

— Eu tinha saído do Paraná Clube e o presidente da Federação Paulista de Futebol telefonou dizendo que queria falar comigo. Fui até a Federação e ele me disse que gostaria que eu fosse trabalhar no Rio Branco, de Americana. Era um clube que tinha um estádio bom e que ia tentar a classificação entre os oito no Campeonato Paulista. Pediu que eu o ajudasse, que ele ficaria agradecido, pois eu atenderia o pedido de um amigo. Cedi, e eu fui trabalhar no Rio Branco.

Minelli pegou uma equipe recém-promovida para a elite do Campeonato Paulista e que disputaria a competição pela primeira vez em sua história. O Tigre fora Vice-Campeão da segunda divisão do Estadual e era comandado pelo treinador Afrânio Riul, que realizou todo o planejamento e a pré-temporada com o grupo, mas pediu demissão antes do início da temporada, porque havia se acertado com o Araçatuba. Com isso, o preparador físico, Fred Smania ficou no cargo de treinador interino até que o novo comandante, de fato, assumisse o clube.

Smania, que passou a ser o seu principal companheiro em Americana, era quem mais passava tempo com o Minelli. Seja ao seu lado dentro do clube, seja fora dele, comendo uma *pizza* ou o acompanhando num *Old Parr*, *whisky* que viria a ganhar de presente do comandante e que até hoje [2023] guarda consigo. Aliás, o preparador físico já tinha aparecido indiretamente na vida de Minelli muito antes do Rio Branco. Primeiro, ainda como atleta do pouco conhecido Vasco de Americana, em 1969, onde fora goleiro e teve o prazer de enfrentar e ganhar de Minelli, na época, treinador do Palmeiras de Ademir da Guia e Dudu. Já em 1977, formando-se com o intuito de ser um preparador físico, teve como professor de faculdade João Paulo Medina, auxiliar e preparador físico do São Paulo e de Minelli, que o chamou para fazer um estágio no clube do Morumbi.

O Paulistão de 1991 seria dividido em dois grupos. Grupo Verde, no qual estavam as equipes mais fortes, e Grupo Amarelo, formado pelos times de menor expressão, cujos times também jogavam entre si em turno e returno. No fim, as oito equipes que mais pontuassem avançariam de fase, cinco vagas advindas do Grupo Verde e três do Amarelo.

Em seu 17º clube até então, sem contar a Seleção da Arábia Saudita, e já com mais de 30 anos de estrada, o técnico Rubens Minelli pensou muito antes de assinar contrato. Já mais experiente e sempre ausente da companhia familiar, o comandante cogitou a possibilidade de encerrar sua carreira, mas, no fim, sabia que ainda tinha muita lenha para queimar.

— Ele ficou ainda mais motivado quando deixamos claro que nosso objetivo é realmente fazer uma excelente campanha e chegar às finais do Paulistão. O Minelli nos revelou que estava mesmo pensando em parar, mas o seu afastamento por algum tempo do futebol já estava lhe fazendo mal. Ele ficava muito nervoso, pois a vida inteira esteve envolvido com o esporte. Apesar de ser um técnico competente e consagrado, o Minelli está motivado e com certeza fará um excelente trabalho em Americana – revelou o diretor alvinegro, Edson Antiqueira Fassina ao jornal *O Liberal*, de 31 de julho de 1991.

O próprio treinador que o diga:

—Eu respeito o futebol, eu como futebol, eu durmo pensando no futebol – revelou ao jornal *O Liberal*, de 1º de agosto de 1991.

Mesmo lhe sendo prometido um time competitivo, com possibilidades para se classificar no Estadual, o técnico Rubens Minelli sempre manteve a tranquilidade e nunca colocou a "carruagem na frente dos bois". Porém, o seu próprio grupo sabia qual era o verdadeiro Campeonato que o Rio Branco participara.

— O Rio Branco tinha como prioridade no planejamento colocar atletas novos na vitrine para fazer negócio. Se exigia, apenas, manter o time na primeira divisão – garante o zagueiro Claudir.

Já no clube, porém, à espera de estar regularizado para trabalhar, Rubens Minelli apenas assistiu à sua nova equipe conquistar a primeira vitória sob o comando de Fred Smania.

— Quando ele chegou, foi assistir ao jogo que fizemos contra o São José, que ganhamos de 1 a 0. Depois, fomos jantar juntos e ele falou: "Você é bom mesmo" – recorda-se Smania.

Com a primeira vitória, o ambiente ficou mais leve, o que ajudaria em sua estreia diante do São Paulo. O grande problema foi que, às vésperas do confronto contra o Tricolor, Minelli recebera a notícia de que seu irmão Ruy estava com problemas cardíacos e, então, saiu à toda para São José do Rio Preto, adiando a sua estreia pelo Tigre.

Após realizar um cateterismo e constatar uma artéria obstruída, Ruy foi submetido a uma cirurgia de ponte de safena. Depois da operação e da pronta recuperação de seu irmão, Minelli, mais tranquilo, voltara a Americana para, enfim, iniciar seu trabalho.

Logo nos primeiros treinamentos, ele tranquilizou o elenco:

— Estou longe de ser um sargentão, mas gosto de levar tudo muito a sério. Sou amigo do jogador, mas ele tem que trabalhar no nosso esquema – disse Minelli ao jornal *O Liberal*, de 1º de agosto de 1991.

A estreia não foi a esperada: derrota por 1 a 0 para o Santo André. Tropeço seguido de uma bela vitória sobre o Olímpia por 3 a 0, atuando em seus domínios no estádio Décio Vitta.

— Ele chegou e deu uma alavancada na nossa vida, o que é normal pela experiência e gabarito que tinha. Deu um *up* na nossa equipe – garante Fred Smania.

Durante o campeonato, o Rio Branco venceu confrontos importantes contra Juventus, Marília, São Bento e até diante do União São João, time no qual despontava um craque na lateral esquerda que chamara a atenção do técnico Rubens Minelli. Ninguém mais, ninguém menos, que Roberto Carlos, jogador que se consagraria no Palmeiras e no Real Madrid, da Espanha. No entanto, a boa fase do time não duraria para sempre.

Duelou contra o São Paulo de Telê Santana, que nesse ano estava no grupo mais fraco do torneio – mas que entraria para a história na temporada seguinte, conquistando títulos expressivos – e fora derrotado nas duas partidas.

O Tigre possuía atletas de qualidade. Porém, um elenco limitado, sem tantas opções, e a rotina repleta de compromissos, deixou evidente o problema que tinham. Com o passar dos jogos, o Rio Branco, que encantara no ano anterior, transformou-se em uma equipe instável.

— O Minelli tinha muito conhecimento técnico, tirava o máximo do atleta na humildade, sem muito alarde, com sabedoria. Os atletas o respeitavam por ele ser vitorioso. No acesso, nós só jogávamos aos domingos. No Campeonato Paulista, com o Minelli, era jogo domingo e quarta. Todos, jogos importantes; não dá para comparar. [Em relação ao que era antes, a qualidade e a quantidade dos jogos aumentaram] – pondera o defensor Claudir.

Então, de quatro partidas por mês, número que a equipe estava acostumada a disputar na segunda divisão do Paulista, Minelli e seus comandados passaram a jogar até oito.

Nesse cenário, o Alvinegro enfrentou o Noroeste, confronto que se tornaria um dos mais inusitados da carreira do técnico Rubens Minelli. Isso porque o jogo, que caminhava para um chato 0 a 0, mudou em questão de instantes, já que não um, nem dois jogadores da equipe de Bauru foram expulsos, mas, sim, cinco jogadores, fazendo com que o árbitro intercedesse e encerrasse a partida com o W.O. a favor do Tigre.

Resultado da inconstância, o time não engrenou como se esperava, ficando na modesta oitava colocação do seu grupo e dando adeus precocemente à competição.

— Fizemos uma campanha razoável, mas não deu para classificar entre os oito [no geral]. Ficamos fora, e como ficamos fora, praticamente pararam as atividades do clube, pois era a última competição, não tinha mais nada e, para economizar, dispensaram aqueles jogadores que tinham contrato até o final do ano. Então, essa foi minha passagem pelo Rio Branco, de Americana, um clube onde eu só fiz amigos em um período não muito longo, mas que deixou muita recordação – declara o técnico Rubens Minelli.

Os números do comandante à frente do clube foram regulares, em 22 partidas disputadas, obteve nove vitórias, quatro empates e nove derrotas.

PASSAGEM RELÂMPAGO

O ano de 1992 veio e trouxe com ele uma nova oportunidade para o treinador. Minelli trocara um alvinegro por outro. Deixou o carismático Rio Branco, de Americana, time mediano do interior paulista, e chegou ao Santos, uma equipe Bicampeã Mundial, com uma extensa galeria de títulos e ídolos, e que já teve nomes consagrados como Pelé, Pepe, Coutinho, Zito entre muitos outros.

Novamente, um time grande estava em seu caminho.

— Não encaro o Santos como um desafio. Acho que o time tem potencial e condições de disputar o título Brasileiro. O importante será trabalhar com determinação – afirmou Minelli, após o acerto com o Peixe, ao jornal *O Liberal*, de 19 de dezembro de 1991.

O grande responsável para que o negócio se concretizasse foi o icônico meio-campo Zito, que na época era supervisor do clube. Ele convidou Minelli para ser treinador do Peixe na temporada de 1992. Na opinião dos familiares do treinador, ele não deveria aceitar, pois acreditavam que o momento não era oportuno para iniciar um novo trabalho. Achavam, ainda, que o Santos não seria o time em que o comandante retomaria o caminho das conquistas e da felicidade dentro das quatro linhas.

De fato, eles estavam certos...

Diante do tamanho e da projeção mundial que o Peixe sempre teve, Minelli imaginou que teria tudo do bom e do melhor para realizar um trabalho de excelência. No entanto, ao desembarcar na Vila Belmiro, descobriu que a realidade santista não era condizente com o peso de sua camisa e sua história.

— A estrutura do Santos, para mim, foi uma surpresa muito grande. Um time com tantos jogadores bons, com tantos títulos, tinha uma estrutura arcaica, de time pequeno, esquisita. Não tinha campo para treinar. Era necessário treinar no campo que jogava. Quando chovia, ficava um lamaçal, a drenagem era entupida. Material precário, funcionários mal-acostumados. Cada um era dono de um "feudo". Quem era roupeiro, era roupeiro há 30 anos; o outro era massagista a não sei quantos anos. Foi muito difícil trabalhar no Santos. Tratavam o Santos como se ainda fosse o Santos do Pelé, mas era o Santos do "Benedito" e eu, quando acertei, também achei que era o Santos do Pelé. Aliás, queriam que fizéssemos uma campanha igual à daquele puta time que tinha o Santos.

O jovem atacante Almir, que já havia trabalhado com Minelli no Grêmio, era um dos principais destaques do time e endossou a fala do comandante.

— O Santos financeiramente não era um clube de ponta, tinha o nome grande como sempre teve e vai ter, mas na época não tinha as condições financeiras, centro de treinamento, grandes nomes de jogadores.

Tais dificuldades fora de campo refletiam dentro das quatro linhas. E, apesar de ser uma equipe extremamente competitiva, o Peixe não conquistava o Campeonato Paulista desde 1984. Em relação às competições nacionais, a escassez de títulos era ainda maior, pois o último caneco levantado pelo Alvinegro Praiano fora em 1968, ainda com o Rei Pelé em campo, e com a nomenclatura de Torneio Roberto Gomes Pedrosa, o Robertão.

Mesmo com as notícias de que o presidente Marcelo Teixeira investiria com a ajuda do empresário Juan Figger em jogadores de nível de

Seleção Brasileira, o técnico Rubens Minelli, que já ouvira tal promessa em outras equipes, não se iludiu, pois sabia que não ganharia grandes reforços para a temporada. Então, teria que trabalhar muito e lapidar ainda mais seus principais atletas. A pré-temporada seria o momento ideal para que ele tivesse o grupo em mãos, fizesse testes, treinasse variações de jogadas, esquemas, e preparasse todo o grupo fisicamente.

Para a diretoria, todavia, as prioridades eram outras.

— Nós estávamos na pré-temporada. Logo nos primeiros dias, arrumaram um confronto contra a Ponte Preta. E eu não autorizei o jogo. Tinha seis dias de pré-temporada; eu estava começando a trabalhar e já arrumaram um jogo, porque, com essa partida, eles pagariam a pré-temporada. Então, existiram muitas coisas que eu não estava acostumado. Procurei fazer do meu modo e não consegui – recorda-se o treinador.

O início da preparação ocorreu em Águas da Prata, interior de São Paulo, onde, após exames de rotina – que ocorrem em todo início de temporada –, Minelli programou treinamentos em três períodos: 5h45; 10h; 17h. Treinos físicos, técnicos e táticos. Tudo visando à evolução da equipe.

Já no fim da pré-temporada, aí, sim, os amistosos foram feitos. Diante do Rio Branco, seu ex-clube, vitória por 5 a 1; e enfrentando uma seleção na região de Poços de Caldas, placar de 6 a 0 para o Alvinegro Praiano.

Antes de iniciar oficialmente sua história no Santos, Minelli queria se aproximar ainda mais de seus atletas. Sabendo da condição financeira limitada, optou, então, por usufruir de um dos terrenos do próprio clube para se concentrar antes da estreia no Brasileiro, na qual jogaria o clássico contra o São Paulo. A fim de buscar inspirações para o que estava por vir, levou o grupo para um verdadeiro templo santista, local que foi importante e fundamental para que os craques do Peixe, das décadas de 1960 e 1970, preparassem-se e "empilhassem" troféus durante anos: o Rancho Manacá, que ficou conhecido como Chácara Nicolau Moran, localizado no quilômetro 34 da Rodovia Anchieta.

No entanto, novamente o treinador foi surpreendido negativamente.

— O local estava completamente abandonado. Queria usar aquela estrutura para estrear no campeonato e estava precária. Tinham roubado as telhas. Havia móveis quebrados, cama com dois tijolos segurando uma perna – lamenta Minelli, que sabia da história e importância do local para o clube.

E quando, enfim, os jogos aconteceram para valer, a coisa não andou. Em cerca de 40 dias no comando do Peixe, foram 20 dias de treinamento e seis partidas disputadas. Dois clássicos frente ao Corinthians e São Paulo, que renderam dois empates, duas vitórias em casa contra Guarani e Paysandu e dois tropeços para Goiás e Fluminense. Uma campanha normal para um início de trabalho. Contudo, em razão do pensamento de imediatismo da diretoria santista, a derrota para o Tricolor Carioca por 4 a 0 nas Laranjeiras tomou uma repercussão maior do que a esperada, o que atrapalhou a permanência do técnico Rubens Minelli na Vila Belmiro. Para muitos, tal goleada fora o principal motivo da sua demissão, mas para o próprio comandante, as razões vão muito além.

MEDIDA EXTREMA

Antes de partir para o confronto pelo Campeonato Brasileiro diante do Fluminense, o Santos teve alguns problemas de logística para a viagem. Mais uma vez, o que estava em jogo era a estrutura do Peixe, que por pouco não atrapalhou o clube na chegada à Cidade Maravilhosa. E quem teve papel fundamental para resolver a questão foi o técnico Rubens Minelli.

— Tínhamos que jogar com o Fluminense, no Rio. Nós íamos de ônibus, e queriam ir com o ônibus do clube, mas o veículo não apresentava condições de viajar distâncias longas. O Paulo, um japonês que era o motorista, disse que o motor estava muito ruim e que ficaríamos no meio da estrada se fôssemos com ele. O supervisor que estava lá não deu bola, disse que tínhamos que viajar com aquele ônibus mesmo e que tudo isso era frescura. Então, eu e um outro diretor nos propusemos a rachar e alugar um novo ônibus. No final das contas, o Santos arcou com a despesa, não nos deixou pagar – relembra o treinador.

Porém, diante de tudo que viria pela frente, Minelli acabara pagando um preço bem maior do que o do próprio ônibus.

— A demissão não aconteceu por causa dos resultados, pois foram normais. Na verdade, eu tive muito desgaste com diretores de determinados segmentos. Enfrentei problemas também no vestiário, com um diretor do Santos, que entrou fumando charuto e eu pedi para que ele saísse. Não deu tempo de lançar os garotos. Com 40 dias de trabalho, sendo 20 de pré-temporada, você está pensando em armar o time para depois ver o que que dá para aproveitar. Então, essa somatória de fatos aconteceu e eu fui dispensado.

Almir, um dos principais jogadores do Alvinegro Praiano, que nesse período também conseguiu uma oportunidade na Seleção Brasileira, opina:

— Eu acho que não deu certo porque foi pouco tempo de trabalho. Mas, talvez, pelas ideias diferenciadas que ele queria passar para a diretoria, para a própria torcida e para a imprensa, a cobrança era maior por ele ser um treinador Campeão, de renome. A cobrança foi grande no sentido de resultados. Só que o Santos não tinha condição de contratar jogadores de nível que o grupo precisava para poder ter peças e reposição. Então, acredito que ele teve essa dificuldade. E veio a cobrança. A gente sabe que no Brasil é complicado, os resultados têm que vir de imediato, os clubes não dão um tempo de trabalho. Enfim, acredito que se ele tivesse continuado, poderíamos ter tido melhor participação e desempenho no campeonato, pois as ideias dele eram muito positivas, muito boas; os trabalhos sempre foram de excelência.

A honra de defender as cores e a lendária camisa do Alvinegro Praiano deram lugar à frustração. A despeito da curta passagem, a falta de profissionalismo, estrutura e transparência de quem geria o Peixe para com o treinador Minelli interferiam negativamente em sua trajetória.

— O Santos, como clube, foi uma decepção para mim. Era o Santos Futebol Clube, no qual eu esperava encontrar tudo e, na verdade, parecia um time de várzea. Pelo amor de Deus! Eu me arrependo de ter ido. Foi o único clube que me arrependo de ter ido. Não tinha como trabalhar. Uma onda do lado de fora, com aquele bando de jogadores antigos que se reuniam em um posto de gasolina e derrubavam treinadores. Não podia treinar. Você ia treinar e estava cheio de vagabundos de bermuda enchendo o saco, vaiando os treinamentos – declara Minelli se referindo ao contexto da época e não à história do clube.

FICOU SÓ NO ANÚNCIO

A passagem pelo Peixe havia sido, até então, a mais rápida em toda a vitoriosa carreira de Rubens Minelli. E depois que deixou o Santos, o treinador seguiu em uma maré de azar na profissão.

Em novembro de 1992, o Botafogo, de Ribeirão Preto, surgira novamente em sua vida e estava disposto a tê-lo como técnico de qualquer maneira. A última vez que o treinador passou pelo clube havia sido em 1966. Uma passagem breve, mas que lhe rendeu um título em um torneio preparatório ocorrido na América Central, o Pentagonal da Guatemala.

O Pantera vinha de uma temporada bem decepcionante. No último Campeonato Paulista fora apenas o 11º colocado em seu grupo. Assim, com o intuito de mudar esse cenário, queria ter Rubens Minelli no comando do time.

Depois de receber alguns telefonemas do clube, o técnico foi convidado a ir ao interior paulista para entender o projeto e ouvir a proposta botafoguense.

— Eu fui para Ribeirão Preto, conversei com a comissão técnica e tudo. Só depois disso fui falar com o presidente. Aí, acertamos as bases.

As bases giravam em torno de cinco mil dólares. Valores altos, principalmente para uma equipe com poucas pretensões na temporada e que, dificilmente, brigaria por títulos ou por algo grande. Era um plano ousado da cúpula Tricolor, cujo presidente José Antônio Montefeltro precisaria mover montanhas para que Minelli fosse contratado.

A ideia do treinador, que não gostava de ficar parado, era disputar, ao menos, o Campeonato Paulista pela equipe do Botafogo-SP antes de se reinserir no mercado. Com tudo apalavrado e contrato a ser iniciado no dia 1º de janeiro de 1993, nos bastidores, o técnico Rubens Minelli já se movimentava e conversava com sua comissão e com a diretoria, a fim de definir os primeiros passos. Chegou a solicitar a contratação de alguns reforços para a equipe. Ponderou a necessidade de se fazer uma pré-temporada em algum local mais estruturado, entre outras exigências.

Da primeira para a última conversa que Minelli tivera com Montefeltro, muita coisa havia mudado. O objetivo, que antes era fazer um bom papel na competição, passou a ser apenas não cair de divisão no Estadual de 1993. E depois de perceber que tudo o que foi pedido pelo treinador estava um pouco acima do que o clube poderia oferecer, o mandatário do Pantera recuou.

Minelli estava em Valinhos recarregando as energias e se preparando para o novo desafio quando foi surpreendido por uma visita inesperada.

— O presidente passou na chácara. Disse que não havia conseguido o patrocínio para me bancar e avisou que estava desfeito o negócio. E ainda me pediu para não comentar com ninguém – revela o comandante.

E tudo terminou antes mesmo de começar. Para o azar ou a sorte de Minelli, que tinha deixado o Santos após apenas 40 dias de trabalho.

DOR IMENSURÁVEL

Rubens Minelli, ainda sem saber se valorizar e sem levar em consideração tudo o que havia construído, de novo entrou em um projeto pouco promissor, no qual tinha muito mais a perder do que a ganhar.

Assumiu o XV de Piracicaba com o Campeonato Paulista em andamento e com o clube em uma situação para lá de complicada, mal colocado e com apenas 33% dos pontos conquistados.

— A situação estava muito ruim – diz Minelli ao se recordar do momento em que chegou ao clube.

— Lembro que o XV não estava bem na tabela, estava na zona de rebaixamento e precisava de um treinador experiente. Então, surgiu o nome do Rubens Minelli – revela o diretor adjunto do clube, Vado Benitez.

O contrato seria, a princípio, até o fim da competição. O principal objetivo, mais uma vez, era a luta contra o rebaixamento. E o comandante teria o segundo turno inteiro para fazer o XV reagir.

Logo no primeiro compromisso à frente da equipe, ele enfrentaria uma pedreira. Ninguém mais ninguém menos que o São Paulo, de Telê Santana, na época, o detentor do título da Copa Libertadores e do Mundial de Clubes diante do Barcelona, da Espanha. Ou seja, ambiente totalmente desfavorável para o debute de Minelli. E pelo que se pintava externamente, só um milagre salvaria o XV de uma senhora goleada. Porém, o milagre veio e veio do banco de reservas do Nhô Quim, o nome? Rubens Minelli.

Aliás, a imprensa inteira subestimava a equipe do interior

— Antes de começar o jogo, o Telê foi me cumprimentar. Eu o parabenizei pelas conquistas e ele me desejou sorte. Uns jornalistas que estavam ali por perto e ouviram isso falaram que eu iria precisar de muita sorte mesmo naquele jogo. E me deram muita sorte, já que eu ganhei o jogo! – lembra Minelli.

A partida fora disputada no Canindé diante de um Tricolor que tinha uma equipe estrelada. Jogadores do nível de Zetti, Ronaldão, Raí, Palhinha e Müller.

O treinador alvinegro sabia que, para derrotar o time do Morumbi, teria que traçar uma estratégia minuciosa e seus atletas cumprirem-na à risca. Queria uma equipe aplicada defensivamente e rápida e inteligente ofensivamente.

— Esse jogo eu me lembro. O São Paulo tinha uma zaga de dois paquidermes, dois jogadores grandes e pesados. O time deles veio para cima e eu abri dois caras velozes pelo lado de campo, fiz dois gols de contra-ataques, e ganhei de 2 a 0.

Gols marcados pelo atacante Celso Luís.

Tal triunfo – o primeiro de um time do interior frente ao Tricolor do Morumbi desde 1991 – deu esperanças à torcida do Nhô Quim. E foi um bom motivo para Minelli e sua comissão técnica comparecem ao Vado Mirante Restaurante, onde iniciaram a refeição pela entrada preferida do técnico, as azeitonas chilenas, e terminaram com o famoso Pintado na Brasa, especialidade da casa, e de Piracicaba.

A empolgação, porém, durou pouquíssimo tempo, pois, dali em diante, o XV começou a enfileirar resultados negativos e voltou a ser o time instável do primeiro turno.

— O time não deu sequência devido ao pouco tempo de entrosamento, entre outras coisas do futebol. Foram muitas contratações de jogadores experientes que não deram certo – afirma o cartola quinzista, Vado.

No segundo turno, o Alvinegro faria um ponto a mais em relação ao turno anterior, vencendo o triplo de jogos, mas de nada adiantou.

— Nessa primeira vez que assumi o XV, o time estava em desespero. Eu fui para tentar salvar e naufraguei. Não consegui tirar o time dessa situação e ele acabou caindo para a segunda divisão.

O jogo que decretou o descenso do time também fora o último de Minelli no comando do XV. Uma derrota por 2 a 1 para o Palmeiras, em pleno Parque Antarctica, no dia 8 de maio de 1993.

É certo que Minelli já havia tido diversas decepções e frustrações ao longo de toda a sua carreira. Títulos praticamente ganhos que foram perdidos, derrotas extremamente dolorosas, desclassificações injustas. No entanto, nenhuma delas fora tão sentida quanto o rebaixamento do Nhô Quim.

— Pelo amor de Deus! O sentimento de ser rebaixado é o mesmo de quando morre um parente querido. É a coisa mais triste que existe no futebol – lamenta o comandante quinzista.

— Para os jogadores, é muito triste também, eles se sentem impotentes. É difícil para todos, mas o Seu Minelli não foi o culpado e, sim, todos que estavam no projeto – completa o diretor Vado Benitez.

E se engana quem acha que a situação não podia piorar. A decepção e indignação dos quinzistas deram lugar à raiva e à irracionalidade de alguns torcedores que queriam agredir, a todo custo, o elenco do XV e o técnico Rubens Minelli. E por pouco não sobrou para o xodó do treinador, seu Ford Landau preto. Alguns torcedores descobriram que o carro era de Minelli e queriam depredá-lo com pedaços de pau. Ainda bem que, no fim, tudo não passou de mais um susto.

A breve e triste passagem por Piracicaba em 1993 contou com apenas 15 partidas disputadas e um retrospecto de três vitórias, cinco empates e sete derrotas.

LUGAR ASSOMBRADO

Tempos depois de sair do XV de Piracicaba, ainda sem clube e morando em São Paulo, Minelli não conseguia ficar parado. Apesar de não estar trabalhando, precisava gastar suas energias de alguma maneira. Durante esse período, as caminhadas no Parque do Ibirapuera ao lado de seu grande amigo Milton Fernandes foram a saída encontrada. Em uma dessas caminhadas, Minelli começou a se sentir ofegante e, durante a conversa com Milton, experimentou uma falta de ar mais acentuada. Tal reação começou a lhe preocupar. No mesmo dia, acompanhado de um outro amigo, o Zezinho, foi procurar a ajuda de um profissional.

Depois de uma visita ao Incor (Instituto do Coração) e alguns exames, foi constatado o entupimento de uma artéria do coração, sendo necessária a realização de uma ponte mamária. Tal obstrução foi acelerada pelo estresse que o treinador vinha passando nos últimos anos de sua carreira. *Vide* sua passagem frustrada e precoce pelo Peixe, o não acerto com o Botafogo-SP e a queda com o XV.

A cirurgia realizada pelos famosos cirurgiões Sérgio de Oliveira e Adib Jatene foi um sucesso. Rubens Minelli, aos poucos, voltara a ter uma vida normal. Ainda sem excessos e preocupação, coisas que demorariam um pouco a acontecer.

— O pós-operatório não foi complicado; depois de sete dias eu estava andando. Os médicos falaram que eu duraria mais uns 15 anos e já se passaram 29[6] – brinca o treinador.

Meses após a cirurgia, ele voltara a "olhar os classificados da bola" e seguiu pulando de clube em clube, ainda sem conseguir fazer um trabalho consistente e de destaque. No ano de 1994 chegou à Araraquara para treinar a Associação Ferroviária de Esportes e, outra vez, não sabia onde estava, de fato, metendo-se. Pegou uma equipe na 12ª colocação da elite do Campeonato Paulista (havia 16 no total e caiam três). O clube tinha um grupo bom e experiente, porém dividido. Com problemas financeiros, flertava com o rebaixamento.

— Quando o Seu Minelli assumiu a Ferroviária, nós estávamos mal. Sempre naquela situação do meio para baixo da tabela, que era a realidade da maior parte dos clubes do interior; eles entravam para não

[6] Ano da declaração: 2022.

cair. As equipes que estavam na A1 brigavam para não cair para A2, com exceção de um ou dois clubes do interior que conseguiam ficar entre os cinco primeiros, mas normalmente eram os grandes – afirma o jovem meio-campo Volnei, que começava a ganhar espaço entre os profissionais.

O início foi animador. Na estreia contra o Santos na Vila, 1 a 1, gol da Locomotiva, marcado por Estrela. Na sequência, um empate, duas vitórias e uma derrota. Porém, por mais que o time demonstrasse estar no caminho certo, internamente as coisas não iam tão bem. Começando por um de seus principais jogadores, Estrela, que deu a primeira dor de cabeça para Minelli e sua comissão técnica.

— A grande preocupação de Minelli era o nosso meia-atacante, Estrela [apelido por gostar muito da noite]. Jogador habilidoso, criativo. Se o adversário deixasse, ele desequilibrava qualquer defesa. Mas, como não gostava de trabalhar, sua marcação era fácil. O Minelli ficou muito, mas muito puto da vida quando encontrou com ele de madrugada rodando com a moto próximo à casa dos atletas, onde funcionava também a concentração. No dia seguinte, conversamos a respeito e comecei a trabalhar com o Estrela em separado – relembra o preparador físico da Ferroviária na época, Paulo Bustamante.

Somado a isso, o time vinha em uma maré negativa de lesões, a cada jogo o departamento médico ficava mais cheio.

Então, a solução foi apostar nos pratas da casa.

— Ele era um treinador que investia muito na juventude, procurava dar oportunidade para a galera mais nova e eu fui um desses – recorda-se Volnei.

ALMOÇO SURPRESA

Com o intuito de aumentar os laços e conhecer melhor o novo técnico da Ferroviária, o presidente Antônio Parelli Filho chamou Rubens Minelli para almoçar.

Conhecedor de diversos países e restaurantes pelo Brasil e pelo mundo, o comandante, que ainda não estava habituado a Araraquara, mostrou-se curioso em relação às especialidades regionais, os principais restaurantes da cidade, e ficou na expectativa do local da refeição. A princípio, o mandatário o chamou para seu escritório. Minelli entendeu que Parelli fazia questão de levá-lo em seu carro até o restaurante. Assim que chegou lá, já com fome, começaram a conversar por um período, fato que deixou o treinador "encucado", pois não havia nenhuma movimentação do presidente quanto a sair para comer. Foi aí que o inesperado aconteceu.

— Ele me convidou para almoçar e pediu duas quentinhas. Arrumou a mesa no escritório, colocou um pano na escrivaninha e lá comemos – recorda-se o comandante.

O treinador era sistemático até durante as refeições. Apesar de comer de tudo um pouco, não gostava de misturar os ingredientes e, assim como os seus times, seu prato era extremamente organizado, com cada coisa de um lado. Mesmo assim o técnico não fez desfeita.

— Eu não gosto muito de comida toda misturada, então, só belisquei – concluiu.

Tais atitudes transformaram Parelli em um mandatário folclórico. Além desse episódio, Minelli também revelou que o presidente comprava a revista masculina *Playboy* e distribuía aos jogadores.

Trabalhava forte todos os dias, pois acreditava que, com seriedade e foco por parte de todos, poderiam melhorar a posição e o desempenho da Ferrinha. Era incisivo com os atletas, principalmente com os mais experientes. Gostava muito de treinar as saídas rápidas a ponto de cronometrar todas e cobrar os jogadores quando eram executadas de maneira lenta.

A campanha que seguia estável mudou drasticamente de figura quando os times grandes passaram a ser os adversários. Derrotas para São Paulo, Portuguesa e Palmeiras.

— A Ferroviária tinha grande expectativa, principalmente a de vencer em casa os times do interior. De vez em quando, acontecia um bom resultado contra os grandes. Normalmente, a briga era entre esses clubes e, quando tínhamos que jogar contra eles [Palmeiras, São

Paulo, Corinthians], normalmente era derrota. Se conseguíssemos um empate, meu Deus! Estava excelente. Havia uma discrepância muito grande, também financeira, entre os clubes – declara Volnei.

Aliás, o jogo diante do Alviverde foi um dos capítulos à parte na história de Minelli na Ferroviária e merece ser lembrado, começando com a concentração para o duelo.

— Fizemos uma campanha razoavelmente boa no início, mas depois aconteceu tudo praticamente em uma semana. Nós jogávamos na quinta-feira, em São Paulo, contra o Palmeiras, e no sábado contra a Ponte Preta, em Campinas. Nós fomos de Araraquara para São Paulo. Nos botaram num hotel de curta permanência [motel], só casais entrando e saindo. E as refeições eram feitas em outro lugar. Então, estávamos dormindo, acordávamos e tínhamos que nos vestir para tomar café fora, porque lá não tinha. Além disso, em frente ao hotel saiu um tiroteio, à noite, na Avenida Duque de Caxias, e estávamos no meio do povo. Isso já me deixou bastante incomodado – conta o treinador.

Foi nessas condições que Minelli e seus comandados chegaram ao Parque Antarctica para enfrentar o Palmeiras da era Parmalat, uma das mais fortes equipes da história do clube, recheada de craques, como Antônio Carlos, Roberto Carlos, César Sampaio, Mazinho, Zinho, Rincón, Edmundo e Evair.

Antes do confronto, o comandante foi enfático ao assumir que sabia das dificuldades, mas que aquele jogo não fazia parte do "Campeonato" que a Locomotiva disputava.

— Os jogos fundamentais para nós são aqueles contra times que também lutam para fugir do rebaixamento. Nosso objetivo é evitar a derrota – declarou Rubens Minelli ao jornal *Folha de S.Paulo*, de 14 de abril de 1994.

A Ferroviária fez uma excelente partida fora de casa. Jogou de igual para igual contra a "Seleção" Alviverde. Um duelo acirrado, com três expulsões (duas do Palmeiras e uma da Ferrinha) e que foi decidida pelo "matador" Evair, que anotou dois tentos. Juari descontou.

Minelli elogiou a equipe, mas lamentou o revés.

— Tomamos conta da partida; o time foi muito bem, um jogo equilibrado. E perdemos o gol de empate num lance bisonho. O meu ponta-esquerda driblou o goleiro na corrida, ficou com o gol livre, meio de lado, e chutou fora, se não teríamos empatado.

É certo que o técnico achava bem improvável a vitória, no entanto, o gosto amargo da derrota, pelo que foi o jogo, somada a uma atitude bastante desconfortável de alguns membros da alta cúpula do clube o deixaram em dúvida quanto à sua continuidade em Araraquara.

TIETES DO RIVAL

Após o apito do juiz, o vestiário da Ferroviária era um misto de orgulho e frustração. Orgulho porque o time se doou durante os 90 minutos e fez uma bela partida fora de casa, diante da equipe mais forte da competição; e frustração, porque, por muito pouco, não trouxe um ponto na bagagem.

Enquanto Minelli e seu grupo se preparavam para deixar o estádio, os diretores da Ferrinha sumiram. Ninguém sabia deles. E só foram localizados um bom tempo depois, após uma "pista" dada por seu amigo e adversário naquela noite, Valdir Joaquim de Morais, que era preparador de goleiros do Palmeiras.

— Quando acabou o jogo, o Valdir Joaquim de Morais foi me cumprimentar no vestiário e não tinha nenhum dirigente meu lá. Falei: "Pô, não tem nenhum diretor meu aqui, acho que não ficaram satisfeitos, já que o time não ganhou". E o Valdir rebateu: "Não é isso, não. Eles estão lá no vestiário do Palmeiras pedindo camisa e autógrafos para os jogadores". Isso me deixou furioso e fiquei inclinado a deixar o clube, só não larguei, porque, dali a dois dias, jogaríamos com a Ponte Preta.

Campinas e a Ponte Preta – próximo adversário da Ferroviária – marcaram negativamente a vida de Rubens Minelli no ano de 1972, quando o técnico, que fazia um bom trabalho na Macaca, recebeu a notícia de que sua mãe havia falecido. Vinte e dois anos depois, o clube e a cidade, mais uma vez, entrariam na vida do treinador. Novamente, de maneira triste. Só que, dessa vez, a sua vida pessoal não foi afetada e, sim, a profissional.

Os problemas e a dor de cabeça do comandante começaram muito antes de a bola rolar. A Ferroviária visitaria a Ponte, e tinha um total de oito desfalques para o confronto do dia 16 de abril de 1994, praticamente um time inteiro.

— Tanto a Ferroviária quanto a Ponte Preta estavam lutando para não cair para Série A2, e ali desandou a maionese – garante Volnei.

Depois do apito do árbitro que iniciara o jogo, com certeza, aquele dia se transformara em uma das piores lembrança, se não a pior, da carreira de Minelli e de muitos jogadores da Ferrinha que ali estavam. Uma ferida que nunca cicatrizou.

O MAIOR VEXAME NO FUTEBOL

Quem conta essa história detalhe a detalhe são os personagens desse fatídico dia, Rubens Minelli e o meio-campo Volnei, que sofreram da mesma forma, um de dentro de campo e outro do banco de reservas.

O tormento de ambos começou logo cedo, já que apenas na metade do primeiro tempo, a Macaca havia balançado as redes três vezes.

— Esse jogo não tem explicação. Fomos jogar contra a Ponte Preta, e com uns 15 minutos de jogo, meu goleiro Rafael, que era bom goleiro, se machucou; acho que valorizou a contusão. Ele saiu e entrou um garoto [Paulo Sérgio], um goleiro do Juvenil. Era um bom goleiro também, mas estava começando e sentiu a entrada no campo. Infelizmente, foi uma lástima. Ele saía do gol e derrubava os beques. Uma coisa esquisita. Eu fiquei no ar. Olhei e pensei: "O que eu faço agora?". Perdido, não tinha o que fazer. Eles desciam e faziam gol, desciam e faziam gol. Fizeram gol até de arremesso lateral. Deram arremesso lateral, a bola passou por todo mundo e o ponta-esquerda do outro lado só empurrou para dentro, sem marcação. Aí, comecei a me questionar o porquê de não ter saído depois do jogo contra o Palmeiras – conta Minelli.

Para piorar o que já estava ruim, o zagueiro Vilmar foi expulso e o massacre na etapa final seria ainda maior.

— Foi muito doido esse jogo contra a Ponte Preta. A gente teve jogador expulso, e o pessoal da Ponte Preta, como também estava mal, queria lavar a alma. Então, eles vinham para cima o tempo todo. Se desse para eles fazerem 20, eles iam fazer 20. Eu lembro como se fosse hoje... Alguns jogadores do nosso time pedindo para os caras irem mais devagar, que já estava bom, o vexame já estava grande. Eu lembro da vontade da Ponte de continuar atacando, atacando... Podia ter sido até mais. Eles realmente lavaram a alma. Eu, jovem, estava perdido dentro do campo, a bola queimando no pé, imagina, com emocional todo arrebentado – lamenta Volnei.

Luciano Lamaglia acabou fazendo o gol de honra da Ferroviária. Placar final, Ponte Preta 8 a 1. O resultado se tornou, até aquele momento, a maior goleada que a Locomotiva sofreu em toda a sua história, sendo superada apenas no ano seguinte, quando o Coritiba vencera a Ferrinha por 8 a 0.

No vestiário, o clima era de velório. Todos desnorteados e abalados com a goleada sofrida.

Minelli deixou o gramado arrasado e, após o recente rebaixamento com o XV, a enxurrada de gols desestabilizou-o por completo. Para piorar o seu estado, diversos amigos e conhecidos assistiram ao duelo *in loco*, vendo de perto seu desespero e sofrimento a cada erro de seu time e a cada gol do adversário. No entanto, o triste episódio também serviu para testar o coração pela primeira vez, após sua operação, e mostrar que, ao menos nesse quesito, tudo estava bem.

Enquanto o grupo voltou para Araraquara, onde fora recebido com protesto e sob xingamentos da torcida, o técnico Rubens Minelli deixou o Moisés Lucarelli rumo ao seu retiro a poucos quilômetros dali com o intuito de pensar no futuro. Seu caseiro, Valdir, foi buscá-lo no estádio dirigindo o seu xodó, o Landau.

Um ou dois dias isolado foram o suficiente para que o comandante refletisse e, enfim, tomasse uma decisão em relação à sua continuidade no clube.

— Eu estava na minha chácara, em Valinhos, e liguei para o presidente: "Presidente, não tenho condições de continuar a trabalhar na Ferroviária, o senhor tem liberdade para me dispensar e eu prefiro assim, não precisa acertar nada comigo, está tudo certo. Mas o senhor pode arrumar outro treinador, porque eu não vou querer mais". Assim, eu entreguei o cargo – revela Minelli.

Será que sua carreira tinha chegado ao fim e ele não conseguia enxergar isso? Será que ele ainda tinha lenha para queimar? Minelli começava a pensar em aposentadoria, e em qual seria o seu próximo passo ao deixar o cargo de treinador, quando, de repente, o clube que havia recuperado seu prazer em trabalhar novamente bateu em sua porta em busca de seu conhecimento, sua qualidade e de se retratar após sua saída "conturbada" há alguns anos.

Era oficial, o Paraná Clube estava de volta à sua vida.

DE VOLTA PARA CASA

Com muitos títulos conquistados, Minelli, até aquele momento, havia sido feliz em diversos clubes. No entanto, se existia um lugar com o qual ele realmente se identificou, esse lugar era o Paraná Clube. A cidade lhe fazia bem. O clube confiava em seu trabalho, e os resultados, na maioria das vezes, respaldavam-no. Era sua segunda casa.

— A chegada do Minelli ao Paraná Clube em 1994 veio corrigir uma injustiça feita a ele no ano de 1990. Na sua primeira contratação, eu ocupava o cargo de assessor da presidência e testemunhei a forma incorreta, impessoal, com a qual ele foi demitido [por telefone], sem reconhecer o excelente trabalho até então realizado no primeiro ano da fusão Pinheiros/Colorado. Então, em 1994, eu como presidente do Conselho Diretor, tive a oportunidade de homenageá-lo com o seu retorno em plena disputa do quadrangular final da competição Estadual. Nesta ocasião, foi dada ao treinador uma equipe muito mais qualificada do que aquela que ele encontrou em 1990 – revela Ocimar Bolicenho.

Minelli substituiu Cleocir dos Santos, o Tico, auxiliar de Levir Culpi, e que estava como técnico interino. Tico conseguiu classificar o Paraná à fase final do Estadual, mas por conta da irregularidade nas últimas partidas e a pouca bagagem na função, o clube resolveu apostar em um técnico de mais grife para o cargo.

Para a surpresa positiva do comandante, a situação do Paraná Clube era bem diferente da que ele havia se acostumado a encarar nos últimos anos, dessa vez, ele não foi contratado para ser o "salvador da pátria" ou uma espécie de "bombeiro". O Tricolor da Vila havia se classificado para as finais.

— Ele foi um treinador fundamental para nós. Tínhamos um time limitado, mas quando ele chegou, em 1994, deu aquele "bum" – garante o lateral Denílson.

Restavam seis confrontos para a conquista. Coritiba, Atlético e Londrina eram os adversários do quadrangular final, que contaria com jogos de ida e volta, e quem somasse mais pontos seria o grande Campeão do Estadual. Sendo assim, Minelli não tinha tempo a perder.

— Nesse primeiro contato, Seu Rubens chegou, reuniu o grupo e disse: “A partir de amanhã começamos o trabalho. Às 9h estaremos dentro de campo, mas estejam às 8h30 no clube”. Então, esse foi um primeiro momento de disciplina, onde entendemos que era séria a maneira que ele conduzia o trabalho – recorda-se Manoel Santos, preparador físico paranista.

Aliás, Manoel foi de extrema importância para o treinador não apenas no que diz respeito à parte profissional, mas à pessoal também. Recém-operado do coração, Minelli precisava seguir uma rotina saudável para não voltar a ter esse tipo de problema no futuro e recebeu uma recomendação médica para que fizesse caminhadas diariamente. Para isso, contou com o auxílio do preparador físico, que acabou se tornando o seu grande amigo no clube e na cidade e o ajudou a manter uma rotina ainda mais saudável.

— Seu Rubens sempre se alimentou bem, cuidava da cabeça. Ele me pegava religiosamente às 6h e fazíamos uma caminhada de uns sete quilômetros no Parque Barigui. Caminhávamos até às 7h, porque tínhamos que estar em casa umas 7h30 para depois ir para o clube – relembra Manoel.

Tais atividades eram regadas de descontração. Minelli levava essa obrigação com muita alegria. Durante o percurso feito com Manoel, e futuramente com Paquito, o treinador gostava de brincar com as pessoas que também estavam por lá se exercitando.

— Estávamos nós três no parque e ele dava apelido para todo mundo lá. Ele viu um cara de chapéu e falou: “Lá vem o dono do parque”. Cada um que passava, ele dava um apelido. E quando começávamos a rir, ele falava: “Tão rindo do quê? Eles vão chamar a gente de os três patetas” – relembra Manoel.

Sempre comunicativo, Minelli gostava de socializar quando estava entre amigos. Nesses momentos, a bebida fazia parte, porém, de maneira responsável e controlada. Apreciava cerveja, *whisky* e, principalmente, um bom vinho. Depois de sua operação, contudo, passou a beber com maior moderação. Tais recomendações eram seguidas fielmente e levadas com leveza e bom humor.

— Lembro que o cardiologista falou para ele: “Você só pode tomar vinho”. E ele respondeu: “Então, comprei uma taça de meio litro!” – diverte-se Carlinhos Neves.

Voltando ao futebol, o grupo que Minelli tinha em mãos, três anos depois que deixou o Paraná, era quase todo diferente. Porém, por conta do seu jeito de ser, de trabalhar e do seu vitorioso currículo no futebol, o elenco o abraçou e se empenhou ao máximo, pois sabia quem estava seguindo.

— Muita gente falou: "Vai chegar um treinador... Agora vocês verão o que, de fato, é um treinador". Quando o Seu Rubens Minelli chegou, eu pensei: "Preciso ficar atento a tudo que esse cara fala, porque ele é um puta de um treinador, e se eu quiser continuar a viver no futebol e a realizar, ganhar campeonatos, o que esse cara falar eu vou ter que prestar atenção". E com certeza eu prestava atenção até no jeito que ele respirava. Tem uma frase que ele me disse uma vez que nunca mais saiu da minha cabeça. Era assim: "O futebol é o único esporte que dá oportunidade do mais fraco ganhar do mais forte. Então, faça, treine, dedique-se, porque, quando você jogar com os mais fortes, vai ter essa oportunidade". Isso foi uma coisa que me marcou bastante – relembra o atacante Claudinho.

Minelli era mais do que alguém que se importava apenas com táticas e com o campo de jogo. Para ele, o futebol ia além disso. Sabia que o extracampo era tão importante quanto e que podia interferir, e muito, no desempenho dentro das quatro linhas. Por isso, tanto no Tricolor da Vila quanto em todos os clubes que comandou, não media esforços para valorizar e ajudar cada funcionário do clube, independentemente de sua função.

— O Seu Rubens era uma pessoa que exercia liderança e impunha respeito, mas não era um respeito imposto pelo medo e, sim, conquistado pela admiração de todos. Um cara que defendia muito os jogadores, a comissão técnica. Preocupava-se com as entrevistas e nos instruía quanto a isso. Quando tínhamos alguma situação para resolver com algum diretor, ele nos orientava. Sempre para que o ambiente tivesse fluidez. Ele nunca deixou ninguém na mão, constantemente nos norteava sobre as nossas atitudes. Ele falava: "Professor, o difícil não é treinar os jogadores, e sim treinar os dirigentes, a torcida e a imprensa". Ele geria todo esse ambiente. A grande sacada dele era conseguir convergir pessoas diferentes, de mundos diversos, e fazer com que todos remassem o barco para o mesmo lado. O Seu Rubens era muito bom nisso – declara Manoel Santos.

Porém, sua cabeça, nem por um segundo, parava de pensar no jogo e no futebol.

— Naquela época, ele já foi disseminando isso. Parte tática, aplicação de metodologia, estudo, análise de desempenho. Ele ia nos preenchendo com muito conhecimento e nos mostrando que era uma pessoa muito estudada, acompanhava a evolução do futebol, acompanhava o que vinha sendo feito em outro país, através de jogos de Copa. Tinha uma dinâmica de trabalho muito bacana, fazendo pequenos jogos, alguns que ele desenvolvia. Também treinos de velocidade com bola. Hoje, você entra em *sites* e está tudo mastigado, mas, naquela época, o cara tinha que estar à frente do seu tempo, e ele estava. Um precursor – conclui Manoel.

A torcida, que antes era dividida e conflituosa por causa da fusão, não era mais a mesma. Alguns anos foram suficientes para que aceitassem a mudança e se unissem pelo Tricolor. No entanto, uma vez ou outra, ainda "puxavam a sardinha" para os jogadores advindos de seus antigos clubes quando faziam um gol ou uma boa partida.

O primeiro desafio do Paraná no retorno de seu treinador seria o embate diante do Atlético. Clássicos que em sua primeira passagem não tiveram finais felizes, já que não vencera nem Coxa nem Furacão.

E o tabu continuaria por mais um tempo, pois o Tricolor não saiu de um empate sem gols frente ao Atlético.

Para a rodada seguinte, contra o Londrina, Minelli esboçou algumas mudanças na equipe titular, além de ajustes táticos, que fizeram a equipe engrenar e começar a se destacar. O atacante Claudinho, uma das peças-chave da equipe, ao lado de Adoílson e Ney Júnior, ainda se recorda da maneira que o treinador armava o time.

COM A PALAVRA... **CLAUDINHO**

Eu lembro que jogávamos numa formação de um 4-4-2, mas um 4-4-2 antigo, que atuava com dois volantes, dois meias e dois atacantes, só que a qualidade da nossa equipe era demais. Nossa saída de bola era boa. Os zagueiros tinham qualidade de passe, os volantes tinham qualidade de passe, mas não eram dois volantes brucutus, eram dois volantes que tinham uma marcação forte, que davam até uma liberdade para os meias marcarem menos, e aí o bom passe desses volantes é que ajudava para a bola chegar sempre redondinha para nós, atacantes.

Nosso time criava bastante. Com a chegada do Seu Rubens Minelli, e a maneira como ele começou colocar leveza tática, ensinamentos de posicionamento, de como ele gostava que fizesse, jogada pelos lados, triangulação pelos lados... Tudo isso fez com que a gente tivesse uma evolução na qualidade. E eu falo de quem era titular, de quem era reserva, dos meninos que estavam subindo. Todo mundo ele tratava igual e fazia com que essa maneira dele de ver o futebol, de encaixar as peças, fosse para um todo.

Nossa forma de jogar era para frente, de um grupo que trocava bastante passes, não era ligação direta. O grupo também não sentia quando os meninos entravam nos jogos. Jogávamos no ataque sem temer muito lá atrás, porque tínhamos segurança defensivamente. Ele, que trabalhou muito tempo no futebol gaúcho, tendia a ter uma marcação muito forte. Era muito prazeroso, era gostosa a maneira como ele nos colocou para jogar. E essa leveza ele trouxe para a nossa equipe no momento em que estávamos precisando. Ele trouxe essa mudança.

Tal mudança começou a aparecer dentro de campo. Vitória incontestável contra o Tubarão por 3 a 1. Gols de Adoílson, Marcão e Luís Américo.

A primeira vitória de Minelli em clássicos no comando do Paraná veio logo na sequência. E foi de virada contra o Coritiba. Depois de sair atrás no placar, o Tricolor mostrou todo o seu poder de reação e empatou a partida com um gol de muita raça de Adoílson, um minuto depois. Já a virada surgiu dos pés de Ney Júnior, na etapa final, após uma trapalhada da defesa do Coxa entre o goleiro Sadi e o zagueiro Jorjão. A bola sobrou nos pés do camisa 9 tricolor, que viu o arqueiro adiantado e, com muita classe e categoria, encobriu-o. Uma pintura. Com o resultado, o Paraná assumiu a liderança do quadrangular final, e com dois pontos de vantagem sobre os seus rivais.

Na quarta rodada, o empate contra o Furacão por 2 a 2, gols de Claudinho e Ney Júnior para o Tricolor, aliado à derrota do Coxa para o Londrina, mantiveram o Paraná na liderança do quadrangular e ainda deram a possibilidade de ele se sagrar o grande Campeão do Campeonato Paranaense de 1994 em caso de triunfo frente ao Tubarão.

O JOGO DA TAÇA

No dia 5 de junho de 1994, o Paraná entrou em campo contra o Londrina em busca do terceiro título Estadual da sua história e do Bicampeonato consecutivo. A partida estava marcada para às 11h da manhã – devido ao jogo preparatório vespertino da Seleção Brasileira para a Copa do Mundo dos Estados Unidos – e seria disputada no estádio Erton Coelho Queiroz, mais conhecido como Vila Olímpica do Boqueirão. Um estádio mais acanhado, mas que estava lotado para o jogo decisivo; cerca de 14 mil pessoas foram empurrar o Tricolor para mais uma conquista.

Antes da preleção, o técnico Rubens Minelli, em conjunto com o vice-presidente Aramis Tissot, armou uma espécie de "teatro" com o intuito de aumentar a motivação dos atletas e deixá-los mais pilhados para a partida.

— O Aramis conversou com o Seu Rubens a respeito de aumentar a premiação do bicho e, na hora, Seu Rubens já deu a deixa: "Vou deixar a lixeira bem na frente do quadro, você dobra o prêmio e dá um bico na lixeira". Uma ideia genial para estimular aquele grupo acostumado a ganhar. Aumentar o prêmio do bicho é comum em jogos importantes – detalha o preparador físico, Manoel Santos.

Tal gesto ficaria famoso nos vestiários do Paraná dali para frente. Os próprios jogadores improvisavam um balde que fazia as vezes do famoso cesto de lixo de Aramis e deixavam no jeito para o dirigente "meter o pé no balde" e, lógico, dar um bicho mais "gordo".

Já na preleção, depois de apresentar a estratégia para o duelo e revelar as informações sobre o adversário, assim como sempre fazia, o treinador optou por dar moral e acalmar os jogadores para que se mantivessem focados e fizessem uma boa partida. Fatos que estão na memória dos atletas até hoje.

— Eu me lembro de ele passar muita confiança para o momento que viveríamos dentro de campo, enfatizando bastante o que havíamos treinado. Tinha um motivacional com muita inteligência, mas sempre com uma piadinha, uma brincadeirinha. E outra: era uma "final" de campeonato onde a gente sabia da força da marcação do adversário. Ele enfatizou bastante isso. O Londrina era uma equipe que sabia marcar e nos marcava bem. A maneira de ele conduzir, eu tenho certeza, nos levou para cima e nos deixou tranquilos para realizarmos aquilo que treinávamos – recorda-se o atacante Claudinho.

— Tudo o que ele determinava a gente seguia. Taticamente já sabíamos a maneira de jogar. Como se diz: "O baile começou a tocar e nós só tínhamos que dançar" – brinca Adoílson.

Quando a bola rolou, o que se observou na primeira etapa foi um Paraná sedento pelo ataque, já que só necessitava da vitória para levantar a taça. No entanto, a equipe parava no bloqueio imposto pelo Londrina e pouco levava perigo ao goleiro Júlio César. Minelli corrigiu algumas situações no intervalo e o time voltou melhor, dando mais trabalho e incomodando a defesa do Tubarão.

— Foi um jogo tumultuado, o Londrina fazia uma marcação cerrada. Era o time que mais batia de frente com a gente, um time ruim de enfrentar, porque não deixava a gente jogar – conta Adoílson.

E, se com a bola rolando o gol estava difícil de sair, o jeito seria achar uma bola parada. E ela veio. Aos 36 minutos do segundo tempo, o meia Adoílson recebeu a bola dentro da área e, ao tentar se desvencilhar do marcador, acabou sendo puxado. Pênalti para o Tricolor!

O PÊNALTI

A história desse pênalti é tão dramática que merece um destaque à parte para contar esse episódio.

Após o árbitro Carlos Jack Magno assinalar a penalidade, tanto os jogadores como a arquibancada no Boqueirão foram à loucura. Era a grande chance do Paraná de abrir o marcador e praticamente assegurar o título Paranaense.

Na bola, estava Adoílson, o grande jogador do time e destaque paranista durante toda a competição. A confiança imperava em todos, pois sabiam da qualidade e competência do camisa 8. Porém, quando o craque foi para a cobrança, o pior aconteceu.

— Começaram a falar: "Você sabe que não foi pênalti. Você vai errar, o Júlio que jogou com você vai pegar" e eu fiquei com isso na cabeça e bati como sempre batia, e o Júlio, que sabia onde eu batia, porque jogamos juntos no Grêmio Maringá, pegou. Os caras cresceram na partida e nossa torcida estava com medo de a gente perder. E foi essa angústia até o fim – revela Adoílson.

Seus companheiros lhe deram força e confiança para o restante do jogo, pois sabiam da importância que o meia tinha para o time. Porém, no íntimo, mesmo sem querer demonstrar, alguns atletas também ficaram abalados.

— O que trouxe preocupação foi que a gente não estava tendo êxito nas nossas finalizações, e também perdemos um pênalti. E o pênalti era o que ia trazer toda a nossa tranquilidade dentro de campo. Então, veio mais uma preocupação, porque eu saí. Seu Rubens Minelli me tirou, colocou outro atleta. Aí, eu pensava: "Será que é hoje? Será que vai dar? Será que não vai?" – conta Claudinho.

Do banco de reservas, o técnico Rubens Minelli compartilhava do sentimento de seus atletas e, igualmente, sofreu até quase o último minuto.

— Houve um desencanto quando ele perdeu o pênalti. O Adoílson era um grande jogador de futebol, totalmente diferente, na maneira de ele correr... Um jogador com cabeça; os dois pés iguais para chutar. E ele foi bater o pênalti e não fez. Arrefeceu o ânimo da gente. Eu pensei: "Puta que pariu, hoje vai ser foda!".

O gol não saiu, mesmo assim o time e Minelli não entregavam os pontos. A cada lance, parecia que o comandante iria entrar em campo. Da área técnica, ele fazia movimentos como se estivesse lá dentro. Chutava, fazia jogo de corpo, marcava. Era uma pilha de nervos.

Restavam poucos minutos para o término da partida e a chance de ser Campeão de maneira antecipada estava terminando. Foi aí que o craque Adoílson voltou ao jogo e chamou a responsabilidade novamente.

— Sempre tive frieza e confiava em mim. Fiquei triste, chateado de ter errado o pênalti. Você fica de cabeça baixa. Mas tinha uma frase que Seu Minelli falava: "Se você não jogar, o time não anda". E isso me veio e comecei a correr e a participar mais. Eu precisava fazer algo além do que estava fazendo – afirma.

A partida se encaminhava para um empate em 0 a 0. Naquele desespero de fim de jogo, a defesa tricolor lançou bola para a área do Londrina e, sem pensar duas vezes, o zagueiro do Tubarão a afastou de qualquer jeito. A bola estava prestes a sair pela linha de fundo quando, aos 43 minutos do segundo tempo, no apagar das luzes, o meia Adoílson tirou da cartola uma assistência açucarada para o camisa 9 Ney Júnior decidir o jogo.

COM A PALAVRA ...

ADOÍLSON

Deram um balão para cima e esse lance que todo mundo achava que estava perdido eu consegui chegar. Eu estava ali perto e fui correndo atrás da bola na vontade. Eu tinha que resolver, porque eu perdi o pênalti. Eu dominei a bola. O Ney estava entrando e eu fiz o cruzamento para ele fazer o gol de cabeça. Nessa hora, praticamente acabou o jogo.

Lance do gol no caderno de imagens: foto 10

O Boqueirão veio abaixo. Com o apito final, a torcida invadiu o gramado. Muito emocionado e eufórico por novamente viver a experiência de conquistar um título, Minelli, recém-operado do coração, que mal conseguia falar e sentiu a mesma emoção do seu primeiro caneco como profissional, era cuidado de perto por sua comissão, principalmente pelo preparador físico, Manoel Santos, e pelo preparador de goleiros, Almir Domingues.

— Quando fomos Campeões Paranaenses, existia uma preocupação minha e do Almir de como ele [Minelli] reagiria por ser Campeão. Nesse momento, nós o abraçamos e o levamos para o vestiário, para ele dar uma respirada. O Almir, que é um ser humano fantástico, só repetia: "O coração do Seu Rubens, o coração do Seu Rubens!..." – relembra Manoel.

— Tudo que a gente esperava que acontecesse no estádio Erton Coelho, aconteceu. Foi um belo jogo, e uma bela vitória. O Seu Minelli não tinha uma restrição, mas havia uma recomendação médica, por ele ter passado pela cirurgia do coração, para tentar evitar ter uma emoção muito forte. Realmente ele teve uma emoção forte, eu lembro como se fosse hoje. Acho que, na cabeça dele, veio um pouquinho de 1990, sua última passagem, quando ele tinha feito ótimo trabalho, mas não teve uma conquista. E naquele 1994, ele conseguiu isso com todos. Então, a minha atenção quando terminou o jogo foi justamente isso: ajudá-lo a controlar essa emoção. Recordo-me que ele chorou bastante. Rapidamente, eu o abracei com os companheiros e tratamos de levá-lo para dentro do vestiário. Ele continuou chorando, muito emocionado, mas foi uma emoção bem absorvida. Acho que fez muito bem à saúde dele ter essa conquista como lembrança – completa Almir Domingues.

Mais calmo depois de ser contido pelos seus amigos e companheiros de comissão técnica, o comandante Rubens Minelli, enfim, falou sobre o feito e analisou a campanha paranista na fase final.

— Isso só se conseguiu pelo esforço de todos, pela dedicação e companheirismo que existia no grupo, pelo valor da comissão técnica e o apoio que nós tivemos da diretoria. Então, todos os setores estiveram unidos nesse final. Ao menos isso foi o que eu senti. Não poderia dar outra coisa, o Paraná teria que ser Campeão – revelou o treinador em entrevista à CNT Curitiba, ainda nos vestiários da Vila Olímpica.

O treinador também comentou sobre toda a comoção da conquista.

— Acho que a emoção foi porque, pouco tempo depois da cirurgia no coração, eu voltei à vida e já estava ganhando um título. Também pelo fato de eu ter vindo de uma fase muito ruim na minha carreira, quando não dava nada certo.

A festa não parou no gramado. Seguiu por toda a cidade até chegar à Vila Capanema, como era de costume para os paranistas. Todo o grupo tricolor subiu no caminhão de bombeiros, de onde cantava, pulava e comemorava a conquista do Bicampeonato Estadual seguido.

Mesmo se aproveitando de uma situação em que seus principais rivais, Coritiba e Atlético, não estavam no auge, tendo equipes mais modestas que o Tricolor, definitivamente essa conquista só confirmou que o Paraná, enfim, estava estabelecido entre as grandes forças do estado.

ENTREGA DAS FAIXAS E COPA DO MUNDO

Com a taça já em mãos, o Paraná apenas cumpriu tabela na última rodada do quadrangular contra o Coritiba e ficou no empate de 1 a 1.

Dias depois, aconteceu a partida da entrega das faixas ao elenco paranista. O jogo foi disputado contra o Vice-Campeão Espanhol, o La Coruña, do atacante Bebeto e do volante Mauro Silva. No entanto, os brasileiros não jogaram, pois haviam sido convocados para a Copa do Mundo. O convite aos espanhóis para o inusitado duelo surgiu após o contato entre o empresário brasileiro Francisco Monteiro, o Todé, e seu amigo, e também empresário, o espanhol Fernando Torcal.

Em um confronto com amplo domínio Tricolor, vitória por 2 a 0, com gols de Adoílson e Ney Júnior.

Nesse mesmo período, os campeonatos nacionais foram paralisados devido ao Mundial e apenas jogos e torneios amistosos eram disputados pelos clubes.

Fã incondicional de futebol e apaixonado por Copas do Mundo, o técnico Rubens Minelli se ausentou do cargo de treinador do Paraná durante o torneio. Aliás, tal situação fora o seu único pedido antes de assinar contrato com o Tricolor.

— Na ocasião, Minelli informou antecipadamente que gostaria de acompanhar a Copa do Mundo de 1994 nos Estados Unidos e que essa era uma condição para sua contratação e foi aceita pelo Paraná Clube. Constar no contrato ou não, seria mera formalidade, pois o simples acordo verbal era suficiente para que o combinado [entre as partes] fosse efetivamente realizado. Tanto era assim que nenhuma cláusula sobre isso foi formalizada – garante o ex-presidente Ocimar Bolicenho.

Para ficar em seu lugar durante o mês da Copa, o clube contratou José Martins Manso, o Paquito, que acabou se tornando um auxiliar técnico fixo do Paraná Clube por muito tempo.

Enquanto Minelli desfrutava dos jogos do Mundial *in loco*, ao lado de seu amigo Milton Fernandes, a família do treinador também estava no país norte-americano. No entanto, em outra cidade. Sua esposa Rosa, seus filhos Ricardo e Cecília e seus netos Brunno e Stefanne se divertiam em férias em Orlando, na Disney. Tão perto e tão longe mais uma vez.

A ausência do treinador no Paraná só foi sentida em um jogo: na estreia do clube na Taça Cidade de Curitiba, contra o Londrina, que terminou em 0 a 0. O curto torneio trazia os mesmos times do quadrangular final do Campeonato Paranaense que se enfrentaram apenas uma vez entre si. Todavia, mesmo o Paraná terminando a competição invicto, com dois empates e uma vitória, foi o Tubarão que se sagrou Campeão.

Minelli soube, tempos depois, que nesse período de afastamento recebeu uma carta da Seleção da Coreia do Sul, que tinha como intuito levá-lo na função de supervisor para ajudar os asiáticos durante a Copa dos Estados Unidos. A carta, por algum motivo, nunca chegara às suas mãos.

PREGANDO PEÇA NO MASSAGISTA

Sério, profissional e muitas vezes até bravo enquanto exercia sua função, Rubens Minelli, quando estava longe dos gramados, gostava de levar a vida com leveza, descontração e bom humor. Fã de anedotas e boas histórias, ele vira e mexe também pregava peças nos amigos.

A vítima, dessa vez, fora Moacir, massagista do Paraná Clube. Manoel Santos, o preparador físico, lembra-se detalhadamente da brincadeira.

— O Moacir, que a gente apelidou de Gargamel [personagem do desenho *Os Smurfs*], era uma pessoa pessimista, sempre negativa, além de ser o *MacGyver*, porque concertava tudo. O Moacir não se bicava com o fisioterapeuta Edemir. E, um dia, o Moacir chegou usando um boné de uma Autopeças e, titubeando, disse: "Consegui meu patrocínio. Eu tenho patrocínio e vocês não". Ele tinha um carro velho e o cara da Autopeças pediu para ele usar o boné em troca de algo. Quando ele saiu, o Seu Rubens falou: "Tenho uma boa para fazer. Vou para São Paulo na semana que vem, vocês me aguardem!". Dali a pouco, ele chegou com uns bonés bem bonitos, uns cinco. Deu um para mim, um para o Paquito, para o Almir... e sobre o último boné ele avisou: "Nós vamos dar o boné para o Edemir, já que o Moacir não gosta dele. Vamos combinar assim: vou dizer que temos um contrato com a DPaschoal [famosa empresa de serviços automotivos], e que cada um de nós receberia 100 dólares por mês. E no dia que eu for entregar os bonés, vou trazer o Moacir e falar que sobrou um, mas que não posso dar para ele, porque, como ele já tem um patrocinador, vai gerar um conflito de interesses. Então, eu chamo o Edemir e dou o boné para ele". E todo o mês Seu Rubens tirava 500 dólares e dava para nós [na frente do Moacir], mas a gente devolvia. E ele fez isso por seis meses.

Muito tempo depois, na festa de aniversário do clube e de Minelli, dia 19 de dezembro, a brincadeira foi revelada para Moacir.

— Foi uma coisa bem descontraída; uma brincadeira sadia e que resolveu o problema de relacionamento do Moacir. Foi muito marcante. O que era bacana é que todos sabiam, até os jogadores. Imagine o nível de liderança que o Seu Rubens tinha a ponto de uma simples brincadeira ser conduzida por alguns meses. E quando contamos ao Moacir ele falou: "Eu já sabia", levantando os ombros – completou Manoel.

ENFIM, A PRIMEIRA DIVISÃO

Apesar de ser o grande Campeão da segunda divisão do Campeonato Brasileiro de 1992, também conhecida como divisão intermediária, o Paraná Clube foi prejudicado por um golpe de alguns cartolas do futebol brasileiro que, "coincidentemente", subiram o gigante Grêmio de divisão – coisa que não aconteceu em campo – e jogaram o "novato" Paraná Clube injustamente para uma fase de *playoffs*, do mesmo torneio, na qual acabaria eliminado pelo Vitória-BA, Vice-Campeão da competição.

— O que me lembro é que houve uma virada de mesa, porque o Grêmio não se classificou. A CBF, naquele tempo, virava a mesa depois que o campeonato terminava. Então, eles mudaram o regulamento e com essa mudança aconteceu a história do Paraná. Foi virada de mesa mesmo. A CBF nunca se pronuncia oficialmente. Simplesmente, na época, alteraram o regulamento. Simples assim. Graças a Deus, isso não acontece mais nos dias de hoje. Ficamos indignados. Mas "mandava quem podia e obedecia quem tinha juízo" – declara Ocimar Bolicenho, que em 1993 era vice-presidente.

Primeiro técnico da história do Tricolor e um dos maiores vencedores da competição nacional, Minelli sabia como ninguém jogar o Brasileiro e acreditava que podia fazer um bom trabalho. Porém, mantinha os pés no chão. Sabia da qualidade dos demais times do campeonato e, com um elenco mais reduzido – embora muito competitivo –, tinha consciência de que seus jogadores eram inferiores tecnicamente. Entretanto, a torcida, empolgada pela série de conquistas do recém-nascido Paraná Clube, colocou o clube em um pedestal e acreditava que brigaria de igual para igual com os grandes times do país, já consolidados há anos. E esse fora o grande erro.

Na primeira fase, a equipe tricolor deu conta do recado e se classificou em terceiro lugar, em um grupo que também tinha Palmeiras, Fluminense, Internacional, Náutico e União São João. Contudo, na fase seguinte – na qual enfrentou ainda mais times grandes –, foi diferente. As derrotas e empates começaram a ser frequentes. O Paraná Clube pagou o preço por ser um time um tanto desequilibrado. Nessa altura da competição, tinha um ataque extremamente eficiente, tornando-se o terceiro melhor do Brasileiro. No entanto, apresentava a segunda pior defesa.

— A equipe não agradou como se esperava no Paranaense. Mas a torcida ficou eufórica com a conquista do título e se esqueceu de tudo [das atuações não muito boas]. Depois, quando a gente assistia aos jogos [no Campeonato Brasileiro], vinha um certo desencanto, querendo cada vez mais dos jogadores, porque o time não estava agradando – recorda-se Minelli.

— O Paraná oscilava muito. Era um time, às vezes, temido por outras equipes por ser um clube-empresa. Contra os times grandes, entrávamos em campo achando que faríamos um bom jogo. Nosso time tinha qualidade, jogávamos de igual para igual, não ficávamos na defesa e, por isso, em algumas ocasiões tomávamos umas tacas [surras] – relembra Ney Santos.

MEXEU NO VESPEIRO

Em um dos jogos do Paraná no Brasileiro, a equipe foi a São Paulo enfrentar o poderoso Palmeiras, da era Parmalat, em pleno Parque Antarctica, com jogadores de Seleção Brasileira e com um talento acima da média. Isso, porém, de início, não assustou os paranaenses.

O jogo era bastante disputado e logo nos primeiros minutos, o Tricolor da Vila teve uma falta a seu favor na entrada da área do Alviverde. O volante Ney Santos era o cobrador oficial definido por Minelli e se preparava para a cobrança. Foi, então, que o artilheiro Saulo tomou a bola para si, ignorou o companheiro e a ordem do chefe, e resolveu bater. Mesmo contando com um desvio no meio do caminho e com a sorte, a bola terminou no fundo do gol palmeirense.

Tal gol tratou de acordar o Verdão e suas estrelas, que começaram a mandar no jogo e não pararam de atacar o Paraná Clube até aplicarem uma senhora goleada de 4 a 1 nos paranaenses.

Anos depois, o descontraído Ney Santos encontrara a "solução" para que o Paraná tivesse saído com um melhor resultado de São Paulo.

— Nós fomos mexer no vespeiro e deu nisso. Se fosse eu que tivesse batido a falta, a bola não teria entrado, mas, pelo menos, não acordaríamos eles e não teríamos tomado tantos gols – brinca o volante.

E foi assim até o fim da competição. A experiência, apesar de não ter sido a esperada pelo grupo, ao menos trouxe triunfos importantes diante de Grêmio e Fluminense, e serviu para mostrar que o Tricolor Paranaense, que existia há apenas quatro anos, trilhava o caminho certo e tinha competência para estar na primeira divisão do Brasileiro.

— Eu acho que o Paraná chegou até onde podia. A nível nacional, o Paraná sempre deixou um pouquinho a desejar. As outras equipes eram mais qualificadas – completa Ney Santos.

A última partida de Minelli à frente do Paraná Clube na temporada ocorreu no dia 29 de novembro de 1994 contra o Vasco da Gama. E mesmo o saldo da segunda passagem pelo Tricolor sendo muito mais positivo do que negativo, já que além de um título conseguiu manter a equipe na primeira divisão do Brasileirão, o comandante não permaneceu.

— Absolutamente não foi decepcionante [a campanha do Brasileiro]. Para uma equipe que havia sido fundada há quatro anos, estar disputando a elite do futebol brasileiro, em tão curto espaço de tempo, era motivo de comemoração. O Paraná Clube planejava estar na elite do futebol apenas no ano 2000. Logo, manter-se na principal divisão do futebol brasileiro satisfez plenamente os anseios do Paraná Clube naquela ocasião. A saída do Sr. Rubens deu-se pelo encerramento do contrato e não pela classificação alcançada na competição. Seu contrato era até o final da temporada. Sua saída foi completamente diferente da primeira ocasião. Posso afirmar que foi de comum acordo, tamanha era a sintonia existente entre a diretoria e o treinador – revela o mandatário paranista da época, Ocimar Bolicenho.

O ano de 1994 também foi marcante para o técnico, pois além de se desligar do comando da equipe paranaense, deixou para trás a sua marca registrada e que o acompanhou em toda a sua carreira até aquele momento, o bigode. A explicação para essa decisão? A idade.

— O bigode ficou branco, e não dava para parecer tão velho. Ele levava isso com um bom humor danado – conta Manoel, revelando as palavras de Minelli.

Como último feito naquela temporada, antes de voltar para São Paulo, Minelli compareceu à festa de aniversário do clube, onde mais uma vez comemoraram o título Paranaense e de lá saiu com Paquito e Manoel para se despedir de seus grandes companheiros no bingo da cidade.

SEGUNDO ASTERISCO

O bom coração e companheirismo de Rubens Minelli para com seus amigos, em algumas ocasiões, acabaram lhe custando caro. Tanto que o fizeram até ignorar o período de maior tristeza em sua carreira – o rebaixamento com o XV, em 1993 – e aceitar o chamado para retornar ao clube, que havia subido de divisão, dois anos depois.

O convite, prontamente aceito, surgiu de Rolim Adolfo Amaro, dono da empresa aérea TAM, amigo pessoal de Minelli e também presidente – em parceria com o empresário Juan Figger – do XV de Piracicaba, em 1995.

Para a disputa do Campeonato Paulista, o Nhô Quim montou uma equipe praticamente nova e não economizou nas contratações, gastando cerca de um milhão de reais. Entre elas, um quarteto advindo do São Paulo, outra equipe patrocinada pela TAM de Rolim, que tinha portas abertas no clube do Morumbi. Do Tricolor vieram o goleiro Marcos, o zagueiro Nem, o atacante Cláudio Moura e o volante e principal contratação do XV, Doriva.

Depois de muitos dias de trabalho e uma boa preparação, Minelli sentia que, por hora, o time estava pronto.

— Conversando com o Rolim e com o Juan Figger, eu disse que íamos esperar os sete primeiros jogos para depois resolver o que precisaríamos para a continuidade.

Na época, o XV já fazia as vezes de um clube-empresa, com ideias de vender ações do time para que, com o dinheiro arrecadado, melhorasse a qualidade do plantel e modernizasse sua estrutura, além de fazer uma premiação por produtividade, cujos jogadores receberiam um dinheiro extra de acordo com os resultados obtidos. Nos dias de hoje (2023), o clube-empresa virou moda no Brasil, como uma maneira de "salvar" os times das dívidas e de terem administrações mais profissionais e responsáveis.

Em sua comissão técnica, Minelli tinha um velho conhecido dos tempos de Palmeiras, o ex-jogador Barbosa, que anos antes era comandado pelo treinador e agora estava ao seu lado como auxiliar. Além dele, o preparador físico Laércio Soriano fazia parte do grupo.

— Seu Minelli era um profissional extremamente sério, dedicado, concentrado na rotina do dia a dia, em tudo que acontecia dentro e fora do vestiário. Totalmente interessado em todos os problemas que ocorriam, desde a cozinha, até a rouparia e lavanderia. E com um relacionamento franco, aberto, sempre olhando nos olhos das pessoas – afirma Laércio.

Assim como sua primeira passagem pelo clube, quando pegou o São Paulo em sua estreia, Minelli, mais uma vez, enfrentou um time grande em seu retorno ao Nhô Quim, o Corinthians. Time de Ronaldo, Célio Silva, Marcelinho Carioca, Marques entre outros grandes jogadores.

E novamente em uma bela apresentação, levou a melhor sobre outro gigante, 2 a 1 para a equipe de Piracicaba, com gols de Júlio César e Celinho.

— O XV era uma equipe veloz, que atraía muito os adversários grandes e contra-atacava muito bem. E com equipes pequenas, que se fechavam, sentia muitas dificuldades por falta de espaço – declara Barbosa.

Seu retorno ao clube foi fundamental para exorcizar um fantasma que lhe perseguia e assombrava desde a sua saída da Ferroviária. Após vencer Corinthians e Araçatuba, Minelli de novo se deparou com a Ponte Preta, equipe que foi diretamente responsável pela sua saída da "Ferrinha", pois depois de sofrer uma goleada por 8 a 1 em Campinas, conforme já dito, o comandante, extremamente abalado, optou por pedir demissão.

Aproximadamente um ano depois, Rubens Minelli estava de volta ao Moisés Lucarelli, frente a frente com a Ponte, mas agora no comando do XV. A angústia que sentia ao pisar no estádio deu lugar a uma sede de "vingança" e uma vontade imensurável de poder dar o troco à Macaca e, de uma vez por todas, ficar bem consigo mesmo.

Ele tratou o jogo como uma verdadeira decisão. Motivou seus jogadores como nunca e destrinchou cada detalhe da equipe campineira. Competitivo como sempre foi, queria mostrar que aquela goleada sofrida fora apenas um deslize de percurso e não definia, tampouco abreviaria, a sua carreira.

E quando a bola rolou, tudo deu certo. Com *show* de Cláudio Moura, autor de três gols no jogo, o XV colocou a Ponte Preta na roda e a massacrou durante os 90 minutos. Um belo 6 a 0, fora o baile, para a alegria dos quinzistas e de Rubens Minelli, mais satisfeito e "vingado" do que nunca.

— Quando cheguei lá, eu via os repórteres tirando sarro, um comentando com o outro: "De quanto o Minelli vai perder hoje? De oito, de nove?", relembrando da minha derrota com a Ferroviária lá atrás. Então, depois do jogo, eu fiquei esperando eles comentarem sobre isso, mas ninguém falou nada. Aí, eu me vinguei. Foi uma noite que deu tudo certo – conta Minelli.

Com o resultado, o Nhô Quim assumiu a liderança do campeonato e seguiu entre os primeiros por mais quatro rodadas ao vencer mais uma partida e empatar outras três, uma delas diante do Santos.

Enfim, as setes partidas que o comandante tanto falava passaram e, pensando em voos mais altos, ele fez sua análise do grupo para Rolim.

— Eu falei: "Rolim, agora nós precisamos contratar os reservas". Ele, daquela maneira jocosa de tratar, disse: "Chefe, eu não estou querendo ganhar o campeonato, não tenho bala na agulha para ganhar o campeonato". Praticamente não havia jogadores no grupo e o time de base do XV era fraco. Tinha uns quatro ou cinco jogadores que foram aproveitados na equipe de cima – revela o técnico.

Um golpe duro para Minelli que sabia que, com algumas peças de reposição de nível intermediário, poderia se manter com tranquilidade na primeira divisão e talvez até buscar uma boa colocação na competição.

Sem novas caras para a sequência do Paulista, o treinador não conseguia oxigenar o time, pois, em razão das poucas opções, ficou dependente de alguns atletas, diminuindo o nível de competitividade do grupo. Sabendo disso, o desleixo de muitos jogadores custou caro.

— Na realidade, o que aconteceu foi que nós estávamos com uma parceria com a TAM, e jogadores rodados, experientes, vieram fazer parte do grupo, mas nem todos vestiram a camisa do XV. Então, ficamos sabendo de atos de indisciplina, de festas, de baladas, de jogador indo para a noite todos os dias. Infelizmente, esses jogadores que vieram simplesmente não tinham comprometimento com a equipe. Eram jogadores de qualidade que, ao chegar, encontraram aqui um paraíso, com o salário em dia, premiação alta e um patrocinador que protegia todos os atos de indisciplina que eles faziam – garante o preparador físico Laércio.

Somado à falta de comprometimento de alguns atletas, houve um racha no elenco devido aos altos salários dos novos contratados. E as consequências começaram a ser vistas dentro de campo, na classificação do torneio. O time ficara oitos jogos sem vencer, passando por uma fase de cinco derrotas consecutivas. A equipe, que antes almejava as primeiras colocações, voltou a ser mera coadjuvante e caía pela tabela rodada a rodada.

Para piorar a situação, Minelli e sua comissão técnica não tinham voz ativa dentro do clube e nada que falavam faria com que as coisas mudassem.

— Nós não tínhamos o respaldo da diretoria. Na época, o representante da TAM dentro do XV era o Edvar Simões. Muitas vezes, o Seu Minelli solicitava reuniões, providências para que fossem tomadas em relação a esses atos de indisciplina, e nada era feito. Como não tínhamos um grupo muito grande, o Seu Minelli não podia tirar esses jogadores da equipe para colocar outros e, assim, conseguirmos continuar no campeonato. Infelizmente, a verdade foi essa. Escapou do controle dele. Nós ficamos sozinhos na comissão técnica. A gente sabia de tudo e passávamos para a diretoria as situações que estavam acontecendo: jogador indo para a balada e voltando de manhã, chegando com cerveja no vestiário. A qualidade física já não era mais a mesma. Na reapresentação, o departamento médico ficava cheio, lotado. E nós sabíamos que a maioria ali tinha condição e só estava deitada naquele departamento médico fazendo onda, porque tinha ficado até de madrugada na noite, na balada, na bebida. Enfim, tudo isso contribuiu para que o time permanecesse em queda livre – revelou Laércio.

A irregularidade seguiu na campanha do XV. Sem saber o que estava acontecendo com o time, pois, na época, os problemas não foram externados, a torcida começou a pedir a "cabeça" de Minelli. Experiente, ele não se abalou. Pelo menos em relação a esse assunto, teve o presidente do clube ao seu lado.

— O Minelli vai dirigir o time até o final do Campeonato Paulista, a menos que ele queira sair – declarou Rolim ao jornal *Folha de S.Paulo*, de 1º de maio de 1995.

Para piorar o momento de turbulência que a equipe vivia, o atacante Júlio César, descontente com a saída do time titular, foi à imprensa para questionar as escolhas do técnico Rubens Minelli e conturbar ainda mais o ambiente. Além disso, o treinador não podia contar com seu principal jogador, o volante Doriva, convocado para a Seleção Brasileira. Tudo isso ao mesmo tempo.

E apesar de reencontrar o caminho das vitórias e empates, as derrotas ainda prevaleciam. A pior delas, a última contra o Santos, em um revés de 4 a 0.

— Quando estávamos para disputar os jogos finais, tínhamos cinco por cento de chance de cairmos, e caímos por causa de vários resultados que aconteceram – lembra Minelli.

— Seu Minelli era uma pessoa que estava pronta para tudo e trabalhava muito. Ele não deixou a peteca cair em nenhum momento, se manteve até o final, forte, sempre tentando melhorar. Mas chega um certo ponto que você nada, nada, nada contra a correnteza e é complicado, você vai perdendo as suas forças – completa Laércio.

Foi a segunda queda da carreira do treinador, a segunda com o Nhô Quim. Mais uma vez a tristeza tomou conta de todos, ou melhor, daqueles que, de fato, importavam-se com suas carreiras e com o clube.

Se não bastasse o descenso, Minelli teve que passar por mais um aperto. Com as emoções à flor da pele, a torcida quinzista era um misto de tristeza e revolta. E um desses torcedores empurrou o comandante, fazendo com que, por motivos de segurança, o próprio Minelli tivesse que sair com segurança e no camburão.

— Quando se perde jogo e acontece de uma equipe ser rebaixada, a culpa recai sempre na comissão técnica, mas, para mim, foi culpa da vida desregrada que muitos atletas levavam e acabou faltando força no final. Seu Minelli fez tudo na parte técnica que estava ao seu alcance. O que mais marcou foi, no rebaixamento, alguns torcedores o hostilizando; faltando com o respeito com uma das maiores figuras do futebol. Isso me entristeceu muito e, pelo ser humano que ele é, nunca vou esquecer — recorda-se Barbosa.

Minelli não se isentou de sua parte na culpa pela queda. Acredita que um descenso só ocorre quando todas as áreas do clube não estão alinhadas e, infelizmente, foi o que aconteceu. Ele contava com uma diretoria omissa, que em nenhum momento se mostrou disposta a resolver os problemas extracampo dos atletas. Falta de comprometimento de diversos jogadores e um elenco bastante curto, o que o fazia depender de atletas que só pensavam em si mesmos.

— Quando eu voltei, contratei um bando de jogadores de nome, alguns deles eram "bandidos", eu não consegui dominá-los. Faziam bagunça, baderna e saíam de noite, iam para Americana. Teve uma vez que até puxaram um revólver para eles em uma boate. E o futebolzinho ficou uma merda. Não conseguimos salvar o time na competição. Consequentemente, veio a queda para a Série A2 – conta o técnico.

Seu retorno ao Nhô Quim tinha tudo para ser sua redenção com a torcida. O time estava encaixado e havia comprado a ideia de Minelli, mas no meio do caminho muita coisa aconteceu e deu no que deu.

Depois de um respiro no Paraná Clube no ano anterior, a passagem pelo XV fez com que o treinador revivesse todo aquele período de turbulência em sua carreira do qual queria distância. Deixou o clube, deu tempo ao tempo, e um chamado inesperado fez com que o comandante enxergasse uma última luz no fim do túnel e uma possibilidade de concluir a sua trajetória no futebol de maneira digna.

MISSÃO CUMPRIDA

Com sua saída do XV, Minelli fez um ano sabático a fim de definir que rumo tomar. Sabia que caminhava para o final de sua carreira. Quase um ano e meio depois de deixar a equipe paulista, quis o destino que o treinador novamente cruzasse o caminho de um certo Tricolor paranaense, o único clube, até então, em que fora feliz durante a década de 1990. Era hora de iniciar a sua terceira passagem por lá.

Dessa vez, ele assumiu o Paraná em um contexto totalmente diferente. Em 1994, foi chamado para levar a equipe ao título Paranaense e agora o contato veio para o comandante ajudar o time a se livrar da queda para a segunda divisão do Brasileiro. Situação irônica, já que ele tinha acabado de cair comandando o XV. A diretoria tricolor, contudo, acreditava plenamente no técnico e no plantel do clube. Sabia que tinha bons jogadores, que podiam render mais, só faltava alguém que pudesse organizar tudo isso.

— O Rubens Minelli é um treinador que acompanha tudo que acontece no futebol e sabe da nossa situação. Ele está vindo para dar uma sacudida no time – declarou o vice-presidente do Paraná, Paulo César Silva, ao jornal *Paraná Esportivo*, de 1º de outubro de 1996.

O treinador recebeu a equipe na antepenúltima colocação. O Campeonato Brasileiro já estava na 13ª rodada e, até aquele momento, o Paraná Clube tinha somado apenas oito pontos. Suas primeiras impressões foram a de que a equipe, acostumada nos últimos anos a enfileirar taças no Estadual e perder pouco, passava por um período de turbulência no Brasileiro por conta dos maus resultados que vinha conquistando e que, além disso, portava-se muito na defensiva, bastante diferente do DNA que deixara nos tempos que comandou o Tricolor da Vila.

— Nós fomos Campeões Paranaenses e iniciamos bem o Campeonato Brasileiro. Depois, a gente teve uma queda; natural para os clubes do porte do Paraná, que era uma equipe grande no estado, mas mediana em nível de Campeonato Brasileiro. O time começava a ter dificuldade de reposição de jogador, por expulsão, suspensão, lesão... E o Seu Rubens chegou para resgatar o time e não o deixar correr o risco de rebaixamento – conta o preparador físico do Paraná Clube em 1996, Omar Feitosa.

Omar, que figurou nas últimas décadas nas mais diversas equipes do futebol brasileiro, aventurando-se muitas vezes como treinador, auxiliar técnico e até gerente de futebol, teve sua primeira oportunidade no cargo de preparação física com o técnico Rubens Minelli. Antes, auxiliar de Carlinhos Neves, Omar, um jovem de futuro que mostrava conhecimento e qualidade, ganhara uma chance e fora efetivado pelo treinador em uma parceria que renderia frutos.

Sem tempo para pensar em reforços, pois a competição estava em andamento, Minelli tratou de se entrosar com seu grupo, que, para ele, tinha poucas caras conhecidas.

Sua reestreia contra o Bragantino pelo Campeonato Brasileiro mostrou que o treinador teria muito trabalho a fazer, já que perdera para o lanterna por 1 a 0, time que conquistara sua primeira vitória no torneio.

Se contra o último colocado as coisas não fluíram, Minelli e companhia tinham o Cruzeiro pela frente, simplesmente o líder da competição nacional. Seria um jogo dificílimo, mas um bom resultado no confronto traria gás e motivação extra para o grupo. E foi isso o que aconteceu. O triunfo por 2 a 0 foi o ponto de virada da equipe na temporada. A partir daquele momento, os paranaenses não ficariam imbatíveis, mas mudariam totalmente a sua postura e posição na tabela.

Sabendo da situação que passavam, e confiantes que poderiam dar a volta por cima, os jogadores deram a vida em campo e se mostraram extremamente aplicados e dedicados taticamente, obedecendo as estratégias traçadas por Minelli. A equipe, visivelmente diferente, começou a reagir e mostrar que merecia permanecer na elite do futebol nacional.

Outro jogo memorável desse torneio veio na sequência, a vitória por 4 a 1 sobre o Flamengo, em pleno Maracanã. Daí em diante, o Tricolor da Vila começou a trocar pontos com seus adversários em vez de ser a presa fácil das primeiras rodadas. Ganhava dois, empatava um, perdia outro e assim iria até o final.

SOBROU PARA O GOLEIRO

Em uma das partidas derradeiras da competição, o Paraná Clube enfrentaria o Santos em jogo marcado para o Parque Antarctica.

Antes de todas as partidas, o técnico Rubens Minelli sempre definia alguns pontos. Entre eles, quem bateria pênaltis e escanteios, quem ficaria em cada lugar da barreira e quem marcaria quem nas bolas alçadas na área. Para este jogo, o Tricolor da Vila contava com alguns desfalques, por isso o assunto penalidade foi um dos temas mais comentados antes de a bola rolar.

— Teve uma situação na preleção que o Seu Minelli perguntou: "Se sair pênalti, quem vai bater?". Não estávamos com os cobradores oficiais e ninguém se pronunciou. Ele perguntou de novo e eu, para usar a psicologia e fazer alguém se prontificar, como goleiro falei: "Eu bato". E ele disse: "Então, vocês resolvem lá na hora". Fomos para o jogo contra o Santos, o pênalti saiu, eu bati e fiz o gol. Mas foi uma situação muito estranha, que eu nunca tinha vivido. A partir dali eu sabia que não era para bater pênalti. Então, o Ricardinho foi treinado e começou a bater. No final dos treinamentos, eu sempre batia para descontrair, até porque têm algumas decisões de pênaltis que o goleiro é obrigado a bater; mas, para mim, goleiro tem que ficar no gol – conta o arqueiro Régis, que futuramente voltaria à marca da cal.

O gol de Régis juntamente com os gols de Osmar e Claudinho renderam um placar de 3 a 0 para a equipe paranaense e, de uma vez por todas, afastou qualquer chance de rebaixamento do time no Brasileirão.

Um fato curioso das partidas restantes do Brasileiro é que o técnico Rubens Minelli enfrentara três de seus discípulos. Jogadores que haviam sido comandados por ele décadas atrás e que, depois de se aposentarem, foram parar à beira do campo, a fim de exercer a mesma função. Casos de Cláudio Duarte, Elias Figueroa e Muricy Ramalho, técnicos de Fluminense, Internacional e São Paulo, respectivamente.

No geral, fizeram bons trabalhos diante de seu mentor. O Paraná de Minelli fez jogos duros contra essas agremiações, ganhando do Tricolor das Laranjeiras, empatando com o time do Morumbi e perdendo para o Colorado.

Minelli assumira a equipe com oito pontos e apenas duas vitórias em 13 partidas. E terminou o campeonato com 28 pontos, oito vitórias (seis sob o seu comando) em 11 jogos disputados. Nesse período de jogos, desde que o treinador voltou ao comando do time, o Paraná Clube foi a segunda equipe que mais pontuou, levando o clube a terminar o Brasileiro na 16ª colocação, em uma disputa com 24 agremiações.

— Acho que estávamos mais empolgados com o Tetracampeonato [consecutivo] e esquecemos um pouco o Brasileiro. O título fez com que a gente desse uma relaxada e perdemos muitos pontos que fizeram falta dentro da tabela, para se buscar algo a mais e conseguir uma classificação entre os oito colocados. Tanto é que, se tivéssemos apenas mais duas vitórias, estaríamos classificados. Mas terminamos a competição em 16º, praticamente no meio da tabela. E para o Paraná, que era um clube acostumado a jogar mais campeonatos da Série B e C, em poucos anos terminar no meio da tabela [da Série A] foi de grande importância. Com a chegada do Seu Minelli, nós retomamos o caminho das vitórias e melhoramos na tabela, mas se ele tivesse chegado um pouquinho antes, tenho certeza de que teríamos uma colocação melhor – garante o zagueiro paranista Ageu.

Já para o jovem Ricardinho, jogador de muito potencial, que aos poucos começava a se firmar entre os titulares, a posição a que o clube chegou não é um demérito diante da grande qualidade das demais equipes.

— Eu acho que o time do Paraná tinha qualidade, mas o objetivo do Paraná era a zona intermediária. Havia equipes com investimentos e condições melhores que estavam na nossa frente. O Paraná não era um time para disputar o campeonato. Era bom, sabíamos disso, mas não íamos disputar, porque tinham equipes melhores – conclui o meia.

OS QUADRIGÊMEOS

No dia 5 de dezembro, mesmo dia em que nascera seu neto Brunno – esse que vos escreve –, nascera também, só que no ano de 1996, os filhos do primogênito do treinador, Rubens Francisco Minelli Júnior com sua ex-esposa Ana Maria Ribeiro Leite Sampaio. Eram três meninas, Andressa Lara, Giovanna Lígia e Rafaela Bruna; e um menino, Gustavo Arthur. No entanto, por nascerem prematuros, de sete meses, todos tiveram complicações pós-parto. Infelizmente, a primeira a perder essa batalha foi a pequena Rafaela, que nasceu com má-formação em alguns de seus órgãos e não resistiu. Giovanna e principalmente Gustavo, também com má-formação de alguns de seus órgãos, sofreram muito e lutaram bastante para permanecerem vivos. Gustavo passou por inúmeras cirurgias enquanto Giovanna sofreu com pneumonia e teve internações recorrentes. Depois de quase um ano nessa constante batalha pela vida, o pequeno Gustavinho também não aguentou e, após contrair uma pneumonia, nos deixou. Giovanna ainda sofreu mais um pouco no hospital, pois teve que ficar mais tempo internada, porque, além de tudo que tinha que enfrentar, não conseguia engordar. Assim como a irmã, Andressa chegou a ficar um período no hospital. No entanto, Andressa e Giovanna se mostraram guerreiras e conseguiram vencer essa batalha.

Hoje, enquanto Andressa busca seu caminho trabalhando em escolas e estudando Pedagogia, para ajudar e participar da formação de seus alunos, Giovanna testa seu potencial nas Artes Cênicas, e, entre um ensaio ou outro e uma peça ou outra, tenta seu lugar ao sol.

PENTACAMPEONATO

Além de servir para fortalecer seu grupo, as últimas rodadas disputadas pelo Campeonato Brasileiro fizeram com que o comandante pudesse enxergar as carências do time. Para a campanha no Estadual, ele solicitou o retorno de empréstimo do lateral-direito, Denílson, seu antigo titular em 1994, e pediu a contratação de um centroavante para o lugar do artilheiro Saulo, que deixara o clube. Em contrapartida, encontrou em seu elenco jovens de muito talento, casos dos meias Lúcio Flávio, revelado pelo próprio Minelli; Tcheco; e o mais pronto deles que já figurava entre os 11, Ricardinho, visto pelo técnico como peça-chave em seu esquema, podendo ser o seu maestro e principal articulador do Paraná Clube.

— Eu já vinha jogando, mas com o Seu Minelli tive uma continuidade maior. Um dia, ele me chamou e falou: "Garoto, você é muito jovem e, com certeza, algumas pessoas vão dizer que você teve sorte por estar onde está, mas não se esqueça de que o bom sempre tem sorte. Nunca se esqueça disso. Continue treinando, ouvindo, se aperfeiçoando, mas não se esqueça de que você é competente naquilo que faz". Ele passava muita confiança para os jogadores. Direcionava o que tinha que falar, chamava de lado, orientava coletivamente, individualmente. E funcionava – lembra-se Ricardinho.

Tal combinação entre jovens e experientes era vista pelo treinador como ideal para a formação de um grupo forte e vitorioso.

Em relação ao Campeonato Paranaense de 1997, teriam 21 equipes na disputa, que seriam divididas em dois grupos. Um com os times mais tradicionais, com 12 agremiações e seis classificados, e outro com nove, onde apenas dois avançariam. No octogonal final, os oito classificados se enfrentariam em jogos de ida e volta e quem somasse mais pontos seria o grande vencedor do Estadual.

Com quatro conquistas consecutivas, o Paraná Clube era o grande time a ser batido, e Atlético e Coritiba fariam de tudo para impedir um Pentacampeonato.

A estreia da equipe frente ao Paranavaí foi encarada como decepcionante para uma torcida que estava mal-acostumada com o clube enfileirando vitórias e canecos regionais nos últimos anos. Apesar de atuar em seus domínios, o Tricolor da Vila não saiu de um empate de 1 a 1.

A desconfiança, todavia, durou pouco, já que foi seguida de três resultados positivos, entre eles as goleadas por 7 a 0 frente ao União Bandeirante e 4 a 1 diante do Batel.

O primeiro e um dos únicos revezes do Paraná Clube na competição ocorreu na primeira fase contra um dos seus principais rivais, o Atlético, na centésima partida de Minelli no comando do Paraná. Depois do confronto ser adiado por conta de uma tempestade que impossibilitou a prática do futebol, no jogo remarcado, vitória do Furacão, 3 a 1.

A partida também marcou a estreia de Paulo Miranda pelo rival, ex-jogador do Paraná Clube, revelado pelo técnico Minelli e que fez história no Tricolor da Vila.

Em meio à disputa do Paranaense, foi iniciado certo buchicho em relação a alguns problemas internos do clube, que tomou conta do grupo e começou a atrapalhar o dia a dia e o desempenho do time dentro de campo.

O CHEFE RESOLVE!

Depois de tantos resultados positivos e um bom futebol apresentado, o rendimento do time começou a oscilar. Algo normal no futebol, haja vista que nenhum time é imbatível. Porém, Rubens Minelli, que tinha total controle do grupo, percebeu que o dia a dia do clube fugia um pouco do habitual. Então, ele parou para ouvir sua comissão e seus jogadores e teve conhecimento de que o clube estava com algumas pendências financeiras com parte do grupo de atletas, deixando-os insatisfeitos e, consequentemente, a ele também. Sem querer se meter e tomar partido para qualquer lado, Minelli então sugeriu que os jogadores marcassem uma reunião com os dirigentes para expor a situação que os afligia.

Parte dos diretores reclamou com o treinador da atitude dos jogadores. Afirmaram estar tudo certo e que os pequenos atrasos eram de ciência deles. Por outro lado, os atletas contavam uma narrativa diferente, que fazia muito mais sentido. Quando houve a reunião que serviria para aparar as arestas e resolver a situação, ela foi iniciada de uma maneira bastante surpreendente: alguns dirigentes partiram para o ataque, intimidando os jogadores.

— "Pô, nós cumprimos isso, vocês estão sabendo, chorando de barriga cheia..." E os jogadores se assustaram com o que estava sendo dito e nenhum deles quis se expor. Jogador, via de regra, não gosta muito de se expor nessas situações, mas o Seu Rubens viu que eles ficaram assustados e sabia da história de cada um. Sabia para quem havia sido prometido o quê, sabia o motivo do atraso. O Seu Rubens, que havia se comprometido em não dizer nada, pediu a palavra. Ele falou de jogador por jogador... Esclareceu o que estava acontecendo, isso e aquilo... Disse de uma maneira que os dirigentes aceitaram os argumentos dele sobre o atraso de salários, luvas que deveriam ter sido pagas; sobre bichos atrasados, auxílio moradia, um monte de coisas que estava pendente e que era para ter sido saldada. Ele falou de uma maneira que os dirigentes aceitaram, sem que os jogadores precisassem se expor, e ficou tudo organizado para novas datas. Ele resgatou ali um relacionamento que estava muito difícil entre os jogadores e dirigentes. E da maneira que ele conduziu a reunião, conseguiu deixar todo mundo contente. Quando estávamos saindo da sala, o Claudinho olhou para mim e para o Seu Rubens e disse: "Omar, o *veinho* é foda! Ele conseguiu fazer todo mundo sair satisfeito daqui" – relembra o preparador físico, Omar Feitosa.

Com tudo resolvido, o clima se transformou e a equipe embalou. Vitória, atrás de vitória. Destaque para o triunfo frente ao Maringá por 3 a 0, que contou com mais um gol de pênalti do goleiro Régis, e o embate contra o Coritiba que terminou em 5 a 3 a favor do Tricolor Paranaense. As coisas estavam caminhando conforme o planejado. No entanto, o que estava bom poderia melhorar, caso o centroavante pedido por Minelli chegasse. E outra vez o treinador entrou em ação.

O nome do seu camisa 9 preferido para assumir a posição já tinha sido apresentado à diretoria. Tratava-se de Caio Júnior, jogador oportunista e com faro de gol, que havia atuado sob o comando de Minelli no Grêmio, na época em que faturaram o Gaúcho de 1985. O diretor Amilton Stival fez contato e apresentou a proposta para o atleta. Por obra do destino, o Paraná Clube enfrentaria o Internacional pela Copa do Brasil. Sendo assim, teria que ir ao Rio Grande do Sul, mesmo estado em que Caio Júnior, que na época atuava pelo Novo Hamburgo, estava. O encontro aconteceu durante a viagem para a partida de volta da Copa do Brasil contra o Colorado. Na ida, com um time repleto de desfalques importantes, como Régis, Claudinho e Edinho Baiano, o Tricolor da Vila ficou no empate de 1 a 1 com o Inter.

Oscar Yamato, dirigente paranista que trouxe a notícia de que o jogador estaria disponível para um acerto com o Paraná, compareceu ao jantar marcado pelos tricolores, ao lado do técnico Rubens Minelli e do centroavante Caio Júnior. No encontro, discutiram alguns detalhes do contrato e acertaram a vinda do tão esperado camisa 9. A equipe paranaense voltara de Porto Alegre sem a classificação na Copa do Brasil, quando fora derrotada pelo Internacional. Contudo, na "bagagem", trazia um artilheiro nato, acostumado a fazer gols decisivos.

Se na competição nacional o Tricolor foi eliminado, no Campeonato Estadual, o Paraná Clube se classificou para o octogonal final e, ainda com Caio Júnior se preparando e entrando aos poucos nos jogos, o grande artilheiro da equipe se tornou o meia Ricardinho, batedor de pênaltis oficial e que também deixava sua marca com a bola rolando.

FRANGO CURANDEIRO?

Que o técnico Rubens Minelli sempre foi regado a superstições em sua carreira não é novidade. No entanto, no elenco paranista de 1997, um de seus jogadores, o zagueiro Ageu, por coincidência ou não, também entrara para esse seleto grupo. Ele mesmo conta a história que fez com que o seu comandante passasse a acreditar que o jogador tinha as suas "mandingas".

— Eu treinava e batia falta de longa distância. Um dia, eu estava treinando com o Seu Minelli e tive um probleminha muscular, no adutor. O Seu Minelli, que me chamava de Pé de ferro, falou: "Oooo, Pé de ferro, o que foi? Tá sentindo?". Eu respondi: "Tô, Professor, deu uma fisgadinha". E ele: "Então, sai e vai tratar". O fisioterapeuta pediu para eu fazer bastante gelo. Cheguei em casa e não tinha gelo, só duas forminhas. E para fazer compressa no adutor, precisava de mais gelo. Então, eu vi no congelador um frango congelado. Peguei duas sacolinhas de mercado, envolvi naquele frango e coloquei na minha virilha. Amarrei com uma toalha e fiz o tratamento. No outro dia, o fisioterapeuta perguntou: “Fez o tratamento?”. Eu disse que tinha feito e ele me indagou: “Como é que você fez?”. “Eu não tinha gelo, daí eu peguei frango...”, contei. Ele ficou surpreso e perguntou: “Como é que é? Frango, o que que é isso?”. “Peguei um frango congelado e amarrei duas sacolinhas para não dar aquela ‘asa de virilha’ e fiz o tratamento”, expliquei. O fisioterapeuta não acreditou. Disse: “Vai lá e conta para o Seu Minelli”. Aí, chegou o Seu Minelli e perguntou para o fisioterapeuta: “Como é que está o Pé de ferro, está melhor?”. E ele respondeu: “Acho que está bom, Professor, porque ele fez até uma simpatia e usou frango para fazer gelo”. E eu interrompi: “Não, não”. Foi então que o Seu Minelli me chamou e falou: “Você, além de jogador, também é pai de santo, curandeiro? Usou frango para fazer? Essa daí eu não sabia, eu tenho andado tantos anos no futebol, mas essa daí do frango congelado que cura adutor eu não sabia”. E toda a vez que a gente se encontra ele pergunta: “E o frango?”.

O planejamento traçado por Minelli vinha dando resultados e tinha caído nas graças dos jogadores, que confiavam plenamente nos planos do comandante para que o Pentacampeonato consecutivo viesse.

— Ele era um treinador que gostava de treinar muito a parte ofensiva e ter uma parte defensiva equilibrada, com liberdade para o improviso, para uma orientação ofensiva, movimentação. Na parte tática, ele treinava o time no entendimento do jogador, das variações que ele gostava durante o jogo, respeitando as características dos atletas. A estratégia para o jogo também. Ele falava: “Você joga por aqui, porque o lateral deles tem uma fragilidade na marcação, vamos explorar esse lado e surpreender eles”. “O meio-campo tem que entrar na área”, ele dizia. Sempre me cobrou. O meia que entra na área ou faz gol ou chama atenção da marcação e deixa o atacante em condição de finalizar – revela o meio-campista e principal destaque do time, Ricardinho.

O Paraná Clube fazia uma fase final de almanaque. Apucarana, Iraty, Atlético, Francisco Beltrão e Matsubara foram presas fáceis para o Tricolor da Vila. O time de Cambará inclusive fora a primeira vítima do artilheiro Caio Júnior, que deixou sua marca em duas oportunidades. E o único revés durante toda essa fase ocorreu frente ao Coritiba. Aliás, um tropeço normal, que não afetara o grupo, mas que viria a ter repercussões maiores no dia a dia para o técnico Rubens Minelli. Por parte da diretoria? Não. Da torcida? Menos ainda. O grande culpado por mexer com a "honra" e "moral" do treinador fora um torcedor rival.

NA CONTA DO METRE! (PARTE 1)

Quem se lembra detalhadamente da história que mexeu com o comandante paranista é Omar Feitosa, ex-preparador físico do clube, e que a guarda com carinho na memória até os dias de hoje. O episódio ocorreu durante uma refeição de Rubens Minelli e de sua comissão técnica em um famoso restaurante da cidade de Curitiba.

— Nós fomos no Madalosso, eu não lembro se era aniversário de alguém da comissão técnica, mas tinha um metre, que era "coxa-branca", torcedor fanático do Coritiba, e nós tínhamos perdido o clássico para o Coritiba, que estava muito bem na competição, e corríamos o risco de não nos classificarmos para as finais. Então, o metre veio sacanear. Falava com o garçom não sei o quê: "Porra, e daí Minelli como é que é?". Ele não falava "Seu Rubens Minelli". E sacaneou uma, sacaneou duas, três... Nós tínhamos mais um clássico com o Coritiba e Seu Rubens resolveu apostar com o metre para ele parar de ficar atormentando e deixar a gente sossegado, almoçando e conversando entre nós. O sujeito era um daqueles torcedores que, além de ser fanático, era insistente, meio chato, inconveniente. Teve um momento que o Seu Rubens falou: "Vamos fazer assim: vamos parar de falar nisso agora e, no próximo clássico, se eu perder, venho aqui e pago boca-livre para todos os seus garçons [ou falou algum outro valor lá], mas se o Paraná ganhar, eu volto aqui e vai ser boca-livre para quantos convidados eu quiser trazer". Aí o metre disse: "Está apostado!". E deu risada alta.

Isso, porém, não iria terminar assim...

Já em fim de carreira, o técnico Rubens Minelli era um dos comandantes mais experientes da época. Com a idade e a vivência, nós sabemos, vem também o conhecimento. Para o meia Ricardinho, o grande trunfo do treinador durante toda a competição foram esses:

— Acho que, no geral, foi uma mistura de conhecimento e experiência. Ele possuía capacidade de rapidamente entender o elenco que tinha em mãos. O principal que um treinador precisa é a gestão de grupo, conhecimento. Isso é essencial. Nos momentos em que a gente precisava do treinador, em termos de estratégia para enfrentar o adversário, ele arrumava um caminho que dava certo. [Nessa hora] O jogador percebe que o treinador tem conhecimento, além da experiência; porque na dificuldade e ou na alegria, sempre houve um equilíbrio emocional. [Ele mostrava a importância] De não se empolgar na vitória e não se entregar e achar que está tudo errado nas derrotas.

E esse foi o pensamento de todos até o final do campeonato. O que fora fundamental, pois, apesar de bons resultados no geral, o Tricolor da Vila corria risco de ficar fora da briga pelo título antes de disputar todas as partidas. E isso fez com que o grupo se fechasse e encarasse cada confronto que restava como uma verdadeira decisão.

Depois de quatro vitórias e um empate, o Paraná tinha um confronto decisivo diante do Matsubara, em Cambará. O triunfo nesse duelo seria fundamental para que o clube continuasse a depender apenas de si mesmo para chegar ao título Paranaense.

CONTRA TUDO E CONTRA TODOS

Era jogo de vida ou morte para o Paraná na busca pelo Pentacampeonato Estadual consecutivo. Os jogadores, a comissão técnica, a diretoria e a torcida, todos estavam imbuídos de que um triunfo frente ao Matsubara era o gás que faltava para as duas últimas rodadas do torneio.

Sem pretensões nessa reta final e com uma disparidade técnica grande entre os times [no jogo de ida Minelli e seus comandados venceram por 5 a 1], a equipe de Cambará a princípio não encararia a partida da mesma forma se não fosse uma provável "ajudinha" do rival Coritiba. Com reais chances de título e de passar o Tricolor da Vila na rodada seguinte, pois haveria um confronto direto, o Coxa teria enviado uma "mala branca" ao Matsubara, para que os jogadores dificultassem o jogo para o Paraná. E foi exatamente isso que ocorreu dentro de campo. Uma partida acirrada e brigada do primeiro ao último minuto. Chances para ambos os lados. Até que, na etapa final, precisando da vitória, o Tricolor da Vila se jogou para cima do time de Cambará.

— Jogo lá e cá. Tanto eles tinham chance de ganhar como a gente. Eu me lembro que estava voltando [para defender] e o Professor falava: "Não precisa voltar mais, joga do meio para a frente, nós precisamos do gol" – relata o lateral Denílson.

A essa altura, os gandulas haviam sumido. E cada reposição de bola demorava uma eternidade. O empate era ruim para o Paraná, que precisava da vitória para continuar dependendo só de suas forças para chegar a mais uma conquista. Foi, então, que o primeiro herói paranista na partida entrou em ação. Dessa vez, não se tratava de nenhum atacante, meia ou goleiro e, sim, de um repórter: Manoel Fernandes, um paranista fanático e que estava a trabalho pela Rádio Cidade naquele dia e viu, à beira do gramado, a cera e o descaso dos mandantes que "sumiram" com todos os gandulas da partida. Em uma das últimas chances do Tricolor no jogo, quando o confronto já se encaminhava para os acréscimos da etapa final, Maneco, como é carinhosamente conhecido, entrou em ação. A bola saiu próxima ao repórter, que não hesitou e foi atrás dela para ajudar seu time do coração a repô-la em campo o mais rápido possível.

— A bola passou na frente dele. Ele pegou e deu um "tapa" para mim que estava como lateral. Eu peguei e bati rápido no Sidney, o Sidney virou no Denílson, o Denílson cruzou e o Caio Júnior fez esse gol já no final do jogo – relembra Ageu.

A vitória veio e o alívio de todo o grupo também. Minelli, de novo, expôs suas crenças, dessa vez, para Omar Feitosa.

— Quando nós passamos pelo Matsubara, um jogo duríssimo em Cambará, com gol de cabeça do Caio nos acréscimos – e naquela época os árbitros não davam muito acréscimo –, eu lembro que, no vestiário, falei: “Seu Rubens, a gente merecia vencer, mas tivemos um pouquinho de sorte”. Ele olhou para mim e falou: “Professor, quem é bom tem sorte”. Foi a primeira vez que eu ouvi essa frase. Depois, ouvi várias vezes as pessoas falando disso, outros treinadores; mas a primeira vez foi dele – recorda-se Omar Feitosa.

Para comemorar a façanha, durante a viagem de volta para Curitiba, o grupo parou em uma churrascaria no meio da estrada, com a presença ilustre de um dos heróis da partida, o repórter Manoel Fernandes.

VITÓRIA DO PROFISSIONALISMO

Restavam dois jogos para o título. Minelli e os jogadores estavam fechados e focados nos últimos confrontos. No entanto, um fato inimaginável nos dias de hoje aconteceu com o treinador.

Rubens Minelli sempre foi uma pessoa bastante responsável. Apesar de viver intensamente o presente, nunca deixou de pensar no futuro. A 15 dias do fim do Campeonato Paranaense, ele vivia a expectativa do que o esperava na próxima temporada. Isso porque seu vínculo com o Paraná Clube terminaria ao fim da competição e, mesmo desenvolvendo um bom trabalho, começou a ter incertezas, pois, até aquele momento, a diretoria não havia se pronunciado sobre uma possível renovação. Veio-lhe na memória a maneira como terminou a sua primeira passagem pelo Tricolor da Vila, quando fora demitido por telefone, então ficou preocupado de que aquele cenário pudesse se repetir.

Ao mesmo tempo, o treinador recebera uma proposta do arquirrival Coritiba para que ele assumisse o comando da equipe na temporada seguinte.

— Quando eu fui a primeira vez para o Paraná, não esperava ser dispensado, e eu não queria que isso acontecesse de novo, em 1997. Eu estava dependendo da renovação de contrato, mas eles também não falaram comigo e, então, apareceu o convite do Coritiba. Ainda não tinha terminado o Campeonato Paranaense e eu disse que só aceitaria no final do campeonato. Eu acertei com eles, mas avisei que só assinaria depois de o campeonato acabar e queria que isso não fosse divulgado. Mas dirigente de futebol, sabe como é que é, né? Eles soltaram que eu estava contratado e, por isso, alguns diretores do Paraná quiseram me mandar embora, afinal íamos jogar as finais contra o Coritiba, e eu já era contratado do Coritiba e estava no Paraná. Os jogadores que não deixaram. Falaram: "Ele não vai sair, vamos continuar assim" – revela o treinador.

Um dos líderes do grupo, o goleiro Régis se recorda da situação e afirma que em momento algum os atletas deixaram de confiar no seu comandante.

— Ficamos sabendo do acerto antes da decisão e a diretoria até nos reuniu e perguntou como estávamos recebendo essa notícia. Nós dissemos: "Está tudo normal, estamos confiantes, não vai mexer com a gente essa notícia". A gente sabia que o Seu Minelli era uma pessoa séria e que queria ganhar esse título, e isso valorizou ainda mais sua ida para o Coritiba, pois, enquanto estava no Paraná, ele torcia para o Paraná. Ele era uma pessoa séria, que só no olhar já dizia muitas coisas. A gente sabia que ele não tinha desvio de pensamento [com relação a enfrentar o Coritiba]. Ele trabalhou a semana, trabalhou sério. Para a torcida, foi algo que passou desapercebido, porque ela não sabia e não notou nada.

A força dos jogadores prevaleceu e Minelli ficaria no comando do time até o fim da competição. Para muitos, seria uma tarefa ainda mais árdua, uma pressão acima do normal, mas não para o experiente treinador que, apesar de nunca ter passado por essa situação, sabia separar as coisas. Portanto, enquanto fosse técnico do Paraná Clube defenderia as suas cores até a morte.

Além do profissionalismo que guiou sua carreira e uma possibilidade enorme de título e de entrar para a história do Tricolor da Vila de maneira mais profunda, Minelli tinha uma conta a acertar com o metre do Madalosso, que o atormentava dia e noite e o fazia querer vencer o Coritiba a todo custo.

O Paraná Clube contava com alguns desfalques para a partida. Contudo, diante da força do elenco Tricolor, isso não seria problema. Jogando no Pinheirão e precisando vencer para continuar dependendo apenas de si para levantar o caneco, Minelli e seus comandados mostraram muita gana dentro de campo.

— Jogamos para ganhar, como sempre. Não é porque o Seu Minelli treinaria o Coritiba no outro ano que ia amolecer, né? – pondera Denílson.

O placar foi aberto na primeira etapa com o zagueiro Lamônica, que aproveitou a cobrança de escanteio de Ricardinho e, de cabeça, desviou para o gol, 1 a 0.

O Tricolor da Vila mandava no jogo. Para o segundo tempo, o técnico Rubens Minelli pediu para que seus jogadores continuassem em cima do rival, a fim de decidir a partida o quanto antes. E não é que deu resultado? Pouco tempo depois, o Paraná Clube aumentou a contagem com o lateral Denílson.

— O gol foi mais ou menos igual ao de 1995 [Tricampeonato], de fora da área. Eu chutei de trás do bico da grande área e foi lá no canto direito do goleiro. Foi um gol bonito – relembra o jogador.

Já o último e derradeiro tento da goleada foi marcado pelo atacante Claudinho, que apesar de entrar na segunda etapa deixou a sua marca.

— Foi um gol de cabeça. Aproveitei um cruzamento e, praticamente dentro da área, desviei e fiz o gol. Foi o terceiro gol do jogo e abrimos uma boa margem, que fez com que a gente precisasse apenas de um empate no jogo seguinte.

Com o apito do juiz, a torcida paranista e parte dos jogadores iniciaram a comemoração mesmo faltado mais um pontinho para que o Pentacampeonato fosse sacramentado. Como último adversário, o time tinha o União Bandeirante, equipe que vinha sendo um dos grandes fregueses do Tricolor na temporada. Nos dois confrontos disputados entre eles, vitórias de 7 a 0 e 3 a 1 para o Paraná Clube.

Eram muitos fatores para que o grito de "É Campeão!" fosse ecoado por toda Curitiba. No entanto, o treinador Rubens Minelli era cauteloso, como sempre, e pregava respeito ao União Bandeirante.

— Nós saímos atrás, sem ponto nenhum, e estamos à frente de todos agora. Depois que jogarmos contra o União, vamos empatar ou ganhar, aí sim poderemos comemorar alguma coisa. A aplicação dos jogadores hoje foi sensacional – declarou o treinador na saída do gramado para a TV CNT Curitiba.

Minelli tirou um peso enorme de suas costas e, enfim, chegou a hora de voltar ao Madalosso.

NA CONTA DO METRE! (PARTE 2)

Depois da heroica vitória sobre o Matsubara no fim da partida, Minelli e seus comandados, com mais gana do que tudo, também golearam o Coritiba. Assim, de uma vez por todas, o treinador conseguira se "vingar" do chato metre.

— Seu Rubens armou um esquema tático e ganhamos do Matsubara, do Coritiba; nos classificamos e voltamos ao restaurante. O metre, que era torcedor do Coritiba, desapareceu; ninguém sabia dele. Procuraram, procuraram, e até os garçons que eram paranistas, dois ou três, falaram: "Ele sumiu, Seu Rubens". Então, quando veio a conta, Seu Rubens fez um bilhetinho para ele. "Essa aqui é por tua conta. E quando eu ganhar o Paranaense, eu venho aqui comemorar com você!". E mandou um abraço para ele e deixou a conta lá. Afinal, o metre perdeu a aposta. E ele foi tão inconveniente que até os garçons estavam torcendo para ganharmos do Coritiba. Ganhamos. O Seu Rubens ganhou a aposta e foi engraçado, porque o cara desapareceu do restaurante. Essa é uma história marcante, porque, dali em diante, a gente partiu para a conquista do título – conclui Omar Feitosa.

O JOGO DO TÍTULO

Um resultado positivo frente ao União Bandeirante, além de levar o Paraná Clube ao Pentacampeonato Paranaense, colocaria o clube de vez na história do estado e no *rol* dos maiores Campeões do Paraná. Isso porque, com a conquista do troféu pela quinta vez consecutiva, o Tricolor da Vila entraria para esse seleto grupo e se transformaria na terceira equipe a conseguir tal feito. A primeira foi o Britânia (1918 a 1922) e a segunda, o arquirrival Coritiba (1971 a 1975).

Diferentemente de outras partidas decisivas que o técnico Rubens Minelli já havia participado, essa frente ao União Bandeirante com certeza era a mais tranquila, tanto pelo potencial do seu time, quanto pela fragilidade do adversário. Além disso, um simples empate seria suficiente para que o Paraná Clube erguesse a taça. No entanto, o União Bandeirante tinha um jogador que enchia os olhos de Minelli, o jovem meia Rogério Barbosa, que começava a figurar no futebol e que chamava bastante atenção no Campeonato Paranaense. Era um jogador de boa movimentação, que ditava o ritmo do time e tinha o chute de fora da área e a bola parada como suas grandes armas. O comandante pediu para os seus atletas terem cuidado.

Rubens Minelli via o futebol como um verdadeiro jogo de xadrez, deixando uma incógnita na cabeça dos rivais. No entanto, dessa vez, não fez mistério e treinou durante toda a semana o mesmo time – sua equipe base durante boa parte da competição.

COM A PALAVRA... **RUBENS MINELLI**

Era uma equipe muito boa, onde os jogadores tinham, além da obediência tática, muita condição técnica. E nós praticamente inovamos um sistema. Jogávamos com quatro zagueiros. O goleiro Régis; quatro zagueiros; o Denílson [lateral-direito] que de vez em quando apoiava, passava o meio de campo. Wendel do lado esquerdo; dois zagueiros de área, que eram o Fabiano e o Ageu. O Ageu era um canhoto que também se aventurava pelo lado esquerdo. O Sidney e o Reginaldo jogavam como dois volantes; e eu tinha dois meias, o Ricardinho e o Osmar. E dois atacantes, o Mazinho Loyola e o Caio Júnior. Os jogadores ocupavam bem os espaços e eram solidários para voltar na hora da marcação.

O dia 8 de junho de 1997 se tornaria inesquecível na lembrança de todos os paranistas, e mais um dia histórico na carreira do técnico.

Antes do confronto decisivo, ele reuniu seu grupo para a preleção. Não foram palavras impactantes, até porque tudo estava favorável para o Tricolor da Vila. Entretanto, foram frases sinceras, sérias e que todo o grupo paranista assimilou.

— A preleção do Seu Minelli foi de muito respeito ao time do União Bandeirante. “Se eles chegaram até essa data é porque são merecedores”, ele disse. Em seguida, fez uma pergunta: “E nós? Vão lá e mostrem que vocês são mais merecedores que eles, mas com respeito. Quando tiverem que marcar, marquem. Quando tiverem que jogar, joguem. E quando tiverem liberdade, sejam alegres nas escolhas de vocês. A chance vai aparecer e todos estão mentalmente preparados para fazer o gol. Então, tenham tranquilidade que a chance vai aparecer durante o jogo. E nós temos aqui jogadores que podem decidir a partida" – recorda-se o defensor Ageu.

— O Seu Minelli não precisava motivar os jogadores dele, porque o jeito dele já fazia isso. O modo como ele treinava, as orientações, a parte tática... E por se tratar de uma "final", as palavras dele foram: "Só quero que vocês concretizem o que construíram. Não foi fácil, mas hoje, dentro de casa, com nosso torcedor, não vamos deixar isso passar..." Eu escutei isso em outras oportunidades, de que pessoas que são acostumadas a vencer são coroadas em momentos de decisão – completa Ricardinho.

Quando a bola rolou na Vila Olímpica do Boqueirão, a qual nunca esteve tão cheia, a superioridade Tricolor ficou evidente. Dezoito mil torcedores empurravam seu time rumo à vitória e, logo no início, o meia Ricardinho viria a dar a tranquilidade de que o Paraná Clube tanto precisava.

COM A PALAVRA... **RICARDINHO**

Em uma jogada que começou no lado esquerdo, eu dei uma deixadinha para o Sidney, ele carregou e devolveu para mim e, na entrada da área, de chapa, de pé esquerdo, chutei no canto do goleiro. E logo no início do jogo a gente começava na frente.

Com três minutos de bola rolando, Minelli e seus comandados já venciam por 1 a 0. Daí até o final da partida, foi um verdadeiro *show* Tricolor. Salvo o gol anulado feito pelo União Bandeirante, o Paraná Clube comandou totalmente as ações do jogo. E com dois gols do centroavante Caio Júnior, grande aposta do treinador para a temporada, e 3 a 0 no placar, os torcedores puderam, enfim, soltar o grito de "É Campeão!".

Com o apito do árbitro, o campo foi tomado por torcedores fervorosos e cheios de alegria, o que fez com que os atletas mal comemorassem o título dentro do gramado. Acostumados a driblar os adversários, os jogadores paranistas tiveram que driblar a própria torcida para não terminarem as festividades "pelados". Muitos acabaram ficando apenas de sunga na comemoração, mas outros, como o atacante

Claudinho, mostraram a mesma agilidade que tinham com a bola, só que sem ela, e conseguiram escapar "ilesos" com seus uniformes.

— Nunca pensei que fosse conseguir driblar tanta gente assim. Ao término da partida, houve uma invasão e eu tive que sair correndo. Desvia de um, desvia de outro, e entrei rápido no vestiário. Confesso que tive o discernimento do juiz; quando ele foi pedir a bola, eu já fui me direcionando para perto da entrada do vestiário para poder sair daquele tumulto, porque a torcida tirava chuteira, tirava meia, deixava o atleta ali quase nu. Queria ter alguma coisa dele, uma lembrança, e tirava do seu corpo. Então, foi nesse jogo que eu consegui dar os maiores dribles – brinca o jogador.

Tanto o título de 1994 quanto o de 1997 foram conquistas extremamente difíceis na história do Paraná Clube. No entanto, os jogadores dividem opiniões sobre qual caneco foi mais complicado de levantar. O atacante Claudinho crê que o primeiro título de Minelli com o clube fora o mais complexo:

— O mais difícil foi o de 1994, porque houve a mudança da comissão e Seu Rubens chegou na fase final, e até a gente assimilar mentalmente o trabalho dele... Uns tinham facilidade, outros não.

Já o lateral Denílson acredita que em 1997 o time encontrou maior dificuldade:

— Foi o de 1997, porque os adversários estavam mais preparados para enfrentar o Paraná, pois já sabiam o jeito que nós jogávamos.

A Vila Olímpica era um lugar iluminado para Minelli. Afinal, seus dois títulos com o Paraná Clube (1994 e 1997) ocorreram lá, algo que até para os jogadores era motivo de confiança, que fora conquistada pelo treinador ao longo do tempo, com muito trabalho, suor e companheirismo com o seu grupo.

— O problema foi que nós tivemos uns meses de salários atrasados, jogadores importantes lesionados. Mas o Seu Minelli chegou, trabalhou a nossa mente, deixou o nosso psicológico mais forte. Enfim, dentro dessa campanha, o Seu Minelli conduziu como poucos o elenco. Dando oportunidades para os atletas mais jovens, cobrou ainda mais os jogadores experientes e, assim, nós nos agigantamos e fomos para os clássicos, de onde saímos felizes. Seu Minelli tinha algo dentro da

Vila Olímpica. Dentro da Vila, ele era imbatível. Então, parabéns a todo o elenco e ao Seu Minelli por fazer daquele estádio a sua casa de volta olímpica – declara Ageu.

A decisão acabou sendo a última partida do treinador à frente do Paraná Clube. Ao todo, ele comandou o Tricolor da Vila em 122 partidas, com um retrospecto de 55 vitórias, 42 empates e 25 derrotas; tornou-se o segundo técnico que mais treinou o clube, estando atrás apenas do amigo Otacílio Gonçalves com 144 jogos[7].

Como último compromisso com o clube, Minelli compareceu à comemoração da conquista do Paraná Clube e foi onde se sentiu renovado, já que todos que desconfiaram do seu caráter e profissionalismo quando souberam do seu acerto com o Coxa agora o exaltavam.

— Metemos 3 a 0 e depois fomos Campeões. À noite, teve o jantar de Campeão e eu fui aplaudido de pé pelas 1.200 pessoas que estavam lá – relembra o comandante.

[7] Até o ano de publicação deste livro, 2023.

A HORA DO ADEUS

Minelli fez história no Paraná Clube. Só para lembrar, além de ser o primeiro treinador quando da sua fundação, conseguiu o acesso para a Série B e, também, fora fundamental para que o time se sagrasse Campeão em duas oportunidades no Campeonato Paranaense. Fatos que elevam o seu patamar e o colocam em uma posição privilegiada, ao lado de seu grande amigo Otacílio Gonçalves – outro grande vencedor que comandou o Tricolor da Vila –, como um dos maiores treinadores da história do clube.

— Eu acho que os dois principais foram o Seu Minelli e o Otacílio Gonçalves. São os comentários que escutamos no futebol paranaense. Eles passaram mais de uma vez, foram Campeões e são pessoas respeitadas, que todos gostam – garante o goleiro Régis.

O Paraná Clube, agora, era página virada na vida do comandante, que sonhava em construir outra bonita história também pelos lados do Couto Pereira. Minelli substituíra o técnico Dirceu Krüger.

Definitivamente, o comandante começava a dar sinais de cansaço da agitada vida no futebol. Aos seus 68 anos, tudo indicava que o Alviverde Paranaense seria o seu último clube na função de treinador, no entanto, ainda lhe restava um último gás.

No dia seguinte, após comemorar o título com o Tricolor Paranaense, o treinador já começava a estudar o Coxa. Em sua agenda, levantava quais eram os jogadores no novo clube e como havia sido a última participação da equipe no Campeonato Brasileiro da Série A.

A presença do preparador físico Carlinhos Neves, que havia trabalhado com Minelli no Paraná e no Grêmio, tratou de facilitar a sua adaptação no Coritiba.

QUE SUSTO!

Além de ser extremamente charmosa e arborizada, a cidade de Curitiba é conhecida por ser a capital mais fria do país e apresentar um clima bastante instável. Por isso, chuvas, baixas temperaturas e raios são constantes na região. E foi durante um dos treinos do Coxa que tal clima instável deu um verdadeiro susto em todo o elenco alviverde.

Atletas e comissão técnica iniciaram o treinamento sob uma fraca chuva. Depois de alguns trabalhos com bola e exercícios físicos, a água foi aumentando. De repente, uma tempestade com raios e trovões deixou todos em pânico.

— Estávamos treinando quando caiu um raio em um dos gramados do CT e todo mundo se deitou no chão. O Professor Rubens Minelli estava segurando um guarda-chuva na mão e o atirou para longe. Depois que vimos que todo mundo estava bem, foi só risada – relembra o meio-campo Marquinhos Rosa.

Sua primeira missão era trazer novas peças para fortalecer o grupo e acertar renovações para que a base do time permanecesse.

A chegada mais icônica nesse primeiro momento foi a de um jogador que o comandante já observava nos tempos de Paraná Clube, o meia Rogério Barbosa. Antes que o treinador assumisse o time, o craque meio-campista Alex havia se transferido para o Palmeiras. E Minelli via no novo contratado um atleta com potencial para ser seu substituto.

— Em 1997, eu estava no União Bandeirante e o Professor era técnico do Paraná. Eu, com 19 anos, era revelação do Paranaense. Joguei duas vezes contra ele [Minelli] e fiz partidas memoráveis. Acredito, até hoje, que ele viu que eu poderia substituir o Alex. Então, fui contratado a pedido do Professor Rubens Minelli, fiz a pré-temporada e, quando começou o Brasileiro, ele me colocou como titular – lembra Rogério Barbosa.

Ao todo, foram 11 atletas contratados para a disputa da competição nacional.

Para não sofrer mais nenhuma baixa do elenco que tinha em mãos, a conversa do técnico foi com o polivalente Claudiomiro, que tinha propostas para deixar o clube, mas que era visto por seu treinador como um jogador indispensável para a temporada.

— Meu contrato com o Coritiba estava acabando, e ele [Minelli] foi muito importante para mim naquele momento, porque eu estava para sair. Eu tinha recebido proposta do Santos e acabei não indo. Me lembro como se fosse hoje a conversa que tive com o Professor Minelli naquele dia. No momento em que chegou, ele sabia que eu queria sair. Nós conversamos e ele me disse que não estava assumindo o time para disputar um Campeonato Brasileiro com risco de cair. Ele já tinha perdido o Alex e foi bem sincero comigo: "Você renova e eu vou falar com o pessoal do Coritiba. Você vai ser o meu capitão, não quero que você saia". Para mim, foi importante a chegada dele. Um treinador multicampeão por onde passou, vários títulos pelo Paraná. Um grande profissional e que me ajudou muito.

Na primeira fase do Campeonato Brasileiro de 1997, todas as equipes se enfrentariam em turno único, e os oito primeiros se classificariam.

PRIMEIRA EXPERIÊNCIA

Na preparação para o início da competição nacional, o Coritiba veio com Minelli a São Paulo, mais precisamente para Valinhos. Coincidência ou não, para a cidade onde ficava sua chácara e estava a sua família. Por conta disso, sabendo que eu, Brunno, era um grande fã de futebol, mesmo que pequeno, levou-me, pela primeira vez, para conhecer os jogadores e ter a minha experiência ao lado de uma equipe profissional. Para uma criança, mesmo não sendo os jogadores do seu time do coração, era algo extraordinário. Para fazer meu dia ainda melhor, com membros da comissão e com uma camisa do Coxa em mãos, fui de quarto a quarto dos atletas pedir que autografassem minha camisa. Essa, com certeza, virou uma das minhas camisas de time favoritas, enquanto este se tornou um dos dias mais felizes da minha infância.

Praticamente um mês depois da saída do rival, o técnico Rubens Minelli faria a sua estreia pelo Coritiba, em uma partida contra a Portuguesa, Vice-Campeã Brasileira em 1996. Ainda com muitos jogadores se ambientando e sem ter o grupo fechado que queria, Minelli fez uma série de improvisações no início do torneio. Em razão disso, o começo fora bastante complicado. De cara, derrota para a Lusa no Canindé, por 1 a 0, em um jogo em que Claudiomiro teve que fazer as vezes de lateral-esquerdo e Rogério Barbosa, meio-campista nato, teve que jogar no ataque.

Do começo ao fim do Brasileiro, o Coritiba foi irregular. Tanto que a primeira vitória veio apenas duas rodadas mais tarde, no 2 a 0 frente ao Sport, e o segundo triunfo somente um mês depois, pelo mesmo placar diante do Corinthians. Aliás, o melhor momento do Alviverde no campeonato se iniciou após esses três pontos. Na sequência, foram mais duas vitórias em três duelos disputados.

Um momento bastante marcante para o treinador durante a competição foi o confronto contra o Paraná Clube, seu ex-clube, e grande rival do Coxa.

SENSAÇÃO ESTRANHA

O jogo em questão, por coincidência, foi disputado no dia 7 de setembro, dia da Independência do Brasil e de Minelli, que escolheu trocar de clube e foi de um rival para outro. A partida ocorreu no Boqueirão, local em que o técnico sempre foi muito feliz.

Para seus ex-jogadores também foi uma situação bastante atípica, já que estavam de lados opostos apenas um mês depois de terem sido Campeões.

— A maioria dos jogadores ficou triste, porque já estava acostumada com o trabalho do Seu Minelli. E quando o cara é Campeão, é sempre mais procurado. O trabalho vinha fluindo bem. Mas ele é profissional e teve seus motivos para ir para o Coritiba. Isso é uma decisão que tem que ser respeitada. Então, nós respeitamos. Não ficou mágoa nenhuma. Não tem nada de anormal ir para o rival, é apenas profissionalismo. Um cara como o Professor Minelli, pelo currículo e por ser vencedor, claro que teria várias propostas. Eu fui lá no banco e o cumprimentei, sem problemas. Todos que jogaram tinham um carinho grande pelo Professor Minelli. São gratos por terem atuado sob o comando de um profissional desse gabarito, um cara que ajudou muito no crescimento profissional de cada atleta – conta Ageu.

— Era um pouco estranho, mas fazer o quê, futebol é isso mesmo, né? O rival sempre quer o treinador melhor, é assim. Mas era difícil. Não tinha como não gostar dele. E ele foi para um clube que o valorizou mais. Ele sabia também como a gente jogava. Com isso, as dificuldades só aumentaram para nós. Ele conhecia todo mundo, daí ficou meio complicado, mas conseguimos dar a volta por cima – completa Denílson.

Apesar da alegria de rever os grandes amigos que fez no Tricolor da Vila, como seus ex-comandados e alguns cartolas, que encaravam a mudança de uma maneira profissional, o técnico, ao pisar no estádio Érton Coelho Queiroz, teve que enfrentar a ira da torcida, que, mesmo com seus feitos pelo clube, enxergava-o como um "traidor" e não o recepcionou bem.

— Teve uma manifestação da torcida quando eu dirigi o Coritiba contra o Paraná. Os caras me xingaram da torcida do Paraná Clube. Um torcedor cuspiu em cima de mim. Mas não teve uma profundidade maior por parte de diretoria e jogadores. Sou amigo de todos – relembra o comandante.

Em campo, com Minelli no banco de reservas dos visitantes, os times ficaram no empate de 1 a 1.

Rubens Minelli sempre esteve ao lado do seu grupo e seguia confiante de que trilhava o caminho certo no comando do Coxa.

— Ele era extremamente estrategista. Conhecedor do futebol, estudava muito os adversários e tinha um ingrediente diferente para surpreendê-los. No dia a dia, era disciplinador e leal – revela Vagner Mancini.

As estratégias e jogadas ensaiadas eram uma das facetas do treinador, que as implantava em todos os clubes em que passara e tinha plena consciência de que um lance poderia decidir uma partida. Em alguns times, as estratégias e jogadas ensaiadas davam mais certo do que em outros. O Coxa, definitivamente, aproveitou, e muito, esse artifício.

— Tínhamos uma jogada de bola parada, que treinávamos bastante com o Professor Minelli. Eu e o Zambiazi, a gente se revezava em puxar no primeiro pau. O escanteio era treinado para a bola entrar entre o pênalti e o primeiro pau da trave, e ali a gente fazia o bloqueio. Às vezes, eu bloqueava o adversário para o Zambiazi entrar no primeiro, e assim íamos revezando. Era uma jogada ensaiada em que eu fui bastante feliz em fazer alguns gols de cabeça. A gente treinava bastante com o Professor Minelli essa jogada de bola parada, escanteio, falta lateral – relembra Claudiomiro.

Um jogo que comprova tal jogada revelada por Claudiomiro aconteceu no confronto entre Coritiba e Atlético-MG, no Mineirão, quando, de cabeça, o volante deixou sua marca. Aliás, esse foi um duelo bastante conturbado para o técnico e seus jogadores. Isso porque o atacante Jajá e o zagueiro Zambiazi foram expulsos de maneira exagerada pelo árbitro Paulo César de Oliveira, o que acarretou a revolta do comandante coxa-branca, que, após reclamação contundente, também foi expulso em mais uma derrota do Alviverde fora de casa. Vale ressaltar que a diferença do que a equipe apresentava dentro e fora dos seus domínios, principalmente em relação aos resultados e não à *performance*, era grande.

Com o apoio da sua torcida e atuando no Couto Pereira, o Coritiba fazia valer o fator campo. Durante uma competição tão forte e disputada como o Campeonato Brasileiro, perdeu apenas duas partidas.

— Eu acredito que, naquela época, o Coritiba podia chegar mais longe. Em casa, na maioria das vezes, ganhávamos os jogos; perdíamos muito pouco – recorda-se o meia Rogério Barbosa.

Enquanto isso, longe de seus domínios, o time não se encontrou. E durante toda a competição, conseguiu apenas uma vitória. Essa inconstância da equipe dentro e fora de casa rendeu ao Coxa uma posição intermediária no Campeonato Brasileiro e a eliminação precoce na primeira fase.

— Com certeza tivemos muitos altos e baixos, por isso, nossa participação na competição não foi tão boa. Fazíamos bons jogos, mas dentro da mesma partida tínhamos uma queda de rendimento. Com certeza, se executássemos, durante boa parte do jogo, aquilo que o nosso comandante pedia, o time teria chegado em uma colocação melhor – garante o meio-campo Marquinhos Rosa.

A pouca tradição no torneio fez com que o Alviverde Paranaense não traçasse como principal objetivo o título. Permanecer na primeira divisão era visto como obrigação para o técnico Rubens Minelli, mas o comandante nunca escondeu de ninguém que tinha a pretensão de se classificar entre os oito primeiros, o que não foi possível.

CHAVE DE OURO

O último jogo do Coritiba havia sido a vitória por 2 a 0 sobre o América-RN, no dia 8 de novembro de 1997, data em que se iniciariam praticamente as férias dos jogadores, já que, oficialmente, o clube não tinha mais jogos e compromissos marcados na temporada.

Foi então que o SBT (Sistema Brasileiro de Televisão) – que naquela época começou a investir no futebol – entrou em ação e mudou o rumo do Coritiba e, principalmente, de Minelli. Sabendo da condição de algumas grandes agremiações eliminadas na primeira fase do Campeonato Brasileiro, a emissora resolveu organizar um campeonato de tiro curto, denominado Festival Brasileiro de Futebol, que duraria aproximadamente 15 dias, e renderia ao vencedor um prêmio de R$ 400 mil.

— Era o torneio "Barrados no Baile", dos times que não tinham se classificado entre os oito primeiros no Campeonato Brasileiro. Oito clubes disputaram o torneio. E eram todos times bons. Corinthians, São Paulo, Botafogo, Paraná, Coritiba e o Vitória, onde estreou o Petković e arrebentou com o jogo – lembra o treinador.

Além deles, o Operário, do Mato Grosso do Sul, foi convidado por ser o time da cidade sede da competição e o Rio de Janeiro F.C., equipe de pouca expressão e que hoje é conhecida como CFZ (Centro de Futebol Zico), time que tem o ex-jogador Zico como dono.

As equipes foram divididas em dois grupos, e os primeiros colocados de cada grupo disputariam uma final única. Com o Coxa estavam Vitória, São Paulo e Rio de Janeiro. Seria mais uma oportunidade para o Coritiba tentar quebrar a incômoda fila sem títulos, que durava oito anos. O último caneco que o clube levantara havia sido o do Campeonato Paranaense de 1989.

O debute no torneio aconteceu diante do Rio de Janeiro, que tinha como destaque o atacante Neném, que já possuía grande notoriedade nas praias de Copacabana, atuando pela Seleção Brasileira de futebol de areia. Além do centroavante Ézio, o Super Ézio, que fez história pelo Fluminense.

Apesar dos nomes conhecidos, o Coxa fez valer o peso da camisa e não deu chance para o Rio de Janeiro. Com dois gols de Cléber e um de Marquinhos Rosa, o time iniciou bem a competição e aplicou um 3 a 0 de respeito.

— A essa altura, nosso time já estava mais entrosado e iniciamos muito bem. Ao longo dos jogos, fomos melhorando – conta Vagner Mancini.

Na segunda rodada, o adversário era o São Paulo. Equipe treinada pelo uruguaio Darío Pereyra, outro jogador de Minelli a seguir os seus passos. E mesmo com muita dificuldade com a bola rolando, o Coritiba saiu vencedor. Após pênalti de França defendido pelo goleiro Edílson, que já mostrava ter estrela durante a competição, Marquinhos Rosa tratou de balançar as redes e levar o Alviverde de Curitiba ao seu segundo triunfo.

BAGUNÇA NA CONCENTRAÇÃO

Com o futebol em evolução e o time engrenando na competição, o clima era muito favorável pelos lados do Coxa. Aliás, bom até demais. Em um momento de descontração, alguns atletas se excederam na brincadeira e causaram um início de bagunça no hotel em que a equipe estava concentrada.

O volante Vagner Mancini, que estava no meio da ação, não esquece até hoje da bronca dada por Minelli.

— Me lembro que em um dos jogos, em Campo Grande, na disputa do Festival, alguns atletas pegaram dois extintores do corredor do hotel e fizeram guerra usando os mesmos. O gerente do hotel ficou sabendo através dos funcionários e avisou o Professor Minelli. Imediatamente, ele nos reuniu e deu uma dura inesquecível; claro, com razão – revela Mancini.

Na classificação do grupo, Coritiba e Vitória dividiam a liderança, com os baianos à frente, pois haviam marcado um gol a mais nas duas primeiras partidas. Por conta disso, o Rubro-Negro, do artilheiro Túlio Maravilha e do craque sérvio Petković, jogava pelo empate para chegar à decisão. Justamente o último confronto da primeira fase.

E realmente foi um jogo e tanto. De duas viradas e muitos gols.

Depois de uma primeira etapa complicada, em que o Alviverde abriu o placar, mas cedeu o empate aos baianos, o técnico Rubens Minelli viu a necessidade de fazer algumas alterações para o segundo tempo. Apesar de sofrer a virada, o Coxa se recuperou e fez uma partida espetacular, marcando mais quatro gols. Cléber e Marquinhos Rosa foram os principais jogadores, com dois tentos cada um. Final, 5 a 2 Coritiba e a vaga na decisão assegurada.

O adversário na finalíssima seria o Botafogo, que deixou Paraná e Corinthians para trás e garantiu a liderança da sua chave.

Diante do pouco apego e interesse da cidade de Campo Grande com o campeonato, já que todos os jogos contaram com pequenos públicos e, consequentemente, baixas rendas, Coritiba e Botafogo entraram em acordo e levaram a final para o estádio do Couto Pereira, em Curitiba, onde dividiriam tanto a renda quanto a arquibancada.

A DECISÃO

O título, que já seria um grande presente para a torcida, pois há tempos não via o seu time dar uma volta olímpica, também era visto pelo técnico Rubens Minelli como um prêmio ao grupo e ao novo presidente, que iniciaria seu mandato vitorioso no ano seguinte.

Para a grande final, o comandante coxa-branca contava com o retorno de Claudiomiro, um dos seus homens de confiança e que, nessa decisão, de novo atuaria improvisado pela lateral esquerda.

Com duas equipes tão equilibradas, nem o fator casa seria preponderante para dar o favoritismo ao Coritiba. Pelo Campeonato Brasileiro, que antecedeu o Festival, as equipes atuando no mesmo estádio empataram em 3 a 3. Sendo assim, era esperado um duelo parelho e com muitos gols. Nenhum problema para os atletas da equipe paranaense, que sabiam da sua capacidade e estavam com a confiança bastante aflorada.

— Após as preleções, íamos tranquilos. Sabíamos que se fizéssemos o determinado, dificilmente daria errado. Era como se o Professor Rubens Minelli abrisse nossa cabeça e colocasse um *chip* dentro, de tanto que a gente entendia o que ele passava – garante Rogério Barbosa.

Para todo jogo, e principalmente para as decisões, o comandante tinha um plano a ser seguido. Dessa vez, exploraria a velocidade dos seus atletas, além de usar e abusar das jogadas ensaiadas de bola parada e dos arremates de fora da área.

Assim que a bola rolou, o que se viu foi um Botafogo mais técnico, com maior posse e trabalhando a bola. O Coritiba, por sua vez, mostrou-se uma equipe mais aguerrida e objetiva, também levando perigo à sua maneira. Nos primeiros minutos jogados, Claudiomiro sentiu novamente a contusão e deu lugar a Sandro. Como o treinador confiava em cada um de seus jogadores, não foi motivo para alarde. E logo na sequência ele viu a estrela do meia Marquinhos Rosa brilhar novamente, agora, numa jogada de bola parada.

COM A PALAVRA...

MARQUINHOS ROSA

Eu fiz o primeiro gol da partida, abrindo o placar. Foi numa cobrança de escanteio. Eu subi entre os zagueiros e fiz o gol de cabeça.

O Coxa se manteve no ataque, mas o Botafogo não recuou e procurava o empate a todo custo, deixando espaços em sua retaguarda. Curiosamente, foi de um escanteio para o time da Estrela Solitária que se iniciou a jogada do segundo gol da equipe paranaense.

COM A PALAVRA...

ROGÉRIO BARBOSA

Eu me lembro perfeitamente do lance... O Seu Minelli me conheceu por conta do meu arremate de longa distância e, devido ao treinamento, ele me cobrava, pedindo sempre para eu arriscar. Era escanteio para o Botafogo e quando a bola chegou na nossa área, tirei de meia bicicleta e parti em velocidade. A bola chegou no pé do Basílio e eu tinha disparado. Foi aí que o Basílio tocou para trás. Essa bola foi tocada para mim; eu arrematei, de primeira, de longa distância, e fiz um belo gol.

Lance do gol no caderno de imagens: foto 11

Com 2 a 0 no marcador, era de se esperar que o Coxa tomasse conta do jogo e os cariocas se entregassem. Porém, não foi o que aconteceu. Minutos depois, em bela cobrança de falta, Jorge Luiz diminuiu para o Bota. Veio a segunda etapa e a "trocação" entre as equipes continuou. Ataque de um lado e do outro. Um jogo bastante movimentado, cujos goleiros Edílson e Alex trabalharam bastante. Depois de tanta pressão do Glorioso, o empate veio. Cruzamento na área do Coxa, Edílson tentou segurar, mas não conseguiu, e Sinval completou para o gol, 2 a 2 no placar.

A essa altura, o técnico Rubens Minelli já estava praticamente sem voz. Mesmo debaixo de muita chuva, o comandante ficava na sua área técnica o tempo todo se "esgoelando" e passando instruções e confiança para o seu time.

O jogo já se encaminhava para o seu final, quando o veloz Basílio, aos 84 minutos, em jogada individual, fez fila na defesa alvinegra e colocou o Coxa novamente em vantagem. O gol incendiou a torcida coxa-branca e os gritos de "É Campeão!" começavam a ser ouvidos nas arquibancadas. Todavia, como dizia o "poeta" corintiano, Vicente Matheus: "O jogo só acaba quando termina". E o balde de água fria que silenciou o Couto Pereira ocorreu quatro minutos mais tarde, em mais uma cobrança de falta de Jorge Luiz. Sim, o Botafogo empatava pela terceira vez e levava a partida para as penalidades.

A tensão no Couto aumentou...

Na reunião entre atletas e comissão técnica, Minelli chamou cada um de seus batedores e tentou passar o máximo de tranquilidade possível aos jogadores. Rogério Barbosa, um dos escolhidos, revelou como foi o papo com o comandante.

— Ele já sabia os jogadores que tinham boa finalização. Confesso que eu confiava no meu chute, mas não tinha a experiência dos outros. Ele [Minelli] me perguntou como eu estava para bater o pênalti e eu falei: "Pode confiar que vou bater". Não tinha como dar errado, pela confiança que ele nos passou. Ele disse: "Se vocês errarem, eu assumo toda a culpa, isso é comigo, mas acho que vocês devem bater".

Pelo lado alviverde, os escolhidos foram: Cléber, Paulo Foiani, Reginaldo Araújo, Basílio e Rogério Barbosa. Todos corresponderam à expectativa e converteram a penalidade, assim como os cinco batedores do adversário. Nas alternadas, Flávio novamente colocou o Coxa em vantagem, mas Marco Aurélio tratou de igualar o placar e deu continuidade às cobranças.

E quando o defensor Rogério Prateat isolou sua penalidade, a angústia e apreensão tomaram conta do grupo e da torcida coxa-branca. O futebol, como sabemos, é cheio de reviravoltas e a vez do Coritiba havia chegado. O artilheiro Dimba tinha a bola do jogo para dar o título ao Botafogo, mas o goleiro Edílson cresceu, pegou o pênalti e novamente deixou tudo empatado.

Na sequência, o jovem Tiganá colocou o Coxa em vantagem e na cobrança derradeira, Edílson fez história. Defendeu o chute de Róbson e garantiu o caneco do Festival Brasileiro de Futebol ao Coritiba.

— Fomos como quem não quisesse nada e demos a vida. Fizemos de tudo para ganhar e ganhamos nos pênaltis – recorda-se Carlinhos Neves.

— É um prêmio que esse grupo de jogadores, a comissão técnica e a direção estão dando à torcida. Ela realmente estava com essa comemoração entalada há muito tempo, tanto que vibrou até de uma maneira imprevisível, não se esperava tanta vibração assim. Mas, de qualquer maneira, terminamos bem o ano e isso foi muito importante. Esse torneio serviu exatamente para isso. Nós íamos passar por um tempo ocioso e sem atividade nenhuma, treinando e esperando o início das férias. Esse torneio veio em boa hora; veio para movimentar a equipe e conseguiu. E exatamente no último dia de atividade do ano, nós tivemos tanta vibração e tanta alegria. Então, está todo mundo de parabéns pela conquista e por aquilo que fizeram durante toda a temporada – disse o técnico Rubens Minelli após o título, em entrevista ao SBT.

A felicidade que se via na cara do torcedor e o sentimento de satisfação em novamente ser Campeão também estava no grupo de jogadores. Um elenco focado, que trabalhava muito, mas que nunca desistiu e, após alguns anos, enfim, conseguiu chegar lá.

— Foi um jogo muito difícil, porque o Botafogo tinha uma equipe boa também. Mas conseguimos esse título, que foi importante para a nossa carreira, para o torcedor, para o clube e para o próprio Professor Minelli, que sempre foi vencedor e chegou naquele ano e conquistou um título com o Coxa. Foi muito valioso e gratificante. Para nós principalmente, que estávamos há um bom tempo [sem ganhar]. Eu estava desde 1994. De 1994 até 1997, só dei na trave. Em Campeonato Estadual, só dava Paraná. Estávamos carentes de títulos. A gente brigava, mas não ganhava... Então, o título foi muito importante – garante Claudiomiro.

Fora o último título da carreira de Rubens Minelli como técnico de futebol. A consagração de mais de 30 anos de trabalho sério e muita determinação, e de uma trajetória muito bonita que se encaminhava para o fim, pois Minelli estava inclinado a parar. A conquista era vista como uma grande oportunidade de sair por cima e se aposentar.

O FIM

Depois de muita conversa e promessas de alguns dirigentes, o treinador foi convencido a permanecer no cargo. Apesar de encarar a sequência com tranquilidade, imaginava que estava adiando o inadiável: o fim de sua carreira.

Em um dos seus últimos atos como técnico, trouxe o atacante Sinval, que lhe causou grandes preocupações na decisão do Festival Brasileiro de Futebol contra o Botafogo; além de dois velhos conhecidos para reforçar o Coritiba, o goleiro Régis e o atacante Claudinho, que haviam atuado com o comandante na época do Paraná e se tornaram carrascos do Coxa anos antes.

— Agradeço tudo que o Seu Minelli sempre me fez, porque esse alívio mental que eu tive ao ver [o fim do] sofrimento que a minha esposa e filhos tinham para se adaptar comigo no futebol japonês foi coisa do Seu Rubens Minelli. Foi ele que falou que me queria, e o Coritiba fez todo o esforço para me tirar de lá – revela Claudinho.

A abertura da temporada de 1998 ocorreu em um amistoso do Coxa contra a Seleção da Jamaica, na época treinada pelo brasileiro René Simões. E o cartão de visitas do renovado elenco coxa-branca foi dos melhores. Vitória de 3 a 1 sobre a Seleção Caribenha.

O ano do Alviverde prometia. No entanto, o imediatismo do futebol, aliado à troca na presidência do clube – João Jacob Mehl assumira – passaram por cima da gratidão, fazendo mais uma vítima e abreviando a vitoriosa e honrada carreira do técnico Rubens Francisco Minelli. Após a eliminação na primeira fase da Copa do Brasil frente ao Vila Nova, de Goiás, e de duas derrotas no Campeonato Estadual em seis rodadas disputadas, a última delas para o Iraty, no dia 21 de fevereiro de 1998, a diretoria resolveu dispensar Minelli do comando do Coritiba.

— Eu estava em uma viagem, em Arapongas, quando falaram que o Coritiba ia nos demitir, eu e o Seu Rubens. Então, eu liguei para ele e disse que a diretoria morria de medo dele e contei que quando estávamos de folga no Carnaval, um dirigente me ligou e falou: “A gente vai mudar e tal... Você fala isso para o Minelli?”. “Eu não, você que é o dirigente", eu respondi. E, aí, acabamos saindo — detalha o preparador físico Carlinhos Neves.

A notícia pegou os jogadores de surpresa que sentiram, e muito, a dispensa do treinador coxa-branca.

— Nós, atletas, que tivemos a maior parcela de culpa. Acho que a demissão doeu mais que a derrota, pois sabíamos que estava sendo prejudicado quem menos tinha culpa – garante Marquinhos.

— A gente sentiu bastante, até porque estávamos acostumados com o sistema e a forma que jogávamos, que treinávamos. Estávamos acostumados com o Professor Minelli, e nos pegou de surpresa a demissão dele – completa Claudiomiro.

Sua trajetória no Coxa foi curta e com números comuns. No entanto, o título conquistado serviu para que o torcedor coxa-branca recuperasse um pouco da sua autoestima que vinha em baixa nas últimas temporadas. Foram 38 partidas disputadas, com um retrospecto de 14 vitórias, 12 empates e 12 derrotas.

Por mais que tenha sido uma surpresa seu desligamento, Minelli estava um pouco cansado de tudo. Com mais de 60 anos, queria, enfim, sossegar, ficar mais com a sua família e poder resgatar o tempo perdido, já que não acompanhara a maior parte do crescimento dos filhos, e não queria que acontecesse o mesmo com o crescimento dos seus quatro netos.

— Essas situações que passei, saindo de um clube, entrando em outro. Queriam me mandar embora, aí não fui. Depois o Coritiba trocou o presidente e o novo que entrou me dispensou. Eu, pensei: "Vou parar e não vou trabalhar mais". Então, eu resolvi parar. As coisas estavam muito difíceis. A mentalidade continuava a mesma. Eu já estava velhinho e resolvi que não seria mais treinador de futebol. E realmente eu mantive a palavra. Não fui igual a muitos treinadores, que falam que vão parar e pararam porque não estavam trabalhando, mas quando eram convidados, eles voltavam – reforça o comandante.

Assim que deixou o Coxa, Rubens Minelli recebeu diversos convites para retornar à função e retomar a carreira. Entre eles, do Internacional e de algumas equipes das regiões Norte e Nordeste do país. No entanto, seguiu convicto de sua decisão e permaneceu aposentado como treinador.

FIZ DO MEU JEITO

Uma das músicas favoritas do técnico Rubens Minelli, de um dos seus cantores prediletos, pode ser usada perfeitamente para descrever a sua trajetória no futebol. "*My way*" [Do meu jeito, em tradução livre], de Frank Sinatra, fala de conquistas e perdas, sintetiza um caminho percorrido de maneira planejada, sobre o qual se possui poucos arrependimentos, em uma história escrita e vivida do seu próprio jeito, assim como a do treinador.

Da mesma maneira que, para os jogadores, "pendurar as chuteiras" é sentido e dolorido; para os técnicos, "pendurar as pranchetas" traz aquele enorme sentimento de perda e vazio. Entretanto, como Minelli fez 2.173 jogos ao longo da carreira, toda essa experiência fez com que a aceitação fosse mais fácil e rápida. Tanto que Rubens Minelli não sentiu a falta das suas tarefas corriqueiras e, sim, de toda a emoção que o futebol trazia. Seja a cada jogo, a cada gol ou a cada título conquistado.

— Foram 39 anos [no total e 35 como técnico profissional], todo dia com um problema. Mas você se acostuma. O curioso é que eu não senti falta da minha atividade como treinador de futebol. Eu sentia ferver o sangue no corpo quando eu estava num clássico cheio com 40, 50 mil pessoas dentro. Aquela vibração me fazia vibrar. Eu sentia falta disso. Mas não chegou ao ponto de fazer com que eu ficasse desesperado – revela o comandante.

Uma das coisas de que se livrou e da qual, com certeza, não sente falta, eram dos insultos vindos das arquibancadas. Algo que todos os técnicos já passaram e que, querendo ou não, sempre incomodavam.

— Eu até me sinto um privilegiado, porque foram poucas as vezes em que recebi este tratamento "carinhoso" da torcida. De qualquer maneira, isto é tão comum no Brasil. Burro é quem paga para me xingar. Eu estou ganhando e o que é que ele está fazendo lá? Se ele fosse mais inteligente do que eu, era ele que seria o treinador. Não é? Ele é torcedor e paga pra ver – declarou Minelli em entrevista ao jornal *Tribuna do Paraná*, de 30 de abril de 1990.

COM A PALAVRA...

RUBENS MINELLI (O DESABAFO)

A carreira de treinador é ingrata, né? Ser treinador de futebol é muito difícil, pois existe, além da paixão da torcida, a força da imprensa para mudar as coisas, analisar de uma maneira diferente o que acontece no futebol, e isso cria um ambiente bom ou ruim, em razão exatamente desses fatores. Se a imprensa apoia ou não [interfere]. Se ela não apoia, a torcida também não apoia, e fica a cobrança. Os jogadores passam a não ter mais tranquilidade, a equipe passa a errar muito e não ganha.

Eu fui muito feliz como técnico e fico muito satisfeito, porque, no todo, na minha carreira, tive bem mais vitórias e conquistas do que situações desagradáveis. E até me notabilizei em uma determinada época como alguém que deveria ser o treinador da Seleção Brasileira, embora não tenha sido. Mas acho que contribuí bastante para o futebol.

Minha maior alegria como técnico foi na conquista do Bicampeonato Brasileiro com o Internacional. Naquela ocasião, foi o ápice da minha carreira. E para emoldurar ainda melhor esse feito, no ano seguinte, no São Paulo, eu consegui mais um título Brasileiro. Foram três anos maravilhosos.

É evidente que você trabalha para um objetivo, mas nem sempre esse objetivo é forjado por você e, sim, por aqueles que trabalham no âmbito do futebol. Ganhei todas as enquetes que tinha que ganhar, era apontado como o melhor, ganhei os títulos necessários para ser testado como treinador da Seleção Brasileira e não consegui. Além disso, passei uma fase de uns dois ou três anos em que não trabalhei com times em condições de ir mais longe do que foram. Enfim, eu não me queixo.

UMA NOVA FASE DA VIDA

O banco de reservas agora fazia parte do passado de Rubens Minelli, que se dedicou a aproveitar mais o dia a dia ao lado dos amigos e da família, mas sem perder de vista a sua maior paixão: o futebol.

Fanático pela bola desde criança, nem aposentado Minelli conseguia se afastar totalmente desse mundo, seja para dar entrevistas ou assistir à toda grade esportiva e futebolística da qual sua esposa Rosinha, companheira para toda hora, sabia de cor.

Passar por esse processo de aposentadoria quando se deixa uma paixão para trás é bastante complicado. A tentação de voltar é contínua e uma vez ou outra pode-se ter uma recaída.

Em relação à sua função de treinador, Minelli, conforme já dito, seguiu firme em sua decisão. Todavia, quando uma nova oportunidade de continuar escrevendo o seu nome no futebol brasileiro bateu na sua porta, a coisa foi um pouco diferente.

Com passagens pelo Paraná Clube e pelo Coritiba, só restava uma equipe para fazer a trinca no estado. E foi justamente o Atlético-PR que o procurou. O próprio presidente, Mário Celso Petraglia, foi a São Paulo na companhia do diretor Ademir Adur para viabilizar a contratação. As conversas ocorreram durante um almoço na cantina Giggo, ao lado da casa do ex-treinador, onde foi apresentada uma oferta com intuito de que Minelli viesse a ser o novo superintendente do Furacão.

— Eu já estava com a intenção de mudar meu ramo de atividade. Então, acabei acertando com o Atlético e fui trabalhar lá. Eu queria continuar no futebol porque eu tinha uma visão diferente do que realmente era a realidade, e eu achava que atuando num posto mais elevado teria todas as condições de fazer um trabalho mais profundo.

Um dos fatores para que Rubens Minelli aceitasse o convite foi a estrutura rubro-negra. O Atlético havia feito uma "cidade do futebol", onde trabalhavam as divisões de base e o time profissional, tudo em coordenação e pensado em termos futuros.

— A minha função era manobrar tudo. Com a hierarquia sendo respeitada, porque eu tinha que me reportar ao presidente e ao vice, procurei melhorar as coisas. Estabeleci regras, obrigações em relação à parte disciplinar, parte de organização, de administração... Tudo – relembra Minelli.

E coloque tudo mesmo na lista. Apesar de, como principal função, ser uma espécie de elo entre a diretoria e a comissão técnica e jogadores, o superintendente se envolvia por toda a parte.

Minelli, que iniciou seu trabalho como diretor no dia 13 de maio e assinou contrato até 31 de dezembro de 1998, comparecia aos treinamentos e trocava ideias com todos os profissionais, a fim de entender suas queixas e reivindicações.

Numa época em que era pouco usual, sugeriu a criação de ilhas de edição com o intuito de vender jogadores; sugeriu a reformulação no departamento médico e da área de musculação; e teve grande participação tanto em relação aos treinamentos quanto nos estudos dos jovens atletas da base atleticana. Em relação à parte estudantil, como dirigente, padronizou a escola de toda a base e disponibilizou transporte para todos os garotos, além de contratar professores de reforço para os que mais precisavam. Desde que iniciou a sua trajetória no futebol, o extracampo foi muito valorizado por ele.

Onde a bola rolava não era diferente. Por isso, tratou de viabilizar locais mais práticos e funcionais para facilitar o treino e o dia a dia dos garotos.

Com relação ao elenco principal, além de elaborar as premiações e bichos para vitórias e conquistas, suas principais atribuições eram a reforma de contratos e dispensa de jogadores, nunca sem o aval do treinador.

— Nessa parte, a gente nunca teve problema. O Atlético sempre foi um clube com uma dinâmica muito grande [também nessa] questão de bicho, contrato... A presença do Seu Rubens foi importante para que o ambiente andasse da melhor maneira, coisa que ele prezava demais. E estava atento aos mínimos detalhes. Isso foi fundamental para todo mundo – garante o volante Gérson Caçapa.

Nesse período, o comandante do Furacão era Abel Braga, adversário de Minelli no Grenal do século. O ex-treinador tinha grande admiração e respeito por ele. E foi através do convívio diário que Abel e Minelli começaram a se aproximar ainda mais. Moravam em hotéis a

500 metros de distância e, além de irem juntos para os treinamentos, não se "desgrudavam" também nos momentos de folga.

Abel enxergava em Rubens Minelli uma referência na função e que já havia feito sua história dentro do futebol, e Rubens Minelli via em Abel o seu passado: um treinador que se dedicava e trabalhava muito, obcecado pelas vitórias, assim como ele. E daí surgira uma grande amizade e um respeito mútuo.

O treinador rubro-negro, para um jogo ou outro, também tinha suas dúvidas e aflições, seja sobre escalações, esquemas ou estratégias, mas Minelli, apesar de dar espaço de diálogo para o companheiro, mantinha-se bastante firme em sua posição. Seu cargo agora era outro e por mais que, vez ou outra, sua mão até "coçasse" para dar um pitaco, quando relembrava tudo o que fizera nos vestiários e à beira do campo, queria ficar neutro. Sendo assim, nunca interferiu diretamente no trabalho dos seus técnicos. Tratava apenas de tranquilizar e dar confiança a eles.

— Sempre que eu ia fazer uma coisa diferente, eu falava: "Professor, eu vou fazer isso..." E ele dizia: "Faz! Testa no treino e depois do treino eu falo o que eu achei, mas faz. Tem que fazer aquilo que vem na sua cabeça, não vai pela cabeça dos outros" – revela Abel Braga.

E fez de maneira exemplar. Quando Minelli chegou, o Atlético de Abel Braga, que passara por dificuldades por conta do escândalo de arbitragem que afetou o clube no ano anterior, já estava embalado, vindo de uma primeira fase arrasadora no Campeonato Paranaense, quando liderou com sobras o primeiro e segundo turnos, e daí em diante as coisas aconteceram naturalmente.

Apesar de exercer sua função longe dos gramados, a ajuda de Rubens Minelli para essa fase decisiva seria fundamental. Primeiro, porque como treinador havia sido o último Campeão Paranaense no comando do Paraná Clube; e segundo, porque o Atlético enfrentaria na decisão o Coritiba, último clube da carreira de Minelli, do qual saiu vitorioso.

— Ali cresceu um carinho, uma amizade, um respeito tão grande pelo Professor que não dá para você imaginar. Eu era muito jovem, ainda, e esse homem caiu do céu como um coordenador técnico ou um diretor esportivo ou executivo, como se chama hoje. Ele foi demais. Não tem preço, não tem nada melhor na minha carreira do que ter passado esse tempo com ele. Foi um aprendizado muito grande. O Professor, na época, era independente. E ele adquiriu essa maturidade e passou isso para mim – confidencia Abel Braga.

CONQUISTA LONGE DOS HOLOFOTES

A final do Estadual de 1998 seria disputada em melhor de três jogos. E o Furacão tinha tudo para dar fim ao jejum de títulos que durava desde 1990.

O primeiro jogo ocorreu no Couto Pereira, cujas equipes ficaram no empate de 1 a 1. Com a Arena da Baixada em reformas, o Pinheirão foi escolhido como o palco da segunda partida, e foi muito bem aceito pelos atleticanos que lotaram o local. Com tanto incentivo e apoio das arquibancadas para o Rubro-Negro Paranaense, o resultado não poderia ter sido outro. Com uma atuação acima da média, o Furacão venceu o clássico por 4 a 1 e deixou o time com a mão na taça.

— No segundo jogo, achei que podia ser entregue o caneco para nós, nossa equipe estava focada e era difícil perder aquele título. Eu me lembro que, no terceiro jogo, o presidente do Coritiba parece que tinha colocado um trio elétrico. Fez uma fumaça danada no Pinheirão. E eu pensei: "Pode deixar o trio elétrico para nós, que nós vamos subir e fazer a festa" – revela Gerson Caçapa.

Apesar da vantagem e da moral que o Atlético levou para o terceiro confronto – prova disso foi o público de 44.475 pagantes, o maior da história do estádio –, o Coxa também não tinha entregado os pontos.

O terceiro duelo, com certeza, foi o mais equilibrado de todos. O Coritiba parecia não se importar com a vantagem do Furacão e tomou as rédeas do jogo. Foi pressionando o arquirrival até o toque de mão do defensor atleticano, que acarretou o pênalti e a grande chance do Coxa de sair na frente.

— Fomos jogar a final e surgiu essa situação de pênalti de

novo. Havíamos perdido alguns pênaltis, mas, para esse jogo, tínhamos o Carlos Alberto no banco. O Gerson Baresi havia perdido um pênalti e não queria bater, e o Brandão também havia perdido e não queria bater. O Valdir Espinosa disse: "Vê quem bate o pênalti". Caminhei até o meio-campo para ver e ninguém se apresentou para bater. O Macedo, então, pegou a bola e falou: "Se quiser, eu bato". Quando virei as costas ele me chamou de volta: "Bate você", disse. E quando eu chutei, a bola bateu na trave e saiu. Logo em seguida, tomamos um gol. O time não tinha mais brilho, não era mais aquele time, não tinha mais força – confessa o goleiro do Coxa, Régis.

A penalidade perdida destruiu qualquer esperança alviverde de vitória e fez com que o Atlético ficasse cada vez mais soberano na partida, abrindo dois gols de vantagem no marcador. No fim, o Coxa diminuiu, mas era tarde demais. Atlético Campeão Paranaense de 1998.

Rubens Minelli, agora em outra função, começou vitorioso no novo cargo. E em menos de um ano, conquistara três títulos com três equipes diferentes do Paraná.

— Ele foi o "CEO" que todo o treinador sonha. Apoiou muito o Abel, treinador da época. E foi fundamental para a conquista do título. Conhecia muito bem o time do Coritiba, porque ele havia sido o treinador no campeonato anterior – garante o preparador físico Omar Feitosa, que havia trabalhado com Minelli no Paraná Clube e, nessa época, fazia parte da base do Atlético.

O superintendente também esteve presente no início do Brasileiro de 1998, começo esse que foi bastante complicado para o Furacão e o comandante rubro-negro.

SONHO DE CRIANÇA

Imagine você ser uma criança apaixonada por futebol, ter um avô com um nome de peso na modalidade, que sempre te contou muitas histórias do meio, e que te convida para viajar com ele e com o time no qual ele trabalha. Pois é, essa é uma das primeiras lembranças que tenho ao lado do Seu Rubens Minelli no futebol. Viajei com ele e com a delegação do Atlético-PR rumo a Recife para o confronto diante do Sport, em 1998.

Depois que saímos da concentração, fomos à Ilha do Retiro, e, apesar de a vitória não ter vindo para o Furacão, para uma criança de nove anos, foi uma experiência inesquecível poder fazer parte daquele mundo que tanto exaltava.

Para minha alegria, o sonho não havia acabado ali. Durante o jogo, eu, que sempre gostei de dar meus pitacos sobre futebol, rasgava elogios para o camisa 8 da equipe paranaense, que fazia uma grande partida. Quando regressamos ao hotel e estávamos no quarto, alguém bate na porta. Meu avô insistiu para que eu fosse ver quem era. Quando abri, era ele, o dono da camisa 8: Paulo Miranda. Ele fora revelado por Minelli na época de Paraná Clube, tinha boa relação com o ex-treinador, e agora atuava pelo Atlético. O jogador foi até lá para me entregar sua camisa, a qual guardo até hoje.

Ali, Rubens Minelli, que se dedicara muito à carreira, tendo que deixar a família um pouquinho em segundo plano, recuperava, com o neto, momentos preciosos que não teve com os filhos durante sua vida.

Uma experiência memorável.

A boa fase e o bom futebol ficaram no Campeonato Paranaense e a equipe enfileirou derrotas e empates, fazendo com que a imprensa criticasse e uma parte da torcida se revoltasse com o time e com o técnico Abel Braga.

EXPERIÊNCIA DE VIDA

"Quando fazemos aniversário não ficamos mais velhos e, sim, mais experientes". Esse que se tornou um dito popular dos novos tempos, para os pais e avós modernos, encaixa-se perfeitamente a Rubens Minelli. O ex-treinador e dirigente passou por inúmeras situações ao longo de sua vida e carreira que o fizeram criar uma "casca" e saber lidar com os mais diversos percalços. No auge dos seus sessenta e poucos anos, quando estava no Furacão, Minelli, que nunca deixou de valorizar os conselhos que recebeu em sua jornada, passou a ser a pessoa que analisava mais profundamente as situações e passava sua "palavra" ou lição adiante.

Em um determinado período, o técnico Abel Braga viveu um momento bastante incômodo e resolveu se abrir com o amigo e dirigente Rubens Minelli, que o fez ver algumas situações presentes no futebol de uma maneira diferente.

Quem relembra do fato é o próprio Abel.

— Ele morava num hotel um pouco depois do meu, sentido Baixada, o CT do Atlético... Ele andava 500 metros, me pegava e íamos juntos para o clube. Um dia, cheguei muito puto dentro do carro dele, sabe? Porque eu descia mais cedo, tomava o café e ficava esperando, não ia fazer ele ficar me esperando. E aguardando ali na recepção, peguei um jornal e olhei as notícias [em destaques] e nada na parte interior da manchete do Atlético. Não tinha nada. Mas, na contracapa, havia a coluna de um cara, um tal de Mafuz. Esse cara, "mermão", ele estava me arrebentando na coluna dele. Foi num ano onde a Baixada tinha sido derrubada, o que hoje virou aquela Arena, e nós tínhamos sido Campeões Estaduais... E o cara me metendo pau gratuitamente. O porquê? Eu nem sei, nunca soube exatamente quem é Mafuz. Não sei, mas o cara tinha uma coluna dia sim, dia não... Segunda, quarta, sexta e domingo. Uma coisa assim, num jornal daquele lá... Bom, eu cheguei puto dentro do carro: "Bom dia, Professor". E ele: "Bom dia". Ele sempre gentil, né? Então, ele perguntou: "O que que foi, está chateado?". "Não! Estou puto da vida". "O que foi?", ele perguntou de novo. "Porra, eu parei na recepção, olhei um jornal, a coluna de um cara, um tal de Mafuz. Você tem que ver o que ele está falando de mim". E o Minelli: "Não, eu não acredito!". "Não acredita em quê, Professor? Ele meteu o pau". E ele: "Eu não acredito que você fica lendo esses negócios". "Como que eu não vou ler?". E ele: "Abel, você precisa aprender uma coisa urgente, muito urgente e rápido na sua carreira: não leia, não escute nada sobre o teu time, sabe por quê? Porque é sua cabeça que rola, você tem que ganhar e perder com a tua cabeça. Agora, se você quiser viver melhor nessa profissão, que é terrível, não leia nada sobre o teu time". Então, isso até hoje eu falo para os meus jogadores. Não leiam nada. É difícil com redes sociais, mas falo para eles que não vão escutar somente coisas boas, e tem hora que o negócio é complicado. Esse foi um ensinamento que eu ainda mantenho. Eu devo a ele. E isso me fez, e me faz muito bem.

Nas sete primeiras rodadas, o Atlético não conseguiu vencer sequer um jogo na competição nacional, o que causou uma turbulência no clube e acarretou a saída de Rubens Minelli no dia 23 de agosto de 1998 e, na sequência, a de Abel Braga.

Apesar do curto período à frente do Rubro-Negro, Minelli analisou sua passagem na nova função.

— Foi muito bom meu trabalho no Atlético-PR. Eu saí porque houve um desentendimento. Quando fui contratado éramos os três – o presidente, o vice-presidente e eu – que votavam pelos acontecimentos. E depois de um jogo contra a Ponte Preta, em Campinas, em que o Atlético jogou muito mal e perdeu, começaram com um tipo de reação não condizente com o momento por parte dos dirigentes e eu cobrei isso, e isso praticamente me tirou de lá – confessa Minelli.

Para Omar Feitosa, Rubens Minelli se mostrava bastante à vontade no novo cargo.

— Acho que ele levou a vivência de técnico para a gestão. Delegava poder e deixava os profissionais atuarem de forma plena. Cobrava sempre. Ele levava jeito para a função. Pela formação acadêmica, pela experiência como técnico e pelo espírito de liderança.

No entanto, o período de inatividade não seria muito longo, pois, em alguns meses, o passado viria bater em sua porta. A convite de um velho amigo, retornou ao clube no qual fora muito feliz na década de 1970: o São Paulo.

DE VOLTA AO TRICOLOR

O grande responsável pela volta de Rubens Minelli ao Tricolor do Morumbi foi Paulo César Carpegiani. O maestro de Minelli nos tempos de Internacional, agora, tinha se tornado técnico e queria novamente fazer essa dobradinha com o ex-treinador. Sabia do conhecimento e da experiência do amigo e o quanto poderia ajudar tê-lo por perto. E no dia 1º de dezembro de 1998, Rubens Minelli acertou com o dirigente Pérsio Rainha sua ida ao São Paulo, para ocupar o cargo de coordenador-geral, com contrato assinado até 31 de dezembro de 1999.

Além de Carpegiani, Minelli reencontrou no clube Carlinhos Neves, que foi seu preparador físico durante alguns anos; e Milton Cruz, outro jogador que atuou com ele na década de 1970, e que no momento exercia a função de auxiliar técnico e olheiro no time.

— Eu fiz o pedido para que o Minelli fosse o meu diretor. Para mim, foi uma honra. Eu aprendi muito com ele. Nós tínhamos um diálogo aberto, muito franco. A presença dele foi importantíssima. Falávamos diariamente sobre o nosso time. Quando eu tinha alguma dúvida, conversava com ele. Me sentia bastante seguro, pois ele foi um ótimo guarda-costas, futebolisticamente falando. Ele resolvia qualquer problema e me dava todo esse respaldo – conta Carpegiani.

Durante sua passagem pela diretoria do Tricolor Paulista, Minelli ficou mais focado em renovar e encerrar contratos, além de trazer reforços. O São Paulo, na época, tinha um time com grandes nomes como Dodô, Rogério Ceni, Edmílson, Serginho, Marcelinho Paraíba, França e ainda contratou na temporada dois craques, o lateral-direito Jorginho e o meia Raí.

BRONCA NO PAVAROTTI

O ambiente no grupo era ótimo. Tanto que, em alguns momentos, o bom humor e as brincadeiras dos atletas até ultrapassavam os limites. E foi em uma delas que o coordenador-geral são-paulino, Rubens Minelli, esbravejou e pediu uma retratação por parte do responsável. Quem relembra desse momento é Milton Cruz:

— Eu me lembro de uma história com o Belletti. Ele [Minelli] tinha uma salinha. E para ir para o almoço, todos tinham que passar perto daquela salinha. O Belletti passou dando um grito, e eu estava com o Seu Minelli e ele perguntou: "Milton, quem que foi que deu esse grito?". Fui ver quem era [na hora não deu para ver que era o Belletti] e não achei. O Belletti e os caras, às vezes, iam para o refeitório e, do refeitório, como a janela era baixinha, eles pulavam em vez de dar a volta, pois assim estavam mais perto do estacionamento, perto dos carros... Esse dia que ele passou gritando, Seu Minelli pediu para eu ir atrás e, no que eu fui, ele já não estava mais, não tinha ninguém no restaurante. Eu falei: "Seu Minelli, eu não sei quem foi; o último que passou por aqui foi o Belletti". Então, tinha sido o Belletti! No outro dia, ele chamou o Belletti e falou: "Olha, ontem você passou gritando aqui. O que é isso? Que falta de educação! Não é para fazer isso... Você tem alguém na família que canta ópera?". Foi uma cena hilária, porque o Belletti ficou sem graça e acabou dando risada quando o Seu Minelli perguntou se tinha alguém na família dele que cantava ópera.

O ano que prometia títulos expressivos por conta da forte equipe tricolor ficou só no pensamento. Além de sair nas oitavas de final da Copa do Brasil, perdendo para o Botafogo-RJ, a equipe fora eliminada pelo arquirrival Corinthians por duas vezes na temporada. Uma na semifinal do Campeonato Paulista e outra na semifinal do Campeonato Brasileiro.

— As campanhas foram muito boas, mas tivemos eliminações dolorosas – recorda-se o preparador físico Carlinhos Neves.

Como prêmio de consolação ao grupo, restaram os torneios de pré e intertemporada. Nesses, o São Paulo conseguiu, de fato, mostrar sua força. Venceu a Copa Euro-América, com vitórias de 4 a 1 frente ao Olímpia, do Paraguai; e 5 a 0 contra o Bayer Leverkusen, da Alemanha. Também conseguiu levantar o caneco do Torneio de Los Angeles, depois de derrotar o Morélia, do México, por 2 a 1; e do Troféu Cidade de Pachuca, onde venceu o Pachuca, do México, por 3 a 0 e goleou o Cruz Azul, do México, por 5 a 0.

Resultados à parte, fora de campo, onde Minelli exercia sua função, a tarefa era árdua. E um dos principais obstáculos que o coordenador precisou interferir e enfrentar durante esse período também foi longe das quatro linhas.

— No São Paulo, um dos problemas era o refeitório. Havia uma frequência de dirigentes para almoçar ou jantar no meio dos jogadores e isso estava atrapalhando, pois eles pediam coisas fora do *buffet*. Então, era necessário abrir uma cozinha para eles. Para resolver, nós criamos uns horários que permitissem que os jogadores tivessem liberdade para comer e os dirigentes que ficavam participavam depois.

Esse não era nem de longe o principal problema do local. Minelli descobriu que um dos funcionários da cozinha roubava a carne do clube. Ele pegava uma peça de filé *mignon* inteira, enrolava em um jornal e jogava no lixo. Após seu expediente, pegava seu embrulho do lixo e levava para casa.

O dirigente também entrou em atrito com muitos conselheiros. Ele tomou conhecimento que cada um tinha direito a um grande número de ingressos para jogos do São Paulo e cortou essa "regalia". Tais ações fizeram com que Minelli criasse uma série de inimizades dentro do Tricolor e não tivesse carta branca para fazer todas as mudanças que, de fato, eram necessárias.

— No São Paulo, eu não consegui exercer a função da maneira que eu queria, porque era muito difícil. Tinham muitos vícios por parte dos conselheiros. Sobre as ordens que eram determinadas, sempre havia alguém para contemporizar, dificultando a execução de certas coisas. A minha função era a mesma do que no Atlético-PR, mas lá a liberdade para trabalhar era maior e não tinha tanta contestação como no São Paulo – relata.

VISITA MEMORÁVEL

Em 1999, fui convidado pelo meu avô a fazer uma visita a ele e ao Centro de Treinamento do São Paulo, que, apesar de breve, foi marcante.

Após colher autógrafos com os jogadores em uma camisa oficial do clube e em uma bola na saída do treinamento, também

tive a satisfação de cobrar uma penalidade no ídolo são-paulino, Rogério Ceni.

Sabe-se que o arqueiro tricolor é extremamente competitivo e que não daria mole, mas, naquele dia, minha alegria, no auge dos meus dez anos, foi grande depois de converter o pênalti em cima dele.

Sua trajetória pelo clube do Morumbi também não seria tão longa quanto se esperava. Fora dispensado do Tricolor uma semana antes de seu contrato, que se encerraria no fim do ano, acabar. O ocorrido se deu logo depois de o São Paulo optar pela demissão do técnico Paulo César Carpegiani, que, apesar de ter bons números, não conseguiu um título expressivo.

— Ele levava jeito para ser dirigente, porque sempre foi líder, organizado, referência. E dava suporte ao Carpegiani. A diferença do Minelli treinador para o dirigente não era apenas a de função, mas de personalidade nas tomadas de decisão. Algumas atitudes de disciplina que ele colocava junto aos jogadores, ele era muito respeitado. Era uma blindagem tremenda – garante o preparador físico, Carlinhos Neves.

— Foi bacana reencontrar o Seu Minelli, depois de ele ter sido o treinador que me lançou e depois ter ele como supervisor. Os jogos, nós assistíamos juntos nas cadeiras do Morumbi e ele, todas as vezes, me orientava; dava força também na função que eu estava, de auxiliar. Ele confiou muito no meu trabalho e sempre me incentivou. Por isso, fiquei 23 anos no clube – conta Milton Cruz.

O ADEUS DEFINITIVO

Após sua saída do São Paulo no fim de 1999 e rápida passagem pelo time do Ceará nos anos 2000, também como diretor, Rubens Francisco Minelli, enfim, pelo menos por um período bem maior do que estava acostumado, conseguiu aproveitar a vida. Finalmente, pôde ficar mais próximo da família e aprimorar seus *hobbys*. Além da pesca, que o acompanhou durante boa parte da sua trajetória e que agora tinha a companhia de seu neto Brunno e seu genro Luiz; dedicou-se à poesia – da qual era grande fã e, de vez em quando, arriscava-se na criação de alguns versos –, a desenhos e até à pintura, que sempre admirou. Tudo isso na companhia de sua querida esposa Rosinha e no sossego e tranquilidade de sua chácara em Valinhos.

Nessa nova fase, cuja prancheta e o apito deram lugar à caneta, Minelli adquiriu ainda mais conhecimento e esboçou alguns pensamentos, tanto em relação ao ponto de vista gerencial, quanto aos demais aspectos que envolvem a prática do futebol.

Em sua visão, para chegar ao sucesso, um clube precisa cumprir algumas etapas. São elas:

- Formação de um grupo de atletas;
- Definição do grupo de atletas;
- Adaptação à mecânica de jogo;
- Desenvolvimento de um padrão de jogo;
- Criação de variações táticas e estratégicas para a equipe.

Além disso, considera um grupo de 25 atletas o ideal e acredita que o trabalho do treinador à frente da equipe tem que ser de, no mínimo, seis meses para que os resultados comecem a aparecer.

Durante esse tempo inativo, Minelli recebeu algumas sondagens e propostas, entre elas, a do Botafogo em 2001, onde Abel Braga era o treinador. Todavia, não houve avanço.

O fato é que os anos foram se passando e Rubens Minelli começou a sentir falta do futebol, que acompanhava durante esse período apenas pela TV. Então, no ano de 2002, recebeu uma oferta para ser superintendente do Avaí, que estava na Série B do Campeonato Brasileiro. E apesar de saber do desafio, Minelli aceitou o convite, pois lhe foi vendido um projeto de que o time catarinense planejava construir seu Centro de Treinamento e, definitivamente, isso fez com que ele se encantasse com a ideia e quisesse fazer parte de tudo aquilo.

— Fui para o Avaí porque fiquei com vontade de trabalhar novamente. Estava muito tempo parado. Eles queriam fazer um CT maravilhoso, onde não faltasse nada. E eu fui com a ideia de ajudar a construir esse CT – recorda-se.

No entanto, assim que chegou, começou a ter a real noção da situação que passava o Leão da Ilha.

— Não tinha Centro de Treinamento, campo para treinar, era só no estádio. Só podia fazer o trabalho de um lado do campo, usávamos as laterais. Usávamos um campo, não sei se era da prefeitura, mas não era bom, uns 20 minutos do estádio da Ressacada. O clube passava por dificuldades financeiras. A Portobello, que era a patrocinadora, não pagava – detalha o treinador da equipe catarinense, Adilson Batista.

Mesmo com salários modestos e sem dinheiro para contratar nomes de peso, o Avaí contava com um grupo competitivo. O objetivo de Adilson e do novo superintendente Rubens Minelli era o de reformar alguns contratos e de reforçar a equipe em busca do acesso para a primeira divisão do Campeonato Nacional. E tal tarefa foi mais complicada do que se podia imaginar.

A notícia de que o clube passava por maus bocados e de que, em alguns momentos, atrasava salários começou a se espalhar e a vinda de novos jogadores ficara cada vez mais ameaçada. Nesse momento, o novo diretor começou a entrar em cena e todo seu nome dentro do futebol, além de seu caráter, passaram por cima da fama negativa que o Leão da Ilha havia adquirido.

Quem se recorda do fato é o lateral-direito Denílson, que acabou acertando com a equipe de Florianópolis, exclusivamente pela presença de Rubens Minelli na superintendência do clube.

COM A PALAVRA...

DENÍLSON

Eu só fui para o Avaí por causa do Minelli. A história foi a seguinte: eu tinha saído do Internacional, estava parado, e o

Avaí me ligando para eu ir para lá, mas eu sabia que o clube, além de pagar pouco, não estava pagando ninguém. Até então, eu não tinha conhecimento de que o Rubens Minelli estava lá. Eu tratava com outra pessoa. Daí, eu estava em Cascavel, que é onde moro, e me liga o Professor Minelli me dando uma dura e perguntando por que eu não queria mais trabalhar com ele. Eu expliquei a situação: "Professor, para receber aí é só na justiça, e o mês aí tem seis meses. Assim é difícil, não tem como ir". Daí ele me perguntou: "Quanto você quer ganhar?". E garantiu: "Até quando eu tiver aqui, você vai receber". Dito e feito. Foram duas, três conversinhas e nós acertamos. Me pediu para embarcar e aparecer já no outro dia. Ele ficou mais alguns meses no clube. Até quando ele estava lá, eu recebi. Depois recebi só na justiça mesmo. Então, eu ter ido para o Avaí foi em função do Professor Rubens Minelli. Ele que interferiu nessa transferência para eu ir. O homem era fera, um paizão pra gente. Não tinha como dizer não, tá doido.

Nessa condição, Minelli trouxe mais alguns atletas para o elenco, mas não se esquecia de valorizar os que já estavam.

— Ele conversava com a gente assuntos relacionados ao clube, sobre o nosso rendimento dentro de campo, lutava com a presidência para manter nossos salários em dia. Ele era uma pessoa muito extrovertida, gostava de brincar e mantinha o ambiente sempre saudável – garante Marquinhos Rosa.

Igual aconteceu com Abel Braga e Paulo César Carpegiani, Minelli criou um vínculo afetivo muito grande com Adílson Batista. E foi assim durante todo o tempo que passaram juntos.

— Todo dia íamos na sala dele. Ele ia no campo, observava o treinamento. Seu Minelli, para nós, principalmente para mim como treinador jovem, [era um exemplo]. O que tirávamos de conselho... Era como se a gente fosse a uma academia ou universidade e tirasse dúvidas com o Professor... "Eu gosto disso, gosto daquilo"... Ele tinha o gosto dele, o jeito dele de pensar futebol. Eu tenho o meu estilo, meus princípios, e ele respeitava. Sempre me deixou bem à vontade. Às vezes, ele dava um pitaco: "Esse em uma linha de quatro é melhor, esse vai te proteger melhor, esse você ganha aqui e perde ali" – relata

Adilson Batista ou Pero Vaz de Caminha – escrivão da armada de Pedro Álvares Cabral –, apelido dado por Minelli ao treinador por conta da frequência com que fazia anotações.

Apesar de ter função semelhante da exercida nos últimos clubes que passou como dirigente de futebol, no Avaí, Minelli, sem dúvida, teve bem mais afazeres e mais dificuldade de implantar suas ideias. Além do orçamento mais escasso do que dos tempos de Atlético-PR e do São Paulo, esbarrava algumas vezes no presidente do clube, João Nilson Zunino. De toda maneira, seguia em busca de melhoras. Elaborava a premiação, o chamado bicho, para vitórias e classificações, estabelecendo metas a cada oito, nove jogos. Buscava alternativas de locais onde a equipe pudesse treinar, e tinha responsabilidade, inclusive, sobre tarefas que não diziam respeito à sua função, mas que caíam no seu colo. Entre elas, planejar, com o profissional da área, planos de viagens; conversar com patrocinadores de material esportivo para acertar alguns entraves; conseguir mais bolas para as atividades; "costurar" acordos com o fornecedor de bebidas isotônicas e até tomar uma providência após descobrir que o roupeiro comercializava, sem autorização, camisas de treino do clube.

Uma das sugestões do superintendente que virou realidade foi em relação à documentação, ou seja, ao registro de tudo que vinha sendo desenvolvido pelo clube e pelos atletas durante os treinos e jogos. Foram elaborados livros da temporada, com anotações diárias sobre o aproveitamento e o desempenho dos jogadores em cada atividade.

A ideia era ainda mais ampla, Minelli planejava uma reestruturação nesse setor, organizando em um único lugar toda a documentação esportiva de atletas e ex-atletas do clube. Queria tais levantamentos tanto em pastas quanto digitalizados. Em relação à parte visual, planejou a criação de um centro de vídeo, com o intuito de ter guardado todos os jogos e treinamentos da equipe principal e das categorias de base, além das partidas dos adversários.

Planejou um culto à história do Leão da Ilha, pois queria ter registrado cada duelo e cada conquista que o Avaí teve desde a sua fundação. Seu intuito era valorizar ainda mais a história da agremiação.

Assim que percebeu que o principal motivo pelo qual aceitou o trabalho, que era de participar do desenvolvimento do Centro de

Treinamento do Avaí, estava cada vez mais difícil de sair do papel, começou a focar em maneiras de equalizar as finanças. Tanto para que o clube pudesse economizar quanto para que pudesse arrecadar mais.

— Precisávamos fazer aparecer dinheiro. Como magia não existe, pensamos em fazer o sócio torcedor – brinca Minelli.

Nesse período, sugeriu a criação do sócio torcedor, com quatro planos: bronze, prata, ouro e master. Planos que se diferenciavam pelo valor cobrado e pelos benefícios em cada um. Diplomas de sócio torcedor e revistas do clube seriam distribuídas para sócios de todos os planos. Porém, as diferenças começavam a ser notadas quando o assunto eram as vestimentas oferecidas. Os planos mais básicos dariam camisas de sócio torcedor enquanto os com valores mais elevados trariam como benefícios camisas oficiais do clube, camisas oficiais do clube autografadas e até visitas ao clube. Fora essas vantagens de cada opção, os sócios torcedores contariam com descontos no valor dos ingressos, além de sorteios e promoções em lojas credenciadas do clube. Mais um projeto que seria engavetado.

Dentro de campo, o Avaí possuía uma equipe boa e aplicada, que brigou pelas primeiras colocações da Série B durante boa parte do campeonato, e chegou a figurar na liderança em determinado momento.

— Era um time rápido, dinâmico, intenso e que tinha qualidade. Tinha o Marquinhos Rosa, o Denílson, o Flávio, o Beto, na zaga. Era um bom time. Estávamos jogando direitinho. Fazíamos bons jogos, vencíamos. A gente tinha tudo para conseguir o acesso, mas no mata-mata não conseguimos. O time liderou por um tempo, fomos competitivos e, por minúcias do futebol, saímos contra o Santa Cruz – recorda-se o técnico Adilson Batista.

A eliminação nas quartas de final acabou por colocar fim ao sonho de acesso do Avaí e as consequências para o ano seguinte seriam ainda maiores. Boa parte da equipe se desmanchou, reduzindo ainda mais as chances de sucesso do Leão da Ilha no Campeonato Estadual que se aproximava.

ROTINA DE BOLEIRO

O ano de 2003 chegou e, às vésperas de o Avaí iniciar sua trajetória no Campeonato Catarinense, recebi um convite, o qual guardo com imenso carinho até os dias de hoje. Meu avô, superintendente do clube, chamou-me para passar aproximadamente dez dias em sua companhia e ter a possibilidade de viver o dia a dia de atletas, comissão técnica e direção.

Primeiro conheci cada setor e funcionário do estádio da Ressacada. Pelo meu avô estar atarefado nos primeiros dias de minha estadia, tive como "guia turístico" o técnico Adilson Batista, que, após jogarmos futebol de areia, me apresentou as mais bonitas praias catarinenses.

A primeira viagem com o time foi para vê-lo enfrentar o Criciúma, uma das equipes mais fortes de Santa Catarina e que tinha acabado de conquistar o título do Campeonato Brasileiro da Série B. Dividir o mesmo ônibus, restaurante e até o vestiário com o elenco do Avaí foi uma experiência incrível. Porém, fui pé-frio na minha primeira partida, 1 a 0 para o Tigre no Heriberto Hülse.

O time voltaria para Florianópolis para o clássico contra o Figueirense em seus domínios. Nesse jogo, consegui ver de perto um pouco da influência que meu avô tinha sobre o time, em parceria com o técnico Adilson Batista. A fim de motivar os jogadores, Seu Minelli criou toda uma narrativa logo após a preleção do treinador. Ele passou para os jogadores que nas casas de apostas todos estavam apostando no seu arquirrival e que os atletas do Leão da Ilha tinham que fazer de tudo para vencer. A Ressacada pulsou e a equipe do Avaí entrou em campo com a faca nos dentes, abrindo o placar e tomando conta do jogo. No entanto, em uma desatenção, cedeu o empate e o confronto terminou em 1 a 1.

Meu último destino seria Ibirama, uma cidade pacata e acolhedora. Lembro-me de que, na concentração, havia alguns tanques de peixes. Então, fomos eu, Seu Minelli e mais alguns funcionários do clube tentar a sorte. Sem dúvida, foi a melhor pescaria de nossas vidas. Pescamos mais de 50 peixes em poucas horas. Era o famoso: "Pôr e tirar" no tanque de pesca.

Sobre o jogo, outro empate em 1 a 1 diante do Atlético Hermann Aichinger, mais conhecido como Atlético de Ibirama.

No fim, foi uma viagem sem vitórias, mas com muitas histórias para contar.

O mal início do Leão da Ilha na temporada e a desclassificação no fraco Campeonato Catarinense fizeram com que a imprensa caísse matando em cima do técnico Adilson Batista. Minelli, que já esteve na pele do colega de clube, quando possível, tomava a frente da situação, a fim de amenizar as críticas.

— Depois de uma derrota, de uma grande vitória ou de um caminho a ser percorrido, ele falava com o grupo. Uma vez, pedi para ele dar uma palavra porque eu estava estressado. Ele falou por 45 minutos. Então, eu disse: "Você me salvou". Ele tinha o dom da palavra. Falava com propriedade, dava bons conselhos. Nas coletivas, o Miguel Livramento enchia nosso saco; Seu Minelli falava para fugir, esquecer os comentários, confiar no que eu estava fazendo, sempre reticente com as críticas de algumas pessoas. Muitas vezes, foi na frente para não me deixar falar, porque eu era muito nervoso. Eu ia para a imprensa e ele intervinha: "Deixa que eu falo". E colocava todo mundo no bolso. Ele tentava organizar e estruturar o clube, mas caía no aspecto financeiro, onde não tinha poderio para melhorar. Você ter uma pessoa desse gabarito, elogiando o seu trabalho, vendo que as coisas estavam acontecendo e tentando ajudar [era um privilégio]. Quem ganhou fomos nós. Aprendizado nas viagens, hotéis e concentrações que eu levei para a vida... – confessa o técnico do Avaí.

Contudo, a parceria entre Minelli e Adilson estava com os dias contados e se encerraria pouco tempo depois. A torcida, sem saber dos perrengues e falta de recursos do clube, cobrava excelência dentro e fora de campo. O presidente, por sua vez, tendo consciência de tudo isso, e o que é pior, sem honrar seus compromissos, nem dar a condição necessária de trabalho a todos, queria que tudo se resolvesse num passe de mágica.

— Ele [Minelli] resolvia os problemas de meio mundo, só que o Avaí tinha muitos problemas – relembra o lateral Denílson.

— Era muito presente no dia a dia e não um dirigente só de aparecer nas viagens, só nos momentos bons. Eu particularmente não via muito diferença entre o Minelli treinador e diretor, porque enxergava a mesma competência e sinceridade no seu trabalho. Só não sei se ele trabalhou dentro desta função com pessoas que tinham o mesmo caráter e honestidade que ele – completa Marquinhos Rosa.

Para quem começou animado e esperançoso em desenvolver um grande trabalho e de resolver os problemas do clube, encerrar sua passagem de maneira melancólica e ainda sem receber parte do que tinha direito foi um balde de água fria e tanto.

— Eu esperava encontrar dificuldades, mas era completamente diferente dos outros clubes que passei como dirigente. Além da parte financeira, era uma bagunça lá. Acho que eu larguei porque as coisas não estavam acontecendo como eu esperava. A saudade que eu estava de trabalhar ficou bem curta – confessa Rubens Minelli.

Foi o término de uma era. A partir daquele momento, Minelli, enfim, não voltaria a trabalhar mais em clubes, onde fez sua jornada como jogador, técnico e diretor.

Era hora, enfim, de descansar?

Mais ou menos...

DO OUTRO LADO

Depois de anos prestados ao futebol, o tempo chegou. Rubens Minelli cansou e, enfim, aposentou-se. E a imprensa, que foi a sua "inimiga" durante boa parte de sua trajetória, passou a ser uma nova possibilidade de emprego. Longe de suas antigas funções, mas nunca, de fato, afastado do futebol, o Professor recebeu alguns convites para expor seus pensamentos e opiniões, agora na grande mídia. Minelli relutou por um tempo, pois sabia onde estaria se metendo, já que havia trabalhado como comentarista da TV Globo em duas Copas do Mundo. No fim, novamente se dispôs a enfrentar o risco de um novo desafio.

Nos anos 2000, antes de acertar com o Avaí, ele havia tido outra experiência como comentarista na TV Bandeirantes, ao lado do apresentador Milton Neves e de outros nomes conhecidos da mídia e do jornalismo esportivo. Eram eles: Mauro Beting, Alberto Helena Júnior, Roberto Benavides, Dr. Osmar de Oliveira e Cacá Rosset.

O programa em questão era o *Esporte Total Debate*, que tinha transmissão diária na Band, por volta do meio-dia. Um programa de muita opinião, mas que também chamava a atenção por conta do bom humor. Duas coisas que iam ao encontro do perfil de Rubens Minelli.

— Foi uma grande honra, um enorme prazer de ofício aprender com o Professor. Sempre o admirei, porque eu cresci vendo futebol. Durante os programas, a gente também se divertia, porque eu tenho um humor parecido com o dele, muito cáustico, de pequenas tiradas... Ele chamava o Cacá Rosset de nefelibata [quem vive nas nuvens]. O legal daquela mistura é que havia um pouco mais de seriedade, sobretudo pela presença dele, porque era um respeito enorme, todo mundo o admirava. O pessoal falava: "Opa, Rubens Francisco Minelli entre nós!". Então, não podíamos falar muita bobagem, além da que falávamos. O Minelli tinha a genialidade de conseguir dar o ar de seriedade ao programa, sendo, ao mesmo tempo, natural, sem aquela coisa didática absurda, abusada ou abusiva. Entendendo o espírito do programa e a linguagem da televisão, sobretudo aberta. O único momento que havia de silêncio era quando a gente passava a bola para o Minelli. Ele, muito educado e elegante, dava umas cutucas mais do que necessárias em todos. E tinha um humor muito fino, inteligente. Não era só inteligência de capacidade, teoria e de prática de treinador, era também um humor muito sagaz, muito vivo e com um *time* televisivo que, eu diria, perfeito – garante Mauro Beting.

Alguns anos mais tarde, o ex-treinador voltou à mídia, dessa vez em outro meio de comunicação, o rádio. Pela Jovem Pan, Minelli trabalhou por cerca de dez meses em duas frentes. No programa *Discussão entre os Grandes,* apresentado pelo jornalista Fernando Sampaio, que antecedia as jornadas esportivas do domingo. Além da presença do ex-comandante, o programa contava com a participação de ex-atletas consagrados como Basílio, Leivinha e Marinho Peres. Por coincidência, todos eles foram comandados por Minelli.

— Era um papo sadio, aberto. Foi um programa muito gostoso de fazer, que tinha uma audiência extraordinária, por nós termos sido jogadores e por estar com a gente um treinador vencedor. Participávamos de maneira alegre. Seu Minelli sempre trazia os detalhes da preparação para as partidas e tudo isso era um aprendizado para todos nós – recorda-se Basílio.

— Improviso era a tônica do programa, e o Minelli era o ponto de equilíbrio. Com opiniões precisas, ele deixava aquele bate-papo sobre futebol sempre mais leve e as risadas eram parte integrante do programa. Ele apresentava uma tranquilidade nítida de quem sabe e domina o que está fazendo – completa João Henrique Pugliesi, coordenador de esportes da rádio Jovem Pan durante esse período.

Com o tempo, os participantes foram se moldando ao formato do programa e se acostumando com a dinâmica e o roteiro. No começo, o próprio Rubens Minelli, mais experiente na função do que os demais, tratou de dar alguns toques para que os ouvintes, que sempre passavam *feedbacks* positivos, identificassem-se cada vez mais com os debates.

— O programa chamava *Discussão entre os Grandes,* mas que discussão que tinha? O que eu falava os caras concordavam. Então, eu disse para eles: "Porra, não é assim, nós temos que discutir". E aí mudou. O Leivinha era o mais vivo. Eu batia no computador o que ia falar e quando eu estava com o papel na mão ele dava uma olhada – brinca Minelli.

Em muitos domingos, Rubens Minelli deixava o programa e retornava ao seu apartamento, que ficava próximo à emissora, para o tradicional almoço em família. Dona Rosinha, ao lado de sua filha Cecília, desdobrava-se na cozinha, elaborando pratos que davam água na boca. Após as refeições, Minelli fazia suas últimas anotações, rabiscava as escalações das equipes, entre outras informações, e partia de volta para os estúdios da Jovem Pan – sempre que podia, na minha companhia.

Como parceiros de transmissão nas partidas, o comentarista Rubens Minelli tinha os narradores Nilson César e José Manoel Barros que se revezavam entre um jogo e outro. Dois grandes companheiros que foram muito importantes para a readaptação do ex-comandante à função.

— Ter o Professor Minelli como comentarista era um privilégio. Um homem que entende de futebol profundamente, que tem uma visão futebolística muito diferente daquilo que nós jornalistas esportivos temos. Nós não vamos chegar nunca à altura do entendimento que tem o Minelli. Era um privilégio tê-lo como companheiro na rádio, sem dúvida alguma. Ele era o tipo de comentarista direto, objetivo, que enxergava o jogo, tinha o *time* correto e mostrava exatamente o que estava acontecendo. Um cara didático, que enxergava de uma maneira clara, para o rádio isso é fantástico. Ter Rubens Minelli como comentarista foi uma honra, essa é a palavra – garante Nilson César.

Essa foi a rotina de Minelli, um semiaposentado que, por muitos domingos, deu a sua opinião no microfone da Jovem Pan.

Aos poucos e, sorrateiramente, afastou-se dos holofotes para a vida mais tranquila e pacata que sonhara, mas que nunca conseguira ter. Apesar disso, jamais abandonou totalmente o futebol e, mesmo não tendo aceitado convites para trabalhos regulares, de vez em quando, se solicitado, dava seus pitacos.

— Sempre que possível, era convidado para entrevistas e dar opiniões. Era um ensinamento puro – revela Wanderley Nogueira, jornalista, apresentador e nome forte na rádio Jovem Pan.

Sua última participação como comentarista se deu na Copa do Mundo do Brasil de 2014, quando foi convidado pelo extinto canal Fox Sports para comentar a partida entre Inglaterra *x* Costa Rica. Ao seu lado, em uma transmissão mais alternativa, que unia seriedade e descontração, estavam o narrador Paulo Arapuan e o comentarista Maurício Borges, o Mano.

— Me lembro que o Minelli era pontual nas análises, não ficava de enrolação – relembra o narrador.

Aliás, nessa mesma Copa, o técnico Luiz Felipe Scolari fez questão de homenagear Minelli por todos os serviços prestados ao futebol brasileiro. E fez com que o ex-treinador, que nunca teve a oportunidade de comandar a Seleção, sentisse-se parte integrante do grupo.

CONTRIBUIÇÃO PARA A AMARELINHA

Era junho de 2014. Rubens Minelli se preparava para assistir à Copa do Mundo pela TV, quando foi surpreendido por um telefonema inesperado de um velho amigo, ninguém mais, ninguém menos, do que Luiz Felipe Scolari, o técnico da Seleção Brasileira na época. Ele convidou Minelli para jantar e fazer uma palestra para o seu grupo de atletas, que dias mais tarde enfrentaria a Sérvia no estádio do Morumbi como último jogo de preparação para o Mundial.

Lisonjeado pela lembrança e pelo convite, Minelli aceitou de prontidão. O dia em questão era 6 de junho. Comigo ao seu lado, ele pegou o táxi e partiu rumo ao destino, o Hotel Transamérica, na zona sul de São Paulo, onde a Seleção Brasileira estava concentrada. O trânsito caótico e a hora do *rush* fizeram com que Minelli se atrasasse e perdesse o jantar com Felipão e companhia. No entanto, assim que chegou, foi encaminhado para o auditório onde todos o aguardavam.

Além de Minelli, o treinador da Seleção Brasileira também convidou o técnico Candinho, que havia sido auxiliar de Vanderlei Luxemburgo alguns anos antes.

Mesmo sem ter tido a oportunidade de comandar o selecionado canarinho, Minelli, aos 85 anos na época, tinha experiência de sobra em falar com grupos de atletas e começou a sua palestra. Entre outras coisas, situou o elenco da responsabilidade e dificuldade que é disputar uma Copa do Mundo em casa com o "apoio" da torcida. E que a arquibancada seria o reflexo e o termômetro do time em campo. Então, se os jogadores se doassem ao máximo e mostrassem foco e comprometimento durante as partidas, teriam o apoio da arquibancada em todos os momentos. Minelli terminou seu discurso trazendo a ideia de que, para vencer o Mundial, os jogadores teriam que fazer um mês de sacrifício. Porém, caso conseguissem tal façanha, seriam eternizados e teriam, no mínimo, 1.430 dias de glória, tempo do próximo ciclo de quatro anos, isso se o grupo da Seleção Brasileira da Copa seguinte também se sagrasse Campeão.

Depois dos discursos de Minelli e Candinho, Felipão pediu a palavra e tratou de enaltecer seus convidados.

— Gente, a nossa intenção, a intenção da Seleção, é lembrar e valorizar as pessoas que nos ajudaram na Seleção e no futebol brasileiro. Aqui, hoje, o Candinho e, principalmente, o Seu Rubens Minelli. O Candinho foi recompensado por estar dois anos na Seleção. Eu fui recompensado, o Parreira também, e o Seu Rubens Minelli, que foi o melhor de todos nós, não foi para a Seleção. E se nunca a CBF havia te convidado, nós temos o prazer de te convidar por tudo que o Senhor fez.

Oito anos depois, Felipão enxerga tal convite ao amigo como uma maneira de homenageá-lo.

— Eu queria passar aos nossos jogadores uma mensagem de qualidade, de quem conhece futebol, de quem sabe das dificuldades que aqueles jogadores iriam enfrentar na Copa e de passar a eles uma lição de vida através do Rubens Minelli, e foi o que ele fez. Acredito que os jogadores entenderam perfeitamente, ouviram com atenção e viram que ali estava um dos maiores treinadores que o Brasil já teve. E essa foi a minha intenção, a intenção de mostrar aos jogadores, mostrar à imprensa e ao Brasil que o Rubens Minelli foi um dos melhores treinadores que o nosso país teve em todos os tempos. Eu queria fazer essa homenagem, porque devo a ele muito da minha carreira. Essa foi uma homenagem que, sinceramente, preencheu uma lacuna que eu tinha com o Minelli na minha vida. Eu fiquei muito feliz de passar o dia com ele e com os jogadores.

Todos nós sabemos que o fim dessa história não foi o esperado. Após o baque pela dolorosa eliminação para a Alemanha, Minelli, inclusive, ligou para Felipão para lhe dar força e falar algumas palavras de ânimo.

E se o 7 a 1 não será esquecido por nenhum brasileiro, o dia 6 de junho de 2014, data da palestra, com certeza ficou marcado na história do ex-treinador.

Quatro anos mais tarde, Minelli pôde retribuir a homenagem, já que foi o treinador escolhido para entregar o tradicional prêmio Bola de Prata, dado ao melhor técnico do Campeonato Brasileiro de 2018, a Luiz Felipe Scolari.

PASSANDO O BASTÃO

No dia a dia, em silêncio, Minelli observava os atletas que assimilavam com mais facilidade as suas ideias e esquemas, além daqueles que se interessavam pela função de técnico e que a vislumbravam em seu futuro.

Treinador desde a década de 1950, passou por diversas gerações de atletas e, consequentemente, serviu de exemplo e inspirou a "transformação" de inúmeros jogadores em técnicos. Entre os mais conhecidos, podemos lembrar de Muricy Ramalho, Cuca, Cristóvão Borges, Paulo Bonamigo, Renato Portaluppi, Paulo César Carpegiani, Paulo Roberto Falcão, Figueroa, Cláudio Duarte, Vagner Mancini, Ricardinho e Maurílio.

Cada um deles se inspirou em diferentes facetas do comandante.

Uma das características mais marcantes e que Rubens Minelli dava mais atenção era a aplicação da parte tática. Gostava de ajeitar o time tendo em vista os pontos fracos dos rivais e jogar sempre no erro do adversário.

— Ele era um cara muito disciplinado, que treinava demais o seu time taticamente. Então, o que mais aprendi com o Seu Minelli foi isso: a parte tática – confessa Muricy Ramalho.

— Naquela época, quando virei técnico, a gente nunca teve escola de treinador. Não tínhamos uma formação acadêmica de treinadores. Então, fazia-se muita coisa com experiência prática e se aperfeiçoava. E ele tinha um diferencial que era o conhecimento tático. Exigia esse rigor tático. Na Europa, eles têm um desenvolvimento tático muito grande e nós, os brasileiros, vindos do futebol de rua, temos esse jogo criativo. E o Minelli tinha isso. Quando ele associava a qualidade tática com essa essência do futebol brasileiro, ele potencializava suas equipes – garante Cristóvão Borges.

Porém, não é só com tática e estratégia que se vencem os jogos, já que o futebol envolve muitas variáveis que podem influenciar e atrapalhar a execução de um sistema. Minelli também chamava a atenção para dois pontos cruciais que poderiam definir uma partida: a parte física, pois uma boa condição faria com que seus atletas tivessem mais pernas e fossem mais fortes nas disputas dentro de campo do que seus adversários; e as jogadas ensaiadas, que, se bem treinadas e executadas, poderiam lhe garantir os três pontos.

— Eu fui um privilegiado, pois pude trabalhar com grandes treinadores. Além da seriedade do Seu Rubens Minelli, da exigência que ele exercia no grupo, ele executava várias jogadas ensaiadas como eu gosto até hoje de fazer. Nas manhãs em dias de jogo, descíamos para o Olímpico para executar algumas jogadas. Ele foi o primeiro que fez isso e me marcou bastante. Um treinador de muita brincadeira, mas, ao mesmo tempo, sério e que traçava muitos planos. Ele trabalhava com o [Gilberto] Tim e eles se completavam. Foram os mentores da musculação junto com o trabalho técnico – relata Cuca.

Associadas a esse trabalho do dia a dia, que Minelli implantava logo que chegava aos clubes, as preleções para lá de detalhadas podem ser vistas como outro fator de destaque em sua jornada.

— Eram várias as virtudes que o Professor Minelli tinha como treinador, a parte didática de preleção eu achava perfeita dele. Antigamente, não tinha *Datashow*, tecnologia avançada e a ciência como tem hoje, então era no *flip sharp*. Ele, todo didático, tudo organizado, colocava a equipe posicionada normalmente dentro da plataforma e [mostrava] o modelo de jogo, quem ia para a barreira, quem batia as faltas, quem marcava quem nos escanteios. Normalmente, eram marcações mais encaixadas. Nós íamos [a campo] com todas as orientações possíveis na época. O intervalo dele era absolutamente definidor. Mas o que chamava muito a atenção era a organização do trabalho de campo no dia a dia. No começo, eu aproveitei muito essas ideias, de bloco alto, de pressionar, a reação pós-perda, que eram poucos os treinadores que usavam na época. As ideias dele foram muito bem arquivadas e, com certeza, me ajudaram muito – detalha Paulo Bonamigo.

Dentro de campo, esses eram os principais métodos do treinador. No entanto, o trabalho era incessante também fora dele. Entre todas as suas facetas, talvez a que lhe exigisse mais fosse a da gestão do grupo. Agradar mais do que aos 11 titulares e fazer com que todos se sentissem importantes e estivessem motivados a cada treino e a cada jogo era uma tarefa árdua.

— Eu sempre vi o Rubens Minelli como uma pessoa inteligente para o futebol, que estudava, conhecia, sabia de detalhes que são importantes para um técnico. Além disso, era uma pessoa de amizade muito fácil com seus atletas, sabia administrar os jogadores de uma forma tranquila – opina Felipão.

— A qualidade do gestor é reconhecer as qualidades do time que tem. Ele mostrou uma grande capacidade de gestão de grupo e pessoas. O time precisa disso, um líder e também um gestor. Ele conseguia cobrar uma melhora acentuada, mas sem perder o jogador – acrescenta Cláudio Duarte.

E para que tudo isso tivesse efeito, a comunicação e o modo claro como ela era feita, interna e externamente, eram fundamentais.

— Ele jogou, sabia o comportamento do jogador e transmitia uma grande segurança. Tinha um linguajar fácil e futebolístico. Se comunicava muito bem com a imprensa e com a gente. Hoje, o treinador não tem um linguajar com a imprensa e isso cria uma série de dificuldades. Ele tinha essa facilidade, sabia contornar qualquer problema – lembra Carpegiani.

— O Minelli me ensinou muitas coisas. Na parte pessoal, aprendi muito com ele quando ser duro e quando negociar – garante Vagner Mancini.

Para o jornalista Mauro Beting, os principais discípulos do ex-comandante são Muricy Ramalho, Cuca e Carpegiani.

— O Muricy disse várias vezes que, mais do que o Telê, de quem ele foi auxiliar e sucessor no São Paulo, o seu grande treinador de cabeça, incluindo até algumas semelhanças de estilo, realmente foi o Minelli. O Muricy, de um futebol mais direto, menos plástico, tem muito a ver. O Cuca, no sentido de observar o adversário e a sagacidade de jogadas em velocidade, jogadas trabalhadas sobretudo de bola parada, tem a ver. E o Carpegiani, que eu entrevistei, sempre citou como uma das grandes referências – se não a maior – o próprio Minelli, no sentido de que era muito detalhista; também gostava de um jogo bem jogado, embora fosse prático e, às vezes, pragmático. [Esta, aliás, é] Uma crítica que acho desnecessária ao Minelli.

Seguindo os passos do seu Professor Tetracampeão Brasileiro e Campeão de inúmeros títulos Estaduais, o ex-treinador Muricy Ramalho foi quem teve a trajetória mais parecida com a de Minelli. Além de também conquistar por quatro oportunidades a competição nacional, três delas – igual a Minelli – também foram de maneira consecutiva.

— Eu nunca pensei nisso: de estar ganhando títulos importantes como o Seu Minelli ganhou. Mas, é claro, você se igualar a um gigante como é o Seu Minelli como treinador, para mim, foi um prazer. Foi sensacional. Com certeza, ele tem muito mérito pelos títulos que conseguiu e eu aprendi bastante com ele – garante Muricy Ramalho, que também tem na sua galeria o título da Copa Libertadores da América.

Outros comandantes que tiveram tanto sucesso quanto os dois foram Cuca, vencedor de dois Campeonatos Brasileiros, uma Copa Libertadores e uma Copa do Brasil; Renato Portaluppi, com uma Copa Libertadores e duas Copas do Brasil; e Paulo César Carpergiani, que faturou o Campeonato Brasileiro, a Libertadores e o Mundial de Clubes.

Um dos treinadores que não trabalhou com Rubens Minelli nem o enfrentou durante a carreira, mas cujas raízes gaúchas o fizeram acompanhar de perto o sucesso de Minelli na profissão, tanto no seu auge no Internacional quanto anos depois, é o ex-técnico da Seleção Brasileira, Adenor Bacchi, também conhecido como Tite. Para ele, o ex-comandante deixou um legado no futebol brasileiro.

— A *escola* Minelli marcou e ecoou no Brasil todo. Rubens Minelli é um dos maiores treinadores da história do futebol brasileiro. Quatro títulos Nacionais. Todo o seu trabalho o credenciou a ser técnico da Seleção Brasileira... Coisas que por vezes a história não oportuniza, mas por tudo e por todo o trabalho realizado, pela sua história, pelas suas conquistas e pela sua conduta [merecia].

O jornalista e historiador Celso Unzelte endossa a fala de Tite e vai além:

— Hoje em dia, em qualquer entrevista, falam: "Vamos conversar com o Professor". Acho que banalizou o termo, porque virou sinônimo de técnico, mas em relação ao Minelli não é só isso. Em inglês, tem o *Teacher* e o *Professor*. E o Minelli é o *Professor* porque tem uma diferença, está em outro nível. Ele era Professor quando nem todo técnico era Professor, isso é importante a gente ressaltar. Ele não era um Professor, era "*o*" Professor, ou um dos que recebia esse tipo de reconhecimento, como os Mestres Brandão e Telê. O Minelli fazia parte dessa categoria de técnicos que ganharam o artigo definido [o] e não o artigo indefinido [*um*], e isso o diferenciava.

*****

Assistindo ao futebol atualmente, Minelli não torce para os clubes e, sim, para os seus amigos e ex-jogadores. Sempre valoriza os técnicos brasileiros, mas se rendeu ao técnico palmeirense Abel Ferreira, o qual define como um estudioso e conhecedor de futebol e crê em seu sucesso na carreira por muito tempo.

Em eleição feita pelo *site* Globoesporte.com, em julho de 2022, para saber quem foi o maior treinador da história do futebol brasileiro, colhendo a opinião de 100 técnicos do nosso futebol, entre comandantes aposentados e em atividade, Rubens Minelli terminou a pesquisa na oitava colocação.

OS SEUS 11 IDEAIS

Ao longo de sua carreira, Minelli treinou jogadores ruins, regulares, bons e craques. E pensando nisso, o Professor tratou de escalar os 11 melhores atletas sob seu comando. No esquema 4-3-3, os jogadores escolhidos foram: Manga; Raul, Luís Pereira, Figueroa, Zeca; Darío Pereyra, Falcão, Ademir da Guia; Valdo, Valdomiro e Serginho Chulapa.

Já entre todos que viu como profissional e telespectador, lamenta nunca ter tido a possibilidade de treinar três craques: O Rei Pelé, Tostão e Garrincha.

HOJE EM DIA...

É de se esperar que alguém com tanta história e tantos títulos importantes seja nome recorrente entre as reportagens, transmissões e publicações. Porém, não é o que acontece nos dias de hoje. Minelli, que entre as décadas de 1970 e 1990 era nome fresco na mente dos torcedores, jornalistas e clubes, atualmente é pouco lembrado por grande parte dos amantes do futebol. Mas seria injusto de minha parte tocar no assunto sem trazer à tona aqueles que deram moral e fizeram questão de homenagear e ter por perto o ex-treinador. Equipes como Internacional e Palmeiras, por longos anos, lembraram-se dele e o convidaram para festas e celebrações importantes da história dos clubes. Enquanto o Colorado o convidava para a festa de 100 anos dos Grenais e do título da Copa Libertadores de 2006, o Palmeiras fazia questão de chamar Minelli para a festa anual de veteranos do clube, que aconteceu por diversos anos consecutivos, até o início da pandemia.

O Alviverde, a pedido dos treinadores Roger Machado e Mano Menezes, que lá estavam, convidou Rubens Minelli para visitar o Centro de Treinamento e bater um papo com ele. No início de 2019, foi a última vez que o ex-comandante participou de uma celebração do clube. Ela ocorreu no Allianz Parque, na despedida do craque Zé Roberto. Minelli fora chamado para ser o treinador da equipe palmeirense, repleta de ídolos do clube, como Rivaldo, Alex, César Sampaio, Paulo Nunes, Edmundo, entre outros. Ao seu lado, como seus "auxiliares", estavam Ademir da Guia e Dudu.

"ZEREI" A VIDA

Entre todas as vezes que acompanhei o meu avô, sem dúvida, a despedida do Zé Roberto foi a mais marcante. Além de estar mais velho e entender perfeitamente tudo o que estava acontecendo, pude ficar ao lado dos meus ídolos de infância, já que sou palmeirense. Principalmente, tive a honra de ver o meu avô como técnico no banco de reservas e nos vestiários junto dos atletas, mesmo sendo uma partida festiva.

Na véspera, ficamos hospedados em um hotel e jantamos ao lado de boa parte do grupo de jogadores que disputaria o amistoso. No dia do jogo, o ônibus foi nos buscar no hotel e nos levou até os vestiários do Allianz Parque.

O que mais me chamou a atenção nesse dia foi a maneira como ele encarou tal responsabilidade. É certo que o convite foi mais uma homenagem do que qualquer outra coisa. Mesmo assim, Minelli, que não gosta de perder nem no par ou ímpar, na hora de dar uma palavrinha aos "seus" jogadores, surpreendeu a todos do vestiário que estavam em clima de festa, e sempre pregando respeito ao futebol, fez o seguinte discurso:

— É uma confraternização. Está tudo muito bonito, mas nós vamos disputar uma partida de futebol. Não podemos esquecer que nós temos que jogar um bom futebol, temos que mostrar para o público o que éramos.

Ao subir a escada dos vestiários em direção ao gramado e ao banco de reservas, local que conhece como a palma da sua mão, escorado em mim, foi uma emoção sem tamanho para nós. Naquele momento, ele pôde sentir novamente o clima e relembrar como era fazer parte de uma partida de futebol e ver as arquibancadas lotadas, gritando seu nome e aplaudindo a sua entrada.

— É uma gratificação muito grande, em razão exatamente da minha carreira, e fico muito feliz de estar vivendo esse ambiente tão gostoso que eu tinha me acostumado e já me desacostumei, mas é uma satisfação muito grande – declarou na época em entrevista ao *Esporte Interativo*.

Assim que o juiz deu o apito final, fomos para a segunda parte da celebração, em uma churrascaria próxima ao estádio. Dessa vez, pegamos carona "apenas" com Ademir da Guia e seu copiloto Dudu.

Realmente, foi um dia para ficar guardado em nossas memórias.

Hoje, aos 94 anos[8], Minelli, que é viúvo de Rosinha desde 2012, mora com seu primogênito Rubinho, na tranquilidade do seu apartamento, no bairro da Bela Vista, o mesmo da época de treinador. De tempos em tempos, passa curtas temporadas em sua chácara em Valinhos ao lado de seus filhos e netos. Sem contar o bisneto Gustavo Henrique, nascido em 2015, filho de sua neta Stefanne, que sempre que o vê coloca um sorriso enorme em seu rosto.

Apesar das visitas frequentes dos seus familiares e amigos, o ex-comandante tem como companhia principal seus três anjos da guarda, que se revezam para lhe ajudar com seus afazeres diários, além da fisioterapia e do pilates que faz para se manter ativo e em forma. Entre eles está Renato Paschoal, apelidado por Minelli como "tenente", por ser aquele que fica em cima do ex-treinador a todo instante e o lembra dos seus compromissos. Minelli o tem como um filho mais novo. Seus demais ajudantes são Bruno Cordeiro e Valmor Lírio, que acompanham o "chefe" principalmente nas jornadas noturnas e de final de semana.

Mesmo sem assistir mais tanto futebol quanto antes, ainda recebe alguns convites para entrevistas e a nova febre do século XXI: as *lives*. Também abandonou a sua paixão por novelas e palavras cruzadas, que lhe seguiram por muito tempo, para dar lugar às séries. A famosa *Game of Thrones* foi a que mais lhe chamou a atenção.

Amante de música clássica, passa muitas de suas manhãs e tardes ouvindo seus tenores favoritos, como Luciano Pavarotti, José Carreras, Plácido Domingo. Na lista, sempre está sua música predileta do gênero *Nessun Dorma*. Enquanto isso, suas noites e madrugadas contam com a presença de sua nova modalidade preferida: o MMA. Minelli, antes um entusiasta do clássico boxe, rendeu-se ao UFC, e assiste a horas e horas de lutas e gosta de ver "sangue".

Entre suas bebidas favoritas, hoje dá preferência a um belo vinho. Quando o assunto é comida, ele, que já viajou por todos os cantos do Brasil e inúmeros países, não tem dúvida em afirmar que era qualquer uma que a sua companheira Rosinha preparava.

Para relembrar dos deliciosos pratos e quitutes de sua esposa, atualmente sua filha Cecília tem tarefa importante nesse quesito e, além

[8] Em 2023, ano da primeira publicação deste livro.

da grande variedade de guloseimas que cozinha para o pai, tempera suas lembranças, fazendo-o voltar ao passado, preparando-lhe arroz com frango, uma espécie de risoto cheio de sabor e especiarias, receita que sua mãe trouxe da Iugoslávia e Dona Rosinha abrasileirou. O canelone de 13 queijos, sempre presente nas celebrações natalinas e aperfeiçoado por Cecília, também é famoso.

Os outros filhos de Minelli não ficam atrás e, algumas vezes, fazem as honras de *chef*. Enquanto Rubinho faz seu filé *mignon* a *Cordon Bleu*, Ricardo deixa o pai salivando quando prepara seu risoto de camarão. No entanto, mesmo apreciando cada um dos pratos, trocaria todos eles por doces e, principalmente, pelo seu preferido, o pudim de leite.

*****

Agora que você, leitor, conheceu mais a fundo Rubens Minelli, faltou essa biografia responder a uma pergunta que muita gente se faz. Afinal, para que time ele torce?

Como treinador, Minelli tem grande apreço e carinho por todos os times que passou, em especial pelo Internacional e Paraná, clubes em que viveu seu auge e seu "renascimento", respectivamente. O assunto, contudo, é mais complexo. Vindo de uma família de palmeirenses com descendência italiana, o Palmeiras, até certo momento, era o seu time do coração. Mas a vida e, principalmente sua mãe, fizeram-no dividir esse espaço em seu peito. Depois que o Tricolor Paulista ajudou seu irmão Ruy, que quebrou o braço na época em que jogava no Juvenil do São Paulo, sua mãe – que não tinha raízes brasileiras – desenvolveu um carinho muito grande pelo clube. Este carinho, ela passou para ele. Por isso, Rubens Minelli é o clássico meio muçarela, meio calabresa. Na linguagem da bola, meio palmeirense, meio são-paulino.

Rubens Francisco Minelli dedicou ao futebol mais de meio século de sua vida. Se contarmos desde quando o pequeno Rubens se aventurava na várzea, no bairro do Bom Retiro; e começou a atuar pelas categorias de base do Ypiranga; depois ascendeu ao futebol profissional; virou técnico da base palmeirense; fez história treinando 21 equipes e uma Seleção; passou três anos como dirigente de futebol; e depois se transformou em um comentarista de TV e Rádio por mais algum tempo, passamos com sobra dessa marca.

— Poucos são Professores, menos ainda são Mestres. E o Minelli é Mestre e Professor. Mestre no sentido de que sempre foi muito criativo e estudou para isso. Tinha capacidade e inteligência bem acima da média. E Professor porque ele queria ensinar dentro e fora de campo. Às vezes, tinha atritos com os atletas, com os dirigentes, com a imprensa e, por tabela, com a torcida, por tentar fazer diferente. Ainda mais num momento em que se tinha um arrepio brasileiro com o futebol total e [ao mesmo tempo] se era contra a europeização no estilo de jogo, o Minelli [que usou as ideias europeias] mostrava que era possível [fazer isso aqui] – define Mauro Beting.

Sabemos que, ao longo de sua carreira, Minelli foi um perfeccionista. Estudioso que era, gostava muito de aprender, aumentar seu conhecimento e sempre evoluir. No entanto, sua preferência era ensinar, pois achava importante passar adiante tudo o que adquiriu durante sua vida. Desde muito novo, aconselhava amigos, familiares e jogadores. Não formou apenas atletas e, sim, homens, maridos e pais de família. Tinha o tato para lidar com as pessoas, a palavra para se fazer compreendido e a inteligência para surpreender o mais poderoso dos adversários.

Por essas e outras que, sim, ele foi um Mestre da bola. Aliás, Mestre, não. Como ele chamava muitos e como muitos o chamavam:

Professor Rubens Minelli.

UM POUCO MAIS DE RUBENS MINELLI

PENSAMENTOS

Letra D

A letra *D* para o treinador de futebol é maldita. Ela começa a palavra *derrota*, que é a *causa mortis* da carreira que abraçamos. Ela é tão forte que a duração de sua pronúncia, que não demora mais que um segundo, é suficiente para acabar com sonhos, com trabalhos bem-feitos, com idealismo, objetivos, amizades e proporciona frustração até no ambiente familiar.

Curiosamente, esta mesma letra *D*, se multiplicada por quatro, faz-nos cada vez mais fortes se seguirmos o que elas sugerem:

Determinação;

Dedicação;

Disciplina;

Desprendimento.

Hoje, sei que, para conquistar meus objetivos, seria necessário ter os quatro *D's*.

Determinação: é aquela força interior capaz de levar alguém a afirmar com convicção: “Este é meu sonho!”.

Dedicação: capacidade de se entregar à realização de um objetivo.

Disciplina: capacidade de seguir um método.

Desprendimento: capacidade de abandonar o que não está funcionando para aprender o novo.

Depois disso, devemos deixar de dizer: DERROTA.

Eu, futebolista

Mais uma vez, o técnico Rubens Francisco Minelli mostrou seu lado criativo e erudito e expôs outro pensamento referente à sua paixão pelo futebol e o enorme respeito que tem pela profissão:

No triunfo, humildade.

Na derrota, altivez.

Na competição, fé.

No treinamento, dedicação.

Em minha vida privada, equilíbrio.

Com o torcedor, gratidão.

Com os companheiros, lealdade.

Com os dirigentes, respeito e sinceridade.

Com o treinador, amizade.

MAIS PENSAMENTOS...

Minelli, ao encarar o futebol da maneira mais séria possível, como sempre o fez, crê que o melhor jeito de se demonstrar respeito ao adversário é fazendo de tudo para superá-lo.

Em um esporte cujo mais fraco não existe e, sim, o menos forte, ele prega que a união de um grupo, com atletas das mais diversas características, só se solidifica e gera resultados se todos remarem para a mesma direção, pois, assim, descobrem-se forças talvez nunca imaginadas.

Prioriza o aprendizado acima de tudo, independentemente da idade e da condição financeira.

Somado a isso, o treinador elaborou os seguintes pensamentos:

"A vitória do homem não precisa de títulos."

"Na tarefa política, é necessário falar muito das coisas, pouco das pessoas e nada de si mesmo."

"Nosso clube seria bem melhor se os representantes de sua inteligência fossem autênticos e atuantes como os representantes de sua mediocridade."

"O único lugar que o funcionário manda no patrão é no futebol."

"O fracasso não é o fim do mundo. A não ser que você desista." Essa é uma das frases de Minelli que traduz, justamente, um pouco sua maneira de ver o mundo e o futebol. Nesse sentido, Minelli também desmistifica o medo. Para o Professor, não ter medo torna a pessoa apática, ter medo em excesso a deixa paralisada. Sendo assim, conclui que o medo é um aliado, mas deve ser mantido sob controle.

MANDAMENTOS DE UM BOM TREINADOR

Os pensamentos aflorados no auge de sua experiência fizeram com que o técnico Rubens Minelli refletisse e analisasse quais seriam e são as qualidades necessárias para que um treinador possa vir a ter sucesso na profissão. Ele enumerou quais seriam as valências fundamentais:

1 - Ter noção clara do que é certo e do que é errado.

2 - Ser leal e honesto.

3 - Ter coragem de dizer o que pensa.

4 - Fazer o que acha correto mesmo que as circunstâncias não sejam favoráveis.

5 - Ter a humildade para reconhecer que errou.

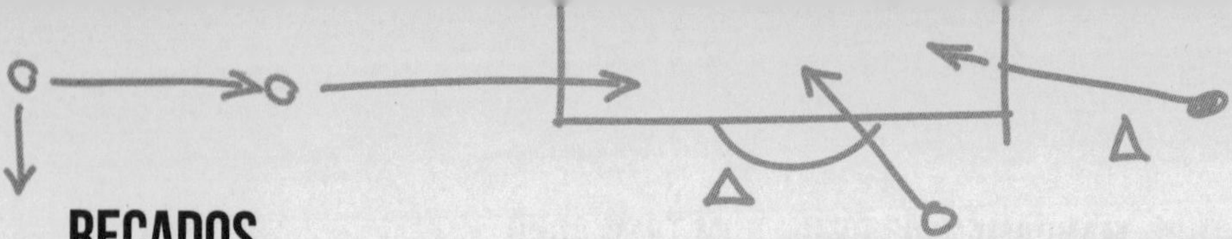

RECADOS

Com este livro, além de contar a história de meu avô, Rubens Minelli, também faço questão de homenageá-lo. Estes são os recados que jornalistas, técnicos, preparadores físicos e de goleiros, presidentes e ex-jogadores deixaram para o Professor.

"Uma vez, eu aprendi o seguinte: quando tem alguém que sabe mais do que você em determinava coisa, em determinado assunto; para você crescer, não adianta tentar derrubar esse alguém, não... Pega na perna dele e aprende mais. Então, qualquer conversa sobre futebol com o Professor Minelli era um degrau a mais de conhecimento e aprendizado. Esse é o recado que eu queria deixar para o Senhor, um recado de agradecimento por tudo o que passou para todos nós que amamos o futebol; por tudo o que ensinou, durante a sua carreira, para aqueles que amam o futebol de verdade. Um grande Professor. O Senhor, sim, pode ser chamado de Professor. Tem muito técnico de futebol enganador. O Senhor, não. O Senhor foi um verdadeiro Professor e estava sempre à frente do seu tempo. Um abraço, Professor Minelli.

(Nilson César, locutor esportivo)

"Queria dizer que foi uma honra, um prazer, um aprendizado. Eu sei que o Senhor sempre torceu por mim, queria que eu crescesse na carreira. Foi uma satisfação ter vivido, convivido e aprendido com o Senhor, só tenho gratidão."

(Adilson Batista, treinador)

"O Senhor foi muito importante na minha vida esportiva. Nas minhas reflexões, ficou clara a sua contribuição para a potencialização do meu futebol. Eu era um jogador de muita técnica, de bom passe, e aprendi a ser um jogador e associar isso à parte competitiva, [que] eu tinha pouco e o Senhor exigiu de mim, me treinou. Foi um treinador que contribuiu muito para eu conseguir deslanchar. Consegui chegar à Seleção Brasileira, e só tenho a [lhe] agradecer."

(Cristóvão Borges, treinador e ex-jogador de Minelli no Grêmio e no Corinthians)

"Eu ainda estou vivendo o futebol, e a gente não vê mais um Rubens Minelli, não tem mais. Agora vemos os meninos muito jovens. Eu acho até legal, eles precisam aprender. Mas eles dão opinião demais; são formadores de opinião. E o pior é que, muitas vezes, os caras não chutaram nenhuma bola. Então, hoje precisava haver outros Rubens Minelli's. [...] Eu posso me dar por feliz, realizado por ter cumprido um pouco daquilo que me propus na minha carreira, porque também tive um Mestre que ganhou pra caramba e é muito respeitado, e que, para mim, é o *monsieur* do futebol. Professor Rubens Minelli, fica aqui um carinho, um amor enorme, e uma saudade grande."

(Abel Braga, treinador)

"O meu recado para o Minelli é de agradecimento. Talvez ele não saiba quantas pessoas e profissionais inspirou; quantos impressionou, que é o meu caso. Então, aqui vai o meu muito obrigado."

(Tite, treinador)

"Professor, muito obrigado pela sua hombridade e lealdade. Muitos passam ensinamentos, poucos passam como você passou, respeitando o futebol e as regras."

(Vagner Mancini, treinador e ex-jogador de Minelli no Coritiba)

"Queria deixar um abraço bem afetuoso, Professor Minelli. Estou bem feliz pelo Senhor estar com muita saúde, e de poder relembrar grandes momentos que tive ao seu lado, Professor."

(Paulo Bonamigo, treinador e ex-jogador de Minelli no Grêmio)

"Sou de simplificar. Eu agradeço muito os ensinamentos que o Senhor me passou; na minha vida profissional foram importantes. Quando virei técnico profissional, me ajudaram muito. O Senhor sempre foi um amigo que eu tive na relação de trabalho e por quem eu tenho muito carinho e respeito."

(Cláudio Duarte, treinador e ex-jogador de Minelli no Internacional)

"Como treinador, trago muita coisa que aprendi com o Senhor, Professor: a liderança, a gestão de pessoas, gestão de grupo, modelo de treino, modelo de trabalho, filosofia de pessoa. Trago muita coisa, porque só engrandeceu a minha vida, minha carreira como atleta; porque, no futebol, além de você formar um atleta, você tem que formar o cidadão. E o Senhor fez parte da minha formação. Eu estava no final da minha maturação ali, onde o Senhor me lapidou, me fazendo um grande atleta e cidadão. Um beijo, Professor. Se Deus quiser, a gente, logo, logo, se encontra."

(Maurílio, treinador e ex-jogador de Minelli no Paraná)

"Eu tenho agradecimento para muitos treinadores do futebol brasileiro. Em especial ao Senhor, Seu Minelli, pela sua inteligência, sua maneira de conduzir o grupo, que era impressionante. O Senhor tinha muita capacidade dentro e fora de campo para comandar uma equipe de futebol. Vai aqui o meu reconhecimento por tudo aquilo que o Senhor representou ao futebol brasileiro. Tivemos grandes momentos no Inter, onde o Senhor nos ensinou a ser Campeões Nacionais."

(Paulo César Carpegiani, treinador e ex-jogador de Minelli no Internacional)

"Seu Minelli, o Senhor sabe da admiração que eu tenho pelo Senhor. Aprendi muito como jogador. Levei para a minha carreira de técnico. E é muito bom quando nos encontramos para conversar. Conversar de futebol, conversar de tudo. O Senhor sabe, a gente se encontra na casa do Fausto [Fausto Silva] quando tem *pizza* e nos divertimos muito com as nossas conversas sobre os acontecimentos do passado."

(Muricy Ramalho, treinador e ex-jogador de Minelli no São Paulo)

"Quero deixar um recado pela gratidão e apreço que eu tenho pelo Senhor. Infelizmente, o tempo passa. Fomos muito felizes em ter os seus ensinamentos."

(Cuca, treinador e ex-jogador de Minelli no Grêmio)

"Minelli, se eu posso te deixar um recado, é um recado de obrigado. Por tudo aquilo que me ensinastes; por tudo aquilo que passastes a todos os teus atletas e a todas as pessoas que trabalharam contigo; por tudo aquilo que fostes e és na vida. E obrigado por ter acreditado em alguém – que no caso sou eu – que, mesmo sem ter trabalhado contigo, teve a oportunidade que destes, de começar uma vida fantástica no futebol. Então, se eu tenho alguma coisa da minha vida para agradecer a alguém – [que] são muitas –, agradeço principalmente a ti, Rubens. E [quero] te desejar o melhor possível, e desejar sempre as coisas boas que a vida pode oferecer [...] Eu te agradeço de coração. Um grande abraço, um grande beijo, de coração mesmo, de alguém que te estima e gosta muito de ti."

(Felipão, treinador e adversário de Minelli em sua época de jogador no Caxias)

"Seu Minelli, só tenho agradecimentos. Tenho grande satisfação de ter trabalhado com o Senhor, de ter te conhecido; uma pessoa séria, amiga, direta, que não precisa falar duas vezes. Marca a vida da gente poder falar que trabalhamos com um treinador tantas vezes Campeão, respeitado e de muita qualidade e conhecimento técnico de futebol, que tinha uma maneira simples de se expressar, bem objetivo. Meu muito obrigado, foi um prazer tê-lo conhecido como treinador e como pessoa."

(Régis, ex-jogador de Minelli no Paraná e no Coritiba)

"Eu queria te agradecer pela pessoa que o Senhor é. Você foi muito importante para mim. Coeso, dinâmico, responsável, disciplinador. Para mim, que era jovem, isso foi fundamental na minha caminhada. O Senhor foi quem me deu oportunidade e quem acreditou em mim. Um comandante de ardor e de potencial fantástico. Fico honrado de ter tido o Senhor como meu treinador."

(Gérson Caçapa, treinador e ex-jogador de Minelli no Palmeiras)

"Quero deixar um agradecimento por tudo o que o Senhor me ajudou, porque eu cheguei no Paraná bem novo ainda. Saí aqui, de Cascavel, e fui para Curitiba, e a gente sabe que quando se sai do interior é complicado. O Senhor me deu confiança para jogar. Eu só tenho a lhe agradecer como treinador na minha passagem pelo Paraná. Só ouvíamos falar do Rubens Minelli, mas quando a gente conhece pessoalmente e convive diariamente, a gente se apaixona pelo homem, pela pessoa e pelo profissional que o Senhor é. Obrigado por tudo o que fez na minha vida e na minha carreira no futebol."

(Denílson, ex-jogador de Minelli no Paraná)

"Dentro do futebol, o Senhor foi uma das pessoas mais maravilhosas que eu conheci. Que me ensinou muito com o seu caráter, sua honestidade. Isso eu vou levar para o resto da minha vida. Um dos melhores treinadores que já passou na minha carreira. Pelo Senhor, só tenho gratidão. Nunca vou esquecer o que fez por mim, o que me ensinou. O Senhor, ao ser lembrado, vai ser uma das pessoas que vou carregar comigo sempre. Um grande abraço. Gostaria muito de [lhe] dar esse abraço pessoalmente para poder mostrar o carinho e afeto que eu [lhe] tenho. Muito obrigado por tudo, Seu Rubens."

(Marquinhos Rosa, ex-jogador de Minelli no Coritiba)

"O Senhor ensinou muita coisa, não só para mim, mas para um monte de jogadores. Eu quero só desejar que o Senhor continue com essa personalidade forte, que só ajuda as pessoas pela colocação que tem. Muita saúde, porque o restante vem de uma maneira bem natural, pela pessoa boa que o Senhor é."

(Basílio, ex-jogador de Minelli na Portuguesa, auxiliar de Minelli no Corinthians e ex-companheiro da rádio Jovem Pan)

"O Senhor é uma pessoa maravilhosa. E que tenho um carinho muito grande. Sinto muito pelo Senhor não ter chegado à Seleção, porque eu queria estar lá com o Senhor. Um grande abraço e que Deus o abençoe."

(Biro-Biro, ex-jogador de Minelli no Corinthians)

"Eu fico feliz de poder fazer parte da sua história; um grande treinador, consagrado, com vários títulos por onde passou. Eu aprendi muito com o Senhor, Professor Minelli. E eu agradeço de poder ter tido a oportunidade de trabalharmos juntos. Eu sempre conto para todo mundo que o Senhor foi um treinador muito importante na minha carreira, na minha vida. Muito honesto, correto. Aprendi muito com o Senhor. Eu nunca vi ninguém reclamar do Senhor, não tinha um atleta, nem aquele que não ia para o jogo ou que ficava no banco. O Senhor tratava todos da mesma forma, com respeito. Chamava para conversar individualmente. Uma pessoa do bem. Aqui eu deixo um grande abraço. E que Deus o proteja. Valeu, Professor."

(Claudiomiro, ex-jogador de Minelli no Coritiba)

"O Senhor mudou a minha vida para melhor, tanto na parte do esporte quanto nos conselhos extracampo. Eu tinha assédio de todos os lados: empresários, mulheres... E sempre o Senhor me orientava para eu tomar cuidado aonde ia, onde frequentava, com as pessoas com quem eu conversava. Parte do que eu sou hoje devo ao Senhor, Professor Rubens Minelli. Obrigado por tudo o que fez por mim. Não acho uma palavra do tamanho da gratidão que tenho. Desejo que esteja bem. Que Deus dê saúde para o Senhor viver muito tempo ainda; continue lúcido, com muita paz no coração. O Senhor sempre foi uma pessoa sincera, que, doa a quem doer, falava o que pensava. Tenho gratidão e um respeito enorme pelo Senhor, Seu Rubens Minelli."

(Rogério Barbosa, ex-jogador de Minelli no Coritiba)

"Um grande e fraterno abraço para o Senhor, meu técnico e amigo, Rubens Minelli, para o qual, meu respeito, admiração e carinho são enormes. A ponto de convidá-lo para ser o padrinho da minha filha."

(Paulo Bustamante, ex-preparador físico de Minelli na Ferroviária)

"Agradeço ao Senhor pelo fato de ter me dado uma oportunidade aos meus 20 anos de idade, na Ferroviária, em 1994. Foi quando começei a jogar como titular, época em que eu ainda era Júnior. O Senhor foi importante para mim naquele período. Como jovem, ter uma oportunidade vinda de um treinador tão experiente e tão conceituado, que havia passado por grandes clubes, foi muito bom para mim. Peço desculpas em nome daqueles jogadores da Ferroviária por aquele dia tão tenebroso que foi o nosso jogo contra a Ponte Preta. Me desculpe mesmo, foi terrível, mas faz parte do futebol essa questão de ganhar, de perder. Que o Senhor possa ter saúde, alcançando ainda mais sabedoria ao longo dos anos e que Deus o abençoe."

(Volnei, ex-jogador de Minelli na Ferroviária)

"Sempre um homem do bem, com liderança, que não precisava gritar e só com o olhar, com o gesto, [despertava] o maior respeito e carinho que tínhamos pelo Senhor. Tenho um agradecimento enorme por termos trabalhado juntos e um reconhecimento do Senhor ser um dos melhores treinadores de todos os tempos. Mesmo com os títulos e capacidade, nunca foi chamado para treinar a Seleção Brasileira, mas, com certeza, o Senhor faria um bom trabalho. Queria agradecer o convívio e a confiança de termos essa energia e capacidade de conseguimos conquistar uma série de coisas. Meu carinho é enorme. E que Deus o abençoe. Que o Senhor alcance os 150 anos, se Deus permitir."

(Baidek, ex-jogador de Minelli no Grêmio)

"Realmente foi um prazer e um privilégio enorme trabalhar com o Senhor, Rubens Francisco Minelli. Foi uma passagem marcante no Grêmio em 1985. O Senhor tem um grande nome no futebol, não só pelos títulos. É um iluminado, um multicampeão, que foi um exemplo para mim e que deixou um legado muito grande no futebol brasileiro."

(Casemiro, treinador e ex-jogador de Minelli no Grêmio)

"Estou com uma saudade grande do Senhor. Fico feliz de estar participando. E, se Deus quiser, vamos nos reunir novamente para bater um papo."

(Osvaldo, ex-jogador de Minelli no Grêmio)

"Aprendi coisas com o Senhor que levo até hoje como ensinamento e formação do meu caráter. Obrigado por fazer parte da minha trajetória de vida."

(Raul, ex-jogador de Minelli no Grêmio).

"Só quero deixar um grande abraço ao Senhor. E [lhe] agradeço pelo meu crescimento como profissional, principalmente pela modificação que o Senhor fez, colocando o Bonamigo, jogando com dois volantes. Isso foi fundamental para a minha carreira, porque houve uma desenvoltura, um avanço, um acréscimo de qualidade, especialmente de finalizações, de gols, que o pessoal cobrava muito, falando que volante tem que fazer gol. E a sua contribuição, Seu Minelli, foi muito importante para esse meu crescimento."

(China, ex-jogador de Minelli no Grêmio)

"Queria deixar um grande abraço para o Senhor, Professor Minelli. Foi uma grande satisfação poder fazer parte da sua história. Me sinto honrado de ter tido o Senhor na minha vida. Eu e muitos atletas te devemos muito."

(Luís Eduardo, ex-jogador de Minelli no Grêmio)

"Eu quero agradecer muito ao Senhor, Seu Rubens Minelli, por todo o aprendizado que recebi durante o período em que trabalhamos juntos. Da honra de conviver com uma pessoa culta, transparente, sincera, *olho no olho* e que deixou um legado importantíssimo para a minha carreira. Foi um privilégio ser comandado pelo Senhor".

(Mazaropi, ex-jogador de Minelli no Grêmio)

"Nesse momento da vida, desejo muita saúde para o Senhor, e que Deus o abençoe."

(Alfinete, ex-jogador de Minelli no Grêmio)

"Quero deixar meu agradecimento pelo tempo que trabalhei com o Senhor. Foi uma honra. Nos demos super bem. Tinha um carinho, porque o Senhor fazia um papel de pai, de treinador, de tudo que a gente precisava. Para mim, foi muito bom. O Senhor me deu uma confiança, segurança, me colocou no time. Agradeço por ter trabalhado com uma pessoa do seu gabarito, uma pessoa honesta, uma pessoa pelo certo, com as convicções de não se deixar influenciar pela imprensa, pela torcida, pela diretoria; de saber o que está fazendo. Isso é para poucos. O Senhor é essa pessoa de caráter e eu só tenho a agradecer, de coração. Ainda bem que eu tinha um treinador Campeão, experiente.

Muito obrigado mesmo, por tudo. Abração, Professor Rubens Minelli. E obrigado por fazer parte da minha história.”

(Almir, ex-jogador de Minelli no Santos e no Grêmio)

“A contribuição que o Senhor deu para o futebol brasileiro é incomparável. Não dá para falar do futebol brasileiro sem falar de Rubens Minelli, pela cara que o Senhor deu para os times e por tudo que implantou. A legião de profissionais que o Senhor ajudou a formar, como treinadores, preparadores... E eu sou um desses privilegiadíssimos. Chamo o Senhor de “Mista” [*Mister*] Minelli e o Senhor me chama de Mr. Charles *Snow*.”

(Carlinhos Neves, ex-preparador físico de Minelli no Paraná, no Grêmio e no Coritiba)

“Eu queria dizer muito obrigado ao Senhor, Seu Rubens Minelli, por termos trabalhado juntos. Você foi um paizão que me ensinou muita coisa dentro de campo. Tenho, para mim, que foi um dos melhores treinadores com que trabalhei e guardo-o no coração.”

(Jorginho Putinatti, ex-jogador de Minelli no Palmeiras e no Grêmio)

“Queria mandar um abraço para o Senhor. Sem dúvida, o Senhor foi crucial na minha carreira. Joguei em um time que foi comandado por um treinador muito eficiente. Me considero um privilegiado. A gente tinha uma confiança muito grande no Senhor. [Você dizia:] ‘Se tu render, se tu for eficiente, o teu espaço vai chegar.’ E foi o que aconteceu. O Senhor teve confiança em mim. Eu estava bem ancorado pelo Senhor, que soube me usar no momento certo. Um treinador de convicções e que só me traz belas recordações. Tinha comando.”

(Batista, ex-jogador de Minelli no Internacional e no Palmeiras)

“Alô Minelli, meu amigão. Paizão. Criatura maravilhosa. Te devo muito. O Senhor foi um pai para mim. Sabendo das minhas deficiências técnicas, treinava aquilo que eu tinha de melhor. Lançava para mim, para eu chutar de pé direito e esquerdo. E o Valdomiro cruzava de um lado e o Lula de outro, para eu cabecear. Ou era queixo no peito ou era queixo no ombro. E por essas e outras, eu te adoro."

(Dadá Maravilha, ex-jogador de Minelli no Internacional)

"Minelli, o Senhor foi um homem muito importante na história do Internacional. O Senhor colocou, juntamente com os jogadores, evidentemente, mas o Senhor colocou o Internacional em um patamar nacional. O Senhor vinha de São Paulo e aqui o Senhor conseguiu realizar um trabalho excepcional. Eu lembro que o Senhor tinha muita ajuda da diretoria, o pessoal acreditou muito, os jogadores respeitavam muito o Senhor. Então, a parceria deu certo. Muito obrigado por tudo aquilo que o Senhor fez aqui e, também, muito obrigado pelas coisas que o Senhor fez por mim dentro do campo. Grande abraço."

(Paulo Roberto Falcão, ex-jogador de Minelli no Internacional)

"Um grande técnico, muito próximo do jogador, mas sem passar aquela linha do respeito. Eu, como capitão do time, sempre conversava com o Senhor, [pessoa que eu tinha e tenho] grande admiração. Foi um treinador que impunha respeito e amizade ao mesmo tempo. Em geral, muito sereno. E transmitia isso aos jogadores. Conhecedor, possuía grande capacidade estratégica e inteligência para ver o jogo. Agora, quando tinha que explodir, o Senhor também sabia como!"

(Elias Figueroa, ex-jogador de Minelli no Internacional)

"Meu amigo Rubens Francisco Minelli, técnico Tetracampeão Brasileiro, um dos maiores estrategistas e treinadores, que eu vi ao longo da minha carreira de jornalista. Treinador no sentido da palavra mesmo, de treinar time, de preparar jogadas e jogadores para executar funções. É um prazer deixar essa mensagem para ti. Lembrando, aqui, dos momentos que a gente viveu e conviveu com o Internacional, nos unindo às duas belíssimas campanhas de montagem do time e à obtenção do título Brasileiro. Aquela inesquecível excursão pela Europa, com tantos percalços e campos horríveis que nos levaram para jogar, até sem grama, na Sardenha. Lembro também, com muito carinho, quando saí da *Folha da Manhã* e fiquei um tempo desempregado antes de ir para Florianópolis e você, com o seu grande amigo Tim, seu parceiro de guerra, foi me visitar lá em Torres. Essa amizade, que era pura, e vamos dizer até de pai para filho, que existia entre nós... Aqueles almoços inesquecíveis na sua casa... Enfim, só tenho boas lembranças e boas referências para fazer ao teu respeito. Um grande abraço, meu amigo."

(Telmo Zanini, jornalista)

"O que tenho que falar para o Senhor é: muito obrigado por aquilo que fez por mim e pelo Internacional, botando o Inter entre os maiores times do Brasil e do mundo. Agradeço muito pela confiança que teve em mim. Tudo aquilo que a gente aprendeu com o Senhor. Uma pessoa séria, humilde e honesta. Obrigado por tudo, não só em meu nome e, sim, em nome de todos da torcida do Inter, dos jogadores e da direção. Obrigado de coração."

(Valdomiro, ex-jogador de Minelli no Internacional)

"Ao longo de pouco mais de 32 anos de carreira, tive o prazer de trabalhar e aprender muito com excelentes profissionais. Sem dúvida, no período em que estivemos juntos na Jovem Pan, pude conhecer um pouco mais sobre o profissional que eu aplaudia à distância. Ao seu lado, então, só cresceu a minha admiração. Vida longa ao Senhor, Professor Rubens Francisco Minelli."

(João Henrique, ex-coordenador de esportes da rádio Jovem Pan)

"Vi suas vitórias e derrotas. Lembro do seu desembarque em Campinas, vindo da Arábia Saudita, lembro de muitos capítulos. Seu trabalho no futebol é rico e valioso. Um personagem respeitável. Na minha caminhada, conhecê-lo foi um grande privilégio."

(Wanderley Nogueira, jornalista)

"Agradeço por tudo que o Senhor fez. Deus o colocou na minha vida para fazer o que eu fiz, que era jogar futebol."

(Cardoso, ex-jogador de Minelli no Palmeiras e no América-SP)

"Temos que bater palma para o Senhor, que foi um dos melhores treinadores que o Palmeiras já teve."

(Edu Bala, ex-jogador de Minelli no Palmeiras e no São Paulo)

"O Senhor foi um dos melhores e mais íntegros seres humanos e um dos maiores estrategistas com quem trabalhei."

(Barbosa, ex-jogador de Minelli no Palmeiras e auxiliar de Minelli no XV de Piracicaba)

"O Senhor realmente marcou época no Palmeiras. Foi uma grande honra tê-lo como nosso treinador."

(Gilmar, ex-jogador de Minelli no Palmeiras)

"Pelo amor de Deus, tudo que eu devo ao futebol, devo ao Senhor, porque foi quem me lançou no futebol; me ajudou quando eu tinha 16 para 17 anos. E teve muita coragem, porque é muito difícil para subir, ainda mais no Palmeiras. Agradeço de coração mesmo, o Senhor foi uma pessoa extremamente especial na minha vida."

(Denys, ex-jogador de Minelli no Palmeiras)

"A minha dívida com o Senhor é muito grande, não tenho nem como falar. A única coisa que sobrou foi a nossa amizade sincera, pura e sem interesse."

(Menotti[9], ex-jogador de Minelli da base no Palmeiras)

"Eu quero deixar um abraço para o Senhor. Quando o Senhor soube que eu morava numa pensão e estava sozinho, me levava para almoçar na sua casa. Não tenho como pagar por tudo o que o Senhor fez para mim. Minha carreira devo muito ao Senhor."

(Santo, ex-jogador de Minelli da base no Palmeiras e no América-SP)

"Eu queria muito agradecer ao Senhor pelo que fez por mim e pelo nosso time. Eu o chamo de segundo pai, porque o Senhor foi uma pessoa

[9] Falecido antes da publicação desta obra.

que me deu toda a orientação. Desejo toda a felicidade do mundo para o Senhor. E que viva mais tantos e tantos anos."

(Bentevenha, ex-jogador de Minelli da base no Palmeiras)

"Só tenho a agradecer ao Senhor. A última vez que o vi foi num encontro no São Paulo e o Senhor foi categórico: 'Você não tem que me agradecer. Demos oportunidade e você aproveitou'. O Senhor deu muita força pra gente. Eu cresci como homem e jogador. Eu já tinha passado pelo comando do Telê e ele não tinha me dado tantas oportunidades, e fui parar em Manaus. O Senhor me deu essa chance e sou muito agradecido até hoje. Muito obrigado, chefe."

(Antenor, ex-jogador de Minelli no São Paulo)

"Um abraço carinhoso ao Senhor, que foi o maior treinador que o Brasil já teve, mas que a estrutura podre do futebol jamais valorizou."

(Reinaldo Alves, preparador físico de Minelli no Al-Hilal)

"Quando eu era criança, já admirava o Senhor como pessoa e como técnico, por conta do que fez no Palmeiras. Iluminadas foram as pessoas que escolheram o Senhor para aquele início no Paraná. Muitas das coisas boas ocorridas quando estivemos juntos foram reflexo do trabalho liderado pelo Senhor e, também, do espírito de família que a gente tinha no clube."

(Almir Domingues, preparador de goleiros de Minelli no Paraná Clube)

"Só tenho agradecimento por tudo aquilo que o Senhor fez por mim, pelo clube e pelos outros jogadores. Um dos melhores, senão o melhor treinador. Foi com o Senhor que eu cresci e abri a porta para outros clubes."

(Adoílson, ex-jogador de Minelli no Paraná Clube)

"Toda vez que eu falo de futebol, falo do Senhor, Seu Minelli. Eu só tenho a agradecer ao Senhor. E tenho saudades que sempre ficarão no coração."

(Sérgio Luiz, ex-jogador de Minelli no Paraná Clube)

“Um grande abraço, Minelli. Estou com bastante saudades suas, do tempo em que formamos um time vencedor e ficamos bastante satisfeitos com o trabalho desenvolvido.”

(Aramis Tissot, ex-presidente de Minelli no Paraná Clube)

“Foi um privilégio ter trabalhado com o Senhor. Mesmo não sendo o primeiro técnico que me colocou a jogar, o Senhor contribuiu muito na minha carreira. Se eu tive uma trajetória legal como jogador, a parcela do convívio com o Senhor foi muito importante para mim.”

(Ricardinho, ex-jogador de Minelli no Paraná Clube)

“Muito obrigado, Seu Rubens, por existir e por eu ter tido essa oportunidade de ter convivido com o Senhor.”

(Omar Feitosa, técnico e ex-preparador físico de Minelli no Paraná Clube)

“Muito obrigado por tudo, Mestre. Pode crer que muito do que aprendi devo aos seus ensinamentos. Me tornei um profissional do futebol desde 2000 e credito isso à minha convivência com o Senhor, quando tive a maior parte do aprendizado que me tornou o profissional que sou. E a minha forma de ser, sempre com simplicidade, honestidade e lealdade, vem do aprendizado de seus conceitos. Deus lhe abençoe sempre.”

(Ocimar Bolicenho, ex-presidente de Minelli no Paraná Clube)

“O senhor é uma pessoa que eu admiro demais, tenho toda admiração do mundo. Uma pessoa que me colocou no rumo certo de sucesso no futebol, que me mostrou um caminho de dignidade, lealdade e integridade a ser seguido. Tenho um carinho enorme pelo Senhor, como se fosse uma pessoa da minha família, como se fosse um grande pai para mim.”

(Manoel Santos, ex-preparador físico de Minelli no Paraná Clube)

“Tenho só que agradecer por tudo que o Senhor fez pela gente. Um abraço.”

(Ageu, ex-jogador de Minelli no Paraná Clube)

"Seu Rubens Minelli, se eu quiser expressar todo o carinho e respeito que tenho pela sua pessoa, daria um livro. Mas a única tristeza que eu tenho com o futebol é que o futebol acaba nos separando de pessoas que são importantes na vida da gente e da carreira. E mesmo no pouco tempo em que nós convivemos juntos, eu agradeço muito a Deus. Se eu puder expressar em uma palavra tudo o que eu aprendi com o Senhor, a palavra é gratidão."

(Claudinho, ex-jogador de Minelli no Paraná Clube e no Coritiba)

"Eu agradeço muito ao Senhor, Professor Minelli, por eu ter aprendido a jogar em várias posições, pois só sabia jogar em uma. Depois do São Paulo, tive várias conquistas pelo que aprendi com o Senhor. Obrigado, Professor Rubens Minelli."

(Viana, ex-jogador de Minelli no São Paulo)

"Professor Rubens Francisco Minelli, o futebol brasileiro te agradece. Por toda a sua história como atleta, treinador, diretor e por tudo que o Senhor ensinou a centenas e centenas de jogadores, e a dirigentes. Também pelo quanto o Senhor fez torcidas e torcidas felizes. Acima de tudo, pela sua lealdade, seu caráter e sua entrega ao futebol. Então, nós, do futebol, nós brasileiros, só temos que tirar o chapéu para o Senhor e dizer uma coisa muito simples: Muito obrigado por tudo!"

(Estevam Soares, treinador e ex-jogador de Minelli no São Paulo)

"Seu Minelli, nós não paramos de pensar em você; gente boa, vencedor. Um cara que tem coração, que sempre perguntava se precisávamos de alguma coisa. Então, eu sentia que tinha que dar tudo [de mim] para ganhar e retribuir. Graças a Deus, nesse tempo em que estivemos lá, ganhamos títulos e eu fui para a Seleção."

(Getúlio, ex-jogador de Minelli no São Paulo)

"Eu tenho que agradecer muito ao Senhor, Seu Minelli, pelo carinho que sempre teve comigo, e dizer que foi uma honra termos trabalhado juntos e termos sido Campeões. O Senhor sempre me ensinou muito como jogador. Também sou muito grato porque, na verdade, foi o Senhor que me lançou para o futebol, confiou no meu potencial. Eu era um garoto subindo da base. Naquele momento, tinha um grande centroavante que era o Serginho, tinha o Mirandinha, o Mickey. E o Senhor me colocou para jogar, me fixando como centroavante, e acabei indo bem. Fiz muitos gols nesse campeonato, fui o artilheiro. Os caras me chamaram de artilheiro biônico. E fui negociado com os EUA. Então, para mim, foi uma honra muito grande. Obrigado pela oportunidade. Se hoje eu sou quem eu sou, agradeço muito ao Senhor."

(Milton Cruz, ex-jogador de Minelli no São Paulo)

"No futebol, costumamos dizer que existem determinados treinadores que são como pais para a gente. O senhor, Seu Minelli, foi um pai para mim, por ter me colocado no futebol paulista e nacional, ter me dado a condição de chegar ao São Paulo. Aqui, falam que eu sou o único Campeão Brasileiro do Piauí. O Senhor me deu essa condição. Me deu a condição de ser titular do São Paulo. Era muito difícil alguém sair do Nordeste para jogar em [um] time grande. O Senhor me deu a visibilidade de ser Campeão. Tenho muito a agradecer. Até hoje, só falo positivamente. Não tenho nada a reclamar. Só agradecer ao paizão, e tudo o que o Senhor foi para nós; do trabalho que o Senhor realizou de fundamento, técnico... O diálogo, mostrando pra gente o certo, para que não fizéssemos o errado. Sua excelência, senhor Minelli, eu só tenho a agradecer. Meu muito obrigado por ter me ajudado a chegar aonde eu cheguei."

(Toinho, ex-jogador de Minelli no São Paulo)

"Aprendi muito com o Senhor, Seu Minelli. Sinto uma saudade muito grande do Senhor, que é uma pessoa que tenho consideração para o resto da vida; uma pessoa que me ajudou demais. Eu cresci muito profissionalmente ouvindo os conselhos, as lições de vida e os episódios de futebol que o Senhor teve, porque o Senhor é uma enciclopédia do futebol. Por tudo que já fez, pelos times que trabalhou e títulos que conquistou, eu [lhe] tenho muito respeito. Respeito que faltou por parte de algumas pessoas quando o Senhor esteve no XV com a gente."

(Laércio, preparador físico de Minelli no XV de Piracicaba).

"Naquela época, era difícil enxergarmos o futebol de maneira tática. E eu agradeço o Senhor por já falar do futebol de um jeito diferente quando refletia sobre o jogo. Então, tenho gratidão pelo Senhor, por ser uma das primeiras pessoas que me fez começar a pensar o jogo. E fica aqui o meu muito obrigado, Rubens".

(Celso Unzelte, jornalista e historiador)

"Foi uma honra muito grande ter iniciado a minha carreira e ter conquistado o primeiro título com uma pessoa maravilhosa, de um caráter excepcional, e de uma capacidade muito grande; e que foi um pontapé inicial para a minha jornada. Eu, a partir dali, devo a minha carreira ao Professor. Como dizem hoje, Professor Rubens Minelli."

(Zé Sérgio, ex-jogador de Minelli no São Paulo)

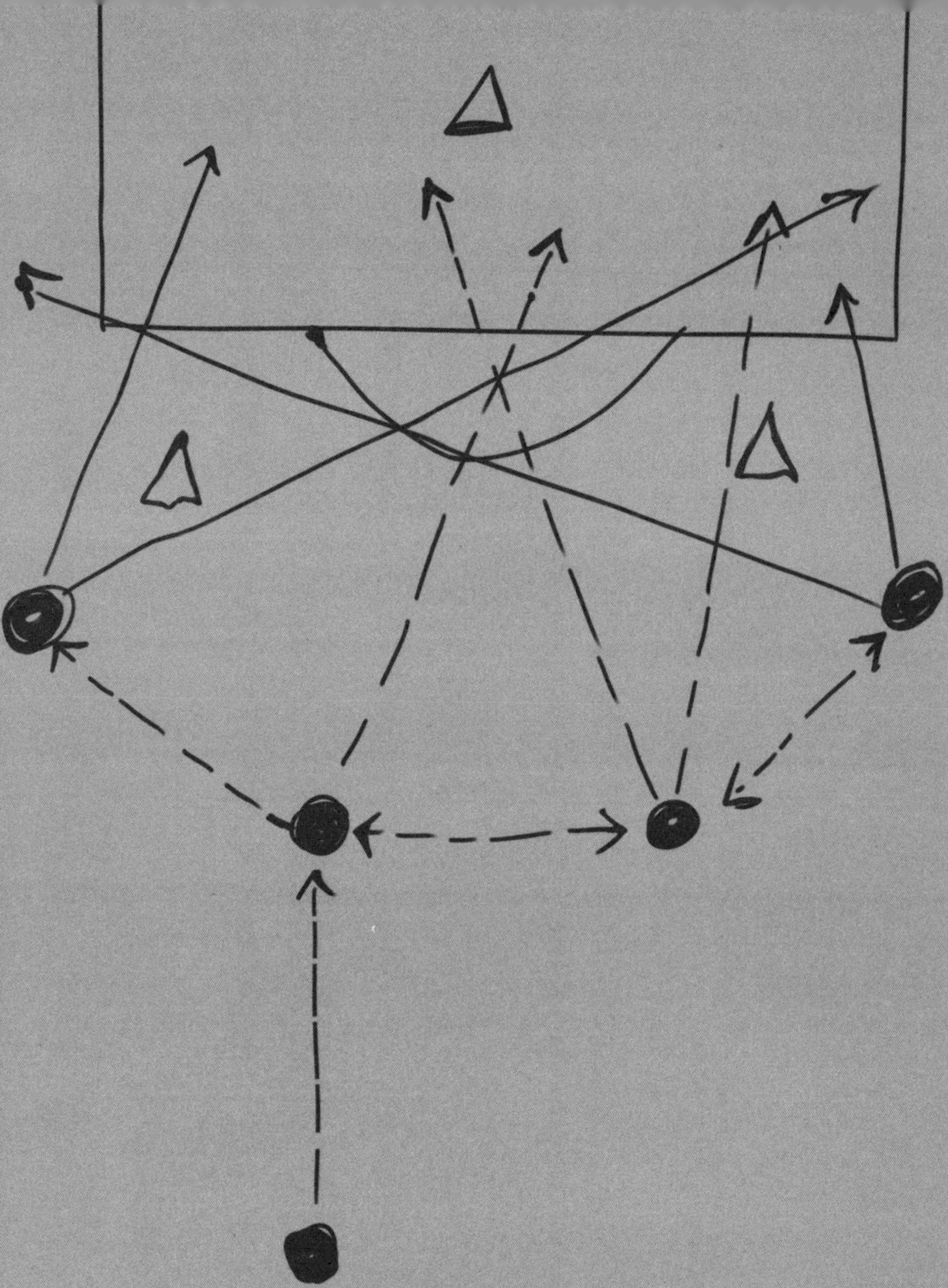

RUBENS MINELLI EM IMAGENS

Rubens Minelli, técnico do Al-Hilal durante um duelo do campeonato árabe.

Família Minelli aproveitando as férias nas praias de Santos (José, Rubens, Ruy e Helena).

Apaixonado pelo futebol desde cedo, o pequeno Rubens (o quarto da esquerda para a direita) fazia parte da equipe do Colégio Liceu Coração de Jesus.

Minelli em ação pelo Sulamericano, um dos times que atuou na várzea.

Seu José Minelli e o pequeno Rubens (primeiro garoto em pé da esquerda para a direita), juntos, pelo Ypiranga. Uma das poucas oportunidades em que ele foi comandado pelo pai.

Foto: Viotti.

Antes de atuar como jogador de futebol profissional, Rubens Minelli passou pelos Aspirantes do São Paulo.

O Ypiranga foi a primeira equipe profissional que Rubens Minelli (o último agachado da esquerda para a direita) atuou.

No Nacional, da Barra Funda, Rubens Minelli viveu uma das grandes fases da sua carreira como jogador.

Foto: Rezende

Em 1954, Rubens Minelli foi ponta-esquerda do Taubaté. Foi lá que ele conquistou seu único título como jogador profissional.

Minelli é um valor do futebol paulista

Todos os que militam no futebol paulista conhecem perfeitamente o ponteiro esquerdo Minelli. Atuou ele, durante muito tempo, no Ipiranga, clube que o projetou no profissionalismo bandeirante e ao qual emprestou o seu concurso em partidas memoraveis, disputadas nos certames passados. Terminado o seu contrato, ha poucos dias, Minelli não chegou a um acordo com o alvi-negro para renova-lo. Em virtude disso, o jovem ponteiro, cujas qualidades são bastante apreciaveis, deixou o clube da Colina Historica, estando com "passe" livre. Tem recebido varios convites para integrar agremiações do Interior. Entretanto, devido aos seus afazeres particulares nesta Capital, não pode ausentar-se de São Paulo, aguardando porisso um convite de uma de nossas equipes para fazer "test".

E' certo que si Minelli tiver uma oportunidade, poderá sair-se bem, pois os seus dotes tecnicos são indiscutiveis.

No cliché vemos Minelli, quando falava com um de nossos companheiros de trabalho, tendo ao lado um amigo.

Como jogador profissional, Rubens Minelli também viveu bons momentos e tinha nome forte no estado de São Paulo.

Por conta da séria lesão na perna, Rubens Minelli (o último da esquerda para a direita) teve passagem meteórica pelo São Bento, de Sorocaba.

Antes de mudar de ramo e fazer história no futebol, Rubens Minelli trabalhava nos Correios.

Minelli (o último de pé da esquerda para a direita) posa ao lado de seus companheiros de FUPE. Foi nesse período que ele (contundido) trocou o campo pela área técnica.

Primeiro trabalho de Minelli (último de pé, da esquerda para a direita) à frente de um clube profissional. O treinador comandou as categorias Infantil e Juvenil do Palmeiras e enfileirou taças.

Elenco do América-SP reunido para a foto de Campeão da segunda divisão do Paulista. Registro ocorreu na última rodada.

Em 1966, o comandante foi contratado pelo Botafogo-SP. Em sua trajetória pelo clube Minelli conquistou um título.

O Sport Recife foi o primeiro time fora do estado de São Paulo que o técnico Rubens Minelli comandou durante sua carreira.

Luiz Flávio Buongermino (preparador físico), Serafim (roupeiro) e Minelli comemoram título com o Rio Preto.

No retorno ao Palmeiras na década de 1980, Rubens Minelli foi considerado um dos melhores técnicos do clube durante o longo período sem títulos.

Ao lado de seu braço-direito Gilberto Tim, Minelli comanda o Internacional em confronto em pleno Beira-Rio.

Após a conquista do Heptacampeonato Gaúcho com o Internacional, Minelli lê o jornal *Zero Hora*.

Foto: Revista Placar/J. B. Scalco

Minelli atende a imprensa após a conquista do seu segundo título Estadual consecutivo pelo Internacional.

Foto: Revista Placar/J. B. Scalco

No treino do Inter, Minelli mostra a potência do seu chute de canhota para os jogadores colorados.

Na companhia de seu auxiliar Mário Juliatto, o técnico Rubens Minelli chega ao São Paulo atrás de mais uma conquista.

O técnico Rubens Minelli e o preparador físico Gilberto Tim também foram garotos-propaganda na passagem pelo Grêmio.

Rubens Minelli com os seus atletas e comissão para a tradicional foto de Campeão Brasileiro.

Minelli e o auxiliar, Joel Flores. O treinador comandou a Seleção da Arábia Saudita nas Eliminatórias para a Copa de 1982.

Com auxílio do seu intérprete Rabih Osman, Rubens Minelli se diverte em conversa com os sheiks árabes.

Minelli com a charmosa Taça do Ramón de Carranza. Técnico levou o Palmeiras ao título inédito em 1969.

Foto: Gil Passarelli

Rubens Minelli com o uniforme do Corinthians. Passagem pelo clube de Parque São Jorge ocorreu em 1986.

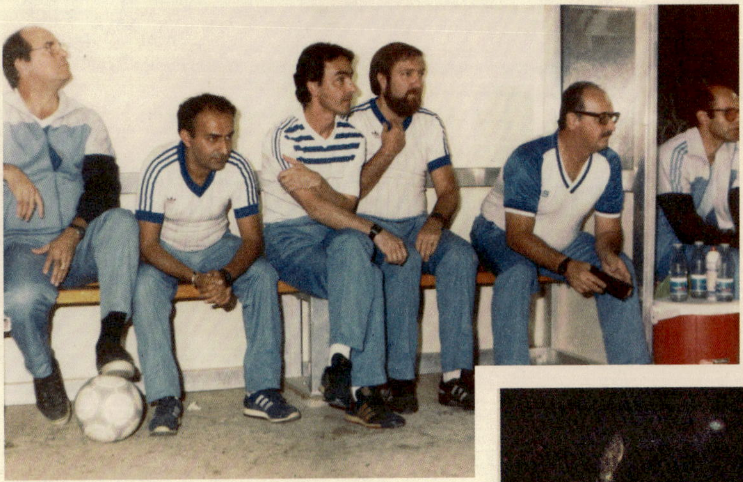

Da esquerda para a direita: Perez (preparador de goleiros), Ismael (intérprete), Medina (preparador físico), Fedato (auxiliar) e Minelli em partida do Al-Hilal.

Em registro do jornal saudita, Minelli aparece erguendo a Taça da Copa da Confederação pelo Al-Hilal.

6 — JORNAL DA TARDE — EDIÇÃO DE ESPORTES   Segunda-feira, 7-3-77 — O ESTADO DE S. PAULO

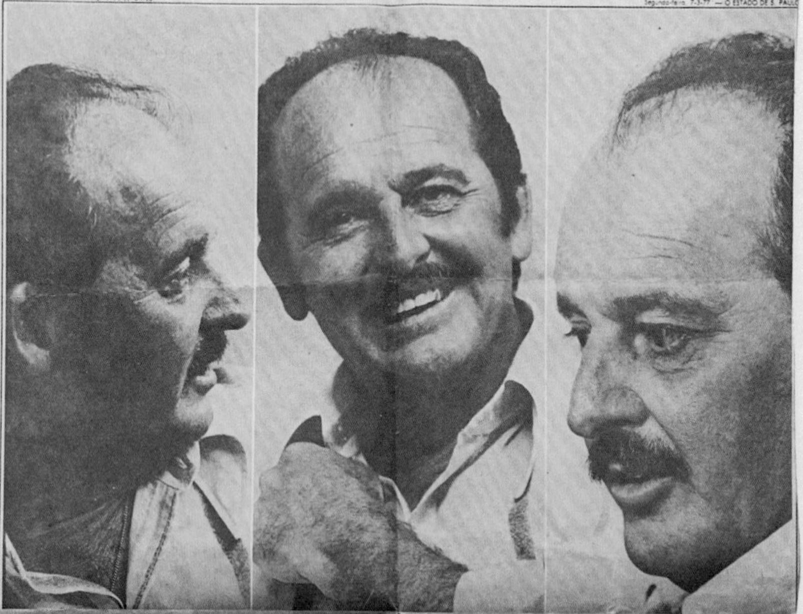

SR. RICHER, EIS RUBENS MINELLI.

O diretor de futebol da CBD, André Richer, não se envergonha de dizer que não conhece Rubens Minelli — o técnico bicampeão brasileiro. Esta página é mais uma oportunidade para isso.

Ao senhor André Richer, ilustre diretor de futebol da CBD, chefe da Comissão Técnica da Seleção Brasileira.

Respeitosamente, queremos lhe apresentar Rubens Minelli, técnico do São Paulo, brasileiro, casado, 48 anos, pai de três filhos e, entre outras coisas, atual bicampeão brasileiro de futebol pelo Internacional de Porto Alegre.

Minelli, de quem o senhor declarou não conhecer nem mesmo a fisionomia, realmente não se trata de uma pessoa marcante fisicamente. É um homem de estatura média, calvo, gordo, desajeitado (até engraçado quando corre) e, falando, não esconde uma grande simplicidade.

Não interpretar mal essa simplicidade. Minelli é um dos poucos técnicos de futebol deste país de nível universitário. Ainda quando era um modesto ponta-esquerda de times pequenos formou-se, na turma de 1956, pela Faculdade de Economia e Finanças e Administração de São Paulo.

Fala corretamente, sem erros. Sabe se expressar, e esforça-se até para utilizar sempre um vocabulário mais rico do que o comum nos ambientes esportivos. Só não esconde o seu sotaque caipira, que certamente adquiriu em São José do Rio Preto. Canta um pouco as palavras e, nos "r", revela uma pronúncia acentuadamente gutural.

Sendo um dos dois filhos de um próspero fabricante de meias para senhoras, Rubens Minelli, neto de italianos, pôde sempre desfrutar de uma vida razoavelmente tranquila, dividida entre os estudos e intermináveis "peladas" pelas ruas e campos de várzea do bairro dos Campos Elíseos, São Paulo.

Começou no futebol profissional aos 20 anos, defendendo o antigo e famoso Clube Atlético Ipiranga. Como jogador, porém, nunca se destacou, e passou por várias equipes pequenas, como Taubaté, Nacional da Capital e São Bento de Sorocaba, onde uma fratura na perna direita, em 55, encerrou sua carreira, aos 27 anos. Antes disso, passara também pelas equipes juvenis e aspirantes do São Paulo.

E o seu início de carreira como técnico de futebol ocorreu por acaso. Não foi, sem dúvida, como Cláudio Coutinho, um brilhante aluno de educação física e que, em poucos anos, viu abertas todas as portas da CBD para tornar-se um homem de comando em várias das suas Seleções.

Aos 28 anos tornou-se técnico de futebol por imposição dos amigos. Sem obter uma perfeita recuperação da fratura na perna, teve que abandonar a carreira de jogador, e passou a se dedicar a dois empregos: economista de uma firma de exportações e importações e chefe de seção de uma repartição pública federal.

Foi exatamente neste período que ajudou a fundar o Clube Universitário de São Paulo. E, entre outros cargos na primeira diretoria, também exercia a importante tarefa de dirigir a equipe de futebol. Chegou em seguida a treinar a seleção da FUPE, sempre com sucesso.

Trabalhou no Palmeiras auxiliando Canhotinho (que o levou ao futebol profissional) na escolinha de 1958 a 63. A partir daí, o comedido Minelli, um homem incapaz de qualquer ato sem refletir calmamente com bastante antecedência, deixou a segurança da repartição pública para aventurar-se no futebol e conquistar o sucesso que sonhara como jogador.

Mas, antes de atingir esta privilegiada situação atual — provavelmente o técnico mais bem pago do país — teve que sofrer muito. Não pôde mostrar a sua capacidade no esporte nas provas da faculdade. Teve, isto sim, de percorrer o interior de São Paulo e outros clubes do país ganhando títulos, transformando medíocres jogadores de futebol em aplicados atletas do seu sistema tático.

A sua estrutura profissional não poderia ser mais rígida. Foi campeão em todos os clubes que dirigiu nestes últimos 14 anos. Uma única exceção: a Portuguesa de Desportos, que o dispensou em 71, após uma derrota contra o Palmeiras.

—Como sou neto de italianos e trabalhei no Palmeiras, acusaram-me de traição. Esqueceram-se de que a Portuguesa não disputava títulos desde 51 e que tivemos 86 por cento de resultados positivos — diz Minelli.

A Portuguesa também foi o único clube que o dispensou. E isto, convenhamos, chega até mesmo a parecer um grande mérito dentro deste instável mercado de trabalho que é o futebol brasileiro.

Antes de ser campeão brasileiro com o Inter, levou o Palmeiras ao título nacional em 69. E neste mesmo ano ganhou também o Troféu Carranza. Conseguiu com o América (SP) e o Rio Preto dois títulos de um dos mais difíceis campeonatos do futebol brasileiro, que é o da Primeira Divisão de Profissionais.

Além dos títulos que obteve na Ponte Preta, Guarani, Botafogo de Ribeirão Preto (campeões do interior), Rio Preto, Francana (primeira divisão), Sport Clube Recife, estas experiências serviram para que este autodidata colocasse em prática todas as suas teorias sobre as evoluções táticas.

E este é um tema que Minelli aborda com a mesma desenvoltura e ênfase como faz o conhecido Cláudio Coutinho. Só que Minelli, na verdade, não fica apenas na teoria, fala baseado nas experiências que teve.

Alguns dos seus conceitos atuais que, infalivelmente, nos últimos anos, está conseguindo colocar em prática:

— Cada jogador precisa exercer no mínimo três funções. Isto quer dizer: atacar, defencer e lançar. Não existe mais lugar para os ídolos de uma única função. Estamos jogando ainda de mãos na cintura, andando, fazendo passes laterais. Estes jogadores estão ultrapassados na minha concepção. Qualquer sistema tático é válido desde que aproveite, de todas as formas possíveis, as capacidades dos seus jogadores.

E ele tem críticas a fazer aos jogadores brasileiros:

— Eles são preguiçosos. O maior problema está no jogador e não no técnico. O difícil é conscientizá-lo de que é preciso trabalhar em dois ou três períodos, aceitar que não sabem chutar a gol, e tantos outros defeitos graves. O alto índice de salários não resultou em obediência à evolução da especialização dentro de campo.

E, se para ser técnico do Brasil é preciso ser persistente, estudioso, ambicioso, Minelli também, desde já, pode se transformar em um sério candidato ao nobre cargo de técnico de Seleção.

Como todos os seus negócios particulares são dirigidos pelo irmão mais velho que reside em São José do Rio Preto (aonde pretende se instalar quando parar na profissão) ele dedica-se integralmente ao clube, à sua equipe.

A maioria dos treinos que dirige são táticos. Coloca estacas por todo o campo e faz os jogadores correrem por caminhos sinuosos, com a máxima rapidez, ensaiando dezenas de jogadas e, simultaneamente, aprimorando o chute, passe, e o cabeceio.

No Internacional mandou fotografar durante seis meses todos os jogos da equipe. E, uma vez por semana, além dos treinos de campo, os jogadores tinham, à noite, duas horas de aula teórica, onde eram discutidas as posições em campo.

Quem viu o Internacional jogar no ano passado pode avaliar o sucesso destas fatigantes exposições. No São Paulo, agora, além de começar também a fotografar todas as partidas, ele também está orientando, junto com o professor João Paulo Medina, as filmagens dos treinos.

Se não fosse contratado pelo São Paulo, no início deste ano, a sua intenção era deixar o Internacional e passar seis meses na Europa estudando os métodos de treinamentos táticos que estão sendo adotados pelos europeus. Ele conhece 32 países, organizou um arquivo com as táticas preferidas de 150 técnicos brasileiros, mas ainda acha que é necessário aprender mais. É neste instante que Minelli revela a sua ambição:

— Não quero ser mais um. Poderão até me chamar de louco, mas ainda vou inovar muitas coisas. O futebol sempre foi olhado de um mesmo jeito. Penso diferente, e vou colocar em prática todas as minhas idéias. Elas surgem da simples observação. Assisto a tudo, desde jogos "dente de leite" até profissionais.

Entre os culpados pela estática posição do futebol brasileiro no momento ele aponta a imprensa. E ri muito quando lembra de um jogo em Porto Alegre, entre o Internacional e Paissandu, pelo Campeonato Brasileiro:

— Foi o primeiro dia que o Internacional utilizou a marcação sob pressão. Vencemos de 5 a 0, mas recebi as piores críticas. Um dos mais respeitados comentaristas da cidade estava incrédulo. E me acusou de fazer Figueroa, um jogador de 40 mil cruzeiros por mês, ficar correndo atrás de um pobre desconhecido que recebe salário mínimo. É esta mentalidade que os jogadores brasileiros herdaram e temos, a qualquer custo, de modificar.

Nem por isso ele deixa de ser um técnico otimista em relação ao futuro do nosso futebol. Pertence ao infinito grupo daqueles que acham que as qualidades do jogador brasileiro são inigualáveis, e que jamais poderão ser imitadas por outros povos. Mas faz ressalvas:

— Acontece que este talento não está servindo para nada. Jogando de lado, sem velocidade, sem esquema tático, o futebol brasileiro está caminhando para um abismo. A solução é aliar a nossa inata habilidade à aplicação tática que os europeus tão bem aprenderam.

É, também, apesar da sua rígida obediência aos seus princípios (algumas destas estrelas da seleção dificilmente jogariam no seu time), um homem hábil e até político.

Acredita, por exemplo, no trabalho do conhecido Cláudio Coutinho:

— Ele fez muita coisa em uma semana de trabalho. O amistoso contra o fraco combinado Vasco-Botafogo mostrou pelo menos uma virtude: a Seleção Brasileira já está jogando para *frente*. E obter isso, em pouco tempo, não deixa de ser uma virtude.

Mas não perde também o hábito de usufruir de um exigente senso crítico:

— Mas o malfadado "quadro mágico" ainda existe. Não conseguiram exterminá-lo. Não vi o Paulo César ir a linha de fundo e criar jogadas na ponta esquerda. Estamos jogando errado, de um lado só. Este defeito continua e pode ser perigoso.

O perigo que Minelli vê não está nas eliminatórias. Ele acredita fielmente na classificação. Aliás, continua acreditando, pois mesmo com Osvaldo Brandão, a sua opinião era pela tranquila classificação:

— Vencer paraguaios e colombianos não é difícil. De qualquer maneira o Brasil se classificará. O probelma está no confronto com os europeus. Ou mais do que isso: na evolução da nossa arte.

Últimas informações sobre Rubens Minelli:

Nos últimos três jogos do Campeonato Paulista, o fraco, deficiente e desacreditado time do São Paulo, marcou 11 gols, sofreu 3, conquistou 9 pontos. Um jogo foi em casa, no Morumbi, e dois no interior. O São Paulo já mostra um futebol diferente, um esquema de jogo moderno apesar dos seus deficientes e velhos jogadores. Até Pedro Rocha, 35 anos, está fazendo gols e atuando na defesa ao mesmo tempo.

Marco Antônio Rodrigues

Jornal da Tarde "apresenta" Minelli ao diretor da CBD, André Richer. Cartola dizia não conhecer o Tetracampeão Brasileiro.

40 — O ESTADO DE S. PAULO DOMINGO - 22 DE AGOSTO DE 1982

Imprensa indica Minelli para a Seleção

Ao retornar dos Estados Unidos, no início da semana, o técnico Telê Santana confirmou a disposição de não continuar mais dirigindo a Seleção Brasileira, reforçando assim a decisão que havia tomado logo após a desclassificação de sua equipe na Copa da Espanha. O treinador, ainda abatido com as críticas que recebeu por causa da derrota contra a Itália, admite agora ficar apenas até o final do contrato, em dezembro, ao mesmo tempo em que vai estudando proposta milionária feita por dirigentes árabes:

O afastamento de Telê de um cargo que valorizou e exerceu com honestidade nos últimos dois anos e meio provocou uma inevitável e apaixonante dúvida, de alcance nacional: "Quem, enfim, deve ser o substituto?" Para responder a essa pergunta, **O Estado** ouviu 171 jornalistas esportivos do País, procurando abrir espaço para todas as tendências e opiniões. O resultado — 88 votos ou pouco mais de 50% de preferência — indicou o nome de Rubens Minelli como o sucessor ideal de Telê Santana. A maioria das justificativas dos que elegeram o ex-treinador do Palmeiras, Internacional, São Paulo e seleção da Arábia falam em experiência, honestidade, independência e uma agradável "vocação para ser campeão". A pesquisa revela, ainda, uma tendência para renovação, já que o segundo colocado é Paulo César Carpegiani, jovem técnico do Flamengo, que recebeu 47 indicações, baseadas nos títulos que obteve em ano e meio de profissão. Os dois mais votados já se mostram dispostos a aceitar o "desafio", enquanto Telê Santana — que sempre reconheceu a importância da pesquisa feita pelo próprio **O Estado**, que no final de 79 o elegeu como o melhor técnico daquela temporada — promete apoiar seu substituto.

'Estou envaidecido e aceito o desafio'

Minelli evita comentar, mas diz que, se for chamado, aceitaria dirigir a Seleção

De todo o País, sugestões de críticos

Giulite espera dezembro para uma definição

Telê promete apoio e Carpegiani também aceita desafio

Telê promete apoio a seu substituto

Carpegiani, satisfeito com segundo lugar

A pesquisa que apontou o treinador ideal para substituir Telê Santana na Seleção Brasileira foi feita com a colaboração de todas as sucursais e correspondentes de *O Estado* no interior de São Paulo e no Brasil, além do serviço local. Os textos são de *Nelson Cilo* (São Paulo), *Altair Baffa* e *Gilson Menezes* (Rio), *Rogério Perez* (Belo Horizonte) e *Assis Moreira* (Brasília). Coordenação: *Antero Greco* e *José Maria de Aquino*.

Os 171 votos

Minelli	88
Carpegiani	47
Parreira	10
Evaristo Macedo	7
João Saldanha	5
Didi	3
Travaglini	3
Ênio Andrade	2
Dino Sani	2
Brandão	1
Carlos Alberto Silva	1
Zagalo	1
Comissão Técnica	1

Jornalistas elegem Minelli como o principal nome para assumir a Seleção de 1982, em pesquisa do jornal *O Estado de S. Paulo.*

Rubens Minelli, um técnico para CBF

Entrevista exclusiva a Wilson de Carvalho

PARA felicidade geral do futebol brasileiro, Telê Santana se demitiu. Agora, há que se resolver um problema importantíssimo para este futebol que só ganhou um título mundial (salve o Flamengo) nos últimos 12 anos: escolher o substituto daquele que foi o dono da verdade. Há que se evitar abusos, erros, teimosias, incoerências e até intromissão na área da própria cúpula da CBF, obrigada a romper um contrato com uma marca de cigarro. Há que se evitar, em última análise, que se percam Copas do Mundo como as de 74, 78 e 82.

Na CBF, admite-se quatro nomes. Três deles conhecidos do carioca: Parreira, Nelsinho e Carpegiani. Rubens Minelli é o quarto candidato. Um forte candidato. Um técnico íntimo dos títulos, que gosta dos extremas ofensivos e do diálogo; que sabe se impôr sem ser autoritário; que nada tem contra o fumo ou as entrevistas com cigarro. Segundo o zagueiro Luís Pereira, o técnico ideal para a seleção.

— Pouco tenho a falar. No momento, tudo não passa de especulação. Lamento, mas esta tem de ser a minha posição. Mesmo porque a própria CBF ficou de fazer a escolha somente no início de 83. No que está certa. Este é um assunto que merece muito estudo.

JS — Tudo bem. Mas o fato de ter o nome cogitado, embora sem ser oficial, não o enche de orgulho?

— É óbvio que sim. Dirigir a seleção é o objetivo máximo para um técnico, da mesma forma que é para um jogador. É o ápice. É bom ser lembrado. É uma prova do reconhecimento do nosso trabalho. É gratificante. Mas falar do convite em si, a esta altura, não posso. Se ele for realmente feito, tudo bem.

Gentleman acima de tudo, Minelli se negou a falar de possíveis planos, de prováveis nomes que teria para compôr uma seleção:

— Não posso falar também do trabalho do Telê Santana. Agora e nunca. Em hipótese alguma. Não acho certo isso. Não faço críticas a um colega de trabalho. Nunca dei minha seleção. Nem quando me pedem como torcedor. É ferir a ética. Uma coisa é apontar nomes; outra, escalar para um jogo. Há uma distância enorme entre o ponto em que estamos e a seleção.

BRASTEL

Disciplinador

No momento, Minelli é o técnico ideal para ocupar a vaga de Telê Santana. É mais experiente, conhece bem o futebol mundial e raramente perde um título. Minelli é também um disciplinador e aceita o diálogo. A sua contratação pelo Palmeiras foi importantíssima. Ele dá tranqüilidade e segurança. O time do Palmeiras é bom. No mínimo, está no nível da maioria. Falta um empurrão (Luís Pereira).

Campeoníssimo

Muito mais se pode dizer do técnico do Palmeiras. Por exemplo: que ele foi campeão até no América de São José do Rio Preto, levando-o à Divisão Especial de São Paulo. O Rio Preto também teve o privilégio de contar com Minelli e subiu à primeira divisão. Na Ponte Preta, ele ganhou o Paulistinha em 72. Na Portuguesa de Desportos, foi vice-campeão. No Palmeiras, para onde voltou, ganhou a Taça de Prata (hoje de Ouro). Só não foi bi por ter perdido a final para o Fluminense. Tricampeão gaúcho, bicampeão brasileiro, campeão paulista no Palmeiras e no São Paulo:

— Sempre dei muita sorte. Um fator como esse, aliado ao trabalho, nos dá muitas glórias.

Minelli não é apenas competente e trabalhador. E, acima de tudo, um excelente caráter. **Pra** começo de conversa, só faz contratos verbais. Em 15 anos, trabalhou em apenas quatro clubes e uma seleção — a da Arábia Saudita. Média de três anos em cada clube, um fato muito raro no futebol brasileiro e na vida da maioria dos técnicos. Minelli nunca foi dispensado. E, quando toma a iniciativa de sair, faz questão de devolver as "luvas" que recebeu. Isto aconteceu no São Paulo, antes de viajar para a Arábia Saudita. No Palmeiras, Minelli acaba de dar outra demonstração de lisura e dignidade. O clube chamou-o para assinar contrato antes da Copa, mas ele não abria mão de estar na Espanha. Poderia acertar tudo e depois conseguir licença para viajar. O contrato só aconteceu na volta. Mais que isso: apenas até dezembro. Seria um bobo? Estaria rico?

— Nem uma coisa, nem outra. É que sempre agi corretamente. Por que eu iria assinar um contrato de um ano, por exemplo, se a atual diretoria sai em dezembro? Dessa forma, o clube não precisará manter-me se não quiser.

O que importa

O time que mais se estabilizou sob o comando de Rubens Minelli teve extremas ofensivos: Valdomiro e Lula. Um time tricampeão gaúcho e bicampeão brasileiro. No meio-campo, apenas para lembrar, Batista, Falcão e Carpegiani. Minelli prefere os pontas ofensivos. Considera os treinos táticos importantes, para a criação de jogadas.

— Um time tem que usar todos os espaços do campo. Com ou sem pontas. Se tiver os pontas, melhor ainda. Nesse caso, não abro mão. Pelas extremas, fica mais fácil chegar ao gol. Fazer o próprio gol.

JS — Há bons pontas no futebol brasileiro?

— Há. Mas prefiro não citar nomes. Existem ótimos jogadores em todas as posições. O jogador brasileiro continua sendo o mais completo, o melhor do mundo. Sempre que for bem trabalhado, o jogador brasileiro tem tudo para ganhar as Copas do Mundo. Ele precisa, antes de mais nada, de liberdade para desenvolver o seu futebol, embora com obediência aos esquemas, sem prejudicar o conjunto. O jogador tem que se enquadrar e ter espírito de sacrifício.

Idade não é problema para Minelli, desde que o jogador esteja bem. Ele não faz parte do grupo que considera velho o jogador de 30 anos. Zico, com 34 anos em 86, terá presença garantida na Copa. É só estar bem — garante Minelli.

Vale a idade fisiológica, não a cronológica. Vimos, em Nova Iorque, na semana passada, o Carlos Alberto Torres jogando bem com 38 anos de idade. O Beckenbauer, que até já abandonou o futebol, também jogou bem. O Dario continua marcando os seus gols e, segundo sei, está com 35 anos. Idade não é problema.

Continua amanhã.

Dessa vez, foi o *Jornal dos Sports* o responsável por indicar o nome do técnico Rubens Minelli para a CBF.

Rubens Minelli foi o primeiro técnico da história do Paraná Clube. Ao seu lado o preparador de goleiro, Valdir de Morais.

Minelli posa com o elenco santista. Treinador teve breve passagem pelo Peixe.

Adilson Novak, Eros Matozzo, Paulista, Minelli, Almir Domingues e Manoel Santos com as faixas de campeão paranaense de 1994.

Minelli com o elenco do Paraná Clube para a foto do Pentacampeonato Paranaense de 1997.

Rubens Minelli com seus auxiliares em partida do Coritiba. Pelo Coxa, o treinador conquistou o Festival Brasileiro de Futebol.

Já como Coordenador Geral de Futebol do São Paulo, Minelli reencontrou Milton Cruz (auxiliar) e Carpegiani (treinador) no clube.

Dona Rosinha e Rubens Minelli. União que durou 55 anos era regada de amor, companheirismo e futebol.

Família Minelli praticamente completa comemorando o aniversário de 94 anos do treinador.

GOLS INESQUECÍVEIS

CAMP. PAULISTA 1948 20 DEZ 1948 ★ GOL: MINELLI, 12 MIN. 2º T | ESTÁDIO PROFESSOR NAMI JAFET ★ YPIRANGA 1 X 1 SANTOS

1. Minelli marca pelo Ypiranga. O Peixe era uma de suas principais vítimas.

AMISTOSO ★ GOL PERDIDO: MINELLI | PARQUE ANTÁRTICA ★ PALMEIRAS X YPIRANGA

2. Minelli perde gol feito pelo Ypiranga. Depois dessa, até o jogador ficou envergonhado.

CAMP. PAULISTA 1952 | 09 NOV 1952 | GOL: MINELLI | ESTÁDIO NICOLAU ALAYON | NACIONAL 3 X 0 XV DE PIRACICABA

3. Minelli balança a rede do XV. No Nacional, ele viveu grande fase.

CAMP. PAULISTA 1952 | 24 NOV 1952 | GOL: MINELLI, 5 MIN. 2º T | ESTÁDIO NICOLAU ALAYON | NACIONAL 2 X 2 SANTOS

4. Minelli mais uma vez deixou sua marca
contra o Santos. Agora, atuando pelo Nacional.

5. Na estreia do Taubaté no Pacaembú, Minelli fez lindo gol frente ao Palmeiras.

6. Figueroa marca o "gol iluminado" e Inter se sagra Campeão Brasileiro contra o Cruzeiro.

7. Tabelinha entre Falcão e Escurinho termina em gol e coloca Colorado na final.

8. Dadá Maravilha sobe mais que a zaga corintiana e deixa Inter em vantagem na decisão.

9. Caio Júnior recebe de Osvaldo e garante título Gaúcho para o Grêmio.

10. Quase no apagar das luzes, Adoílson encontra Ney Júnior, que de cabeça, assegura título Paranaense.

11. Rogério Barbosa acerta belo chute e marca o 2º gol do Coxa na final do Festival Brasileiro de Futebol.

TREINAMENTO COM O PÊNDULO

12. Pêndulo criado por Minelli no São Paulo para aperfeiçoar a qualidade dos seus atletas.

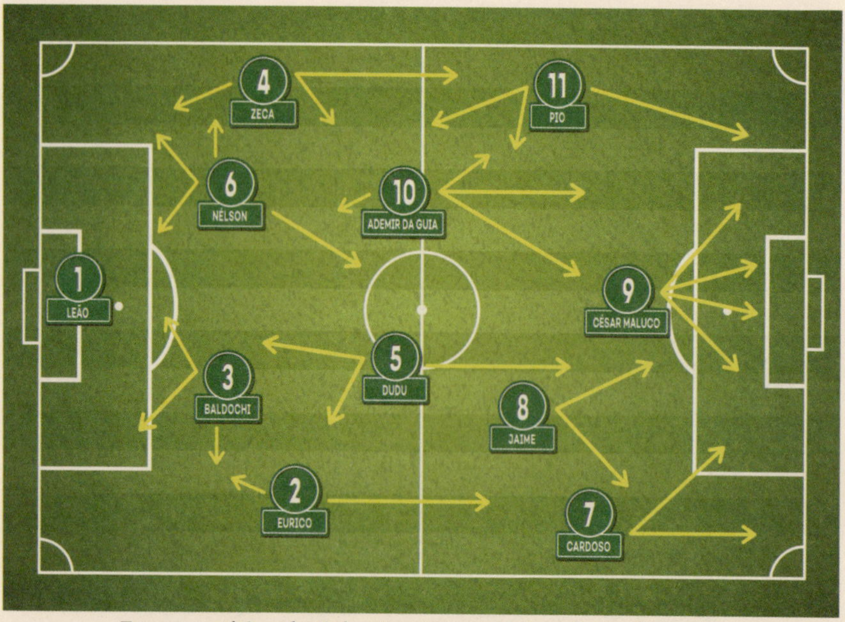

Esquema tático do Palmeiras Campeão Brasileiro de 1969.

Esquema tático do Internacional Campeão Brasileiro de 1975.

Esquema tático do Internacional Campeão Brasileiro de 1976.

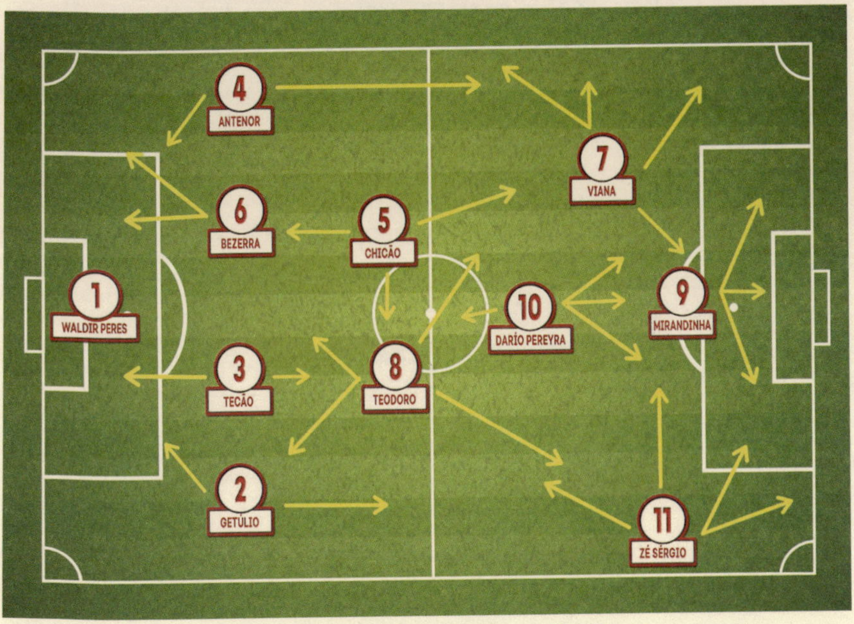

Esquema tático do São Paulo utilizado na final do Campeonato Brasileiro de 1977.

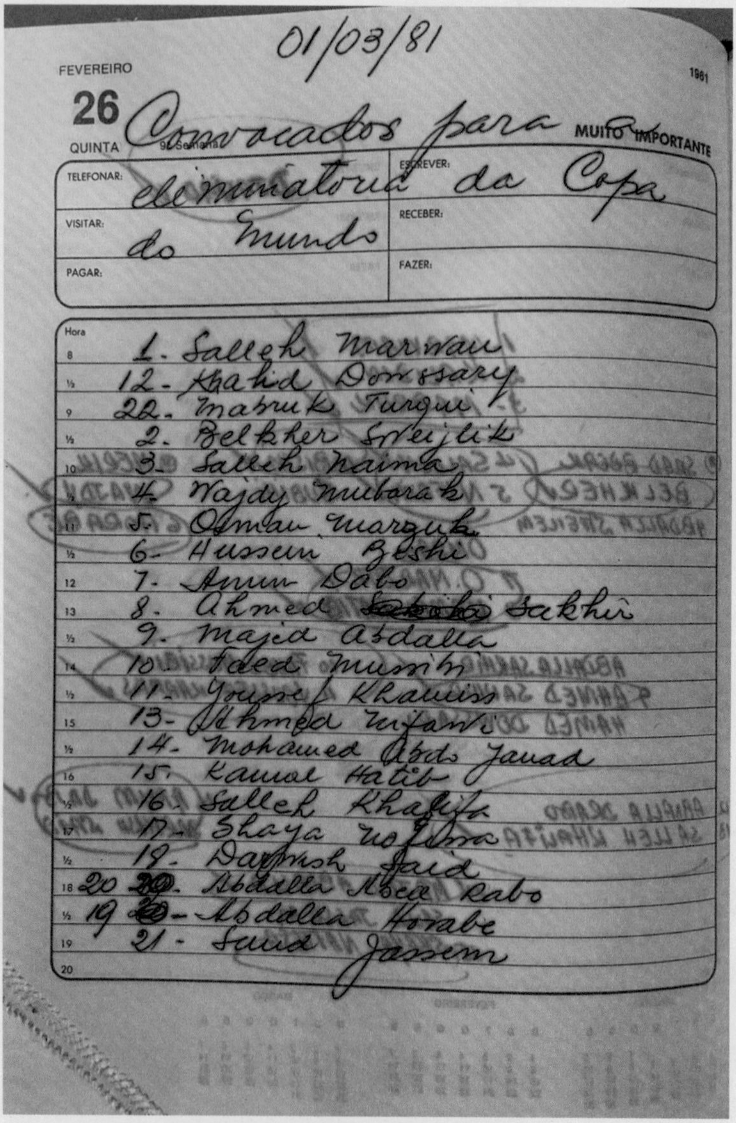

01/03/81

FEVEREIRO 1981

26

QUINTA 9ª Semana

MUITO IMPORTANTE

Convocados para a eliminatória da Copa do Mundo

TELEFONAR: ESCREVER: VISITAR: RECEBER: PAGAR: FAZER:

Hora

1. Salleh Marwan
12. Khalid Domssary
22. Mabruk Turqui
2. Belkher Sweijlik
3. Salleh Naima
4. Wajdy Mubarak
5. Osman Marzuk
6. Hussein Beshi
7. Amin Dabo
8. Ahmed ~~Sakhi~~ Sakhir
9. Majed Abdalla
10. Fahd Musibi
11. Yousef Khamiss
13. Ahmed Tufani
14. Mohamed Abdo Jauad
15. Kamal Hatib
16. Salleh Khalifa
17. Shaya Nafissa
18. Darwish Said
20 ~~29~~. Abdalla Abd Rabo
19 ~~20~~. Abdalla Horabe
21. Saud Jassem

13. Convocação da Seleção da Arábia Saudita para as Eliminatórias da Copa de 1982.

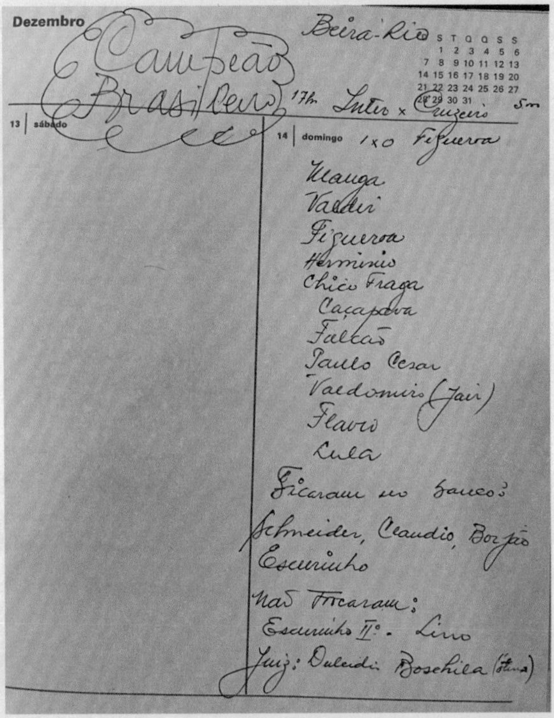

14. Agenda de Minelli, após título Brasileiro com o Inter em 1975.

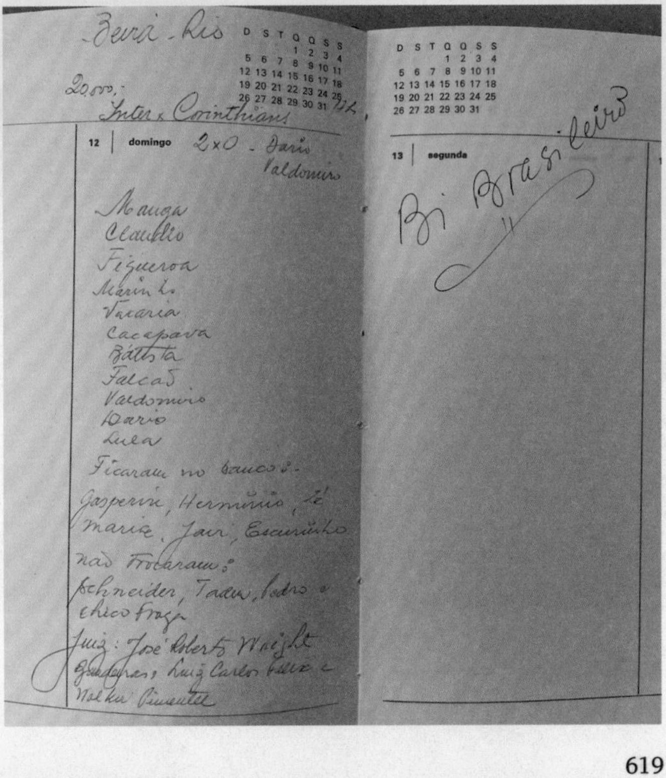

15. Agenda de Minelli depois da conquista do Bicampeonato Brasileiro com o Colorado.

Foto: Renato Paschoal

Minelli posa com todas as taças, faixas e medalhas que acumulou nos mais de 50 anos de carreira no futebol.

REFERÊNCIAS

BETING, Mauro. **Nunca fui santo**: o livro oficial do Marcos. São Paulo: Editora Universo dos Livros, 2012.

LACOUR, Josias. **A década de ouro:** Paraná Clube. Curitiba: Editora Emanuel, 2017.

NETO, Carneiro. **O voo certo**: a história do Paraná Clube. Curitiba: Clichepar, 1996.

RODRIGUES, Milton. **Avenida da saudade**: o América de Rio Preto na Era Pelé. São José do Rio Preto: Mundial, 2004.

STELLA JR, Rodolfo Pedro; DIOGO, Julio Bovi. **Clube Atlético Ypiranga**: almanaque histórico e estatístico. São Paulo: Editora do Autor, 2017.

UNZELTE, Celso Dário; VENDITTI, Mário Sérgio. **Almanaque do Palmeiras**. São Paulo: Abril, 2004.

XAVIER, Sérgio. **Edmundo**: instinto animal. São Paulo: Editora Seoman, 2019.

AUXÍLIO DOS HISTORIADORES/PESQUISADORES:

Artur Eugênio Mathias; Bruno Lemes; Celso Unzelte; Cláudio Giória; Clésio Dante da Silveira; Deivid Henrique da Silva; Fábio Kolling; Fernando Galuppo; Gabriel Santana; Guilherme Feliciano; Guilherme Straube; Izan Muller; James Skroch; João Lopes; Marcelo Ramos Bastos; Marcio Javaroni; Michael Serra; Moacir Santos; Raul Pons; Rafael Ribeiro Emiliano; Rodolfo Pedro Stella Jr.; Stephan Campineiro; Ubiratan; Vicente Henrique Baroffaldi; Zico Carmo.

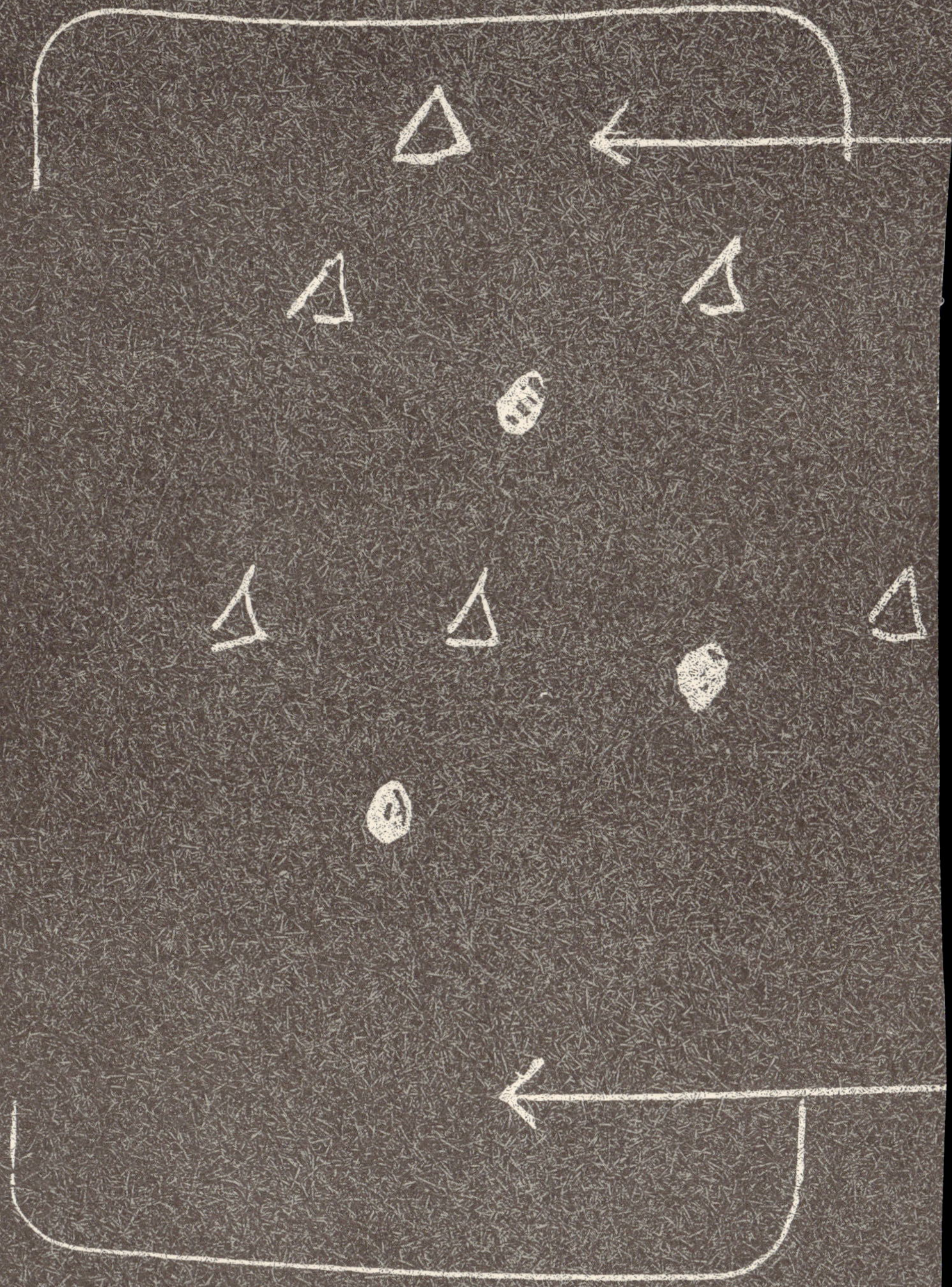

Texto revisado segundo o Novo Acordo Ortográfico da Língua Portuguesa.

Direitos exclusivos desta edição reservados pela EDITORA ONZE CULTURAL

Publisher: Marco Piovan

Projeto gráfico, **capa, edição de texto**: Newton Cesar

Fotografias: Ricardo Chaves (capa); Revista Placar (miolo). Importante: algumas fotografias estão sem crédito, caso tenha conhecimento da autoria, nos avise para que possamos identificar na próxima edição.

Ilustrações dos gols: Wedscley Melo

Colorização de foto: Márcio Mendonça (p. 598)

Revisão: Simone Venske

Assessoria de imprensa: Futpress

Impressão e acabamento: Pancrom Gráfica

Dados Internacionais de Catalogação na Publicação (CIP)
(Câmara Brasileira do Livro, SP, Brasil)

Moraes, Brunno Minelli de

Professor Rubens Minelli : a saga do técnico tetracampeão brasileiro / Brunno Minelli de Moraes. -- São Paulo, SP : Onze Cultural, 2023.

ISBN 978-65-86818-21-5

1. Histórias de vida 2. Jogadores de futebol - Brasil - Biografia 3. Minelli, Rubens Francisco, 1928- 4. Palmeiras 5. Treinadores de futebol - Brasil - Biografia I. Título.

23-165928 CDD-796.334092

Índice para catálogo sistemático:
1. Treinadores de futebol : Biografia 796.334092

Tábata Alves da Silva - Bibliotecária - CRB-8/9253

Impresso no Brasil